# 民事紛争の解決と手続

謹んで

故　佐々木　吉男　先生　に捧げます

執筆者一同

佐々木吉男先生追悼論集

# 民事紛争の解決と手続

信山社

# 序文

中野貞一郎

佐々木吉男博士――長年の交誼に免じて佐々木君と呼ばせていただく――の古稀をお祝いするはずであったこの論文集が、完成を目前に控えた本年二月八日にもともと頑健そのものだった同君が長逝されるという思いもかけぬ事態に至り、ここに同君の霊前に捧げる『佐々木吉男先生追悼論集』として刊行されることになった。まことに痛恨の極みである。

佐々木君は、京洛の巷に育ち、旧制第三高等学校を卒業して、昭和二五年四月、新設されて間もない大阪大学法経学部（旧制）に入学した。学生時代の同君については、法律相談部での活発な活動を記憶する。なにしろ、佐々木君は、新入生として入ってきたと思ったら、いきなり上級生と対等に議論し、相談日には、堂々と依頼者に接して、先輩顔負けの訓戒までたれるのであるから、所員一同おおいに恐れ入った次第であった。大阪大学の大学院では、信託法の大阪谷公雄教授のもとでイギリス法を研究していたが、昭和三一年二月、島根大学文理学部に民事訴訟法の担当教官として赴任した。昭和三八年四月、金沢大学法文学部（後に法学部）に助教授として迎えられ、平成五年三月に定年退官を迎えるまで、教授として民事訴訟法を講ずるかたわら、校舎移転前後の難しい時期に学生部長・法学部長をそれぞれ二期つとめあげるなど、大学運営にも尽力した。平成五年、金沢大学を定年により退官したのち、北陸大学法学部の教授となったが、そこでも法学部長から学長となり、その任期一杯、草創後まもない同大学において、あらゆる困難と闘いながら統督の責任を全うした。

およそ研究室に引きこもっているのがどうやら苦手であったらしい佐々木君は、持ち前の正義感と実行力から、つねに積極的に実践の世界に踏み込んで活動している。

必要な文献資料を利用する手段もなかった当時の新設地方大学で佐々木君が撰んだ研究対象は、民事調停であり、まずとりかかったのは民事調停をめぐる実態調査であった。熱意があれば道は開けるもので、アジア財団の資金協力が得られ、日本学術振興会の流動研究員となり、昭和三三年から昭和三六年にかけて、渾身の精力を傾けて広汎な実態調査を実施している。すなわち、島根県下のほぼ全域に亘って、また大阪府下の都市の一部においても、一般民衆の民事裁判意識のアンケート調査を行うとともに、松江地裁および大阪地裁・大阪簡裁において合計三〇〇〇件を超える民事調停既済事件の当事者に対する詳細なアンケート調査を行い、両方を通じて調査対象人員は実に一万二〇〇〇人以上に達するという大がかりなもので、それを佐々木君は、補助者もなしに独力で完遂したのである。夥しい調査資料を精力的に総合・分析した結果が、民事訴訟法学会（昭和三四年）において、さらに法社会学会（昭和三六年）において報告され、絶讃を博するとともに、学界に大きな聳動を与えることになった。また、この実態調査の実施が機縁となって、年齢制限の明文規定がある現在では考えられないことだが、当時三〇歳を超えたばかりで松江の裁判所の民事調停委員となり、身をもって調停実務に当たった。島根大学在任中の佐々木君のこの実態調査および調停委員体験こそが、その調停理論形成の端緒となり、基礎を固め、決定的に方向づけたものといってよい。

金沢大学への移籍後も、昭和四一年から金沢家裁の家事調停委員となり、昭和四九年から金沢地裁・金沢簡裁の民事調停委員となったほか、それらとならんで、石川地方労働委員会委員・石川県公害委員会委員等をも長くつとめた。平成四年一二月からは石川県選挙管理委員会の委員長となり、それが死去当時の現職でもあったが、たまたま就任直後に起こった珠洲市長選挙に絡む同委員会を被告とする裁決取消・選挙無効訴訟において、最高裁判決（最判平成八年五月三一日民集五〇巻六号一三六〇頁）に至るまでの訴訟追行に関与し、終始、辛苦を重ねたのであった。このような、実践の世界での活動が佐々木君の学問研究に色濃く影響を与えている。

民事調停についての佐々木理論は、著名であるが、全く同君の独創である。わが国の法学界では、ほとんど稀有にちかいことだが、だれかの学説を基礎としたとかドイツやアメリカなどの制度に示唆を得たとかいうのではなくて、自分自身の所見を練りに練って一貫した理論を構築したものである。その全貌は、法学博士（大阪大学）の学位取得論文となった著書『民事調停の研究』（昭和四二年、増補版昭和四九年）にまとめられている。要点は、昭和六〇年度の民事訴訟法学会大会ミニ・シンポジウム「調停について」において佐々木君自身により再説されたが、全く変わっていない。

佐々木理論は、調停の本質を、訴訟とならぶ公権的判断と説く。調停裁判説といわれるゆえんである。一般の通説では、調停を当事者の譲歩と合意による解決の手続とするが、これでは、関係人不出頭に対する制裁（民事調停法三四条）、利害関係人の強制的加入（同一一条二項）、調停前措置とその違反に対する制裁（同一二条・三五条）、当事者間に成立した合意が相当でないと認める場合に調停委員会がする「調停に代わる決定」および調停不成立として事件を終了させる措置（同一四条・一七条）、調停係属を原因とする訴訟手続の中止（民事調停規則五条）、調停係属を原因とする民事執行手続の停止（同六条）、調停委員会による職権調査および職権証拠調べ（同一二条ないし一五条）を説明することができない。これらの規定は、訴訟手続と調停手続の同一性ないし近似性の認識を前提としてはじめて合理的な解釈と運用ができよう。民事紛争が発生した場合、当事者は、まず当事者間の話合いによって解決しようとするが、それができないときに国の紛争解決機関に公権的な判断による解決を求めてくるのであり、訴訟を撰ぶか調停を撰ぶかは、事案の必要に応じた当事者の選択による。民事訴訟と民事調停とは、当事者間では解決しえない民事紛争を国の紛争解決機関の公正な公権的判断によって解決することを目的とする国家的制度であるという点では、なんら異なるものではなく、たんにその公権的判断の判断対象・判断規準・判断主体・判断手続において技術的な相違があるにすぎない、というのである。

最近、世界の各国において、訴訟の著しい増加と費用負担の重圧に対し裁判代替的紛争解決（Alternative Dispute Resolution = ADR）の制度が喫緊の必要に促されて急速に発展しつつある。ＡＤＲの比較研究も、その拡大と充実が著しく、わが国の調停制度は、裁判所付属型ＡＤＲの先進的な範型として、外国からも盛んな注目を浴びている。調停が裁判に「代替」するものと把握されるのは、まさに佐々木理論が説いたところと同一である。日本における調停の本質を当事者間の合意とみるか、調停機関の公権的判断とみるかは、なお、ＡＤR全体のなかでの調停の位置付けとも絡んで今後も議論されようし、調停裁判論も、ＡＤＲのひとつの理念型を指し示すものとして常に顧みられるであろう。

人も知るとおり、佐々木君は、身体障害者である。このごろバリアフリーという目標が喧伝されているが、佐々木君ほど、自己自身においてバリアフリーであった人を他に知らない。

小児のころ、ただの風邪かと思われた一夜の高熱が下がってみると、右脚が麻痺しており、あらゆる療治を試みたがついに回復しなかったという。小学生のとき、学校からの戻り道で悪童たちが差別語を連発しながら石つぶてを投げ付けてくる。佐々木君は、いつしか、その石つぶてを片手で前に突き出した松葉杖で「カチーン」「カチーン」と弾き返すのを楽しみにさえしていたという。通説に屈しない佐々木君の強靱な精神力は、そのころに培われたのであろうか。どんな場合でも松葉杖で罷り通って憚らず、車椅子などは利用しようとしなかった。重いバイクに松葉杖を挿んで走り、自動車の運転も、教習所の門を敲くことなく、田圃の畦道で自学自習、試験に落ちればその場で次の出願をして帰るという繰り返しでついに免許を取得し、車で大学に通勤した。風の強い日に凍り付いた海岸道路を高速で疾駆する同君の車に乗せて貰って心胆を寒くした思い出もある。

佐々木君とは、いまや幽冥の境を隔てることになり、まことに哀悼にたえない。

いまここに、新堂幸司・鈴木正裕・小島武司各教授をはじめ、わが国の民事訴訟法学界の第一線に立つ多くの有力な学者の執筆を得て、亡き佐々木吉男博士への溢れる懐いを籠めて捧呈される本論文集が、この絶対のバリアーを破って同君の魂を鎮めることを祈念し、切に同君のご冥福を祈る。

平成一二年五月末日

目次

## 執筆者紹介（掲載順）


NAKANO Teiichiro
中野貞一郎　奈良産業大学教授
大阪大学名誉教授

SHINDO Koji
新堂幸司　弁護士
東京大学名誉教授

KAKUMORI Masao
角森正雄　富山大学教授

KANAGAWA Takuo
金川琢雄　金沢医科大学教授

SUZUKI Masahiro
鈴木正裕　弁護士
甲南大学教授

TOKUDA Kazuyuki
徳田和幸　京都大学教授

UEKITA Takeo
上北武男　同志社大学教授

HONMA Yoshinobu
本間義信　大阪学院大学教授

MATSUMOTO Hiroyuki
松本博之　大阪市立大学教授

TANAKA Hitomi
田中ひとみ　元関東学園大学専任講師

OUCHI Yoshizo
大内義三　愛知学泉大学教授

TSUTSUMI Tatsuya
堤　龍弥　神戸学院大学教授

KOJIMA Takeshi
小島武司　中央大学教授

UEMURA Akihiro
上村明広　神戸学院大学教授
岡山大学名誉教授

MITANI Tadayuki
三谷忠之　東洋大学教授

Marta ACHURRA
マルタ・アチューラ　パナマ共和国科学技術革新省長官付法務部法律顧問
香川大学法学修士

OKADA Yukihiro
岡田幸宏　三重大学助教授

KUSUNE Shigekazu
楠根重和　金沢大学教授

ITO Makoto
伊藤　眞　東京大学教授

SAGAMI Yoshikazu
佐上善和　立命館大学教授

NISHIYAMA Yoshiki
西山芳喜　金沢大学教授

KURITA Takashi
栗田　隆　関西大学教授

TOKUMOTO Shinichi
徳本伸一　金沢大学教授

OJIMA Shigeki
尾島茂樹　金沢大学助教授

NOMURA Hidetoshi
野村秀敏　成城大学教授

KOBAYASHI Hideyuki
小林秀之　上智大学教授

YAMADA Akemi
山田明美　上智大学後期博士課程

ADACHI Eiji
安達栄司　静岡大学助教授

UCHIYAMA Eiji
内山衛次　大阪学院大学助教授

KANEKO Hironao
金子宏直　東京工業大学助教授

WAKABAYASHI Yasuo
若林安雄　大阪経済法科大学教授

SAWAI Hiroshi
澤井　啓　富山大学教授

ASANO Yuki
浅野有紀　金沢大学助教授

ENDO Ko
遠藤　功　金沢大学教授

# 第一章　紛争の解決と手続をめぐる裁判例の分析と展望

# 1

# 審理方式からみた一部請求論の展開
## ——最高裁平成一〇年六月一二日判決の分析と展望——

新堂幸司



## 一　はじめに

一〇〇〇万円の特定債権のうち、三〇〇万円のみを訴えるというタイプの請求について、裁判所はどのように審理するか。このような特定債権の数量的に一部であることを明示した一部請求（以下、この意味で、「数量的一部請求」又は単に「一部請求」という）の審理の仕方について、最高裁の判例は、ほぼ確定した立場をとるものとみられる。

平成一〇年六月一二日最高裁第二小法廷判決〔判例五〕(1)は、数量的一部請求に対する審理の仕方について、次のように詳論している。

「裁判所は、当該債権の全部について当事者の主張する発生、消滅の原因事実の存否を判断し、債権の一部の消滅が認められるときは債権の総額からこれを控除して口頭弁論終結時における債権の現存額を確定し（最高裁平成二年(オ)第一一四六号同六年一一月二二日第三小法廷・民集四八巻七号一三五五頁〔判例四〕参照）、現存額が一部請求の額以上であるときは右請求を認容し、現存額が請求額に満たないときは現存額の限度でこれを認容し、債権が全く現存しないときは、右請求を棄却するのであって、当事者双方の主張立証の範囲、程度も、通常は債権全部が請求されている場合と変わるところはない。」と。

つまり、①債権一〇〇〇万円全部について、その発生原因事実の存否を判断する、ついで、②障害事実、消滅原因事実の存否を判断する。一部の発生障害、消滅が認められれば、その額を債権総額から控除して、弁論終結時の現存額を確定する。ついで、③この現存額と一部請求の請求額三〇〇万円と比べ、現存額が請求額に等しいかこれより大きいときは請求額の全部認容、現存額が請求額より低いときは、その現存額での一部認容判決をするという。

この審理方式は、数量的一部請求に対して、過失相殺[2]、相殺[3]の抗弁等の主張があった場合にとられてきたものであり、過失相殺、相殺の主張があった場合の審理方式に関して、いわゆる外側説といわれる立場でもあった[4]。〔判例五〕は、そのような審理方式を、とくに過失相殺とか、相殺とが主張されていない事案についても一般的に用いることを宣言したものと評価でき、判例の従来の立場をさらに一般化したものといえる[5]。

本稿では、外側説の当否を議論するつもりはない。私自身の一部請求論を展開することも、目的としない。本稿の関心は、〔判例五〕にみられるように、審理方法についての判例の立場がこのように固まってきたとすると、従来の一部請求論[6]がどのように変貌せざるをえないかを分析して、判例における一部請求論の新たな展開を予測するとともに、その方向に竿さして、判例のさらなる展開を促そうとすることにある。

ところで、すでに、上記の〔判例五〕は、先に引用した部分に続いて、次のように論じている。

「数量的一部請求を全部又は一部棄却する旨の判決は、このように債権の全部について行われた審理の結果に基づいて、当該債権が全く存しないか又は一部として請求された額に満たない額しか存しないとの判断を示すものであって、言い換えれば、後に残部として請求しうる部分が存在しないとの判断を示すものにほかならない」。

このような審理判断方式を前提にして、さらに続ける、

「したがって、右〔請求棄却〕判決が確定した後に原告が残部請求の訴えを提起することは、実質的には前訴で認められなかった請求及び主張を蒸し返すものであり、前訴の確定判決によって当該債権の全部について紛争が解決されたとの被告の合理的期待に反し、被告に二重の応訴の負担を強いるものというべきである。以上の点に照らすと、金銭債権の数量的一部請求訴訟で敗訴した原告が残部請求の訴えを提起することは、特段の事情がない限り、信義則に反して許されないと解するのが相当である」と。

この判決は、すでに、審理の方式から生じる一部請求論への一つの帰結を明確に打ち出している。このような観点から本判決の判例法上の意義を分析することが本稿の主題である。が、その前に、判例が打ち出してきた審理方式自体について、なお残された疑問を明らかにすることから始めたい。

## 二　審理方式に関する問題

たとえば、一〇〇〇万円の特定債権のうち三〇〇万円を請求するという訴訟において、一〇〇〇万円について発生原因事実が認められたところ、被告から五〇〇万円の弁済又は相殺の抗弁が提出された場合に、裁判所は、弁済又は相殺の抗弁がかりに認められるとしても、少なくとも、三〇〇万円の請求額は認められるというので、弁済又は相殺の抗弁について審理判断することなく請求の全部認容判決をすることが許されるのだろうか。また、五〇〇万円、三〇〇万円と二回の弁済の事実が主張され、五〇〇万円の弁済の事実は認められないとの審理判断がなされた段階で、三〇〇万円の弁済の事実の存否を判断することなく、少なくとも、三〇〇万円の請求額は存在するとして、請求認容

判決をすることが許されるであろうか。

つまり、判例は、一部請求について、必ず債権総額を確定し、現存債権額がいくらであるかを確定的一義的に判断した上で、結論に至るべきであるという立場をとるのかどうか。

この問題を、直接明示した判例はない。

上記〔判例五〕で引用された〔判例四〕平成六年判決の事案では、相殺の抗弁が結果的には一部請求額の減額に至らなかったが、自働債権の成否、額の審理が行われている。しかし、この事案では、九五九万五一〇〇円の債権の内金として、三七六万三〇〇〇円を請求するという一部請求において、第一審では、三〇四万五一〇〇円が認容されたのに対し、控訴人（被告）が、四八六万円の損害賠償債権を自働債権として対当額で相殺すると主張した。しかも、控訴審としては、被控訴人（原告）の請求債権は、三八八万円余存在するとの判断に達していた。とすると、その段階では、控訴人の相殺の抗弁が成り立つか、どの範囲の自働債権が認められるかの問題は、一部請求の認容額に影響を与える可能性のある問題であって、相殺の抗弁についての審理は不可避のものであった（審理の結果、自働債権が六一万円とに判断されたため、相殺の抗弁は請求金額を減少させる効果はなかった）。その意味では、〔判例四〕のケースも、上記の問題に答えるような事件ではなかったということになる。

もっとも、〔判例五〕では、上記で引用したように、「……当事者双方の主張立証の範囲、程度も、通常は債権全部が請求されている場合と変わるところはない。」という表現を用いていることからすると、よほど特別な場合は別として、債権の残存額を確定的に審理判断する、それが審理方法の原則であるということは間違いないであろう。(7)この問題については、さらに、**五**で、紛争決着責任を論じたあと、私なりの推論を再度述べることにして、次に、一部請求について判例のとる訴訟物論との関係に進むことにしよう。

## 三 判例の訴訟物論との調整

ところで、判例は、数量的一部請求については、早くから、明確な立場を打ち出してきている。すなわち、数量的一部請求は、その一部分のみが訴訟物をなし、したがって残部は、訴訟物になっておらず、既判力も生じないとする立場である。[8] 時効中断の効力も、残部には及ばないという。[9] 一部請求の勝ち負けにかかわらず、残部の請求は、既判力に反して許されないということはない。一部請求で、請求棄却の敗訴が確定していても、残部請求について、時効で消滅しない限り、勝訴の可能性は残っているといえる。

判例のこの流れは、〔判例四〕平成六年判決においても、受け継がれている。すなわち、「一部請求において、確定判決の既判力は、当該債権の訴訟上請求されなかった残部の存否には及ばないとすること判例であり（最高裁昭和三五年(オ)第三五九号同三七年八月一〇日第二小法廷判決・民集一六巻八号一七〇二頁〔判例一〕）、相殺の抗弁により自働債権の存否について既判力が生ずるのは、請求の範囲に対して『相殺ヲ以テ対抗シタル額』に限られるから、当該債権の総額から自働債権の額を控除した結果残存額が一部請求の額を超えるときは、一部請求の額を超える範囲の自働債権の存否については既判力は生じない。」（傍点は筆者による）という。そしてこの前提から、「一部請求を認容した第一審判決に対し、被告のみが控訴し、控訴審において新たに主張された相殺の抗弁が理由ある場合に、控訴審において、まず当該債権の総額を確定し、その額から自働債権の額を控除した残存額が第一審で認容された一部請求の額を超えるとして控訴を棄却しても、不利益変更禁止の原則に反するものではない」と論じている。

しかしながら、この〔判例四〕の論理には、いささかひっかかるものがある。

最高裁が相殺の抗弁について既判力の範囲を論じたのは、上告人が上告理由の中で、相殺に供した自働債権の限度において既判力が生じるとすると、請求債権を減額することに役に立たなかった自働債権の相殺による消滅（既判力によって確定される）は無意味になってしまう、いいかえると、控訴人は原判決と同じ結論を得るのに、既判力をもって反対債権を失ってしまう結果となり、それでは控訴人は原判決以上に不利益に扱われたことになる、と論じていたことに答えようとしたからであろう。この上告理由に対する判旨の答えは、それなりに理解できるが、しかし、同時に、判旨のいうように、債権総額を審理判断し、自働債権の額を認定し、これによる相殺の結果算出される残存債権額の判断について、その額がたまたま一部請求金額よりも大きいというだけで、既判力を生じることはない、といい切ってしまうことについての不安である。主文の判断を導き出す過程で行われた、反対債権の存否、額についての審理判断、その結果たる残存債権額の判断は、後訴に対し何の意味ももたないものなのか、という疑問である。

それというのも、〔判例四〕の事案の審理経過をみると、請求は一部請求という形をとっているけれども、両当事者とも、被告が原告のために行った建築工事をめぐる紛争を洗いざらい弁論に上程し、その紛争の決着を図ろうとして、裁判所も、その審理内容は、新築建物の瑕疵、その新築建物の解体工事費用、その新築建物を貸すことができなくなったことによる賃料相当額の損害金、支払済みの請負代金、工事請負の未収代金額、さらに原告の一方的都合で工事を中止させられたことなどによって被告が被ったとする損害、および請負工事による得べかりし利益の喪失等の反対債権による相殺の主張に及んでおり、当事者双方も、第一審裁判所も、第二審裁判所も、紛争の全面的解決を期して行動していることが窺われるのである。このような審理経過を見ると、被告の反対債権の存否およびその額についての判断に既判力は生じない、といい切ってしまうだけでいいのだろうかという疑問である。

まさか、本件被告が本件原告に対して、第二の訴訟を起こして、反対債権四八六万円を請求するようなことはないかもしれないが、理論上の問題として、そのような第二の訴訟に対する歯止めがまったく用意されていなくてよいものだろうか。

これを要するに、一方で、特定債権の数量的一部請求において訴訟物となり既判力を生ずる対象は一部請求額にとどまるという理論と、他方で、一部請求の審理においては、その特定債権の総額についての発生原因事実、消滅原因事実をすべて審判して、債権の現存額を確定的に判断し、その額を一部請求額と比較して、現存額が一部請求額を超えていれば請求を認容し、一部請求額より低ければその現存額をそのまま認容するという審理方式とが、どうも反りが合わないように思われるのである。しかも、この種の紛争を判例を通してみる限り、紛争の中心と当事者双方の本来の関心は、現存債権額がいくらか（結局のところ、原告が現在いくらの債権をもっているのか）という点にあるように思われる。[10]そうであるのに、その点が訴訟物とか既判力といった、紛争解決機能を期待される訴訟法上の制度・枠組みから落ちこぼれていることが、その不協和音を一段ときしませる原因のように思えるのである。

ところで、こうした中途半端な〔判例四〕平成六年の後、〔判例五〕平成一〇年六月一二日判決は、従来の判例の立場に、大きな例外を認めたといわざるをえない。すなわち、一部請求で、請求棄却または一部棄却の判決が確定した後は、理由は「信義則に反する」ということであるにしても、残部請求は許されないとするからである。残部請求を許さないとする点では、残部については既判力の対象外であるとして、残部についての再訴がいかにも自由に可能なように見えていた従来の理論に、大きな制約を課すものといえるからである。[11][12]

その意味で、〔判例五〕は、一部請求論に大きなインパクトを与えるものといわざるをえない。ただ、そのインパクトが、今後、判例法上どのような態様で固まっていくのか。また、〔判例五〕によって、既判力を一部請求額に限定する従来の立場と債権総額について審判し現存額を確定的に審判するという審理方式とが、どのように調和していくことになるのであろうか。

## 四　最判平成一〇年六月一二日の帰結

### 1　問題の所在

〔判例五〕平成一〇年六月一二日判決の解決した問題、将来に残した問題は、次のようにモデル化できよう。

一〇〇〇万円のうち三〇〇〇万円の一部請求をした場合で、
① 一部請求が全部棄却された場合。
② 審理の結果、二〇〇万円の現存債権が認められて二〇〇万円が認容、一〇〇万円は棄却された場合。
③ 現存債権額が三〇〇万円と認められ（残部七〇〇万円は不存在と審理判断され）て、請求の全部認容となった場合。残部請求の再訴は許されるであろうか。現存額が三〇〇万円しか認められない（七〇〇万円は存在しない）との判断は、後訴にどんな影響を与えるか。
④ 残存債権額が五〇〇万円と認められて、三〇〇万円の一部請求が全部認容された場合。残部請求が許されるか。許されるとして、その後訴では、前訴判決理由中でその存在が認められた残存債権額二〇〇万円、存在を否定された五〇〇万円については、どのような扱いになるのか。たとえば、六〇〇万円の残部請求をした場合、前訴判決の判断にしたがって、そのまま六〇〇万円のうち二〇〇万円を認容し、四〇〇万円を棄却することになるのだろうか。
⑤ 一〇〇〇万円全額が存在するとして、一部請求が全部認容された場合、七〇〇万円の残部請求は許されるか。許されるとして、残存額が七〇〇万円であるとの前訴での審理判断は、どのように扱われるのか。

①②の場合は、〔判例五〕がまさに判示した論点で、残部請求は許されない[13][14]。
③から⑤は、判決が残した問題である。
③は、②の連続線上にある場合とみることができよう。その意味では、残部請求は、紛争の蒸し返しとして許されないという判断になるのが自然であろう。
次に、④の場合で、二〇〇万円の残部請求の訴えをすることが許されるか。債務者が、二〇〇万円の残存額の存在を争うことが許されるのか。債権者が六〇〇万円の残部請求の訴えをすることが許されるか。債権者は、その残部請

求で、一部請求の認容額を除く残存額が二〇〇万円を超え、六〇〇万円あると主張することが許されるか。同様に、⑤において、債権者は、七〇〇万円の残部請求の訴えを提起することが許されるか。債務者は、七〇〇万円の残額の存在を争うことができるのか。

## 2　判例の予測

前記④および⑤の問題を要約すると、つぎの二点に分けられる。

(1)　前訴判決理由中の判断内容にかかわらず、残部請求の後訴を、そもそも許すのかどうか。

(2)　残部請求の訴え自体を不適法として却下しない場合に、前訴判決の理由中で判断された、二〇〇万円の存在（五〇〇万円の不存在）の判断又は七〇〇万円の残存債権の存在の判断は、残部請求の後訴において、①②と同様に、それに反する主張を信義則違反として許さないことになるのかどうか。それとも、前訴判決におけるそれらの判断は、後訴においては、単なる事実上の証拠にしかならないと扱われるのか。

(1)は、残部請求の訴えの利益の問題といえよう。(15) そして、これについては、判例の訴訟物の考え方からすると、すでに一部請求をしたという理由だけから、残部請求をおよそ許さないという立場はあり得ないように思われる。一部請求の場合の残部は訴訟物になっていない、既判力は及ばないとする従来の立場は、原告の便宜のために、残部請求の後訴を当然に許すという立場でもあった。したがって、残部請求は既判力に反しないという立場に依然立っている判例としては、残部請求をおよそ許さないとする方向をとることは、予想しにくい。しかも、④の場合も、⑤の場合も、すでに前訴判決において残存額の存在が判決理由中であれ認定判断されていることを考えれば、時効等の問題がない限り残部請求の審理自体を排斥することはないであろう。

それでは、(2)の問題について、判例はどんな展開をするであろうか。

信義則という原理によってであれ、かりに前訴判決の理由中の判断に後訴の審理に対して法的な拘束力を及ぼすと同様の結果を認めることになるとすれば、争点効的な信義則の適用を認めたといえるであろう。

ところで、現存債権額について、前訴判決はどのような審理判断を下しているかという点からみると、①および②と③および⑤とは、共通したところがある。

すなわち、①の場合は、債権全体の一〇〇〇万円は（三〇〇万円も七〇〇万円も）認められないという確定的な審理判断の結果、請求棄却になっている。②の場合は、債権額一〇〇〇万円のうち二〇〇万円が現存し、八〇〇万円は存在しないという確定的な審理判断（これには、たとえば、一〇〇〇万円の発生は認められるが、八〇〇万円の弁済が認められるとか、はじめから二〇〇万円の債権の発生しか認められないとかの判断がありうる）があって、二〇〇万円の一部認容（三〇〇万円のうち一〇〇万円の部分は棄却）判決があったという場合である。他方、③の場合については、現存債権額は、三〇〇万円であり、七〇〇万円は存在しないとの確定的な審理判断の結果として、三〇〇万円が認められたという経過からすると、残部債権の不存在について確定的な判断がなされているという点で、①および②と共通している。⑤については、一〇〇〇万円全額認められるとの確定的な判断がなされた上で、申立額の三〇〇万円が認容されているわけで、残部七〇〇万円の存在について――③の場合と比べると残額債権七〇〇万円の不存在についてでなくその存在についてという点が異なるが――、確定的な審理判断がなされている点では、①、②および③の場合と共通である。

④の場合は、どうであろうか。

この点は、二ですでに論じた審理方式に関係してくる。たとえば、一〇〇〇万円の債権の発生原因事実が認められ、被告から五〇〇万円の弁済の事実が主張された場合に、弁済の事実が認められるとしても、少なくとも三〇〇万円の請求額は認められるというので、請求の全部認容判決をすることが許されるのか。また、五〇〇万円、三〇〇万円と二回の弁済の事実が主張され、三〇〇万円の弁済の事実は認められないとの審理判断がなされた段階で、五〇〇万円の弁済の事実の存否にかかわらず、少なくとも、三〇〇万円の請求額は存在するとして、請求認容判決をすることが許されるか。かりに、「通常」は、ともかく残存債権額がいくらかを確定的に判断すべきであるとすると、④もまた、請求額のほか残存債権が二〇〇〇万円存在し、五〇〇〇万円は現存しないという点については、①などと同じように、当事者は精力的に争い、裁判所はその点について確定的な審理判断を示しているといえる。

一部請求額にかかわらず現存債権額がいくらかという点について、当事者が寄せる関心度、投入する労力、また裁判所が投入した労力、これらの者の紛争解決への期待などからいうと、①、②および③の場合と、④および⑤との場合とを比較して、事情は変わらないといえる。そうだとすると、〔判例五〕の論理は、⑤の場合に、さらに、④の場合にも、押し及ぼされていくとしても、さして不思議ではない(16)。逆に、④⑤の場合に、確定的に審理判断された現存額が、一部請求額と同額かこれを超えたときには、現存額の判断が当事者に対して〔判例五〕のような制約をもたないと取扱うことの方が、審理方式の方から詰めると、むしろ納得がいかない。最高裁のいうような審理方式をとるというならば、現存額の審理判断結果として、現存額がたまたま一部請求額を超えるか超えないかは、現存額の審理判断の密度・精度とは無関係だからである。

## 五　原告の紛争決着責任の範囲

〔判例五〕は、一部請求をする原告の訴訟に臨む態度決定にどのような影響を与えることになるか。原告としては、訴訟のリスクを請求額（申立額）に限定するために一部請求をしているわけであるが、一部請求とはいえ、訴訟をするからには、相手方、裁判所との関係から、訴訟制度としては、紛争解決機能を一定限度保つ必要がある。つまり、一定範囲の紛争の決着を保障する必要がある。原告からいえば、一部請求訴訟のリスクを請求額に止めたい。しかし、〔判例五〕は、それに止まることを認めるとは思われない。いったい、原告は、どこまでの紛争の決着を受忍しなければならないのか。このような、一部請求をする原告の紛争決着責任の範囲という視点から、考察してみたい。

〔判例五〕の立場を前提とすると、原告としては、よほど例外的な場合を除いては、一部請求であるからといって、攻撃の手をゆるめることは、許されない。敗訴しても債権の一部を失うだけだと考えて中途半端な攻撃に止めたとしても、敗訴した場合には、一部請求額の喪失にとどまらず、債権全額の喪失というリスクが常にあるからである。被告としては、訴えられた以上、現存額が少しでも低額に、さらにはゼロと審判されるように十分な防御を展開して債権全部についての紛争の決着を図りたいと要求することは訴訟上の正当な権能と考えざるをえない。このような被告の債権全部についての紛争決着要求に対して、原告は、一部請求であることをもって、拒否することは許されないというべきである。〔判例五〕は、原告にそこまでの紛争を決着すべき行為責任（紛争解決のために攻撃防御を尽くすべき行為責任、そしてその行為責任を尽くさなければ、結果を甘受すべき責任）を認めるものと考えられる。

他方、被告としても、よほど例外的な場合を除いて、原告の要求は一部請求であり、その程度の額ならば、払ってもよいという理由のみから、一部請求に対して全力で争わないですますこと（たとえば、「不知」の連発をするなどで消極的な防御に終始するなど）は得策でないことになろう。かりに、現存額が請求額より少ないという見込みならば、あるいは、少ないかどうか不明であるというような状況であれば、紛争全体の決着をつけるべく全力で争う体勢で臨むべきであり、見事、一部請求を全部または一部棄却に持ち込めば残額請求を全面的に排除できるというインセンティブも、そこにあるといえよう。この場合、審理の結果として、現存額が請求額より多いと判断されたとしても、遡って、被告の債権額全体についての決着要求が不当であったと評価することはできないであろう。紛争決着要求なり、決着責任の問題は、第一に当事者に対する行為責任の問題であり、その正当性は、これから審理しようとする際の結果に対する見込み・予測を基礎にして判断すべきものだからである。

もっとも、現存額が一部請求額を超えて存在するということがあらかじめ予想される場合に、判決理由中でその現存額が認められたときの残部請求への影響力がどれだけあるかのは、〔判例五〕からは不明である。この点は、被告側として防御体勢の選択に迷う一要素になるのではないかと思われる。現存額は、一部請求額より多いということを自認するならば、自白なり、認諾することによって、残部請求に対して白紙で徹底的に争える機会を保留すべきであろう（前訴の一部請求訴訟で、自白、認諾が行われれば、債権全体の審理判断は行われず、前訴の敗訴判決は残部請求に対して被告にマイナスの影響を与えることはないと考えられる）。

しかし、このように被告がはじめから現存額が請求額を超えることを予想している場合であっても、被告の方から、現存額についての最終決着を要求することが許されるべきではないかと考える。

第一に、すでに現存額を判断する上で、債権総額の発生原因が不可避の争点になっているが、その争点には、①いかなる額について発生原因事実が認められるか、また②いかなる額の消滅原因事実が認められるかの争点も当然に含まれているのみならず、原告にしても、現存額がいくらであるかは、それが訴訟物の枠内に入らないとしても、残部請求を含めた紛争全体の最終決着にとって重要な基準になることを無視できないところ[17]、その点について被告が決着を求めたのに、そもそもの紛争仕掛人たる原告が、これを正当に拒否できるとは考えられない。そして、この場合には、裁判所としても、現存額の審判を留保して請求額を認容することは許されないと考えられる[18]。このような攻撃防御態勢をめぐる原告被告間の緊張関係及びこれを知る裁判所の立場からすると、現存額をめぐる争点は、「正当な決着期待争点[19]」であるといえそうである。その意味でも、現存額が一部請求額より大である場合にも、その現存額の判断に一部請求額より小である場合と同様の効果を認めることが許されるのではあるまいか。

## 六　おわりに

少し前の最高裁の判例では、結論の当否を考慮することなく、形式的論理を貫く判決が多くみられた。とくに手続法の問題については、そのような傾向が強いと思われた。それに比べると、近時は、原審の事実認定への目配り、結論の当否への気配り、当該事件の座りのよさへの配慮等が感じられる[20]。〔判例五〕も、そのよい一例であろう。新民事訴訟法による、最高裁の負担軽減策が、いくらかでも影響しだしたのであろうか。それはともかく、同判決は、民事訴訟法学上も、分かりやすい理論を求める流れの中に位置づけることができ、今後一層の議論を呼ぶことであろう。(21)本稿は、こうした最高裁判決の新傾向に触発されたものである。一部請求の審理方法についての判例の流れから、一部請求論の行方を予想したに止まったが、さらなる判例展開の呼び水になることを期待したい。

佐々木吉男先生は、私が研究生活を始めた頃からの先輩であり、先生である。調停の研究にみられるように、先生は精力的に実証的研究を進められ、民事訴訟法学界をリードされた。そのご功績は、不朽である。また同時に、先生の法理論的構想力も、いつも羨望の的であった。そんな先生のエネルギッシュな研究に常に啓発され、学恩を受けた後輩として、感謝の気持ちを表したく、拙論を省みず、追悼の集いに参加させていただく次第である。

(1)　はじめに、本稿で触れる主要な判決を列記しておく。
〔判例一〕　最判（二小）昭和三七年八月一〇日民集一六巻八号一七二〇頁
〔判決二〕　最判（二小）昭和四〇年九月一七日民集一九巻六号一五三三頁
〔判例三〕　最判（一小）昭和四八年四月五日民集二七巻三号四一九頁
〔判例四〕　最判（三小）平成六年一一月二二日民集四八巻七号一三五五頁
〔判例五〕　最判（二小）平成一〇年六月一二日民集五二巻四号一一四七頁
〔判例六〕　最判（三小）平成一〇年六月三〇日民集五二巻四号一二二五頁
以下、各判例を、「〔判例x〕」または「〔判例x〕昭和（または平成）x年判決」という形で、引用する。
(2)　〔判例三〕昭和四八年判決は、一部請求に対して過失相殺をする場合について、同じ審理方法を認めている。すなわち、原告X（被上告人・被控訴人）は、一審において、療養費二九万六二六六円、逸失利益一一二八万三六五一円、慰謝料二〇〇万円の各損害の発生を主張し、療養費、慰謝料の全額と逸失利益の内金一五〇万円、合計三七九万六二六六円の支払請求をしたところ、第一審判決は、療養費と慰謝料については、X主張の全額、逸失利益については、九一六万〇六一四円の各損害の発生を認定し、合計一一四五万六八八〇円から過失相殺により三割を減じ、さらに支払済みの保険金一〇万円を差し引いて、被告Y（上告人・控訴人）の支払うべき債務総額を七九一万九八一六円と認め、その金額の範囲内であるXの請求の全額を認容した。Yの控訴に対し、Xは、一審の認定どおりに、逸失利益の額を九一六万〇六一四円、損害額の総額を一一四五万六八八〇円と主張を改め、自ら過失相殺として三割を減じ、Yの賠償すべき額を八〇一万九八一六円と主張し、附帯控訴により請求を拡張して、第一審の認容額との差額四二二万三五五〇円の支払を新たに請求した。これに対し、Yは右拡張部分につき消滅時効の抗弁を主張した。原判決は、療養費および逸失利益の額をXの主張どおり認め、その合計九四五万六八八〇円から過失相殺により七割を減じた二八三万七〇六四円をYが支払の責めを負うべきであるとし、また慰謝料の額は、Xの過失をも斟酌して、七〇万円を相当とし、支払済み保険金一〇万円を控除し、結局、Yの支払うべき債務総額を三四三万七〇六四円と認め、第一審判決を変更してこの額の支払を命じその余の請求を棄却し、附帯控訴に係る請求拡張部分は、右の損害額を超えるから、消滅時効の抗弁を判断するまでもなく失当として、その部分の請求を全部棄却した。この原判決に対して、最高裁は、一個の損害賠償請求権のうちの一部が訴訟上請求されている場合に、過失相殺をするにあたっては、損害の全額から過失割合による減額をし、その残額が請求額を超えないときは、右残額を認容し、残額が請求額を超えるときは請求の全額を認容することができる。そのように解することが一部請求をする当事者の通常の意思にそうものというべきであると判示している。

(3)　〔判例四〕平成六年判決の事案は、一部請求に対して、相殺の抗弁が提出されて理由がある場合について、同じ審理方法を認めている。「まず、当該債権の総額を確定し、その額から自働債権の額を控除した残存額を算定したうえ、原告の請求に係る一部請求の額が残存額の範囲内であるときはそのまま〔残存額を〕認容し、残存額を超えるときは残存額の限度でこれを認容すべきである」と判示し、その理由として、「一部請求は、特定の金銭債権について、その数量的な一部を少なくともその範囲においては請求権が現存するとして請求するものであるので、右債権の総額が何らかの理由で減少している場合に、債権の総額からではなく、一部請求の額から減少額の全額または債権総額に対する一部請求の額の割合で案分した額を控除して認容額を決することは、一部請求を認める趣旨に反する」という。

(4)　外側説、案分説、内側説については、高橋宏志・重点講義民事訴訟法一〇一頁以下（一九九七年、有斐閣）参照。

(5)〔判例五〕の事案は、土地の買収などの業務委託契約に関し、合意に基づき、予備的に商法五一二条により、被告に対して一二億円の報酬請求権を取得したと主張し、前訴においてそのうちの一億円の請求をしたが、これを棄却する旨の判決が確定した。その後本訴を提起し、前訴で請求した一億円を除く残額が二億九八三〇円であると主張して、①合意に基づき、②予備的に商法一二条により残額請求をした。さらに③予備的に、本件業務委託契約の被告による解除により原告が報酬請求権を失うという原告の不利益において、被告は本件土地の交換価値の増加という利益を得たと主張して、報酬相当額二億六七三〇万円の支払を求めた。第一審は、いずれの訴えも前訴の実質的な蒸し返しであり、前訴において十分な手続保障が与えられたにもかかわらず、前訴確定判決の効力を潜脱すべく提起されたものとして、すべて却下した。しかし原審では、伝統的見解に基づき、残部の請求について既判力は及ばない、③の予備的請求は前訴の請求とは異なる請求権に係る別個の訴訟物であると判示し、また被告による信義則違反の主張をも斥けて(高裁では、前訴判決確定から三カ月ほどで本件後訴が提起されている点がとくに考慮されたのかもしれない)、第一審判決を取り消し、事件を第一審に差し戻した。最高裁は、この高裁判決を破棄し原告の控訴を棄却して、第一審判決を維持した。とくに、〔判例五〕の事案においては、前訴の過程で、過失相殺とか、相殺の抗弁とかが主張されておらず、訴訟物たる請求権の発生自体が争点となっていた。

(6)　一部請求論の近時の状況一般については、高橋宏志・前掲注(4)八七頁以下、中野貞一郎『民事手続の現在問題』八五頁以下(一九八九年、判例タイムズ社)。

(7)〔判例二〕昭和四〇年判決の事案は、一一〇万円の借金をした借主が、すでに①八四万円、②七万円、③五万円の返済をしたので、現在の元本額は一四万円を超えては存在しない旨の債務不存在確認訴訟であるが、第一審は、本件貸金には、日歩一〇銭の利息が付いており、①の弁済は、元本に支払われたのは、五〇万円に過ぎないと認定し、②③の弁済を考慮しても、元本が一四万円を超えることは明らかであるとして、請求棄却をし、原告の控訴に対して、控訴審では、控訴棄却とした。この原判決に対して、最高裁は、債務の不存在確認を求めている申立ての範囲は、一四万円を一一〇万円から控除した九六万円の債務額の不存在確認であるとし、②③の弁済の事実について判断せず、残存額の不存在の限度を明確にしないで、単に請求棄却をしたことは、訴訟の申立の範囲(訴訟物)についての解釈を誤り、審理不尽の違法をおかしたものとして、破棄差戻をしている。その種の紛争においては、残存額がいくらかが紛争を解決する基準になるという点では、他の判例事案と共通であり、残存額を確定しない審理は不十分とする点も、共通するものがある。ただ、原告が申立から除外した一四万円の部分も、債権の残存額を確定的に判断する場合には、常に確定的に審理判断せざるをえない点では、積極的な一部請求の場合よりも、訴訟物とされていない部分（一四万円の部分）について、再度その存在を争うことを許さない扱いを認めやすいといえようか。

(8)〔判例一〕昭和三七年判決は、これを明言している。〔判例一〕の事案については、注(13)参照。〔判例六〕においても、この点を依然維持しているが、〔判例五〕をふまえて、残部請求に対して信義則による制約を認めている。〔判例六〕の事案については、注(14)参照。

(9) 最判（二小）昭和三四年二月二〇日民集一三巻二〇九頁は、時効中断のための「裁判上の請求」があったというためには、その権利が訴訟物になったことを要するとして、一部請求は残部債権に対して時効中断の効力が及ぶことを否定し、一部請求中に残部にまで請求を拡張した事案について、拡張部分はすでに時効が完成しているとした。これについては、藤田裁判官の反対意見があるし、座りの悪い判決との評釈が多い。高橋・前掲注(4)一〇二頁注（23）およびその本文参照。

(10)〔判例四〕、〔判例五〕のほか、〔判例一〕（これについては、注(13)参照)、〔判例二〕（これについては、注(7)参照)、〔判例三〕（これについては、注(2)参照）などにおいても、当事者の関心が残存部にあることが窺われる。

(11) 学説上は、明示の数量的一部請求を適法としつつ、残部請求を信義則で制限するという、〔判例五〕の判旨の線まで提案する説は、すでに少なくなかった。井上治典「確定判決後の残額請求」『民事訴訟法の争点』（旧版）（一九七九年、有斐閣）一八三頁、佐上善和「一部請求と残額請求」新版民事訴訟法演習Ⅰ（一九八三年、有斐閣）一三六頁、兼子一ほか『条解民事訴訟法』（竹下執筆）六一一頁以下（一九八六年、弘文堂）、中野貞一郎・前掲注(6)一〇八頁。伊藤眞『民事訴訟法一七八頁』（一九九八年、有斐閣）は、債権総額が常に訴訟物をなすとして既判力も債権全体について生じるとするが、判旨の結論には賛成するものである。

(12)〔判例五〕の判例研究として川島貞一・成城法学五九号一八九頁二〇七頁があるが、判旨に賛成する。

(13)〔判例一〕の事案は、倉庫業者としての注意義務の懈怠に基づく三〇万円の損害賠償債権のうち、原告は、前訴において一〇万円を請求し、八万円の限度で認容されたのち、後訴において、二〇万円の残額請求をした事件について、訴えを却下した一審判決を取り消して差し戻した原判決を最高裁も是認して、被告からの上告を棄却したものである。前訴においてどういう審理判断のもとに、一〇万円の請求額のうち八万円が認容されることになったかつまびらかでない。残存額に関わりなく、請求額一〇万円から何らかの理由で（たとえば、過失相殺で減額すべき総額を、債権総額に対する一部請求額の割合（三分の一）で案分した額を二万円として、これを）、控除したとすれば、そのような審理方式自体が〔判例五〕によって、許されなくなったといわざるをえない。また、債権総額三〇万円のうち残存額が八万円のみであるとの判断のもとに、前訴判決がなされているとすれば、〔判例一〕のような結論を取ることも、〔判例五〕によって否定されることになったといわざるをえない。

(14)　この点は、〔判例六〕平成一〇年六月三〇日判決に、さっそく承継されている。〔判例六〕は、数量的一部請求は、それのみが訴訟物をなし、それ以外は、既判力を生じないとの立場を依然とっているけれども、残部請求が当然許されるわけではないとして〔判例五〕六月一二日判決の趣旨を受けている。しかし、本判決は、すでに提起された一部請求の残部を別訴において相殺の自働債権として主張することが許されるかについて、別訴の一部請求は単なる数量的一部請求ではなく、一部請求に係る債権とその残部の債権とは、実質的に発生事由を異にする別種の損害賠償請求権であるという点、および訴訟上の権利濫用に当たるなどの特別の事情もないということから、別訴での、残部債権による相殺の抗弁の提出を許している。園部裁判官の補足意見では、さらに、一部請求の別件で請求棄却判決が確定した（本判決と同じ日に上告棄却判決が言渡され、請求棄却判決が確定した）現段階では、残額を相殺の抗弁に用いることも〔判例五〕の先例に照らして許されないとしている。

(15)　伊藤眞・前掲注(11)一七九頁も、再訴の適否は訴えの利益の問題とするが、参考になる。

(16)　その結果は、残存額について、争点効に類似した効果を認めることになる。

伊藤眞・前掲注(11)一七九頁は、同様の効果を既判力で説明している。既判力で説明する場合には、伊藤教授自身がすでに論じているように、申立額三〇〇万円を超えてさらに二〇〇万円の残存債権額の存在を既判力をもって確定することは、処分権主義に反するのではないかとの批判に答える必要がある。

(17)　一部請求額を超えた現存額をめぐる紛争にとって、判決理由中の現存額の判断は、第二の訴訟を待つまでもなく、訴訟外における当事者間の交渉をリードし、紛争解決の重要な基準になることを十分に期待できるであろう。判決理由

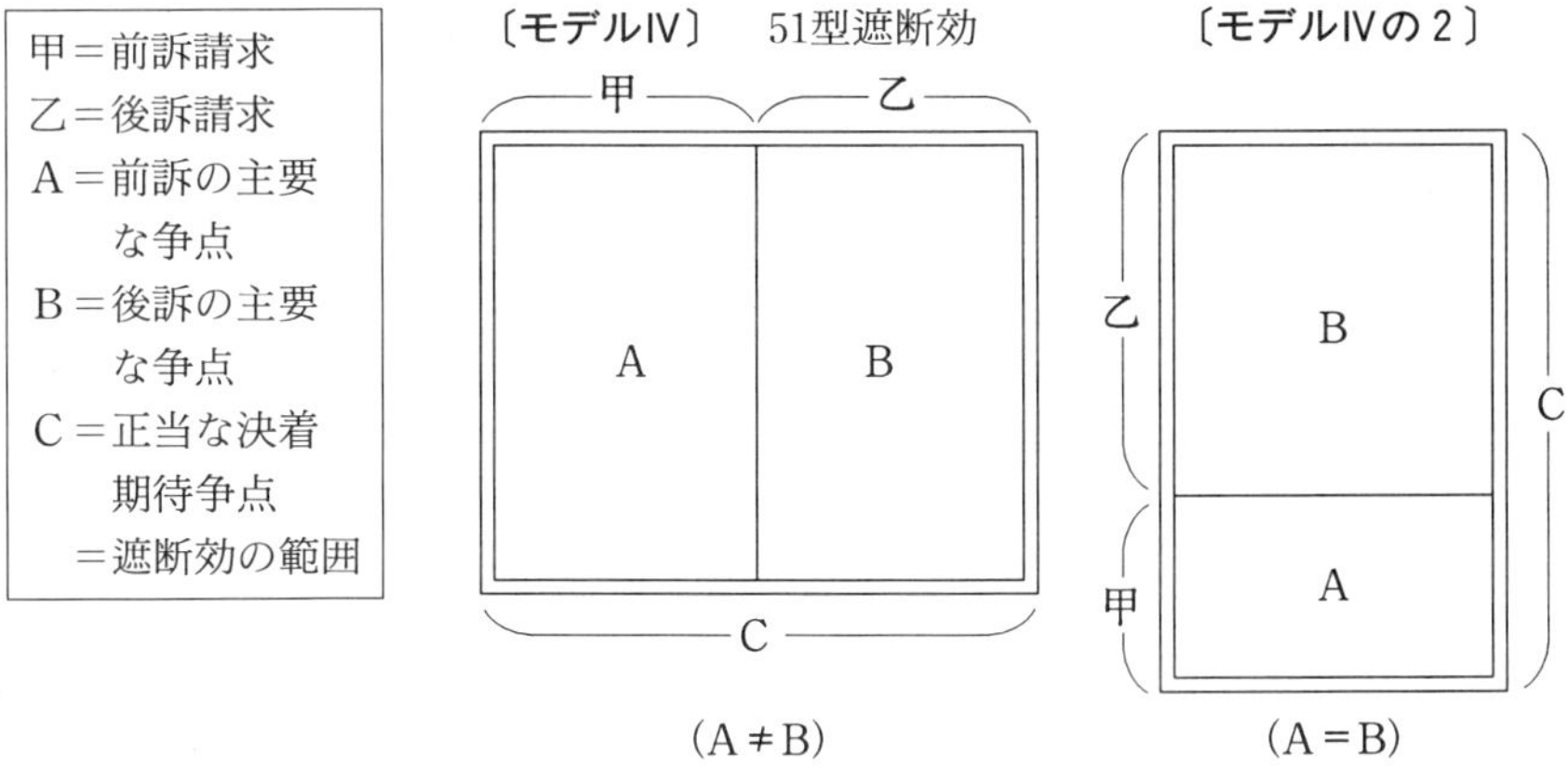


中の判断の裁判外での紛争解決機能については、最判（一小）平成九年三月一四日判例時報一六〇〇号八九頁の福田裁判官の反対意見が参考になる。なおこの判決については、新堂「既判力と訴訟物再論」、原井竜一郎先生古稀祝賀『改革期の民事手続法』二四七頁以下（二〇〇〇年、法律文化社）参照。

(18)　この点は、**二**で提起した問題に対する私なりの推論である。

(19)　この用語については、新堂『新民事訴訟法』六一六頁以下（一九九八年、弘文堂）、同「判決の遮断効と信義則」三ケ月章先生古稀祝賀『民事手続法学の革新(中)』五一二頁（一九九一年、有斐閣）参照。

(20)　筆者は、そのような傾向を別稿で指摘した。新堂「破棄判決にみられる最高裁の素顔——一九九八年の回顧——」日韓・韓日弁護士協議会誌一八号一八五頁、二〇二頁（一九九九年）参照。

(21)　筆者のいう判決の「遮断効論」からすると、〔判例五〕は、重要なターニング・ポイントをなすものといえ、最判（一小）昭和五一年九月三〇日民集三〇巻八号七九九頁に比せられる重要度をもつと考える。筆者の「遮断効論」については、新堂「正当な決着期待争点」中野貞一郎先生古稀祝賀『判例民事訴訟法の理論（下）』一頁以下（一九九五年、有斐閣）、新堂・前掲注(19)六一六頁以下および六二〇頁図表参照。筆者によれば、〔判例五〕は、上記昭和五一年判決の〔モデルⅣ〕に並ぶものとして、次のような〔モデルⅣの２〕を提供するものである。

# 2

# 猶予期間付差止判決について
## ――東京高裁平成八年二月二八日判決を機縁として――

角森正雄



## 一　はじめに（本稿の目的）

東京高等裁判所は、自宅前に位置するごみ集積場の悪臭汚泥等の被害対策として集積場を輪番制にせよとの原告の提案に対して、これに反対する近隣住民を相手取った家庭ごみの排出差止請求事件において、次のような判決を言渡した（東京高判平成八年二月二八日判例時報一五七五号五四頁）。

「被控訴人は、本判決確定の日から六か月を経過した日以降、原判決別紙物件目録記載の土地上に一般廃棄物を排出してはならない」

この判決に注目した新聞各紙は「後絶たないごみ集積場訴訟、崩れる隣人の協力関係、『昔ならあり得ぬ話』、解決の契機となるか高裁判決」[1]などと報道した。近隣紛争の司法的解決の問題点については津地裁の隣人訴訟判決が有名であり、種々の法律学の分野のみならず広く議論がわき起こったが[2]、本件もその例として広くマスコミの注目するところとなった。

民法学者も「本判決は、差し止めに関し、判決確定から六か月の猶予期間をおき、関係者の円満な話し合いを促している。このような差し止め判決は従来見られなかったが、裁判所のフォーラムセッティングの機能を有効に果たさせるものとして注目される。」と指摘し[3]、訴訟法学者も「本件判決は、直ちに紛争を解決するものではなく、また、その執行は困難であるが、少なくとも、話合いの契機を用意することにより、地域社会の自治のレールをしき、紛争解決の手掛りは与えている。」と述べ「本件判決は、訴訟というもののなかに新たな可能性を発掘する必要性を如実に示すものとみることもできよう。」と高く評価した[4]。

一方、猶予期間を付した差止を命じた東京高裁判決は上告審である最高裁判所においても支持され、その後も同種の事件に対して全く同一内容の判決が続き、リーディングケースとしての地位を得ようとしている。

本稿は、この猶予期間を付した差止判決に対して民事訴訟法学の側面から理論的検討を加えるとともに、近隣紛争に対する裁判の役割を考察するに当たって新たな素材を提供した本判決について、その適用範囲について考察するものである。なお、本稿では隣人訴訟一般の問題点を網羅的に検討するのではなく、本件訴訟における具体的な隣人紛争に対して裁判所が言い渡した判決の訴訟法的考察を中心にして、民事差止訴訟の機能、および民事訴訟の役割とその限界について検討するものである[5]。

以上の本稿の目的のために、最初に、東京高裁判決に至るまでの全国各地のごみ集積場問題の発生と提訴に至った状況、および、東京高裁判決後の同種訴訟の経緯について簡略に描き（二）、次に東京高裁判決の訟法上の問題点について検討し（三、四）、当該判決が果たした機能について分析した後（五）、本件猶予期間付差止判決の射程距離について考えることにする（六）。なお、本稿において、個別の事件を明示しない限り、後述の①②③事件を総称して

「本件訴訟」と表記する。

## 二　それぞれのごみ集積場排出差止請求事件とその経緯[6]

一般廃棄物（いわゆる家庭ごみ）のごみ集積場に関しての近隣紛争が、全国各地で、いつ頃から発生したのかは定かではないが、新聞記事や投書において紛争が顕在化したのは平成二年頃である。[7]そして、近隣住民間の紛争が深刻になり、訴訟に持ち込まれるまでに至っていたことは、平成四年三月の千葉地裁における和解成立の新聞報道によって知られることになる。[8]また、この訴訟と和解終結の新聞記事によって、近隣住民間で集積場を輪番で移動させるという、この紛争に対する解決方法が広く知られるところとなった。

本稿で検討する訴訟が横浜地方裁判所に提訴されたのは、その一年後の平成五年二月二六日であり（以下①事件と呼ぶ）、その模様が報道される。[9]続いて、横浜市内の別の住宅地における紛争が平成六年九月一六日に同じく横浜地裁に提訴され（以下②事件と呼ぶ）、さらに川崎市内の住宅地におけるごみ集積場紛争が、平成七年七月七日に横浜地裁川崎支部に提訴されるに至る（以下③事件と呼ぶ）。

①事件は、平成七年八月三一日に原告敗訴判決が下されたが、東京高裁控訴審では平成八年二月二八日に原告控訴人一部勝訴の逆転判決が言い渡される。この高裁判決について、地元の新聞は前掲のように『解決の契機となるか高裁判決』と報道する。[10]

この①事件の東京高裁判決の判決理由を採用して、②事件は原告勝訴判決（横浜地判平成八年九月二七日（平成六年(ワ)第三二三五号）判例タイムズ九四〇号一九六頁）が言い渡され、この判決もマスコミで注目されたが、[11]敗訴被告は控訴し、東京高裁に舞台が移ることになる。

その後、平成九年四月一一日、①事件の上告審である最高裁は上告を棄却し、東京高裁判決を支持するに至り、[12]さらに平成九年一二月五日には、③事件について横浜地裁川崎支部が同様の原告勝訴判決を言い渡し（平成七年(ワ)四五四号一般廃棄物排出差止請求事件、判例集未登載）、③事件については、一審限りで確定する。

最後に残った②事件は控訴審において、裁判所の和解勧告により、平成一〇年五月二六日に訴訟上の和解が成立し、裁判は終結するに至る。(13)

①事件、②事件、③事件はそれぞれ、分譲住宅地のごみ集積場が問題となり、六か月の猶予期間付差止判決が言い渡された点で共通するが、具体的には次のように異なる特徴を有する。

①事件では、原告宅付近のごみ集積場は原告宅地の空き地前歩道上にあったが、空き地に建物が建築されると他の空き地前に移動し、平成三年六月、同空き地に建物が建築されると原告方敷地から約三メートルの位置にある駐車場前に移された。それ以来、原告は、生ごみを動物が荒らしたり、悪臭などにより不快感に悩まされていた。輪番制を自治会に働きかけたものの賛成者が過半数に達せず採用されなかった。原告は自らアンケートを行い、原告所属ブロック四九世帯のうち、輪番制に反対する五名に対する排出差止を求めたものであるが、結果的には、第一審において、原告の訴えの取下げに同意しなかった被告一名に対する訴えとなったものである。なお、被告側は上告審に至るまで本人訴訟を貫徹した。

また、②事件は鉄道会社が販売した分譲住宅地に、約一五年の長期にわたって設置し続けられた集積場につき、一一世帯のうち、輪番制に反対する六名に対する排出差止を請求したものである。ごみ集積場が当該場所に設置された経緯が不明である①事件と異なり、この②事件では集積場が分譲地購入段階において契約書に明記されていた点がひとつの争点となった。

一方、③事件の原告は、他の事件と比べ少人数の班の六名を訴えたが、同時に自治会も共同被告として訴えた。②事件と同じく、集積場は購入時指定されていたが、被告らのゴミの出し方につき要求したものの、被告らは応じず、自治会も全く対応しなかったとして、被告らと自治会を共同被告として訴えたものである。(14)

## 三　東京高裁平成八年二月二八日判決とその問題点

ごみ集積場をめぐる近隣住民間の紛争に関する以上の素描から、一連の訴訟の中で、①事件の東京高裁判決がリーディングケースとして位置づけられていることは明らかであろう。したがって、東京高裁判決を中心に検討し、他の判決についてはその相違点に触れるのみに留めたい。

①事件における第一審請求棄却判決と控訴審猶予期間付差止請求認容判決とを分かつものは何か。どの点に結論を異にする要素があったのであろうか。

第一審判決では受忍限度を超えていないとして差止請求を棄却した。これに対して、控訴審判決では現在において受忍限度を超えていないという点では第一審判決と同一の事実認定であるが、判決確定後六か月経過という確定期限を付して差止請求を認容した。

半年後になぜ、受忍限度を超えることになるのか。また、仮に、半年後に差止請求権が発生しうるとしても、口頭弁論終結時には未発生であるとして請求を棄却するのでなく、猶予期間付差止判決を言い渡したのはいかなる理由によるのか。控訴審判決の言うところを見てみよう。

判決はまず、受忍限度判断の基準を示す。

「そこで、前項認定の諸事情によって考察してみるに、控訴人が本件集積場によって被っている悪臭、ごみの飛散、不潔な景観による不快感その他による有形、無形の被害が、受忍限度を超えるものであるかどうかの判断にあたっては、単に被害の程度、内容のみに止まらず、被害回避のための代替措置の有無、その難易度等の観点のほか、さらには関係者間の公平その他諸般の見地を総合したうえでなされるべきものと解される。」

次に、その具体的判断に移る。

「控訴人が本件集積場によって受けている前記のような被害は、家庭から排出される一般廃棄物の処理に当たり、その適正化、効率化のためごみ集積場を設けることが不可欠であり、ごみ集積場からは右のような被害が発生することは避けられず、このことに被害が主観的、感覚的なものであることを考え併せると、当然に受忍限度を超えているものとは解し得ない。」

として第一審判決と同様の判断を示すが、次のような新たな判断要素を付加する。

「しかし、控訴人の受けている被害が何人にとっても不快感、嫌悪感をもたらすものであるところ、輪番制をとって、本件集積場を順次移動し、集積場を利用する者全員によって被害を分け合うことが容易に可能であり、そうすることがごみの排出の適正化について市民の相互協力義務を定めた前記条例の趣旨にもかなうことよりすれば、そのような方策をとることを拒否し、本件集積場に一般廃棄物を排出し続けて、特定の者にのみ被害を受け続けさせることは、当該被害者にとって受忍限度を超えることとなるものと解すべきである。」

しかし、本件の場合、その受忍限度を超えるのは口頭弁論終結時ではなく、判決確定後六か月後であると次のように判示するのである。

「本件集積場は、平成三年六月に設置されて以来、五年近くそのままとされ、その間控訴人は、前記の被害を受け続けており、被控訴人は、控訴人の話合いの申出や裁判所の和解勧告を拒絶したまま、本件集積場に一般廃棄物を排出し続けているものであるが、右判示の趣旨にのっとり、自宅前道路に本件集積場を移動することの検討などを含めて、積極的に本件解決のために努力すれば、控訴人の右被害を免れさせ得る立場にあるものというべきであるから、これを漫然放置し、本判決確定後六か月を経てなお一般廃棄物を排出し続けることは、控訴人の受忍限度を超えるものとして、許されないものと解すべきである。

従って、本判決確定の日から六か月を経過した日以降、被控訴人に対して本件集積場への一般廃棄物の排出の差し止めを命じるのが相当である。」

第一審と控訴審判決とを分かつものは、このように受忍限度の判断基準の違いが指摘されようが、口頭弁論終結時には受忍限度を超えていない点では共通する。[15]

では、第一審判決と異なり控訴審において、判決確定後六か月後に受忍限度を超えると断定し、将来の時点で超えるとの判断を前提に差止判決を言い渡した根拠は何であろうか。

ここでは、まず、両判決の受忍限度基準の異同について、実体法上の解釈を参照し、次に、六か月の猶予期間を付した理論的根拠について訴訟法の側面から検討したい。

## 四　猶予期間付差止判決の訴訟法的考察

### 1　判決の実体法上の問題点——特に受忍限度の判断基準について——

本件①事件控訴審判決についての実体法上の問題点については、既に大塚直教授による詳細な批判的検討が行われている。[16]本稿の目的に関する限りの大塚教授の見解を挙げておきたい。

大塚教授によれば、本件原告が真に求めようとしたのは、輪番制の実施（相隣的な迷惑の共同負担の履行）であるが、原告の被害と被告のごみ排出行為との因果関係については、①被告が原告自宅前の集積場にごみを排出しているために被害を受けていること、②被告が輪番制に反対していることで集積場を移動できないために被害を受けていること、の二つの事実が問題となる。しかし、②の輪番制反対行為の差止請求は、被告の自由意志の問題と絡み、請求の根拠として十分なものがないこと、反対行為自体を違法と評価することは困難であることから、現行法の下では困難であると判断し、原告が①の排出差止のみを訴求したことは一理あるといえる。もっとも、被告が②の輪番制反対を続ける限り、原告の意図する解決には必ずしも直結せず、この点で判決が因果関係について論じていないことには問題があるが、本判決は和解・調停的な解決をしたものと評価される。

大塚教授はさらに本件の事案の特殊性に言及し、従来の生活妨害のケースとは異なる点として、原告も被告も相隣関係に基づく協力（公平負担）義務を同等に負っており、その義務が具体的に明確に定められるために、表面上の生活妨害よりもこの相隣関係上の義務違反に本件の重点があるとする。そのために本件では「受忍限度」の判断においては、通常の判断において極めて重要な要素となる、被害の程度、地域性等はそれほど重視されず、被告の原告に対する生活妨害が、この種の全く同等の立場での相隣関係上の公平負担に基づくものであるかどうかが決め手になる。そして具体的な受忍限度の判断については、判決は、①「被害回避のための代替措置」が容易である点と②「市民の相互協力義務」に基づく「関係者間の公平」を重視するが、上述のように重点は、②の判断にあると主張される。

このように大塚教授は本件の真の争点が「市民の相互協力義務」にあることを鋭く指摘されるが、結論的には本判決を高く評価されているようである。(17)

本件事件の特殊性について、以上の大塚教授の実体法上の指摘は、後に検討する本判決の射程範囲について重要な意義を有することになろう。しかしながら、横浜地裁判決と異なり、基本的には大塚教授の指摘する「市民の相互協力義務」を重視した東京高裁の事実認定と法適用によっても、また、大塚教授の実体法上の分析に基づいてもなお、東京高裁判決が受忍限度をこえていないとして請求を棄却せず、六か月の猶予期間を付して差止請求を認容した根拠とその意義については、未だ明らかにされていないように思われる。次に訴訟法上の検討を行いたい。

## 2　将来の給付判決としての猶予期間付差止判決

口頭弁論終結後に侵害行為が受忍限度を超え、将来の時点で差止請求権が発生するとする差止判決は、現在の給付判決ではなく、将来の給付判決である。(18) それでは、将来の給付の訴えの利益(19)は、本件ではどのような要件事実において充足しているのか。

将来の給付を求める訴えは、あらかじめその請求をする必要がある場合に限り、提起することができる（民事訴訟法一三五条（旧民事訴訟法第二二六条））。まず、将来における請求権の期限の到来、条件の成就または請求権自体の発生の蓋然性が現時点で認められること、すなわち請求適格があることが必要である[20]。将来の給付の訴えを許すことは、現時点で原告に将来の強制執行のための債務名義を与え、反面で被告に執行できる請求権がないという事態が将来において発生したにもかかわらず執行を受ける危険、およびそれを防ぐには、ばあいによっては自ら請求異議の訴えを提起しなければならないという手続的な負担を課することになるので、この蓋然性を吟味することによって原告の利益と被告との利益とを調整しなければならないからである[21]。

この将来の給付の訴えの請求適格に加え、さらに、狭義の訴えの利益の存在を要する。しかし、その判断要素としては請求権の性質・内容・被告（債務者）の態度などで、個々の事案で具体的に判断されなければならない[22]。しかし、これらの要件の存否判断について東京高裁判決は、判決理由において何ら明示していない。訴えの利益があることは当然であると見なしたのか。あるいは、当事者の話合いを促進するためであるという、もっぱら訴訟政策的な理由によるのであろうか[23]。

確かに、被告が話合いに応じないまま判決確定後も現在の侵害行為が継続する蓋然性は高いかもしれない。すなわち、五年という長年の継続的侵害行為は、侵害行為が将来にわたって継続することを推認させ、狭義の訴えの利益を肯認するひとつの理由となろう。

しかし、狭義の訴えの利益の前提として、前述の請求適格はあるのであろうか。

本判決は判決確定後六か月の侵害行為の継続のみをもって、いわば自動的に受忍限度を超えると見なすのであろうか。すなわち、判決確定後六か月後という意味を、貸金返還債務の将来の履行期日の到来のような確定期限の到来であるとみるなら、まさに最終期限、タイムリミットという意味以外はないのであろうか。あるいは、その間、「輪番制の検討や他の代替手段の検討も含めて、積極的に本件解決のために努力」して（①事件東京高裁判決）、被告が原告との話し合いに応ずることなどの事情があれば、それは差止請求権発生の障害事実となる（したがって、請求異議事由となる）のであろうか。要するに、後掲の大阪空港訴訟最高裁大法廷昭和五六年一二月一六日判決が述べるところの

「請求権の成否・内容につき債務者に有利な将来における事情の変動があらかじめ明確に予測し得る事由に限られ」ているといえるであろうか。

このように本件判決に付された六か月の猶予期間という条件に関しては、訴訟法上の疑問点は少なくないのである。

### 3　「猶予期間付」という意味――猶予期間付差止判決の機能――

(1)　まず最初に、『猶予期間付差止判決』という表現と、強制執行の債務名義としての判決の効力について検討しておきたい。本判決のいう、「被控訴人は、本判決確定の日から六か月を経過した日以降、原判決別紙物件目録記載の土地上に一般廃棄物を排出してはならない」の、本判決確定の日から六か月を経過した日以降、という意味は、一般的に言えば、確定期限付判決と同義語であろう。すなわち、民事執行法上、六か月経過は執行開始要件としての確定期限に他ならなず、原告・執行債権者は、判決確定の日から六か月を経過した日以降いつでも執行開始を求め得るのであり（民事執行法三〇条一項）、執行文付与要件として、原告・執行債権者が差止請求権の発生要件である条件の成就を証明して執行文付与を求めなければならないもの（同法二七条一項）ではない。この点では、将来の損害賠償請求判決と同様に扱われることになる。[24]したがって、確定期限付差止判決と表現する方が適切であるかもしれない。[25]猶予期間付差止判決をこのように把握するとすれば、被告債務者が六か月後もなお、ごみ集積場に家庭ごみを排出し続けるなら、原告債権者は当該判決を債務名義として、債務者の排出行為の事実について証明することなく書記官より執行文の付与を受け、執行裁判所に執行の申立てをすることになろう。[26]

(2)　以上の点をふまえて、判決確定後六か月後という意味を検討する。

上述のようにこれを確定期限、タイムリミットを設定したものであるとするなら、そのタイムリミットとは双方当事者にとってどのような機能を持つものであろうか。

原告側にとって猶予期間は、その間被告の侵害行為を原告は受忍せざるを得ないという不利益である。

これに対して、被告側にとって猶予期間は、六か月後も原告宅前の集積場にごみを搬出し続けようとするならば、原告の輪番制の提案に従うか、あるいは、他の方法を提示して、六か月後の執行可能状態開始の回避に努めるほかないという重大な意味を持つ、まさに猶予期間なのである。しかも、①事件控訴審裁判所の前掲判示によれば、選択肢の中で輪番制の実施が容易に可能であると裁判所は評価し、また、裁判所はこの方法を念頭に置いてこそ、猶予期間付差止判決を言渡すことができたといえるのである。そういう意味では被告の対処方法は輪番制に従う以外にあまり見あたらないと考えられる。

以上の猶予期間をめぐる原告と被告の双方当事者の位置づけから、猶予期間を付した判決は次のような点につながる。すなわち、原告当事者にとって本来的には訴訟において輪番制の実施こそ提訴目的であったという点である。[27] 原告は、猶予期間付差止請求認容確定判決という債務名義を獲得することによって、この目的を達成しうる契機を得たのである。[28]

(3)　もっとも、輪番制を被告当事者に間接的に強制させることになるという、この差止判決の機能からすれば、原告にとって猶予期間は、差止請求を棄却されることと比較すれば明らかに利益であるとはいえ、請求の一部認容判決という点からは、不利益以外のなにものでもない。すなわち、輪番制を被告当事者に間接的に強制させるという機能は「差止」判決の機能なのであり、「猶予期間付差止」判決の機能の一部にすぎない。「猶予期間付」差止判決の利益はもっぱら猶予を付与される被告にある。したがって、なぜ猶予期間付かという疑問は依然として残る。

この疑問に対して判決は前掲のごとく次のように答える。

「……右判示の趣旨にのっとり、自宅前道路に本件集積場を移動することの検討などを含めて、積極的に本件解決のために努力すれば、控訴人の右被害を免れさせ得る立場にあるものというべきであるから、これを漫然放置し、本判決確定後六か月を経てなお一般廃棄物を排出し続けることは、控訴人の受忍限度を超えるものとして、許されないものと解すべきである。」

すなわち、被告の権利侵害行為は口頭弁論終結時には未だに受忍限度を超えておらず、したがって、口頭弁論終結時には被告は不作為義務を負うものではないが、判決確定後六か月以降に受忍限度を超えて差止請求権が発生すると予測されるからである、というのである。しかしこの六か月後に受忍限度を超えるという事実認定は実体法上正当化しうるであろうか。①事件のみならず、②事件と③事件も事案が異なりながら、いずれの裁判所もすべて一律に判決確定後六か月の猶予期間を付しているのであるが[29]、このような一律的な事実認定は、受忍限度の判断が一般条項であるために裁判所の裁量の範囲が広く、また、事実認定が裁判所の自由心証に基づくものであるとはいえ、裁判所の裁量権を逸脱しているのではないかとの疑問が生ずる。このことからしても、口頭弁論終結時に受忍限度を超えていないという裁判所の事実認定は、六か月間の猶予期間を与えるために、そのような判決を実体法的に根拠づけようとする裁判所の苦肉の策ではないのか。すなわち、差止判決に猶予期間を付した裁判所の意図は、原告と被告の当事者双方に話し合いをする機会を提示したものであるといえようが、この判決は実体法では汲みきれない、裁判による新たな紛争解決方式を双方当事者に提示したと見ることも可能であろう。

ちなみに、このような話し合いの契機を用意した猶予期間付差止判決は、②事件では控訴審において裁判上の和解が成立したことにより、その一部が結実したといえよう。しかし、①事件では、少なくとも、被告当事者に対しては、その機能が発揮されたかどうか疑問である[30]。

## 4　猶予期間付差止判決の許容性

### (1)　問題の所在

以上のように、猶予期間付差止判決の機能と意義について検討してきたが、既述のような訴えの利益の問題と絡み、そもそも、そのような猶予期間付差止判決が実体法上、および訴訟法上許されるのかという問題が検討されなければならない。

ところで、周知のごとく、環境・公害訴訟における差止請求および将来の損害賠償請求に関しては、それを棄却ないし却下するのではなく、本件と同じく条件を付することによって請求を認容すべきであるとする、一部認容判決の提案と検討が様々な角度から続けられてきた。そこで、まず、この流れの概略をたどり、本件の猶予期間付判決が抱える問題点を解明するための手がかりを得ることにしたい。[31]

(2)　大阪空港訴訟控訴審判決と竹下教授の批判

公害訴訟における差止請求の給付の訴えにつき、条件を付して請求を認容したのは大阪高裁昭和五〇年（一九七五年）一一月二七日判決（判例時報七九七号三六頁、判例タイムズ三三〇号一一六頁）が最初の判決であった。裁判所は、「原告らの居住地域で六五ホンを越える一切の航空機の発着を禁止するまで」損害を賠償せよという原告らの請求に対して、「原告らと被告との間において、大阪空港に離着陸する航空機の減便等の運行規制についての合意が成立するまでの間は一ヶ月につき各六六〇〇円を……支払え」という、条件付請求認容判決を下したのである。

この判決に対して学説はおおむね賛同したが、竹下守夫教授は基本的に判決に賛成を表明されつつ、判決に付された条件については民訴法一八六条（旧法、新法二四六条「裁判所は、当事者が申し立てていない事項について、判決をすることができない」に対応）に違反するとして次のような疑問を呈せられた。[32]

「実体法上原告らが損害賠償を請求できるのは、航空機の離発着によって生ずる騒音が受忍限度を超える限度に限られる筈である。原告らが合意をすれば、合意の内容にそう限りの騒音を発しても違法性はないことになろうが、逆に、原告らにおいて、合意が成立しない限りいかなる騒音も違法なり、として損害賠償を請求できるわけではない。したがって、合意が成立するまで損害賠償を請求できるというのは、実体法上認められない権利を、判決で認めたことにならないであろうか。これを、裏からいえば、合意が成立するまで、というのでは、被告が何をしたら損害賠償義務を免れうるのかが特定されていないことになる。しかし、もともと原告らは、このような実体法上成り立ちえない請求をしたわけではない。従って、本判決は、原告らの申し立てざる事項につき判決をなしたか、実体法の適用を

誤った疑いがあると言わざるをえない。」（傍点引用者）

こうして、竹下教授は、困難ではあろうが、主文においては、一定場所での騒音量が一定基準以下になるまで損害賠償をなすことを命じ、「当事者間の話し合いで問題の全面解決を計るべきことへの期待は、判決理由中の判示にとどめるべきだったであろう」（傍点引用者）、と批判された。

この批判はそのまま被告国による上告理由として採用されることとなり、上告審が請求を却下する糸口ともなる。しかし、本判決において、将来の給付判決を条件を付して認める可能性がはじめて明らかになり、さらに、裁判所が当事者の話し合いを求める意図を判決に条件を付することによって具現化する試みが行われたことは注目に値するとともに、その反面、実体法との整合性の困難性も浮かび上がったことになる。

### (3)　名古屋新幹線訴訟と松浦教授の提案および新堂教授の立論

一方、大阪国際空港訴訟と並ぶ大規模公害事件である名古屋新幹線訴訟において、名古屋地裁昭和五五年（一九八〇年）九月一一日判決（判例時報九七六号五〇頁）は差止請求を棄却し、将来の損害賠償請求を却下したが、この判例批評において松浦馨教授は「一定期間限りの差止判決」という注目すべき提案を次のように示された。[33]

「裁判所はどうせ判決じたいで抜本的な解決を打ち出せないとすれば、原告らの被害がきわめて重大であるときには、抜本的な解決に強い契機を与えるような判決を考案すべきだろう。その一つの案として、一定期間に限り、名古屋地区の騒音を〇〇ホン以下にせよとの判決をすることも可能でないか（中略）。その期間中に当事者ならびに政府、国会、地方自治体などの間で抜本的な解決を計ることを期待して当面の間に限って原告の請求を認めようとするものである。当分の間に限れば、司法権の逸脱ということにならないであろうし、六年を越える苦渋に満ちた訴訟を耐えてきた原告らにその程度の特典を認めたとしても不公平とはいえないであろう。」（傍点引用者）

この提案に対しては新堂教授がいち早く詳細に検討された。[34] 新堂教授は、裁判所がまともに答える判決をすれば司法権の逸脱になるとして差止請求を棄却した判決の基本的態度について松浦教授が支持される点には厳しく反論されつつ(35)、この提案に対しては真正面から分析される。

まず、新堂教授はこの提案が「裁判所が裁定する一定期間のみ存続する差止請求権」を認めるものとするなら、それは実体法上認められるかと自ら問いかけ、これに対して、差止請求権の存続そのものが多くの流動的可変的要素に依存していることを考えると、そのような要素の流動性は裁判所が判決段階で予測し、最低限度たとえば一年は請求権の存在自体に影響するような重大な変動はなかろうという判断の下に一年間だけの差し止めを命じる判決をすることも、裁判所の対応の仕方として十分に可能であるし許されると結論づけられる(36)。そして、その根拠として概ね次のように主張される。

このような判決の問題点は、一年経った後に差止請求権が認められるのかどうかについて判決が何ら判断を示していない点であろうが、判決は基準時点において権利の存否の判断をするだけであるという命題は、その後事情の変化があればその判断は再び既判力に反することなく争われうるという余地を残しているという意味であり、したがって、無条件の差止判決をしても、一年間の差止判決をしても、どちらも請求異議の訴えによる攻撃が起こされる可能性があることには変わりない。ただし、後者の方がその期間内はその攻撃を抑止する力があるし、また、本来すぐにでも消滅するかもしれない請求権であることを考えると、一時点の存在のみを判断するよりは、一定の期間について判断しておく方が、むしろ実体法秩序の表現という見地からいえば、より効率的な判決とさえ評価されるであろう、とされ、無条件の差止判決と一定期間限りの差止判決との効力の相違について指摘される。

そして期間を限定する差止判決が原告に不利益か否かについて検討される。

「むしろ、最大の問題は、一年経った後、実際には原告の権利はなおも存続しているにもかかわらず、債務名義がなくなってしまうという点であり、いかにも原告に不利な選択を裁判所がかってにしたとみられかねまい。しかし、これも、裁判所としては、紛争の抜本的解決が図られることを願って、事態の変化をむしろ期待し、そのような解決の努力が実を結ぶに要する期間を予測して、その期間が経てば権利が消滅するであろうこと、少なくともなんらかの修正を受けるであろうことを予測しているわけであるから、そのような期間の限定が裁判所の恣意的な選択で極めつけることはできないし、本来この種の差止請求権がぜい弱な権利であること、むしろ期間を限ることによって、前述のようにその期間については反論を事実上かなり抑止できることを考えると、期間を限定した判決が常に原告にとって不利益な選択であるとは必ずしもいえないのではなかろうか[37]」。（傍点引用者）

このように、新堂教授は、松浦教授の提言を、裁判所の冷静な判断に基づくものであるかぎり、司法権の行使として許される選択肢であり、ケースによっては十分に納得されうる裁判ではないかと高く評価される。

以上の、松浦教授の提案と、これに対する新堂教授の評価から、差止判決の特殊性による既判力や判決の波及効の問題が指摘され、また、期限付差止判決を認める根拠としては、差止判決の判決効の脆弱性、および請求異議の訴え等によって変更しうる（既判力が弱い）点に、それを肯定する理由があること、要するに、差止請求、将来の給付請求という、将来の経緯を現在前もって判断しておくことにその原因があることが理論的に明らかにされ、また、判決に条件を付することの原告と被告当事者間の利益状況も検討の対象になったのである。

(4)　大阪空港差止訴訟最高裁大法廷判決の団藤裁判官反対意見

以上の大阪空港大阪高裁判決、名古屋新幹線名古屋地裁判決、およびそれらに対する学説の分析によって明らかになった問題に真っ向から答えたのが大阪空港最高裁大法廷昭和五六年（一九八一年）一二月一六日判決[38]であった。判示は多くの論点に及んだが、本論文に関する限り、取り上げるべき判示は、大法廷団藤裁判官反対意見における、将来の給付の訴えについて、一定期間限りの将来給付判決という提案の検討である。

団藤重光裁判官は、将来の損害の賠償請求に関する個別意見として、それを請求適格なしとして却下した多数意見に対して、つぎのように反対意見を述べる。

「しかし、原判決は、過去の損害賠償請求に関する被害の認定にあたっても、被上告人ら各自のいわば最小限度のそれを認定しているものと解されるのであって、そのような最小限度の被害の発生は、特別の事態が起こらない限り、将来、当分のあいだ確実に継続するであろうことは、むしろ常識的に是認されうるところである。上告人が上告理由第八点（主文不明確の違法、主文と理由とのくいちがいの違法等、引用者注記）において指摘しているとおり、原判決が明確かつ適当な終期を付しなかったことは原判決の重大な瑕疵といわなければならず、わたくしもこの点で原判決は将来給付の請求に関するかぎり破棄差し戻しを免れないものと考えるが、もし前記のような最小限度の被害の発生が確実に継続するものとみとめられる期間を控え目にみてその終期を定めるならば、その期間内に特別の事態が生じたばあい相手方に請求異議の訴えによって救済を求めさせることにしても—その特別の事態の発生によって賠償額に影響を及ぼすことを立証しなければならないが—これに不当に不利益を課することにはならないというべきであろう。また、かような終期を付することによって、既判力の範囲についても、疑点を解消することができるものと考える。」

団藤裁判官のこのような解釈を支えているのはいうまでもなく次のような司法積極主義の理念であろう。

「我が国においては、同じ成文法国であっても立法的対応が機敏におこなわれる国におけるよりは、裁判所が法形成の上で担うべき役割はいっそう大きいといわなければならない。……個々の事件の事案に即応して、判例の展開によって妥当な解決をはかりながら、その集積によって漸進的に法形成をはかって行くのが適当なことが、いくらでもあるのである。（中略）法は生き物であり、社会の発展に応じて、展開して行くべき性質のものである。」

団藤裁判官の反対意見は、終期の条件内容の問題点、および将来給付判決の訴えの利益と既判力の問題については、竹下教授や新堂教授の指摘した点に基づくものであるが、これらを最高裁判決においてはじめて本格的に検討し説示した点に意義があり、さらに、一定期間を限るという条件付将来の給付判決（この場合、松浦教授の提案する差止請求と異なり、将来の損害賠償請求判決）を言い渡すこと、すなわち、請求却下でなく、あえて条件を付けて請求を一部認容するのは、裁判所による紛争解決に対する積極的な関与の姿勢にあることを明らかにしたものといえよう。

(5)　井上治典教授の和解的判決の提唱

以上のように、差止請求ないし将来の損害賠償請求に対し、請求を却下・棄却するのではなく、条件を付してこれらを認容する選択肢についての様々な提案と問題解決の方法が試みられてきた。しかし、民事訴訟法学の新たな学派の登場によって、この問題は新展開を見せようとしている。すなわち、和解的判決の提唱である。

その提唱者である井上治典教授は、裁判所という公正で整序された場と手続の中で、当事者が互いにそれぞれの関心に基づいて相互作用を展開していく過程にこそ訴訟の生命線があり、過去は過去として踏まえ、法規範を自己流に使いながらも、基本は、これから先に向けて自立的な関係形成をしていく場が訴訟手続である、(39)との理念の下に、次のような和解的判決を提唱する。

訴訟における弁論は、この理念の下に、事件の背景事情や訴訟前の交渉経過、当事者間の利害の共通点や相違点が明らかにされ、将来の事情や条件もとり込んだ、膨らみのある疎通がおこなわれるべきであるが、このような手続過程を経ても和解が困難なときに、裁判所は判決でふくらみのある解決案を示すべきである。すなわち、当事者の中立ての範囲内で、しかも既往の法律要件＝効果論の範疇に取り込むことができない、それをはみ出す解決案であっても、弁論過程を反映させた個別ケースに即応した判決ができるべきである。そして、たとえば、とりあえず、「三ヶ月間に限って、騒音を△△ホン以下にせよ」というような判決はできないであろうかと提案されるのである。(40)

井上教授はさらに、条件の付け方について、前述の松浦教授の提案についても、一般に権利または法律関係として考えられている最終的法効果よりも、もっと手前の、いわば中間的な解決規範の段階にとどめた判決内容や請求のたて方を、紛争態様によってはもっと積極的に取り入れてよいのではないかとされる。(41)

松浦教授が提唱され新堂教授が賛同し理論化された条件付判決の位置づけが、既存の民事訴訟法学の中での理論的整合を試みるものであるのに対して、井上教授のそれは、既存の理論の枠組みを一歩踏み出したものであるといえよう。そこには、第三の波学派が主張するもう一つの特徴である、法規範の絶対的基準性から相対的道具性へというキーワードで示される、民事裁判における制定法の役割の消極的評価がある。(42)ここにおいては、前述(2)で取り上げた、大阪国際空港訴訟大阪高裁判決に対する竹下教授の批判も再批判される余地が残されているのである。

（6）　小　括

公害訴訟における条件付判決の諸提案と検討を概観した結果、次のように論点を整理することができよう。論者あるいは裁判所が条件付で差止めあるいは将来給付請求を認めようとする意図の背景には、それぞれ若干のニュアンスの違いはあるが、条件付判決を下すことによって当事者間の紛争が裁判外で自主的に、あるいは抜本的に解決されること、またはその期待がある。つぎに、条件付判決を下す理論的根拠については、差止請求ないし将来の給付請求が、新堂教授が主張されるように、将来の不確定要素を予め予測した上でなされる判決の効力の脆弱性に求めるのか、あるいは、そのような請求に限られず、当事者の弁論を生かした和解的判決に求めるかの大きく二つの道が考えられる。さらにその条件内容の限界については、従来の理論に基づく既判力の問題と実体法上の内容の問題に制約されるか、あるいは、実体法を超える和解的判決によるかの二つの道があることが明らかとなったのである。

（7）　終期付判決と猶予期間付判決

それでは、以上の論点は本稿の猶予期間付判決とどのように関連するのであろうか。

公害訴訟における条件付判決は、当事者の合意成立まで、あるいは一定期間までという終期を定めるものである。これに対して、猶予期間付判決は差止請求権発生の始期を定めるところに違いがある。したがって、一定期限を付した差止判決が、判決確定後、あるいは仮執行宣言付判決であればその後は即時に執行可能であるのに対し、本稿の猶予期間付判決の場合は一定期間の経過を待たなければならないという点で、差止請求判決の強制執行力は弱いといえよう。しかし、条件を付してまで請求を一部認容しようとする裁判例や学説の意図は、いずれも当事者間の裁判外の話合いを求め、当事者による紛争解決を期待しつつ、裁判所が訴訟係属中に限らず、判決言渡後も、積極的に紛争解決に関与しようとする点で猶予期間付差止判決と共通する。この点では、むしろ、猶予期間付差止判決のほうが、当事者に対する自治的解決の要請は、より直截的であり、そのような判決の機能は相対的に高いといえよう。そして同じく将来の予測に基づく判決であり、それゆえに付された条件に関して請求異議事由としていかなる事実が問題となるのか、判決内容の明確性が問われる点は既に検討したところであり、これも共通して論ずることができよう。したがって、猶予付差止判決において検討すべき重要な課題は、公害訴訟における条件付判決と同じく、条件の内容の限界の問題であり、それは和解的判決の許容性の検討にも繋がるのである。

## 五　猶予期間付差止判決とフォーラムセッティング機能

### 1　猶予期間付差止判決と和解的判決

前節において、公害訴訟における条件付判決の問題点を検討した際、井上治典教授の提唱する「和解的判決」をどのように評価するかが猶予付判決の問題点を解決する際に、少なからぬ関係を有していることを指摘した。ここで井上教授が依拠する第三の波学派の訴訟目的論や理念につき検討する余裕はないが、(43) 和解的判決について若干の検討をしておきたい。

和解的判決とは、前述（四、4、(5)）のように、弁論過程を反映させた個別ケースに即応した判決であり、当事者の申立ての範囲内で、しかも既往の法律要件＝効果論の範疇に取り込むことができない、それをはみ出す解決案であってもよいとするものである。(44)

その典型例として、弁済期限が到来した貸金返還訴訟の場合、被告が手元不如意の抗弁主張した場合、裁判所は判決においてそれを斟酌して猶予判決を言い渡すことができるという例が挙げられている。(45)

この例と対比して、本件訴訟のような場合において、仮に被告が半年待ってくれと主張すれば裁判所はそれを斟酌して猶予期間付判決を言い渡すことができるであろうか。

貸金返還訴訟の場合、被告による手元不如意の抗弁は、和解において、原告が合意する限りは考慮されるにしても、原告がそれに応じない限り猶予期限付判決は許されないと一般的に解されている。そのような猶予は実体法が予定していないものであるからである。[46]この点は、本件差止訴訟においても同様に考えられ、裁判所は、被告の猶予の申出という事実のみに基づいて猶予期間付差止判決を言い渡すことはできないと解される。

もっとも本件のような場合、裁判所は受忍限度の判断の際に、被告の猶予の申出の事実を被告の権利侵害の態様を判断する上で斟酌し（前述四、1「判決の実体法上の問題点」参照）、さらに将来給付の訴えの利益の判断においてもあらかじめ判決を必要とするか否かの点で再度斟酌することができよう。その結果、猶予期間付判決を下すことはありうるのではなかろうか。要するに適用される実体法が受忍限度という一般条項であり、その適用において種々の利益が考量されるものである限り、被告の猶予の申出は実体法においても考慮される余地があるのである。

しかし、本件①事件のように、被告が原告の請求について終始一貫して争っている場合であって、しかも、原告被告双方とも、猶予期間を付することを要求（主張）していない場合に、もっぱら裁判官のイニシアチブによって猶予期間を付した和解的判決を言い渡しうるであろうか。このような場合、いわゆる和解的判決が、当事者間の自立的な関係形成をしていく場としての弁論過程を反映させた、個別ケースに即応した判決であるとするなら、猶予判決を言い渡すことが適切であるかどうかは、直ちに肯定することはできないであろう。

したがって、当事者間の自立的な関係形成が期待できない場合でも、裁判所がイニシアチブをもって、判決の効力において、当事者の話し合いを求めることが適切であるかどうかという評価に問題が絞られてくるのである。

## 2　猶予期間付差止判決とフォーラムセッティング機能

前述のごとく、本件①事件の猶予期間付差止判決は、フォーラムセッティング機能[47]、話し合いの契機を用意したものと評価されている。[48]

法社会学者で、前記「第三の波」学説に共鳴して民事紛争処理論を展開されている和田仁孝教授によれば、裁判のフォーラムセッティング機能とは「社会に向けて問題を提起し、空間的・時間的に交渉の場を拡大・設定していく機能」である。[49] そして、この機能は現代型訴訟において機能するのみならず、実は伝統的な訴訟においても営まれているとする。

まず、本件訴訟が現代型訴訟の範疇に入るかどうかを検討しよう。本件訴訟の当事者は個人対特定多数の争いという形式をとっており、不特定の拡散的潜在的な当事者と特定の法人というものではない。しかしながら同種の紛争はまさに近隣で争われ、または解決しているという状況の下にある。また、原告の主張する被告らによる権利侵害は一般の公害訴訟と同様に受忍限度の判断が最大の争点となる、利益調整型紛争といえよう。さらには差止請求という訴訟上の請求は将来志向型とも考えられよう。

このように、本件訴訟は通常の現代型訴訟と呼ばれる大型訴訟と規模の点では大きく異なる隣人訴訟であるが、その特徴についてはいわゆる津地裁における隣人訴訟よりも現代型訴訟に近いものを有しているのである。そして本稿の**二**で見てきたように、①事件は裁判を通して当事者とその周辺住民や自治会のみならず、いわば全国各地で発生している類似事件に対して、問題提起と、解決策としての輪番制実施による解決の契機を与えたことは疑いないであろう。また、①事件の高等裁判所の猶予期間付差止判決は他の訴訟事件に対してリーディングケースとなったのである。

しかし、本件判決がこのようなフォーラムセッティング機能を果たすために猶予期間を付することが不可欠であったかどうかは一考を要する。言うまでもなく、猶予期間は当事者間にのみ効果が及ぶ条件であり、当事者以外の関係者、さらには他の訴訟事件においては何ら影響を及ぼさない。また、フォーラムセッティング機能は、判決の機能と言うよりも、むしろ、訴訟手続過程の機能である。つまり、提訴の段階からこの機能が働くことが期待されているのであり、判決は、当事者間の交渉の一通過点に過ぎない。[50]

以上のような限定を課した意味でのフォーラムセッティング機能が本件訴訟における猶予期間付判決において期待され、その効果も一部あったことは既に述べたとおりである（**四**3参照）。

## 六　まとめ――猶予期間付差止判決の他の訴訟事件への適用可能性について――

猶予期間付差止判決についてその問題点を検討してきたが、このような判決がどれだけ一般性を有しているのであろうか。本件のような事件に限って適用し得た特殊で例外的な判決形式なのか。その適用可能性についてまとめの意味で整理しておきたい。

(1)　猶予期間付差止判決は、この判決によって訴訟外において当事者が自主的に紛争を解決し処理する契機となることを目的とし、そのような機能を有する判決である。この機能は従来の、条件付きの、あるいは終期を定めた差止請求や将来の損害賠償請求を認容した一部の裁判例や学説においても肯認されてきた。しかし、猶予期間付差止判決は、より直截的なフォーラムセッティング機能を有する。そして、判決による終局的かつ抜本的解決を求めるのではなく、当事者自治による紛争解決や処理を期待して言い渡される猶予期間付差止判決は、請求の認容か棄却かという二者択一的選択以外の、もう一つの選択肢として積極的に評価され、また、選択されてよい。

(2)　猶予期間付差止判決に関しては、終期を定めた差止判決等と同様に、訴えの利益と判決の既判力に関わる困難な問題を帯有する。それらは将来の給付判決や差止判決が将来の事実関係を当該訴訟の口頭弁論終結時に予測したうえで言い渡されることによる必然的な問題点であり、事情の変更等による被告・債務者の救済の道を保障すべく、請求異議事由等をあらかじめ明確に判決（主文ないし判決理由）において摘示するように努めるべきである。(51)

(3)　本件の場合、六か月という確定期限を付して差止判決を認容したため、条件の明確性という要件は一応充足する。しかしながら、六か月という期間を決定するにあたってその実体法上の根拠となったのは、受忍限度とその判断の基準となった「市民の相互協力義務」（四、1参照）という抽象的な要件事実であった。それゆえに六か月という期間は、実体法を適法に適用したものと評価されよう。しかし、一般的にいかなる条件であれば実体法秩序の範囲内であるかという問題、あるいは、実体法秩序を超えることが許されるかどうかは和解的判決の許容性の問題と密接に関係する。別の機会に改めて検討したい。[52]

佐々木吉男博士が述べられたように、「民事訴訟制度があって民事紛争があるのではなく、生々発展する民事紛争があって、そのより合理的な解決のために、民事訴訟制度のほかに、各種の紛争解決制度が設営されてきているのである」。[53]本稿は、隣人紛争において訴訟が提起され、終局判決を言い渡す際の適切な判決形式という問題に絞って検討した。このような隣人紛争を検討するにあたっては不可欠の課題である各種の紛争解決制度との架橋についてもまた後日の課題としたい。[54]

（1）　朝日新聞神奈川版平成八年四月一日（リポートかながわ）三三頁。

（2）　津地判昭和五八年二月二五日判例時報一〇八三号一二五頁。津地裁隣人訴訟については、小島武司＝C・アティアス＝山口龍之『隣人訴訟の研究』（一九八九年、日本評論社）他、同書巻末文献を参照。

（3）　大塚直「輪番制によるゴミ集積所の提案と反対者に対する排出差止請求」私法判例リマークス一九九七年（下）（日本評論社）一二三頁。

（4）　小島武司教授は、「すなわち、裁判所にとっては、判決や和解によって直接に紛争を解決することばかりでなく、当事者のために自律の力を発揮する場を設定することも大切な役割なのである。現代社会において生起する難件についてみれば、当事者、さらには地域社会との協力を通じて裁判所が、紛争の解決を押し進めていく場面が今後さらに増えていくであろう。権利救済の新しい仕組みを発見し、これを近代法の枠組みに組み込んでいく能力への信頼こそ、司法がその期待された役割を果たす礎をなすものといえよう。」と指摘される。小島『プレップ新民事訴訟法』（一九九九年、弘文堂）九八頁以下。

（5）　津地裁隣人訴訟は、一部勝訴判決を得た原告の訴えの取下げによって終結したが、訴えの取下げを当事者に強いることとなった、日本人の法感情と、当事者の裁判を受ける権利について問題が集中した。これに対して、裁判のあり方として、強制調停の導入（小島・前掲注（4）、九四頁）や、損害賠償額を一万円として請求する訴訟（利谷信義「隣人訴訟の教訓」ジュリスト七九三号一一頁）等の種々の注目すべき提案がされた。本論文も、そのような隣人紛争が裁判に至った場合の、裁判所の役割を中心に検討するものである。
(6) 以下の記述は、新聞各紙の記事内容、および横浜地方裁判所において閲覧した各訴訟の訴訟記録に基づく。
(7) 徳島新聞平成二年一二月二〇日、東京新聞平成三年一月一四日（首都圏 today）、毎日新聞平成三年五月一三日（投書）、毎日新聞平成三年五月一八日（投書）、徳島新聞平成三年一二月二〇日など。なお、平成二年一二月に厚生省生活審議会答申に、排出者負担原則が明記された（毎日新聞平成二年一二月一一日）。
(8) 朝日新聞平成四年三月一八日、毎日新聞平成四年三月一九日など。和解内容は、道路に面した家で輪番制を採用、それ以外の家は掃除の割り当てを多くするというものであった（千葉地裁平成二(ワ)一三三九事件判例集未登載）。
(9) 朝日新聞神奈川版平成五年（一九九三年）四月五日二五頁（リポートかながわ）〔荒木源執筆〕は、『ごみ集積場めぐり裁判、女性「輪番制」求め訴え、他の住民「近所なのに」、自治会は判断を示さず当事者間の話し合いで、市「どうしろとは言えない」』との見出しで報道する。
(10) 朝日新聞神奈川版平成八年四月一日（リポートかながわ）〔山口進、沖猛志執筆〕三三頁。
(11) 朝日新聞神奈川版、毎日新聞横浜版、読売新聞、産経新聞、日経新聞、東京新聞、神奈川新聞など、いずれも平成八年九月二八日、特に神奈川新聞の、『ごみ出し禁止を命令、横浜地裁「我慢の限界越える」、「こんな方法しか」勝訴にも複雑な原告』の見出しが印象深い。なお、日経新聞平成八年一一月一日（夕刊）一七頁は生活家庭欄において『ゴミ置き場の分別なき争い、ニオイや清掃の負担、「ウチの前はイヤ」、近隣関係にヒビ』として裁判を取り上げている。
(12) 朝日新聞、毎日新聞、読売新聞、いずれも平成九年四月一一日夕刊。朝日新聞四月一二日朝刊。
(13) 本稿では以上の三件の訴訟に触れるにとどまるが、言うまでもなく、三件以外にも同種の訴訟が全国各地に提訴されていることは前掲新聞各紙の記事から推測できる。筆者がこれら三件をここで引用するのは、それらの訴訟事件の所在を知ることができ、横浜地方裁判所本庁および川崎支部で各訴訟記録を閲覧し得たという理由以外にない。なお、本件訴訟が終結した後も、一般排出物集積場に関する近隣問題が各地で起こっていることにつき、ＴＢＳテレビ「噂の！東京マガジン・噂の真相」平成一一年一二月五日付放送における報道参照。『激突・隣人紛争！　私はゴミの番人じゃない!!　ゴミも捨て人情も捨て隣人裁判！　イヤな渡世だなァ……』という番組の見出しがこれらの訴訟に対する一般市民感情を表しているのであろうか。なお、②事件につき、読売新聞社会部『ドキュメント弁護士』（二〇〇〇年、中央公論新社）一六五頁以下は、原告側弁護士の対応を生き生きと描いている。

(14) ③事件の判決は判例集未登載のため、以下にその要旨を掲げる。

「被告らはごみ集積場の移転を強く拒否し（被告らは原告ら（夫婦）の所有地の端に移動させることすら拒否している）、今後話し合いにより解決する余地がほとんどないこと、自治会も特に対応する様子が窺われず、仲介を期待できないこと、移動させることは容易に可能であること、本来ごみは、住民それぞれが出すものであるから住民各自が処理することが原則であり、特定の者に長期間ごみ集積所から生じる負担を強いる合理的理由はないこと、以上、総合的に見れば被告らのごみ排出行為は受忍限度を超えている。

被告らは平成七年七月までにはポリバケツにごみを入れて出すようになって、現在、集積場所が清潔であり、整頓されていると主張するが、大きな生活被害を受けているとまでは認められないが、しかし、将来もごみが同じように出されるかどうかはわからないし、受忍限度を超えているかどうかは諸事情を総合的に判断すべきであるから、現在清潔であるというだけでは、受忍限度を超えていないということはできない。また、原告らが話し合いの努力が足りないなどというべきではない」。

なお、共同被告の自治会に対する請求は、自治会に対する請求の法的な内容は必ずしも明確ではなく、被告住民に対する協力や加担を裏付ける証拠もないとして棄却している。

(15) ②事件の横浜地裁判決も判決確定後六か月を経て受忍限度を超えると判示する。これに対して③事件の横浜地裁川崎支部は、既に受忍限度を超えていると認定しつつも、判決確定後六か月の猶予期間付判決を言い渡している。興味深い判決であるが、その理由は明示されていない。

(16) 大塚直・前掲注(3)判例評釈。

(17) 大塚教授は、以上の他に、本件における「妨害」と「受忍限度」判断との関係、差止の根拠を人格権においていることについての批判を展開されているが、本稿と直接関わる論点ではないため、ここでは深く立ち入らない。

(18) 松浦馨「将来の不法行為による損害賠償請求のための給付の訴えの適否」中野貞一郎先生古稀祝賀『判例民事訴訟法の理論（上）』（一九九五年、有斐閣）一九二頁注一一参照。

なお、差止請求の訴えを現在の給付の訴えとみなすか、将来の給付の訴えとみなすかは争われているが、本稿で扱う猶予期間付差止判決が将来の給付判決であることは異論なかろう。また、ここでは現在の給付の訴えという申立事項に対する、将来の給付判決という判決事項の問題も生じる。後掲注(52)参照。

(19)　将来の給付の訴えの利益一般については、上北武男「将来の給付の訴えおよび差止請求の訴えにおける訴えの利益」中野古稀祝賀『判例民事訴訟法の理論（上）』二七七頁以下、が包括的に論じており、特に公害訴訟における将来の損害賠償請求の訴えについて、松浦・前掲注(18)論文が詳しい。なお、角森「将来の給付の訴えについて―公害訴訟における将来の損害賠償請求の訴えを中心として―」富大経済論集二七巻三号（一九八二年）五七六頁以下参照。

(20)　『注釈民事訴訟法（5）』（一九九八年、有斐閣）一三〇頁〔上原敏夫執筆〕参照。

(21)　最判(大)昭和五六年一二月一六日民集三五巻一〇号一三六九頁（大阪国際空港差止請求訴訟）。前掲注(20)注釈民訴法一三〇頁、中野貞一郎「将来の給付の訴え」判例タイムズ八〇一号（一九九三年）二六頁、『民事訴訟法の論点Ⅰ』（一九九四年、判例タイムズ社）一三四頁以下所収。

(22)　前掲注(20)注釈民訴法一四一頁参照。

(23)　大塚直、小島武司両教授の主張されるところである。前掲注(3)、前掲注(4)参照。

(24)　たとえば、小規模公害事件は別として、一連の大規模公害訴訟の中で将来の損害賠償請求を認容した唯一の裁判例である、大阪国際空港差止訴訟控訴審判決（大阪高判昭和五〇年一一月二七日判例時報七九七号三六頁）では「被告は……原告らに対し、昭和五〇年六月一日から……夜間離着陸禁止が実現されるまでは一ヶ月につき各一万一〇〇〇円、それ以後、右原告らと被告との間において、大阪空港に離着陸する航空機の減便等の運行規制についての合意が成立するまでの間は一ヶ月につき各六六〇〇円を、それぞれ当該月の末日ごとに支払え」と言い渡している。ここでいう「当該月の末日ごと」は確定期限とみなされよう。竹下守夫「差止請求の強制執行と将来の損害賠償請求をめぐる諸問題」判例時報七九七号（一九七六年）三五頁参照。竹下教授はその理由として「同一の基本的事実関係の下で同一の侵害行為が継続してまたは反復して行われているという点からすると、後者の方［確定期限付きの支分権と同様に扱うこと、引用者注］が実態に即しているといえよう。」と述べられる。

(25)　しかしここで敢えて猶予期間付差止判決の用語を使用するのは、本論文で問題としているように、とりわけ、債務者側に執行の猶予を与えることの意味を問題とする点において、より適切な用語であると思われるからである。

なお、猶予期間付裁判については、仮執行宣言について判決言渡後一週間の猶予期間が定められた事例があるが、これもまた、極めて珍しい例のようである。広島地判平成六年一二月一九日判例時報一五五五号一〇一頁コメント参照。なお、同判例評釈として出口雅久・判例リマークス一四号一九九七年度(上)(法律時報別冊)がある。また憲法訴訟に関わるが、選挙無効の効果の発生を一定期間経過後とすることもあり得る(いわゆる将来効的無効判決)とする最判(大)昭和六〇年七月一七日民集三九巻五号一一〇〇頁の寺田＝木下＝伊藤＝矢口四裁判官の共同補足意見は注目を集めた。

(26)　この場合の強制執行は不作為債務の執行として、間接強制が考えられよう(民事執行法一七二条)。もっとも、ごみ収集車が来たときに債務者が個別にごみを搬出する限り、不作為債務は履行されているのであるから、債権者の間接強制の執行申立てに対しては債務者は裁判所による審尋(民事執行法一七二条三項)の際にその事実を主張し、あるいは請求異議の訴えを提起し(同三五条)、執行停止の処分を申し立てることができる(同三六条)。したがって、本判決をもって「執行が困難」(小島・前掲注(4)九八頁)だとは言えない。本件で敗訴した当事者がそのような個別収集で対処していることにつき、大塚・前掲注(3)二六頁、および、②事件訴訟記録参照。

(27)　本稿「四、1、判決の実体法上の問題点」。なお、「ごみ出し問題の裁判が、輪番制に反対する人たちに対して、現在の集積場へのごみ出しをやめさせる『差し止め訴訟』になるのは、輪番制実施を直接求める形が訴訟上とりにくいためだという。結果的に、集積場へのごみ出しが差し止められると、輪番制反対者も個別収集に応じるしかなくなり、間接的に輪番制の実施が期待できる、というわけだ」。前掲注(1)朝日新聞神奈川版平成八年四月一日三三頁参照。

(28)　被告は原告宅前の集積場への排出差止を命じられたのであり、およそごみ排出一般を禁止されたのでない。したがって、被告が不便を承知で個別収集を行う限り、輪番制に応じなければならない間接強制的効果はなく、まさに契機でしかないのである。

(29)　①事件は被告当事者五名、ごみ集積場設置開始後五年で提訴、②事件は被告当事者六名、設置開始後一五年、③事件は被告当事者七名(自治会を含む)、開始後一六年というところから見ても到底一律に六か月ということは説明し難いであろう。また、将来、いつ、判決が確定するかは、当事者、とりわけ、当該判決言渡後の被告の対応如何にかかっていることも見過ごされてはならない。判決の確定時期は判決確定を引き延ばすべく不服申立てをするか、さらには上訴審での審理進行の経緯如何によるのである。

さらに、話合いの猶予期間というが、それは裁判外の話し合いのことか、あるいは裁判上の和解も含むのか。しかし後者も含むとすれば、和解の強要ともなりかねないという新たな問題が生じる。この点は、いみじくも①事件控訴審判示にも表れており（「被控訴人は、控訴人の話合いの申出や裁判所の和解勧告を拒絶したまま」）、また被告被控訴人が上告理由において、高裁判決の和解の強要は裁判を受ける権利を侵害するものであると指摘しているところでもある。

(30)　②事件では、控訴審において、平成一〇年五月二二日、訴訟上の和解が成立した。その和解調書内容は、「①平成一六年より一年交替で順次移動するいわゆる輪番制に移行する。②一六年三月に行う輪番制の最初の場所を決める抽選に参加することに同意、その後は地番の順序に従って移動する。③訴えを取下げ、取下げに同意する。④当事者らは、相互に住み良い住環境にするために、良好な近隣関係を保つように努めるものとする。⑤訴訟費用は各自負担する」というものである。第一審判決と大きく異なり、輪番制実施にいたるまでの猶予期間がかなり長期間であることが注目され、この種の問題解決を紛争当事者の話合いで解決することの困難性を改めて感じさせる和解内容と言えよう。これに対して、最高裁判所判決にまで至った①事件では被告は輪番制の話合いに応じることなく、ごみ収集については収集車に個別に搬入することで判決内容に従っているが、判決を契機として、自治会によって輪番制が採用された。

(31)　公害訴訟における差止請求訴訟の諸問題については、川嶋四郎教授の一連の論文がある。最新のものとして「差止請求訴訟の今日的課題」『民事訴訟法の争点〔第三版〕』（有斐閣）二八頁以下およびそこに掲げられた諸論文参照。

(32)　竹下守夫「差止請求の強制執行と将来の損害賠償請求をめぐる諸問題」、前掲注(24)三〇頁以下。

(33)　松浦馨「民事訴訟による新幹線公害紛争解決とその限界」法律時報五二巻一一号（一九八〇年）二〇頁以下。なお、松浦教授はこの提案の背後に民事訴訟による紛争解決の意義について、いわばその法社会学的検討の意義の動きと共通する問題意識があると言明されている。同二二頁参照。ちなみに、松浦教授はこの提案をその後も維持されている。

(34)　新堂幸司「民事訴訟の目的論からなにを学ぶか」『民事訴訟制度の役割』（一九九三年、有斐閣）一五三頁以下、初出法学教室六号（一九八一年）。

「将来の給付の訴え—大阪国際空港事件」民事訴訟法判例百選Ⅰ〔新法対応補正版〕一九九八年、一三九頁参照。

(35)　新堂・前掲注(34)一五九頁以下参照。

(36)　新堂・前掲注(34)一六六頁。

(37)　新堂・前掲注(34)一六八頁。
(38)　注(21)参照。本判決については文献にことかかない。さしあたり、松浦・前掲論文注(18)、上北・前掲論文注(19)、松浦・前掲注(33)判例解説および、そこにおいて引用される論文参照。
(39)　井上治典『民事手続論』(一九九三年、有斐閣)、「はしがき」参照。同書はいわゆる「第三の波」学説の包括的な論文集である。
(40)　井上・前掲注(39)一一六頁以下参照。初出「弁論の条件」三ケ月先生古稀祝賀『民事手続法学の革新(中)』(一九九一年、有斐閣)。
(41)　井上・前掲注(39)二四頁。初出「民事訴訟の役割」『岩波講座基本法学 第八巻・紛争』(一九八三年、岩波書店)。
(42)　井上・前掲注(39)二四九頁以下、初出、「民事裁判における制定法の役割」ジュリスト八〇五号(一九八四年)。
(43)　「第三の波」学派についての批判的検討については、さしあたり、加藤新太郎『手続裁量論』(一九九六年、弘文堂)所収論文「『第三の波』説との対話」一一〇頁以下、およびそこに掲げられた諸論文参照。
(44)　井上治典教授は和解的判決の例として、分割払判決、明渡期限を猶予して明渡しを命じる判決、前述の期限付差止判決などが考えられるとし、また、和解的判決の理論的基盤として、引替給付判決、条件付判決、一部認容判決、将来給付判決、割合的認定判決などの判決例が既に認知されており、ふくらみのある判決として和解的判決と共通するものをもっているとされる。井上・前掲注(39)一一七頁参照。
(45)　この例につき、批判的に検討するものとして、高橋宏志「紛争と訴訟の機能」『岩波講座　社会科学の方法　第六巻』(一九九三年、岩波書店)二〇九頁以下、二一五頁以下。
(46)　新民事訴訟法において導入された少額訴訟手続では、分割払判決、猶予期限付判決が許されている(民事訴訟法三七五条)が、それはあくまでも例外的な制度であると解されている。
　この制度趣旨は、支払いの猶予が被告にとって任意の履行のインセンティブとなるような内容の判決をすることによって、被告が任意の履行をしやすいように配慮し、少しでも原告の強制執行の負担を軽減することが望ましいためであるとされており、猶予期間付差止判決と同様の機能を有していると評価できよう。しかし、少額訴訟手続において裁判所が職権で猶予判決を下す正当化根拠としては、原告が少額訴訟を選択した点に、猶予判決につき黙示の同意があったことに求められている。これらの点については、法務省民事局参事官室編『一問一答新民事訴訟法』（一九九六年、商事法務研究会）四一七頁以下、四二三頁以下、下里敬明「少額訴訟による裁判の特色」『新民事訴訟法大系第四巻』（一九九七年、青林書院）二〇五頁以下、中野＝松浦＝鈴木編『新民事訴訟法』（一九九八年、有斐閣）五六一頁以下（松浦馨執筆）、他参照。

(47)　大塚・前掲論文注(3)参照。

(48)　小島・前掲書注(4)参照。

(49)　和田仁孝『民事紛争処理論』（一九九四年、信山社）一六八頁。「現代型訴訟においては、単に事後的・回顧的な問題処理を求めてというよりも、裁判外および裁判後の将来志向的かつ拡散志向的インフルエンスの達成が重要な目的とされていることである。すなわち、訴訟への訴えによって、さらには裁判所の判断（肯定的であれ否定的であれ）をも活用して、当該問題の存在を社会全体にアピールし、同様の問題を抱える社会内の様々な場で交渉の場が設定されていくという効果を狙った訴訟利用である。……同様の利害関心をもつ潜在的当事者達の注意が喚起され、その結果、問題が当該訴訟に集約されるというより、逆に訴訟過程の動きや裁判所の判断を戦略カードとして、交渉の場やインフルエンスが社会内の潜在的利害関係者の間へと拡散していくことになる。また、たとえ「勝訴」にはほど遠いとしても、訴訟の場での交渉を経たことによって、訴訟後の当事者の相互関係や交渉内容にも大きな変化が生じ、将来的にも交渉の場を設定していくことは容易化するであろう」。このように和田教授は個人の権利侵害への救済を第一義とする伝統的訴訟における基準定立機能と紛争解決機能に対して、いわゆる現代型訴訟において、そのような枠には収まりきらない要素を含んでいるとし、第一に、そこで対立する利益が「公共的」および「集合的」性格を有していること、第二に、差止請求に典型的に見られるように、法的主張レベルにおいてさえ、相手方の政策変更を求める将来志向的性格を有している点にあり、その特質として、「権利」の創造的構成、交渉実行化への志向、そして、将来的・拡散的フォーラムセッティングを挙げる。以上の「交渉整序・促進機能」こそ、「政策形成機能」よりも重要視すべきであるとする。さらに、そのような「交渉整序・促進機能」「フォーラム・セッティング機能」は実は、現代型訴訟のみならず個人間の通常訴訟においても自生的に営まれつつあるとする。

(50)　この点は「第三の波」学説の強調するところである。井上・前掲注(39)五頁参照。なお、第三の波学派の一翼を担われている佐藤彰一教授は公害差止判決のフォーラムセッティング機能について検討されており、差止の強制執行についても、交渉継続効果を含ませるべきであると提言されている。佐藤彰一「差止請求論」法律時報六六巻一〇号（一九九四年）四八頁以下、同「差止裁判の到達点と課題」淡路剛久＝寺西俊一編『公害環境法理論の新たな展開』（一九九七年、日本評論社）一五三頁以下、一六二頁以下参照。また、川嶋四郎教授も同機能について、アメリカ合衆国における公共訴訟を紹介されながら検討されている。同「大規模公害・環境訴訟における差止的救済の審理構造に関する予備的考察」判例タイムズ八八九号（一九九五年）三五頁。

(51)　周知のように大型公害・環境訴訟においてはその差止請求のほとんどが却下か棄却されており、過去の損害賠償認容判決にとどまっている。これに対して、本判決が差止請求を認容し、しかも猶予期間を付したのはどのような理由によるのであろうか。

大規模公害訴訟と異なり被害内容が明らかであり、当事者も特定しており、かつ、受忍限度判断において、輪番制の実施という、継続的侵害行為の回避方法の簡易さとその選択肢が限定されていたことが大きな要因であったといえよう。

(52)　なお、猶予期間付差止判決が原告当事者の申立事項に反するのではないかという基本的問題がある。現在の給付の訴えに対し将来の給付判決を言い渡すことは、原告の申立てを超えて有利な判決をすることになって許されない（民訴法二四六条）のではないかという疑問である（中野・前掲注(21)一四五頁以下）。しかしここで現在の給付といっても、通常の給付の訴えのような履行期の到来した請求ではなく、強制執行が将来の事実関係に係る差止請求であり、その点では、将来の給付請求と異ならない。原告が請求した差止請求に対して、猶予期間を付した差止判決は、原告の申立てを超えた有利な判決ではなく、前述（**四**、**3**、(3)）のごとく一部認容判決なのであり、二四六条に反しないと解する。

(53)　佐々木吉男「民事訴訟制度と他の紛争解決制度との法的架橋」中野貞一郎先生古稀祝賀『判例民事訴訟法の理論（上）』二八頁。

(54)　この点で、近隣紛争に対して住民の自治的解決を促進する目的で、民間組織によって設営されているアメリカ合衆国のコミュニティーボードが興味深い。竜嵜喜助「地域社会の私的紛争解決制度アメリカ合衆国のコミュニティーボードの例」同『証明責任論』（一九八七年、有斐閣）所収。なお、竜嵜「人間関係調停の模索」民事訴訟雑誌三二号一八四頁以下参照。

# 3　最近の歯科医療事故判例の動向

金川琢雄



## 一　はじめに

歯科領域における医事紛争の実情は必ずしも明らかにされていない。医療事故紛争が年々増加する傾向にある(1)ことを考えると、歯科医事紛争も同様の傾向にあるものと推定される。歯科医療事故に基づく損害賠償請求事件が判例集に登載されたのは、昭和三六年になってからである(2)。その後、昭和四〇年までは三件、昭和四一年から同五〇年は一四件、昭和五一年から同六〇年は一四件、昭和六一年から平成九年までは一六件で、全体で四七件となっている(3)。

歯科医療事故訴訟事件を含む歯科医事紛争の実情を明らかにする文献も多くない(4)。歯科領域では、生命にかかわる大きな事故は予想しがたく、比較的軽微と思われる事故が多く、これらが次第に顕在化してゆく傾向にあるのではな

いかと思われる。(5)

歯科医事紛争の解決方法としては、訴訟に至るものは少なく、歯科医師会の紛争処理機関や示談によるものが多いと指摘されているが、(6)近時、興味ある裁判例も徐々に蓄積されてきている。

本稿は、歯科領域における医療事故判例の理論を分析・検討することにより、一般医療事故判例理論に対する特徴――とくに、説明、同意問題やその過失態様、過失判定基準に焦点をあて、その理論状況を明らかにしようと試みるものである。歯科領域における医療事故判例等について既にいくつかの詳細かつ有益な研究が報告されているが、本稿はこれらの研究に負うところが多い。(7)

## 二　歯科医業の範囲

歯科医業の範囲については、歯科医師法第一七条に「歯科医師でなければ歯科医業をしてはならない」という規定があるのみで、その業務の範囲が法律上明確であるとはいえない。

通説的見解は、歯科医業とは、「業」として、つまり、反覆継続の意思をもって、「歯科医行為」を行うことであり（高松高判昭和二七年五月二日高刑集五巻七二七頁）、「歯科医行為」とは、歯科医師の歯学的判断および技術をもってするのでなければ、人体に危害を及ぼすおそれのある行為であると解している。具体的には、抜歯、う歯の治療、口腔内注射、歯肉切開、仰象採得、咬合採得、試適、装着、矯正治療をいう（昭四三・医発二六一号医務局長回答参照）とされている。

また、医業（医師一七条）と歯科医業との境界領域、つまり、いわゆる口腔外科に属する行為、例えば、抜歯、齲歯の治療（充塡の技術に属する行為を除く）、歯肉疾患の治療、歯髄炎の治療行為などは、歯科医療行為であると同時に医行為にも該当し医師であればこれらの行為を行うことができると解されている（昭二四・一・二一医発六一号）。

しかし、補綴、充填、矯正などの技術的行為は、歯科医業固有の行為であるから、医師はこれらの行為を行うことはできないと解されている(8)。

歯科医行為の範囲は、歯科医学の進歩発展に応じ、また、その当時の歯科医学上是認されている水準に応じて決められるべきものであって固定的ではないと解される(9)。したがって、現在の歯科医学・歯科医療の水準上認められている行為、例えば、口蓋裂、口唇裂などの口腔奇形、舌癌、上・下顎癌、耳下腺混合肉腫などの口腔悪性新生物等の手術は、口腔外科の範囲に属するものと解され、歯科医師が業として行うことができる(10)。従って、歯科医師は、これらの疾患について有効に診療契約を締結することができるし、これらの疾患は治療すべき範囲に属するものである。

①　名古屋地判昭和五八年五月二七日判時一〇八二号九一頁は、国立大学付属病院口腔外科で上顎癌の治療期間中に、癌の肺への移転発見のための胸部X線撮影をすべきであったか否かが問題となった。患者は、癌の肺への移転により肺癌のため他の病院で死亡したので患者の相続人が担当歯科医師および国を相手に損害賠償の訴を提起した。被告らは、同病院口腔外科は診療契約の内容として口腔部位の疾患の治療を受任したにすぎず、自己の診療領域外の疾病発現につき検査すべき義務はないとして争った。

判決は、肺は血行性移転の最も起りやすい臓器であって胸部X線撮影による早期発見に努めるべきであり、癌の肺移転の有無を確認する注意義務は上顎癌治療の一環に含まれるとした。しかし、それも術後一年間くらいの間の早期発見に対する注意義務にかぎって認め、肝臓など他の臓器等についてまでこの注意義務を拡張しているわけではない、と判示した。また、肺以外の臓器や組織につきどの程度の検査をすべきかは、それらへの転移の頻度、発見手段の容易性などを勘案して判断すべきものとした。このことは、本判決では当時の歯科医療の水準に応じて決められるべきものと判示したものと考えられ、妥当な判断を示したものと思われる(11)。

②　東京地判平成七年一一月二八日判タ九一八号二〇五頁は、国立大学歯学部病院口腔外科で歯科医により、上顎嚢胞（嚢胞とは液体を内包する袋状の腫瘤）の摘出および上顎埋伏智歯（智歯とはいわゆる親不知のこと）の抜去の手術

を受けたところ、輻輳不全（両眼を一点に注視させる機能障害）、肉眼筋麻痺（調節障害等）の障害が生じたとして損害賠償を求めた事例である。判決では、いずれの点においても過失がないとされたが、一つの争点として問題になったのは、原告は、歯科医師である被告医師らは本件手術を自ら実施すべきでなく、耳鼻咽喉科に転医させるべきであったと主張したことである。

判決は、前記厚生省の見解（二四・一・二一医発六一号――筆者補注）および保険診療における行政解釈を引用するとともに、歯科医師が術後性上顎嚢胞の手術を行うことは社会的にも是認されているとして、原告の主張を退けた。なお、判決では、患者が耳鼻咽喉科から紹介されてきたものであることを根拠にあげているが、このこと自体はいわゆる「領域問題」の解決の根拠にならないと思われる。先にも述べたように、歯科医行為は、歯科医学の発展に応じ、また歯科医療の水準の向上に従って次第にその範囲を拡大してゆく傾向をみせている。しかし、その範囲は、いわば診療当時の実践における医療水準の限度により画されるものと考えられる。

## 三　説明・同意の問題

歯科診療において、患者に対し診断内容や実施しようとする治療行為について説明し患者の同意を得べきことは他の医療の場合と変らない。しかし、歯科診療における説明・同意に関し次のような特色が認められる。(12)

第一に、歯科診療においては使用する材料・材質が多種であり、また適応可能な治療方法も多様であるため、選択の範囲が広く、これらに伴って説明の範囲が広くなる。

第二に、治療材料・材質によっては健康保険などの医療保険を適用しえず、患者の自己負担による私費診療が行われることが多い。従って、患者に対して、治療材料・材質に関する説明と同時にその費用負担に関する説明が必要である。

第三に、歯科診療においてはその治療部位との関係上、患者の外貌への影響を無視しえない場合がある。治療による機能性の確保が重要であることは言うまでもないが、患者の審美性、美容への願望も尊重しなければならない。この点、美容整形における説明・同意の場合との類似性を指摘しうる。

第四に、生命を救助するという緊急性が要求されることが殆んどないこともその特色の一つである。緊急性がなければ、説明について時間的余裕があり、患者の自己決定権を十分に尊重することが可能である。

③　横浜地判昭和五八年一〇月二一日判時一〇九四号八五頁は、患者が上顎歯四本に「四分の三冠」（鋳造冠の歯形成の一つで唇面を残してそれ以外の面を削り金属を装着する方法）を受けたところ、右上顎切歯四本のそれぞれの隣接面に金属が露出し、五本の筋が入り外貌がみにくくなった。このため患者は、この治療に先立ち歯科医師はこの点の十分な説明をすべきであるのに説明がなかった等と主張して損害賠償を求めた事例である。

判決は、次のような説示を行った。まず、一般論として、「歯科診療は、その対象としている部位が外貌に影響を与えるものであること及び他の医療分野と異なり治療方法の選択につき患者が意見を述べ自己決定する度合が高いことから考えて、診療を行う医師としては場合によっては、例えば患者の依頼に沿った医学上の適切な治療を行えば足りるというのではなく、右治療の結果が患者の外貌に及ぼす影響についても充分に説明し、その意思を確認して治療にあたるべき注意義務を負う場合のあることは否定できない。……」としながら、続けて「しかし、一般的には歯科医師としては、患者の身体的・生理的条件に従って病巣に対して客観的な処置をすれば足りるものであって、患者から格別の申し出があるとか、職業、性別、年令等患者特有の事情に鑑み明らかに美容上の効果を重視すべきことが予想される場合とか等特段の事情がないかぎり、逐一個々の患者の審美眼がどのようなものであるかを確認し、それに沿った治療をなすべき注意義務を負うものでないと解するのが相当である。」として患者の請求を棄却した。

本件では、歯科医師は、不十分な説明ながら見た目には一本ずつ筋が入ってみえる旨を説明していたこと、患者が五一歳になる機械製造加工業の工員であること、保険診療の範囲内で悪い所は全部治療して欲しいと希望していたこと、この治療結果につき重大な関心を持っていることをうかがわせる事実がなかったことなどの事実認定を行い、この結論を導いている。しかし、この結論には疑問がないわけではない。判旨の前半部分の説示はきわめて妥当であると思われるが、後半の特段の事情——患者が美容上の効果を重視するか否かを医師の立場からみて予測すること——を除外事由としているが、美容上の外貌に影響を及ぼすことが明らかであれば、そのことを例外なしに十分説明すべきであったと思われる。

④　浦和地判昭和五六年七月二二日判タ四五一号一一九頁は、歯科医師が抜歯後の欠損部分に義歯を入れるに際し、ブリッジ（架工義歯）でなく、挿し歯（バネ式有床義歯）を入れたことにつき、歯科医師が治療方法の説明を怠り患者の希望にそわない治療をした等として損害賠償を求めた事例である。

判決は、一般論として、義歯を入れるにつき、ブリッジにするか否かは重大関心事であり、その後の管理の点からすればブリッジにしたいとの希望があることは当然考えられることであるから、両側の支台歯の状態がブリッジによることが耐えられない状態にある場合その点を患者に説明し、ブリッジによることができない旨を述べ、それに代る次善の方法として、挿し歯の方法があること、そのためにとるべき治療の概要などを説明した後に治療を開始すべき業務上の注意義務があると判示した。そして、これに引き続いて、この注意義務は、患者の言語態度からみて、明らかにブリッジによる義歯を望んでいないことが認められる場合には免除されるとして、患者が「健康保険で入れられる安い義歯を入れて欲しい」と述べ、あえて「ブリッジにしてくれ」といわなかったことを説明義務の免除理由と認め、注意義務違反はないと判示した。

原告は、当初から健康保険ではブリッジを入れることができないと誤解しており、私費負担のブリッジにすることを断わったものと思われる。そうすると、歯科医師としては、患者がこのことを誤解しているという事実を予見しまたは予見可能な場合には、ブリッジによる義歯が廉価で入れることができることを説明すべきであったと思われる。

本件で、被告歯科医師は、欠損歯の両側の歯は相当進んだ歯槽膿漏で支台歯として耐えられずブリッジにすることは不可能で、医学的にみて挿し歯を選択せざるを得ない状態であったことが認定されている。この医学的事実は、患者に対して説明されていないが、仮にこの事実が説明されれば、患者は挿し歯を入れることに同意せざるを得ないことになるが、この場合でも、説明義務違反があるといえるかが問題となろう。私は、かような場合であっても、患者が説明に基づく納得・同意をしていない以上、インフォームド・コンセント取得義務違反があると考えている。

⑤　東京地判平成五年一二月二一日判時一五一四号九二頁は、次項で述べる先進医療にかかわる事例である。本件は、インプラント（人工歯根）施術を実施したが奏功せず、結局それを除去し有床総義歯に変更したものである。本件の昭和五七年五月当時、先進医療とされていた骨膜下インプラント施術を実施する場合の医師の説明義務について、判決は次のように説示している。

「インプラントは、未だ研究段階にある未確立の技術であり、インプラント顎部からの感染やインプラントの動揺によって失敗する危険性があるから、一般臨床に応用するには、他の治療法を検討し、患者に対しインプラントの危険性について周知させ十分に協議したうえで慎重に判断することが必要で……特に骨膜下インプラント法は、……骨内インプラントに比較して複雑高度な技術が要求されること、……（失敗の場合に）骨に深刻な損傷を与える……危険性から、臨床医としては、まず有床総義歯による治療を試みるべきであり、患者に対し骨膜下インプラントの危険性についても理解させたうえで慎重にこれを行うのが望ましく、安易に骨膜下インプラントを実施すべきでないことが認められる。」と述べ、先進医療を実施する場合、説明義務が加重されることを説示している。

しかし、判示のこの説明義務の範囲は、なお、狭いように思われる。少なくとも、次の事項について説明を付加すべきものと思われる。[13]①先進医療であること、②この治療法が当該疾病に対し他の方法によるよりも有効な手段であること、③この治療法と従来の治療法との比較検討の結果、④この治療法から生ずる危険性及びこの危険性が具体化した場合にとりうる処置、について説明し、患者の選択に委ねるべきであると思われる。

⑥　大阪地判昭和六一年二月二四日判タ六一六号一三二頁は、ジャケットクラウン装着に際し対合歯を削ることに

対する患者の同意が問題となった事例である。本件は、左上中切歯さし歯治療のため作成したジャケットクラウンを試験的に患者に装着して咬合状態を調べ患者に具合を聞いたところ、患者が「当る」というので、数回ジャケットクラウンを抜いて裏側の箇所を削ったが、なお患者が「当る」というので、これ以上削ればジャケットクラウンが破損するおそれがあるなどの事情から、さらに調整するためには対合歯削合によるほかないと考え、この旨を患者に告げたところ、患者が口を開けていたので同意したものと考えてエナメル質を少し削ったことに対して、患者は同意なしに健全歯を削られた、と主張し、本件対合歯削合は歯科医学上認められない違法な治療法であったとして損害賠償を求めた事例である。

判旨は、対合歯削合を告げられた際、少なくとも言葉や動作によって反対する意思表示を容易に示すことができたのにこれをしなかったのであるから、黙示の同意を与えたものと確認することができるし、本件の経緯をみれば、対合歯削合による咬合調整は医学上やむを得ない処置として一般的に認められるとして原告の請求を認めなかった。(14)

判例④は、治療行為に伴う軽微な健全歯削合につき、患者の個別的同意を不要としている。この事例では、患者の同意を得ることなく「欠損歯のところに挿し歯を入れる治療行為として、挿し歯の両端のバネを両側の歯に乗せてその沈下を防ぐためレスト（出っぱり）部分が高くならないようにする目的で両側の琺瑯質の一部を僅かに削った」という点が問題になったが、判決では「正当な治療行為に包含される健全歯の削り取りもまた正当な治療行為として是認されるから、事前に患者の同意を求めなかったとしても何ら過失があるとはいえない。」とした。つまり、この程度の健全歯の削り取りの同意は、歯科治療を依頼した意思表示のなかに包括的に含まれており、さらに個別的に同意を要しないとしたものである。

これらの事例が示すように、裁判所は通常の治療の範囲内で必要な健全歯の切削について患者の個別的な同意を厳密に要求していない傾向にあるといわれている。(15)

他の医療においても、学説上軽微な結果の生ずるような治療行為については、逐一個別な説明・同意は不要であると解されており、診療申込などの診療契約のなかに包括的に含まれていると解されるが、しかし、それをゆるやかに認めると患者の自己決定権を無視する危険があることが指摘されている[16]。

## 四　医療水準・先進医療

医療事故に基づく損害賠償は、債務不履行または（および）不法行為の法的構成による[17]。いずれの場合でも、当事者の過失（民七〇九条・四一五条）の存在がその要件として必要であるが、この過失の中心概念が注意義務違反である。医療事故訴訟において注意義務の基準となる概念として、判例学説により「医療水準」が明らかにされてきたことは周知の事実であり[18]、このことは歯科医療事故訴訟においても変りがない。つまり、「診療当時における臨床医学の実践における医療水準」（最判昭和五七年三月三〇日民集一三五号五六三頁）がその中心概念であり、この医療水準からの離反が過失とされるのである。そして、近時この医療水準の考え方は、判例理論において吟味・深化されるに至っている。臨床医学の実践における医療水準は、全国一律の絶対的基準と考えられるべきものでなく、診療に当った医師の専門分野、所属する医療機関の性格、その所在する地域の医療環境の特性など諸般の事情を考慮して決せられるべきものである（最判昭和六三年一月一九日判時一二六号七頁における伊藤正己裁判官の補足意見）。

新規開発にかかる治療法については、理論的基礎研究・治験・追試・比較対照実験等が行われ、その有効性と安全性が確認され、学会報告や文献を通じてその治療法に関する知見（情報）および実施のための技術・設備が次第に普及してゆくという過程をたどる。そして、新規開発にかかる治療法に関する医療水準が注意義務の基準とされるためには、知見の普及と治療のための技術・設備等の普及が必要であるが、これは、その医師の所属する医療機関によって遅速の差が生ずるし、治療のための設備等については予算などの事情によって異なることもありうる（最判平成七年六月九日判時一五三七号三頁）[19]。

知見の普及があっても、技術・設備等の普及がまだ十分でない場合は、転医措置ないし転医勧告の問題が生ずることになる。

⑦　東京地判昭和五三年一二月一四日判時九五二号九六頁は、エナメル上皮腫の誤診に関する事例である。原告患者は、昭和五〇年三月下旬、虫歯の治療の際、右側前歯の歯茎内側に約一・五センチメートル大の半球のこぶ状のものについて診察を受けたところ、「軟骨であるから心配いらない」と診断されたのでそのままにしておいたところ、約一年後、このこぶ状のものが徐々に大きくなり、下顎前歯がぐらぐらになってきたので他の病院で診察を受けたところ、これはエナメル上皮腫と診断され、その部分の手術を受け下顎骨右側を削り下顎部の奥歯三本を残して入歯を施した。そこで、原告患者は、同五〇年三月のこぶ状のものの誤診によりこのような手術を余儀なくされたとして損害賠償を求めた。

判決では、エナメル上皮腫の発育が一般にゆるやかで経過が長いこと、一般開業医のレベルで行うレントゲン撮影では、同五一年三月当時においても病名診断は困難であったことなどを総合勘案すると、一般開業歯科医としての医療水準からみても原告患者を診断した時点においてこのこぶ状のものについて的確な診断を下すことは困難であり、他の十分な設備の整った病院での診察を受けるよう原告患者に勧めなかったからといって、この段階において直ちに一般開業の医師として通常用いうべき注意義務を怠ったものとしてその責任を問うことはできないとした。

本件では、歯科医師の注意義務の基準として、診療当時の「実践における臨床医学の医療水準」を適用し、その過失の有無を認定していることは、従来の判例通説の立場を踏襲するもので妥当である。しかし、患者が、具体的に「歯茎内側の半球様のこぶ状のもの」について異常を訴えて診断を求めており、当時、開業歯科医師の設備や技術では診断が困難であったとしても、大学病院レベルでは診断は十分に可能であり、患者の搬送など転医を困難にする事情はなかったのであるから本件歯科医師には、転医勧告ないし転医措置上の過失が問擬されるべき事例であったように思われる。(20)

前掲判例⑤は、ブレード・ベント・インプラントを施術したところ、これが動揺したので撤去し、骨膜下インプラントを施術したが、やはり動揺し、かつインプラントを感染源とする上顎骨々炎の罹患が判明したのでインプラントを除去するなどして、有床総義歯にした事例である。

判決では、本件施行の昭和五七年ないし同六一年当時、インプラントは、未だ研究段階にある未確立の技術であり、インプラント法の中でも特に骨膜下インプラント法は、骨内インプラントに比較して複雑高度な技術が要求されること、また施術後に動揺などにより、インプラントを除去せざるを得なくなった場合には、骨に深刻な損傷を与えることを認定したうえで、骨膜下インプラントを施術する場合には、①まず、従来からの治療法である有床総義歯を試みるべきであり、②患者に危険性を周知・理解させ十分に協議すること、③その時期方法など慎重に判断して実施すべきであって、安易に骨膜下インプラントを実施すべきでないと説示した。判決では、説明義務については前述の判例⑤のように述べているがこの点について、過失は認めておらず、施術の時期について慎重な配慮をすべき注意義務違反があったという施術上過失を認めた。(21)

インプラント施術について、トラブルが多発していると報道されたこともあり（平七・八・二二、日経新聞夕刊）、本件以外にも、東京地判平成六年三月三〇日判時一五二三号一〇六頁、東京地判平成六年五月一六日（判例未登載）、佐賀地判平成六年一二月一六日（判例未登載）がある。(22)

ところで、インプラント施術は、①大学病院など先進的医療機関よりも一般開業医師が実施しはじめたものであり、②治療材料・技術などについては企業が誘導・指導しており、③自由診療（私費診療）であり、かなり高額であること、④その基礎医学的研究が臨床の現状に比して遅れているのではないかなどと指摘され、(23)一般的に考えられている先進医療とは異なる特殊の発展・普及の状況がみられる。

しかし、インプラント施術は、当時は先進医療であることに変りはないのであるから、このような医療を実施する場合には、前述の如く説明義務の範囲・程度が加重されるほか、従来から確立されている治療法を試みることがまず求められ、これによらない場合には、従来の治療法との比較検討とくに利害得喪を慎重に検討するとともに、新規治療法が奏効しなかった場合の対策、処置を準備しておくことなど、その実施の要件が加重されるべきである。

## 五　歯科麻酔事故

周知の如く、一般医科においては麻酔科は独立の標榜専門科目とされており（医療七〇条二項）、全身麻酔等により行う手術においては手術担当医とは別に麻酔医は全身管理を受け持つことで独立性をもち、その業務を分担している。歯科領域では、歯科麻酔学という専門領域が設けられており、日本歯科麻酔学会認定医制度が発足しているが、臨床の現場ではその業務分担を実施することは殆んど行われておらず、歯科医一人で麻酔も治療も行っているのが現状で、麻酔に基因する思わぬ事故も少なからず発生している。

⑧　東京地判昭和四七年五月二日刑月四巻五号九六三頁、最判昭和四八年九月二一日刑裁四巻九六三頁は、幼女（五歳）に全身麻酔を施して抜歯等の手術を行い同女を帰宅させたところ、帰宅後麻酔の副作用のため死亡したという事例で、歯科医師が麻酔からの覚せいを十分に見きわめずに帰宅させ、その後家族から異状を訴えられながら長時間、往診・救急の措置をとらなかった点に過失があるとして、同医師が禁錮四月、執行猶予二年の刑に処せられた刑事事件である。

本件では、死因に関する特異体質による不可抗力などの主張がされたが、裁判所は詳細な事実認定を行ったうえ、検察官の主張をほぼ全面的に認め、最高裁もこれを支持した。

本件で、全麻と手術を一人の歯科医師が実施しているが、静脈麻酔は、日本歯科麻酔学会認定医が行うことが望まれており、全麻の場合には、全身管理を担当する医師と共同で手術を実施することが安全性を高めるうえで必要なことであろうと指摘されているが[24]、本件では、そのような対応はなされていない。全麻を必要とする手術を実施しようとするような場合には、麻酔担当医を別に依頼するか、あるいは、歯科麻酔医の常駐する大学付属病院に患者を転医させるなどの処置が望まれる。

⑨　東京地判昭和五八年一一月一〇日判時一一三四号一〇九頁は、患者が以前より重症筋無力症に罹患しており、虫歯治療の際、麻酔を使用すると症状が増悪するので麻酔を使用することなく治療するよう依頼した。しかるに、歯科医師は局所麻酔剤キシロカイン、笑気を使用して患者の重症筋無力症を増悪させたというものである。

患者は、医師には治療に関する患者の意思や要望を尊重し、かつ医学上危険な治療方法を避け、患者の生命身体の安全を確保すべき義務があるのにもかかわらず、これを怠り前記局所麻酔剤を使用した過失があるとして慰謝料三〇〇万円の支払を求めた。

判決は、患者の主張を認容し、歯科医師は、前記患者の要望に従って麻酔剤を使用せず、仮に使用する必要があっても使用前に使用薬剤が患者に及ぼす効果の安全性を十分に確認し、麻酔剤の使用についての説明を行い十分な準備措置を講ずる注意義務があった、とした。

本件は、患者の特殊な疾病のため、患者から麻酔剤の使用を避けて欲しいという希望が出されており、歯科医師においてもこれを諒承していたのであるから、このことは歯科診療契約の内容になっていたものである。したがって、これを遵守しないことは明らかに債務不履行というべきである。

⑩　東京地判平成元年四月二七日判時一三四三号五一頁は、下顎骨骨折治療中、麻酔剤による悪性過高熱のため患者が死亡した事例である。

自衛隊員であった患者は、昭和五八年一月、転倒して右下顎骨骨折の傷害を負ったため、国立大学歯学部付属病院に入院して骨折部位の整復固定手術を受けた際、全身麻酔をされた直後危篤状態となり死亡した。直接の死因は、DIC（汎発性血管内凝固症候群）・呼吸不全による急性心不全であり、その原因はMH（悪性過高熱）であった。その両親らが病院開設者である国に対して損害賠償を求めた。

裁判所は、ＭＨの予見・回避義務について、次のように判示した。「……現代医学の最高水準の医療技術が期待される国立大学医学部付属病院の歯科医師である担当医師らは、全身麻酔を施行することにより患者の生命及び身体に重大なショックないし副作用の発現が予知できる場合においては、このような危険を防止するため万全の措置を講ずべき高度の注意義務を負うものと解するのが相当である。そして、本件医療事故が発生した当時において、原因は明らかでないものの吸入麻酔剤あるいは筋弛緩剤の投与によって四〇度を越える急激な体温の上昇が引き起こされ、更に重篤な結果に至るＭＨなる症例が存在することが多数報告されており、しかも、このＭＨ発症の危険を事前に予知する決定的な方法はないものの、ＭＨに関しては遺伝性が疑われており、①本症の既往歴がある、②血族の中に本症の既往歴を持つ者がいる、③関連疾患と考えられる疾患の既往歴がある、④血族の中に関連疾患と考えられる疾患の既往歴を持つ者がいる、場合には注意を要するとされていたことからすれば、吸入麻酔あるいは、筋弛緩薬を投与して手術を実施しようとする医師としては、患者に対して相当な問診を実施し、患者及びその血族者のアレルギー体質、既往における使用薬剤の異状反応の有無、麻酔使用の有無等の麻酔事故の判断資料を収集し、適正な麻酔計画を立てる義務があるというべきである。」としている。

麻酔に基づく悪性過高熱の症例はいくつか出ているが[25]、本件では、全身麻酔の麻酔計画の作成、問診のあり方、ＭＨ発症の疑いのある場合の処置について述べ、これらがなされていることを認めて過失があるとはいえないとした。

判例⑧および⑨においては、さらに特異体質の問題がとりあげられている。

麻酔の方法や管理に不適切ないし過誤がありながら、原告・患者側がこれを証明することができないため、患者死亡の原因を特異体質に帰せしめる傾向がみられ、麻酔の方法や技術上の不適切・過誤の「かくれみの」とされることがしばしばみられた。

判例⑧は、患者が仮に胸腺リンパ体質でショック死を招きやすい体質であると認めたとしても、事前にかような体質を知ることができないが故にこそ、あらかじめ応急措置が可能なように万全の準備をし、麻酔後は患者を監視下においてその全身状態を十分観察把握し、ごく早期に異常を捕捉してただちに所要の救急措置をとらなければならないのであり、そうしておれば特異体質でも死を免れ、あるいは蘇生させることも十分可能であったと認められるので、患者に胸腺リンパ体質の所見がありその体質は事前に予見することができなかったとしても、これをもって患者の死を不可抗力に帰せしめることは許されない、と判示している。他方、判例⑩は、判決文にみられるように、患者に対し十分問診を行っていること、麻酔実施について関係医師が慎重な態度で臨んでいることが認められ、医師の責任は問われていない。

## 六　歯科治療過程における技術的過誤

歯科診療においても、他の医療の場合と同様に、患者が病院や診療所を訪れて、診療の申込みを行い、これに応じて診療が開始される。診療は、患者が病的症状を訴え、問診・検査・診断、説明・同意、施術（手術）、その他の処置、薬剤の投与などが行われる。本稿では、とくに大きな問題として、歯科医療の範囲、説明・同意、麻酔について述べたので、歯科医療過程のなかでの技術的手技のうち抜歯、補綴、咬合調整などについて検討を進めたい。

### 1　抜　歯

⑪　東京地判昭和五七年一二月一七日判タ四九五号一五三頁は、患者が昭和五一年一一月大学付属病院で、上顎骨内の下顎智歯（親不知）を抜歯したが、その後、痛み、不快感を覚え、薬剤の投与を受けたものの症状が回復せずに経過し、同五二年二月他の病院でレントゲン撮影の結果、下顎骨の骨折が判明し、また他医により頸椎不安定症の診断を受けた。患者は歯科医師が抜歯の際、無理に抜こうとして強い打撃を加えるなど拙劣な手術により下顎骨骨折、頸椎捻挫を生じさせたとして損害賠償を請求したものである。

判決では、下顎骨骨折についての過失を認めず、また、抜歯と頸椎不安定症との因果関係を否定、手術方法についても過失はないと判断したが、患者が抜歯後、下顎骨の軽い疼痛を訴えているのにその原因を調査せず、他医により下顎骨骨折が発見されるまで慢然と患者の訴を放置した点に過失があるとして、慰謝料三〇〇万円の支払を認めた。一般に、手術後の術後管理の重要性については述べるまでもないが、本件は歯科における抜歯という手術後の患者管理の継続的必要性について警鐘を鳴らすものとして注目される。

⑫　東京地八王子支判平成元年四月二六日判タ七一四号二〇七頁も、いわゆる親不知抜歯後の下顎骨骨折を訴えるものであったが、判決は抜歯行為と下顎骨骨折との間の事実的因果関係を認めず請求を棄却した。

⑬　東京地判平成二年二月九日判時一三六九号一一五頁は、開業歯科医により抜歯し、その後、専門口腔外科での受診を勧められ、被告病院で抜歯後感染、抜歯窩治癒不全と診断され治療を受けたが、完治せず、別の総合病院で右下顎骨慢性硬化性骨髄炎と診断され、治療を継続した。そこで、患者は被告病院の治療が不適切・不完全であったと主張して損害賠償を求めたものである。判決は、骨髄炎に罹患していたことは認められず、歯槽骨炎の治療は相当なものであったとして、請求を棄却した。

⑭　浦和地判平成二年九月二五日判時一三七三号一〇三頁は、歯科医師が四歳の幼児の乳歯の抜歯治療の際、抜去された歯牙がこれを挟んでいた自在鉗子から口腔内に落下し、声門部に落ち込み気道を閉塞して窒息死させた事例である。判決では、歯科医師の注意義務違反は明らかであるとして、二三七二万円余の損害賠償が認容された。本判決は、歯科医師が治療中に口腔内に異物が落下した場合の処置に関し、このような場合には気道閉塞が予想されるので、その有無を確認し、気道閉塞に至っていない場合は、水平位であればそのまま顔を横に向かせて異物をとり去る措置を講じるべきであり、決して患者を坐位に起してはならないところ、本件では、この注意義務に反して、座位にして背中をたたくなどして、更に異物を気道内に侵入させた、とした。また、過失相殺の主張について、幼児の体動は予測すべきことであるとしてこれを認めなかった。

## 2　補綴

補綴とは、齲蝕、歯周疾患・外傷などで歯が欠損した場合、その欠損部分を義歯等によって補うことをいう。狭い意味では、入れ歯のことをいう。

⑮　大牟田簡判昭和四一年九月二〇日医療過誤民集五五二頁は、前後若干の経緯があるが、要するに歯科医師が延長架工義歯を装着するに際し、抜髄をせず装冠したため急性化膿性歯髄炎に罹患したと主張し、この治療のため装着冠の切除を余儀なくされたのは歯科医師が抜髄の処置をしなかった過失による、として損害賠償を求めたものであるが、裁判所は被告の主張を認容した。歯科領域での医療事故の主張は、多岐にわたり、かつ技術的であるが、次の事例もその典型的なものである。

⑯　大阪地判昭和五七年八月二〇日判時一〇七一号九九頁は、過失が認定された部分のみをみると、上顎左右の各中切歯の継歯治療の際、歯根部の根管穿孔およびメタルボンド装着のための金属ポストの充填を誤ったため金属ポストが根管の中心を外れ、根管壁面を突き抜けて歯肉に食い込み、そのため、各中切歯は歯齦膿瘍になったのは、歯科医師の債務不履行にあたるとしている。

⑰　京都地判平成四年五月二九日判タ七九五号二二八頁は、ブリッジ補綴治療の過誤に関するものである。患者は、昭和五八年五月にセラミック前装鋳造冠ブリッジの補綴を受けたが、その後二年目、四年目にブリッジが脱離した。ブリッジは、欠損歯の両側を歯を支台歯としてそれに装着するものであるから支台歯は、ブリッジを十分に保持しうるよう築造される必要がある。判決は、ブリッジ補綴は、少なくとも一〇年間使用に耐えられるようにすべきであると判断し、二年間で脱離した原因は、一方の支台歯の歯冠軸と軸面のテーパー（角度）不足、地方の支台歯の根管内ポストの長さ不足を認定して歯科医師の債務不履行を認めた。前歯のブリッジ補綴は、一般に自費診療で行われ、高額な費用になるため、これに関するトラブルは少なくないようである。

### 3　咬合調整

⑱　東京地判昭和五八年八月二二日判時一一三四号一〇四頁は、患者は昭和五〇年一〇月新たに架工義歯の装着を受けたが、下顎の運動障害、咬合不全、口腔内の慢性的炎症などを起すようになった。判決は、架工義歯装着後の相当期間、安定度・固定度等の静的装着状態、咬合状態、口腔内の舌部の動静などについて継続的に観察し、不適合、炎症等を発見したときは直ちに調整、補修等をなすべき注意義務があるとした。

⑲　東京地判平成六年七月二二日判時一五二〇号一一七頁は、既に施術されている金属床の咬合を調整するため、その装着の前提として奥歯の金属冠部分を削ったことによって左側頭部痛などを訴えた事例であるが、義歯の着脱がスムースにできるようにするため、奥歯の金属冠部分を削り咬頭をなめらかにすることは相当な治療行為であり、歯科医師はこの治療行為について説明しており、同意も得られているとして、原告患者の請求を棄却した。

### 4　小　括

歯科診療過程のなかで、抜歯、補綴、咬合調整は、典型的な技術的行為に属するものである。これらの事例にあっても、歯科固有の技術的な手段に関するものばかりでなく、これらに関連する他の専門領域の医療知識および技能が要求される事例が多いように思われる。例えば、親不知抜歯後の下顎骨骨折や頸椎不安定症の訴（判例⑪⑫）に関し整形外科、上顎嚢胞の摘出について耳鼻咽喉科への転科、および親不知抜歯後の視覚障害の訴（判例②）、咬合調整後の頭部痛の訴（判例⑲）などがあるが、他にも、⑳横浜地判平成元年三月二四日判タ七〇七号二一六頁は、歯科医師が全身性エリマテトーデスの患者に対しステロイド薬剤を投与したこと、抜歯により敗血症に罹患したことを主張しており（いずれの点も過失なしとして棄却）、患者の特殊な内科的疾患に対する歯科医療に使用する薬剤の禁忌の有無の知識が要求されており、同じく、㉑福岡地判平成六年一二月二六日判時一五五二号九九頁は、アスピリン喘息の患者が抜歯治療の際、鎮痛抗炎症剤ロキソニンにより喘息発作を起して死亡した事例（債務不履行、損害賠償一九二〇万円認容）など、臨床歯科医として、他の専門領域の幅広い知識、技能が要求されていると思われる。つまり、医学・歯科医学の発展に応じ歯科医療の範囲が拡大するとともに、歯科医師にはそれに伴う臨床医学の実践における医療水準に適合するレベルの知識・技能が要求されるに至っているといえよう。

## 七　ま　と　め

本稿は、歯科医療事故判例における歯科医師の過失の態様及び過失の判定基準および歯科診療における説明、同意の問題について、その動向を検討したものである。

その前提要件として、歯科医療の範囲についてであるが、歯科医療は歯科医学の進歩・発展とともにその範囲を拡大してきたことを指摘しうる。それは、行政取締法としての性格を持つ歯科医師法第一七条の解釈においてみられ、また、民事法の領域である歯科医療事故判例において認められるところである。判例①②⑦⑩⑪のほか、六（歯科医療過程における技術的過誤）の項目でも指摘したところである。とくに、判例①は、上顎癌の治療に関し、歯科医療は口腔内疾患の治療に限定されるのでなく、癌の肺移転の有無の検査のため胸部X線撮影の義務があるとされた。癌の他の臓器への移転についてすべての臓器について検査義務が及ぶのではなく、血行性移転の多い肺移転について術後一年間位の早期発見の注意義務があるとされた。このことは、歯科医療の進歩に応じ、その診療範囲が拡大されることを示すものであると同時に、歯科医療は、その診療当時の実践における医療水準によってその限界が画されるものであることを示すものであると考える。

注意義務の基準としての「実践における臨床医学の水準」の考え方は、歯科医師の過失判定において適用されることは、本文に述べてきたとおりである。

この医療水準について、近時、最高裁は、医療の進歩・発展に関し、「知見（知識）の普及」と「技術・設備等の普及」の二つの側面があることを指摘し、前者が時間的に先行して普及しても、後者がこれに伴わないこともありうることを明らかにした。「知見の普及」があっても、「設備・技術等の普及」がこれに伴わなければ、転医・転医措置の問題が生ずることになる。しかし、歯科領域の医療事故判例では、転医義務違反の事例は、まだあらわれていない（判例⑦は、転医措置義務があった事例であると思われる）。

歯科領域医療事故判例中、先進医療にかかわる一つの典型的事例はインプラント施術でみられた。これは、本文で述べたとおり特殊な発展の状況をうかがわせるものであったが、当時、試行的医療の性質をも持つものとして、インフォームド・コンセントの取得、これを実施する場合の歯科医師の判断過程およびその実施について付加的加重要件を課することが妥当である。

歯科医療における説明・同意については、他の医療におけるそれとは多少異なった特色があることは本文に述べたとおりである。

患者の同意を得るための医師の説明の基準は、具体的患者標準説ないし具体的患者標準修正説が[26]妥当であると思われる。歯科領域におけるこの説明義務の基準について、判例④⑤が具体的患者標準説ないし具体的患者標準修正説によっているものと考えられ、妥当な方向を示している。ただし、判例③⑥は、合理的患者標準説によっているものと思われ、なお検討の余地がある。

歯科医療事故判例のなかで、やや特殊で重要性を失わないのは、麻酔事故の事例ではなかろうか。歯科医療では、部分的な軽度の麻酔を行うことが多いのであるが、手術（施術）や患者等の状況によっては全身麻酔を行うことも少なからずある。いずれの場合でも麻酔固有の危険性が伴うことは否定しえず、具体的事例等については本文に述べたとおりである。

最後に、歯科医療過程における典型的な技術的な事故の事例をとりあげた。ここでも、歯科医療の発展に応じ歯科医療の範囲が拡大しつつあること、これに伴い歯科医療以外の領域の知識・技能が要求されるに至っていること、しかし、それも注意義務の基準としての「実践における臨床医学の医療水準」によって画されるものであることを述べた。

（1）　最高裁判所事務総局編『医療過誤民事訴訟事件執務資料』七〜一八頁（法曹会、一九八九年）。金川琢雄『現代医事法学（改訂二版）』一五四頁（金原出版、一九九五年）。

（2）　厚生省健康政策局監修・医療過誤民事判例集四三四頁（東京法令出版、一九六九年）。

（3）　菅野耕毅『医事法と医学教育論』一三〇頁（信山社、一九九七年）。

（4）　たとえば、木村光孝「小児歯科医事紛争の実態調査」小児歯科学雑誌三五(一)一〜一〇頁（一九九七年一月）。なお後注(5)(6)を参照。

（5）　東京都歯科医師会「医事処理部委員会」報告（歯界展望五七巻五号一〇九四頁以下）によると、東京都における医事紛争処理件数につき、昭和四三年から昭和五六年の間の状況報告をみると、件数は、年平均一〇件前後であり、紛争の原因は、全六五件のうち、口腔粘膜・舌損傷一八件、抜歯一一件、義歯（歯冠修復物）八件、薬剤・麻酔八件などが上位を占めている。同じく、同委員会の昭和六〇年から平成元年までの取扱い件数は、総数一五九件（解決件数は、示談三二件、判決一一件計四三件）であり、増加の傾向が示されている（天野好「東京都歯科医師会医事処理部委員会」判タ七二八号二七五頁）。

神奈川県歯科医師会医事紛争処理委員会の事故報告では、昭和四八年度から平成元年までの処理件数（示談など）は、二六二件であり、昭和六〇年前後は、年間約二〇件であるが、平成元年には、三二件となった。これらの事故内容は、口腔外科八八件（三二・七％）、補綴五三件（一九・九％）、その他四七件（一七・九％）、麻酔・薬物二七件（一〇・三％）などとなっている（日本歯科評論一九九一年四月号（第五巻）五八二頁）。

植木哲＝山口史郎「歯科医師に関する意識調査」谷口知平先生追悼論文集第三巻三六五頁。

（6）　奥平哲彦「歯科医療」判タ六八六号一三〇頁。

（7）　本稿は、各々の脚注にあげる文献のほか、次のものによるところが多い。野田寛「歯科領域における医療事故」

『中川淳先生還暦記念論集』三三二頁以下（世界思想社、一九八九年）。同「最近の歯科医療事故判例をめぐる諸問題」岡山商大法学論業第五号四一頁以下（一九九七年）。菅野耕毅「歯科医療事故判例の総合的研究」医事学研究（岩手医科大学）一号七一頁以下、これは後に、同『歯科医療判例の理論』（信山社、一九九七年）に収録。岡村久道「歯科診療過誤訴訟の判例理論」判タ八八四号二〇頁以下。
(8)　野田寛『医事法（上）』七〇頁（青林書院、一九八四年）、金川・前注(1)四九頁。
(9)　山崎佐『医業と法律』第九輯二〇〇頁以下（克誠堂、一九四〇年）。
(10)　野田・前注(8)六八頁、金川・前注(1)五〇頁。
(11)　野田・前注(7)中川還暦三五三頁、岡村・前注(7)二一頁。
(12)　菅野・前注(7)六五頁、岡村・前注(7)二五頁。
(13)　中村哲「試行的な医療行為が法的に許容されるためのガイドライン——主として試行的治療行為について——」判タ八二五号六頁以下（一九九三年）。
(14)　本件につき、竹井哲司「対合歯削合措置事件」医療過誤判例百選（一九八九年）一一四頁。
(15)　奥平・前注(7)一三一頁。
(16)　菅野・前注(7)六一頁。
(17)　岡村・前注(8)二一頁。
(18)　金川琢雄「診療契約に基づき医療機関に要求される医療水準など（判批）」判時一五四九号一八五頁（判評四四四号三九頁）（一九九六年二月）、滝井＝藤井「『医療水準論』の現状とその批判」判タ六二九号一二頁。
(19)　金川・前注(18)判批一八四頁以下。
(20)　野田・前注(8)「歯科領域における医療事故」三四九頁。なお、金川琢雄「医師の転医勧告に関する一試論」金沢医大雑誌八巻一号一頁（一九八三年）。
(21)　岡村久道「骨膜下インプラント手術事件」医療過誤判例百選（二版）二〇〇頁（一九九六年）、岡村伸孝「歯科医師の過失」法時六七巻一〇号七六頁。
(22)　三上八郎「歯科医療事故判例研究」東海林邦彦・医療過誤民事判例をめぐる問題点の多角的検討（文部省科研費報

告書）二五一頁（一九九八年）。
（23）三上・前注(22)二五四頁。
（24）上田裕「麻酔学の立場からの考察」（医事判例カンファレンス(4)）日本歯科麻酔学会雑誌一四巻一号一一八頁。
（25）横浜地判昭和五七年五月二〇日判タ四七六号一七〇頁。徳島地判昭和六〇年一一月二七日判時一二〇九号一二三頁。東京地判昭和六一年三月一九日判時一二〇九号三四頁など。なお、判例評論等として、稲垣喬・判タ三七一号三三頁。野田寛・判タ三九〇号一四四頁、粟屋剛・西南学院大学法学論集一四巻四号七七頁。新美育文・医療過誤判例百選一二頁。渡辺良夫監『医療事故と患者の権利』（一九八八年）三一頁、藤岡康宏・医療過誤判例百選（二版）五四頁など。
（26）なお、金川琢雄「インフォームド・コンセントの法的側面」保健の科学四〇巻二号一一〇四頁（一九九八年）。

# 第二章　判決手続の検討

# 4 訴状却下と訴え却下

鈴木正裕



## 一　はじめに

平成民訴法（平成一〇年一月一日施行）は、かつて母法とされたドイツ法とくらべてずいぶん多くの新しいアイデアを示し、もはやドイツ法は母法とよぶにふさわしくないといわれるくらいである。しかし、わが法がドイツ法に見られないアイデアを示したのは、平成民訴法以前にもあり、たとえば、民事執行における平等主義の採用（ドイツ法は優先主義）はその最たるものに数えられようが、しかし民事訴訟の領域にもいくつかあり、そのなかに「裁判長の命令による訴状却下」（一三七条。旧法二二八条）と、「口頭弁論を経ないでする判決による訴え却下」（一四〇条。旧法二〇二条）の二つがある。本稿は、このわが国固有の二つのアイデアが、どうして思い付かれたのか、その沿革を明らかにするとともに、ときに理論上、この二つの適用範囲が競合することがある（裁判権のない被告に訴えが提起された場合、訴状を却下すべきか、それとも訴えを却下すべきか、など）が、それをどのように処置していったらよいのか、この二点に関して検討を行おうとするものである。

なお、前者の沿革のうち、「裁判長の命令による訴状却下」は、すでに明治民訴法からその存在が認められ、そうなると、明治民訴法、ひいてはその前身であるテヒョー草案まで遡らなければならない。しかしそれでは、本論文集で割り当てられた指定枚数をはるかに突破してしまう。そこで、この部分の執筆を発表することを断念し、この「訴状却下」は明治民訴法を出発点とし、それ以降の沿革をたどることにしたい（なお、「訴え却下」のほうは明治民訴法になく、右のそれ以降の沿革から誕生してきたものである）。(1)

## 二　訴状却下の展開と訴え却下の誕生

明治民訴法は、明治二四年一月一日に施行され、その第一九二条に「(第一項) 訴状カ第百九十条第一号乃至第三号（訴状の必要的記載事項。当事者及ヒ裁判所ノ表示、起シタル請求ノ一定ノ目的物及ヒ其請求ノ一定ノ原因、一定ノ申立）ノ規定ニ適セサルトキハ、相当ノ期間ヲ定メ裁判長ノ命令ヲ以テ其期間内ニ欠缺ヲ補正ス可キコトヲ命ス。若シ原告此ノ命ニ従ハサルトキハ其期間ノ満了後訴状ヲ差戻ス可シ。(第二項) 此差戻ノ命令ニ対シテハ即時抗告ヲ為スコトヲ得」と定めていた（漢字表記は現代風に直し、句読点を付した。以下同じ）。この明治民訴法、さしあたりは右の裁判長の訴状補正・差戻制度は、その後どのような展開を経たであろうか。次の二つの時期を区別できるようである。(2)

その一は、明治二八年一二月下旬に民事訴訟法調査委員会が設置され、この委員会が、明治三二年三月に組織替えをした法典調査会の第二部に吸収され、同部会での作業の結果として、明治三六年に「民事訴訟法改正案」（明治三六年草案とか、旧法典調査会案などとよばれる）が公表された時期までである。その二は、明治四〇年四月に法律取調委員会が設置され、そこで民事訴訟法の改正が審議されたが、大正八年七月に同委員会が廃止されると、間をおかずに、同じ月のうちに、司法省内に民事訴訟法改正調査委員会が設置され、民事訴訟法の改正作業を継続し、その結果として、民事訴訟法の改正法が大正一五年四月二四日に公布され、昭和四年一〇月一日に実施を見た時期である。以下では、かりに前の時期を、前期とよび、後の時期を、後期とよんで、そこでの流れをたどってみよう。

## 1　前　期

この時期は、ドイツ法への急傾斜が目立つ時期である。テヒョー草案から明治民訴法までの間にも、ドイツ法への傾斜が目立ったが（この点の詳論は、別稿にゆずることを許されたい）、それが一段と加速された感がある。そして、その結果は、訴状の補正・却下が改正案からすっかり姿を消してしまった。

(1)　明治二八年一二月二一日、民事訴訟法調査委員会が設置された。[3] 明治民訴法が施行されてから丸五年もたたないうちに、調査委員会が設けられ改正作業を開始するとは、われわれにとってはやや意外であるが、しかしこれは、法典論争の結果施行が延期されていた民法の改正作業が進み、総則編・物権編・債権編の前半三編の起草が終わり、すでに議会に上程される態勢にあったからである。その結果、たとえばフランス法にならって民法にゆずられていた証拠法に関する規定が、民訴法によって引き受けられることとなり、民訴法でもそれに対応する必要に迫られたのである。[4]

右の民訴法調査委員会は、明治三二年頃、同委員会による「修正案」をまとめた。[5] その修正案によると、「訴ノ提起ハ訴状ノ送達ニ依リテ之ヲ爲ス」と定められた（一九九条一項）。明治民訴法が「訴ノ提起ハ訴状ヲ裁判所ニ差出シテ之ヲ爲ス」としていた（一九〇条一項）のが、改められたのである。これは、明治民訴法が「訴訟物ノ権利拘束ハ訴状ノ送達ニ因テ生ス」（一九五条一項）として、訴え提起と権利拘束（訴訟係属）の間にタイムラグを認めていたことを嫌い、「訴ノ提起ハ訴訟物ノ権利拘束ヲ生ス」と定めて（二〇五条一項）、両者の一致を図ろうとしたのである。[6]

ただ、この修正案はまだ、「送達ハ書記職権ヲ以テ之ヲ爲ス」（二四二条一項）として、明治民訴法（一三六条一項）と同様の規定を置いていたし、「裁判長ハ訴状ニ掲クルコトヲ要スル事項ニ欠缺アリト認ムルトキハ当事者カ本案ノ弁論ヲ為スマテ其補正ヲ命スルコトヲ得」（二〇二条）と裁判長の訴状審査、補正命令権を認めるとともに、その補正を命じ得る時期も定めた（もっとも、補正命令に従わない場合、訴状却下権まで認める規定がなかったために、この命令に従わない場合にどうするか、法文上は明らかでなかった）。その他、裁判長が職権で（第一回の）口頭弁論期日を定め得ること（二〇三条）、その口頭弁論期日への呼出しは訴状の送達とともになすこと（二〇四条）など、これらの点では全く明治民訴法と異なるところはなかった（同法一九四条・一九三条）。

(2)　ところで、この民訴法調査委員会は明治三二年三月に解消され、法典調査会に吸収されてしまった。法典調査会はもともと、施行延期された民法商法の改正のために明治二六年に設けられたが、その改正作業も一段落したので、上記の時期に同会の目的規定（同会規則一条）を改正し、「民法商法及附属法律ノ調査審議」から「法典及附属法令ノ改正又ハ制定ニ関スル事項ヲ起案審議」することとなった。具体的には民事訴訟法をはじめ、破産法、刑法、刑事訴訟法などを取り上げ、四つの部に分かれて審議することとなった。民事訴訟法は第二部の担当となった(7)。

先にも述べたように、この第二部の作業の結果として、「民事訴訟法改正案」（いわゆる明治三六年草案）が発表された。以下では早速に、この改正案の内容を紹介してみよう(8)。

(ア)　「訴ノ提起ハ訴状ヲ相手方ニ送達シテ之ヲ為ス」（二二〇条一項）。「訴ノ提起ニ因リテ訴訟事件ノ権利拘束ヲ生ス」（二二七条）。(イ)　右の「訴状ヲ相手方ニ送達」するのは、原告が裁判所書記に依頼して行うのである。「当事者ノ為ス送達ハ裁判所書記ヲ経テ之ヲ為ス」（一五三条一項）。「当事者カ送達ヲ為ス為メ書類ヲ裁判所書記ニ差シ出シタルトキハ裁判所書記ハ遅滞ナク送達ヲ執行吏ニ委任シ（中略）又ハ郵便ニ依リテ送達ヲ為スヘシ」（同条二項）(9)。(ウ)　その他、「最初ノ口頭弁論ノ期日ハ申立ニ因リテ之ヲ定ム」（二二四条）。「訴状ハ呼出状ト共ニ之ヲ送達スヘシ」（二二五条）。すなわち、原告はまず訴状を裁判所に提出し、最初の口頭弁論期日を定めてもらい、その後に訴状を期日の呼出状とともに(イ)のようにして裁判所書記を通じて被告へ送達してもらうのである。これらの規定は、弁護士訴訟（弁護士の付いた訴訟）に関する当時のドイツ法の規定と全く同文であった。そして、裁判長の訴状審査、補正・却下命令に関する規定は、これもドイツ法にならってすっかりその姿を消してしまった。

右の「民訴法改正案」が完成されたのち、各地の裁判所、検事局、弁護会に送付して、その意見を求めた。しかし、その結果は意外にも、必ずしも全面的な賛成が得られず、むしろ明治民訴法への回帰を求める意見も多く見られた。(ア)訴えの提起は、訴状の裁判所への提出によるべきで、原告の被告への送達によるべきではない（訴えの提起は、提出主義によるべきで、送達主義によるべきではない、という表現も見られた）。(イ)その送達は、訴状も含めて当事者から裁判所書記に依頼するのではなく、裁判所書記が職権で行うべきである（つまり、間接送達主義ではなく、職権送達主義をとるべきである）。(ウ)（最初の）口頭弁論期日の指定は、原告の申立てをまつまでもなく、裁判長が職権で行うべきである。そして、明治民訴法と同じように、訴状の補正・却下命令を認め、原告には不服申立てとして即時抗告を許すべきである、とする意見もあった(10)。

## 2　後　期

この時期は、右の「改正案」で示されたドイツ法への急傾斜がフィードバックされ、明治民訴法への回帰が実現した時期である。裁判長の訴状審査、補正・却下命令、原告の即時抗告なども復活した。それだけではない。「訴えが不適法でその不備を補正することができないときは、裁判所は、口頭弁論を経ないで、判決で、訴えを却下することができる」（現行法一四〇条の法文による。本稿では先にも述べたように、「口頭弁論を経ないでする判決による訴え却下」と略称している）もこの時期に頭をもち上げ、そしてこの時期の結実である大正改正法に、その定着を見たのである。

(1)　法典調査会は、右の「改正案」が発表された年、明治三六年春に、突如として廃止されてしまった。したがって、右の「改正案」も草案のまま議会に上程されずに終わった。
明治四〇年四月、法律取調委員会が発足した。法典調査会が内閣総理大臣の監督下に置かれたのにくらべ、この委員会は司法大臣の監督下に置かれ、「其ノ指定シタル民事刑事ニ関スル法律ヲ調査審議」することを役割としていた(11)。

この委員会は、まず起草委員会で起案し、これを主査委員会で審議し、そこで重要と思われたものを委員総会に上げ、そこで最終的に決定される、という仕組みをとっていた（このような仕組みは、すでに法典調査会でもとられていた。穂積陳重の提案によるという）。法律取調委員会は、当初は商法の改正に力を注いでいたが、その作業が終った明治四四年五月に民事訴訟法改正の起草委員、次いで同年六月に主査委員を任命している[12]。

起草委員会は、大正三年六月下旬まで九〇回余りの審議を行っているが、その終り近く（大正三年五月八日。第八五回）に、次のような決議を行っている。「㈠訴ノ提起ハ裁判所ニ訴状ヲ差出シタルトキ之ヲ為シタルモノト為シ、又権利拘束ハ訴状ノ送達ニ因リテ生スルモノト為スコト。㈡現行法（＝明治民訴法）第百九十二条ノ如キ規定ヲ設クルコト（裁判長の訴状補正・却下命令と原告の即時抗告の規定）。㈢裁判所ニ於テ訴状ヲ受理シタル後、訴状条件《ママ》ヲ具備セス判然許スヘカラサルモノナルトキハ口頭弁論ヲ開カスシテ却下ノ裁判ヲ為スコトヲ得ル規定ヲ設クルコト。但訴状ノ送達前ニ限ル」。そして、参考例としてオーストリア民訴法二三〇条二項をあげていた[13]。

起草委員会は同年六月二二日（第一〇九回）の審議において、あらかじめ主査委員会の意見を聴くべき二四個の項目を決定した。これは、起草委員会が決議した事項について法文化を行った場合、後から主査委員会にその事項を否定されて法文化の努力が無に帰することを嫌ったためである（このようにあらかじめ主査委員会の意見を聴くことは、すでに法典調査会でも行われていた）。これらの項目のうちから、本稿のテーマに関連あるものを拾いだすと、「(7)送達ハ自（みず）カラ之ヲ為スヘキモノトスヘキヤ」（起草委員会じしんは、否定的に決議していた）。「(8)訴状ニ依リ訴カ訴訟条件ヲ具備セサルコト明カナルトキハ、口頭弁論ヲ経スシテ訴ヲ却下スルコトヲ得ヘキ規定ヲ設クルヘキヤ」（委員会じしんは、肯定的に決議していたことは前述した）。この問題に対して、主査委員会は、(7)については、簡単に反対と決議し（つまり当事者送達を否定し、職権送達を認めたのである）、委員総会に提案するまでもないとした[14]。これに反して、(8)については、かなりの議論が交され、訴訟条件といってもその中にはいろいろなものがあるが、同じ管轄でも、応訴管轄の認められる任意管轄もあれば、それを認められない専属管轄もある。したがって補正の可能な訴訟条件の欠如と、そのような補正のきかない訴訟条件を区別すべきでないか、など、要するに右の規定の適用のある訴訟条件の一覧表を掲げるべきではないかという議論も有力となった。しかし、主査委員長の取りなしもあり、一応「訴状ニ依リ訴カ或種ノ訴訟条件ヲ具備セサルコト明ナルトキハ、口頭弁論ヲ経スシテ訴ヲ却下スルコトヲ得ヘキ規定ヲ設クルコト」という形に修正して可決され、委員総会にも提出することが決議された。なお、この議論が交されたときに、起草委員側からこの口頭弁論を経ないでする裁判には、原告に即時抗告を許す意向であること（したがって裁判の種類としては、決定か命令を考えていた）、また、訴状送達前ではなく、訴状送達後もこの裁判ができることを検討して欲しい、という要望が出され、主査委員会の議論の帰すうからは、この後の要望は容れられた（黙認された）形となっている。

主査委員会では、先に述べたように訴訟条件の一覧表を望む声があがっていたので、起草委員会はあらためて右の一覧表を提出したが、それによると、一、無訴権[15]、二、管轄違い、三、権利拘束（＝二重起訴の禁止）、四、当事者能力の欠缺、五、訴訟能力の欠缺、六、代理（権）の欠缺であった。しかし、この提案を受けて開かれた主査委員会では、前に修正可決された案から、冒頭の「訴状ニ依リ」というのを削除し（その理由は明らかにされていない）、起草委員会の提出した一覧表は「参考案」として委員総会に提出すると決議された[16]。

主査委員会から提案された諸問題を審議するため、委員総会は大正四年六月一六日から七月一四日まで五回開催されたが、炎暑の時季に入ったため一時休会され、そしてこの委員総会はついに再開されずに終ったのである。主査委員会からは全部で一一項目の問題が提案されたが、そのうちの前半の六項目が決定されたにとどまる。ただ、幸いなことに、「口頭弁論を経ないでする裁判による訴えの却下」はその第四項目にあげられ、原案どおりに可決されたことが伝えられている[17]。

右委員総会が開会されるに先立ち、すでに主査委員会の審議を経ていたためであろう、起草委員会はその内部に起案会を設け（大正四年三月八日）、ここを起点として、起草委員会、主査委員会、委員総会を経るという回りくどい方法ながら、法案の成文化の作業に着手した。[18]そして、起案会が大正八年六月二三日まで二〇二回の会合を開き、起草委員会もそこから提出されてくる議案を逐次審議し、同年七月四日まで総則から上訴に至る成文の審議を終えたところで、同月八日突如として法律取調委員会は廃止されてしまった。これは臨時法制審議会が設置されたためであるが、同審議会は陪審制度の制定や「わが邦古来の淳風美俗」に基づく民法（ことに親族編・相続編）の改正等を目的としたものだけに、民事訴訟法とは直接の関係がなかったのであるが、同じような法案審議の一般的な機関を設けることが嫌われたのであろうか、法律取調委員会は姿を消すに至った。

(2)　しかし、司法省は、す早くこの事態に対応して、同年同月一八日には民事訴訟法改正調査委員会を設置し、その委員長、起草委員も選任され、そして起草委員会は法律取調委員会の起草委員会の決議した草案を議案とし継続審議すると決定した。[19]

ただ、この起草委員会（起案会を含む）、調査委員会の総会の審議も一直線ではなく、かなりの紆余曲折を経ている。これらに関する資料は、（本稿で用いている略称によると）「立法資料」⑪に収録されており、各資料について松本教授による適切な解説が施されている。以下では、屋上屋を架する愚を避ける意味でも、資料のフルネームを紹介せず（それはかなり重複し、まぎらわしい）同書に付された資料番号をそのまま使わせていただき、これに同書の頁数を書き添えるにとどめる。また、取り上げる事項は、本稿のテーマ上「裁判長の命令による訴状補正・却下」、「口頭弁論を経ないでする判決による訴え却下」の二つにしぼることをもちろんのこととして許されたい。

(ア)　裁判長の命令による訴状補正・却下　(a)　「第百八十八条　（一項）訴状カ第百八十五条第二項（訴状の記載事項。以下この語を省略）[20]ノ規定ニ反スル場合ニ於テ其欠缺カ補正スルコトヲ得サルモノナルトキハ裁判長ハ命令ヲ以テ之ヲ却下スヘシ。欠缺カ補正スルコトヲ得ヘキモノナル場合ニ於テ裁判長ノ定ムル期間内ニ之ヲ補正セサルトキ亦同シ。（二項）前項ノ命令ニ対シテハ即時抗告ヲ為スコトヲ得」。「第百八十九条　前条ノ規定ハ被告又ハ其法定代理人ノ住所、居所其他送達ヲ為スヘキ場所ノ知レサル為メ訴状ノ送達ヲ為スコト能ハサル場合及ヒ法律ノ規定ニ従ヒ訴状ニ印紙ヲ貼付セサル場合ニ之ヲ準用ス。」「百九十条　訴状ハ被告ニ之ヲ送達スヘシ」（以上、「資料475」七九頁）。

(b)　右のうち、最初の一八八条は、「其欠缺カ補正スルコトヲ得サルモノナルトキ」をはじめに出して、後に述べる「口頭弁論を経ないでする判決による訴え却下」と同一歩調を取るかに思わせた。ところがこれが後すぐに、「第百九十二条　(二項) 訴状カ第百八十八条第二項ノ規定ニ反スル場合ニ於テハ、裁判長ハ相当ノ期間ヲ定メ其期間内ニ補正スヘキコトヲ命スヘシ。(三項) 原告カ補正ヲ為ササルトキハ命令ヲ以テ訴状ヲ却下スヘシ。此命令ニ対シテハ即時抗告ヲ為スコトヲ得」(「資料476」一一九頁）と変更され、現行法とほぼ通じる形となるとともに、即時抗告が却下命令に対して（のみ）許されることが表現上明らかにされた（他の条文には変更なし）。

(c)　次に、右の規定につき以下のような修正が提案された。「第百九十二条第一項中『命スヘシ』を『命スルコトヲ要ス』ニ改メ、其下ニ『法律ノ規定ニ従ヒ訴状ニ印紙ヲ貼附セサル場合亦同シ』ヲ加ヘ、第二項ヲ左ノ如ク改ム。原告カ欠缺ノ補正ヲ為ササルトキハ命令ヲ以テ訴状ヲ却下スルコトヲ要ス。(第三項として。) 前項ノ命令ニ対シテハ即時抗告ヲ為スコトヲ得。其抗告ニハ差戻サレタル訴状ヲ添附スルコトヲ要ス」。「第百九十三条　(一項) 訴状ハ之ヲ被告ニ送達スルコトヲ要ス。(二項) 前条ノ規定ハ原告ノ責ニ帰スヘキ事由ニ因リテ訴状ノ送達ヲ為スコト能ハサル場合ニ之ヲ準用ス」(「資料477」一四二頁)。先に示した印紙不貼附・送達不能に関する独立した規定が、右の二つの条文に分解され、しかも後の条文に注目すべき表現が見られた。

(d)　しかし、この提案は、「第百九十一条　(一項) 訴状カ第百八十七条第一項ノ規定ニ反スル場合ニ於テハ裁判長ハ相当ノ期間ヲ定メ其期間内ニ欠缺ヲ補正スヘキコトヲ命スルコトヲ要ス。法律ノ規定ニ従ヒ訴状ニ印紙ヲ貼用セサル場合亦同シ。(二項) 原告カ欠缺ノ補正ヲ為ササルトキハ命令ヲ以テ訴状ヲ却下スルコトヲ要ス。(三項) 前項ノ命令ニ対シテハ即時抗告ヲ為スコトヲ得。(四項) 抗告ニハ却下セラレタル訴状ヲ添附スルコトヲ要ス」。「第百九十二条　(一項) 訴状ハ之ヲ被告ニ送達スルコトヲ要ス。(二項) 前条ノ規定ハ訴状ノ送達ヲ為スコト能ハサル場合ニ之ヲ準用ス」(「資料478」一六一頁）という形で受け入れられ、その後は修正を受けないまま（条文番号の変更はあったが）、大正改正法二二八条・二二九条となり、そして、現行法一三七条・一三八条に至っている（もっとも現行法では多少の改正があり、抗告に訴状を添付することは、民訴規則五七条に回され、一三八条二項に（訴状の送達に必要な費用を予納しない場合を含む）というカッコ書きが付された）。

(イ)　口頭弁論を経ないでする判決による訴え却下　(a)　当初は、やや意外な規定であった。「第三百十八条　本訴又ハ反訴カ不適法ナルコト顕カナルトキハ、裁判所ハ口頭弁論ヲ経スシテ決定ヲ以テ之ヲ却下スルコトヲ得。決定ニ対シテハ即時抗告ヲ為スコトヲ得」（「資料475」九〇頁）。しかし、これはもともと起草委員の意図するところであり、この「口頭弁論を経ないで訴えを却下する場合には、その裁判に即時抗告を許すつもりである」という趣旨を発言していたことは前に紹介した（一〇七頁。なお前注(16)）。右の規定のうち、「又ハ反訴」はやがて削除された（「資料477」一四三頁。「反訴ニ付テハ本訴ニ関スル規定ヲ準用ス」という一般規定があったので、それに譲ることにしたのだろう）。

(b)　だが、その後事態は変化した。「第三百二十五条　不適法ナル訴ハ其欠缺ヲ補正スルコト能ハサル場合ニ於テ口頭弁論ヲ経スシテ判決ヲ以テ之ヲ却下スルコトヲ得」（「資料478」一七二頁）。この変化の理由は、資料上明らかにできない。そして、この規定がほとんど修正を受けないまま、大正改正法（二〇二条）を経て、現行法（一四〇条）に至っている（もっとも、問題視されていたこの条文の位置が、現行法では適切な修正を受けている）。

## 3　戦後期

この「口頭弁論を経ないでする判決による訴えの却下」は、太平洋戦争終結後、大きな変化をこうむった。すなわち、当時の条文（二〇二条）に二項が設けられ、「前項ノ規定ニ依リ口頭弁論ヲ経スシテ訴ヲ却下スルトキハ裁判所ハ判決前原告ヲ審尋スルコトヲ要ス」とされた(21)。その立法の理由は、「訴却下の判決は、もとより再訴の妨げとなるものではないが、それは、ここ〔=判決〕に至るまでの原告の手数と費用とを無意味にし、また、場合によっては時効の完成、出訴期間に影響を及ぼすものであるから、たとえ却下の理由たる事実が単純なものである場合においても、原告にとっては、頗る重要な問題であることは、いうまでもない。かような重要問題について、原告に意見を述べる機会を与えることなく、終局的処理をすることは、決して原告の権利の伸張と利益の保護を全からしめる所似ではなく、また、国民の基本的人権の保障に周到な配慮をしている日本国憲法の精神に添うものではないと考えられる」と説明された。(22)もっとも、その後政府側から、この立法は当時のアメリカ占領軍の指示によるものであることが明らかにされ、それかあらぬか、対日講和条約が発効し占領軍総司令部が解消された（昭和二七（一九五二）年）のち、昭和二九年、上告手続に関連して民事訴訟法が改正された機会に、右の二項はあっさり削除されてしまった。(23)

## 三　訴状却下と訴え却下の守備範囲

以下では、裁判長の命令による訴状却下と、口頭弁論を経ないでする判決による訴え却下の、それぞれの守備範囲を検討してみたい。ことに問題を、訴訟要件に不備があり、その不備が補正が不可能か、または補正を命じても原告がこれに応じない場合にしぼって、右の検討を試みていきたい。口頭弁論を経ないでする判決による訴え却下が、この場合に備えて認められていることは、法文上も明らかなのであるが、判例学説は、ときにこの場合に裁判長の命令による訴状却下を用いることがある。そのことが妥当かどうかを検討してみたいのである。(24)

なお、その前に、この二つにおいて裁判の種類が違うことはもとより自明であるが、そのほかにも手続上どのような差異が生じてくるか、そのことをまず明らかにしておきたい。以下便宜、裁判長の命令による訴状却下をⓐとよび、口頭弁論を経ないでする判決による訴え却下をⓑとよんでいく。

1　(ア)　裁判主体　ⓐは裁判長であり、ⓑは合議体のときは、合議体である。しかし単独体であるときは、ⓐとの間に差異を生じてこない。(25)

(イ)　被告への訴状送達　ⓐのときは、もとより被告への訴状送達は行われないが、ⓑのときも、近時の最高裁判例によると、被告への訴状送達は必要でない[26]。つまり、この点においても両者の間に差異は生じてこないし、そしてこのことは後にも述べるようにⓐにおいて訴訟要件の不備を判断できるか、という問題に重要な影響を及ぼす。

(ウ)　補正と審尋　ⓐにおいてもⓑにおいても、その要件の不備が補正可能なときに、原告に補正を促すべきことは、それぞれの根拠条文からも明らかである。問題は、補正の不能が明らかなときに、それでもなお、訴状却下、訴え却下に先立って、原告に意見陳述の機会（審尋）を与えなければならないかどうかである。もしその機会を与えることが必要なら、ⓐの場合は裁判は命令であるから、審尋を行おうと思えばできる（八七条二項の類推適用）。しかしⓑの場合は、期日外釈明（一四八条）をこの場合にも利用する以外には、原告の意見を聴く方式を認められていない。ただ、先にも述べたように被告に訴状の送達も行わないとすると、裁判主体と原告との関係だけで終始する点では、ⓐにおいてもⓑにおいても変りはない。それなのに、裁判の種類としては命令という軽いⓐにおいて、審尋が認められ、裁判の種類としては判決という重いⓑにおいて、審尋が認められないのは、いかにもインバランスである。解釈論によってⓑにおいても審尋を認める余地はあるであろう。ただ、問題は、そもそもⓐにおいてもⓑにおいても審尋を義務化する必要があるかどうかである。私は、ⓐ、ⓑいずれの場合にも裁判主体が慎重な運用を行うことを期待して、ひとまずは審尋を義務的としない見解に立っておきたい[27]。

(エ)　裁判の告知　ⓐの場合は命令であるから、「相当と認める方法」で告知すれば足りるが、ⓑの場合は判決だから、本来なら(i)　言渡期日を指定し、(ii)　その期日に当事者（原告のみならず被告も）を呼出し、(iii)　判決を言い渡し、(iv)　その判決の正本を当事者に送達する、という手順を踏まなければならない。ところが判例は、すでに大審院以来(ii)の手順を不要とする立場をとり、このことは民訴規則によって公認された（一五六条ただし書[28]）。さらに、先に紹介した最高裁判例は(iv)においても、被告への判決正本の送達は必要でないとする立場を宣明するにいたった。つまり、ⓐとまったく同様に裁判所と原告の関係でのみ終始することを、この裁判の告知においても貫徹したのである。

(オ)　不服申立て　ⓐの場合は、即時抗告、再抗告、高裁から最高裁への抗告は、特別抗告をのぞいて、許可抗告である。[29]ⓑの場合は、控訴、上告、高裁から最高裁への上告は、権利上告をのぞいて、受理（裁量）上告である。これらの相違は、原告にとってはさまで大きな相違ではあるまい。[30]しかし、以下に述べる各点は、原告にとって大きな相違になるのではあるまいか。(i)　不服申立期間　ⓐの場合、即時抗告、再抗告は一週間、その他の抗告は、五日間である。ⓑの場合、いずれの不服申立ても、二週間。(ii)　理由書の提出期間　ⓐの場合、一四日間、ⓑの場合は、五〇日間。(iii)　貼付すべき印紙額　ⓐの場合は、六〇〇円。ⓑの場合は、通常の控訴、上告（最高裁への上告も含む）の半額。(i)、(ii)を考えると、ⓑのほうが原告の保護に手厚いようであるが、(iii)を考えると、そう簡単には言い切れない。

2　以上、裁判長の命令による訴状却下と、口頭弁論を経ないでする判決による訴え却下の双方の、手続をかれこれ比較対照してきた。原告にとっては、局面によって（たとえば、右の(オ)不服申立て）はいちがいに利益、不利益をいえないようであるが、しかし、手続を全体としてみると、前者が軽い手続、後者が重い手続であり、したがってまた、審理事項からいうと、前者が軽微な事項、後者がより重要な事項に適していることは明らかである。ところで、当面のテーマ、訴訟要件の不備で補正できないものをどちらの手続で審理するか、については従来の通説判例[31]は後者の手続によることに一致をみている。

しかし、その判例なり学説をしさいにみていくと、必ずしも右の立場が一貫されず、事項によっては前者の手続によるとされているものもある。これらの事項を分類すると、次の二つのグループに分けることができる。

一つは、被告に関する訴訟要件に不備がみられる場合で、被告が実在しない場合、被告にわが国の裁判権が及ばない場合、被告に当事者能力、訴訟能力の欠如がみられる場合、被告の法定代理人に代理権が欠けている場合[32]。これらは、いずれも被告への訴状の送達が不適法（不能の場合をも含む）とされる場合である。従来は、後者（口頭弁論を経ないでする判決による訴え却下）の場合にも被告への訴状の送達は必要とされていた。それができないために、前者によって訴状却下の措置がとられていた。しかし、近時の最高裁判例にしたがって、後者の場合も訴状の送達は不要とされると、一般原則へ戻って、これらの場合も後者によって訴え却下の判決をなすべきではなかろうか（その判決の正本も被告への送達は不要とされている）[33]。

次の一つは、原告に関する訴訟要件に不備がみられる場合で、原告に当事者能力、訴訟能力の欠如がみられる場合、原告の法定代理人、訴訟代理人に代理権の欠如が見られる場合、出訴期間が徒過した場合。これらは、いずれも訴訟行為としての訴え提起行為の有効要件に関するもので、右のような被告への訴状送達に関係するものではない。したがって、これらを裁判長かぎりの審査・命令に委ねることも考えられないではないが、しかし同じ能力、代理権の不存在を、右述では判決をもって裁判をし、ここでは命令をもって裁判をするというのは、いかにもインバランスである。ここでも判決をもって裁判するように統一すべきではないか。つまり、当事者、代理人の表示があり、それで特定が可能である以上は、能力、代理権の不存在は判決をもって裁判すべきである[34]。

しかし、以上のようにいうことは、立法論として、訴訟要件の不備は必ず判決手続をもって裁判をすべきであるか、ということの当否とは別問題である（もとより、補正が不可能か、補正命令に従わない場合にかぎる）。大正改正法への審議過程で、当初は「本訴又ハ反訴カ不適法ナルコト顕カナルトキハ、裁判所ハ口頭弁論ヲ経スシテ決定ヲ以テ之ヲ却下スルコトヲ得。決定ニ対シテハ即時抗告ヲ為スコトヲ得」という規定が提案されたことは前に紹介した。また、新しい民訴法（平成民訴法）のもとでは、従来は判決で却下されていた手続要件に不備のある申立てが、決定で却下される例が、かなり大はばにふえた。不適法な上告、再審が、上告裁判所、再審裁判所で決定をもって却下される（三一七条一項、三四五条一項）のがその例であり、さらに、呼出費用の予納がないときには、決定で訴えが却下されることになった（一四一条。控訴につき同趣旨、二九一条）。不適法な上告を原審が決定でもって却下すること（三一六条）は、すでに認められていたところ（昭和二九年の改正）であるが、これが原審が不適法な控訴を却下する場合にも認められた（二八七条）。このようにみてくると、訴訟要件の不備が補正できないか、または補正に応じないときには、訴えを決定をもって却下するという方策もあながち突飛であるとはいえないのではなかろうか(35)。このような方策をとると、裁判長の命令による訴状却下との距離が急激にちぢまってくる。しかし、受訴裁判所の労をはぶくために、裁判長かぎりで処理するという事項は（その事項の再検討は必要であろうが）いぜんとして残るであろう。受訴裁判所の決定で訴訟要件の不備な訴えを却下するという方策を認めるとしても、それでもって裁判長の命令による訴状却下と全面的に取り替えるということは、目下のところ私は考えていない。

(1)　本稿の執筆は、じつは明治民訴法、テヒョー草案の成立過程を明らかにすることを目的としていた。本論文集の企画が伝えられてから間もなく、佐々木さんにお会いしお話をする機会をもった（佐々木さんはいく年か私より年長でいらっしゃるが、四〇年ほど前中野貞一郎先生を通じて面識を得て以来、ずっと「佐々木さん」とよばせていただいてきた。今回もこのよび方を使うことをお許しいただきたい）。私は「テヒョーの伝記のようなものが手に入ったので、それを紹介するとともに、彼の起草した草案、明治民訴法の成立過程を研究してみます。その結果をお祝いの論文集に捧げたいと思っています」と申し上げた。佐々木さんは、「おおきに。よろしく頼むえ」とおっしゃった（この祇園生まれのぼんぼんは、その外貌に似ず、ときに優しい京都弁を使われて、大阪生まれの私でさえびっくりしてしまう）。さて、お約束の仕事に着手したが、テヒョーは法律顧問としてでなく、教育顧問として来日したので、その方面の彼の業績を調査したのち、いよいよ本番であるテヒョー草案、明治民訴法の研究を始めたが、それがなかなか一筋縄ではいかないことを知った。いろいろな局面があり（その数は、私が兼子一、染野義信両先学の研究から予想していたよりもかなり上回る数であった）、しかもそれぞれの局面が複雑な様相を呈している。これをそのまま、抽象的な形で読者に紹介しても、アンニュイを覚えられるだけであり、何か一つ具体的な問題を取り上げ、それがそれぞれの局面でどう変化したかを示そうとした。そして、その具体的な問題として思いついたのが、「裁判長の命令による訴状却下」の制度であった。これは、わが国の江戸時代の奉行所から明治初期の裁判所へ伝わった制度（目安糺《めやすただし》）に端を発し、テヒョーがその出身国（ドイツ）の法律に見られないこの制度をその草案に載せたのは、右のわが国の伝統を尊重したせいではないか、といわれているからである（瀧川叡一『日本裁判制度史論考』（平八）六三頁）。そこで、この制度に目を向け、明治初期に限定してであるがその資料を整理するとともに、さらに同じような制度が外国にないかとドイツを調べると、その普通法やプロイセン（テヒョーの出身地）の法律に同じような制度があることを知って少々驚いた。このような準備作業を経たのち、本番のテヒョー草案、明治民訴法の成立過程へと筆を進めたが、先にも述べたようにいろいろと複雑な局面があるため、私の下書用紙はみるみるうちに増えていった。そして、明治民訴法の施行にまで至ると、そこは悲しい実定法学者の性《さが》である。その後の展開まで知りたくなり、大正改正法（大正一五年公布）、現行法までの過程を調べていると、そこに「口頭弁論を経ないでする判決による訴え却下」の制度が浮上してきた。そうなると、後に紹介する最高裁判例に接して以来、先ほどの「裁判長の命令による訴状却下」とこの制度の関係について頭の中で考えていた議論を展開したくなる。

あれやこれやでようやく完成したのが、本稿の最初の草稿である。しかしもちろん、そのままの量ではとうてい本論文集に掲載していただけない。今度はどこを削るかという、一旦書き上げた者には大変つらい作業が始まった。何度か逡巡を重ねたのち、ついに見切り発車をしたのが、本稿である。私には、あるテーマを研究し始めるとその歴史までさかのぼり論文を長大にするという癖があるが、今度は歴史の研究を始めるつもりだったのが解釈論にまで及んで長大にしてしまったのである。いずれにしても研究当初の読みの甘さを恥ずべき点では変りがない。敬愛おくあたわざる佐々木さんをはじめ、遠藤功教授など発起人の方々に、深くお詫びを申し上げておく次第である。

(2)　以下の展開の跡をたどるには、日本立法資料全集（信山社）のうち民事訴訟法関係のもの（松本博之教授をはじめ、その他の方々の労作）を多く使わせていただいた。以下、この参考文献を引用するにあたり、「立法資料」と略称し、その巻数のみを付記した。たとえば、「立法資料」⑩は、同全集10民事訴訟法〔大正改正編〕(1)を指す（なお、末尾に（松本解説）とあるときは、松本教授の付された解説を指している）。

(3)　調査委員には、三好退蔵（委員長。当時大審院長）、横田国臣（司法省民刑局長）、今村信行（判事、大審院）、高木豊三（判事、同）、河村譲三郎（司法省参事官）、富谷鉎太郎（トミヤ・ショウタロウ、またはトミガヤ・セイタロウ。判事、東京控訴院か）、前田孝階（タカシナまたはコウカイ。判事、前者と同様か）、梅謙次郎（帝国大学教授）、やや後れて伊藤悌治（判事、大審院）が選ばれた。もっとも、三好は一二月二一日委員長に任命され、もう一二月二六日には任を解かれている。事務繁忙のためか（以上、「改正民事訴訟法案審議の沿革」法曹会雑誌八巻一二号（昭五）四四七頁、「立法資料」㊸三頁（松本解説））。

このうち、明治民訴法の成立に関与したのは、三好と今村だけである。横田と、高木（彼は、司法省法学校の正則科（いわゆる八年生）の一期生、明治九年卒業）はそれぞれ在官のまま私費で、河村、富谷、前田（いずれも、司法省法学校正則科二期生、明治一七年卒業）は、司法省留学生として、同じ日（明治一九年三月二七日。加太邦憲『自歴譜』（岩波文庫。昭五七）三三〇頁）にドイツへ向けて出発、その後フランスなどを経て、四年ないし五年余り後に帰国している。彼らは、この長期滞在を通じて得たドイツ法の新知識を利用し、明治民訴法にさらにドイツ法寄りとなるメスを振ったのであろう。なお、梅も、河村などと同期生であり（成績は梅が首位で、河村が二位であったという）、伊藤は、彼らより一年前の明治一六年に東京大学法学部を卒業している。

（4）　民訴法の改正の必要性について、その後の法典調査会での審議の席上、富谷鉒太郎（彼はここでも起草委員に選ばれていた）は、新しく民法などが起草し直され、それらとの適合の必要があったこと、明治民訴法の施行後、経験上不都合な点がいくつか発見されたこと、同法が「随分見悪イ点」が多く少しでも「読ミ善ク」することを考えたこと、の三点をあげている（「立法資料」㊸八頁（松本解説）、二二八頁）。もっとも、最後の点は、その明治民訴法と、法典調査会の審議の結果できあがった明治三六年草案を見くらべると、現代のわれわれの目から見れば五十歩百歩であるが、漢文調（候文）中心の江戸期・明治初期の文体から、近代日本語（漢字仮名混じりながら）の文体が作られていく過程であるから、五年、一〇年のはばでも、その難易の差が感じられたのであろう。

（5）「立法資料」㊸一二五頁以下に収録。

（6）　両者の一致を図る理由として、前田孝階は、その後の法典調査会の審議の席上（彼も富谷と同様、起草委員の地位にあった）、時効中断の効果は訴え提起に結びつけられているが、訴え提起を裁判所への訴状提出とし、その後に被告に訴状を送達すると、被告の知らないうちに時効中断の効果が生じることになるし、また、明治民訴法は、被告への訴状送達によって訴訟係属（同法の表現によると、権利拘束）が生じるとし、その係属の一つの効果として受訴裁判所の管轄の固定（一九五条二号）を認めていたが、このような制度では被告の住所の変動により受訴裁判所の管轄がいつまでも定まらない、という不都合も生じると述べていた（「立法資料」㊸一一頁（松本解説）、同㊹三二九頁）。

(7)　第二部はもともと、裁判所構成法の審査も担当していたが、「条約ノ実施ニ必要ナル事項ヲ調査ス」る任務を負っていた第四部が、その後条約改正の実現を見ることができたので、明治三四年七月以来裁判所構成法を担当することとなった。

第二部の部長は、当初は小松原英太郎（当時司法次官。もと新聞記者。その後外務、内務畑を歩み、司法畑に関与したのはこのときのみ）、明治三二年五月より三浦安《やすし》（当時宮中顧問官。この人も主としては内務畑出身であるが、元老院の議官当時明治二二年に明治民訴法を審査する特別の委員に選ばれている）、翌明治三三年五月より波多野敬直《よしなお》（当時司法次官（彼の任期中一時的に総務長官と呼ばれたことがある）。この人は純粋の司法畑出身で、こののち司法大臣に任ぜられる）が選ばれた。

起草委員には、河村、前田、富谷が選ばれ、のちに仁井田益太郎が加わっている。三好（大審院長を辞任して、当時弁護士）、高木（司法次官を辞任して、当時弁護士）、梅は第二部の通常の委員として名を連ね、横田（東京控訴院検事長）は第三部（刑法、刑事訴訟法を担当）の部長となっている。横田の弟の五郎（発令時、司法官試補）も、松岡義正（当時、東京控訴院判事）とともに第二部の補助委員を命ぜられている（以上、「改正民事訴訟法案審議の沿革」前注(3)四五二頁以下。ほかに、「立法資料」㊸六頁以下（松本解説））。

(8)　改正案は、「立法資料」⑩一九七頁以下に収録されている。なお、これに先立つものとして、同・㊸一九七頁以下（民訴甲第一号）、同・㊺三頁以下（民事訴訟法案）。この二つの資料につき、松本教授の解説（同・㊸一五〜六頁）参照。

(9)　送達の種類については多少議論があるが、当事者の申立てをまたずに送達をする職権送達主義と、当事者の申立てに基づいてする当事者送達主義とがあり、後者はさらに、当事者自らが送達を送達実施機関に委任する直接送達主義と、裁判所書記（官）の仲介によって送達実施機関に委任する間接送達主義がある（新堂幸司ほか編集代表『注釈民事訴訟法(3)』（平五）五一四頁（藤田耕三）参照）。明治民訴法は、（判決の送達を除いて）職権送達主義をとったが（一三六条・二三八条）、ここでは間接送達主義をとろうとするのである。

(10)　「改正案」に関する意見照会は、明治三六年改正案が公表された前後と、明治四四年の二回にわたって行われており、前者の結果を整理したものが「立法資料」⑩一四七頁以下、ことに一八一頁以下（送達に関する）、一九六頁以下

（訴え提起に関する）に、また、後者の結果を整理したものは同・㊺一三九頁以下、ことに一六八頁以下（送達）、一八八頁（訴え提起）に、それぞれ収録されている（同・⑩一一頁、㊸一六頁（いずれも松本解説）参照）。なかでも、興味深いのは、前者において当時の大審院長（南部甕男《みかお》。三好の後任）が、明治民訴法と同じように職権送達主義（間接送達主義と誤って表現している）をとり、訴えの提起も裁判所に（訴状を提出して）行う方法により、ただ、「訴ノ提起アレハ相手方ニ対シ請求アリタルモノト看做スヘキ旨ノ法文ヲ加ヘ以テ民法ノ規定（時効中断の規定であろう）ト調和セシメ」ればよい、と述べていることである（⑩一八一〜二頁。なお、ここでの意見とは直接の関係はないであろうが、南部はすでにテヒョー草案以来、明治民訴法の成立に最も長く関わった人物であった）。

(11)　法律取調委員会には、このほかにも、条約改正交渉の過程における列強の要求に基づき、明治一九年八月に外務省に、次いでその翌年一一月に司法省に所管が移った同名の法律取調委員会があり（その詳細は、大久保泰甫＝高橋良彰『ボワソナード民法典の編纂』（平一一）一〇九頁以下）、これと区別する意味で、本文の明治四〇年四月に発足した委員会は、新（または第二次）法律取調委員会とでもよばれるべきものである。なお、明治一九年六月に完成し、公表された明治民訴法の草案（いわゆるテヒョー草案）は、右の旧法律取調委員会で再審議を受け、そのために公布・施行が遅れるとともに、内容的にもモッセの意見などにより、よりドイツ法寄りに修正されたいきさつがある。

(12)　起草委員には、鈴木喜三郎（当時、東京地裁所長。のちの「腕の喜三郎」である）、斎藤十一郎《じゅういちろう》（司法省民事局長。戦後大阪高裁長官などを歴任された斎藤直一氏の父）、仁井田益太郎（東京帝大教授）が選ばれ、その補助者（委員会幹事）には横田五郎（司法省参事官）、池田寅二郎（同前）、のちには山内確三郎（同前）が任ぜられている。なお、斎藤は大正二年六月に松岡義正（東京控訴院部長）と、鈴木は翌年四月に小山温《おやまあつし》（前司法次官）と交代している。山内は二か月ほど前であった（大正八年五月）。また、主査委員長には、当初第一回の会議（明治四四年六月二一日）の席上菊池武夫（弁護士。彼は司法官僚時代、明治民訴法の成立に関与）が選任されたが、翌年にはすでに死去し、起案委員会からの答申待ちで大正三年一一月一八日に開かれた第二回会議で後任に富井政章が選出された（以上、「改正民事訴訟法案審議の沿革」（前注③）四六六頁以下、「立法資料」⑩六二五頁）。

(13)　以上、「立法資料」⑩六一〇頁。参考例とされたオーストリア民訴法（一八九五（明治二八）年制定。したがって、当然のことながら、明治民訴法の成立過程では参酌されていない）二三〇条は、「（一項）訴えに基づいて、事件を割り当てられた合議体の裁判長は、口頭弁論の期日を定めなければならない。（二項）裁判長は、裁判所の管轄の不存在又は原告若しくは被告の訴訟能力若しくは必要とされる法定代理の欠缺を理由に訴えを不適法と認めた場合には、期日を指定するか、第六条の命令〔期間を定めての補正〕を発するか、又は期日の指定に適さないとして訴えを却下するかについては、合議部の裁判を求めなければならない」（法務資料四五六号『オーストリア民事訴訟法』（春日偉知郎訳）による）。

(14)　⑦については、第三回主査委員会（大正三年一一月二五日）で、次の⑧については、第四回主査委員会（同月三〇日）で審議されている（「立法資料」⑩六三九～四〇頁、六四一～四頁）。

(15)　無訴権とは、たとえば、行政裁判所の審判権に服する事件を、誤って通常裁判所に提起したときのように、事件が（その種類の）裁判所の審判権に服さない場合をいう（ドイツ法では、Rechtsweg が存しない（誤っている）と表現されている）。「無訴権」の語は、明治民訴法でも用いられていた（二〇六条二項一号）。

(16)　以上につき、「立法資料」⑩六九四～五頁（第一〇回主査委員会審議、大正四年二月一七日）。さきに、起草委員会が訴訟条件不備のときに口頭弁論を経ないで訴え却下をする旨を決議し（前注(13)参照）、さらにそれを主査委員会に提案する旨を（二四項目中の⑧として）決定したことを紹介したが、右の先の決議の後で、起草委員会の一人（岩田一郎判事（当時、東京控訴院。岩本勇次郎判事（東京地裁部長）とともに起草委員会に属して民事訴訟法改正の調査をするよう嘱託されていた）が、「（一項）訴状ニ依リ無訴権、裁判所管轄違、当事者能力、訴訟能力、法律上代理権、訴訟代理権欠缺ノ為メ訴ヲ許スヘキモノニ非ストスルトキハ、裁判所ハ決定ヲ以テ訴ヲ却下スルコトヲ得。（二項）前項ノ決定ニ対シテハ抗告ヲ為スコトヲ得」という法条を設置するよう提案していた（「立法資料」同三〇六頁）。起草委員会が主査委員会に一覧表として六つの場合をあげたのは、この岩田提案が基礎にあってのことであろう。また、この提案が、訴え却下を決定手続によることを明言していることも注目される（なお、「立法資料」同三〇九頁に、提出者不明で「起第五十七号」として無訴権以下が列挙されているが、本文に紹介した六つのほかに、確定判決、訴訟ノ目的カ訴ヲ以テ請求スルコトヲ得サルモノナルコト、起訴ニ関スル方式ノ欠缺、も挙げられていることが注目される）。

(17)　鈴木玄之助「新民事訴訟法の受胎より出産まで」法曹会雑誌八巻一二号五〇三～六頁。染野教授は、委員総会が休会されたまま再開されなかった理由として、「主査委員会の後にさらに委員総会を経るという手続が煩わし過ぎたのか、民事訴訟法という技術的な法律の審議は総会の構成員に理解し難かったのか、いずれかの要因が働いたにちがいない」と推測されている（「わが国民事訴訟制度における転回点――大正一五年改正の経過と本質――」中田淳一先生還暦記念『民事訴訟の理論（上）』（昭四四）三〇頁）。いずれにしても、後の民事訴訟法改正調査委員会の審議の席上、松岡義正委員が改正案の三二五条（成文化のさいは二〇二条）を説明して、「欠缺の補正が出来ないような訴は口頭弁論を態態（わざわざ）経て判決を以て棄却することは不必要であるから、さう云ふものは略式に口頭弁論を経ずして判決を以て棄却する、……斯う云ふことは総て成る可く簡易にする方が宜いと云ふことは嘗て決議になった御趣意にもある通りです」と述べているのは（議事速記録赤仕切り前半七二七頁、「立法資料」⑫三八二頁）、この委員総会での決議を指しているのであろう。

(18)　鈴木玄之助（前注(17)）五〇六～七頁。起草会の責任者は松岡義正と山内確三郎の二名であった。「立法資料」⑩五頁（松本解説）。

(19)　鈴木玄之助（前注(17)）五〇七～八頁、「立法資料」⑩七頁（松本解説）。起草委員には、仁井田益太郎、松岡義正、小山温、加藤正治、山内確三郎が選ばれ、委員長には河村譲三郎が選任された。明治民訴法の改正の最初のころ、民事訴訟法調査委員会では、新進気鋭の士として委員に選ばれた河村（前注(3)）が、その後司法次官にまで昇りつめ、貴族院議員として勅選された今、調査委員長として同民訴法改正の最後の段階を迎えたのである。なお彼は、この民事訴訟法改正調査委員会作成の法案が貴族院で審議されたさいの特別委員会小委員会の委員長にも選ばれ（「立法資料」⑬三四六頁）、明治民訴法の改正を最後までみとった形である。同小委員会には、彼の司法省法学校の同期生（二期生）で、長い間司法官生活を送り、同じく勅選議員となった水上長次郎も有力な論客として加わり、やはり同期生で大審院長ののち、勅選議員となった富谷鉎太郎は、貴族院総会での冒頭に質疑の機会を与えられている（「立法資料」同二八七頁）。なお、起草委員会に起案会を先行するという法律取調委員会での方式は、この民訴法改正調査委員会でもとられ、やはり松岡と山内がその責任者となったが、対象が民事訴訟法に限られているので、もはや主査委員会を介在させずに、起草委員会の提案に基づきただちに委員総会が開かれるという方式をとった。

(20)　ここでいう第百八十五条には、「(一項) 訴ノ提起ハ訴状ヲ裁判所ニ提出シテ之ヲ爲ス。(二項) 訴状ニハ、当事者及ヒ法定代理人ヲ表示シ、請求ノ趣旨及ヒ原因ヲ記載シ、且代理権及ヒ訴訟行爲ヲ爲スニ必要ナル授権ヲ証スル書面ヲ添付スヘシ。（三項）準備書面ニ関スル規定ハ訴状ニ之ヲ準用ス」と規定されていた（「資料475」七八頁）。しかし、後に（「資料478」一六〇頁）いたって、一項と二項・三項が分離され別の条文建てとなり、二項・三項は第百八十七条「（一項）訴状ニハ、当事者及ヒ法定代理人ヲ表示シ、請求ノ趣旨及ヒ原因ヲ記載スルコトヲ要ス。（二項）準備書面ニ関スル規定ハ訴状ニ之ヲ準用ス」と変更され、その後「資料500」四二二頁で表現にごく僅かの修正を受けて、旧法二二四条の法文となった。

(21)　正確には、一一四条（担保不提供による訴え却下。現七八条）に二項が設けられ、本文に紹介した法文が記載されるとともに、この法文が二〇二条に二項を設けて準用された。

なお、右の（訴訟費用の）担保不提供の効果として、明治民訴法はドイツにならい、訴え（または上訴）の取下げ擬制を認め、それを被告の申立てに基づき判決で宣言する（九〇条二項）ことにしていたが、本稿にいう後期にはいって判決の代りに、裁判長の命令による宣言を認め、これに対して即時抗告を許すという案が提唱された（「立法資料」⑪「資料475」六七頁）。民訴法改正調査委員会の委員総会の審議でも異論なくそのまま推移していたが、ようやく議会へ提出する最終草案（法制局との意見調整が行われた）にいたって「口頭弁論を経ないでする判決による訴え却下」が採用されることになった（右同「資料500」四一一頁）。

(22)　奥野健一＝三宅正雄『改正民事訴訟法の解説』（昭二三）三四頁以下。なお、新堂幸司ほか編集代表『注釈民事訴訟法(4)』（平九）四六五頁（三谷忠之）にも紹介がある。この時期の法改正で、交互尋問制の採用、職権証拠調べの廃止などが行われた。

(23)　関根小郷（当時、最高裁事務総局民事局長）「上告手続に関する民事訴訟法の改正等について」曹時六巻六号（昭和二九）一七四二頁以下は、「かような場合にも、なおかならず審尋しなければならないものとすることは、実益に乏しいばかりではなく、口頭弁論を経ないことによる簡易迅速等の利益をほとんど失わせることになる」と指摘する。ただ、この解説は、この後につづけて、「口頭弁論を経ないで判決する場合でも、判決言渡期日は指定告知しなければならないものと解されるから（ここで、次掲文献を引用する）、原告等として全くの不意打ちをうけるおそれはない」と言い切る。

右に引用されている文献は、長島毅＝森田豊次郎『改正民事訴訟解釈』（昭五。長島は古く、法律取調委員会時代の大正七年七月から、森田は大正一三年五月から、大正改正法の起案に関与し、同法案の議会（ことに衆議院）での審議のさいにはともに政府委員となっている）二三〇～一頁で、「本条（＝二〇二条）ニ依リ訴ヲ却下スル判決ハ言渡ノ要ナキカ如シト雖モ、第一八八条（現二五〇条）ニ例外規定ナキ以上ハ言渡ヲ要セサルモノト解シ難ク、言渡ヲ要スルモノトセハ言渡期日ヲ指定シ当事者ヲ呼出ササルヘカラス。左シタル不便不合理ナル結果ヲ生セサル限リ一先ツ文理解決ニ従フヲ可トスヘキニ似タリ」と論じる。しかし、この言渡期日に当事者を呼び出すという見解が大審院判例によって、したがって戦前から実務でとられていないことはよく知られており、右の解説の論調はいささかふに落ちない。三谷忠之教授（前注(22)四六二頁）は、必要的審尋を求めた規定削除後も、審尋（裁量的審尋のようである）を認めるべきであると説いている。

　この必要的審尋を求めた規定が、アメリカ占領軍の「係官からの相当強いサゼッション」に基づいて作られたことは、この規定の削除を含めた民事訴訟法の一部改正案が参議院の法務委員会で審議されたさい、政府委員（村上朝一。当時法務省民事局長）が示している（「立法資料」(63)三八五～六頁）。しかし、この規定を削除することについては、議員の一松定吉《ひとつまつさだよし》（司法官を経て、弁護士。建設大臣などを歴任）がかなり粘っこい反対を示し、「二項の規定は当事者の権利擁護の見地から定められたというのに、占領軍から解放されて独立国になった途端、その権利擁護の必要がなくなったというのか」という趣旨の皮肉な質問をしている（右同・四〇二頁）。

(24)　本来なら裁判長の却下命令で処理すべき訴状の不備を、うっかり見逃してそのまま被告へ訴状を送達し、訴訟係属が発生したのちこの不備に気付いたときは、受訴裁判所の判決によって「訴えを却下」するというのが定説である。その意味では「訴状の適式」も訴訟要件の一つに数えられようが（中野貞一郎ほか編『新民事訴訟法講義』（平一〇）三四八頁（松本博之担当））、ここでいう訴訟要件の不備は、もとよりこのような訴訟要件の不備を考えているわけではない。

(25)　もっとも、ⓐにおいて、訴状に記載された請求の趣旨・原因から訴訟物を特定できるかどうか、また、訴訟の目的の価額の算定が「極めて困難」であるかどうか（八条二項）など、ⓑにおける訴訟要件の不備よりも判定が難しい場合があり得て、裁判長が陪席裁判官の意見を（座談的に）聴くこともあるだろう。他方陪席裁判官も、このように（座談的に）聴かれたときは、軽く考えて、判決のときは自分の名前も出るからより慎重に考える、ということもまずはあり得ないことであろう。そうしてみると、かりに合議体のときでも、この裁判主体の点では実際上の差異は大きくない。

(26)　最判平成八・五・二八判時一五六九号四八頁、判タ九一〇号二六八号。この判決は「当事者のその後の訴訟活動によって訴えを適法とすることが全く期待できない場合には、被告に訴状の送達をするまでもなく口頭弁論を経ずに訴え却下の判決をし、右判決正本を原告にのみ送達すれば足りる」と判示している。この判決に対して、後藤勇「平成八年度主要民事判例解説」判タ九四五号二五七頁は、「従来の実務では、多くの場合、民訴法二〇二条によって訴えを却下する場合にも、訴状や判決正本を被告に送達していたのではなかろうか」といいながらも、しかし今後の実務は、本判決の取扱いで統一されていくであろうと述べている。また、林屋礼二・私法判例リマークス一五号一三五頁は、本判決に民事訴訟法における「二当事者対立主義」の立場から反対している。従来の下級審判例で本判決と反対の見解に立つものとして、東京地判昭和四五・一・二一判タ二四七号二七九頁、札幌高判昭和五七・五・二七判タ四七五号七六頁が紹介されているが、後者が「一般的に訴訟要件の存否については、被告にも、その不存在を主張して訴却下の裁判を求める利益があるとともに、その存在を主張して請求棄却の実体上の裁判を求める利益もあると解される」と述べているのは、判例としては余りにも学理的にすぎよう。

(27)　学説には、任意的（裁量的）審尋を求める見解（住吉博「民事訴訟法第二〇二条」末川博先生追悼論集・法と権利(3)民商法雑誌七八巻臨時増刊号（昭五三）一〇三頁（同『民事訴訟論集一巻』所収）、三谷忠之教授の所説（前注(23)））もあるが、必要的（義務的）審尋を求める見解（堤龍弥「口頭弁論を経ない訴え却下」中野貞一郎先生古稀祝賀『判例民事訴訟法の理論（下）』（平七）一一一頁以下）もある。後者の見解は、従来の判例を克明に整理するとともに、一方では裁判所が原告に補正の機会を与えないまま訴えを却下しても当然と思われる事例があるが、他方では原告に補正・意見陳述の機会を与えれば、結論の異なった事例もかなりあることを指摘し、このような事例（端的にいえば、誤判の事例）を防ぐために原告に必ず審尋の機会を与えるべきではないか、と結論づける。その精密・慎重な論調には、強い説得力を感じる。私が本文で、「裁判主体の慎重な運用を期待する」と述べたのも、このことによる。しかし、もし裁判所がこの必要とされる審尋を怠った場合、論者によると、憲法の保障する適正手続の違反（審尋請求権の侵害）、と評価されるようである。憲法違反となれば、現行法によれば、権利上告の理由となる。そこまでの保障を与える必要があるか、私がこの説に追随できなかった大きな原因である。

(28)　学説（実務家が記述したものも含む）がほとんど一致して反対しているのに、判例がこれに拘束されないで、(ii)の手続をとらないできたことはよく知られている（旧三八三条＝現二九〇条につき、大判昭和一三・七・一一民集一七巻一六号一四一九頁、旧三九九条ノ三＝現三一七条一項（ただし、判決手続を決定手続に変更）につき、最判昭和四四・二・二七民集二三巻二号四九七頁など）。しかし、このうち大判に反対された兼子一博士も、「立法論としてはこれ(ii)を否定するのを相当としよう」と述べられていた（『判例民事訴訟法』（昭二五）一一八頁）。民訴規則一五六条ただし書はこれを容れた形となる。なお、前注(23)参照。

(29)　許可抗告に関する三三七条は、「高等裁判所の決定及び命令」は、その高等裁判所が許可したときにかぎり、最高裁判所に抗告ができると定めている。この法文にいう「高等裁判所の命令」が、裁判長が裁判所（合議体）の代表機関としてした命令はもちろん、その独自の権限でした命令（訴（控訴）状却下命令はその典型）まで含むのか、含むとしたら高等裁判所（合議体の他のメンバー＝陪席裁判官）のチェックを受けることになるが、それでよいのか、という疑問がある。竹下守夫ほか編集代表『研究会新民事訴訟法』（ジュリスト増刊、一九九九・一一）四四九頁参照。

(30)　しいていえば、ⓐの場合には、再度の考案が認められ（三三三条）、抗告理由書の提出先も原裁判所であるが（規二〇七条）、ⓑの場合には、このような再度の考案は認められず、控訴理由書の提出先も控訴裁判所である（規一八二条）。しかし、再度の考案の実務上の利用頻度からいって、これがどの程度の大きな差異となるのか。

(31)　大判昭和七・九・一〇民集一一巻二一号二一五八頁、兼子一『新修民事訴訟法体系〔増訂版〕』（昭二九）一七九頁、一五一頁、など。

(32)　学説として、新堂ほか編集代表（前注(22)）(5)（平一〇）一八三頁以下（宮川知法。旧二二八条＝現一三七条のコメント）、二〇六頁以下（同。旧二二九条＝現一三八条のコメント）。判例として目立つのは、被告に裁判権が及ばない場合で（事案は天皇）、最判平元・一一・二〇民集四三巻一〇号一一六〇頁。原審（東京高決平元・四・四判時一三〇七号一一二頁）が被告に裁判権の及ばないときの一般的取扱いとして、被告に応訴する意思があるかどうかを確かめるため、天皇に訴状を送達すべきであるかのような口惣を示したのに対し、真向から訴状審査の段階で却下すべきであると断言している（なお、この判決は他の点で理論上の疑問を残すが、これにつき『最高裁判所判例解説・民事篇・平成元年度』四〇一頁（岩渕正紀））。

なお、被告が実在しない場合として、被告が死者の場合はどうするかは、当事者の確定の議論がからんできて、複雑な様相を呈する可能性があるので、ここでは一応論外とすることを許されたい。

(33)　中野貞一郎「当事者が訴訟能力を欠く場合の手続処理」『民事訴訟の論点Ⅰ』（平六）八五頁は、訴状の記載から被告に訴訟能力の不備があることが判明したとき、訴状の必要的記載事項である法定代理人の欠如のある場合として、裁判長は訴状の補正命令を出し、原告がこれに応じないときは訴状を却下すべきではないか、と提案される。しかし、訴状に被告の記載があり、それでもって被告の特定ができる以上は、訴訟能力の不備は判決をもって判示すべきではなかろうか（もとよりこの場合にも、補正命令の発令（三四条）、特別代理人の選任（三五条）はできる）。

(34)　ちなみに、ここでドイツ法の学説、実務に触れておくと、明文規定を欠く同法のもとにおいても、訴状の補正・却下命令は認められている。もともと、同法では訴状および呼出状の送達は原告が被告に行うもの（当事者送達主義）とされていた（ＣＰＯ（帝国民訴法）二三〇条、一九一条。執行官を介して行う、一五二条）。しかし、その訴状、第一回口頭弁論期日への呼出状を送達するためには、裁判所に訴状を提出して第一回口頭弁論期日の指定を受けなければならない（二三三条）。この折りに裁判所は訴状を閲読し必要に応じて補正を命じ、場合によっては訴状の却下（差戻し）を行った（ここに至るまでの学説、実務の経緯は、別稿において論じることを許されたい）。しかし、その後法律の改正が行われ（一九〇五年に区裁判所、一九五〇年に地方裁判所も）、訴状および呼出状の送達は裁判所の職権で行われることになった（現二一四条、二七〇条、二七一条）。裁判所の訴状補正・却下権限も、これにともなってこの裁判所の訴状等の送達権限（正確には、事務局に対する送達命令権か）に移されることになった。そのことは、一九七六年の簡素化法によって書面先行方式が導入されることによって、いよいよ加速された。裁判所は訴状送達の段階では、第一回口頭弁論期日を指定しないからである。

以上のように法的根拠こそ変遷があったが、ドイツの学説、実務は、次のような場合に訴状の補正・却下を認めている。㈠　訴状の記載事項の不備　当事者の記載が不明瞭なとき、請求の趣旨・原因の記載で訴訟物を特定できないとき、ドイツ語で書かれていないとき。ほかに、裁判手数料を納入していないとき。㈡　訴訟要件の不備　被告に裁判権が及ばず、しかも被告に応訴の意思のないことが明白なとき、管轄、とくに審級管轄に違反があるとき（たとえば、地裁へ提出すべき訴状を、高裁へ提出したとき。ドイツではわが国と異なり、この点を厳格に解している）、当事者が実在しないとき、原告が訴訟能力を欠き、法定代理人に起訴の意思がないことが明白なとき、弁護士強制主義に違反しているとき、裁判所に分属（所属）していない弁護士を利用しているとき、司法制度・訴権の濫用が認められるとき（実例として、同じ訴状を七四か所もの裁判所に提出したとき、三度の敗訴確定判決を受けながら、四度目の訴えを提起したとき）。

以上につき、Blomeyer (Arwed), 2. Aufl., 1985, S. 251, Rosenberg-Schwab-Gottwald, 15. Aufl., S. 543, Münchener Kommentar, 1992, § 216 Rdnr. 3, § 271 Rdnr. 9ff.（いずれも、Lüke), Stein-Jonas, 21. Aufl., 1997, § 253 Rdnr. 171ff. (Schumann), § 271 Rdnr. 24ff. (Leipold). これらの文献が引用する個々の論文まで、参照する余裕は欠いた。

くり返すようだが、ドイツ法にはわが一三七条や一四〇条に相当する明文規定はない。にもかかわらず、このような訴状の補正・却下（差戻し）が認められることは（もっとも、訴状の補正は裁判長の命令でできるが、訴状の却下は受訴裁判所の決定で行い、この決定に対しては（通常）抗告（五六七条一項。わが三二八条一項）ができるとするのが有力な見解）、わが一三七条が決して奇異な規定ではなく、むしろ事柄を明白にするためにはすぐれた立法であるといえるし、もしドイツ法にわが一四〇条のような規定があれば、右のように訴訟要件の不備な場合まで取り込んだかどうかは分からない。

(35) 現在、手続要件が不備なときに口頭弁論を経ないで判決で却下する例として、一四〇条のほか、二九〇条（控訴の不適法）、三五五条（手形訴訟の不適格）、三五九条（手形判決に対する異議の不適法。それの少額訴訟判決に対する異議の不適法への準用、三七八条二項）がある。しかし、二九〇条は、決定手続でする三一七条一項（上告の不適法）と、また、三五五条は、同じく決定手続でする三七三条三項一号（少額訴訟の不適格。なお同項四号）と、バランスがとれるかという疑問があるし、三五九条（三七八条二項）は、通常訴訟への移行の効果を伴うだけの異議について、あまりにも牛刀を用いすぎるのではないか、という疑問がある（三九四条参照）。なお、七八条（担保不提供による訴え却下）は、すでに述べたように（前注(21)）、大正改正法の立案者は審議のぎりぎりまで裁判長の命令による訴え取下げの宣言を考えていたし、また現行法上も、呼出費用の予納がないとき、決定で訴えの却下を認めている一四一条との間に、ここでもバランスがとれるかという疑問がある。

本稿の校正を終わった日、中野先生より佐々木さんの死去の報せを受けた。感無量、合掌してご冥福をお祈りするのみ。

# 5 同時審判申出共同訴訟と共同訴訟人独立の原則

徳田和幸



## 一　はじめに

共同訴訟は、従来、通常共同訴訟と必要的共同訴訟の二つの類型に区分され、さらに必要的共同訴訟は固有必要的共同訴訟と類似必要的共同訴訟とに分けられてきたが、今回の民事訴訟法の改正により、「同時審判の申出がある共同訴訟」（以下、便宜上、同時審判申出共同訴訟という）が新たに設けられた（民訴四一条）。すなわち、共同被告の一方に対する訴訟の目的である権利と共同被告の他方に対する訴訟の目的である権利とが法律上併存しえない関係にある場合に限定されているが、原告の申出により、弁論および裁判の分離が許されなくなること（民訴四一条一項）、さらには、各共同被告の控訴事件が同一控訴裁判所に各別に係属するときは、当然に弁論および裁判の併合がされなければならないこと（民訴四一条三項）が、新たに規定されているのである。従来、合一確定の必要がある必要的共同訴訟（民訴四〇条）では、その性質上、弁論の分離（民訴一五二条一項）や一部判決（二四三条二項）は許されないが、共同訴訟人独立の原則（民訴三九条）が適用される通常共同訴訟であれば、裁判所の裁量により弁論の分離・一部判決をすることができると解されてきたのに対し、限定的ではあるが、原告の申出により弁論・裁判の分離併合に関する裁判所の訴訟指揮権が制限され、同時審判が保障されるという共同訴訟の類型が設けられたのである。

ところで、この同時審判申出共同訴訟は、通常共同訴訟と必要的共同訴訟の中間形態とされることもあるが、[1]弁論・裁判の分離が禁止される以外の点では、通常共同訴訟としての性質を失わず、共同訴訟人独立の原則（民訴三九条）が適用されるとするのが一般的な理解である。[2]ただ、同時審判申出共同訴訟において共同訴訟人独立の原則が具体的にどのように適用されることになるのか、また、その原則の緩和ないし制限が具体的にどのようになると解されるのか等については、なお検討の必要があるように思われる。本稿は、このような点について若干の整理・検討をし、新たな共同訴訟類型としての同時審判申出共同訴訟の位置付けを探ってみようとするものである。

## 二　同時審判申出の対象となる共同訴訟の性質

### 1　同時審判の申出と共同訴訟

同時審判申出共同訴訟は、「共同被告の一方に対する訴訟の目的である権利と共同被告の他方に対する訴訟の目的である権利とが法律上併存し得ない関係にある場合」に、原告が同時審判の申出をすることによって成立する（民訴四一条一項）。原告の申出の時期については、控訴審の口頭弁論の終結の時までに限定されている（民訴四一条二項）ほかは、とくに制限はされていないから、同時審判の申出は、共同訴訟の提起の時だけでなく、訴訟係属中でも、また、別訴を提起して弁論の併合等により後発的に共同訴訟となった後でもすることができるし、第一審では申出をしないで控訴審ではじめて申出をすることもできる。しかし、原告の同時審判の申出がないときは、共同訴訟として併合審判が求められていても、裁判所は併合審判（同時審判）を義務づけられることはなく、裁量によって弁論の分離や一部判決をすることができることとなる。

ところで、同時審判の申出が許される各共同被告に対する訴訟の目的である権利が法律上併存しえない関係にある場合、すなわち各請求が実体法上両立しえない関係にある場合とは、たとえば、契約の相手方本人に対する履行請求と無権代理人に対する損害賠償請求（民法一一七条一項）、工作物の瑕疵による占有者に対する損害賠償請求と所有者に対する損害賠償請求（民法七一七条）など、一方の請求における請求原因事実が他方の請求では抗弁事実になる等主張レベルで請求が両立しない関係にある場合であるとされる。(3)このような場合、共同訴訟とすることが法律上要求されているわけではないから、(4)原告としては、各請求につき個別に訴えを提起するとか、まず一方を訴えて、敗訴すれば他方を訴えるということも可能である。しかしながら、このような個別の方法による場合には、たとえば、契約の相手方に対する履行請求は代理権の不存在を理由として棄却され、無権代理人に対する損害賠償請求のほうは、代理権の存在を理由として棄却されるというような事態が生じうる。また、原告が一方に対して訴えを提起したときに、他方に対し訴訟告知（民訴五三条）をしておけば、一方に敗訴しても他方との第二の訴訟では告知の効果（民訴四六条・五三条四項）により勝訴できることになるが、(5)関連紛争の一回的ないし一挙的解決という観点からすれば、必ずしも十分なものであるとはみられないであろう。(6)

それでは、右のような複数の被告に対する各請求が実体法上両立しえない関係にある場合に、共同訴訟とすることは許されるのであろうか。民訴法四一条では、共同訴訟の成立が前提とされており、当然に肯定されているわけであるが、共同訴訟の要件（三八条）との関係では若干の疑義が残らないわけではない。この点に関しては、民訴法四一条が、共同訴訟の要件（三八条）にかかわらず、とくに共同訴訟が許されることを明確にしているとの理解もありうると思われるが、(7)従来の学説によれば、このような場合には請求相互の関係から民訴法三八条（旧五九条）の要件は当然に充たされるとか、民訴法三八条前段にいう同一の事実上および法律上の原因に基づく場合にあたる、(8)あるいは、それを類推適用すべき場合にあたる、(9)と解されている。また、民訴法三八条が共同訴訟の要件として定める三つの場合は、例示的なものであって、厳密にそのいずれかに該当する場合でなくとも、それらの混合形態や類推形態のものも共同訴訟として許されると解されているから、(10)要は、共同被告に対する各請求相互に併合審理を妥当とするだけの関連性があるかどうかであり、それが肯定されれば共同訴訟が許されると解されよう。その意味では、民訴法四一条が共同訴訟の成立を前提としていることは必ずしも不当なものではないように思われる。

## 2　共同訴訟の併合形態

つぎに、共同訴訟とすることが許容されるとした場合、その併合形態ないし併合態様はどのように解されるであろうか。この点は、旧法のもとでは、周知のように、いわゆる訴えの主観的予備的併合の許否、すなわち共同被告に対する複数の請求が両立しえない関係にある場合に、順位を付して、主位の被告に対する第一位の請求が認容されないときは、予備的被告に対する第二位の請求につき審判を求めるという形での併合形態は認められるかという問題に関して、種々の議論がされていたところである。(11)主観的予備的併合が認められると、原告にとって便宜であるだけでなく、審判の重複を避け、関連紛争の統一的な解決が期待できるという利点があるが、主位請求が認容されれば予備的請求についての裁判所の判断が遡及的に不要になるというのでは、予備的被告の地位が不安定であること、また、通常共同訴訟として共同訴訟人独立の原則（民訴三九条）が適用されるかぎり、上訴との関係で裁判の統一は必ずしも保障されていないことなどの問題点があり、その許否については見解が対立していたのである。最高裁（最判昭和四三年三月八日民集二二巻三号五五一頁）は、この併合形態について否定的に解することを明らかにしたが、下級審判例には、その後もこれを許容したものがみられ、(12)学説でも肯定説が有力であった。また、肯定説によれば、予備的被告の地位の不安定に関しては、争点効理論や禁反言等、あるいは予備的併合を単純併合ないし順位的併合と再構成して主位請求認容の場合には予備的被告に対する請求をできると解することなどにより対応すること、上訴審での裁判の不統一に関しては、共同訴訟人独立の原則を修正して当然の補助参加関係を認めるか、あるいは必要的共同訴訟に準じることによって対処すること等が考えられていた。

ところで、今回の改正における『民事訴訟手続に関する検討事項』（平成三年一二月）の段階では、このような主観的予備的併合を認めるかどうか、認めるとすればどのような範囲か、認める場合の手続上の処理をどうするか等が問われており（第二、二、(二)、(1)・(2)）、また、『民事訴訟手続に関する改正要綱試案』（平成五年一二月）の段階においても、「後注」の形ではあるが、「複数の被告に対する請求が実体法上両立し得ない関係にある場合には、被告らに対する訴えの予備的併合を認め、この場合において、主位被告に対する請求を認容するときは、予備的被告に対する請求を棄却しなければならないものとするとともに、当事者のうち一人が上訴をすれば、全員につき判決の確定が遮断され、全訴訟が上訴審に移審するものとするかどうかについて、なお検討する」ものとされていた（第二、当事者関係後注2）[13]。しかしながら、法制審議会民事訴訟法部会の『民事訴訟手続に関する改正要綱案』（平成八年二月）の段階からは、共同被告の一方に対する訴訟の目的である権利と共同被告の他方に対する訴訟の目的である権利とが法律上併存しえない関係にある場合には、同時審判申出共同訴訟を認めることとされ（第二、三）、その後、法制審議会の『民事訴訟手続に関する改正要綱』（平成八年二月）、政府の『民事訴訟法案』（平成八年三月）を経て、民訴法四一条の規定が定められることになる[14]。

このような立法の経緯からすれば、同時審判申出の対象となる共同訴訟の併合態様が主観的予備的併合ではないことは当然の前提とされているといえよう。また、原告の特別の申出によって弁論・裁判の分離が禁止されること、併合された複数の請求は上訴との関係では個別に処理されること（民訴四一条三項参照）などからすれば、その併合態様は各共同被告に対する複数の請求が並列的に併合されている単純併合であると考えられる。ただ、従来の学説においては、実体法上両立しえない請求については、主位被告に対する主位請求を第一順位とし、副位被告に対する副位請求を第二順位として両請求につき裁判を求めるという形の順位的単純併合または主観的順位的併合を認めるべきであるとする見解[15]や、択一的にいずれかの請求の認容と他の請求の棄却を求めるという形での主観的選択的併合は認められるとする見解[16]も主張されているところであり、原告がこのような併合形態を採った場合、同時審判申出との関係がどのようになるのかについては、なお検討の必要があるように思われる[17]。

### 3　小　括

以上のようにみてくると、同時審判申出の対象となる共同訴訟は、その併合の態様には若干の疑義が残るものの、一応、共同被告に対する各請求が単純に併合された通常共同訴訟であると理解することができるように思われる。そこで原告の同時審判申出がなされた場合、どのような処理がなされることになるのかを、引き続いてみていくこととしよう。

## 三　共同訴訟人独立の原則とその緩和ないし制限

### 1　同時審判の申出の効果

各共同被告に対する請求が併存・両立しえない関係にある場合に、原告の同時審判の申出があれば、弁論および裁判の分離は許されなくなる（民訴四一条一項）。通常共同訴訟であれば、原告が併合審判を求めて共同訴訟を提起しても、裁判所の裁量により共同訴訟人ごとに弁論の分離や一部判決をすることができるが、同時審判申出共同訴訟においては、その裁判所の裁量権は制限され、共同訴訟としての併合審判が維持されるのである。そこでは、たとえば、原告Xが契約の相手方$Y_1$に対する履行請求と無権代理人$Y_2$に対する損害賠償請求とを併合して共同訴訟を提起した場合に、原告が同時審判の申出をして裁判所による弁論・裁判の分離を制限することを認めれば、代理権の存否について統一的な判断がなされるから、前述の別訴による場合と同様の形で双方に敗訴することを避けたいとする原告の意思が尊重されることになる、と考えられているわけである。[18] ただし、同時審判の申出は弁論・裁判の分離の禁止（および控訴審における併合強制）の効果を生ずるのみであるから、共同訴訟人独立の原則（民訴三九条）のもとで統一的な審判がどのようにして確保されるのかは、別に検討されるべきであろうと思われる。

## 2　共同訴訟人独立の原則の適用

同時審判申出共同訴訟においては、弁論・裁判の分離は禁止されるが、その他の点では共同訴訟人独立の原則（民訴三九条）が適用される。すなわち、同時審判の申出があっても、原告の共同被告の一方に対する訴訟行為が全員に対して効力を生じるというような規制（民訴四〇条二項参照）がされるわけではなく、共同訴訟人の一人の訴訟行為またはこれに対する相手方の訴訟行為および共同訴訟人の一人について生じた事項は、他の共同訴訟人に影響を及ぼさないというのが原則である。

したがって、たとえば、共同被告の一方からまたはこれに対して主張された事実や証拠は、その共同被告に関する請求（訴訟）についてのみ判決の基礎となり、他の共同被告または原告からの援用がないかぎり、共同被告の他方に関する請求の判決の基礎とすることはできないし、共同被告の一方の自白もその者の請求についてのみ効力を生じることになる。[19] また、原告と共同被告の一方との間で請求の認諾・放棄、訴訟上の和解、訴えの取下げなどがなされることは差し支えなく、その間の訴訟のみが終了する。[20] この場合には、前提となる共同訴訟関係が消滅することにより、原告の同時審判の申出の効果も当然に失われると考えられよう。[21] 共同被告の一方のまたはこれに対する上訴の提起も、他の共同被告には関係なくすることができ、確定遮断および移審の効力はその当事者間の訴訟についてのみ生じる。

他方、共同被告の一方につき中断・中止の事由が生じた場合については、同時審判申出共同訴訟の趣旨を重視して、他の被告との関係でも中断・中止が生じると解する見解もあるが、[22] 共同訴訟人独立の原則を前提とするかぎり、その者のみの訴訟が停止され、他の被告に関する訴訟は進行することになる。[23] もっとも、弁論・裁判の分離が禁止されている以上、裁判所としては他の被告に関する訴訟についてのみ先に判決をすることはできないから、原告が同時審判の申出を撤回しないかぎり、実際には全体の訴訟が停止することになるものと思われる。[24] ただ、他の被告に関する訴訟の停止は事実上のものであるとすると、裁判所が他の被告との関係で審理を続行しても違法ではないということになり、[25] この点に関してはなお問題が残されるようである。[26]

## 3　統一的な判断の確保——共同訴訟人独立の原則の緩和・制限

以上のような共同訴訟人独立の原則が適用されるとしても、共同訴訟である以上、期日は同一日時に指定され、弁論および証拠調べは全員に共通して行われる。同時審判申出共同訴訟においては、その形態が判決まで（さらに場合により控訴審でも）維持されることが保障されるわけである。そこで、原告としては、共同被告双方に対ししかるべき訴訟行為（とりわけ主張・立証）をしておけば、裁判所は、同時に同一の訴訟資料・証拠資料に基づく矛盾のない共通判決をすることになるから、双方に敗訴する危険はない、とされる。[27] もっとも、弁論・裁判の分離の禁止のほかは特別の定めがされているわけではないから、裁判所の統一的な判断を確保する方法は、一般の通常共同訴訟の場合と異ならないことになろう。この点で問題となるのは、つぎのような点である。

### (1)　弁論の全趣旨の斟酌

まず、通常共同訴訟でも、口頭弁論は共同訴訟人全員に共通の期日に実施される結果として、ある共同訴訟人の訴訟行為を「弁論の全趣旨」（民訴二四七条）として他の共同訴訟人との関係での事実認定の資料とすることができると解されている。[28] たとえば、同一の事実につき共同訴訟人の一人が自白しても、他の共同訴訟人が争えば、その者との関係では心証による認定を必要とすることになるが、その際には、自由心証主義が働き、前者が自白した行為は弁論の全趣旨としては顧慮されうる、とされるのである。しかしながら、一人の共同訴訟人の恣意的な訴訟行為により、他の者が不利な影響を受けるべきではないから、慎重な配慮を要する、との指摘もされているし、[29] また、とくに共同訴訟人の利害が相反しているような場合には、共同訴訟人の相異なる主張を弁論の全趣旨として係争事実についての認定資料とすることはできないと解されている(30)。

ところで、同時審判申出訴訟の一例として前述した、原告Xが本人$Y_1$と代理人$Y_2$を共同被告として、$Y_1$に対しては$Y_2$の代理権の存在を主張して履行請求をし(31)、$Y_2$に対しては無権代理を主張して損害賠償請求をしたというような場合、共同訴訟人独立の原則のもとでは、かりに$Y_2$が無権代理につき自白をしても、その自白はX・$Y_2$間の請求についてのみ効力を生じ、X・$Y_1$間の請求との関係では、$Y_2$の代理権の存在は心証による認定を必要とする。したがって、Xは、$Y_1$との関係では代理権が存在するとして勝訴し、$Y_2$との関係では、$Y_2$の自白の効力により、無権代理であるとして勝訴することがありうることになる(32)。このような場合、裁判所が$Y_1$との関係で$Y_2$の代理権の判断するにつき、$Y_2$が自白した行為を弁論の全趣旨として顧慮できるとすれば、代理権の存否については統一的な判断が可能となるが、Xが表見代理の主張をすることもありうることからすれば、慎重な判断が必要とされるであろうと思われる(33)。また、同時審判申出共同訴訟においては、弁論の全趣旨の共通は当然のことと考えられるが、原告が各被告に対して相互に矛盾した主張・立証をすることをどのように判断するかの問題もあるように思われる。

(2)　証拠共通の原則

つぎに、通常共同訴訟でも、証拠調べは共同訴訟人に共通に実施されるので、共同訴訟人の一人が提出した証拠は、他の共同訴訟人の援用がなくても、その者の主張する事実の認定について共通の資料とすることができるとするのが従来からの通説・判例である(34)。これは、周知のように、対立当事者間における一般の証拠共通の原則に対して、共同訴訟人間の証拠共通の原則とよばれている(35)。その根拠については、近時若干の議論があるが、一般には、自由心証主義のもとでは客観的に一つの事実についての裁判所の認定判断（心証）は一つしかありえないことがあげられている(36)。証拠の提出については、弁論主義および共同訴訟人独立の原則が妥当するとしても、提出された証拠の評価は裁判所の自由心証に委ねられているから、共同訴訟人間での同一事実の認定については、共同訴訟人の提出した証拠は、いずれが提出したかを問わず、共通の資料になると考えられるのである。この証拠共通の原則は、同時審判申出共同訴訟においても最も重視されているところであり、同時審判の保障は、共同訴訟形態をとることによって、証拠共通の原則が働き、事実認定に関する判断が区々にならないようにするものであるともいわれている(37)。

ところで、同時審判申出共同訴訟においては、共同被告は、その一方が勝訴するときは他方が敗訴するという点で、利害が対立しているとみられる。たとえば、前述の代理に関する例についてみれば、X・$Y_1$間の請求につき$Y_1$が代理権の存在を争うために提出した証拠は、X・$Y_2$間の請求との関係では、むしろXの有利に、$Y_2$の不利に作用することになるし、X・$Y_2$間の請求につき$Y_2$が抗弁事実である代理権の存在を立証するために提出した証拠は、X・$Y_1$間の請求との関係では、Xの有利に、$Y_1$の不利に作用することになるのである。このような共同訴訟人間の利害が対立している場合については、従来、実務の取扱いとしては、訴訟関係を明確にするために、援用の有無を明らかにすべきであるし(38)、共同訴訟人の一人の提出した証拠に対して、他の共同訴訟人がその証明力を争い、証人について反対尋問ないし補充尋問を認めるのが通例であるといわれている(39)。また、学説上も、共同訴訟人間の証拠共通の原則の妥当範囲については、弁論主義の不意打ち防止機能確保との関係で、他の共同訴訟人の援用がある場合または他の共同訴訟人の不利にならない場合に限定すべきであるとする見解(40)や、共同訴訟人の一方が提出した証拠でも、他の共同訴訟人にその証拠調べ手続に関与する機会が与えられるという審理過程の実績から、証拠資料の共通利用が根拠づけられるとの観点から、実質的に他の共同訴訟人に手続保障が欠けていると認められる場合には、証拠共通は働かないとする見解(41)が主張されている。同時審判申出共同訴訟においては、対立当事者間の証拠共通および共同訴訟人間の証拠共通の両側面から、原告・共同被告双方のいずれが提出したかを問わず、共通の証拠資料となるものと考えられるが、共同被告間にはとくに実務や学説で指摘されている配慮が必要とされるように思われる。

(3)　当然の補助参加の理論

なお、従来の主観的予備的併合に関する議論においては、裁判の統一を確保する一方策として、共同被告の一方は、他方に対する請求との関係では原告に当然の補助参加をしたものとみるべきであるとする見解があるが[42]、同時審判申出共同訴訟に関しても、原告の共同被告の一方に対する請求について、他の共同被告が原告の補助参加人という関係（当然の補助参加関係）にあれば、原告と他の共同被告間の請求に関しては、共同被告の一方は原告の補助参加人と解すべきであり、それぞれ主張共通、証拠共通の原則が働くものと考えるとする見解が主張されている[43]。このような当然の補助参加関係を認めることは、一般の通常共同訴訟に関しては強い批判があるところであるが[44]、同時審判申出共同訴訟という限定された範囲ではなお積極的に検討する余地があるのではないかと思われる。

## 4　控訴審における併合強制

同時審判申出共同訴訟においては、共同訴訟人独立の原則が適用されるので、前述のように、共同被告の一方のまたはこれに対する上訴の提起も、その当事者間の訴訟についてのみ確定遮断および移審の効力を生じる。たとえば、原告XがY1とY2とを共同被告として訴えを提起して、同時審判の申出をし、XがY1に敗訴し、Y2に勝訴した場合、XのY1に対する控訴の効力はY2には及ばないし、Y2のXに対する控訴の効力はY1には及ばない。

しかし、第一審で同時審判の申出がされており、各共同被告に係る控訴事件が同一の控訴裁判所に各別に係属するときは、弁論および裁判は併合してしなければならないものとされている（民訴四一条三項）。前述の例で、XとY2とがそれぞれに控訴して両事件が同一の控訴裁判所に各別に係属した場合は、控訴裁判所は弁論・裁判を当然に併合しなければならないのである[45]。一般の通常共同訴訟の場合であれば、このような二つの控訴事件の弁論を併合するかどうかは、控訴裁判所の裁量に委ねられているのに対して、第一審で同時審判共同訴訟が成立している場合には、弁論の併合が強制されるのである。第一審で同時審判の申出がされている以上、各別の控訴によりすべての請求が控訴審の審判対象となった場合にも同時審判を確保しようとする趣旨である[46]。もっとも、このような取扱いは、両事件につき控訴がされた場合に限られ、前述の例で、Xが控訴せず、Y2のみが控訴したような場合には、XのY2に対する請求のみが控訴審に移審するから、結果としては、XはY1・Y2の双方に敗訴するということがありうることになる。原告Xがこれを避けたければ、敗訴したY1に対する請求について控訴しておくべきであるということになるが[47]、原告にこのような控訴の提起を要求することの妥当性については、検討の余地が残されているようである[48]。

## 四　おわりに

以上、同時審判申出共同訴訟について、共同訴訟人独立の原則との関連を中心に、若干の整理・検討をしてみた。同時審判申出共同訴訟においては、共同被告に対する実体法上両立しえない各請求について矛盾のない判決をすることは、裁判所の事実認定が両請求に共通する弁論の全趣旨および証拠調べの結果に基づく自由な心証によりなされること（民訴二四七条）で確保されているようであるが、共同被告相互間の関係をも含めて考えると、すべてを裁判所の心証形成に委ねるというまえに、共同訴訟人独立の原則の緩和ないし制限がどこまでできるかを検討する必要があるのではないかと思われる。同時審判申出共同訴訟は、弁論・裁判の分離の禁止という点で従来の通常共同訴訟の枠組みから踏み出していることは確かであるが、その具体的な審判のあり方についてはなお検討の余地があるように思われるのである。また、本稿では触れなかったが、一般の通常共同訴訟として残されたものの中には、同時審判申出共同訴訟と同様の規制がなされるべきものがあるように思われるのであり[49]、このような通常共同訴訟の取扱いについてもさらに検討の必要があると思われる。

（1）　高見進「同時審判の申出がある共同訴訟」ジュリスト一〇九八号三七頁、小室直人＝賀集唱＝松本博之＝加藤新太郎編『基本法コンメンタール・新民事訴訟法1』（平九）九一頁〔福永有利〕など。

（2）　中野貞一郎『解説新民事訴訟法』（平九）六九頁、上田徹一郎『民事訴訟法〔第二版〕』（平九）五一三頁、中野貞

一郎＝松浦馨＝鈴木正裕編『新民事訴訟法講義』（平一〇）四五四頁〔井上治典〕、伊藤眞『民事訴訟法』（平一〇）五五三頁、高橋宏志「主観的予備的併合について」法学教室二〇四号一一八頁、高田裕成「同時審判の申出がある共同訴訟」三宅省三＝塩崎勤＝小林秀之編集代表『新民事訴訟法大系Ⅰ』（平九）一八四頁、田原睦夫「同時審判申出共同訴訟」滝井繁男＝田原睦夫＝清水正憲編『論点新民事訴訟法』（平一〇）九三頁、小室＝賀集＝松本＝加藤編・前掲書一〇〇頁〔徳田〕など。ただし、山本弘「多数当事者訴訟」竹下守夫＝今井功編『講座新民事訴訟法Ⅰ』（平一〇）一六四頁は、必要的共同訴訟に関する四〇条の準用を主張する解釈が提唱される余地を否定できないのではないかとする。

（3）法務省民事局参事官室編『一問一答新民事訴訟法』（平八）五八頁、柳田幸三＝始関正光＝小川秀樹＝萩本修＝花村良一「新民事訴訟法の概要(2)」NBL六〇一号二六頁など。

（4）ただし、松浦馨「訴の主観的予備的併合の適否」学説展望（ジュリスト三〇〇号）二五三頁は、このような場合は、請求相互間の表裏一体性が顕著であり、固有必要的共同訴訟に接近するものと考え得る、とされる。

（5）なお、この点を重視して訴えの主観的予備的併合を否定する見解として、木川統一郎「主観的予備的併合不要論」『民事訴訟法改正問題』（平四）二〇七頁以下。

（6）瀧川叡一「請求の主観的択一関係と共同訴訟――主観的予備的併合の訴の取扱いをめぐって――」本井巽＝中村修三編『民事実務ノート（2）』（昭四三）一一八頁、上村明広「主観的予備的併合」小山昇＝中野貞一郎＝松浦馨＝竹下守夫編『演習民事訴訟法〔新版〕』（昭六二）六六五頁、福永有利「共同訴訟と訴訟参加の規律（下）」NBL五五八号五七頁など参照。

（7）中田淳一「訴の主観的予備的併合の許否」『訴と判決の法理』（昭四七）六三頁。

（8）上田徹一郎＝井上治典編『注釈民事訴訟法（2）』三〇頁〔山本弘〕。

（9）瀧川・前掲論文一二二頁。なお、大阪地（中間）判昭和四二年一二月一二日判時五一三号三二頁参照。

（10）兼子一＝松浦馨＝新堂幸司＝竹下守夫『条解民事訴訟法』（昭六一）一五三頁〔新堂幸司〕、小室＝賀集＝松本＝加藤編・前掲書一九三頁〔福永〕など。

（11）従来の議論の状況については、さしあたり、上田＝井上編・前掲書一七頁〔上田徹一郎〕、河野正憲「訴えの主観的予備的併合」中野貞一郎先生古稀祝賀『判例民事訴訟法の理論（上）』（平七）五〇七頁、高橋・前掲論文法学教室二〇四号一一三頁など。なお、主観的予備的併合は、被告側のみならず、原告側についても考えられるが、本稿では、同時審判申出共同訴訟との関係上、被告側のみを採り上げることとする（ただし、中野＝松浦＝鈴木編・前掲書四五五頁〔井上〕は、原告側についても、民訴四一条を類推し、被告による同時審判の申出を認めるべきであるとされる）。

(12)　東京高判昭和四七年二月一七日高民集二五巻一号八三頁など。詳細には、渡辺武文「訴えの主観的予備的併合の許容範囲」『新・実務民事訴訟法講座（3）』（昭五七）三二頁以下、小山昇「訴えの主観的予備的併合の許否」『民訴判例漫策』（昭五七）一八九頁以下、井上治典「訴えの主観的予備的併合」『講座民事訴訟②』（昭五九）三五〇頁以下、河野・前掲論文五〇七頁以下など参照。

(13)　この『改正要綱試案』にみられる考え方の問題点については、法務省民事局参事官室『民事訴訟手続に関する改正要綱試案補足説明』一五頁参照。

(14)　立法の経緯の詳細については、伊藤眞（司会）ほか「研究会・新民事訴訟法をめぐって(5)」ジュリスト一一〇七号一〇八頁以下、高見・前掲論文三三頁以下、高田・前掲論文新民訴大系Ⅰ一七四頁以下、田原・前掲論文八九頁以下、山本・前掲論文一五八頁以下など参照。

(15)　上田・前掲書五一二頁、上田＝井上編・前掲書二一頁以下〔上田〕。なお、福永・前掲論文五七頁以下は、前記『改正要綱試案』に関して、主観的予備的併合と主観的順位的併合を区別し、基本的には、後者を承認すべきであろうとされる。

(16)　井上治典「訴えの主観的選択的併合の適否」『多数当事者訴訟の法理』（昭五六）一八一頁以下、上田＝井上編・前掲書二三頁〔上田〕。なお、同時審判申出の対象となる共同訴訟を主観的選択的併合とみるものに、第二東京弁護士会民事訴訟改善研究委員会編『新民事訴訟法実務マニュアル』（平九）二七頁〔富岡英次〕。また、上北武男「同時審判の申出がある共同訴訟の適用範囲に関する一試論」白川和雄先生古稀記念『民事紛争をめぐる法的諸問題』（平一一）六二六頁も、同時審判申出共同訴訟に各請求が事実上併存しえない場合も取り込むとの視点から、事実上併存しえない請求につき単純併合による解決を許容するのであれば、当事者は両請求のいずれが認容されてもよいとの立場で請求を定立することになるであろう、とされる。ただし、訴えの主観的選択的併合は、客観的併合の場合と同様に、各請求が実体法上両立しうる場合に限られるとすれば、同時審判申出共同訴訟とは適用範囲が異なることになる。上田・前掲書五一四頁参照。

(17) とくに順位的併合との関係については、高田・前掲論文新民訴大系Ⅰ一八五頁、山本・前掲論文一六〇頁以下参照。

(18) 法務省民事局参事官室編・前掲書五八頁以下など参照。

(19) なお、このような点を重視して、主観的併合の場合には、各共同被告に対し互いに矛盾する事実を主張しても、両請求についての主張が一貫性を欠くことにはならず、原告が両立しない請求を単純に併合することができるとする見解に、瀧川・前掲論文一二二頁、山下郁夫「『主観的予備的併合』を考える」民事訴訟雑誌三九号二一八頁。

(20) 新堂幸司『新民事訴訟法』（平一〇）六八〇頁（なお、民訴法三九条の適用があるのは、共同訴訟人が各自独立に訴訟の処分をなしうる局面に限られるとされる）、佐上善和『民事訴訟法〔第二版〕』二七八頁、高田・前掲論文新民訴大系Ⅰ一八九頁、田原・前掲論文九三頁、小室＝賀集＝松本＝加藤編・前掲書一〇〇頁〔徳田〕など。

(21) 伊藤眞（司会）ほか・前掲研究会(5)一一九頁以下参照。

(22) 高田・前掲論文新民訴大系Ⅰ一九〇頁、佐上・前掲書二七八頁。

(23) 高見・前掲論文三六頁、田原・前掲論文九三頁。ただし、不都合が生じる場合には、原告が同時審判の申出を撤回することになろうとされる。

(24) 伊藤眞（司会）ほか・前掲研究会(5)一一九頁、小室＝賀集＝松本＝加藤編・前掲書九三頁〔福永〕・一〇〇頁〔徳田〕参照。

(25) 河野正憲「当事者」塚原朋一＝柳田幸三＝園尾隆司＝加藤新太郎編『新民事訴訟法の理論と実務（上）』（平九）一六四頁参照。

(26) なお、必要的共同訴訟に関する民訴法四〇条三項の準用を示唆するものに、山本・前掲論文一六四頁・一六七頁注(54)。

(27) 高田・前掲論文新民訴大系Ⅰ一八四頁、同「同時審判の申出がある共同訴訟」法学教室一九二号一六頁、同「同時審判の申出がある共同訴訟」青山善充＝伊藤眞編『民事訴訟法の争点〔第三版〕』（平一〇）九八頁。

(28) 細野長良『民事訴訟法要義第二巻』（昭五）一三五頁、兼子一『新修民事訴訟法体系』（昭四〇）三九三頁、斎藤秀夫＝小室直人＝西村宏一＝林屋礼二編『〔第二版〕注解民事訴訟法(2)』（平三）一五〇頁〔小室直人＝東孝行〕、菊井維大＝村松俊夫『全訂民事訴訟法Ｉ〔補訂版〕』（平五）三七二頁、伊藤・前掲書五五〇頁など。
（29）兼子＝松浦＝新堂＝竹下・前掲書五二〇頁〔竹下守夫〕。
（30）斎藤＝小室＝西村＝林屋編・前掲書一五〇頁〔小室＝東〕、菊井＝村松・前掲書三七二頁、小室＝賀集＝松本＝加藤編・前掲書九五頁〔福永〕など。なお、西村宏一「利害相反する共同訴訟人間の訴訟法律関係」岩松裁判官還暦記念『訴訟と裁判』（昭三一）二三九頁以下参照。
（31）なお、代理行為に関する証明責任については、松本博之『証明責任の分配〔新版〕』（平八）一三三頁以下、松本＝上野・前掲書二七五頁など参照。
（32）高橋・前掲論文一一八頁、山本・前掲論文一六一頁など参照。
（33）なお、塚原朋一「通常共同訴訟の審理をめぐる諸問題」牧山市治＝山口和男編『民事判例実務研究第二巻』一七四頁は、弁論の全趣旨は、他に適当な証拠がないときに補充的にかつ制限的に用いるべきであるとされる。
（34）細野・前掲書一三六頁、加藤正治『民事訴訟法要論〔新訂版〕』（昭二五）一三八頁、兼子・前掲書三九一頁、小山昇『民事訴訟法〔五訂版〕』（昭六一）四九二頁、斎藤＝小室＝西村＝林屋編・前掲書一五一頁〔小室＝東〕、兼子＝松浦＝新堂＝竹下・前掲書一六〇頁〔新堂〕、林屋礼二『民事訴訟法概要』（平三）一三七頁、伊藤・前掲書五五〇頁、新堂・前掲書六七五頁、大判大正一〇年九月二八日民録二七輯一六四六頁、大判昭和六年九月一一日新聞三三一三号一三頁、最判昭和四五年一月二三日判例時報五八九号五〇頁、東京高判昭和五〇年一月二九日判例時報七七四号七四頁など。
（35）ただし、三ケ月章『民事訴訟法』〈法律学全集〉（昭三四）三九八頁は、証拠共通の原則は、対立当事者間で提出された証拠が自由に評価される結果、反射的に提出者の利益にも、相手方の利益にも作用することがありうることを意味するのであって、多数当事者間または多数の請求に関して事実上心証が形成されることがあるということとは関係がないとして、このような現象を証拠共通の原則と呼ぶのはこの言葉の本来の意味ではないとされる。
（36）加藤正治『民事訴訟法判例批評集第一巻』（大一五）三七二頁、細野・前掲書一三六頁など。なお、学説の動向については、加藤哲夫「共同訴訟人独立の原則とその限界」前掲民訴法の争点〔第三版〕九二頁、上田＝井上編・前掲書六七頁以下〔徳田〕など参照。
（37）法務省民事局参事官室編・前掲書六〇頁など。

（38）　菊井＝村松・前掲書三七一頁。
（39）　井関浩「共同訴訟人間の証拠共通の原則」『実務民事訴訟講座1』（昭四四）二六七頁以下、同「共同訴訟人独立の原則」小山＝中野＝松浦＝竹下編・前掲書五三〇頁以下、塚原・前掲論文一七四頁以下参照。なお、小室＝賀集＝松本＝加藤編・前掲書九五頁〔福永〕参照。
（40）　上田・前掲書五〇三頁、松本＝上野・前掲書四四〇頁。
（41）　中野＝松浦＝鈴木編・前掲書四五八頁〔井上〕。
（42）　兼子ほか『条解民事訴訟法（上）』（昭三〇）一四四頁、同・前掲書三八八頁。
（43）　新堂・前掲書六七九頁（ただし、上訴は別論とされる）。
（44）　上田＝井上編・前掲書六九頁以下〔徳田〕など参照。
（45）　なお、いずれの事件に併合するかは、控訴裁判所の裁量によるであろう。高田・前掲論文新民訴大系Ｉ一八七頁注（31）参照。
（46）　法務省民事局参事官室編・前掲書六〇頁、伊藤・前掲書五五四頁など。
（47）　新堂・前掲書六八〇頁。
（48）　高田・前掲論文法教一九二号一六頁、同・前掲論文新民訴大系Ｉ一八六頁、高橋・前掲論文一一九頁、山本・前掲論文一六二頁以下など参照。
（49）　従来の学説においては、通常共同訴訟の場合でも、保証人と主債務者を共同被告とする訴訟などのように、関連性の強い場合には、弁論の分離が違法になることがあるとする見解がある（兼子＝松浦＝新堂＝竹下・前掲書三四〇頁〔新堂〕）。なお、上田＝井上編・前掲書二七頁〔山本〕、山本・前掲論文一六五頁注（35）参照。

# 6 独立当事者参加訴訟における統一的紛争解決

上北武男



## 一 問題の所在

### 1 この問題をとりあげた動機

これまで、独立当事者参加にかんする民事訴訟法四七条について検討する機会も与えられ[1]、新しい規定のもとでの当事者参加についていくつかの問題について考えてきた。しかしながら、この訴訟参加の構造について十分理解しないまま問題の検討を試み、また、この参加形態をめぐる多くの学説について、その内容を正しく理解しているかどうかいまもって不安である。このような基本的問題についての理解不足の状態は、立法の経緯、あるいは比較法的な検討を経ないと解消されないと思われるが、ここではこの訴訟参加の目的である統一的紛争解決ないし合一確定について検討する。

## 2 「統一的紛争解決」とした理由——必要的共同訴訟と独立当事者参加訴訟の状況の差異——

独立当事者参加訴訟は、本訴の原告・被告および参加人の三当事者間で紛争を矛盾なく一挙に解決することを目的とする。[2] そのため、この参加訴訟では、四〇条の必要的共同訴訟に関する規定により、「合一確定」が要請されている。通常は「合一確定」と呼ばれている。

しかしながら、独立当事者参加訴訟で「合一確定」といわれるのは必要的共同訴訟における合一確定とはその趣旨を異にする。これは、既に多くの人達によって指摘されているところである。上野泰男教授はこの間の事情をつぎのように解明する。[3]

独立当事者参加訴訟は、原告の請求と参加人の請求とが互いに衝突する限度では、三面訴訟となるが、民事訴訟法七一条（現四七条）は、この三面訴訟を矛盾なく合一確定するため同法六二条（現四〇条）を準用する。この六二条（現四〇条）は、もともと、必要的共同訴訟において、相手方と必要的共同訴訟人とが対立し、相手方との関係で共同訴訟人間に異なった内容の裁判がなされることを防止するため、共同訴訟人間の「連合関係」の確保をはかり、共同訴訟人の一人の訴訟行為（全員の利益にのみ効力が生ずる）、共同訴訟人の一人に対する相手方の訴訟行為（全員に対してその効力が生ずる）、共同訴訟人の一人について生じた手続の中断・中止事由（全員につきその効力が生ずる）の効力を規制したものである。ところが、独立当事者参加訴訟では、三者間が対立牽制する訴訟構造を維持するため、二者が他の一者を除外して勝手に訴訟追行することを防止するためのテクニックとしてこの六二条（現四〇条）が準用されている。[4] その結果、独立当事者参加における六二条（現四〇条）の準用は、その第一項（現四〇条も同じく第一項）についてみてみると、一人の当事者が他の一人の当事者に対してした「有利な訴訟行為」の効力が、第三者の当事者のためにも効力を有するという六二条一項（現四〇条一項）そのままの形でよりも、一人の当事者が他の一人の当事者に対してした訴訟行為は、それが第三の当事者にとって不利であるかぎり効力を有しないという形で準用されることが多くなる。民訴法七一条（現四七条）が六二条（現四〇条）、特に第一項を準用するのは、その「裏の意味」

を準用したものであると説明されることがあるのは、そのためである。

ここで指摘されているように、必要的共同訴訟にあっては紛争そのものが合一確定を必要としているのに対し、独立当事者参加訴訟においても、紛争解決に必要な範囲で矛盾のない解決をはかればよいと考えられる。前者を合一確定と称するならば、後者については統一的な紛争解決とでもいうことができるかと思う。(5)

## 3　検討の対象とする問題

① 「合一確定」ないし「統一的な紛争解決」とはなにを意味するのか。独立当事者参加訴訟において相対的な、あるいは相抵触する紛争の解決は許されないのか。

また、これまでは通常の独立当事者参加訴訟のもとでの議論であったが、新しく片面的独立当事者参加が訴訟のもとでも合一確定て求められるのか。

② 独立当事者参加訴訟における合一確定のためにある者の訴訟行為が第三の当事者に不利な場合、その行為の効力が認められないとするが、その場合「不利な」とはどのようなものを指すのか。合一確定の必要から第三者に不利な訴訟行為の効力は否定されるが、何人の利益を考慮してこの、第三者に不利な行為の効力が否定されるのか。

ここで問題状況を明らかにするため、二、三の判決例をあげ、それぞれの判決に対する諸説の対応を概観したい。

独立当事者参加訴訟で合一確定、ないし統一的な紛争解決の保障がないとの指摘はかねてからあった。つぎのような判決例が参考となる。

(a)　その一つは、第一審ではともかく、上訴審では敗訴にした者が必ず上訴するとはかぎらず、その取扱いについて上訴人として取り扱う、あるいは被上訴人として取り扱う、

Xの請求もZの請求もいずれも
所有権確認の事例

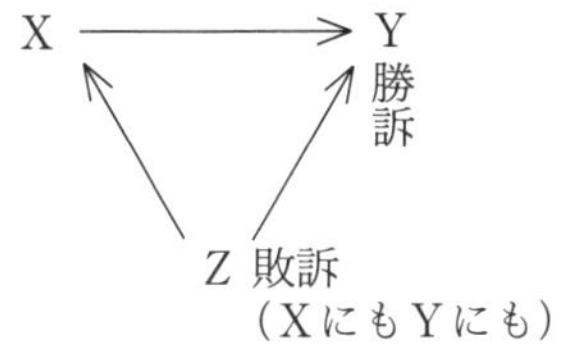

また、さらに事案によって上訴人ともなりうるし、被上訴人にもなりうるとするなどの見解がある。(6)

仙台高判昭和四二年四月三日（下民集一八巻三・四号三六一頁）は三者間の所有権確認訴訟であるが、この判例研究において鈴木正裕教授はつぎのようにいう。(7)

「Yが勝訴し、ZはXY双方を被上訴人として上訴し、Xは上訴しない場合」、この場合Xは、みずから上訴しないが、Zの上訴によって被上訴人の地位につくという。

(イ)　上訴裁判所が原審と異なり、Z勝訴の判断に到達した場合　特に問題は生じない。Z→X（X勝訴）、Z→Y（Y勝訴）の原審判決をそれぞれZ勝訴に変更すればよく、X→Y（Y勝訴）の原審判決はそのまま維持してよい。

(ロ)　上訴裁判所がX勝訴の判断に到達した場合　Z→X（X勝訴）、Z→Y（Y勝訴）の原審判決はそのまま維持される。ただ問題は、自らは上訴していないXのためにX→Y（Y勝訴）原審判決をX勝訴に変更することができるかである。ここで、合一確定の原則を維持するためには、上訴審においてもXを当事者の地位につけねばならない。Xは上訴していないので、被上訴人の地位にたつとの被上訴人説によっても（Zのみ上訴、Xは敗訴しているが上訴しない）、X・Yは同じ陣営に立つから（Xも被上訴人）、両者間の請求については判断できない。またZが上訴したのであるから、敗訴しているXも上訴したものとして取り扱うとの上訴人説をとっても、このケースではすでにXはZによって被上訴人の地位に立たされているから、ここにいたって上訴人に変更することができない。(8)

問題解決のむずかしさは、対相手方との関係から、上訴人になることもあれば同時に被上訴人にもなれるとする、上訴当事者説によっても変らない。本件事案ではXはすでに被上訴人の地位についているから、ときに応じて上訴人、被上訴人に使い分けるという便宜的な取扱いの妙味が失われている。

上訴審における判断の統一をはかる観点から、上訴しなかった当事者の地位および上訴審の審判の範囲が問題となる。関連問題として、若干言及しておきたい。

当事者の一人が他の当事者のうちの一人に対してのみ上訴しても判決の全部について確定が防止され、事件はその全部が上訴審に移審する。この場合、残りの当事者の地位が問題となる。六二条一項（現四〇条一項）の準用によって、上訴人となるとする考え方もある（大判昭和一五年一二月二四日民集一九巻二四〇二頁）が、この説によれば現実に上訴を提起した者は単独では上訴の取下げができないことになるし、上訴審で敗訴した場合の訴訟費用も上訴しなかった者と共同負担ということになり、不合理である。むしろ、本条（現四七条）が三面的訴訟を予定していること、合一確定の要請も強いと考えられるので、婚姻事件で検察官が両当事者を相手に上訴する、あるいは当事者の方が他方当事者と検察官を相手に上訴するとの人事訴訟手続法二三条に準じて、被上訴人となる（六二条二項→現四〇条二項）と解するのがその実質に近いといえる。判例も被上訴人説をとる（最判昭和五〇年三月一三日民集二九巻三号二三三頁）。[9]

問題解決の方向を示すものとして、さしあたり、つぎのような見解をあげておきたい。

「この場合の上訴審における審判の範囲がどこまで及ぶか、すなわち、上訴しない原審敗訴者の請求部分や上訴の相手方とされない者との間の請求部分が上訴審の審判の対象に取込まれるのかどうか、上訴審はこの部分の原審判決をも、上訴しない原審敗訴者に利益に、または現実に上訴をした者に対し、不利益に変更できるかどうかといった問題は別個に検討されなければならない[10]。」

これまでの検討から、この問題は、結局のところ、本条の参加における合一確定の要請と上訴の一般原則である不利益変更禁止との調和をどこに求めるかに帰着する。

なお、詳細に検討しなければならないが、合一確定が制度目的であり、不利益変更禁止は「私益」に属すると考えられるので、不利益変更禁止については、独立当事者参加にあっては最判昭和五〇年判決において示されたように、合一確定は各自が独立当事者参加する段階で利益の部分にある程度の制約が生ずるのはやむをえないであろう。

(b)　独立当事者参加訴訟における統一的な紛争解決の必須の前提となるのは「審判・審理の統一」であろう。

独立当事者参加を三面訴訟と構成し、原告・被告・参加人の関係を対抗牽制関係とみて、この三者間で一個の判決で紛争を矛盾なく解決するには、審理はどうあるべきかが問われてきた。ここに必要的共同訴訟の審理手続（四〇条）が利用されることとなった。四〇条の準用といっても、これも既に共通の理解になっているが、前述のとおり、当事者間に必要的共同訴訟関係があるためではない（参加人対原告・被告の関係をみるとわかる）。いかなる要件のもとに独立当事者参加を認めるかにより、二当事者間で利害の共通する場合も考えられるが、基本的な枠組みとしては、三当事者間で、それぞれ対抗関係を認め、そのなかで統一的な解決を得さしめるためである。

審理の統一、手続進行について同一歩調を確保するため、四〇条一項の規定が準用されるが、具体的にはつぎのような例があげられている。

(イ)　いずれか二当事者間の訴訟行為は、他の一人に不利益であるかぎり効力を生じない（四〇条一項）。合一確定をはかるため、当事者の一人に不利益な訴訟行為は効力がない例として、原告の本訴請求の放棄あるいは被告の認諾がある。また、本訴原告・被告間の和解もその効力が認められないとした判決例もある。仙台高判昭和五五年五月三〇日（判例タイムズ四一九号一一二頁）がそれである。事実関係の概要はつぎのとおり（単純化された事案の説明は、中野貞一郎「独立当事者参加訴訟における和解」判例タイムズ八〇二号二一頁による）。X（原告）が売買予約にもとづく所有権移転請求権仮登記を得ている土地につき、その後にY（被告）が所有権移転登記を得たうえ温泉を掘削しようとしているので、XはYを相手どって訴えを提起し、売買予約の完結によるXへの本登記の承諾と、Yの受けた所有権移転登記の抹消登記および土地の掘削差止め等を請求した。この訴訟の第一審係属中に、Z（参加人）が本件土地の所有権確認等を求めて独立当事者参加をした。その後、九年経過した時点での口頭弁論期日においてX・Y間で訴訟上の和解が成立した。その内容は、①本件土地がXの所有であることを確認する、②YはXに対し所有権移転登記の抹消登記手続をする。③本件土地から湧出する温泉はXの権利に属することを確認する、ということにある。これにより裁判所はX・Y間の訴訟は終了したものとして、Zの参加請求についてのみ判決した。Zが控訴、控訴審の仙台高裁はつぎのように判示した。

X・Y間で訴訟上の和解が成立し、本件土地の所有権がXに属することが確認されたことについて、独立当事者参加訴訟では三当事者間で紛争を矛盾なく解決しなければならないとの理由で、この訴訟上の和解の効力を認めなかった。

「右の前提たる権利関係（原告Xの本件土地に対する所有権の存否……筆者注）の如何によって本訴の勝敗の帰すうが決せられるのであるから、本件土地の所有権の帰属も前記訴訟の目的たるものといわなければならない。しかしてZは、本件土地の所有権がZに属することの確認を求めて前記訴訟たる当事者参加したのであるから、右の権利関係はX、Y、Zの間において合一にのみ確定されなければならないことが明らかである（民事訴訟法第七一条（現四七条）、第六二条（現四〇条））。

すなわち、当事者参加がなされたのちは、既存訴訟の二当事者間で訴訟の目的を処分する訴訟行為（請求の認諾、放棄もしくは訴訟上の和解）をしても当事者参加人に対して効力を生じないものである。もとより、当該請求の放棄、認諾もしくは訴訟上の和解の内容が必ずしも当事者参加人にとって不利益とはいえない場合もありえようが、請求の放棄、認諾もしくは訴訟上の和解が調書に記載されれば、その限度で当該訴訟は終了するとともに、その記載は確定判決と同一の効力を有することになり、三当事者間の紛争を矛盾なく解決すべき当事者参加訴訟の構造を無に帰せしめるからである。」

「参加人Zは前記既存訴訟の二当事者間での訴訟上の和解成立に同意していないのであるから、右訴訟上の和解は訴訟の目的に関する部分について効力を生ぜず、これについて訴訟終了の効力も生じえないものといわなければならない。」

この判決では独立当事者参加訴訟の構造から、二当事者間の訴訟上の和解を制限し、三者間での合一確定を第一と考えた。それでは、X・Y間の訴訟上の和解によりXの所有権を確認したことが、Z・X間でZの所有権を訴訟で認める妨げになるのだろうか。X・Y間の訴訟上の和解はその効力を肯定しつつ、裁判所としてZ・X間の請求およびZ・Y間の請求について判断しうるものと考える。中野貞一郎教授は別の理由から、X・Y間の訴訟上の和解の効力

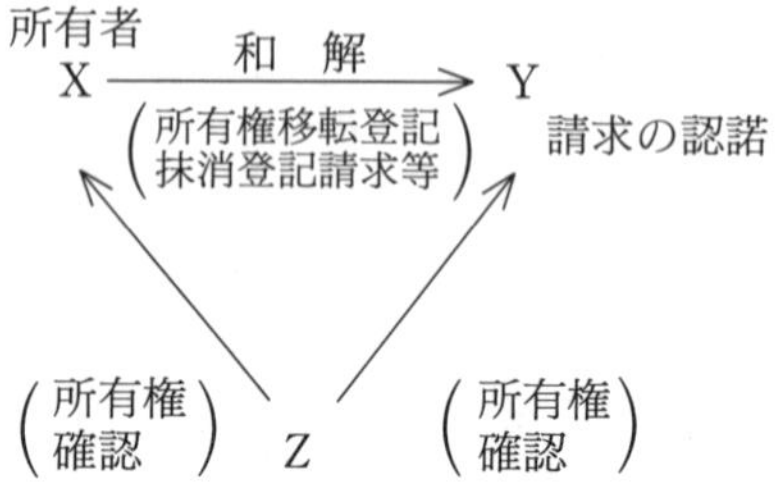


を認める。すなわち、土地所有権の存否はX・Y間では訴訟物になっていないから、この和解は起訴前の和解であって独立当事者参加訴訟の訴訟物の処分にはならない。またここでの所有権確認は当事者間の互譲でなされた確認にとどまる。さらに、Xに所有権移転の本登記がなされてもZのX・Yに対する所有権確認が妨げられるわけではない[11]。

なお、Z・X間の訴訟とZ・Y間の訴訟で統一的な紛争解決は、独立当事者参加訴訟の構造を維持するかぎり、原告X・被告Yのいずれかが参加人Zの主張を争っているかぎり、争わない者のためにも擬制自白が成立することはない（一五九条）。

(ロ)　審理の歩調の統一と訴訟資料の統一

必要的共同訴訟における審理・判決と同じ取扱いがなされるため、一人の一人に対する訴訟行為は、他の一人に対しても効力を生ずる（四〇条二項）。また、三当事者のうちいずれか一人について中断・中止の事由が生ずるとき、他の二人についてのその効力が生ずる（四〇条三項）。

(ハ)　期日は、三当事者に共通に定めなければならない。弁論の分離も許されない。前記仙台高判昭和五五年五月三〇日の事案にそくして考えると、本訴の原告・被告間の訴訟上の和解のための期日に参加人も呼出し、三者間で和解案について協議がなされるならば、この判決の要請である和解を含めた三者間での合一確定がはかられることになるであろう。

訴訟行為のための期間は各当事者につき、それぞれ別個に法定のとおり計算する。

（1）　拙稿「片面的独立当事者参加・訴訟承継」法学教室一九二号（一九九六年）一八頁、同「訴訟参加及び訴訟引受け」『新民事訴訟法体系I――理論と実務――』（一九九七年、青林書院）一九七頁以下。

（2）　中野貞一郎＝松浦馨＝鈴木正裕編『新民事訴訟法講義』（一九九八年、有斐閣）四七二頁（井上治典執筆）、松本博

之＝上野泰男『民事訴訟法』（一九九八年、弘文堂）四六一頁、伊藤眞『民事訴訟法（補訂版）』（二〇〇〇年、有斐閣）五九一頁。ここでは、最新の文献のみ掲記したが、それぞれ、独立当事者参加訴訟では合一確定を目的とする点では一致するものの、合一確定の要請の強さについては認識の差がある。例えば、伊藤・前掲では、従来の当事者双方に対する請求の定立される場合も、一方に対してのみ請求の定立される場合（片面的参加）のいずれも、必要的共同訴訟についての審理の特則が準用されるので、三当事者について判決の合一性が保障されるとするのに対して、松本＝上野・前掲四六一～二頁は、片面的参加を、参加人から請求を定立されない当事者と参加人は共同訴訟に近い関係に立つとみるのが、実体に合致するとはしながらも、判決については、原則として全請求につき論理的に矛盾のないものでなければならないという。ただ二重譲渡については原告の請求も参加人の請求も認容される場合があるとする。また、中野＝松浦＝鈴木・前掲四七二頁（井上）は、独立当事者参加では、三者間に矛盾のない統一的な解決がもたらされるべきであるが、それは必ずしも本質的な合一確定の要請に根ざすものではない。同一紛争が、それぞれ個別の判決として解決されることも別段禁止されていないのである。したがって統一的解決の要請がどの程度であるかは、四七条参加の制度目的なり、そこでの紛争の性質に応じて決めれば足りるとする。

（3）　上野泰男「独立当事者参加訴訟の審判規制」中野貞一郎先生古稀記念論集『判例民事訴訟法の理論（上）』（一九九五年、有斐閣）四七九頁。

（4）　兼子一『民事訴訟法体系（増補版）』四一八頁、新堂幸司『民事訴訟法（第二版）』五一八頁、上田徹一郎『民事訴訟法』四九四頁。以上、いずれも旧民事訴訟にかんする文献である。

（5）　基本的に同じ見解と思われるものとして、伊藤眞・前掲五九一～五九二頁がある。概要はつぎのとおりである。独立当事者参加にあっては、必要的共同訴訟のように、訴訟物の性質上合一確定が要請されるわけではないにもかかわらず、なぜ、必要的共同訴訟の審理の特則が準用されるのか、考え方として、二つある。その一つは、参加人といずれかの当事者との間に共同訴訟関係を認める。その二は三者間の紛争が二当事者間の別個の紛争に還元されえず、三面的紛争になる。判例は、参加人は原告・被告双方に請求を定立しなければならないことを前提に三面訴訟説をとっている。しかし、現行法では片面的当事者参加を認めるが、なお必要的共同訴訟の特則の準用を肯定しているので、三面訴訟説を維持しうるか問題になる。

(6) 下記の参考図で検討する。この事案でZのみ上訴し、上訴裁判所はXの請求については認容の別断に到達したとき、XのYに対する請求棄却判決を請求認容判決に変更できるが、合一確定の必要は、Xの上訴がなくてもXの請求を棄却する判決を請求認容判決に変更できることになる。

X・Y・Z間の所有権確認

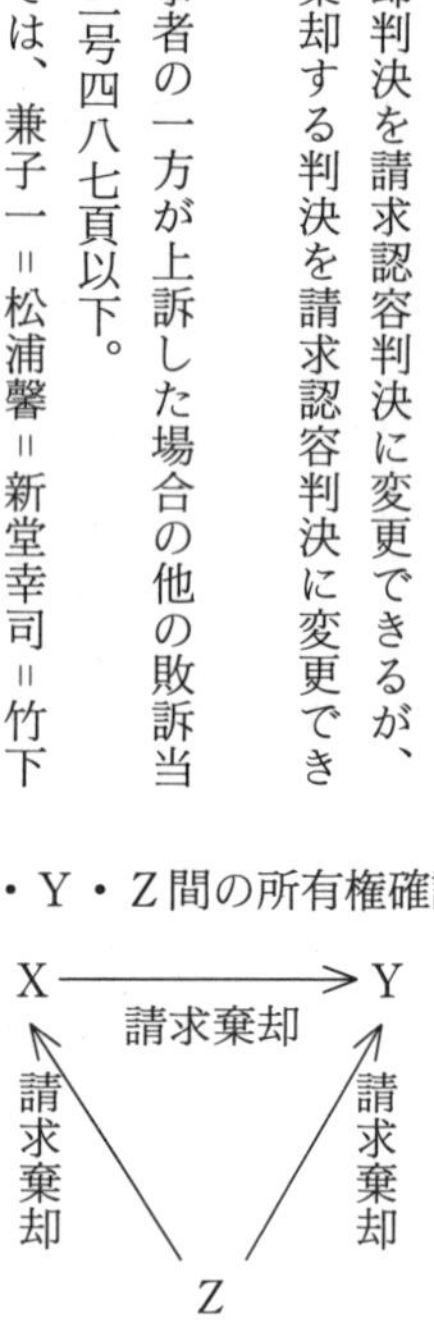


(7) 鈴木正裕「独立当事者参加訴訟において敗訴当事者の一方が上訴した場合の他の敗訴当事者の地位」(高裁民訴判決研究) 民商法雑誌六三巻三号四八七頁以下。

(8) 上訴人説、被上訴人説それぞれの問題点については、兼子一＝松浦馨＝新堂幸司＝竹下守夫『条解民事訴訟法』(昭和六一年、弘文堂) 二〇四頁参照。断定的なことは言えないが、XはYに対する請求では上訴人となることができるように思う。Z→Xの請求では、Xは被上訴人であるが、ZはYに対する関係でXのために上訴したと考えることができるからである。三者間の紛争を上訴審においても維持し、可能なかぎり矛盾のない判決を得ようとするならば、請求が何人に対して定立されているかを考慮して上訴人・被上訴人を考えることが合理的に思える。

(9) ここで言及した最判昭和五〇年三月一三日の事案は、合一確定が法的に要請されるものか否か、疑問のある事件である。溜池の所有権をめぐる争いであるが、原告Xが溜池の所有名義人であるY(京都市)を相手どって所有権移転登記請求訴訟を提起した。この訴訟が第一審に係属中、ZがXから買受けたと主張して独立当事者参加の申立てをした。この訴訟でZはXに対して所有権移転登記手続を請求した。第一審はXのYに対する所有権移転登記請求は棄却YのXに対する所有権確認・明渡しの請求は認容した。YのXに対する所有権確認・明渡請求は認容された。ZのYに対する所有権確認・明渡しの反訴は認容した。ZのYに対する所有権移転登記請求およびZのYに対する所有権確認・明渡請求についてはいずれも認められた。

Zのみ控訴・控訴審はZの控訴によっても民訴法六二条(現四〇条)の準用により原判決全部の確定が遮断され、移審の効力も全部について生ずるとして、控訴していないXも控訴当事者になるとの前提のもとに、XをZと実質上利害を共通とするので控訴人の地位につくと判示した。本案については原判決を全面的に支持した。ZおよびXの控訴棄却。Zのみが上告。上告審では、上訴しなかった当事者は被上訴人として取り扱うとしてつぎのように判示した。

「民訴法七一条（現四七条）による参加のなされた訴訟においては、原告、被告及び参加人の三者間にそれぞれ対立関係が生じ、かつ、その一人の上訴により全当事者につき移審の効果が生ずるものであるところ、かかる三当事者間の訴訟において、そのうちの一当事者が他の二当事者のうちの一当事者のみを相手方として上訴した場合には、この上訴の提起は同法六二条二項（現四〇条）の準用により残る一当事者に対しても効力を生じ、この当事者は被上訴人としての地位に立つものと解するのを相当とする。」

本件は二重譲渡のケースに準ずるものであり、Xとの関係で、Y・Z両者とも勝訴しうる可能性がある。合一確定の要請はそれほど強くないものである。ただ、よりよい紛争解決として、YまたはZが勝訴するとの結論を導き出すのがのぞましい事案である。その程度のものでも（請求が排斥関係になくとも）当事者参加を認めることを明らかにしたと評価するのは、井上治典「独立当事者参加における敗訴者の一人のみの上訴」ジュリスト臨時増刊昭和五〇年度重要判例解説一一一頁参照。

二重譲渡の例で、いずれの譲受人の請求も認容されうる可能性があるので、ここに独立当事者参加訴訟を容認するとき、はたして独立当事者参加の理念ないし目的に合致するかとの疑問がある。奈良次郎「続　独立当事者参考訴訟（六）―裁判例を中心として―」判例評論二四八号（判例時報九三五号）一四八頁以下、特に一五四頁注(8)参照。特に登記手続との関連でつぎのような疑問を出される。この種の請求は債務者に対して意思表示を求めるものであり、その判決の確定によりその意思表示がなされたことになり、その後は登記手続のみである。登記手続をすませることが紛争の解決に資するのであるが、いずれが先に登記手続をとりうるのか。強制執行の先後か、あるいは問題は解決されていないとして紛争の再燃になるのか。なお、両当事者で紛争の解決をはかるため、相手方も手続に関与させたうえで再度審理をしなければならないのだろうか。

(10)　兼子一＝松浦馨＝新堂幸司＝竹下守夫『条解民事訴訟法』（昭和六一年、弘文堂）二〇五～二〇六頁が詳細である。独立当事者参加については、新堂教授の見解に従ったものと思われる。

(11)　中野貞一郎「独立当事者参加訴訟における二当事者の和解」判例タイムズ八〇二号二〇頁以下、特に二五頁。

## 二　合一確定の意義にかんする諸説の検討

ここでは、つぎのような視点から検討を試みる。まずはじめに相対的解決は合一確定に反するか。訴え提起・参加申立ての段階では三当事者対立の構造をもっていても、結果として判決では相対的な解決となる場合がある。つぎに独立当事者参加訴訟の構造について、三面訴訟説によると合一確定が前面に出るが、これを二面訴訟に作り直すことは、独立当事者参加訴訟そのものを否定することになるのか。

### 1　通常の独立当事者参加における、合一確定

(a)　第一審における合一確定

とりあえず、一つの見解として奈良次郎元刑事の見解を掲げる。[12] 合一確定ないし「矛盾のない」判決ということの意味がつぎのように説明される。これは本訴訟の判決の効力と参加訴訟の判決の効力とが抵触することのないことを本来意味するものである。ただ、本訴訟の訴訟物と参加人の原告・被告を相手とする訴訟の訴訟物が同一であるとの保証はないので、「判決の効力の及ぶ範囲」の問題は残る。本訴訟と参加人の原告・被告を相手とする訴訟の訴訟物が異なる事案においても本訴訟と参加訴訟とが、同一手続で審理されているかぎりにおいては各請求の当否について、裁判所の心証が異なることがないということを意味する。

(1)　ここで、小山昇教授の検討されたいくつかの事例[13]にそくして考えてみる。

①　ここでは「Zの所有権を確認する」との判決で、Z→YではZの所有権を確認することになり、また、Z→XではZの所有権を確認する。Xが脱退しても、Xとの関係で判決効は認められる。合一確定の必要からZ勝訴判決でなければならない。またX→YではXの所有権を否定（請求棄却）する。これではじめて、合一確定（矛盾のない判決）が可能となる。

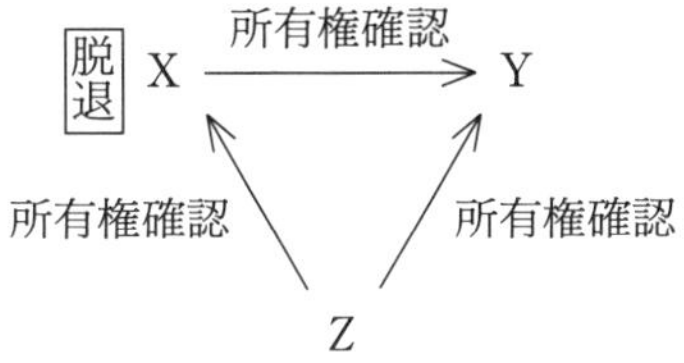


X・Y・Z間で所有権の帰属が争われている。Xが相手方Yの同意を得て脱退することができる。Xが脱退した事案で合一確定はどのように考えるべきか。脱退したXは、自己の法的地位について、Z→Yの訴訟の結果に委ねる趣旨であろう。

小山教授はつぎのように言う。「合一に確定すべき事項は、所有権がZにあるかXにあるかである。この点は、Xが脱退しても、Xとの間でも、所有権を確定すべきである。ZY間の訴訟での『Zの所有権を確認する』との判断は、XのYに対する請求についてもXに対して合一であるためには、『Xの所有権は認められない』ということを意味するものでなければならず、XY間ではこの点が不可争となることが、判決が脱退者に対しても効力を有することの意味であるべきである。(14)」

② 同じ事例において「Zの請求を棄却する」との判決、これはZの所有権は認められないことを意味する。この判決が、脱退したXに対しても効力を有する。その効力とはどのような効力か？

(イ) まず、Z→Xの所有権確認では、Xは脱退しても、「Zの所有権は認められない」としなければならない。小山教授によればこのようにしないと、Zの所有権が確認された①の場合との均衡上まずいという(15)。では他の構成は考えられないか。たとえばZ→Xについて、なんの判断もなされていない状態、あるいはZ勝訴の可能性もあるのではないか。考えられるものとしてXがZに所有権を譲渡した場合、それでもZがYに敗訴することはある。XからZへの譲渡そのものについて裁判官の心証が得られなかったとの理由からである。

またX→YでXの勝訴の可能性もある。さらにZ→Xで譲渡が認定されることもありうる（したがってZ勝訴となる）。

このように考えることは、独立当事者参加訴訟の理念である合一確定に反するのか。

(ロ) X→Yの所有権確認について、つぎのように考える。

ここで取り扱っている事例は、所有権はXにあるのかZにあるのかを解決しようとするものである。したがって、Xに所有権があり、Zにも所有権があるとの判断はできない。しかしXにもZにも所有権がないとの判断は可能なはずである。

したがってXが脱退したとき、Z→Yの請求についてのみ判断すればよい。X→Yの請求についてXの所有権が認められるか否かについて判断する必要はない。

小山教授はこの問題につき、つぎのように説明する。

「Zの所有権が認められない」ことの確定は、Yの所有権を理由とするときでも、Yの所有権を確定するものではない。YはXにもZにも請求をたてていないので原告の立場にないからである。Yの所有権を既判力をもって確定することもできない。[16]したがって、Z→Yの請求棄却判決はX→Yの請求に関して、Xに対してはなんの効力も有するものではない。

このような結論をつぎのように理由づける。Xの脱退は、XのYに対する請求につきなんの主張・立証もしないのと同様であるから、Xの請求を棄却すべきであるが、Xが脱退しているので請求棄却判決はできない。それではZの請求棄却にあわせて判決することはどうか。この扱いは、Zの請求棄却判決に従ってXの地位を定めようとするものではない。Zの請求棄却判決がXのYに対する請求につきXの請求を棄却したのと同じ効力をもつべき必要はない。[17]

(b)　控訴審における合一確定

第一審において合一確定が保障されても、控訴審では敗訴当事者のすべてが控訴するとはかぎらないので、つねに合一確定（統一的紛争解決）がはかられるか疑問とする見解も多い。

小山教授は、独立当事者参加訴訟で、第一審で考えられる判決のすべての場合をあげ（X・Y・Zの勝訴・敗訴をとりあげる）（三者間で誰が誰に対して請求を定立しているかによって、合一確定が考えられるものと、合一確定そのものがむずかしいものがある）、詳細に検討する。[18]ここでは、そのすべてについては紹介できないので、問題となりうるその一部を紹介したい。

その一は、第一審でXの請求もZの請求も認められず（請求棄却）Zのみ控訴提起したが、Xは控訴しなかった。

控訴審ではZの控訴を入れて、Z勝訴とした。すなわちZ→Y、Z→Xいずれも認容判決に変更した。

しかしX→Yについては、Xの控訴もなく、合一確定のうえでも問題はないので、判決の変更は必要ないとする。

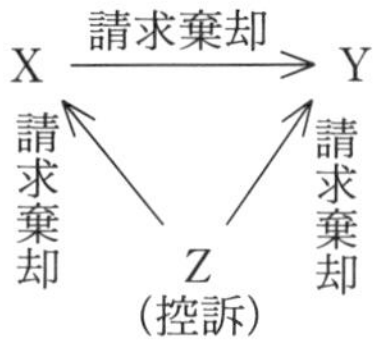


その二は、第一審でXのYに対する請求は認容されたが、ZのXおよびYに対する請求はいずれも棄却された。そこでZのみが控訴した（Yは控訴せず）。Zの控訴をいれ、第一審判決を請求認容判決に変更するとき、X→Yの請求認容判決を請求棄却判決に改めなければならないかが問題となる。

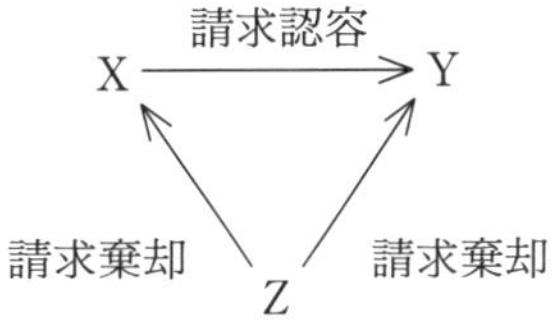


この問題について、小山教授はつぎのように言う。Zが控訴したとき、Z→XとZ→Yの請求いずれもが審理の対象となる。控訴審が、原審判決を取り消して、Z勝訴（請求認容）に変更するとき（Z→X、Z→Yいずれについても）、論理必然的にX→Yについて請求棄却の判決に変更しなければならない（X敗訴）。Yの控訴なしにこのような判決の変更は合一確定の必要にもとづくものである。Yの控訴がなくともX→Yも審理の対象にしなければならない。

なぜ、Yの控訴なしに、Yに有利な判決に変更できるのかについて、説明が必要である。

小山教授は、Yの控訴がないとの理由でX→Yの請求について審理せずに、判決に至ってX→Yの請求について判断を取り消し、Xの請求を棄却するとの判断に変更することは許されないであろう。実質的にみれば、Z→Xの請求についての審理は、X→Yの請求についての審理の機能を果たすとしながらも、断定はさけている。はたして、小山

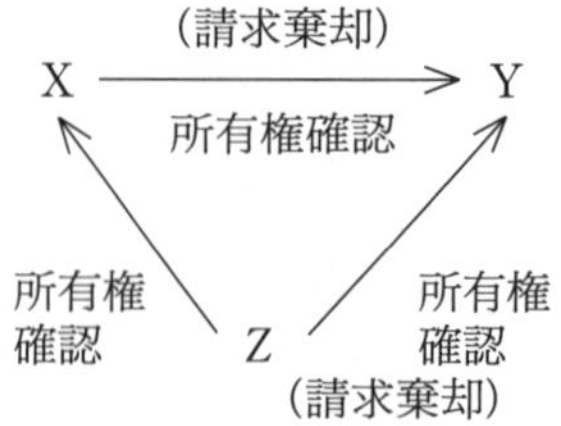


教授のこの説明でうまく理解が得られるかは疑問である。

そこでZ→Yの審理にあわせて、X→Yについても審理する方法をとる。Xは被控訴人であるとともに、Zの控訴によりXも控訴したこととする。[19] これにより三者間で矛盾のない判決が期待できる。

小山教授は独立当事者参加訴訟を三面訴訟の構成のもとに理解されて三者間で合一確定(矛盾のない)判決をしようとして、解釈を行っていると思える。しかし、控訴なしに、原審の判決の変更ができるのか、この疑問が残る。

(2)　鈴木正裕教授は独立当事者参加訴訟において、第一審で敗訴した当事者のうち、一人のみが上訴し、他の者は上訴しない事例を検討されている。[20] 特に、上訴しない敗訴者を上訴人とするか、被上訴人とするか、あるいは上訴人・被上訴人いずれの地位をも有するとするか、との学説の対立を検討する。

Xの請求もZの請求も、いずれも棄却され、ここで、Zのみ上訴した。控訴審において、Zの勝訴の判決をするには、X→Yについて請求棄却の判決をそのまま維持しても、三者間で矛盾のない判断をするのに妨げにならない。他方、Zのみ上訴し、上訴裁判所がX勝訴(請求認容)の判断に至ったとき、Z→X、Z→Yの判決は請求棄却のまま問題はない。では、Xは上訴していないがX→YをXの請求認容の判決に変更できるか。上訴しない者は被上訴人とすると、Xも被上訴人、Yも被上訴人となり、被上訴人間で(同じ側の者の間で)請求をたてるわけにはいかない。被上訴人説も問題の解決に資するものではない。

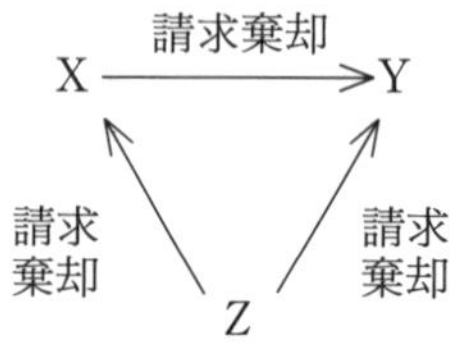


上訴人説も問題がある。XはZとの間で被上訴人になっているから上訴人でありかつ被上訴人になることも問題である。上訴当事者説もとりえない。この事案ではXはすでに被上訴人の地位についているから、ときに応じて、上訴人と被上訴人それぞれの地位を使いわけることが

できない。

同様の事案でZはYのみを相手として上訴した場合、Z→Yの請求棄却判決をZ勝訴に変更可能である。Z→X請求棄却判決については、Zは上訴していないからである。Z勝訴に改められない。X→Yは請求棄却判決だから矛盾のない判断をするうえで妨げとなるわけではない。

鈴木(正)教授は、この事例について、ZはXを相手に上訴しようと思えば上訴できたのに、上訴しなかったので、その不利益はZが負うべきであると言う。Z→Xの請求棄却判決はそのまま維持されることになる。

ここで、矛盾のない判決を得ることを優先するならば、Z→Xの請求棄却判決も上訴審における審理の対象にしなければならないが、それは結局職権による上訴として取り扱うことになるのでとりえないであろう。Zの上訴がXの上訴にもなるとの理論もX→Yの訴訟をXの勝訴に導く点で、考慮に値するかとも思えるが、Z・X間の対立関係から、この考えも無益なものである。

さらに、他の当事者の上訴によってはじめて自己の利益を主張できるつぎのような事例が紹介されている。

Zのみ上訴し、YはXに敗訴しているが上訴しないケースである。

上訴裁判所はZ勝訴の結論に達したとき、Z→X、Z→YいずれもZ勝訴の判決に変更できるが、しかしX→YでXの請求認容判決を、請求棄却の判決には変更できない。Yが上訴していないからである。ZはYが上訴しないかぎり、X勝訴の判決が残るため自己の権利保護に欠けることになる。

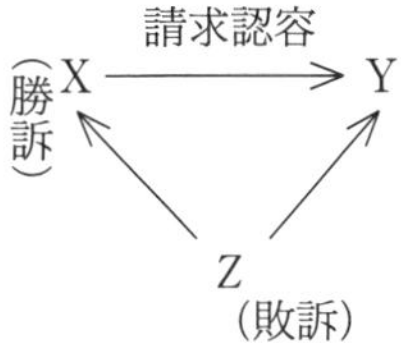


鈴木(正)教授はここで馴合訴訟防止のためを考えるとX→YでX勝訴判決をY勝訴に変更することがZにとってきわめて重要であるといわれる。しかしYが上訴しないかぎり、Zとしては参加の目的を達成できない[21]。Xの所有権確認はYとの間で確定したにすぎない。

控訴審ではZ→X、Z→Yの訴訟のみが残り、三面訴訟は分解することになるのでZ→YでXのYに対する関係で肯定された所有権を否定することはできないのか。

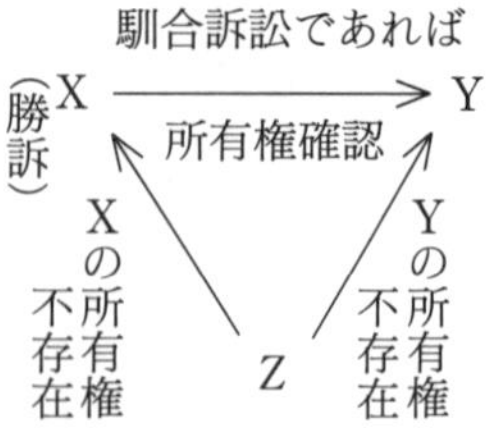


問題は、X→Yの審理をとり込む形で、Z→Xの請求について審理を行うことができないからである。しかしながら、いずれも取扱いも問題が多く三者間の合一確定を肯定することはむずかしい事例である。

## 2　片面的独立当事者参加訴訟における合一確定（統一的紛争解決）

最高裁昭和四二年九月二七日判決（民集二一巻七号一九二五頁）は、片面的独立当事者参加を認めなかった。

民訴法七一条（現四七条）の参加制度は、同一の権利関係を原告・被告・参加人が相争う紛争を同一の訴訟手続で矛盾なく解決する訴訟形態である。この三者を互いにてい立、牽制しあう関係におく。したがって、この独立当事者参加訴訟では、当事者参加人はつねに原告・被告双方に対して請求をたてなければならない。このような立場から片面的独立当事者参加を不適法とした。

他方、学説は、①参加人が当事者の一方のみを相手どって七一条（現四七条）の参加を申し立てていても、参加人ともう一方の当事者との間に請求が潜在的に存在しさえすれば、前述の六二条（現四〇条）準用の必要要件を充足している。要は、請求の定立がなくても、その間に解決すべき紛争が予想されることで、三当事者対立の訴訟構造は維持できるとする。そして、潜在的請求を立てることによって、三者間で合一確定がはかられる(22)とする。

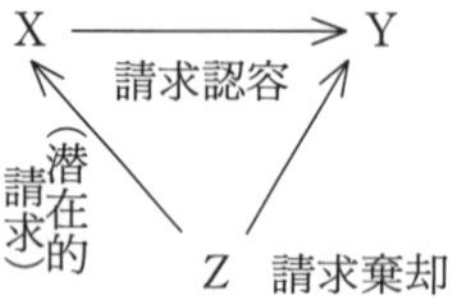


ここでは、つぎのような事例が検討されている。X・Y間にはXからZへの権利の譲渡の例のように、Z→Xには請求と定立する必要がない事例において、Xの請求は認容されたが、Zの請求は棄却された。この判決に対して、Zのみ上訴審でZの請求認容の判断に到達したとき、X→Yを請求棄却判決に変更できるか。

小山教授は、この事例においても合一確定をはかろうと試みる。すなわち、前述の通常の独立当事者参加の例にならうと、Zの上訴によってZ→Yが審理の対象となる。Z勝訴の判決をするときは、論理必然的にX→Yについても請求棄却判決に変更しなければならない。これは合一確定の必要にもとづくものである。したがってX→Yも審理の対象にしなければならない(23)。では、Xは上訴していないのにどのようにして、審理の対象とするのか。理論的にみて審理の対象にすることも、判決を変更することも、いずれもむずかしい。小山教授の見解でもX→Yの請求認容判決について審理せずに、X→Yの請求にかんする判決を変更して、請求棄却にすることは許されるかと疑問を出される。ただ、本事例に即して、Z→Yの請求について審理すること、すなわち、Zの所有権の存否についての審理はX→Yの請求についての審理の機能をもはたすという。これにより矛盾のない判決を得ようとする。

小山教授の見解は、推測するところ、Z→Yの審理とX→Yの審理は、Yとの関係でZに所有権があるのか、Xに所有権があるのかを決するための審理として、事実関係において、共通する点が多いことを指しているのであろう。

(12)　奈良次郎・前掲「続当事者参加訴訟(六)」判例評論二四八号（判例時報九三五号）一五四頁注(7)参照。

(13)　小山昇「民訴七一条の参加訴訟における判決の内容と効力に関する試論」中田還暦『民事訴訟の理論(上)』（一九六九年、有斐閣）九八頁。

(14)　小山・前掲一〇一頁。

脱退したXのYに対する請求をどのように扱うべきか、小山教授はつぎのように考える。XはYに対する請求につきなんの主張・立証をもしない。そこで請求を棄却すべきであるが、脱退しているので、このような判決はない。他方、ZがYに対する請求につき主張・立証に成功したのであるから、XのYに対する請求を認容することは合一確定の必要上許されないので、XのYに対する請求についてはXの請求棄却の効力と同じ効力を生ぜしめるべきである。

(15)　小山・前掲一〇二頁。

(16)　小山・前掲一〇三頁。

(17) 小山・前掲一〇四頁。
(18) 小山・前掲一〇九頁。
(19) 小山・前掲一一一頁。
(20) 鈴木正裕「独立当事者参加訴訟において、敗訴者の一方が上訴した場合の他の敗訴当事者の地位」(判例批評) 前掲、仙台高判昭和四二年四月三日を検討したものである (高裁民訴判例研究) 民商法雑誌六三巻三号四八七頁以下。
(21) 鈴木(正)・前掲四九〇頁
(22) 伊東乾「民訴七一条おぼえ書」法学研究四九巻一号一六〜一七頁、榊原豊「独立当事者参加」三ケ月章＝中野貞一郎＝竹下守夫編『新版民事訴訟法演習Ⅱ』(一九八三年、有斐閣) 一九頁。
(23) 小山・前掲一一一頁。

## 三　審理の統一＝参加後の訴訟手続
### ——独立当事者参加訴訟における二当事者間の訴訟上の和解を例として——

独立当事者参加訴訟においては、三者間で矛盾のない判決 (合一確定) を得るために、二当事者間での請求の放棄・認諾、訴訟上の和解の効力は認められないとするのが判決例であり、また学説でも多数説である。この趣旨は、独立当事者参加をする者は自己の権利等につき、他の二当事者との関係において最終的・確定的地位を判決をとおして得ようとするものであろう。当事者参加しながら、結果的に不十分な紛争解決しかなしえないとすると、この参加制度の意義さえ疑われると考えられているのであろう。そこで、数少ない二当事者間の訴訟上の和解の効力を認めなかった事例 (そのうち一つは合一確定の問題提起のさい紹介した事例) をあげ、若干の検討を試みた後、二当事者間の訴訟上の和解の効力を認める学説の内容を検討したい。

### 1　二当事者間でなされた訴訟上の和解の効力を否定した判決例

(1)　東京高判平成三年一二月一七日（判例時報一四一三号六二頁）

事案の概要はつぎのとおり（下図参照）。XがYから本件土地を買受け、所有権移転登記を了していたのに、X不知の間に右登記が抹消されたとして、Yに対して、右抹消された所有権移転登記の回復登記手続を求める本訴を提起していたところ、Xの妻ZがXから本件土地建物の贈与を受けたとして、XとYを相手方として民訴法七一条（現四七条）の当事者参加を申立て、ZとXおよびYとの間において本件土地建物がZの所有であることの確認を、Yに対し真正な登記名義の回復を原因とする所有権移転登記手続を求めた。他方、YはZを被告として反訴を提起し、Yに対し本件土地建物の明渡しと賃料相当損害金の支払いを求めた。ところが、その間にXとYはZを加えることなく、①XY間の売買契約が解除され、本件土地建物がYの所有であることを確認し、②YからXに支払うべき解決金七〇〇〇万円の授受がなされたとする裁判上の和解が成立し、本訴は終了したものとされた。原審裁判所はZの請求およびYの反訴請求につき判決を言渡した。Y・Zがそれぞれ控訴。控訴審は、XおよびZの各請求は、本件土地建物の所有権およびこれにもとづく物上請求権の帰属について、X・Y・Zの三者間において合一にのみ確定されなければならないので、そのうちの二当事者間のみの間における訴訟物について裁判上の和解をすることは、三者間の合一確定の目的に反するから許されないと判示した。

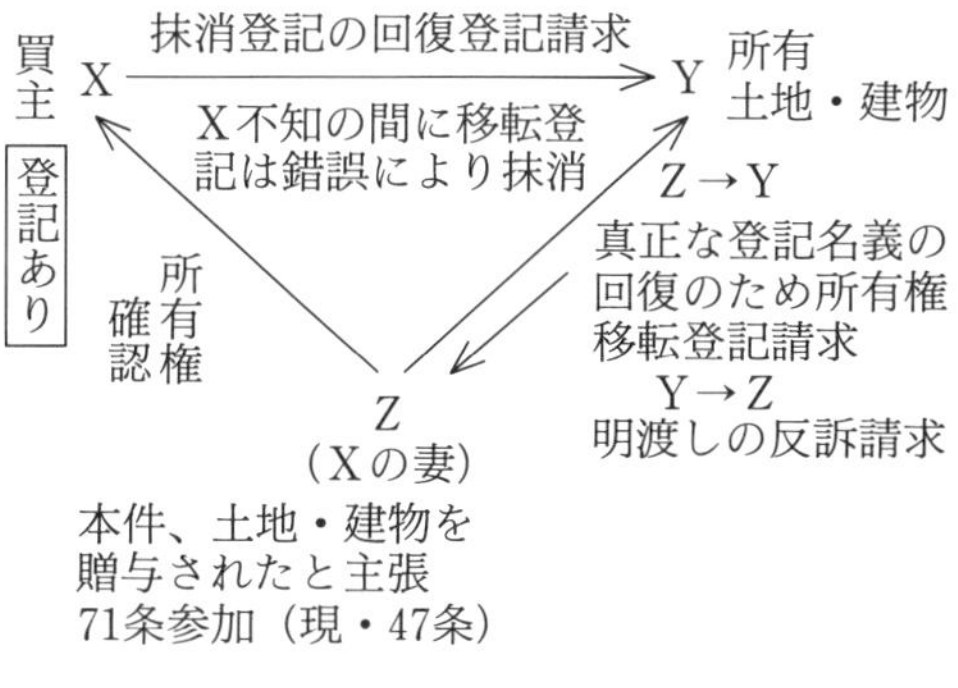


〔理由〕　本件を合一にのみ確定されなければならない訴訟（いわゆる三面訴訟）であるとしたうえで、「このような三当事者間の法律関係を合一に確定させることを目的とする訴訟において、そのうちの二当事者のみの間において当該訴訟物について裁判上の和解をすることは、三者間の合一確定の目的に反するから許されないものと解すべきであ

る。そうすると、参加人を加えることなく、一審原告及び一審被告との間で本訴の訴訟物について成立させた本件和解は無効であり、したがって、右当事者間の本件訴訟は、まだ終了していないものといわなければならない。」

「そして、この訴訟においては、三者間において合一に確定させることを要する各請求につき一個の終局判決がされるべきであって、そのうちの特定の請求についてのみ判決をすることは許されないものである。」

これまでの通説的理解によれば、三当事者が対抗牽制関係にある参加訴訟では、二当事者間の訴訟行為は他の一人に不利益であるかぎり効力を生じないと解されており、請求の放棄・認諾・訴訟上の和解などは右の不利益なものに該当するとされている。合一確定が前面に出て、個々の当事者の訴訟の処分は認められていない。同旨の判決例として、前述の合一確定の意義を検討するさいに紹介した判決がある。

(2)　仙台高判昭和五五年五月三〇日（判例タイムズ四一九号一一二頁）事実関係は前述のとおりである。簡単に述べるとつぎのようになる。本件土地はもとAのものであったが売買予約、予約完結の意思表示により、最終的に所有権はXに帰属することになった。他方$Y_1$$Y_2$は売買予約にもとづく予約権利者の地位を保全する

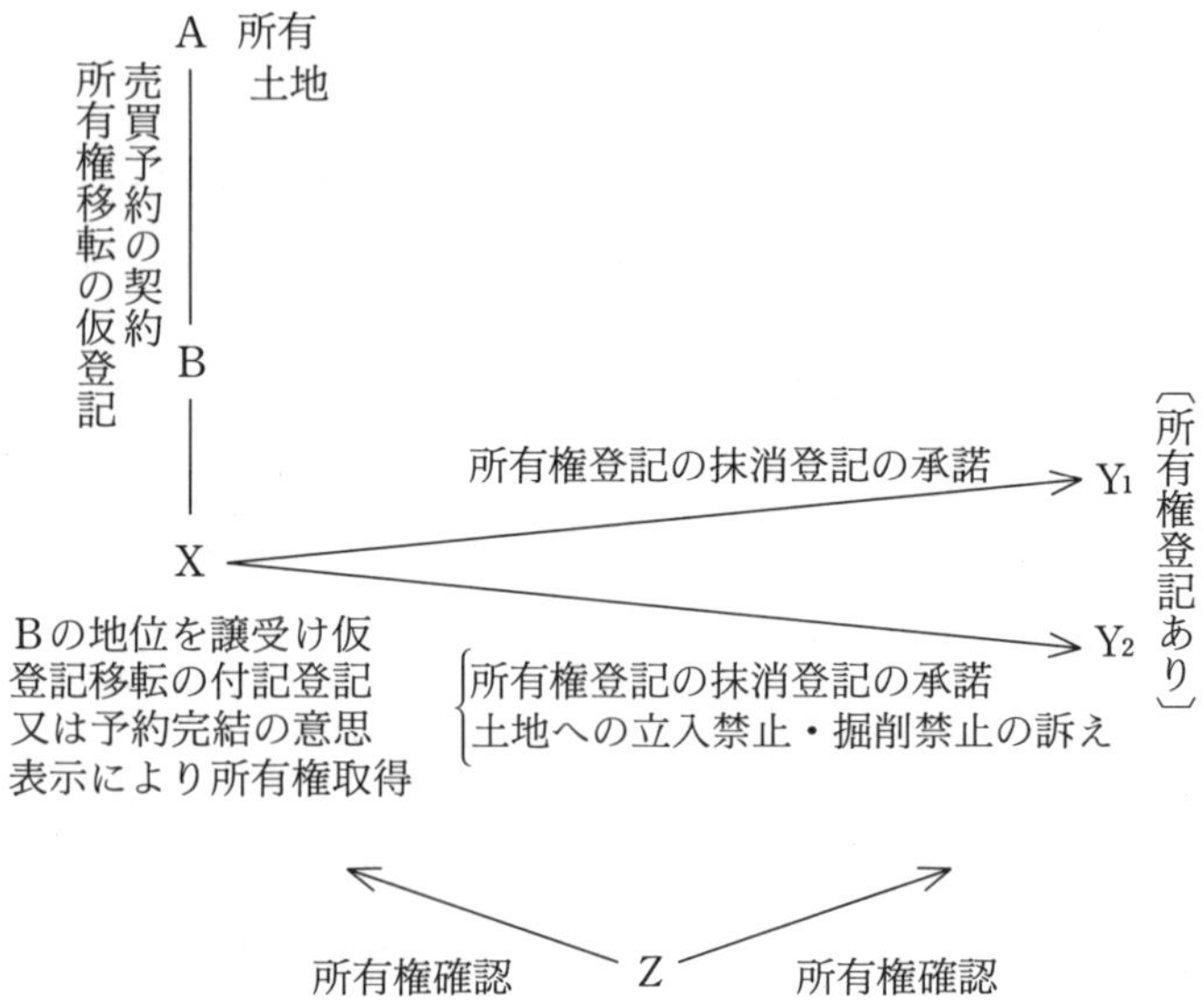

ための仮登記がなされた後に、所有権を取得したとして所有権移転登記を受けた。XはYらを相手に売買予約の完結によるXへの本登記の承諾とYらがうけた所有権移転登記の抹消および土地の掘削差止め等を請求した。この訴訟が第一審に係属中、ZがX・Yを相手に所有権確認を求めて独立当事者参加をした。その後、X・Y間で訴訟上の和解が成立した。①本件土地がXの所有であることを確認する、②YはXに対して所有権移転登記の抹消登記手続をする等がその内容である。裁判所はZの参加請求についてのみ判決をした。Zは控訴。

仙台高裁は右の権利関係は合一にのみ確定されるもので、二当事者間で訴訟の目的を処分する訴訟行為は当事者参考人に対して効力を生じないとして、訴訟上の和解の効力も認めなかった（理由の詳細は前述一三三頁参照）。

## 2　学説の状況

(1)　訴訟上の和解の効力を否定する見解――上野泰男教授の見解――

独立当事者参加訴訟を続行しても、和解で得るような結果が期待できない場合もあるので、当事者にとっては訴訟上の和解の効力を認めてもらう必要性は高いとしながらも、和解の内容と和解の成立しない残存当事者間の判決が互いに矛盾することは十分にありうるとして、二当事者間での訴訟上の和解の効力を否定する。(24)

(2)　訴訟上の和解の効力を肯定する見解――井上治典教授・中野貞一郎教授の見解――

中野(貞)教授の見解は既に述べたので、井上(治)教授の見解を掲げる。つぎのように述べる。独立当事者参加訴訟であっても二者間での個別的解決は許される場合がある。原告・被告間ですみやかに移転登記を了するために和解を行うことは認められるはずである。ここに参加人を引き込み、三者間での和解でなければならないとする理由はない。いままでは独立当事者参加訴訟では合一確定の要請が働くという意識が強すぎて、合一確定の中とその限界の再検討がなされずにきたと言われる。(25)

中野(貞)教授は、二当事者間の訴訟上の和解により、三当事者対立の関係を解消したが、井上(治)教授にあってはなお三当事者対立の構図を残されるように思える。

(24) 上野泰男「独立当事者参加訴訟の審判規制」中野古稀『判例民事訴訟法の理論(上)』五〇四頁。
(25) 井上治典『多数当事者の訴訟』(一九九二年、信山社)四六～四七頁。

## 四　結　語

これまでの検討から、独立当事者参加訴訟において合一確定を厳格に維持することが困難であるとの認識を持つことになった。今後は、合一確定の要請についても、訴訟の三当事者が独立当事者参加訴訟でいかなる形での紛争訴訟を意図しているかを考慮して判決の効力、あるいは訴訟上の和解の効力を検討すべきではないだろうか。池田辰夫教授が、今後の判例の動向について、新堂幸司教授の見解を引用してつぎのように述べているのは興味深いことである。「判例実務がやがて形式的・硬直的な理解の下での三面訴訟説の呪縛から脱退する日も近いのではないか。また、そのことが学説側からも日増しに強く期待されてきている(26)」。今後は独立当事者参加訴訟の制度目的を可能なかぎり維持しつつ、それに対応する訴訟構造を考えていかなければならないと思う。

(26) 池田辰夫『新・判例コンメンタール民事訴訟法(1)』四八九頁(民訴法七一条)、新堂幸司「民事訴訟法をめぐる学説と判例の交錯」『新・実務民事訴訟講座(1)』(昭和五六年、日本評論社)二五頁。

# 7 釈明権

本間義信



## 一　はじめに

新法は、期日外釈明を明定し（民訴法一四九条一項、以下、「法」とする）、この処置をする場合には、裁判所書記官に命じて行わせることができること（民訴規六三条一項、以下、「規」とする）、「攻撃又は防御の方法に重要な変更を生じ得る事項について」期日外釈明の処置をしたときは、その内容を相手方に通知しなければならず（同条四項）、裁判所書記官はその内容を訴訟記録上明らかにしなければならない（同条二項）とした。期日外釈明自体は、明文の規定なしに従来行われてきた実務上の慣行を実定化したものであり(1)、その内容の相手方への通知および訴訟記録上の処置は、期日外で一方当事者に対して行われる釈明についての透明性を確保するためのものである。

期日外釈明については、その活用を予期ないし期待するもの(2)と、訴訟の実際からしてあまり利用されないのではないかとするもの、[3]両者があるが、いずれにしても、旧法に比して釈明制度がより拡充・強力になったことは確かである。[4]

これらの期日外釈明に関する規定は、弁論準備手続（法一七〇条六項、規九〇条）と書面による準備手続（法一七六条四項、規九二条）に準用されている。新法は、争点整理手続の整備を最も重要な改正点としたのであるが、釈明権の適切な行使は、これを成功させる不可欠の要素であるとされ、その重要性をますます増している。ただ、弁論準備手続については、公開の法廷外で、テーブルを囲んで、ざっくばらんな雰囲気の中で行われる手続であるとされているが、そうであれば釈明が釈明として明確に意識してなされるのか、問題であろうと思われる。両当事者側の対席でなされるのであるから、透明性は確保されるであろうが、明確性という点で問題が残るのではないであろうか。

他方、釈明義務違反は従来法令違背と観念されてきたので、新法の下では、最高裁に対する関係では上告受理理由にとどまる（法三一八条一項）。したがって、他の事件処理上も重大なものに限り、最高裁の判断を受けることになると思われるが、訴訟の実際におけるその重要性に鑑み、上告受理理由として積極的に認めることが望まれる。高裁に対する上告については、従来通り、上告理由となる。

## 二　釈明義務の強調

周知のように、釈明権に関する判例は、大きく変遷してきた。昭和一〇年前後から釈明義務違反を理由として事実審の判決を破棄する大審院判例が続出し、最高裁発足後から昭和三〇年前後までは釈明権の不行使を違法とする破棄判例がほとんどなく、その後昭和三〇年前後から、とりわけ四〇年前後から釈明義務の違反をいう破棄判例も現れ、内容的にも、消極的釈明にとどまらず、積極的釈明さらには訴えの変更を示唆する釈明についても、その適法・釈明権不行使（釈明義務不履行）の違法を認める判例が出るに至った。[5]現在では、弁論主義の第一テーゼ（裁判所は、当事者の弁論に現れない事実を判決の基礎として採用してはならない）は、形式的には維持されている。しかし、実質的には釈明権の積極的行使により、裁判所主導の事実提出、争点整理が行われているとの指摘もある。[6]

このような釈明権（義務的側面が強調されているが）についての積極的な判例の動向に、学説も大方は賛同しているようである。ただ、その理由は必ずしも同一ではない。しばしば引用される、最判昭和四五年六月一一日民集二四巻六号五一六頁は、「釈明の制度は、弁論主義の形式的な適用による不合理を修正し、訴訟関係を明らかにし、できるだけ事案の真相をきわめることによって、当事者間における紛争の真の解決をはかることを目的として設けられたものである」とするが、このように事案の真相をきわめるため、紛争の真の解決をはかるために釈明権の積極的行使を主張する論者がある。[7] しかし、近時、別の方向から釈明権（むしろ釈明義務といったほうがよいであろう）の強化を主張するものが増加している。それは、一つは手続保障のため釈明権を積極的に行使すべしとの主張であり、他は裁判資料収集における当事者の法的地位の実質的平等の実現をはかるための裁判所の義務とする考えである。前者は次のようにいう。「最高裁の採る積極的釈明のポリシーは、当事者主義を制度基盤としながら、当事者間に真の対等性を回復しようとする理念や活力ある対論こそ適正な手続の中核的要素であるとする手続保障の理念と根底のところでつながっているもの……。……敢えて単純化を行うならば、釈明をめぐる歴史は、職権主義的積極釈明モデル――古典弁論主義的消極釈明モデル――手続保障志向積極釈明モデルへと段階的な発展を遂げているということができよう。」「この第三の釈明モデルは、民事訴訟制度の理念に根差すものとして永続的な価値を承認されてしかるべきである。……このモデルは、学理と実務の中で育まれてきた最善の伝統の到達点を示すものであ」る、と。[8] また、当事者の弁論権の実質的保障のために積極的な釈明権の行使や事実収集方法の充実等が要求される、[9] とし、弁論主義から弁論権保障へ、出さない自由から出す自由の尊重へ、という議論の重心の展開が学説の側においても必要となっている、というものである。[10] 後者は、当事者の訴訟追行能力の実質的平等化が必要であり、それは裁判所の介入、当事者の義務・責任の強化により、実現する。事案の解明については、釈明義務が結局両当事者の裁判資料収集における法的地位の実質的平等の実現を図る裁判所の義務である。したがって、実質的当事者平等原則の「趣旨に反する不公平な釈明は違法であって上訴により争いうる」ことになる。[11] とくに、本人訴訟の場合には、もっぱら裁判所の釈明権行使により両当事者の訴訟追行能力の実質的平等の実現が図られねばならず、それは裁判所の義務である、[12] とする（事案に即した的確な紛争解決のための釈明という考え方と、実質的当事者平等のための釈明との考え方とは、互いに排斥しあうものではない、釈明権には二つの機能があるとするものもある）。[13] また、主要事実と間接事実の区別の問題、相手方からの訴訟資料・証拠資料の取得の問題と裁判所の釈明義務の関係、この「二つの問題は裁判所の釈明義務によってかなりカヴァーされ、また主要事実と間接事実の区別をめぐる問題は、……、裁判所の釈明義務の問題に移行させることによってある程度解決しうる……。」との主張も、[14] 裁判所による積極的釈明を期待するものと解される。

このような動きは、世界的趨勢であるとされる。[15] それは、ドイツの社会的民事訴訟理論における積極的釈明権行使、[16] アメリカにおける管理者的裁判官による訴訟管理の進展等を見れば、[17] 明らかだというわけである。そして、新法では、より一層釈明権の強力な行使が期待される、[18] とされている。

もちろん、このような動きに対して、問題点の指摘もある。すなわち、当事者の権限・義務強化には消極的なまま、裁判所の権限強化を押し進めている傾向があるのではないか。[19] あるいは、釈明への過度の期待は、弁論主義の諸機能のうち、紛争内容の自主的形成とそれに伴う真実発見や裁判所の中立性、民事裁判への信頼などの機能を取り崩すおそれがある、[20] と。

当事者が充分な訴訟活動をし、かつ、事実および法規の解釈適用についての認識が当事者・裁判所に共通しているのであれば、釈明の必要はない。ただ、それは現実にはあり得ないことであろう。当事者が用意周到に訴訟活動することはあり得るかも知れない（当事者の訴訟活動も相手方の訴訟活動の程度に応じて異なるであろうし、どの程度をもって、用意周到といいうるのかの問題はあるが）。しかし、同一の証拠方法を取り調べても、異なる事実を認定することはありうることであるし、法規の解釈適用についても解釈者の価値観が異なるに応じて異なることは当然のことである。

したがって、その意味で釈明は必要的であろう。

いわゆる第三の波説によれば、訴訟では横（水平）の関係、つまり当事者相互間の関係が中心に置かれ、当事者を対等に引き上げるための手続ルールに基づいて当事者間に筋の通った論争の場を保障することが主要な目的となる(21)。訴訟の目的は当事者間の実質的平等を確保しながら、当該紛争に妥当すべき当事者間の行為責任分配ルールに基づいて論争または対話を尽くさせることじたいに第一次的な目的または価値がある(22)。仲介役、整理役としての裁判官は非常に積極的であることを期待されるが、裁判官が主導して手続を動かしていくという職権主義的な方向での釈明権の行使というのは問題があるとされる(23)。したがって、そこでは当事者間の対論を保障するための釈明権の行使が考えられ、事案の内容に釈明権が関係することは、とりわけいわゆる積極的釈明は、考えられにくいように思われる。論者が、「……自分の責任で集めるべき資料を集めていなくて、つまりやることをやらなくて対等でないというのなら、対等でないまま闘わせるというのがむしろ正常だろうと思います。そういうものを持ち上げて対等にしてやるために裁判官が世話をやく必要はさらさらない……(24)。」とする点に現れていよう。自律的活性弁論、「当事者間のダイナミックな相互作用的な訴訟活動」によりつくり出される権利を主張するこの考え方は、極めて魅力あるものと考えるが、「訴訟では当事者間に整序された論争ないし対話の手続を保障し、その結果紛争状態に一つの筋道がたてば（それによって、たとえば当事者間の自主交渉の足がかりが築かれれば）、それで充分に訴訟の役割は果たされているのである(25)。」との位置付けには、賛同できない。裁判所の判断をやはり重要なものと考えねばならないし、当事者間の活発な論争も裁判所を説得するためのものという意味を持つからである。すでに、訴えの提起以前に当事者間に自主的交渉が行われているのが通常で、それがうまくいかなかったから訴えが提起されたことを考えれば、裁判所の役割は、当事者間の交渉ルールを整序するのみならず、最終的判断をすることにあるのではないかと思われるからである。

## 三　釈明権の根拠・目的

1　裁判に対する信頼は適正・妥当な裁判、真実に則った裁判によってもたらされる。(26) 釈明権はこれのために認められた権能であるから、積極的に行使されるべきである、釈明権の行使限度がなく違法の問題とはならない。(27)「濫用」はあり得ないとされる。(28) あるいは、国民の裁判に対する信頼は、そこでの十分な手続的保障と同時に真実発見（正しい者が勝つ）というところにもあるとの視点から釈明権の積極的行使が主張されている。(29)

真実に反する裁判は、確かに国民を納得させるものではないであろう。裁判官も主観的には、真実を求めて審理・裁判をする。この点に疑問はない。また、勤勉かつ有能な裁判官が、当事者の訴訟活動に満足できず、自己の納得のできるように釈明権を積極的に行使するであろうことも、理解できる。問題は、裁判官の認識する真実が唯一の真実か、民事訴訟で唯一の真実が要求されるのか、ということである。上訴によって原判決が取り消される事例が稀ではないことからみても、真実・「勝たすべき者」は、現実には、裁判官・裁判所によって異なり得るのではないか。取り消された原審判決が間違いで、取り消した上訴審判決が正しいという保障はない。紛争解決制度として上訴審判決が優先するというだけなのである。また、裁判所の認定が正しくて、当事者の認識が間違いということも必ずしもいえない。(30) 要は、裁判所が具体的事件について最終的決定権を持っており、訴訟では裁判所の認定した事実が真実として扱われるということであろう。(31) だからこそ、当事者が裁判所を説得しようとする意味があるのである。真実、事案の適切・妥当な解決といっても、それは主観的・相対的な観念ではないのか。(32) また、民事訴訟の対象は私的紛争であり、全ての国民に真実と観念されるものが必要であるとは限らない。当事者としても、明らかに非真実と分かっていて争う場合は別として、真実が何か自明でない場合も多いのではないのか（このことは、いわゆる現代型訴訟において、とくに顕著であろう）。事案の解明、法規の解釈・適用、いずれにしても両当事者と裁判所の三者間の相互の活発な訴訟活動の結果としてなされるべきであって、裁判所一方の努力によってなされるべきではない。裁判所の努力には限界があると解すべきである。とすれば、真実を探究することは重要ではあるが、そのためにいくら釈明権を行使しても過ぎることはない、ということはできない。真実を過度に重視することによって、当事者の不公平感を招来することは、避けるべきであろう。無制限の真実発見への衝動は、抑制されるべきであり、処分権主義、弁論主義、双方審尋主義、公平・中立等の訴訟上の基本原則をふまえた、裁判官の確信形成の意味における真実発見への努力が必要であろう。

2　弁論権保障のための釈明義務を強調する見解は、当事者の権利保障を裁判所の釈明義務にかからせる。もちろん釈明「権」ではなくて、釈明「義務」の側面を強調されるのであろうから、裁判所の恣意的釈明、裁量的釈明の色彩はうすめられている。しかし、当事者権を裁判所の釈明義務にかからせる点に問題があるのではないか。弁論権は訴訟主体としての当事者の活発な訴訟活動をイメージさせるが、裁判所の積極的な釈明処置によって、それがもたらされるのであろうか。裁判所へのもたれ掛かりが生ずるのではないであろうか。また、釈明についての裁判官の態度は大きく異なるとされている[33]のをみると、弁論権が裁判所の釈明義務によって尊重されることはあり得るけれども、客観的に保障されるとはいえないのではないかと思われる。また、大阪高判昭和五三年五月二四日判時九〇九号五九頁について、境界確定訴訟において一方土地が共有地であるが共有者二人のうちの一人が当事者となっていないとの理由で訴えを却下した原審判決につき、原審としては一七回も審理を重ねているので、弁論の終結をしないで原告の共有者の他の一人に共同訴訟参加をすることを示唆すべきであったともいえる、としたうえ、括弧書きで、「言渡日時が三月三〇日であることから裁判官としては転任予定のため事件を後任者に引継ぐのを遠慮したものとも察せられる[34]」とされているのを見ると、裁判官の個人的感覚によって釈明権行使が左右されることもあり得るように思われるのであって、やはり、釈明権は必ずしも当事者権を保障しないように思われる。

3　当事者平等原則実現のための釈明義務を強調する見解は、釈明義務の履行による当事者平等の実現を期待する。この見解に対しては、両当事者が共に低基準ではあるが実質的に平等であるときには、釈明権行使は認めがたいということになり、紛争の的確かつ適切な解決を図り難くする、裁判所の心証と当事者のそれとの背反のときの釈明権行使の必要性を説明しにくい[35]、あるいは裁判所と当事者の法的見解に相違がある場合には釈明権の行使は違法になりそうであるが、このような場合にこそ釈明権の行使が必要ではないか[36]、等の批判が加えられている。しかし、実質的当事者平等原則の主張者は、釈明権はすべて両当事者の訴訟追行能力の実質的平等のためにのみ行使されるべしと主張しているのではない。論者は、「釈明権の根拠を無限定に裁判所による真相に合致した事件処理に求める立場」としての実体的真実発見主義には反対するが、「釈明権は、当事者が弁論を尽くしうるよう裁判所が協力して弁論主義の諸機能の回復をはかり、審理の質と円滑性を実現するもの[37]」といっていることから、事実解明を無視しているのでないことは明らかである。したがって、上述の批判は当たらないと思われる。むしろ、問題は次の点にあると思われる。論者は、わが国においては弁護士強制主義が採用されていない、つまり、本人訴訟が認められている、この場合、当事者に釈明対応能力がなければ、裁判所は弁論を禁止し弁護士付添命令を出すべきである、と。したがって、釈明権の行使がもっとも問題になりうるのは、一方が釈明対応能力を有する本人、他方に弁護士たる訴訟代理人が付いている訴訟であろう。その場合には、裁判所は個別具体的に細かくあらゆる法的知識を当事者本人に教授することが必要になるのであって、このような形での釈明権行使は本人側への入れ込み、肩入れが生ずるのではないか。むしろ、これは釈明権行使の問題ではなくて、弁護士代理のそれではないのか。一般的に、また、とくに紛争の実態および法の体系が多様化・複雑化している今日、本人訴訟が望ましいとは決して思われないのである。法律扶助制度等の拡充によって、誰でもが弁護士に依頼できることが保障されるべきであろう。裁判所に一般的に当事者平等化・対等化の機能を期待するのは、問題を含むのではあるまいか。

4　「……一方的に聞き役だけに徹したのでは、どうしても疑問が残ってしまうのである。事実を知ろうとすればする程、疑問点が生ずるが、それを釈明や補充尋問により究明してはならないはずがない[38]」、との指摘は、自己の心証に忠実に、確信に基づいた裁判を追及するという点で、重要であると思われる（といっても、無制限に釈明や補充尋問をしてよいとはいえないであろうが）。自己の心証に忠実に、しかも証明責任で決着を付けることをできるだけ避けようとすれば、釈明権を行使する必要が生じよう。疑念のない状態で、確信に基づいて裁判の内容を決定する、これは、法律家の良心に従った裁判として必要であろう。かつて、高名な実務家は「証拠が不十分であるのに当事者を勝訴せしめていることがないではない……。釈明権の行使をしないでおりながら、当事者の主張が不十分不整備であることを理由として、敗訴させられている事件が案外少ないのと同じように。この傾向は、当事者の主張に基づかず又証拠によらない裁判になるのだから、一番悪い態度であると思う[39]」とされたが、このような裁判であってならないことは異存のないところであろう。裁判官は、自己の確信に基づいた裁判をしなければならない。それが法律家としての責務であり、自由心証主義による裁判として要求されている（法二四七条）。そのために、裁判官は確信の形成に向けて努力をしなければならない。その努力の手段として、釈明権があると考えられる。裁判所が具体的事件について自由心証主義に基づいて心証を形成し、その形成された心証（確信）に基づき判決内容を決定する。釈明権はその目標に向けて行使されることが予定されているといえる。その具体的行使の態様としては、訴訟の各段階における裁判所の認識・心証に基づいて釈明が行われ、最終的な心証が形成され、結論としての判決が決定されるのであるから、裁判所が判決へ向けて「全訴訟活動を誘導する誘導装置としての釈明権」を行使するといってもいいであろう[40]。

この心証は一方的に裁判所の努力によって形成されるのではなく、裁判所の努力と両当事者の主体的な主張・立証活動によって形成されるのであるから、裁判所の釈明権行使に際しては、互いに、説得し・説得される主体としての当事者の自主性が尊重されなければならないであろう。そこには、裁判所のある程度の謙虚さ、自制・抑制が必要ではないか。裁判所のもつ暫定的心証があるが、当事者はそれと異なる事実認識を持っているかも知れない。その双方の突き合わせにより真実を獲得できよう。「適切な釈明権の行使によって、勝つべき者が勝つべき所で勝つように、しなければならない[41]」。しかし、「まことに裁判官には、『自己が現にもっている見解が間違っているかもしれないという可能性を常に頭に置き、より正しい見解に接するといつでもそれを認めてこれに変更しうるだけの冷静さと距離を常に保ちうるような思考上の柔軟性をもつこと』が要求される[42]」のであろう。

裁判所の心証形成が、訴訟上の諸原則に従ってなされなければならないのも当然のことである。釈明権の行使に際しても、双方審尋主義をはずれることなく、実質的に弁論主義を侵害することのないようにし、双方当事者に当事者権を保障し、裁判所の中立性を守り、両当事者に公平になるように心がけることが必要であろう。

以上のように、自由心証主義に基づく裁判を実質化するために、それを保障するために、釈明権の制度が存在するといえよう。自由なる心証による確信の形成を可能ならしめるために、釈明権制度が存在するのである。そこでは、裁判所の中立性・公平性、弁論主義、双方審尋主義、当事者権の保障が、当然の前提となり、そのようなものとしての釈明権の行使による心証形成・裁判官の自由に形成された確信に基づく裁判が成立する。このようにして成立した判決に、国民が納得して服するのではないだろうか。

法律問題に関する釈明権については、どうか。法の解釈・適用は、第一次的には裁判所の権限であり責任である。裁判所としては、当事者の請求（の法的構成）が不明瞭の場合は、当事者にこれをただすことが必要であろうし、当然主張されてしかるべき法的問題が主張されないときは、これを主張する意思がないのか確かめることも必要であろう。当事者の請求の法律的不明瞭・不完全、抗弁権行使の意思の有無の不明、別個の請求の成立（法律構成）可能性、それらを放置したままでは、裁判所は自ら納得した裁判をすることができないのではないだろうか。そのために釈明権があると考えられる。また、従来、法の解釈・適用は裁判所の専権であり、職責であるとされてきたが、それは法の解釈・適用についての最終的判断権が裁判所に属するということであって、その判断に達する過程においては、裁判所・当事者間の相互の働きかけ・説得が必要であるとの主張が近時盛んである（裁判所の側からすれば、いわゆる法律問題指摘義務を包含する）。裁判所は、当事者からする裁判所に対する働きかけ・説得を謙虚に受け止めるべきであろう。そのために、釈明権を行使して、当事者に問題の所在を示し、その見解を明らかならしめる必要がある。これなくして、裁判所は当事者を納得させるとの意味で、自己が納得した判決を下すことができないであろう。その場合、訴訟上の諸原則に拘束されるのは当然である。とくに、裁判所の中立性・公平性、当事者の権利行使の意向、請求の範囲（処分権主義）等に拘束される。

結局、裁判所の釈明権・釈明義務は、裁判所が裁判をするために存在するといえよう。裁判所が事実に関する確信に基づいて、自己の良心に基づく法解釈・適用に基づく裁判をするために、釈明権は存在するといえる。[43] 真実の探究、弁論権保障、あるいは、当事者平等原則の実現は、いずれも裁判所が釈明権を行使する際に顧慮すべき実体上・手続上の価値であって、釈明権が適正・妥当に行使された場合に、そのような機能が期待できるということである。それら自体が釈明権の根拠であるとはいえないであろう。

## 四　釈明権と弁論主義

釈明権は訴訟指揮権の一部をなすが、それが事案の解明を目的とし、判決内容にかかわる点で他の通常の訴訟指揮とは事情が異なる。釈明権を弁論主義と関連付けるか、弁論主義とは無関係な弁論権を保障するものとして捉えるかについては、争いがある。

従来は、釈明によって当事者の足らざる訴訟行為について裁判所が弁論を充分に尽くしうるよう協力するという意味で釈明権の行使は弁論主義の補充・補完であり、当事者自治に対する後見的干渉であるという意味で釈明は弁論主義の修正であると解されてきた。[44] これに対し、近時、釈明権を弁論主義から切り離し、当事者の弁論権を実質化させるものとして捉える見解が有力に主張されている。すなわち、当事者が訴訟資料たる事実および証拠を提出しうる権能を弁論権とし、「弁論主義は、積極的側面における弁論権を前提とするが、その消極的側面における効果であって、釈明権はこの消極的側面における弁論権についての協力ないし補充ではない。また釈明権は、当事者の弁論への後見的干渉であるが、弁論権の消極的効果を排除するものではない。……。したがってこの意味において、釈明権は何ら弁論主義を制限ないし修正するものではない。……。……、不干渉主義に対しては、釈明権はその修正であることはいうまでもない。」「……、私見によれば、釈明権は何ら弁論主義とは抵触するものではないから、その意味で釈明権の行使に限界はない。裁判所は、当事者に弁論を尽くさしめて裁判の適正をはかるために、釈明権の行使をためらうべきではない。」「……裁判所に釈明権が認められることは何ら弁論主義の制限ないし修正をもたらすものではなく、したがって釈明権の行使は——それが職権探知をも含むものでない限り——弁論主義の訴訟においても何ら制約されるべきでない……(45)」、と。あるいは、私的自治の問題と不意打ち防止の問題とは切り離すべきである、として、一方には「私的自治の保護＝不提出当事者の視点＝弁論主義の系統があり、他方には、不意打ち防止＝相手方の視点＝釈明義務」の系統がある。後者はまさに弁論権の問題である(46)、とする。この見解は、竹下教授が、弁論主義の根拠についての本質説（私的自治説）について、この立場に立つ論者も、弁論主義の妥当範囲を画するには、多く不意打ち防止、相手方の弁論権の保障を、その判定基準にしてきたのではないか、と批判され、つづいて、「この立場からすると、例えば、裁判所が被告の主張しない抗弁事実を判決の基礎として原告の請求を棄却した場合、それが違法なのは、原告の弁論権を奪ったからではなく、その抗弁についての被告の処分権を侵害したからであるということになりそうであるが、こう説くのは、通常の場合には、奇異の感を免れないであろう(47)」とされたのを受けたものである。論者は次のように言う。「当事者が主張しない事実を裁判所が取り上げた場合、それに対して相手方が不服を述べるときは釈明義務違反のみによるべきであり、弁論主義違反を根拠とはできない……。……、仮に裁判所が当該問題の存在を十分に指摘した後に取り上げたような場合は、相手方の弁論権は実質的に保障されており、相手方は不服申し立てできず、有利な事実を取り上げられた当事者だけが弁論主義違反を主張できる……。例えば、死因贈与の主張がないのにそれを認定した事案で、相手方Yが不服を申し立てた場合に、最高裁は弁論主義違反を理由に破棄したが、差戻し後の原審では当事者Xは死因贈与の主張をしており、竹下教授の疑問が端的に妥当しよう。自己に不利益な事実を認定された当事者が相手方の私的自治を害していると主張して不服申し立てできるというのは、確かに常識外れではなかろうか。この場合は、相手方との関係での釈明義務違反の問題として処理すべきであったと思われる[48]」と。しかし、この議論には賛成できない。まず、「有利な事実を取り上げられた当事者だけが弁論主義違反を主張できる」とされるが、恐らく彼は勝訴しているはずで、勝訴した者が上訴できるのだろうか。また、上述の事例では、「相手方との関係での釈明義務違反の問題として処理すべきであった」とされるが、ここにいう相手方とはX（被告……本間）をさすのであろうから（「相手方Y」という叙述もあり、まぎらわしいが、文章の意味連関からすると、X・被告が相手方であろう）、原審としてはXに死因贈与の主張について釈明させるべきであった、ということになろう。しかし、原審は釈明させることなく、死因贈与を認定してしまったのであるから、もはやこの点についての釈明義務違反の問題ではないであろう。釈明義務違反の問題として処理しようとすれば、Xの死因贈与の主張についてYに対し反証につき釈明の処置をすべきことになるが、それにはXによる死因贈与の主張が前提となろう。事案においてはこれがなかったのであるから、上告審としては、弁論主義の問題として処理する以外に途はなかったのではないのか（当事者の主張がなくても、裁判所は採り上げてよいというなら別論であるが）。具体的事案の処理としても、差戻審においてXが死因贈与を主張したというのであるから、Yがその点について弁論権を行使すればいいのであって、その点では何ら問題はないであろう（主張がないのに死因贈与を認定した原審の措置は、事実上、釈明権の行使プラスXの主張の擬制（この部分はまさに弁論主義違反の問題であろう）としての機能を持っていたのであり、釈明権の過剰行使にあたらないかの問題はあり得よう。しかし、遺憾ながら後述のように過剰行使に対するサンクションは考えにくいと思われる）。そもそも弁論主義は裁判所と当事者との間における権限と責任の分担原則であって、当事者間の分担原則ではないのであるから、判決に不服のある当事者としては、弁論主義の第一テーゼ違反の問題として採り上げていいのではないのか。弁論主義の第一テーゼは不意打ち防止の機能を持っているが、それから切り離して弁論権侵害を観念する必要はないのではないか。

釈明権は職権探知主義の手続においても必要であり（もちろん、弁論主義の下での釈明権＝釈明義務の権能と、職権探知主義の手続におけるそれとは大きく異なる）[49]、また、釈明権が行使されても当事者はこれに応じるか否かの判断を留保されているし、これに応じなければ、主張・立証が強制・擬制されるわけでもないから、釈明権の積極的行使が弁論主義を否定するものではない[50]。しかし、釈明権の行使が行われれば、当事者は喜んでそれに応ずるであろうし、場合によれば嫌々ながらでも（裁判所の考えるような形での勝訴を喜ばないかも知れない、あるいは、新たな事実の主張により別の事件・側面で不利益を被るかも知れない）勝訴のために釈明に応ずるであろう。釈明権が強力に行使されればされるほど、事実上当事者の自由の範囲は狭くなるであろう。これは弁論主義との密接な関連を示すものであろう。弁論主義の手続においては、釈明権の行使は、攻撃防御方法（訴えの変更を示唆する釈明に関しては、請求自体）についての当事者支配の領域と密接に関連するのであって、これと切り離すことはできないのではないか。

同様のことは、実はそれ以前に主張されていた。すなわち、判例を分析すれば、以下の三つのことが明らかになる。①当事者が明示的にその事実を主張していなくても、口頭弁論の全趣旨や証拠方法の提出から実質的に攻撃防御が尽くされたと見れる場合には、当事者の主張を擬制する傾向、②当事者の主張が全くなく実質的にも攻撃防御が尽くされていない場合には、そのような事実を認定することは弁論主義に反するとされている、③当事者の主張が全くなく実質的に攻撃防御も尽くされていないとして、当該訴訟にとって重要な事実を裁判所が認定しないと、逆に釈明義務違背とされる傾向も最近は強い[51]。この②の場合について、「機能的弁論主義違反の事件は、裁判所が当事者の主張のない重要な事実を認定することが必要と考えるならば、主張がないのに認定したことを批判する以上に、その事実を釈明して当事者の攻撃防御の焦点をそこに集中させなかったことを批判すべき事件がほとんどであると思われ、機能的弁論主義違反と裁判所の釈明義務違反（判例がしばしば用いる表現である審理不尽も同じ）が密接な関係にあることが分かる[52]」、とする。これを論者は、「弁論主義違反と裁判所の釈明義務違反の融合」と呼んでいる[53]。これも同様に、事実審としては、当事者の主張のない重要な事実を認定することが必要と考えるならば、その事実の主張について釈明権を行使して、当事者の攻撃防御の焦点をそこに集中させるべきであったろう。いや、むしろ、事実審としては、当事者の主張のない重要な事実を認定することが必要と考えるならば、(イ) その事実を自己の有利に主張しうる当事者にまず釈明の処置を執り、(ロ) その主張・立証後に相手方に対し釈明の処置を執るべきであったろう。しかし、原審で(イ)なしに事実が認定されてしまった以上、上告審としては、その点を弁論主義違反としてとがめ、差戻しをし、差戻審における該事実の主張・立証をまって、相手方に対しその事実について釈明の処置を執らせるべきであろう。論者は「裁判所が証拠調べの結果判明した当事者の主張していない事実を認定することが事案の解決としてふさわしいと判断したならば、その事実を釈明して当事者に主張する意思がないかを確かめるのが筋[54]」であるとされる。しかし、それが正しいとしても、事実審がこの釈明の措置を執らずして事実を認定した場合には、上告審としては弁論主義違背で処理するのが妥当であろう[55]。なお、「証拠からは訴訟の勝敗を逆転するような事実を認定できるが当事者がそれを主張していない場合に、当事者の主張を合理的に解せばそれに近い主張を構成できるときは当事者の主張がないことを理由に右事実を認定しないと釈明義務違反とする」判例については、差戻審での釈明に当事者が応じて該事実を主張すれば、弁論主義を充足したことになり、あとは相手方の弁論権保障の問題となろう。この意味で、釈明権は弁論主義と密接に関連するが、両者は融合するのではないであろう。

## 五　釈明権行使の基準

釈明権行使の基準については、すでに先達により有益な視点が提言・主張されている[56]。厳密には、それらは確たる基準とはいえないかも知れないが[57]、以下においては、それらを前提にしたうえで、問題を含むと思われるいくつかの点について検討してみたい。

### 1　中立・公平

弁論主義の下では、当事者に対する公平・中立との関係で釈明権の行使の違法が決定される点について、ほぼ争いがなく、とくに、中立性・公平性に反しないことが重要であろう。

中立性・公平性については、「裁判官が、……、真相に合致する適切・妥当な解決を図るべく、必要と考えてする釈明権の行使が、どうして裁判機関としての中立性・公正性を害することになるのかは、私には分からない。」「……釈明が、いかなる意味においても、裁判機関の中立性・公正性を損なうことはない。」「釈明権の行使については、〝濫用〟はあり得ないのである」(58)とする見解もある。しかし、これまで、多くの論者が公平の重要性を指摘してきたし、釈明義務違背の判断基準を考える際に公平の要素が取り上げられてきた(59)。

もともと、釈明権の行使により当事者の一方が不利益を受けるのは自明の理であるから、公平の要素をどう考えるかは極めて困難な問題であり、釈明権の行使の是非が、具体的事件における訴訟の進行状況、両当事者の訴訟追行の仕方・力量の差異、事件における裁判官の心証の程度、等々に深く関わるのであるから、全体を具体的に分析し、状況を類型化し、一定の基準を指し示すことはおそらく不可能ではないかと思われる。

ここで一つの具体例を検討してみよう。株式会社ブリヂストンの株主総会決議取消訴訟に関する、最判平成四年一〇月二九日民集四六巻七号二五八〇頁である。周知のように、控訴審判決は、「……第二の決議が有効に成立している現在においては、第一の決議の取消しを求める本件請求の当否自体についての審理、裁判をする法的な利益はなくなったものというべきであり、被控訴人らによる本件訴えの利益は消滅するに至ったもの……」として、原告勝訴とした第一審判決を取消し、原告らの訴えを却下した。最高裁も、第二審の判断を妥当とした。この事案において、上告理由によれば、「……被上告人は、原審において執拗に第一の決議の実質審理を求め最終段階で○○裁判長に促されて漸く訴の利益なしとの主張を展開するに至った……」、とされる。もしも、事実がこのようであるとすれば、このような釈明権の行使には疑問がある。株主総会決議取消しの訴えの制度趣旨、第一決議の実体的違法の可能性、慰労金贈呈の時期を一年間遡らせることが論理的に可能なのか（事実問題を決議で左右できるのか）等々、種々の問題が存在するのであり、本案判決をする意味があったのではないだろうか。両当事者が本案判決を求めることについて相応の根拠があり、現実に本案判決を求めているときに、裁判所が訴えの利益の不存在について釈明権を行使することが、妥当であろうか。とくに、事案においては、事実関係について殆ど争いがなく、法律の解釈・適用の問題だけであるから、したがって、本案について判断しても審理が長引くことはないのであるから、一層その感が強いのである。かりに、第一決議を取り消しても、取り消さなくても、結果は同じというのなら、両当事者が望む本案判決を出してやってよかったのではないのか（もちろん、訴えの利益という訴訟要件の問題であるから、当事者の主張がなくても、裁判所は訴え却下の判決ができるのかも知れない（ただ、訴えの利益は当事者利益の観点からも考慮されるべきことに留意すべきであろう）。しかし、そうとしても、法的観点指摘義務の問題として考えれば、訴えの利益が問題たりうることを明らかにし、当該の点についての対論を促すという意味において、釈明権を（行使しないよりは）、行使した方がよかったとはいえよう）。判決の行った処理は、両当事者に強い不満を残すのではあるまいか。とくに、裁判所が不公平な釈明権の行使をしたとの原告側の不満は強いであろう(60)。

## 2　再訴・別訴不可能＝当事者利益の尊重

訴訟物についての旧実体法説を前提とすれば、訴えの変更を示唆する釈明の懈怠については、再訴の機会が存することから、原判決破棄の可能性は減じる。つまり、既判力による遮断の有無が重要な原因となる(61)。逆にいえば、再訴・別訴が不可能な場合には、釈明権行使の必要が肯定されよう。訴えの変更を示唆する釈明について、民法七七〇条一項四号の離婚原因（回復の見込みがない精神病）を不存在とする場合に、「……、原審としては、まず被上告人が……民法七七〇条一項四号のほか同条項五号の離婚原因をも主張するものであるかどうかを明確にし、もし右五号の離婚原因をも主張するものであれば、……諸般の事情につき更に一層詳細な審理を遂げた上、右主張の当否を判断すべきであった……」とする判例（最判昭和三六年四月二五日民集一五巻四号八九一頁）の場合、人訴法九条により別訴が禁止され敗訴原告は新訴を提起できないことから、これを肯定できる。また、最判平成九年三月一四日判時一六〇〇号八九頁の事例も結論は逆であるが、それに該当しよう。該事案では、共同相続人間で土地の単独所有が争われた。X（Aの妻）は、訴外Bからの該土地の買受け等を主張し、所有権確認等を請求した（前訴）。Y（Aの子）はBから被相続人Aが買受け、その後AがYに贈与したと主張した。控訴審判決は、本件土地は、AがBから買い受けたものであり、AがYに本件土地を贈与した事実は認められない、としてXの請求を全部棄却した（Xが上告したが、上告棄却により確定した）。前訴判決確定後、XおよびZ（Aの子）がYに対して訴訟を起こし（本訴）、相続により取得した土地の共有持分（各三分の一）に基づく所有権一部移転登記手続等を求めた。これに対し、Yは、Xは前訴判決の既判力により本件土地の共有持分の取得を主張し得ないとして、Xが本件土地の共有持分（三分の一）を有しないことの確認等を求めた（反訴）。第二審判決は、Zの移転登記請求を認容し、Xの移転登記請求を棄却し、Yの反訴請求を認容した。第二審判決は、その理由として、Xは前訴において、土地の所有権取得原因として相続の事実を主張しないまま敗訴の確定判決を受けたものであるから、Yとの関係ではXが本件土地の所有権を有しないことが確定している、とした。Xが上告した。上告審は、原審の判断を是認した。なお、前訴において、X、Yともに自己の単独所有のみを主張しており、前訴判決は、Xの所有権確認請求を棄却したが、その理由中で、Yの単独所有も否定していた。本件判決については、共有持分の主張が前訴判決の既判力に抵触するか否かが問題とされたが、その前に前訴控訴審において裁判所が釈明権を行使することによって、共有持分権についても審理し、一部認容判決として処理すべきであった、との指摘が多い[62]。後訴において、相続の事実の主張が前訴判決の既判力の遮断効によって遮断される（従来の見解によれば）のであるから、釈明権行使が要請される事例であろう。右記判決とワンセットとされる最判平成九年七月一七日判タ九五〇号一一三頁は、類似の事案につき相続による共有持分について判断をしなかった第二審判決を、まさに釈明義務違背を理由に、破棄差戻しをした。原告は、第一審・第二審を通じて、単独の土地賃借権・

該地上の建物所有権の確認を求め（被告は、該土地を賃借し、建物を建てたのは原告・被告共通の父であると主張）、第一審勝訴、第二審敗訴（裁判所は被告の主張を認めたうえで、父の死亡、その妻、六人の子供の存在を認定）したのであるが、上告理由で、もしも第二審のいうとおりであるとしたら、原告には賃借権・所有権の九分の一の権利について持分権があるのであるから、その限度において原告の請求を認容すべきであった、と主張した。上告審は、原審は適切に釈明権を行使するなどしたうえでこの事実（父死亡、相続の発生）を斟酌し、上告人（原告）の請求の一部を認容すべきであるかどうかについて審理判断すべきであるとして、破棄・差戻しの判決をしたのであった。該事案においては、原告の請求棄却判決が確定すると、原告は目的物の所有権等を有しないとの判断につき既判力が生じ、基準時以前に生じた所有権等の一部たる共有持分権の取得原因事実、すなわち亡父の遺産の相続の事実に基づき再訴で九分の一の持分権を主張することができないことになるということが、釈明義務を認める大きな要因になっていたと思われる（さらに、主請求として単独所有等を主張していたのであるから、同時並行的に予備的請求として共有持分権を主張せよとすることは無理を強いることであり、また、主請求に理由がなければ予備的請求をするであろうことも容易に推定できるという事情も考慮されたのであろう）。

以上と関連して、紛争解決の一回性の要請を顧慮すべきかの問題がある。すなわち、訴えの変更を示唆する釈明を積極的に行うべきかの問題である。これについては、処分権主義、当事者意思の尊重の観点から[63]、裁判所の釈明権の行使は係争利益・事実関係・法的見解のいずれについても当事者の予想可能範囲内で釈明が許されると解すべく、これを越えて紛争解決の一回性の要請は強調さるべきでないと考える[64]。また、上告審段階では、原判決破棄による訴訟遅延の問題が考慮されるべきであるとの観点も提示されている[65]。

### 3　単なる不注意と怠慢

ケアレスな主張もれ・立証もれの場合、適切な釈明権の行使が望ましい。意外な判決であったと思わしめるような訴訟指揮は極力避けるべきである、[66] との見解がある。これに対し、当事者がその不提出を気がつかないことに無理もない事情があることを挙げ、[67] あるいは、当事者に適切な主張・立証が期待し得た場合は、釈明権不行使の違法はない、[68] とする見解がある。後者に惹かれるが、それ以上に単なる不注意と怠慢とは区別さるべきであろう。たとえば、訴えの変更を示唆する釈明も適法であるとした判例として引用される、最判昭四五年六月一一日民集二四巻六号五一六頁の場合、当事者の不注意というものではなく、明白な怠慢の結果を釈明によって救済したと思われるのであって、問題がある事例といえよう。すなわち、原告Xは、当初被告$Y_1$会社・$Y_2$が、XとZ（Yらの共同被告）との間に成立した木箱類についての売買契約上の代金債務を、連帯保証したとして、Zに対する代金債務の請求と右連帯債務の履行を求めたのであるが、一審裁判所はXとZとの間の契約の成立を否定し、Xによる木箱類の納入はZのYに対する注文に基づいてYの下請的立場でなされたと認定し、Zに対する請求を棄却した（Yらに対する請求は認容され、Yら控訴）が、Xからの控訴はなくX・Z間において一審判決が確定したにもかかわらず、Yらの控訴による二審でXがYらに対する従来の請求を変更しなかったのである。このような状況の下、控訴裁判所は、「木箱の納入は、$Y_1$会社名義でなし、Xに対する代金の支払義務は同会社において負担する約束であり、$Y_2$は右債務について連帯保証した。よって、右約定に基づいて、代金の支払を請求するものである」旨Xに釈明させた（X代理人は「その通りである」旨陳述したにとどまる）のである。このような事案において、Zに対する関係での敗訴を考慮すれば（Zに対する控訴をしていないことを想起すべきである）、Yらに対する従来の請求のままでは、勝訴がおぼつかないことは当然分かるはずで、それにもかかわらず、控訴審において請求を変更しなかったのは、X代理人の怠慢以外の何ものでもないであろう。第一審判決が実質的に釈明権行使の意味を持っているのであって、これに応じなかったのであるから、控訴審において釈明の措置を執るべきではなかったと思われる。

# 六　釈明権の過剰行使

消極的釈明については、過剰行使はなく、釈明権の行使が全面的に認められる。この点に争いはない。これに対し、積極的釈明義務については、問題が多いとされる。しかし、ここでは、どのような場合に過剰行使になるかについては、ふれない。

釈明すべきでないのに釈明した（釈明権の過剰行使）場合、これに対する相手方の救済はあるのか。これについては、忌避事由となることはともかく、そのために原判決を破棄することはできない、適法な上告として取り上げたことじたいが間違っていたとする見解がある。(69)これに対し、不公平な釈明があれば、違法であるが、すでになされた釈明に基づく当事者の訴訟行為の効力は否定し得ないから、不公平があればその是正は当該審ないし差戻審における相手方当事者への釈明によってなされるほかない、上訴審としては判決を取り消して、あらためて相手方に防御の機会を与える余地と必要がある、との考えがある。(70)

忌避に関しては、その申立のもつ（更迭により後任として手続に関与することとなった裁判官に対する）事実的効果は別にして、釈明に基づく訴訟行為の効力は否定できないのであるから、当該訴訟における救済方法としては実効性がないといえよう。また、不公平な裁判官による当該事件における裁判を回避することができるという効果は考えることができるが、おそらく忌避事由となった過剰釈明は決定的な点についてのそれであろうから（さもなければ忌避の申立はなされなかったであろう）、やはり救済方法としては、実効性を欠くこととなろう。(71)差戻しをして、相手方に防御の機会を与えることも、現実には余り期待できないであろう。積極的釈明の場合、おそらく裁判所は重要な点であるから、勝敗逆転の蓋然性をもつ決定的な点であるから、釈明の処置を執ったのであって、相手方にとっては、防御の機会を与えられても、これを更に再逆転することは極めて困難と思われるからである。結局、釈明権の過剰な行使に対しては有効な救済方法はないのであって、それだからこそ釈明権の行使に際しては、裁判所は中立・公平を失しないように注意すべきなのであろう。

## 七　釈明の積極性と弁論の活性化

近時、周知のように弁論の活性化が唱えられてきた。平成八年の民訴法改正においても、この理念は追及されたところである。[72] しかし、裁判所は釈明権を限界なく積極的に行使してかまわない、いや、積極的に行使すべきである、とする場合、当事者の主体性が失われ、弁論の不活性化を招かないであろうか。弁論の活性化は、当事者が主体性をもって、裁判所と対等の立場で（裁判所の訴訟手続についての主宰権能、事件についての最終決定権を否定するものでないのは当然の前提である）充分に準備を行い訴訟活動をすることによって実現されるものであろう。[73] 当事者側の訴訟活動が不十分であっても、裁判所が常にそれを補ってくれる、ということになれば、いきおい当事者側の訴訟活動はおろそかになる可能性があるのではないか。裁判所が後見的に釈明権を積極的に行使してくれるということになれば、当事者側においてはそれを期待し自己の側での努力を欠くようになりやすいのは、極めて見やすい道理であろう。また、裁判所の積極的釈明が当事者側に対する指導・教育と表現されることがあるが、[74] もしそうとすれば、当事者側が裁判所に教導されるもの、当事者が裁判所の教育を受ける者、前者は後者の下位に立つ者と考えられるのであろうか。当事者の主体的な訴訟活動（主張・立証）と裁判所・当事者間の法的対論によって、生き生きした、活性化された弁論と、正しい法解釈・法適用が実現されるとするならば、指導ではなくて、事実に関する疑問の提示・立証の示唆、裁判所と当事者間における事実認識・法的見解の相違の示唆というべきであろう。戦前の民訴法典の下では、「訴訟は、相対立する当事者間の戦いというよりも、裁判所と弁護士との間の議論と協力ならびに裁判所の指導が、継続して行われる過程といったものであった。」「明治政府の官僚は、対立両当事者間のアムパイヤとして裁判官が働く英米法型の民訴よりは、修練をつんだ事実審裁判官が強力な指導者の役割を演ずるドイツ型の民訴に魅惑されたのであった。」(75)との指摘がかつてあったが、このような状況にならないであろうか。

たとえば、前述の最判昭和四五年六月一一日民集二四巻六号五一六頁の場合は明らかに当事者側の怠慢による場合であって、このような場合に釈明権の行使を肯定することは、もっぱら裁判所に依存する、主体性のない当事者を生み出すこととなり、およそ弁論の活性化とは縁遠いものを、作り出すであろう。このような当事者側の怠慢と、ついうっかり・誤解していた場合（「損害賠償債権を有するXがYZ間の売買を詐害行為であるとしてZに対しその取消しを求めて提起した訴訟の控訴審において、併合提起されていたXのYに対する損害賠償請求につき第一審の勝訴判決が確定しているため、立証の対象が専ら右売買の詐害行為性の有無に限られ、Xが損害賠償債権の存在については事実上立証の必要がないものと誤解してその立証をしなかったなど判示のような事情があるときには、裁判所が右損害賠償債権の立証がないとしてX敗訴の判決をすることは、その立証を促すべき釈明権の行使を怠った違法があるものというべきである」とした、最判昭和五八年六月七日判時一〇八四号七三頁の事例）、裁判所と当事者との間における法的見解の食い違い（価額償還の基準時について、「破産管財人が破産者のした代物弁済を否認してその相手方に対し目的物である中古トラックの価額償還を求める訴訟において、裁判所が価額償還請求権の発生を肯認する判断に達したが、否認権行使時の時価については原告の主たる立証の対象とならず、また被告もこれを積極的に争わないという場合に、代物弁済時および相手方の処分時の価額については書証があって、否認権行使時の時価が零であるとは到底考えられず、またその立証も可能であるなど判示のような事情があるときは、裁判所は、右時価の立証を促すべきであり、かかる措置に出ることなく、その立証がないとの理由で請求を排斥することは、釈明権不行使、審理不尽の違法を免れない」とした、最判昭和六一年四月三日判時一一九八号一一〇頁の事例）、あるいは当事者にうっかり・誤解があるというよりも、むしろ裁判所の心証形成の根拠が不十分で釈明権の行使によるさらなる証拠調べの必要性が指摘された場合（抵当権順位変更契約証書（乙第一号証）の真正が主要な争点であった場合に、「上告人は、第一審においてこれについて筆跡鑑定の申出をしたが、第一審は、これを採用することなく、乙第一号証の……部分が真正に成立したものであると認定し、……被上告人の請求を棄却した。これに対し、原審は、筆跡の点について特段の証拠調べをすることなく、乙第一号証の被上告人作成名義の部分が真正に成立したものとは認められないとして……、第一審判決を取り消して被上告人の請求を認容した。しかしながら、第一審で勝訴した上告人は、原審で改めて筆跡鑑定の申出をしなかったものの、原審第二回口頭弁論期日において陳述した準備書面によって、原審が乙第一号証の被上告人作成名義の部分の成立に疑問があるとする場合には、上告人が第一審において筆跡鑑定の申出をした事情を考慮して釈明権の行使を十分配慮されたい旨を求めていたのである。そして、乙第一号証の『中村省一』の署名の筆跡と第一審における被上告人代表者尋問の際に中村省一が宣誓書にした署名の筆跡とを対比すると、その筆跡が明らかに異なると断定することはできない。このような事情の下においては、原審は、すべからく、上告人に対し、改めて筆跡鑑定の申出をするかどうかについて釈明権を行使すべきであったといわなければならない」とした、最判平成八年二月二二日判時一五五九号四六頁の事例）とは厳に区別さるべきであろう。

弁論の活性化のためには、当事者側の、裁判所に依存しない、主体的な訴訟活動が必要とされるのであり、とくに弁護士たる代理人には厳しさが要求されよう。

## 八　ま　と　め

釈明権の積極的行使を無制限に肯定すれば、民事訴訟理論全体について、大きな影響を与えることは必至であろう。さきに引用した、主要事実と間接事実の区別の問題、相手方からの訴訟資料・証拠資料の取得の問題、総じて弁論主義の諸問題は、裁判所の釈明義務の問題に移行させることによってある程度解決できる、との主張[76]は、まさに釈明権が積極的に行使されれば、当事者はもれなく訴訟資料・証拠資料を提出するであろうから、もはや弁論主義の問題として考える必要がない、との趣旨であると思われる。また、訴訟物についての「旧説の立場に立つとしても裁判官は他の請求権の成立の可能性まで場合によっては、釈明義務の範囲と考えてすでに釈明作業を現実に行ってきているのではないか……」[77]との指摘があるが、訴えの変更を示唆する釈明を積極的に行うとすれば、まさに、訴訟物についての旧説と新説との境界は消滅するであろう。裁判所が積極的に釈明権を行使すれば（もちろん、当事者が釈明に応じた場合を前提とするのであるが）、おそらく、処分権主義、弁論主義に関する問題は、消滅してしまうのではないだろうか。

民事裁判の正統性は、当事者双方に対する手続保障のもとで裁判官の後見のもとに両当事者の自律的な法廷弁論が活性化されることによって基礎づけられている[78]、と考えることができるが、釈明権の行使は、弁論の活性化に資すべきものであって、裁判所に依存する当事者を作り出さないことが肝要であろう[79]。最判昭和五一年六月一七日民集三〇巻六号五九二頁における、藤林裁判官の反対意見に共感を覚えるのである。当事者の主体性を前提として釈明権を考え直す必要があるのではないだろうか。

（1）　中野貞一郎『解説新民事訴訟法』（有斐閣、一九九七年）三二頁。
（2）　塩崎勤「釈明権」『新民事訴訟法大系II』（青林書院、一九九七年）一二五頁、奈良次郎「新民事訴訟法と釈明権をめぐる若干の問題（下）」判時一六一四号（一九九七年）五頁。
（3）　園尾隆司「裁判所の釈明権と訴訟指揮」『講座新民事訴訟法I』（弘文堂、一九九八年）二三七頁以下、なお、「特集・新民事訴訟法施行1年の回顧と展望」判タ一〇〇七号（一九九九年）四三頁（阿多博文発言）、四八頁（山下寛発言）によれば、大阪地裁においては、期日外釈明はあまり利用されていないようである。
（4）　奈良次郎・前掲・判時一六一四号六頁は、釈明権の行使のし過ぎの問題は起きにくくなったのではないか、という。
（5）　中野貞一郎「釈明権」小山昇ほか編『演習民事訴訟法』（青林書院、一九八七年）三九〇頁以下参照。
（6）　松村和徳「弁論主義考」早稲田法学七二巻四号（一九九七年）四三四頁注（7）。
（7）　奈良次郎「釈明権と釈明義務の範囲」『実務民事訴訟講座1』（日本評論社、一九六九年）二〇四頁、山木戸克己「弁論主義の法構造」中田淳一先生還暦記念『民事訴訟の理論（下）』（有斐閣、一九七〇年）二三頁以下、中野貞一郎

「弁論主義の動向と釈明権」ジュリ五〇〇号（一九七二年）三五〇頁、奈良次郎・前掲・判時一六一四号一三頁。

（8）小島武司「釈明権行使の基準」新堂幸司編著『特別講義民事訴訟法』（有斐閣、一九八八年）三三四頁以下。同三四〇頁は、「事実審の釈明はきわめて広範である。裁判官は、紛争の適正な解決をめざして、どのような事項についても、どのような内容についても、また適切と考えられるあらゆる方法によって、疑問点をただし必要な事項を示唆することができる」という。

（9）吉野正三郎「手続保障における裁判官の役割」立命館法学一七九号（一九八五年）五一頁。

（10）山本和彦「弁論主義の根拠」判タ九七一号（一九九八年）六八頁。

（11）上田徹一郎『当事者平等原則の展開』（有斐閣、一九九七年）六頁以下。

（12）上田徹一郎『展開』二六頁・九五頁以下。

（13）吉野正三郎・前掲・立命館法学一七九号四五頁以下。

（14）小林秀之「民事訴訟における訴訟資料・証拠資料の収集（3）」法協九七巻八号一一六頁以下、同「民事訴訟における訴訟資料・証拠資料の収集の素描」民訴雑誌二八号（一九八二年）三四頁。

（15）松村和徳「裁判官の積極性とフランツ・クラインの訴訟理念」木川博士古稀祝賀『民事裁判の充実と促進(下)』（判例タイムズ社、一九九四年）二二四頁。

（16）吉野正三郎・前掲・立命館法学一七九号四七頁。

（17）安達栄司「アメリカ合衆国における審理の充実と訴訟促進の動向（一）、（二）」民商一〇三巻五号（一九九一年）六九頁以下、六号（同年）九四頁以下参照。

（18）園部秀穂＝原司「釈明権及び釈明処分」ジュリ増刊『民事訴訟法の争点〔第三版〕』（一九九八年）一八六頁。

（19）松村和徳・前掲・早稲田法学七二巻四号四六九頁以下。

（20）上田徹一郎『展開』五五頁。

（21）井上治典「手続保障の第三の波」新堂幸司編著『特別講義民事訴訟法』（有斐閣、一九八八年）八三頁以下、九〇頁。

（22）井上治典・前掲『特別講義民訴法』九五頁。

(23)　研究会・弁論の活性化・ジュリ七八〇号（一九八二年）五二頁（井上治典発言）。
(24)　前掲研究会・ジュリ七八〇号五三頁（井上治典発言）。
(25)　井上治典・前掲『特別講義民訴法』九〇頁。
(26)　千種秀夫「証拠調をめぐる諸問題」『実務民訴講座1』（日本評論社、一九六九年）三一五頁以下、奈良次郎・前掲『実務民訴講座1』二〇四頁。
(27)　奈良次郎・前掲『実務民訴講座1』二二九頁注(10)、佐々木吉男「釈明権行使の許容限度」判タ二八一号（一九七二年）五六頁以下。もちろん、これらの論者も弁論主義の枠内での釈明権の積極的行使を主張されるのであろうけれども、それが当事者に不公平感を与えることも看過すべきではない。
(28)　奈良次郎「訴訟資料収集に関する裁判所の権限と責任」『講座民事訴訟④』（弘文堂、一九八五年）一三九頁注(16)。
(29)　小林秀之「弁論主義の現代的意義」『講座民事訴訟④』（弘文堂、一九八五年）九四頁。
(30)　田辺公二「米国における事実認定の研究と訓練」『事実認定の研究と訓練』（弘文堂、一九六五年）一三六頁は、「職業的裁判官は事実認定について普通人と異なる特殊な訓練をそなえている反面、多年にわたって無意識のうちに集積された職業的な偏向に陥る危険をも多分にもつ……。職業的裁判官の判断は無条件に常に『素人』の判断より優るという前提に立つことは、我々としてもできるだけ避けなければならない」とされる。
(31)　前掲研究会・ジュリ七八〇号五七頁（棚瀬孝雄発言）は、訴訟の世界では、訴訟的真実にやや重みを与えたい、としている。
(32)　「座談会『新民事訴訟法の下における弁護士の活動』」判タ九五三号（一九九七年）二八頁（高橋宏志発言）は、「日本の裁判官のメンタリティーとして、……、実体的正義を非常に重視する……。……今までがちょっと過剰に強調されていた……。」とされる。また、奈良次郎「当事者と裁判所の関係についての一考察」木川博士古稀祝賀『民事訴訟の充実と促進（上）』（判例タイムズ社、一九九四年）一九四頁注(14)は、裁判所は心証形成に自信より過信に近いといえる、とされている。
(33)　石井良三「釈明の権能」判時二四九号三頁。
(34)　本井巽「釈明権」吉川追悼『手続法の理論と実（上）』（法律文化社、一九八〇年）一一八頁。

(35)　奈良次郎・前掲『講座民訴④』一三二頁以下。
(36)　竹下守夫＝伊藤眞編『注釈民事訴訟法（3）』（有斐閣、一九九三年）一一四頁（松本博之）。
(37)　上田徹一郎『民事訴訟法』三二四頁。
(38)　高木新二郎「私が実施した審理充実促進方策」木川博士古稀祝賀『民事裁判の充実と促進（上）』（判例タイムズ社、一九九四年）四八六頁。
(39)　村松俊夫「証拠における弁論主義」岩松裁判官還暦記念『訴訟と裁判』（有斐閣、一九五六年）二八一頁。
(40)　千種秀夫・前掲『実務民訴講座1』三一五頁以下。
(41)　賀集唱「民事裁判における訴訟指揮」曹時二四巻四号（一九七二年）一四頁。
(42)　賀集唱・前掲・曹時二四巻四号八頁、同様の指摘として、武藤春光「民事訴訟における訴訟指揮」司研論集五六号（一九七五年）七七頁。
(43)　小山昇「当事者主義・弁論主義の動向」法時三二巻一〇号（一九六〇年）一八頁。
(44)　賀集唱・前掲・曹時二四巻四号四頁以下、本井巽・前掲・吉川追悼（上）一一三頁以下、上田徹一郎『民事訴訟法』三二二頁以下、小林秀之『プロブレム・メソッド新民事訴訟法』（判例タイムズ社、一九九八年）二一〇頁以下等。
(45)　山木戸克己・前掲『中田還暦（下）』一二二頁以下。竹下守夫「「口頭弁論」の歴史的意義と将来の展望」『講座民事訴訟④』（弘文堂、一九八五年）三七頁も、釈明権の「本来的意義は、判断主体としての裁判所が、みずから事件の解決に重要と考える論点を指摘し、弁論主体たる当事者にこの点につき弁論を尽くさせるところにある。それゆえ、当事者の弁論に基づき、裁判所が紛争の核心と考えた論点について、当事者の主張が具体化されず、争点が絞られていなければ、弁論に介入して釈明権を行使すべきことは当然である」とする。
(46)　山本和彦・前掲・判タ九七一号六四頁、六七頁。
(47)　竹下守夫「弁論主義」小山昇ほか編『演習民事訴訟法』（青林書院、一九八七年）三七六頁以下。
(48)　山本和彦・前掲・判タ九七一号六四頁。
(49)　中野貞一郎・前掲『演習民訴法』三九四頁注(2)参照。
(50)　高橋宏志「弁論主義について（3）」法教一二二号（一九九〇年）七八頁・八〇頁、竹下守夫＝伊藤眞編『注釈民事訴訟法（3）』（有斐閣、一九九三年）五七頁（伊藤眞）。
(51)　小林秀之「弁論主義の再検討」Law School 二六号（一九八〇年）七三頁以下。
(52)　小林秀之・前掲『講座民訴④』一一九～一二一頁。
(53)　小林秀之・前掲・民訴雑誌二八号三九頁。
(54)　小林秀之・前掲『講座民訴④』九五頁以下。
(55)　権利移転経過の認定について弁論主義違反の違法があるとした、最判昭和四一年四月一二日民集二〇巻四号五四八頁、最判昭五五年二月七日民集三四巻二号一二三頁等参照。これらの場合、弁論主義違反で原判決を破棄し差戻す判決が、原審での釈明権不行使を補う機能を果たすことになる。また、当事者の主張に顕れていない事実について釈明することが不公平で違法（釈明権の過剰行使）と評価されるような場合には、事実上救済の方法がないことになる。
(56)　その判断の際に考量されるべきファクターについては、中野貞一郎・前掲・ジュリ五〇〇号三五一頁以下、同『演習民訴法』三九三頁以下、小島武司・前掲『特別講義民訴法』三四六頁等参照。
(57)　たとえば、『注釈民訴法（3）』一一八頁（松本博之）参照。
(58)　奈良次郎・前掲『講座民訴④』一三三頁以下、同・前掲・判時一六一四号一二頁以下、同旨、小池順一「釈明権の対象と行使範囲」伊東乾古稀記念論文集『民事訴訟の理論と実践』（慶応通信、一九九一年）三六二頁。奈良次郎・前掲『木川古稀（上）』一九二頁・二〇八頁は、自らを振り返り、当事者の訴訟主体者としての配慮が足りなかったとされているので、ここでは少しニュアンスが違っているようである。
(59)　中野貞一郎・前掲『演習民訴法』三九七頁注(18)、石田秀博「訴えの変更と釈明権（2・完）」法学雑誌三八巻一号（一九九一年）八七頁以下、上田徹一郎『民訴法』三二八頁以下、小林秀之『プロブレム』二二四頁以下。
(60)　釈明権の裁量的行使を認める（実務家からは、これを主張する声が強い。たとえば、石井良三・前掲・判時二四八号四頁以下、奈良次郎・前掲『実務民訴講座1』二三〇頁以下・二三四頁注(7)等）ことは、「平等原則」に反する。それは、裁判官の中立性の観点からも避けられねばならないから、釈明権と釈明義務の範囲は一致すべきである（『注釈民訴法（3）』一一〇頁以下（松本博之））との見解がある。この場合、裁量的行使が問題とされるのは、おそらく個々の事件についてではなく、異別の・社会的な訴訟事件全体を通じてのそれであると思われる。しかし、通常、権利・義務の範囲が問題になるのは、一個の訴訟事件における釈明権行使についてであるし、裁判官の中立性が問題であるとされるのは、個別の事件について、その内部における当事者間におけるそれであると思われる。裁判官の中立性の問題とは少し次元が異なるのではあるまいか。

(61)　奈良次郎・前掲『実務民訴講座1』二三四頁注(7)、小島武司・前掲『特別講義民訴法』三四六頁。

(62)　上田徹一郎・本件判批・民商一一七巻六号一〇七頁、高見進・本件判批・私法判例リマークス一九九八年（上）一三九頁、高橋宏志「既判力補論」法教二〇九号（一九九八年）八六頁注(4)。

(63)　小島武司・前掲『特別講義民訴法』三四六頁。

(64)　『注釈民訴法（3）』一三〇頁以下（松本博之）、二六二頁・二六四頁（伊藤眞）参照。

(65)　兼子一ほか『条解民事訴訟法』（弘文堂、一九八六年）三三三頁（新堂幸司）。

(66)　賀集唱・前掲・曹時二四巻四号一四頁・二七頁、石井良三・前掲・判時二四九号二頁、小島武司「口頭弁論の要としての対論(下)」法学セミナー一九七九年五号一一九頁。

(67)　鈴木重勝「上告理由」林屋礼二＝小島武司編『民事訴訟法ゼミナール』（有斐閣、一九八五年）三六八頁。

(68)　兼子一ほか『条解民訴法』三三三頁（新堂幸司）。

(69)　中野貞一郎・前掲・ジュリ五〇〇号三五一頁。

(70)　松浦馨「処分権主義と弁論主義」法学教室四号（一九六二年）七八頁。

(71)　同旨、高橋宏志『重点講義民訴法』二八七頁。

(72)　竜嵜喜助「事例で考える弁護士活動」法時八四五号（一九九六年）三二頁・三六頁は、争点整理手続の徹底化による柔軟性の欠如、口頭主義の後退と書面主義の徹底により、これに疑念を呈する。

(73)　吉村徳重「弁論の活性化と訴訟促進」ジュリ七八〇号（一九八二年）二六頁は、裁判所の釈明が当事者の弁論活性化の媒介となる、とするが、わが国で釈明権の積極的行使が行われた場合、弁論の活性化につながるのか、疑問がある。小山昇・前掲・法時三二巻一〇号二〇頁参照。

(74)　中野貞一郎・前掲・ジュリ五〇〇号三五二頁、奈良次郎・前掲『実務民訴講座1』二二六頁。論者のいわれるところは、裁判所が手続の主宰権能を有するということ、最終的判断権を有するところから妥当な解決への途を示唆するということであろうが、紛らわしい表現であろう。

(75)　田辺公二「訴訟の過程」ヴォン・メーレン編『日本の法』上（東京大学出版会、一九六五年）一〇四頁以下・一三三頁。

(76)　小林秀之・前掲・民訴雑誌二八号三四頁。

(77)　新堂幸司『新民事訴訟法』（弘文堂、一九九八年）二七九頁。

(78)　田中成明「裁判の正統性」『講座民事訴訟①』（弘文堂、一九八四年）九三頁。

(79)　近藤完爾「訴訟の促進と当事者主義」『民事訴訟論考』第二巻（判例タイムズ社、一九七八年）二一八頁は、「私自身の短い経験からいっても、職権を遠慮なく行使して、ドシドシ釈明もし職権による証拠調べをした方がよいと考えて、弁論主義を無視する位に力を入れてみたこともあるが、その結果は、全体としての訴訟は、弁護士の活躍する分野を狭め訴訟進行の意欲を減退させて、あまり促進されなかったのではないかという反省に突当たったことがある」とされている。

# 8 反対相殺の適否について

松本博之



## 一　はじめに

### 1　原告による相殺

(1)　訴訟上の相殺には、理論上のみならず実務上も種々重要な問題が存在する。たとえば、訴訟上の相殺の抗弁がいかなる法的性質を有するか[1]、相殺の抗弁が訴訟において裁判所により斟酌されなかった場合に相殺の実体上の効果がいかなる根拠によって消滅するか[2]、事実審の最終口頭弁論終結後の、確定判決によって確定した債権を受働債権とする相殺を主張して請求異議の訴えを提起することができるか[3]、別訴によって訴求中の債権を自働債権とする訴訟上の相殺の適否、および相殺に供した債権をもって別訴により訴求する場合に重複起訴の規制（民訴一四二条）を受けるか否か[4]、一部請求に対して相殺の抗弁が提出された場合、原告は債権の全部を受働債権として相殺をしてもらうことができるか、[5] 国際民事訴訟において受訴裁判所が相殺の抗弁につき審理判断するためには、自働債権につき国際裁判管轄権を有することが必要かといった問題を挙げることができる。これらの問題の解決はいずれも困難である。

(2)　そのような訴訟上の相殺に関する種々の問題に加えて、最近人々の注目を集めているものに、原告による相殺の問題がある。従来、訴訟上の相殺に関しては、主として、被告の防御方法である相殺の抗弁が論じられてきた。[6] しかしながら、被告ではなく、原告が相殺を主張する事案も考えられる。これには、①原告たる債務者が、請求異議の訴えや債務不存在確認の訴えにおいて、被告の主張する債権に対する相殺を主張する場合、②訴えを提起する原告が訴状において、被告の原告に対する債権を受働債権とする相殺の意思表示を行い、初めから相殺額を超える自己の債権部分に限定して訴求する場合、③被告が原告の訴求債権に対して相殺の抗弁を提出した後に、原告がこの被告の主張する反対債権を受働債権とする訴訟上の相殺（反対相殺）をさらに行う場合、および、④被告の反訴の提起を受けた原告が反訴請求に対して相殺を行う場合がある。[7]

①の、相殺により被告の債権が消滅したことを理由として提起される請求異議の訴えが適法なことは、異論を見ないであろう。[8] ②は原告が被告の相殺の抗弁に先回りして、被告が相殺の抗弁によって主張すべき反対債権を事前に消滅させるものであり、その適法性について疑問はない。[9] これらの場合には、相殺を行う債務者が自己に対して主張される債権に対して被告の地位において防御するのでなく、原告となって訴えの方法で防御する点で、被告が相殺する通常の場合と比べ、当事者の役割が入れ替わっているに過ぎない。これらの相殺についての裁判所の判断に既判力が生ずることも、争いなく認められよう。[10] ④は原告が相殺をするといっても、債務者の立場において被告の反訴請求に対する防御方法として相殺を行うものであり、通常の相殺の抗弁との差違はない。

しかし、③の反対相殺（Gegenaufrechnung）については、問題がある。反対相殺とは、原告の訴求債権に対して被告が訴訟上の相殺の抗弁を提出した後に、原告が訴求債権とは異なる被告に対する別個の債権（または、原告の訴えが一部請求訴訟である場合には、訴求されていない債権の残額部分）をもって、裁判所が被告の相殺の抗弁を理由ありと認める場合のために、被告が相殺に供した反対債権を受働債権として相殺する旨陳述するものである。この場合には、被告の相殺と原告の相殺とが競合することになる。このような反対相殺が適法であるか否かについて、議論がある。

(3)　最高裁判所は、最近の判例において反対相殺の再抗弁[11]の適否について初めて判断を示した。事案の詳しい紹介と検討は次節において行うが、結論的には、判例は訴訟上の理由から反対相殺の再抗弁を不適法とする（最（一小）判平成一〇年四月三〇日民集五二巻三号九三〇頁＝判時一六三七号三頁）。他方、一部請求訴訟において被告が相殺の抗弁を提出した場合には、相殺は原告の債権の総額から自働債権の額を控除して行うべきであるとするのが判例である。すなわち、最（三小）判平成六年一一月二二日民集四八巻七号一三五五頁は、「特定の金銭債権のうちの一部が訴訟上請求されているいわゆる一部請求の事件において、被告から相殺の抗弁が提出されてそれが理由がある場合には、まず、当該債権の総額を確定し、その額から自働債権の額を控除した残存額を算定した上、原告の請求に係る一部請求の額が残存額の範囲内であるときはそのまま認容し、残存額を超えるときはその残存額の限度でこれを認容すべきである」と判示し、「外側説」と呼ばれる見解に一般的に立つことを宣明したのである。

　これらの判例の態度によれば、原告が一個の債権の不訴求部分をもって被告の反対債権に対して相殺する旨の反対相殺の陳述をした場合には、この反対相殺は不適法であるのに対して、一部請求訴訟の場合には、残額債権によって反対相殺の陳述をしなくても原告はまず同一債権の総額（不訴求部分）から相殺してもらえることになる。その結果、債権の不訴求部分による反対相殺が実施され、これが認められたのと同じ結果が労せずして生ずることになる。そこから、これら二つの判例の見解に矛盾は存しないのか、また矛盾があっても無視しうる程度のものなのか、という疑問が生ずる。一部請求に対する相殺の抗弁において最高裁判所が「外側説」と呼ばれる見解に立つ理由は、「一部請求は、特定の金銭債権について、その数量的な一部を少なくともその範囲においては請求権が現存するとして請求するものであるので、右債権の総額が何らかの理由で減少している場合に、債権の総額からではなく、一部請求の額から減少額の全額又は債権総額に対する一部請求の額の割合で案分した額を控除して認容額を決することは、一部請求を認める趣旨に反する」[12]ことに求められている。「一部請求を認める趣旨」が、この判決理由の説くようなものであるか否かは疑わしいけれども（この点は後に立ち返ることにする）、それはともかく、このように、一部請求に対して相殺を行おうとする被告の意思は訴訟物となっている訴求部分の債権に対して相殺することにあり、かつ、被告は受働債権を指定する権限を有することは明白であるのに、この被告の意思の方は単純に無視し、内容のはっきりしない「一部請求を認める趣旨」を基準にする判例の態度が、被告の受働債権指定権を無視する形で行われることに問題はないのであろうか。

### 2　本稿の課題

本稿は、訴訟上の相殺に関する最近の判例の動きに触発されて、反対相殺の適否とそれに関連する問題に限定して若干の考察をしようとするものである。筆者は、最近この反対相殺についての右の最高裁判例に対して解説を行い、簡単ながら私見を述べる機会を与えられたが[13]、そこでは不本意ながら紙幅の都合で必ずしも充分な検討をすることができず、また部分的には適切でない記述も見られる。佐々木吉男先生の古稀をお祝いするはずの論文集が先生のご逝去により追悼論文集になり、誠に残念であるが、先生のご冥福をお祈りしつつ、以下では、反対相殺の適否と、これと関連する一部請求訴訟における相殺の仕方の問題を検討することとしたい。

## 二　反対相殺の適否

### 1　判例の見解

(1)　反対相殺について、最高裁判所第一小法廷は平成一〇年四月三〇日の判決で、「当事者間の法律関係を不安定にし、いたずらに審理の錯雑を招く」等の理由から、これを不適法とする判断を示した[14]。

この判例は次のような事実関係を基礎とする。YはXから第一審判決別紙計算書1、5、4記載のとおり金員を借り受け、月六分の割合による利息を天引きした金額を受領した。計算書1-22の貸金債権（以下、「貸金債権㈠という」）、計算書5-22の貸金債権（以下、「貸金債権㈡」という）、計算書4-22の貸金債権（以下、「貸金債権㈢」という）には担保として、それぞれ約束手形が交付されていたが（それぞれ順次「手形㈠」、「手形㈡」、「手形㈢」という）、いずれも不渡りとなったのち、「手形㈠」の債権と「手形㈡」の債権を目的として二つの準消費貸借契約が締結された（これらの契約に基づく債権をそれぞれ「準消費貸借金債権㈠」、「準消費貸借金債権㈡」という）。

各計算書の1ないし21の各貸金債権（計算書5-10を除く）に関し天引きされた利息は利息制限法所定の制限利息を超過しており、その結果YはXに対して超過利息額と同額の不当利得返還請求権を取得した。その額は、計算書1については一六二万六九五三円（以下「不当利得返還請求債権㈠」という）、計算書4については一〇六万一一七三円（以下「不当利得返還請求債権㈢」という）、計算書5については九七万七四二六円（以下「不当利得返還請求債権㈡」という）であった。Xは「準消費貸借債権㈠」「準消費貸借債権㈡」および第一審判決請求原因1の貸金債権の支払いを請求した。Yはこれらの債権の成立を争うとともに、第一審第一七回口頭弁論期日において、「準消費貸借金債権㈠」を「不当利得返還請求債権㈠」により、「準消費貸借金債権㈡」を「不当利得返還請求債権㈡」により、それぞれ対当額で相殺する旨の、訴訟上の相殺の意思表示をした（抗弁）。これに対して、Xは同じ期日に、「手形㈢」の債権を自働債権として「不当利得返還請求債権㈠」「不当利得返還請求債権㈡」のうち発生時期の早いほうから順次対当額で相殺する旨の、訴訟上の相殺の意思表示をした。これに対して、Yは、原審第四回口頭弁論期日において、「不当利得返還請求債権㈢」を自働債権として「手形㈢」の債権と対当額で相殺する旨の、訴訟上の相殺の意思表示をした。

第一審は被告の相殺の抗弁を容れて請求を棄却した。原審は、Yによる訴訟上の相殺の抗弁とXによる訴訟上の相殺の意思表示とが同一の口頭弁論期日において準備書面の陳述により行われたが、Xの陳述が先になされたからXの相殺の意思表示が先に効力を生じたと解して、Xの請求を一部認容した。これに対して、Yは、相殺の抗弁に対する実体判断に既判力を付与する旧民訴法一九九条二項（新民訴法一一四条二項）は被告側の相殺の抗弁のみを予定した規定と解すべきであること、原告の相殺の再抗弁は裁判上の請求と同視されるべきであり、訴えの変更によるべきであると主張して上告した。最高裁は、次のように判示して原判決中Y敗訴部分を破棄し、同部分につきXの控訴を棄却した。

「被告による訴訟上の相殺の抗弁に対し原告が訴訟上の相殺を再抗弁として主張することは、不適法として許されないものと解するのが相当である。けだし、㈠　訴訟外において相殺の意思表示がされた場合には、相殺の要件を満たしている限り、これにより確定的に相殺の効果が発生するから、これを再抗弁として主張することは妨げないが、訴訟上の相殺の意思表示は、相殺の意思表示がされたことにより確定的にその効果を生ずるものではなく、当該訴訟において裁判所により相殺の判断がされることを条件として実体法上の相殺の効果が生ずるものであるから、相殺の抗弁に対して更に相殺の再抗弁を主張することが許されるものとすると、仮定の上に仮定が積み重ねられて当事者間の法律関係を不安定にし、いたずらに審理の錯雑を招くことになって相当でなく、㈡　原告が訴訟物である債権以外の債権を被告に対して有するのであれば、訴えの追加的変更により右債権を当該訴訟において請求するか、又は別訴を提起することにより右債権を行使することが可能であり、仮に、右債権について消滅時効が完成しているような場合であっても、訴訟外において右債権を自働債権として相殺の意思表示をした上で、これを訴訟において主張することができるから、右債権による訴訟上の相殺の再抗弁を許さないこととしても格別不都合はなく、㈢　また、民訴法一一四条二項（旧民訴法一九九条二項）の規定は判決の理由中の判断に既判力を生じさせる唯一の例外を定めたものであることにかんがみると、同条項の適用範囲を無制限に拡大することは相当でないと解されるからである」。

(2)　この判決は、原告が被告の相殺の抗弁に対して被告の反対債権を受働債権として訴訟外において相殺の意思表示を行い、それによる反対債権の消滅を再抗弁として訴訟上主張する場合と、係属中の訴訟において訴訟上の反対相殺を行う場合とを区別する。そして主として、当事者間の法律関係を不安定にするか否かを基準に、前者を適法、後者を不適法と見る。被告の相殺の抗弁に先行して、原告が被告の反対債権を受働債権として確定的に相殺の意思表示を行い、これを訴訟上援用する場合には、原告がした相殺によって被告の反対債権が先に消滅する結果、被告が後れてした相殺の抗弁は相殺の実体的要件を欠くため相殺の効果を生じないから、原告の相殺とその訴訟上の援用が優先することは明らかである。しかし、被告が相殺の抗弁を提出した後に原告が訴訟外において相殺の意思表示をして反対債権を消滅させることができるか否かは問題である。もし、相殺の抗弁により被告の反対債権が解除条件付きにせよ、すでに消滅するならば、原告の相殺は相殺の実体的要件を欠き反対債権を消滅させることができず、したがって、このような相殺の訴訟上の援用は再抗弁として意味をもち得ないからである。それゆえ、相殺の抗弁提出後の訴訟外での反対相殺の適否は、相殺の抗弁をどのような行為と見るかにかかることになる。

判旨は、後者すなわち訴訟上の反対相殺は条件付き相殺であり、その効果は確定的に生ずるものでないため当事者間の法律関係の不安定、審理の錯雑を招くという理由で不適法と解した。しかし、この判旨の結論はともかく、その理由には疑問がもたれる。判旨は、被告の相殺の抗弁は予備的相殺（停止条件付き相殺）であり、それゆえ、相殺の意思表示がなされることにより確定的に相殺の効果が生じるのではないから、原告の反対相殺も許される余地があるものの（現に、判旨が訴訟外の反対相殺を適法とするとき、このことを前提にしているように思われる）、他方、訴訟上の反対相殺を許すと、耐え難い手続の不安定が生ずると論ずるようである。ここから、このような予備的相殺の理解が正しいのか否かが問題となる。反対債権が存在する場合のために原告の他の債権によってこれを相殺するという場合の予備的反対相殺における条件は、被告の反対債権の存否であり、それは訴訟手続内で明らかになる事実であるから、通常は訴訟手続を著しく不安定にすることはないと考えられるからである。それゆえ、反対相殺を不適法と解する場合には、別の理由が必要である。

なお、訴訟上の相殺の抗弁と反対相殺とが同一期日において準備書面の陳述によってなされている場合、その陳述の先後によって相殺の効果に差違が生じうるということが反対相殺を不適法とする理由として挙げられることがある。[15]

しかし、この反対相殺が予備的反対相殺である限り、それが先行的になされても訴訟上意味をもつのは、いずれにせよ、被告の相殺の抗弁が提出される場合であるから（したがって、反対相殺が先に効力を生ずることはありえない）、右の不適法理由は根拠に乏しいであろう。[16]

### 3　学　説

(1)　反対相殺の適否は、これまで日本の民事訴訟法学においては殆ど論じられてこなかった問題である。最近になって、右の最高裁判例を契機として見解を表明するものが散見される程度である。そこでは、概ね不適法説が主張されているが、理由づけは一致していない。

これに対して、ドイツでは普通法の時代から議論がなされており、一二〇年以上の長い歴史がある。[17]もっとも、ドイツ法においては、民法上、相殺者による相殺の受働債権の指定につき相手方に異議権が認められており（ドイツ民法三九六条一項二文）[18]、相手方が異議を述べると、法定の相殺充当が行われる。反対相殺もこの相殺充当との関係で論じられることがあることに注意する必要がある。

(2)　そのドイツでは、反対相殺は顧慮されない（unbeachtlich）とする見解が支配的である。[19]その理由は、主として実体法的要因に求められている。すなわち、反対相殺の意思表示がなされても訴求債権が存在しないという結論になると、被告の相殺の抗弁は顧慮されないから、反対相殺は無意味になり、逆に訴求債権と反対債権がともに存在すると判断された場合には、訴求債権と反対債権が対当額で相殺適状発生時点に遡って消滅し、結局、反対相殺は空振りに終ってしまうので、いずれにせよ、反対相殺は訴訟上意味をもたないということである。この実体的理由により反対相殺を不顧慮と解しつつ、なお補充的に訴訟上の理由を挙げる見解もある。[20]その際、訴え変更の制限との抵触が挙げられている。ドイツでは、被告が同意した場合、または裁判所が適当と見なす場合でなければ、訴えの変更は許されないが（ドイツ民事訴訟法二六三条）、反対相殺を許すと、この訴えの変更の制限が骨抜きにされる懼れがあることである。

(3)　反対相殺を適法とするドイツの少数説は、相殺の抗弁は予備的になされており、相殺の意思表示の時点では、その効果は確定的に生じていないから、原告が被告の主張する反対債権を受働債権として反対相殺を行い、これを消滅させることは排除されないとする見解を主張している。この見解は、Braun（ブラウン）とPawlowski（パブロフスキー）によって主張されている。

Braunは、この問題を逸早く一九七六年に発表された論文によって採り上げた。[21] 彼の議論の概要は、次のようである。①原告は訴訟前に問題だと思っている被告の反対債権に対して――被告の債権の存在を法定条件として予備的に――相殺し、その後訴訟において被告がその反対債権によって相殺した場合には、裁判所は被告の反対債権の存在についての調査との関係で前提問題として、原告の相殺が効力を生じたか否かを調査しなければならない。同じことは、原告が訴訟において相殺した場合にも妥当しなければならず、むしろ訴訟前における原告による相殺と、訴訟中における原告の相殺とは同等に扱われなければならないと主張する。[22] ②被告の相殺によって反対債権は実体法上直ちに消滅するから、原告の反対債権は空振りになるという実体法的理由から反対相殺を不適法視する支配的見解に対して、Braunは、支配的見解も、訴訟上相殺の実体的効果は手続においてどんな場合にも顧慮されなければならない、または顧慮されてよいという結論を決して引き出していないとする。そのような例として、Braunは、次のものを挙げる。すなわち、連邦通常裁判所は、反訴によって主張された債権がすでに訴求債権に対する予備的相殺に供されていた場合ですら、反訴に対する一部判決を適法と見ていること。[23] 被告は相殺の抗弁を単純に引っ込めることができること。時機に後れた相殺の抗弁の却下を適法としながら、被告が本案において敗訴するだけでなく反対債権を失うという酷な結果を避けるために、機知に富んだ構成が動員されること。訴求債権に抗弁権（たとえば時効の抗弁）が付着していることは、これが相殺により反対債権とともに消滅することを妨げないはずであるが、たとえば時効の抗弁と相殺の抗弁が提出される場合、裁判所が訴求債権の時効を認めるときは、私法説によっても、裁判所は相殺を理由に請求を棄却してはならず、むしろ、この場合、差し当たり予備的相殺の実体法上の効果を考慮に入れてはならないとされていること、である。以上のような支配的見解による訴訟上の相殺の扱いからは、原告の相殺は実体法上もはや効力をもちえないことを理由に無視されるのは不当である、「ある場合には予備的相殺の実体法上の効果を顧慮し、他の場合にはこれを無視することはできない」、とBraunは見る。[24] ③最後に、被告の相殺は裁判所が訴求債権の存在につき確信を得るという条件付きのものと見なし、この瞬間から訴訟上相殺のもつ実体法上の効果を手続上も顧慮することはよくないと、Braunは述べる。[25] たとえば、被告が第一次的に時効を援用し、予備的に相殺の抗弁を提出するとき、第一審裁判所が訴求債権の存在を認め、相殺は有効と判断するが、控訴裁判所は逆に、訴求債権は存在しないと判断し、それゆえ反対債権は消滅しなかったと見る場合、裁判所は時効により請求を棄却しなければならない、ことを指摘する。そして、Braunによれば、「以上のことは、予備的相殺のもつ可能な実体上の効果を訴訟上、手続のいかなる段階においても顧慮しないことが認められる場合にのみ、私法説の立場からも説明することができる。その場合には、しかし、原告の訴訟上の相殺も、『相殺の再抗弁』が実際効果をもちえないような実体上の法律状態に挫折することはできない」ことになる。[26]

Pawlowskiは、被告の予備的相殺によって被告の反対債権は直ちに消費されるのでなく、それが消費されるのは裁判所が訴求債権を審理し理由ありと判断し、反対債権の審理に向かうときだとする。[27] このことは、被告は相殺の抗弁に供した反対債権をもって別訴を提起することができるし、[28] また、原告の別個の債権に対する相殺のために用いることができることからしても理由づけられるとする。この考え方を前提にして、Pawlowskiは、先行する訴訟上の相殺（予備的相殺）は、裁判所が訴求債権に理由があることを確定した場合には、後になされた相殺を排除するが、それまでは、予備的相殺は訴訟外の相殺によっても、また訴訟上の無条件の反対相殺によっても反対債権の消滅をもたらすことができる、と主張する。予備的な訴訟上の反対相殺は、「反対相殺の審理が行われる前に、訴求債権に対する相殺が被告の相殺債権を消費するがゆえに」間に合わず、訴訟において反対相殺が奏効するのは、原告が被告の予備的相殺に対して無条件の相殺を行う場合に限られる、とする。[29]

## 4　検　討

(1)　反対相殺を全面的または部分的に適法とするBraunやPawlowskiの見解は、被告による予備的相殺によって直ちに被告の反対債権の消滅（消費）がもたらされず、反対相殺の余地が残っていることを出発点としている。もし予備的相殺によって反対債権が直ちに消滅しないのであれば（そして、予備的相殺が停止条件付き相殺であると見られる場合には、そうであろう）、少数説も、一見すると、主張可能と見えそうである。したがって、問題の解決は、予備的相殺の性質の理解、すなわち、予備的相殺は条件付き相殺なのか、また条件付き相殺だとすれば、それは停止条件付き相殺なのか、それとも解除条件付き相殺と解されるべきかということと関わる。

(2)　通常の防御方法とは異なり、反対債権の消滅をもたらす相殺の抗弁にあっては、訴求債権が存在しない場合や、相殺の抗弁が訴訟上の理由によって（たとえば時機に後れた防御方法として却下され、または訴えの取下げ・却下のため）、その訴訟において斟酌されなかった場合には、反対債権の消滅という相殺の実体法上の効果が発生しないとする必要があり、この点は殆どすべての見解によって争われてこなかった。問題は、この結果をもたらす法的構成にあった。このような法的構成として、周知のとおり、訴訟行為説が主張され、私法行為説の難点が指摘されたが、[30]訴訟行為説は私法上の意思表示によって相殺を実施するという民法の基本的構成と合致せず、少数説に止まらざるを得なかった。[31]最近では、相殺の抗弁が訴訟において考慮されなかった場合には実体法上の効力も生じないことを、予備的相殺を条件付き相殺と構成することによって説明する見解（条件付相殺説）が有力である。[32]

それでは、予備的相殺は停止条件付き相殺なのか、それとも解除条件付き相殺と解されるべきか。停止条件説は、裁判所が訴求債権の存在につき心証を得、かつ相殺の抗弁が訴訟上の理由から不顧慮とならないことを黙示的に停止条件として相殺の意思表示がなされているものと解する。[33]この構成の結果として、（黙示の停止条件付き）相殺の抗弁の意思表示によっては、直ちに反対債権の消滅の効果は生じないので、相殺に供した反対債権を別訴で訴求することが可能になることに、この見解の利点が見出されている[34]。もっとも、この見解は、上級審において訴求債権の存否に関して原審とは異なる判断がなされる可能性があり、そこから相殺の法律効果の発生につき困難が生ずることを認める。たとえば第一審裁判所で訴求債権の存在が認められ、控訴審でこれが否定される場合、第一審裁判所が認めた相殺の効力は控訴裁判所の判決によって除去されなければならないが、「これには、裁判所が訴求債権を認めるという停止条件に、訴求債権のもともとの存在と相殺による訴求債権の消滅から出発する判決が再び取り消される場合に介入する解除条件が結合されることによって、構成的に到達できる」とする[35]。この見解によれば、同一の相殺の意思表示に停止条件と解除条件の両方が付されていることになる。

解除条件説は、相殺の抗弁がたとえば時機に後れたものとして却下されること、もしくは、訴えが取り下げられ、または不適法として却下されるため、裁判所が相殺の抗弁について判決において判断しないことを解除条件として、相殺の意思表示がなされているものと見る。「真性の条件が認められるべき場合には、解除条件を認める方が、停止条件より被告の意思をよりよく評価することになる」ことを理由とする[36]。解除条件説を採るLeipold（ライポルド）は、停止条件説によれば、予備的相殺は「付条件の趣旨と目的から正当化しえないと思われる射程距離を得、予備的相殺の適法性を説明すべき構成から被告に予期されない不利益を引き出す。被告は、原告がなお反対債権に影響を与え得るという趣旨で浮動状態を招来しようとしているのではなく、訴求債権が存在せず、またはいずれにせよ訴求債権について判断されないにもかかわらず反対債権を終局的に消費してしまうことを予備的提出によって避けようとするに過ぎない」と停止条件説を批判し、併せて、予備的相殺であっても相殺の主張による反対債権の時効の中断は訴訟における相殺の抗弁の提出時点ですでに生ずることを指摘する[37]。

(3)　最高裁判所の判例を全面的に支持する中野貞一郎教授も停止条件説に立ち、要旨、次のように論じて判旨を正当化する。すなわち、同教授は、相殺の抗弁の提出によって直ちに訴求債権は消滅しないということから出発し、判例と同様、訴訟外の反対相殺と訴訟上の反対相殺とを区別し、前者は相殺の要件を充足する限り、「当然に許されなければならない」とする。[38] これに対して、訴訟上の反対相殺については、一方で、原告が「『裁判所が被告の主張した訴訟上相殺について実体的判断をするさいには原告の主張した逆相殺を斟酌してほしい』という趣旨の表明をしたと解されるならば、本件の原審判決がしたように、原告の逆相殺を斟酌して被告の相殺の成否を判断するのが理の当然というものであろう」[39] としながら、他方で、「訴訟には、手続の容量がある。訴訟手続は法律によって厳格に構成されており、あまり多くのものが雑多に詰め込まれると、適正・迅速な裁判ができない。……原告の逆相殺の再抗弁について裁判所が実体的な判断をした判決が確定した場合には、民事訴訟法一一四条二項の適用があると考えなければならないが、そうなると、逆相殺の自働債権の（当初からの、または、相殺の結果としての）不存在の判断に既判力が認められることになる。実質的には、原告が訴えによる請求とは別の新請求を追加するのと等しく、民訴一四三条一項ただし書・一四六条一項ただし書・一五二条一項の立法趣旨を類推して、訴訟手続を錯雑化しその進行を阻害するときは許されない」[40] という理由から、原則として不適法とする。しかし、また、金銭債権の一部請求訴訟において被告の相殺の抗弁に対して原告が債権の残額部分をもって相殺する旨の反対相殺のように、「審理の錯雑を招くことがなく、相殺の再抗弁によらなければ原告が他に適切な救済を受ける途がなく、再抗弁の自働債権の不存在の判断に既判力を認めないと紛争の蒸返しを避けることができないというような場合」には、例外的に「相殺の再抗弁」も許されると主張する。[41]

## 5　私　見

### (1)　予備的相殺の法的性質

筆者は、相殺の抗弁提出後の訴訟外の反対相殺も、訴訟上の反対相殺も、ともに実体上の理由により不適法であり、顧慮されない（unbeachtlich）と解する。最高裁判所は、被告の相殺の抗弁は予備的であり、そのため、相殺の抗弁の提出だけでは、訴求債権と反対債権の対当額における消滅という相殺の実体法上の効果はまだ生じていないので、原告の訴訟外の反対相殺は許されると見、訴訟上の反対相殺も許される余地があるものの、これを許すと審理の錯雑が生ずると論ずる。しかし、被告が予備的に相殺するのは、反対債権の消滅につき浮動状態を作り出し、反対債権に対する干渉の余地を原告に残すためではない。訴えの取下げや却下のため、あるいは時機に後れた攻撃防御方法の却下のため無意味に反対債権が実体法上「消費」されてしまうのを避けるために、予備的に相殺が行われるのであり、このような利益状態を適切に反映するには、訴訟上の相殺の抗弁を解除条件付き相殺と解するのが正しいと考えられる。そして、このことは、判例が適法と見る、被告の相殺の抗弁に対する訴訟外の反対相殺との関係でも当てはまる。したがって、訴訟上の反対相殺であれ、訴訟外の反対相殺であれ、いずれにせよ、反対相殺は存在しない債権を受働債権とする相殺であるので、不適法であり、訴訟上顧慮されえない[42]。

条件となるのは、訴訟上の理由により裁判所が相殺の実体法上の効果を判決において斟酌しないで終わることである。この場合、訴求債権の存在を裁判所が認定しないことを真性の条件と見る必要はないであろう。なぜなら、訴求債権が存在することは、もともと民法五〇五条一項による相殺の法律要件であり、また、相殺に基づき行われた確定判決の既判力の範囲を決める上でも当然必要なことであり、訴求債権の存否が審理されるためには、被告がこれを条件に加えるまでもないからである[43]。したがって、この場合は条件の禁止はそもそも問題にならない。また、訴求債権に付着する抗弁権（たとえば時効の抗弁）を援用し、これが奏効しない場合のために訴求債権を反対債権で相殺するという陳述が行われる場合には、抗弁権の行使が有効か否かは将来の不確実な出来事でなく、それに対する裁判所の判断が将来に示されるに過ぎないのであるから、それは真性の条件ではなく、いわゆる現在条件（Gegenwartsbedingungen）であり、したがって、このような相殺は条件禁止の趣旨に全く反しない[44]。

もっとも、解除条件説によれば、相殺の抗弁に供した反対債権につき別訴または反訴を提起し履行を求めることが妨げられないかという危惧があるかもしれない。しかし、予備的相殺の法的性質の問題は、相殺の抗弁が訴訟上の理由によって斟酌されないにもかかわらず反対債権が実体法上消滅してしまうことを防止する法律構成の問題であるのに対して、相殺に供した反対債権を別訴によって訴求できるか否かという問題は、訴求債権が存在しない場合のために反対債権につき独自に債務名義を取得するため、または時効中断のために訴えを提起することが認められるべきか、この問題が肯定に答えられる場合にその方法いかんの問題である。判例は、予備的相殺の自働債権について別訴を提起することは重複訴訟禁止の趣旨に反し不適法だとする。[45] しかし、この判例は予備的相殺の利益状態に適合せず、また相殺の抗弁に訴訟係属が生じないことと合致しない。したがって、別訴の提起は重複訴訟に当たらないと見なければならない。[46] ただし、相殺が理由ありと判断される可能性があるので、相殺の抗弁に対する判断が行われるまで、別訴の訴訟手続を事実上止めておくのが実際的であろう。

(2)　判旨による民事訴訟法一一四条二項の解釈の当否

前掲最高裁判例は、既判力の生ずる相殺は被告の相殺の抗弁に限定されるかのような説示を行っている。しかし、これは明らかに誤りであろう。前述したように、たとえば訴訟外の相殺の結果に基づき債務不存在確認の訴えや請求異議の訴えが提起される場合のように、原告による相殺があり、これらの場合に自働債権の存否に関する裁判所の判断に既判力が生ずることは疑いないからである。また、判例のように訴訟外の反対相殺を適法と解する場合には、被告が相殺の抗弁を提出し、その後、原告が訴訟外の反対相殺の再抗弁を提出したとき、裁判所が被告の反対債権はすでに原告の反対相殺によって消滅していると判断する場合には、既判力は原告が反対相殺に供した債権の存否の判断にも認められなければならない。相殺の抗弁に対する裁判所の判断に既判力を認める趣旨は、ここでも妥当するからである。そうだとすると、もし訴訟係属中の原告の訴訟上の反対相殺が適法だと仮定すれば、反対相殺に供された債権の存否に関する判断にも既判力が生じなければならないので、民事訴訟法一一四条二項の適用範囲から直ちに反対相殺の不適法性を導き出すことはできない。

(3)　中野説に対する批判

筆者は、前に紹介した中野教授の不適法説の理由づけに同意することはできない。第一に、その議論の出発点に同意することができない。すでに述べたように、相殺の抗弁が提出された場合、反対債権は直ちに消滅せず、浮動状態になるのではない。実体的には訴求債権も反対債権も（両者がともに存在し、相殺の意思表示が有効な場合には）、相殺によって相殺適状発生時に遡って消滅する。すでに述べたように、このことは、反対相殺が相殺の抗弁提出後の訴訟外の相殺であっても、同じである。原告が訴訟外の反対相殺の再抗弁を提出するには、被告の相殺の抗弁に先んじて反対相殺の意思表示をしておくことが必要である。(47)

第二に、前述した実体的理由により反対相殺は不適法だという私見と異なり、中野教授のように、実体法的には、反対相殺は訴訟外のものであれ、訴訟上のものであれ、これを許すのが「理の当然」だというのであれば、訴訟上もこれを貫徹する方法を考えることが、訴訟法として必要かつ当然の要請ではなかろうか。そして、反対相殺を手続上斟酌する場合、裁判所が判断すべき事項はそれだけ増えるにしても、訴訟手続にそれほど混乱が生ずるのであろうか。裁判所が反対相殺を適法としてその当否についての審理に入るのは、訴求債権と相殺の自働債権のいずれもが存在するとの心証を得た後である。上訴の関係を別にすれば、手続不安定の懼れに対しては十分対処できるはずである。(48)むしろ、問題は訴求債権、反対債権がともに存在し、反対相殺の自働債権の存否について審理した結果、その存在が確かめられた場合、相殺の抗弁と反対相殺のいずれが優先するかが問題なのであって、反対相殺の方が優先するとはどこにも定められていない。中野教授は反対相殺が優先するという考え方を当然のこととされているように見受けられるが、なぜ、後になされた（予備的）反対相殺の意思表示の効力が相殺の抗弁における相殺の意思表示に優先するのであろうか。その理由が示されていない。ドイツの反対相殺適法説を主張するPawlowskiが訴訟上の予備的反対相殺を除外していることに注意する必要がある。(49)

第三に、右に見たように、手続を著しく混乱させない場合には例外的に反対相殺も適法とされ、一部請求訴訟における残額債権による反対相殺を適法な反対相殺の例として挙げられているが、この点にも問題があるように思われる。

原告は債権の残額部分について判決を得るため請求の拡張をするという手段が認められるので、反対相殺によらなければならないことはないという事情のほかに、後述のように[50]、中野教授が一部請求訴訟における相殺の抗弁につき、いわゆる外側説を採られることとの整合性に欠ける。外側説を採ると、反対相殺をしたのと同じ結果が反対相殺なしに生ずるからである。のみならず、この点を別にしても、反対債権と残額債権の両者が存在するとき、相殺の抗弁と反対相殺のいずれが優先すべきかという問題は、ここでも依然として残るのであり、この問題の解答が迫られているのである。

## 三　一部請求訴訟における相殺の抗弁と反対相殺

### 1　一部請求訴訟における相殺の抗弁

冒頭で触れたように一部請求訴訟において被告が相殺の抗弁を提出した場合、原告は訴求されていない債権部分を含め債権全体から相殺すべきことを主張して被告の相殺の抗弁に対抗することができるか、また、相殺の抗弁が理由を有する場合、裁判所はどのような裁判をすべきか、すなわち債権全額を基礎に相殺をすべきなのか、それとも訴求部分から相殺をすべきかという問題が生じる。また、裁判所の相殺についての判断にいかなる範囲で既判力が生ずるかも問題となる。

この問題については、基本的に三つの見解が対立する。すなわち、①裁判所は債権の総額を確定しその総額から反対債権（相殺債権）の金額を控除し、請求額が残債権額を超えない場合はその請求額の全額を認容する判決をし、逆に、残債権額を超えるときは残債権額の限度で請求を認容する判決をすべきであるという見解（「外側説」と呼ばれる）[51]、②原告主張の金銭債権が一部請求額を超えて存在する場合、一部請求額から反対債権（相殺債権）の全額を控除し、その残額を算定して請求認容額を決めるべしという見解（「内側説」と呼ばれる）[52]、および、③内側説と同じように一部請求額から反対債権の額を控除するが、控除する額は反対債権の全額でなく、債権総額に対する一部請求額の割合で案分した反対債権の額とする見解（「案分説」と呼ばれる。この見解では、内側説と異なり、原告主張の金銭債権の総額を確定することが必要となる）の三説がある。

最高裁判所は、平成六年一一月二二日の判決において、「一部請求は、特定の金銭債権について、その数量的な一部を少なくともその範囲においては請求権が現存するとして請求するもの」だからという理由で、「外側説」によらなければ一部請求を認める趣旨に反するとした(53)。これに対して、ドイツの判例は、ライヒ裁判所、連邦通常裁判所を通じて一貫して、被告の相殺の抗弁に対して原告は債権の不訴求部分から順次相殺するよう指示することはできないとする(54)。その理由として、一部請求によって不訴求部分は訴求部分と別個の債権になること(55)、または、債権の不訴求部分に振り向けることは明白に相殺者の意思に反し、それが許されないことは、請求を満足させるために行われた弁済を訴求されていない債権部分に充当することが許されないのと同様であることを挙げる(56)。

## 2　一部請求訴訟における反対相殺

一部請求訴訟において被告が相殺の抗弁に供した反対債権に対して、原告が残額債権によって相殺する旨の、訴訟上の反対相殺を行った場合にも――少なくとも公然の（明示的）一部請求において訴訟物は請求金額によって限界づけられるとする判例の立場によれば――訴えの追加的変更を行うべきこととする前節で述べた判例の見解がそのまま妥当するはずである。しかし、この結果は、前掲最判平成六年一一月二二日によって事実上否定されている。この判例は、「外側説」を採用することによって、残額債権による反対相殺を認めたのと同じ結果を生ずるのを是認するからである。もっとも、これに対しては、一部請求によって残額債権は別個独立の債権になるのでないから、別個の債権による訴訟上の反対相殺に関する判例は、一部請求には当てはまらないという反論がありうる。しかし、一部請求訴訟においては、債権の訴求部分と残額部分は別個の訴訟物を構成するとする以上（少なくとも明示の一部請求に関して、判例もこのことを認める)、やはり外側説は別個独立の債権による反対相殺を認めるのと同一に帰する。したがって、二つの判例には実質的に矛盾があるということができる。

### 3 学説の対立

文献においては、一部請求訴訟における相殺に関して判例の見解を支持する見解と、これに反対する見解とが対立している。

判例を支持する中野貞一郎教授は、「訴訟の結果をあらかじめ明確に見込めないまま訴訟の提起・追行の手続負担をあえて引き受けざるをえなかった原告のために、実体法上認められるできるだけ多くの救済を与えたい、という現実的・政策的志向に導かれたものであろう。……訴求部分に限定しないで本件訴訟の紛争解決機能を考えれば、本件の判旨が示す外側説は、反対説に比して、明らかに優っている」[57]とされる。これに対して、内側説は、公然の一部請求訴訟では債権の当該一部のみが訴訟物をなすと解する以上、相殺の抗弁という被告の防御方法はこの請求部分に対するものであること[58]、および、被告の反対債権が原告の債権の総債権額に満たない場合、被告には相殺を充当する権利があることを[59]強調する。

反対債権についての既判力に関する外側説論者の言説の当否は、検討を要する。訴求部分については、既判力は一部請求額の範囲でのみ生ずるという意味で、どの説によっても差違がなく、異なるのは各説によって判決の内容が異なり、これが既判力の対象に差違をもたらしているだけである。反対債権に関しては、外側説と内側説とで既判力の範囲がどう違うのかを具体的に見てみよう。たとえば、原告が被告に対する一〇〇〇万円の債権の一部六〇〇万円を訴求したのに対して、被告が原告に対して有する六〇〇万円の債務不履行に基づく損害賠償請求権により相殺する旨の陳述をしたとしよう。裁判所が原告の債権の総額を八〇〇万円、被告の反対債権の債権額を四〇〇万円と認定した場合、外側説によれば、訴求されていない債権部分二〇〇万円をまず相殺すべきであるから、反対債権は二〇〇万円が不訴求部分に振り向けられ、残りの二〇〇万円が訴求部分との相殺により消滅する。結局、反対債権は二〇〇万円が当初からの不存在により、他の二〇〇万円が相殺によりもはや存在しないことにつき既判力を生ずる。不訴求部分に振り向けられた二〇〇万円の部分は、実体法上は消滅するにもかかわらず既判力の対象とならない。これに対して内側説によれば、二〇〇万円の債権部分は当初から不存在により存在しないこと、四〇〇万円は訴求部分との相殺によってもはや存在しないことにつき既判力を生ずる。この結果、外側説によれば、被告が不訴求部分に振り向けられた債権部分二〇〇万円を後訴において訴求することは既判力に反しないのに対して、内側説では、このような不訴求部分に対する相殺は生じないから、この二〇〇万円の債権部分はもはや存在しないことにつき既判力を生じ、後訴による訴求は既判力に反して許されない。かくて、反対債権に関して確定判決の紛争解決機能は、外側説の論者の主張とは異なり、内側説の方が広いことを確認することができる。したがって、この点の論者の指摘は適切でない(60)。

ドイツでは、一部請求訴訟を提起する原告は、被告が相殺の抗弁を提出した場合に、原告がこれに対して請求権の残額部分を指示して、残額部分から先に相殺の対象とされるべき旨を主張することができないとする判例が文献によっても圧倒的に支持されている。その理由は、訴求部分が相殺によって消滅することが相殺者（被告）の意思に合致するほか、相殺者による相殺すべき債権の指定に対して相手方（原告）が遅滞なく異議を述べた場合に準用されるドイツ民法三六六条二項(61)による充当順序にも合致することが理由とされる(62)。例外が認められるのは、原告が先に債権の不訴求部分をもって、後に相殺に供される被告の反対債権に対して相殺の意思表示をした場合である。また、訴えの提起前に債務者がすでに相殺の意思表示をしていた場合には、訴えは超過部分にのみ関係しているので、別だとされる(63)。原告が進んで相殺の意思表示をし、または訴求債権から反対債権を差し引くことによってそうしている場合も別とされる(64)。

反対説は、日本の外側説と同じく、被告の相殺が債権の不訴求部分から順次行われることに賛成する。そのための種々の理由が主張される。一つの理由は、実体法的根拠である。相殺は相殺適状に遡って対立する債権を対当額により消滅させる効果（遡及効）を有するので、自働債権と受働債権とが対当額により相殺適状発生時に遡って消滅したものと見なされる結果、問題となるのは相殺により減額された債権であり、被告はこの債権額につき債務を負担しているので請求認容判決がなされるべきだとする。(65) また、手続的理由から反対説を主張する見解もある。たとえば、Pentz（ペンツ）は、①支配的見解は原告にきわめて酷な結果となることを指摘する。すなわち、原告が相手方の弁済や相殺できる債権の主張を考慮に入れて差額だけを請求した場合に、支配的見解によれば原告は被告の相殺の抗弁により、この少なくとも当事者間に争いのある部分においても請求認容判決を得ることができないというのは、原告にとって甚だ酷だという。(66) ②次に、Pentzは、ライヒ裁判所の見解、すなわち訴訟前の反対相殺と訴訟における反対相殺とを区別し、後者を不適法とする見解は、この区別にかかわらず多くの場合に実際上同一の結論に到達していると批判する。すなわち、原告が訴状の中で債権の総額や被告の反対債権の額に言及しつつ、債権の訴求部分はいずれにせよ原告に帰属すると陳述する場合、ライヒ裁判所は念のための予備的相殺と見なされるとか、(67) 原告は自分にとって確実な債権部分を訴求しようとしており、それゆえ、たとえば債権の未消滅部分から請求するとはっきりと述べることは不要だというが、(68) このような観点からは、一部請求訴訟の提起があれば通常、原告は相殺の表示をしたと認めなければならず、その結果、被告は――消費された反対債権によって――訴訟において相殺することができなくなる、と。その結果、ライヒ裁判所の原則と異なり、被告がドイツ民法三九九条、三六六条二項により異議を述べない限り、原告は相殺の抗弁を提出する被告の反対債権に対して債権の不訴求部分から相殺を行うよう指示したのと実際のところ変わらない、(69) と批判する。

折衷説は、被告の相殺の抗弁があれば、原告は申立てを拡張し、いずれにせよ「消費」されていない債権部分を元の訴求額に達するまで後出しすることができるとする見解である。(70)

## 4　私　見

この問題を考える際、次の三点が重要であると思われる。第一に、一部請求の趣旨である。第二に、内側説は、Pentzらの批判するように原告に酷なものであるか、原告は請求の拡張の方法によってその利益を擁護することで満足すべきかということである。第三に、既判力の範囲に伴う紛争解決の範囲が問われなければならない。

(1)　判例は、一部請求の趣旨を、原告が当該一部だけは確実に給付判決を得ようとする点に求めている。しかし、このような理解は、訴え提起前に原告による相殺がある場合や当事者間に争いのない額を請求額とする一部請求訴訟を提起する場合を除き、原告の意思によって裏づけられたものではなく、非常に独特なもののように思われる。仮に、原告がそのような意思を有していても、問題はそれが法律上是認されるかどうかである。通常は一部請求訴訟の許容の根拠として、確実に勝訴できるかどうか知れない原告に——とりわけ数額の算定が困難な事件の場合にそうであるが——一個の債権全部の行使を強い、敗訴の場合の訴訟リスクを負わせることは酷なことが挙げられる。また、判例の採用する外側説は、被告の防御の利益を軽視するものである。一部請求訴訟においては、訴訟物は債権の訴求部分に限定されるのであり、この部分に対して防御方法である相殺が行われることは当然である。不訴求部分から優先的に相殺がなされることによって、被告の防御方法が骨抜きにされるのは、実質的な相殺権の剥奪であり、不当である。したがって、判例のような一部請求訴訟の理解を支持することはできない(71)。

(2)　訴え提起前に原告による相殺があり、原告がこの額を差し引いて請求額を決めている場合、あるいは、当事者間に争いのない額を請求額として一部請求訴訟を提起したような場合には、訴え提起前の（場合によれば黙示的な）原告による相殺が存在するのであり、内側説によっても、当然これを顧慮することができる。そうでない場合には、残額債権を訴訟上顧慮してもらうためには、原告は請求を拡張すべきである。請求の拡張は容易である以上、これを原告に求めることは、決して期待不可能ではない。

(3)　内側説に立って原告に請求の拡張を促すほうが、審理の範囲に応じた確定判決の既判力を確保することができ、したがって、確定判決の紛争解決機能をより高めることになる。すなわち、相殺の抗弁に直面した原告が請求を拡張すれば（債権全体からの相殺を望む原告は通常そうするであろう）、請求債権について（場合によっては反対債権についても）既判力の範囲が拡がるのであり、請求の拡張を視野に入れた内側説は外側説以上に紛争解決機能を発揮する。(72)

外側説によれば、原告の債権の総額を確定し、その額から認定された反対債権の額を差し引いた残額が請求額を超えるときは、請求が全部認容されるが、(73)この確定判決の既判力は、訴求債権に関しては、原告の請求権が請求額において存在することを確定するのみであり、相殺によって消滅した被告の反対債権額に相当する原告の債権額が実体法上もはや存在しないことまでは確定しない。したがって、原告は、相殺の抗弁が理由を有した反対債権の部分に対応する、相殺により消滅したはずの債権部分を主張して後訴を提起しても、既判力によって排斥されないことになる。その結果、後訴裁判所は、相殺は無効であったと判断することもできる。これは、当事者間の武器対等の原則から見て甚だ奇異な感を免れない。(74)もっとも、このような後訴は信義則により排斥されるという議論も考えられよう。しかし、請求の拡張の方法で、この原告の債権部分に既判力を及ぼす方法があるにもかかわらず、外側説の無理を補うため安易に信義則に依拠することは問題であろう。(75)理由中の判断であるにもかかわらず相殺の抗弁に対する判断にも既判力を及ぼす法律の考え方からして、不訴求部分たる原告の受働債権が判断されたにもかかわらず、既判力が全く生じないような外側説は法律の立場に反するであろう。

## 四　結　語

本稿は、反対相殺の適否についての判例の見解と、一部請求訴訟における相殺の外側説には矛盾があることを指摘した。反対相殺は訴訟上のものであれ、訴訟外の意思表示によるものであれ、実体的理由から、そもそも相殺の要件を具備し得ず、それゆえ不適法であることを主張した。また、一部請求に対する相殺の抗弁は訴求部分に対する防御方法であり、債権全体を基礎として相殺されるべきでないこと、したがって、外側説や案分説によってではなく、内側説によって問題の解決を図るべきことを明らかにした。

(1) 松本博之＝上野泰男『民事訴訟法』(一九九八年、弘文堂) 二一二頁以下参照。
(2) 松本＝上野・前掲注(1)二一三頁参照。
(3) 松本＝上野・前掲注(1)三八七頁以下参照。
(4) 松本＝上野・前掲注(1)二一四頁以下参照。
(5) 松本＝上野・前掲注(1)二一六頁以下参照。
(6) ドイツ民事訴訟法三二二条二項は「被告が反対債権の相殺を主張したときは、反対債権が存在しない旨の裁判は、相殺が主張された額まで既判力を有する」と規定し(傍点は引用者)、同一四五条三項は「被告が訴えにおいて主張された債権と法的関係に立たない反対債権を主張する場合には、裁判所は訴えと相殺を別々に審理する旨命ずることができる。第三〇二条の規定はこれを準用する」と定め(傍点引用者)、いずれも被告による相殺だけを定めている。日本の民事訴訟法一一四条二項は、「相殺のために主張した請求の成立又は不成立の判断は、相殺をもって対抗した額について既判力を有する」と定め、相殺に対する裁判の既判力を、少なくとも文言上は被告による相殺に限定していないことに注意すべきであろう。

ここで、簡単に民訴法一一四条二項の沿革を振り返っておきたい。この民事訴訟法一一四条二項に対応する規定は明治二三年民事訴訟法には欠けており、大正一五年の民事訴訟法改正の際に追加されたものである。明治三六年旧法典調査会案の二八一条二項は「相殺抗弁ヲ以テ主張シタル反対請求ノ成立又ハ不成立ノ判断ハ相殺ヲ主張シタル対当額ニ付キ既判力ヲ有ス」と表現した。この表現は、民事訴訟法改正起草委員会決議案(第一案)三一五条二項において「相殺ノ為主張シタル請求ノ成立又ハ不成立ノ判断ハ其請求ヲ以テ相殺ヲ対抗シタル額ニ付キ既判力ヲ有ス」に代わり(松本博之ほか編『日本立法資料全集11　民事訴訟法〔大正改正編〕』(2)(一九九三年、信山社)一二九頁)、起草委員会の決定となった(民事訴訟法改正起草委員会案三二二条二項)。この表現はその後の改正草案において維持され(司法省内に設置された民事訴訟法改正調査委員会の総会に提出された「民事訴訟法改正案(第一案・議案)」の三二二条二項、同第二案三二二条二項、同第三案一九五条二項、同第四案一九九条二項、同第五案（議会提出案）一九九条二項）、最終的に大正改正法の一九九条二項が出来上がった。明治三六年の旧法典調査会案がドイツ民事訴訟法と同じく、明確に相殺の抗弁に対する裁判所の判断の既判力を規定しているが、その後は相殺の抗弁に限らないような表現になった。実質的な差違を意図したものかどうかは、手許の資料によっては確認できない。なお、中野貞一郎「相殺の抗弁（上）」判タ八九一号（一九九六年）五頁・九頁は、この一九九条二項の法文を「沿革上ながく行われてきた裁判相殺が必ずしも命脈を絶ったとも断定できないところがあ」る証左とされる。

現行ドイツ民事訴訟法は一八七七年の旧法と異なり「被告が反対債権の相殺を主張したとき……」と規定しており（ZPO一四五条・三〇二条・三二二条・五二九条五項）、行われた相殺の援用が防御方法となることを明らかにしているので（vgl. K.-H. Schwab, Bemerkungen zur Prozeßaufrechnung, Festschrift für Nipperdey, Bd. 1, 1965, S. 939, 942）、中野教授の指摘はドイツ民事訴訟法には当てはまらない。では、大正一五年の改正民事訴訟法の起草者が相殺に対する裁判所の判断の既判力を定める規定を新設するに当たり、なぜ、「相殺ノ為主張シタル請求」という文言を用いたのであろうか。断定はできないが、一つの答えは、相殺によって主張される反対債権の時効中断との関係に見出されうるかもしれない。大正一五年改正前の大判大正一〇年二月二日民録二七輯一六八頁は、相殺の主張を民法一五三条にいう時効中断事由たる「催告」に当たらないとしていたが、改正法により、相殺が認められれば既判力が生ずる反対債権につき、時効中断の効果を認める必要があり、「裁判上ノ請求」（民法一四九条）は時効中断事由とされているので、「相殺ノ為主張シタル請求」も「裁判上ノ請求」に当たるとして、この規定によって反対債権について時効中断を生ぜしめることができると考えられたのではないかということである。もっとも、反対債権の存在が認められる場合には、時効完成前に相殺適状にある限り時効完成後にこの反対債権による相殺が可能であるから（民法五〇八条）、実際に時効中断が必要なのは相殺の抗弁が不適法として却下される場合や請求債権の不存在のため相殺の効力が生じない場合である（この点は、訴訟における相殺の主張に時効中断の効力を認めドイツ民法二一五条一項についても同じである）。また、この場合の時効中断の効力の維持のためには、訴訟終了後六ケ月以内に反対債権につき訴えの提起等を行う必要があろう（民法一五三条参照）。ただし以上この点は推測であって、民事訴訟法改正調査委員会議事速記録にも記載されていないので資料によっては確認できない。

（7）　Niklas, Die Klägeraufrechnung, MDR 1987, 96.

（8）　松本＝上野・前掲注（1）三六四頁参照。

（9）　Stein/Jonas/Leipold, ZPO, 21. Aufl., Bd. 2, 1994, § 145 Rdnr. 28a.

（10）　Braun, Die Aufrechnung des Klägers im Prozeß, ZZP 89 (1976), 93, 95ff.; Reinicke-Tiedtke, NJW 1984, 2790, 2791; Zeuner, Zur Bemessung der Rechtskraft in Fällen der Aufrechnung-BGHZ 89, 349, JuS 1987, 354, 357; Tiedtke, Aufrechnung und Rechtskraft, NJW 1992, 1473, 1474; Stein/Jonas/Leipold, ZPO, 21. Aufl., Bd. 4/1, 1998, § 322 ZPO Rdnr. 177.

（11）　中野・前掲注（6）五頁および最判平成一〇年四月三〇日は、「相殺の再抗弁」と呼ぶ。相殺に供された債権を受働債権とする相殺であるから、「反対相殺」の用語の方が明確で、したがって適切ではないかと思う。本稿では、反対相殺の用語を用いることにした（なお、中野貞一郎・私法判例リマークス一九号（一九九九年）一三二頁・一三四頁は、「逆相殺」の再抗弁と呼ぶ）。

（12）　民集四八巻七号一三五六頁以下。

（13）　松本博之・法学教室二一六号（一九九八年）一〇二頁。

（14）　民集五二巻三号九三〇頁＝判時一六三七号三頁。評釈として、注（13）のほか、長沢幸男・ジュリ一一四〇号（一九九八年）一一九頁、酒井一・判評四七九号（一九九九年）三六頁（判時一六五五号二三〇頁）、田中宏治・阪法四八巻六号（一九九九年）一五七一頁、本間靖規・平成一〇年度重要判例解説（ジュリ一一五七号、一九九九年）一二九頁、中野貞一郎・私法判例リマークス一九号（一九九九年下）一三二頁、宇野聡・金融法務事情一五五六号（一九九九年）一四頁等がある。

（15）　判時一六三七号四頁参照。

（16）　原判決は、訴訟上の反対相殺の再抗弁はその陳述のときに相殺の抗弁がまだ提出されていない場合にも、反対債権を消滅させるという独自の立場に立つようである。しかし、相殺の抗弁によって反対債権が訴訟に持ち出されていない以上、訴訟上の反対相殺が反対債権を直ちに消滅させる理由は明らかでないほか、原審の立場では被告の側から相殺の抗弁が提出されたときは、やはり訴求債権との相殺によって直ちに反対債権は消滅し、したがって反対相殺は意味をもたないと言わざるを得ないであろう。

(17) たとえば、Weismann, Die Aufrechnung nach dem Burgerlichen Gesetzbuche, ZZP 26 (1899), 1, 23 は、ちょうど今から一〇〇年前に発表された論文である。

(18) ドイツ民法三九六条一項「当事者の一方が相殺に適した数個の債権を有するときは、相殺する当事者は相殺すべき債権を指定することができる。この指定をしないで相殺の意思を表示したときは、又は相手方が遅滞無く異議を述べたときは、第三六六条第二項の規定を準用する」(訳文は、椿寿夫＝右近健男編『ドイツ債権法総論』(一九八八年・日本評論社)による)。

(19) Weismann, a. a. O. (N. 17), S. 23; Thomas/Putzo, ZPO, 20. Aufl., 1997, §145 Rdnr. 30; Baumbach/Lauterbach/Hartmann, ZPO, 53. Aufl., 1995, §145 Rdnr. 23; Rosenberg/Schwab/Gottwald, Zivilprozeßrecht, 15. Aufl., 1993, S. 592 Fn. 1; Stein/Jonas/Leipold, ZPO, 21. Aufl., Bd. 2, 1993, §145 Rdnr. 28a; Wieczorek, ZPO, Bd. I, 2. Aufl., 1976, §145 ZPO Anm. D1; Zöller/Greger, ZPO, 20. Aufl., 1997, §145 Rdnr. 12; Musielak/Stadler, Kommentar zur Zivilprozeßordnung, München 1999, §145 Rdnr. 19; Ermann/H. P. Westermann, Handkommentar zum BGB, 8. Aufl., 1989, §389 Rdnr. 2; Staudinger/Kaduk, Kommentar zum BGB, 12. Aufl., 1987, §389 Rdnr. 22; Soergel/Zeiss, BGB, 12. Aufl., 1990, §389 Rdnr. 3; MünchKomm/BGB-v. Feldmann, Bd. 2, 2. Aufl., 1985, §389 BGB Rdnr. 2a; RGRK/Reinhold Weber, BGB, Bd. 2/1, 12. Aufl., 1976, Vor §387 BGB Rdnr. 15; Palandt/Heinrichs, BGB, 54. Aufl., 1995, §388 BGB Rdnr. 4. ドイツ民法典の草案理由も、「相殺の意思表示により、意思表示を行う当事者は対立する債権を直接消滅させる。相手方は反対の相殺契約が存在すること、または自分の側で先に他の債権により、相手方が相殺に供した債権を相殺することにより、これを消滅させたことを援用する場合にのみ、相殺の再抗弁を主張することができる」としていた (Mugdan, Die Gesamten Materialien zur Bürgerlichen Gesetzbuch für das Deutsche Reich, Bd. 2, 1879, S.60)。反対相殺を実体法上被告の相殺の充当指定に対する異議に転換できるとし、この観点から反対相殺の適否を議論する、Mankowsky, "Gegenaufrechnung" des Klägers und Teilklage, JR 1996, 223 も、相殺充当の問題を除くと——この問題については、彼はやや独特な見解を主張するのだが——被告の反対債権が被告の相殺により消滅する限り、反対相殺は相殺としては空振りになることを認めていることを看過すべきで

ないであろう。そして、彼は、原告の反対相殺をドイツ民法三九六条における相殺の相手方の異議権の行使と見なし、相殺充当の観点から問題を考察するのであるが、若干の例外（たとえば、Thomas/Putzo, a. a. O., § 145 Rdnr. 30）を除き、ドイツにおいても殆ど支持を見出していないようである。

(20) Zöller/Greger, a. a. O. (N. 19), § 145 ZPO Rdnr. 12.
(21) Braun, a. a. O. (N. 10), S. 93ff.
(22) Braun, a. a. O. (N. 10), S. 99.
(23) BGH LM § 301 ZPO Nr. 22.
(24) Braun, a. a. O. (N. 10), S. 102f.
(25) Braun, a. a. O. (N. 10), S. 103.
(26) Braun, a. a. O. (N. 10), S. 103.
(27) Pawlowski, Die Gegenaufrechnung des Klägers im Prozeß, ZZP 104 (1991), 249.
(28) BGHZ 57, 242ff.; 60, 85, 87; BGH NJW 1977, 1687; 1986, 2767. ドイツでは、相殺の抗弁には訴訟係属が生じないため重複起訴にはならないとされる。
(29) Pawlowski, a. a. O. (N. 27), S. 266ff.
(30) 中野貞一郎「相殺の抗弁」同『訴訟関係と訴訟行為』（一九六一年、弘文堂）九〇頁以下。
(31) 松本＝上野・前掲注(1)八六頁参照。
(32) かつて訴訟行為説を力強く提唱された中野貞一郎教授が、最近、条件付相殺説に転身されたことは（中野・前掲注(11)一〇頁）、この間の理論の発展を象徴する出来事である。
(33) Musielak, Die Aufrechnung des Beklagten im Zivilprozeß, JuS 1994, 817, 825f.; ders., Grundkurs ZPO, 3. Aufl., 1995, Rdnr. 266.
(34) Musielak, a. a. O. (N. 33), JuS 1994, 825.
(35) Musielak, a. a. O. (N. 33), JuS 1994, 825.
(36) Stein/Jonas/Leipold, a. a. O. (N. 9), § 145 Rdnr. 50. 反対相殺との関連においてではないが、Schlosser, Zivil-

prozeßrecht, I, 1983, Rdnr. 325も解除条件説を採る。

(37) Stein/Jonas/Leipold, a. a. O. (N. 9), §145 Rdnr. 28a.

(38) 中野・前掲注(11)私法判例リマークス一九号一三四頁。

(39) 中野・前掲注(11)私法判例リマークス一九号一三五頁。

(40) 中野・前掲注(11)私法判例リマークス一九号一三五頁。

(41) 中野・前掲注(11)私法判例リマークス一九号一三五頁。同旨、田中・前掲注(14)一五七八頁。

(42) 本間・前掲注(14)は解除条件説を支持する。なお、筆者は、前掲注(13)一〇三頁において、反対相殺の再抗弁は実体上の理由により「不適法」であると書いた。この点につき中野教授から、反対相殺が「受働債権の事前消滅で『空振り』になるというだけでは、再抗弁は理由がないと判断されるだけであって、再抗弁じたいが不適法となるはずがない」との批判を受けた（中野・前掲注(11)一三四頁。酒井・前掲(14)三八頁も同じ）。しかし、訴訟上の反対相殺は実体法上、一般的に反対債権を消滅させ得ないのであるから、換言すれば相殺の抗弁に対する再抗弁たり得ないのであるから、再抗弁たり得ないものを再抗弁として提出しても訴訟上不適法で顧慮されないのである。そもそも再抗弁たり得ないものを、訴訟上の適法性を決めた上でしか実体的判断ができないと主張するのは、それこそ「本末転倒」（酒井・前掲注(14)三八頁）であろう。

なお、酒井助教授は同所において、実体法による相殺禁止の場合も相殺の抗弁は不適法なのではなく、主張事体失当なのであり、裁判所は相殺の抗弁を実体的に排斥しなければならないと主張する。ドイツ法では、相殺の意思表示の存在とともに、実体法による相殺禁止の不存在が相殺の実体的適法要件の一つであると解されている（BGH NJW 1984, 128）。これは、実体的に相殺の抗弁を排斥すると、ドイツ民事訴訟法三二二条二項により反対債権の不存在に既判力が生ずると見られるから、これを避けるためであろう。民訴法一一四条二項によっても反対債権の不存在の判断に既判力が生ずるから、相殺禁止による相殺の抗弁の排斥なのか、反対債権の不存在による抗弁の排斥なのかについて疑義が生じないようにするためには、相殺禁止の不存在を実体的不適法要件と見るのも一理あるかもしれない。いずれにせよ、実体的な相殺禁止と反対相殺の再抗弁適格とは別個の問題である。

(43) K.-H. Schwab, a. a. O. (N. 6), S. 945ff.; Häsemeyer, Die sogenannte „Prozeßaufrechnung" — eine dogma-

tische Fellakzentuierung, Festschrift für Friedrich Weber, 1975, S. 215, 224; Jauernig, Zivilprozessrecht, 25. Aufl., München 1998, § 45II1; MünchKomm/ZPO-Peters, Bd. 1, 1992, § 145 Rdnr. 22; Stein/Jonas/Leipold, a. a. O. (N. 9), § 145 Rdnr. 50. なお、木川統一郎＝北川友子「訴訟上の相殺と既判力」比較法学二九巻一号（一九九六年）七一頁、八二頁以下参照。

(44)　K.-H. Schwab, a. a. O. (N. 6), S. 945ff.; MünchKomm ZPO-Peters, a. a. O. (N. 43), §145 Rdnr. 23; Stein/Jonas/Leipold, a. a. O. (N. 9), §145 Rdnr. 50. Schwab は訴えの却下や取下げの場合にも、これを条件とする必要はないと主張するが (a. a. O., S. 950)、これには従うことができない。確かに Schwab が言うように、訴求債権が存在しなかったのであれば、このような場合にも反対債権が相殺により消滅するはずはないから、相殺当事者は実体的不利益を被ることはないかもしれない。しかし、のちに反対債権が消滅していないことを主張する相殺当事者は、訴求債権の不存在を明らかにしなければならない負担を負う危険がある。それゆえ、予備的相殺は、訴えが却下されること、または取り下げられることをも解除条件とすると解すべきであろう。

(45)　大阪地判平成八年一月二六日判時一五七〇号八五頁、東京高判平成八年四月八日判タ九三七号二六二頁）。この判例の見解に賛成する文献が多い（たとえば、梅本吉彦「相殺の抗弁と二重起訴の禁止」『新実務民訴講座Ⅰ』（一九八一年、日本評論社）三八一頁、河野正憲『当事者行為の法構造』（一九八八年、弘文堂）一一五頁、新堂幸司『新民事訴訟法』（一九九八年、弘文堂）一九六頁、伊藤眞『民事訴訟法』（一九九八年、有斐閣）一八五頁）。

(46)　中野貞一郎「相殺の抗弁（下）」判タ八九三号（一九九六年）四頁・七頁以下、松本＝上野・前掲注(1)二一五頁参照。

(47)　Stein/Jonas/Leipold, a. a. O. (N. 9), § 145 Rdnr. 28a; Zöller/Greger, a. a. O. (N. 20), § 145 Rdnr. 12.

(48)　中野教授は訴えの変更や反訴の提起が著しく訴訟手続を遅延させる場合には不適法であることから類推して反対相殺の再抗弁を原則として不適法とされるのであるが、具体的状況に応じて、かつ、当該行為の特性を考慮して訴訟手続を著しく遅延させるか否かが判断されるべきであるから、反対相殺は原則として訴訟手続を著しく遅延させるとは言えないであろう。

(49)　前述一九二頁。

(50)　後述二〇〇頁。
(51)　中野貞一郎・民商一一三巻六号（一九九六年）九二二頁、原啓章・法政研究六三巻一号（一九九六年）三〇七頁、三一四頁。
(52)　梅本吉彦「平成六年度重要判例解説」（ジュリ一〇六八号、一九九五年）一二二頁、木川統一郎＝北川友子・判タ八九〇号（一九九五年）二二頁、戸根住夫・私法判例リマークス一二号（一九九六年）一二〇頁、松本＝上野・前掲注(1)二一六頁以下。
(53)　民集四八巻七号一三五五頁。評釈として、注(51)(52)所掲の判例評釈のほか、山本克己・法学教室一七六号（一九九五年）三六頁、水上敏・曹時四九巻三号（一九九七年）八一四頁がある。
(54)　RG 66, 269ff.; 80, 393; BGH VersR 1962, 618; LM Nr. 25 zu UmstG § 18 Abs. 1 Nr. 3; BGHZ 56, 314; BGH WM 1975, 795; BGH VersR 1994, 1444.
(55)　RG 66, 274. 日本でこの理由を挙げるものに、木川＝北川・前掲注(52)二四頁がある。これに反対するのは、中野・前掲注(51)九二八頁。
(56)　RGZ 80, 394f.
(57)　中野・前掲注(51)九二八頁以下。中野貞一郎「一部請求論の展開(上)」判タ一〇〇六号（一九九九年）四頁、一一頁も同じ。
(58)　松本＝上野・前掲注(1)二一七頁。
(59)　戸根・前掲注(52)一二三頁。
(60)　なお、水上・前掲注(53)八二六頁、中野・前掲注(57)判タ一〇〇六号一四頁注(28)の記述によれば、この例において、裁判所が被告の反対債権を一〇〇万円と認定した場合、四〇〇万円の部分が当初から不存在として既判力を生ずるのみだと言う。しかし、この場合には、外側説によれば五〇〇万円の反対債権の不存在につき既判力が生じなければおかしい。それはともかく、内側説によれば、この例で裁判所が原告の債権六〇〇万円の存在を認める場合、判決は原告の請求を五〇〇万円認容し、一〇〇万円を棄却することとなり、五〇〇万円の反対債権は当初から不存在、一〇〇万円分は相殺により不存在になり、全部につき既判力を生ずる。

(61)　ドイツ民法三六六条二項「債務者が指定をしない場合は、まず弁済期にある債務に、弁済期にある債務が数個あるときは債権者にとってより安全でない債務に、債権者にとって同じ安全度である債務が数個あるときは債務者にとって負担の多いものに、負担の同じ債務が数個あるときは各債務の額に応じて、充当する」（訳文は、椿＝右近編・前掲注(18)による）。

(62)　Weismann, a. a. O. (N. 17), S. 21; RGRK/Reinhold Weber, a. a. O. (N. 19), Vor § 387 BGB Rdnr. 15; Staudinger/Kaduk, a. a. O. (N. 19), § 389 BGB Rdnr.25; Soergel/Zeiss, a. a. O. (N. 19), § 389 BGB Rdnr. 3; Wieczorek, a. a. O. (N. 19), § 145 ZPO Anm. D I; Thomas/Putzo, a. a. O. (N. 19), § 145 ZPO Rdnr. 30; MünchKomm/BGB-v.Feldmann, a. a. O. (N. 19), § 389 BGB Rdnr. 2a; Baumbach/Lauterbach/Hartmann, a. a. O. (N. 19), § 145 ZPO Rdnr. 23; Zöller/Greger, a. a. O. (N. 19), § 145 ZPO Rdnr. 12; Palandt/Heinrichs, a. a. O. (N. 19), § 388 BGB Rdnr. 4.

(63)　RGZ 129, 63, 65f.

(64)　RGZ 57, 100; BGHZ 56, 314.

(65)　Planck/Sieber, BGB Bd. II/1, 4. Aufl., 1914, §389 BGB Anm. 1; Henle, Lehrbuch des Bürgerlichen Rechts, Bd. 2, 1934, S. 422; Enneccerus/Lehmann, Recht der Schuldverhältnisse, 15. Aufl., 1958, §71 III (S. 289f.); Dietrich, Die Aufrechnungslage, AcP 170 (1970), 534, 546ff.; Pentz, Die Aufrechnung bei der Teilklage, NJW 1966, 2392.

(66)　Pentz, a. a. O. (N. 65), S. 2393.

(67)　RGZ 57, 97.

(68)　RGZ 129, 65.

(69)　Pentz, a. a. O. (N. 65), S. 2393.

(70)　Oertmann, Die Aufrechnung im deutschen Zivilprozeß, 1916, S. 125 f.; Larenz, Lehrbuch des Schuldrechts, Bd. 1, 14. Aufl., 1987, S. 262.

(71)　松本＝上野・前掲注(1)三六五頁。

(72)　戸根・前掲注(52)一二二頁以下も参照。

(73)　民集四八巻七号一三五七頁。

(74)　水上・前掲注(53)八二四頁注(六)は「一部請求の訴訟で、債権の総額と自働債権の有無及び額が判断されているにもかかわらず、あえて請求債権の残額や自働債権として主張した債権を後に訴求することは実際問題としては、ほとんど考えられない」と言う。しかし、この議論は既判力制度の無用を主張するのに等しいし、また、債権全体が審理され一部請求が棄却された場合に残額請求が提起されることがあるのは、次注の最高裁判例が示すところである。

(75)　明示的一部請求訴訟で請求を全部または一部棄却する判決が確定したとき、既判力は残額債権には及ばないが、残額債権を訴求する後訴は、特段の事情のない限り、信義則により不適法とするのが判例である（最判平成一〇年六月一二日民集五二巻四号一一四七頁。批評として、佐上善和・法学教室二二〇号〔一九九九年〕一三二頁、上野泰男「平成一〇年度重要判例解説」〔ジュリ一一五七号、一九九九年〕一二二頁、酒井一・判評四八三号〔一九九九年〕三〇頁〔判時一六六七号一九二頁〕、井上治典・私法判例リマークス一九号〔一九九九年下〕一二三頁、山本和彦・民商一二〇巻六号〔一九九九年〕一〇二五頁、奈良次郎・法の支配一一三号〔一九九九年〕九〇頁など）がある。判決効の領域で信義則に依拠する判例の傾向に鑑みると、ここでも信義則が援用されることは十分予想される。原告はすでに相殺の対当額において残額債権を認容されているからである。しかし、信義則の安易な適用は問題を孕むとともに、理論の発展を阻害する懼れは否定できない。

（一九九九年九月三〇日脱稿）

# *9* 争点効と実体法

田中　ひとみ



## 一　序

一九九八年一月一日より新民事訴訟法が施行されたが、判決理由中の判断が拘束力を有するか否かは、明文（一一四条一項）をもって否定されている。しかしながら、争点効理論については徐々に賛同のあるいは好意的評価が展開されている。[1]

争点効とは、前訴で当事者が主要な争点として争い、かつ、裁判所がこれを審理して下したその争点についての判断に生じる通用力で同一の争点を主要な先決問題とした異別の後訴請求の審理において、その判断に反する主張立証を許さず、これと矛盾する判断を禁止する効力をいう。[2]

争点効論は、百年程前にアメリカ合衆国において誕生した理論である。その端緒は口頭弁論終了後の承継人が善意で権原を有する場合の対処にあった。しかし、この場合判決主文からは判明しないことから、判決理由中の判断をもとにして決定されることになったわけである。したがってここでは実体法上の考慮をも加味することとなった。このことは次のような要請による。

民事訴訟の目的である紛争の法的解決を訴訟で目指すのであれば、裁判で主張立証を尽くし当事者が争うことは大前提である。紛争を総合して一挙に解決し、また、なおかつ終局性をできる限り確保することが訴訟政策上要請せられる。これらの要請の調和を図るものとして争点効は存在する。また、訴訟法の要請としても争点効は重要である。例えば請求棄却判決は確認判決であるとされるが、婚姻無効の訴え、離婚の訴えなどについては人訴法一八条一項により判決が拡張されている。この例も争点効により説明すべきであろう。

主文に判決の拘束力を認める立法政策は紛争の終局性のためであると従来から強調されてきた。しかし紛争は一連の出来事について生成し、発展するのであり、完全に後訴を遮断することはできない。また、実体法上の法律関係についても時々刻々と変化し、基準時による制限においても限界がある。

このように実体法上後訴は不可避であり、かつまた、手続過程での当事者権・手続権の保障という要請が審理には存在し、この要請の中で紛争解決の実効性を高める判決効が不可避とされる。ここに争点効の存在理由がある。

このように紛争が一回的に解決する事例以外の場合、すなわち、実体法上の確定をも想定した判決効を法は設営しなければならない。即ち、再び争い得ることを前提とし、変化してゆく実体法上の事実（争点）単位の拘束を認め、これにより当事者や利害関係ある第三者をも拘束する判決効が追求せられるべきであろう。争点効はこのような理論に基づいた一つの立法論であると言える。

しかし、従来の規律は実体法上の秩序が反映されておらず、不都合な点が指摘されてきた（例えば、依存関係、先決関係、反対関係。これらは争点効により解決される。前訴の拘束力が争点効によって及ぶからである）。

すなわち、伝統的な判決効の訴訟政策においては、蒸し返しの範囲について破綻をきたし、内在的に新しい判決効を追求する運命にあったといってよい。これが、反射効[3]、争点効、行為効[4]、黙示による中間確認の訴え[5]などの理論である。

ここで一言すると既判力の根拠についてはドイツでは学説上争いがある。訴訟法説、実体法説それにビューローの創造説である。ビューローは個々の事件に対して有効な法を裁判官が判決において創造するという。訴訟法説が最も有力である。(6) その訴訟法説には二説あり、一つの見解によれば既判力は訴訟の禁止ではなく、矛盾する判決のみを禁じている。(7) そうであるとすると争点の拘束により最小限の前訴の拘束力が及び、矛盾を回避しうる争点効も考え方としては存在しうることとなる。

## 二　肯定判例の分析

争点効は当初は下級審判例により、その当初においては次々と肯定され、公刊される判例集にも登載されてもいる。このような判決がどのような事案であったかを今一度検討しておきたい。

(1)　京都地判昭和四〇年七月三一日（下民集一六巻一二八一頁）

〈事案〉

Y（被告、控訴人）はX（原告、被控訴人）に対し前訴で本件土地所有権に基づき植栽物の収去と土地明渡しの請求を提起した。Xは所有権の帰属を争い、裁判所はYに所有権が存すると判断し、Yへの明渡しを命じた。前訴判決は確定した。その後XはYに対して同一土地の所有権確認およびXへの所有権移転手続を求めて提訴し、前訴判決の基準時以前に本件土地の取得が時効完成していると主張した。Yは、本案前の主張として、「前訴では本件土地所有権帰属が争点として争われ、Yに本件土地の所有権があるとしてXにYへの本件土地の明渡しを判決し確定している。従って本件土地の所有権がXにあるとする本訴請求は既判力或いは一事不再理の法理により許されず却下せらるべきものである」と主張した。

原審はXの請求を認容。Yが控訴。

〈判旨〉　請求棄却

「本件土地の所有権がYに属するとした右確定判決の判断は、右確定判決と同一当事者間の本件訴訟において、訴訟法制上、既判力ないし参加的効力と類似の効力を持つものと考える。

即ち、民事訴訟は私人間の紛争を国家権力の判断（裁判）によって、公権的に判定し、その内容を強行（強制執行）し得るものとし、第一次的には当事者間の紛争の法的解決を目的とする制度であって、私人の権利の保護の目的は、右紛争解決の遂行によって自ら達成されるものと把握すべきであって、この観点に立脚すると、同一の紛争について異なる裁判がなされることや、同一紛争が何度もむし返して取り上げるという余地を制度的に認めることは許されない（紛争解決の一回性の要請に基く既判力制度）とともに、たとえ前訴判決の理由中の判断であっても(1)その判断に反する主張の新たな審理を許せばその判断の如何によっては前訴判決の主文中の判断の内容を実質的に破毀する結果となり、本件のように前訴が所有権に基く明渡請求で後訴が所有権自体の確認請求であるといった法律的にも不即不離の関係にあり法律的には同一の紛争と解されないながら、実質上同一の紛争のむし返しに過ぎない場合で、(2)前訴における主要な争点として当事者間で主張立証をつくし、(3)裁判所もその点について実質的に審理した場合には、単なる事実上の証拠評価の問題を越えて、制度的に前訴判決の理由中の判断であっても後訴の主張の審理を排斥し、前訴判決の判断が後訴を拘束するものとすることが、もっとも信義則に照し妥当するし、紛争解決の民事訴訟の目的に適合する。

もっとも、このような前訴判決を後訴判決のくい違いを防止するために、民事訴訟法第二三四条（現行法一四五条）は中間確認の訴えを認めており、それを利用しなかった当事者が後訴においてこれと相反する結果を甘受することになってもやむを得ないとする考え方もあろうが、前訴において主要な争点として両当事者が徹底的に争い裁判所もその事実について実質的な審理を遂げその点で前訴の勝敗が決ったと解される場合にまで、中間確認の訴を提起しておかなかったという形式的理由で裁判所の判断に何等の制度的効力を認めず単なる事実上の問題として放置しておくことは、信義則上許されないと考える。……判決のこのような効力は民事訴訟法第一九九条（現行法一一四条）に規定する所謂既判力そのものとは考えないが、前叙のような民事訴訟制度の目的及び信義則から認められるものであって、しかも当事者の主張を待ってその効力を発動するものと解し、仮りにこれを争点効とでも言うべきものである。」

〈判例の分析〉

本件は争点効を正面から認めた事案である。判旨では既判力ないし参加的効力類似の効力を持つとしているが、その理由としては同一紛争につき異なる裁判がなされることや、同一の紛争が何度もむし返して取り上げることを制度的に許されない、としている。

また前訴判決の理由中の判断に拘束される理由を三つに分析し、第一として、その判断に反する新たな審理は前訴を破毀することになること、第二に当事者間で主張立証がなされていること、第三として裁判所が実質的に審理したことを挙げている。そして中間判決を利用しなかったとしても当事者に非はなく、形式的理由であるとして、信義則上、放置することは許されないものとする。

前訴判決も後訴判決も所有権につき判断するが、所有権については主文には掲げられず、また登記請求が通常訴訟物となり、再訴では所有権確認につき再度争われる事件が多い。主文に所有権帰属をも付すか、前訴理由中に拘束力を認めなければ、構造として、再訴は不可避となる。このような問題を正面から扱ったのが本訴であり、争点効を認めているといってよい。

信義則が主な理由とされるが、信義則については、新法で認められ、また従来、学説が長年にわたり認めるところでもある。このような信義則に基づいて争点効の考え方を肯定する本件は学説からも正当と解すべきである。

(2)　東京地判昭和四一年四月二〇日（下民集一七巻三＝四号三二六頁）

〈事案〉

前訴で本件土地上に建物を建築所有しているXに対し本件土地がYの所有であり、Xはこれを不法占有していることを理由として、所有権に基づいて本件土地明渡し建物収去について争われ、Xが勝訴した。ところがXは本件契約により本件土地の所有権を取得したにもかかわらず、Yがこれを認めず昭和二九年三月一二日本件土地を訴外Aから取得し、同日付けで登記を経由したとし、本訴に及んだ。

〈判旨〉

「本件契約の成否はすでに右前訴において当事者が主要な争点として主張立証をつくし、裁判所もこの点につき実質的に審理し、判決の決定的前提として判断した事項であることが明らかであるから、Yは本件契約が成立したとする右前訴裁判所の判断に拘束され、もはやこれを争うことは許されないものと解するを相当とする。けだし、確定判決は原則として主文に包含するものに限り既判力を有し（民事訴訟法一九九条、現行法一一四条）、理由中の判断は既判力を有しないことはいうまでもないが、しかし、理由中に示された判断であっても、それが判決の結論（主文）を導きだすための決定的前提となったものであり、しかも当該訴訟における主要な争点として当事者間で主張立証をつくし、裁判所も実質的に審理した事項についての判断である限り、紛争の最終的解決を裁判所に委ねた当事者としては信義則上、これを受忍し、かつ尊重すべきは当然であって、後訴においてその当事者がこれに反する主張をし、もしくはこれを争うがごときことは許されないというべきであるからである。……そうすると本件土地はXの所有でありYはその不動産の登記簿上の所有名義人として真正の所有者たる原告に対しその所有権の公示に協力すべき義務がある。」

〈判例の分析〉

本件では前訴で所有権の帰属が争われ、後訴（本訴）で再度所有権に基づく登記請求がなされている。判示では主文の決定的前提（争点）となったことを理由に、争点効の要件を二つ掲げ信義則をも理由として前訴の拘束力が後訴に及ぶことを判示している。前訴で争われた事件を裁判所が引用し参考として、その判断に依拠する場合、争点効ないしこれを理由づける信義則（現行法二条）の採用は有益であり説得力のあるものとなっており、本件の判示もこの点からして妥当なものである。このような正面からの取り組みをしなければ事件は解明されず、繰り返されることとなろう。このように考えると、前訴の拘束力を認め、一度に後訴を解決することは、まさに妥当かつ有効な手法と言わねばならない。従来からも、後訴が蒸し返しか否かは理由中の判断に基づいていたはずである。実質的な判断がその余の事情で後訴提訴なされた場合には、判示の如く結論に対し決定的前提をなすことを理由にこれを争点として前訴の判断に拘束力を認めてよいと考えられよう。前訴と後訴に牽連性が認められ前訴が前提となされる場合、争点効は威力を発揮するのであり、信義則を理由としこれを具体化する争点効は認められよう。

(3)　大阪地判昭和四二年八月一八日（判時五〇九号六一頁）

〈事案〉

訴外会社は昭和三〇年一一月一五日被告$Y_1$に対し、金四〇〇万円を限度とする継続的な貸金契約を締結し、Xは自己所有の建物につき極度額四〇〇万円の根抵当権を設定し、訴外会社が債務の支払いを遅滞したときはその代物弁済として右建物の所有権を移転させる旨の予約をした。ところが、$Y_1$・$Y_2$は$Y_1$の訴外会社に対する債権および代物弁済予約上の権利を$Y_2$に譲渡することにより$Y_2$に本件建物の形式上の所有名義を得させ、本件建物の賃借人から賃料を取立てさせ逐次右賃料を以て訴外会社の$Y_1$に対する債務を弁済する便宜を図るため、$Y_2$において$Y_1$から前示権利を譲受けた。この点につき仮装譲渡であったとして、本訴以前に$Y_2$はXを相手方として前訴を提訴し、本件建物の明渡しを求めていた。前訴ではXが新たに$Y_1$の訴外会社に対する根抵当権および代物弁済予約上の債権を$Y_2$に譲渡したのは$Y_1$・$Y_2$の通謀虚偽表示ではなかったことが認められ控訴、上告の末、確定している。

この仮装の譲渡の点につき、本件では争われた。

〈判旨〉

「本件仮装譲渡の主張は、すでに右別訴において当事者が主要な争点として主張立証をつくし、裁判所もこの点につき実質的に審理し、判決の決定的前提として判断した事項であることが明らかであるから、Xは本件根抵当権および代物弁済予約上の権利付債権譲渡が仮装でなかったとする右控訴裁判所の判断に拘束され、もはやこれを争うことはこれを許されないものと解するを相当とする。けだし、確定判決は原則として主文に包含するものに限り既判力を有し（民訴法一九九条、現行法一一四条）、理由中の判断は既判力を有しないことはいうまでもないが、しかし理由中の判断であっても、それが判決の結論（主文）を導き出すための決定的前提となったものであり、しかも当該訴訟における主要な争点として当事者間で主張立証をつくし、裁判所も実質的に審理した事項についての判断である限り、紛争の最終的解決を裁判所に委ねた当事者としては信義則上、これを受忍し、かつ尊重すべきは当然であって、後訴においてその当事者がこれに反する主張とし、もしくはこれを争うことが許されないものというべきであるからである。……してみればYの訴外会社に対する債権をYに譲渡したのは有効でありYが右代物弁済予約完結する旨の意思表示をし、これによって本件建物の所有権を取得したものというべくXのYに対する請求は理由なくこれを棄却すべきものである。」

〈判決の分析〉

本件では争点効の要件即ち、⑴当事者が主要争点として主張立証を尽くしたこと、⑵裁判所もこの点につき実質的に審理を尽くしたことを理由とし、さらに判決の決定的前提として判断したことおよび信義則を理由として前訴判断に拘束される旨、判示する。

従来の争点効肯定判決を総合した判旨となっているが、当を得たものと言えよう。従来、主文にのみ拘束力を認めれば、事案の解決がなされるものとされてきた。しかし、本来紛争は一連の法的事実であり、後訴が提訴されることはやむを得ない。主文にのみ既判力を認める伝統的訴訟法理論は一回的紛争を前提とした一単位の事案について終局的解決を図るものであり、一連の紛争を予定した紛争解決のあり方とは言えない。実体法の一連の流れや後続の第三者による訴訟には不適当な対処方法であったといわざるを得ない。このような観点から、前訴判決の理由に対し拘束力を認め後続の事件を拘束する本判決は正当なものと言える。

(4)　広島高判昭和四二年三月六日（下民集二〇巻一四五頁）

〈事案〉

X（原告・控訴人）は訴外Aに金七万円の貸金債権に基づいて提訴した。この前訴判決は貸金債権は当初から成立していなかったことを理由に請求棄却とし確定した。

その後Aは死亡した。そこでXはAの相続人であるY（被告・被控訴人）に対し後訴（本件）を提訴し、XはAに対し昭和三一年七月一五日に、金七万円を貸借しAが同年一一月三〇日までに右貸金を返済しない場合、A所有の本件田四筆を代物弁済としてXに譲渡する約定をしたが、Aは弁済の期日を過ぎても契約を履行せず死亡し、Yが相続により本件義務を承継したとして登記手続等を請求したのが本件である。

〈判旨〉　請求棄却。

「しかしながら前訴の判決において右貸金債権が当初から不成立であるとの理由で、その不存在が確定しているのであるから、Xが本訴において本件土地を右貸金の代物弁済として取得したと主張することは前訴の判決理由と論理的に矛盾する。しかも、Xは現に東京都に住所を有するものであるから、本件土地につき山口県知事の許可を受けてこれを取得しうる可能性はほとんどない。それなのにXが前訴の確定判決の理由を無視し、東京地方裁判所に本訴を提起したのはYの主張するように、いたずらにYに応訴の苦痛を与える目的に出たものと推測せざるをえない。相手方に応訴の苦痛を与える目的ですでに前訴において解決せられた紛争をいたずらに形をかえてむしかえそうとするが如きは、確定判決の効力を尊重し、紛争のむしかえしを防ぐための既判力制度の趣旨から是認し得ないのみでなく、信義誠実の原則に照らしても許すべからざるところである。したがって、本件の如き場合においては、前訴の確定判決の理由である右貸金債権が当初から不成立であったという判断についても既判力類似の拘束力を肯定し、Xは本訴において右判断に反する事実を先決問題として主張し得ないと解することが、民事訴訟における信義誠実の原則として要請される。そうだとすれば、Xは、本訴において右貸金債権の成立を主張し得ないこととなる結果、Xの本訴請求は、その理由のないことが明らかであって、失当としてこれを棄却すべきものである。原判決は右と理由を異にするけれども、結論において正当であるから、本件控訴は理由がない。」

〈判例の分析〉

本件は代物弁済としての本件土地明渡につき信義誠実に照らし、前訴の確定判決の理由に既判力類似の拘束力を認めた判決である。右貸金債権については不成立であることが先決問題であるとして再度主張し得ないと判示している。先決問題は従来既判力につき、伝統的な失権効を生じる事由とされてきたが、これと併せて既判力類似の拘束力を認めている点で新しい判決であると言える。後訴は貸金債権につき代物弁済を約したとして所有権移転登記の請求をしているが、これは前訴の蒸し返しである。この点につき前訴判決理由中の判断に既判力類似の拘束力（他の判決によれば争点効を言う）を認めないとすれば、この判決は結論的に本訴を失権できないのであり、蒸し返しが繰り返されることも容認されよう。信義則が明文化され（二条）、その信義則に依拠する争点効は妥当である。前訴判決の理由中の判断に拘束力を認めた本判決は正当である。

## 三　総論的考察

### 1　争点効の意義

争点効の理由づけとしては次のように指摘されている。(8) まず第一に前訴で両当事者が真剣に争い、裁判所がそれについて示した判断を後訴で蒸し返し裁判所の判断に矛盾・抵触する主張をするのは、相手方に対して信義に反し公平でないこと。第二に信義則が判決の効力として定着したものであること、である。後者に関しては論争がある。

## 2　争点効の要件

ここで要件を確認しておく。[9] 第一に前後両請求の当否の判断過程で主要な争点となった事項についての判断であること。[10] 主要でない争点に拘束力を付与することは不意打ちになるし、逆に不意打ちにならないようにするならば、審理の機動性を害するからである。

第二に当事者が前訴においてその争点について主張立証を尽くしたこと。[11] 換言すれば、真剣に争ったこと。これは尽くしたとか真剣にとかいう積極面に重点があるのではなく、自白、擬制自白、証拠契約等によった場合には争点効が生じないとする消極的側面に眼目がある。

第三に裁判所がその争点について実質的な判断をしていること。[12] 裁判所が判断しなかった事実には、争点効は生じない。

第四に前訴と後訴の係争利益がほぼ同等であること、または、前訴の係争利益の方が大きいこと。[13] 前訴の係争利益が少額であると当事者はその程度の訴訟追行しかしないであろうから、係争利益が高額である後訴では争点効を生じさせず、真剣に争う機会を再び与えるべきだという考慮に基づく。例えば、前訴が利息支払請求であるときは、元本の存否も争点となるであろうが、そこに争点効を生じさせて後訴の元本支払請求を拘束することをしない。

第五に後訴で当事者が援用すること。[14] ただし、資料は職権で探知することができる。

このようにして要件論は新たな展開がある。

## 3　争点効の主観的範囲

次に、争点効の主観的範囲についてであるが、訴訟物（請求権および個々の争点）につき利害関係を有する者は後訴

（別訴）を提起し得、信義則ないし公平の原理によって後訴において前訴の判断を援用しうると考えられる。従来、牽連性、既判力の拡張ではこの主観的範囲が主として論じられてきた。争点効では前後訴の紛争の同一が認定されることになる。また従来は、既判力での遮断によって不再理とされてきたが、新事実がある場合や前訴で争っていない利害関係ある第三者の別訴が不可避であることから認められる判決効として、争点効が存在する。

新堂説では争点効が第三者に及ぶ場合として、口頭弁論終結後の承継人とともに、実質的に当事者と同視できる者および補助参加人が挙げられている(15)。実体法からの考慮によれば利害関係ある第三者が後訴提起可能とすべきである。一連の紛争を一挙に解決しうるからである。私見では争点効は少なくとも、利害関係ある第三者に及ぼすべきであり、更に、対世効を認めるべきであると考える。

その他に請求の目的物の所持者や訴訟担当の被担当者に及ぶとされている(16)。

## 4　若干の問題

争点効をめぐる課題として、まず第一にどのような争点について争点効は生じるかについて、前述の私見のとおりその範囲につき争われており、原則として主要事実につき生じるとし、ただ前訴と後訴との具体的関係から観察して、先決的法律関係、補助事実、間接事実、訴訟要件判断条件付き給付判決の条件部分いずれにも生じうることを肯定してよい、とされる(17)。これは、実務の柔軟な適用を可能とし、妥当であろう。

第二に、上訴について、前訴で勝訴したが、判決理由中の判断に不満があるという場合に上訴の利益が肯定されるか。これについては、争点効が発生する可能性を残し、そのために上訴する利益を否定し、上訴する機会のなかった場合には争点効を発生させない方向で考えられている(18)。審級の利益を保障するためである。

### 5　小　括

争点効は新訴訟物説を導いた紛争解決の一回性の理念をよりよく達成する利点を持つという。[19] これは前後訴の訴訟の対象を同一視し、審理を統一することから導かれると考えられる。

また、争点効は訴訟物に対する前提問題として生じ、訴訟物の枠を超えて作用する。その結果、紛争の統一的な解決が図られるとされる。[20] 妥当であろう。

さらにまた争点効は判決主文にのみ既判力が生ずるとする一一四条一項に反するものではない。[21] 判決理由中の判断に既判力を生じさせないのは、争点処分の自由、裁判所の審理の機動性を保障するためである。争点効は現実に真剣に争われ、裁判所が判断を示した場合に認められる効力であって、審理の機動性と調和するからである。[22]

前述の対世効に付言すれば、例えば日本民法の所有権の移転は先ず意思表示により当事者間で移転し（民一七六条）、登記を経て対世的に（絶対効）、第三者に対しても移転することが認められる（民一七七条）。これは登記の経由（争点ないし抗弁）に争点効が働くからである。このことは第三者にも（判決の）拘束力が対抗でき、争点効が対世効であることを物語る一事例である。つまり、争点効は第三者にも主張できる対世効である、と考えられる。すなわち、抗弁（限定承認、登記による所有権の移転等）は争点となり、第三者にも効力が及ぶ。これが争点効の作用である。また、これが一回的解決の争点効からの意味である。

## 四　各論的考察

### 1　序　説

争点効の問題を争点効論の中で論じるとすれば、[23] 例えば口頭弁論終結後の承継人は明文がなくとも、別訴を起こしそこで前訴の拘束力が及ぶものとして争点効により解決されるし、一部請求は、例えば、一部との明示がなくとも争点とされると後訴で再び争い得、前訴での主要な争点について当事者・裁判所は拘束され、その後の新しい事実について後訴において更に再訴し、争うことができることとなる。このように争点効は一連の紛争を一群の手続事実群として取り扱おうとする手法であり、複雑な共同訴訟にも有効である。訴訟脱退者や後発的共同訴訟について争点効の威力が発揮されよう。また詐害行為取消権にも争点効は有効である。また法人格否認の法理などでも争点効は妥当する。[24]

このように後訴に広く客観的（一部請求）、主観的（一部請求以外の争点）範囲につき前訴の判決効が及ぶとする争点効は様々に問題を解決しうるであろう。以上のような例につきいくつか争点効の各論として、またここでは実効性のみについて論じることとする。

## 2　口頭弁論終結後の承継人

基準時後に第三者が当事者の一方（前主）と同じような利害関係を持つに至った場合、この利害関係人を口頭弁論終結後の承継人とされる。ここで学説は対立する。即ち、承継人の地位を実質的に審理した上で、既判力の拡張を決める実質説と、基準後に権利関係について利害関係を持つに至った者に既判力を及ぼし、固有の防御方法の提出を許す形式説とに分かれる。この論争は判決効のあり方にも示唆的なものであり、更に考察すべきであろう。口頭弁論終結後の承継人には一一五条一項三号により既判力および執行力（民執二三条一項三号）が及ぶ。基準時以前に訴訟物を譲り受けた者が自由に争えるとすると訴訟による解決を回避できるため、訴訟の実効性から認められる。[25]即ち再度争うことが紛争解決の実質的理由とならず、後訴で紛争主体と扱うことは従来の既判力では前訴を無に帰することから認められている。統一的解決をするためである。これは争点効の明文化であり、立法上解決されている（一一五条一項三号）。

そしてまた、背後に物権を担う取戻請求権と、背後に物権をひかえていない交付請求権の場合を区別して、前者に

限り基準時後の占有や登記の承継人に判決効が及ぶとする三ケ月説が存在する。(26)

口頭弁論終結後の承継人については前訴の争点とされていれば、利害ある第三者として後訴では前訴の事実認定（争点）に拘束され、争点効が及ぶと解される。

## 3　目的物の所持人

一一五条一項四号は、当事者または当事者の承継人のために請求の目的物を所持する者に対して既判力を及ぼす。第二の争点効の例示である。(27)請求の目的物とは、訴訟物とりわけ特定物の引渡請求権の対象をいう。目的物の所持人としては受寄者・管理人などがある。

虚偽表示に基づいて登記が移転されている場合に登記名義人に既判力を一一五条一項四号により拡張しうるかについては争いがある。その占有が事実上の支配を有し、また公示方法であることに鑑み、当事者本人のために名義を保持している場合、所持者として既判力が拡張されるとする判決がある。(28)この問題は登記が日本では公信力を有せず、訴訟承継主義を採用していることから、所持人として既判力を及ぼすことが試みられることとなり実質的当事者との概念が提唱されている。(29)

実体法上、承継が自由な点から誰を当事者と扱い判決効を及ぼせば効率的に訴訟を行うことができるかという問題であるが、実体関係からみて実質的に訴訟追行者とみられる者を当事者と扱えばよいこととなる。その余は、後訴で解決されることとなる。

本明文がなければ、所持人は後訴を提起して自己の攻撃防御方法を提出し得、争点効により前訴に拘束されることになろう。この手続を簡略化したのが一一五条一項四号である。前訴の実効性を高めるためである。ここにも争点効の実益は認められよう。

## 4　法人格否認の法理

法人格否認の法理とは、法人格が形骸化し、または法人格が法規の適用を不当に回避するために濫用されるようなときに特定の法律関係において法人格の存在を無視し、その背後に存在する真の法主体に法的効果を帰せしめようとする理論である。[30]

この法理が実体法上の適用がある、とすることは、学説・判例上[31]承認されている。しかし民事訴訟法上適用があるか否かについては見解が分かれる。問題の所在は明確な判断基準がないこと、背後者の手続保障が十分なのか否かについてである。[32]

また、判決効の拡張との関係において下級審・学説が対立している。[33]学説では類型化がすすめられている。学説のうち、消極説は法人格否認の法理を一般条項と位置づけ、反射効理論の適用をも否定する[34]が、肯定説が多数説である。

判決効が拡張される理由としては、法人格が否認される会社と背後者とでは実質的に同一の当事者であること（単一体説）などであるが理論構成は多様である。他に目的物の所持人は当事者本人と同じ扱いを受けるとする所持人説、実体法上依存している場合には既判力拡張規定の趣旨を類推適用する依存関係説、形骸化事例では、一方の訴訟追行により手続保障は充足されるとする実質的当事者説、法人格否認の法理の適用される事例は多様であり、類型や濫用の程度内容により、拡張するか否かが決まるという多元説、法人格否認の法理を一般条項として維持するという一般条項説、判決効拡張につき法人格の形骸型と濫用型とを認め、形骸型についてのみ既判力・執行力の拡張を認める説[35]、両者を区別し、濫用事例の場合には、既判力のみを認め、形骸事例の場合には両者の拡張を認めるもの[36]、その他民執二三条における当事者、所持人、口頭弁論終結後の承継人、訴訟担当の判決効規定を類推する試み等が存在する。

私見では甲社に勝訴した相手方はその効力を他方の会社（乙社）に主張しうる。すなわち、争点効が及び、乙社は前訴に拘束される、と考える。口頭弁論終結後の承継人や所持人・訴訟担当のいずれか一つだけで統一的に根拠づけるのは困難であるからである。[37] これにより判決効が実質上、拡張されることとなる。ここにおいても争点効理論が妥当である。執行力については前訴追行時における形骸化要件が認められると拡張される、とも考えられるが、[38] 自ら後訴を再び争い自ら執行文を得るべきと考えられる。いずれにしても争点効により解決が認められる。

## 5　一 部 請 求

学説によれば、一部請求（数量的に可分な債権の一部を訴訟上請求する場合）については肯定説と否定説に分かれる。肯定説は理由として(1)訴訟外で権利行使ができること、(2)民訴法上も処分権主義として認められていること、(3)民訴一一四条二項は相殺において、分割請求を認めていること、(4)いわゆる試験訴訟が有益であること、等を挙げる。否定説は被告側の応訴の煩、裁判の矛盾・抵触の可能性等を理由とする。また請求棄却の場合には債権全部の不存在が確定し、残存請求は既判力によって遮断される。これに対し請求認容の場合には対立がある。

判例は一部請求であることを明示していれば後訴を認める。[39] 先行の訴訟が一部請求と確定すると、後訴においては残額請求が独立した訴訟物と取り扱われる。

また、学説では明示の有無にかかわらず債権全体が訴訟物になるとする見解も有力である。[40]

一部請求については肯定説に賛成したいと考える。後訴では、前訴での事実の確定に拘束され、後訴においては残部請求が可能であると考えられる。即ち前訴の一部請求には、当事者が真剣に争い、裁判所も実質的な審理をしているのであるから争点効が及び、後訴が拘束されると考えられる。ここでも争点効は妥当である。

## 6　詐害行為取消権

詐害行為取消権については民事訴訟規定の多数当事者の争いにつき不十分な点が多く、民法上学説が対立している。これらについては判決効で解決可能であると思われる。

形成権説は、詐害行為の性質を債務者・受益者間の取消を目的とするとし、被告は債務者と受益者であるとする。またその効果については絶対的な無効とする。請求権説は取消権は詐害行為のため逸出した財産の取戻を請求するためにあるとする。財産請求の相手方を被告とし（受益者ないし転得者）、債務者は被告にならないとされる。その効果は、債権者に詐害行為の有効性を主張しえないとする。折衷説（判例・通説）は内部に対立はあるが、主に取消権については詐害行為を取り消し、かつ逸出した財産の取戻を請求する権利だとする。被告については、債務者・受益者・転得者とし、効果も絶対的無効とする見解と、被告は受益者または転得者とし効果も相対的無効とする学説がある。また訴権説は取消権の法的性質をアクチオ（実体法上の権利と訴訟法上の権利が合体した権利）であるとする。この見解は相対的取消について判決効の相対性の原則を意味するものに過ぎないとする。(41)

このような場合も訴訟告知をし、共同訴訟として扱うことにより解決される諸問題と類似するようにも考えられるが、基本的には前訴に争点効が発生し、後訴には拘束力が及ぶものとすることが可能である。このことにより合一確定が目指され、また前訴を無駄にしない、という訴訟経済や後訴の合理的な訴訟運営がなされている点で優れている。ここにおいても争点効は妥当すると考えられる。判決効論からは共同訴訟の一類型として扱うべきであろう。

### 7 信　義　則

竹下教授によるとドイツ（旧西ドイツ）では信義則は次の作用領域からなっているとされる。(42)

第一は、契約上または法律上認められる本来的義務を補完し契約または法の趣旨を実現するための、付随義務の成立を基礎づける作用である。信義則はいわば立法者の予定した法秩序の裁判官による実現を媒介するものとして機能する、といわれる。スイス民法では一条で裁判官の法創造を認める。日本民法では一条二項の信義則によるとすべきである。

第二は、濫用的な権利行使の制限の作用であり、第一の作用が義務者に対する要請であるのに対し権利者に対する制限としての意味をもつ。この適用類型は判決理由中の判断に抵触する訴訟上の権利行使（攻撃防御方法の提出）の制限を導く指標の析出にとって有益であるとされている。私見によれば、これは権利の濫用そのものに近い。ただ両者は多く流動的でもある。

第三に、権利関係の成立後における規範的要求可能＝期待可能性の消失を理由とする権利義務の変更がある。即ち、相手方の正当な利益への配慮の要求としての信義則は、権利・義務の成立後における著しい事情の変化によって、もはや当初予定された給付の履行を規範的要求として義務者に期待しえなくなったときは、事情に応じて義務の、したがってまた権利の内容の変更ないし修正を要求する、としている。第三の場合は裁判官の新しい法の創造によるとされ、日本での最高裁による近時の蒸し返しに対する信義則適用はこの第三の作用による。第二の濫用型についての考察がここでは有益であると考えられる。判決理由中の判断について訴訟上の権利行使の制限を導くからである。ただし、実体法の個別の適用による点で、批判もあろう。再考を要しよう。

ところで、判決効について信義則の適用か争点効かについては争いがある。争点効がそもそも信義則の具体化であり、また本来的に信義則に基礎づけられているとおり、問題解決は争点効によっても信義則によっても実質的に可能である。

新堂教授は次の事例、すなわち同じ争点を前訴で争っていない場合とか、前訴が確定していない場合または、前訴がそもそも存在しない場合には、先行の行為ないし態度に矛盾する主張が禁反言によって排斥される場合がある、とされ争点効のルーツを説明する際「争点効によって排斥される主張の中には、禁反言的主張も含まれる」と説明することはできようが、争点効を前訴判決の効力として――つまり前訴で主要な争点として争ったことの当事者責任として――制度化できるかぎりでは、一般条項にいちいち遡る必要がないとされる[43]。私見も賛同するものである。早期の制度化が望ましい。

自己責任に基づき後訴を拘束する点でいずれも共通している。ただ争点効によれば当事者が十分争い納得できる点、また裁判所も十分当事者に主張立証を尽くさせる訴訟観に基づいている点でより相応しく、また判決効自体の問題として解決している点でも、優れているといえよう。また共同訴訟などでも争点効は実体法を反映し、合一確定しうる点できめ細かい適用・運用ができ、有益であるといえる。

ここでは訴訟物＝判決理由中の判断＝争点効の客観的範囲というスキームが妥当する。また、信義則の争点効上の扱いは前述のとおり学説が分かれる。一方では争点効を信義則が判決効にまで定着した制度的効力として認識し、その要件の定式化を試みる学説[44]、他方で信義則的な効力に純化し、信義則の性質上要件の定式化はあきらめるべきであるとする学説[45]がある。信義則の広汎さゆえ、重畳的な場面となっている。判決効の問題とすべきであろう。争点効の本来の領域であると思われるからである。

判例は最高裁が直接信義則に基づいて、実質的に同一の紛争の後訴を許さないとの判決を出している[46]。判例の見解もその要件とする蒸し返しの意味をもう少し詰めるべきであろう[47]。

争点効論からは判決効の範囲につき前訴手続の具体的経過である「手続事実群」による提案もなされており、また前訴の扱いにつきより弾力的な判決効が提示されている。このような前訴への柔軟な手法は一般条項でも可能であるが、判決効論として解決しうることから争点効は信義則よりもまず優先的に適用され、信義則はいわゆる「伝家の宝刀」として位置づけることが妥当である。

## 8　反 射 効

判決効には判決に付随して生じるとされる反射効がある。反射効は当事者と特殊な関係にある第三者に、利益または不利益な影響を及ぼす効力であり兼子博士によって提唱された[48]。現在でも多数の学説により認められている[49]。具体的には次のような場合に反射効により判決効の拡張が肯定されている。争点効にも参考となるので紹介したい。

(1)　民法四四八条に基づく保証債務の附従性の適用ある場合に（主債務についての請求棄却判決と保証債務との間に

おいて）反射効が及ぶ。

(2)　相殺の絶対的効力（民法四三六条）、および民訴法（一一四条二項）に基づき、相殺の抗弁を理由とする連帯債務履行請求棄却判決と他の連帯債務との間について反射効が及ぶ。

(3)　合名会社の債務についての請求認容または請求棄却判決と社員の責任の間に（商法八〇条）、反射効は及ぶ。

(4)　賃貸人および賃借人とのあいだの賃借権確認判決は転借人にも判決効が及ぶ。

(5)　保存行為（民法二五二条但書）につき、共有物の取戻ないし妨害排除請求認容判決と他の共有者に反射効が及ぶ。

(6)　債務者と第三者との間における特定財産が債務者に属しない旨の確定をなす判決と債務者の一般債権者間に反射効が及ぶ。

(7)　破産法二四八条一項により、ある破産債権者と破産者との間における債権の存在を確定する判決と破産債権者の異議権との間に反射効が及ぶ。

(8)　執行債務者とある配当要求債務者との間の債権の存否についての判決と他の配当要求債権者の異議権との間に反射効は及ぶ。

これに対し、争点効ないし既判力拡張による規律で十分であり、敢えてそれとは別に反射効なる概念を立てる実益はないとする見解もある[(50)]。しかし、これについては私見によればこれらすべてについては争点効が及ぶ、として差し支えない[(51)]。

既判力は厳格な理由ないし枠組みにより、また訴訟政策的に定着しており、類推ないし拡張する方向には難がある。むしろここでは既判力拡張の領域については争点効を採用して判決効を及ぼすべきと考える。

## 9　形成権の行使

形成権（取消権、解除権、相殺権、白地手形補充権、およびここでは建物買取請求権や登記請求権も検討の範囲に含めたい。ただし、ここでも概略的にしか論じられない）の行使については形成権行使後（例えば取消の後）の第三者も利害関係あるいわゆる第三者として前訴の結果（判決の主文および判決理由）が及ぶと考えられる。争点効の作用である。

一般に法律関係の変動に関しては、その後第三者が利害関係を有するに至る場合が多く、その後の当事者の法律行為により右第三者の地位を覆すことは法律関係の安定を害する。したがって、この第三者の地位を保護するためには判決効においても、後訴に対してその当事者間の前訴判決の効力が当該第三者にも及ぶとすべきである。争点効の契機は、アメリカではここに本来あったのである。すなわち善意の第三者は保護されるべきである。形成権の行使の場合も同様に解するのが適切であろう。即ち形成権の行使は判決理由中の判断として争点となり、ここに拘束力が及び後訴で再度争えることとなる。

ここで第三者について付言すると、給付判決につき利害関係ある第三者に判決効が及ぶとするのは、最低限の判決効の拡張を考えても債権譲渡で善意の第三者に対抗要件を要求することから（民法四六七条一項・二項）、少なくとも当該訴訟に利害関係ある第三者には判決効を及ぼす必然性、実益がある。

しかし、給付判決についても物権変動に関しては民法一七七条は一般に「第三者」と規定するのであり、また物権は天下の万人に対し主張できるものとの説明が通説（我妻説）でなされており、その意味で一種の対世効が考案されるべきであろう（私見）。すなわち全ての種類の判決効を対世効とし執行の段階で自己固有の抗弁（善意の第三者等）を提出してゆく問題であるとも考えられる（前述口頭弁論終結後の承継人の項を参照）。しかしながら訴訟で判決効を及ぼす場合には最低限給付判決の当該事件に利害関係ある第三者に判決効を及ぼせば足るとの考えも可能であり、ここで実体法と訴訟法との整合性がなお検討さるべきである。

また物権変動や債権譲渡は通常は当事者間では有効なのであるから、この対抗要件に関しては利害関係ある第三者とのその後の関係を規律している。即ちこの場合には善意・無過失のないし対抗要件ある第三者は保護されるべきであり、これを認めるのが公信の原則である。ここに判決効の検討すべき課題がある。具体的には判決効を及ぼすこととなる。例えば取消後の第三者は利害関係人として前訴の結果に拘束され訴訟（後訴）では対抗要件を具備すれば民法の規定により保護される。即ちここでは物権変動一般の法理に従う。

対抗要件は前訴の争点となっており、争点効論によれば、後訴はこの前訴判断に拘束され、善意・無過失の第三者は保護される。即ち日本民法が公信の原則を認めないにもかかわらず、判例・学説が民法九四条二項の類推適用を行うことに争点効は与するものである。ここでは公信の原則の規定がなくとも前訴の争点効による拘束力により判断が統一され、第三者による後訴の審理は一連の紛争として解決されることとなる。

## 五　結　語

このように争点効は実体法上も実務においても有効である。従来の既判力のように一回的解決を目指すか、争点効のように手続保障を目指しつつ、再訴を広く認めていくかは、訴訟政策に依存する問題と考えられる。[52] 従来からも言われていることであるが、既判力の目的は第二の訴訟の阻止にある。しかし、既判力は実体法上の確定を行うのであり、そのためにも拘束力を検討しなければならない。すなわち一事不再理および蒸し返し禁止は実体法上の権利を確定するためにある。しかし、抗弁事由（厳密には、各論的考察で扱ったものや、限定承認などの争点）は確定できず、再び後訴で確定する可能性を認め残すべきである。中間確認の訴えはこの作用を営んできた。ドイツ民訴法制定時の妥協案である。[53] しかし、この方法では、同一判決内でしか拘束できず、変化する法的関係には対応できない。実体法上の権利の発生・変更・消滅は判決の効力においてなされるべきであり、このことをよりよく丁寧に実現する技術が争点効であると考えられる。訴権が行われていた時代には、この点の考慮がなされ、私法行為と訴訟行為は合理的に対応していたと思われる。今日、抗弁ないし争点ごとの権利（私権）の発生・変更・消滅を認めることが、より適切な訴訟理論であり、アメリカ法で十分な運用が行われていることを考察するならば、争点効論は比較法的に十分説得力のある興味深いテーマではなかろうか。実体法に合致した訴訟観を構築していくことが現時点では賢明だと思われる。まずは一一四条の立法的解決が目指されるべきであろう。

また、民事訴訟法は民法、商法などの実体上の権利を実現するためにある。法律要件は民法その他に規定があり、それを変更してはならず、その実体規定を尊重すべきである。したがって民事訴訟法は民法その他に実体法を優先し、その権利を充足させるべきであろう。そのためには民事訴訟法が、実体法の実現のために、いかにしてもその権利（請求権）および法律事実（抗弁）を認めなければならない。従来は請求権のみを主文において判断していたが、抗弁等の法的事実で理由中に事実認定したものはやはり裁判所の判断として後訴を拘束すべきであろう。前提の問題として後の紛争の原因となるからである。法的事実をも拘束し利害関係ある第三者にも判決の効力を及ぼさなければ紛争は一回的に解決され得ない。したがって後訴では審理を拒否するのではなく、前訴の主文のみならず、前訴の判決理由中の判断にも拘束されつつ、もう一度更に新事実と共に審理を行わなければならないこととなろう。

従来は明示した一部請求や後遺症等の場合のみ、後訴の審理を認めてきたが、利害関係ある第三者や前訴を前提とする後発の事実による新たな紛争に対しても、後訴の審理を拒絶してはならない。このことはより丁寧な裁判と紛争の一挙解決に資するのであり、公平な裁判と言えよう。このような理念を実践するのが争点効の本質であると考えられる。このような争点効は訴訟経済にかなうものであって、また公平等の民事訴訟法の理念に合致するものである。本来裁判が手続法により実体権を実現するものである以上、民事訴訟法が訴訟を通して、判決理由中の事実認定により民法等の実体法を調整し充足しなければならない。このことは利害関係ある第三者をも含めた一回的解決を後訴で実現することも、紛争の一挙的解決を図ることをもでき、民事訴訟の本来的理念にかなうこととなる。

そもそも、民事訴訟法は手続法であって、実体法（実体権）がその前提として指定されている。したがって、実体権の調整と実現こそが、本来的にはその理念として挙げられてよいであろう。実体法上の利害関係ある第三者も後訴で争い得、当事者と同様、ここにおいて判決効と接点を有する。承継人（実体法にいう第三者）は保護されるべきものである。このため口頭弁論終結後の承継人についても、判例・通説は訴訟物の承継人には限定せず、広範に認めてきた。承継の意義を当事者適格の承継（小山説、斎藤説）、紛争の主体たる地位の承継（新堂説、兼子説）、あるいは訴訟物の基礎たる権利関係または訴訟物から派生する権利関係の承継（上野説、上田説）としているのもそのためである。

民事訴訟法上、承継人の保護については訴訟前からの承継人は参加承継、引受承継で、また訴訟中の承継人に関しては訴訟承継により（ドイツでは係争物の譲渡は許容されるが、訴訟に影響はなく、また、既判力の拡張による（ZPO三二五条））、そして訴訟後の承継人は口頭弁論終結後の承継人（日本民訴一〇五条一項三号）によって解決される。また併存的債務引受や保証債務等は共同訴訟論で解決され得ると位置づけられる。

しかし、ここで一事不再理の観点を異にするならば、新訴は民事訴訟上存在しうる。すなわち例外として訴訟確定後も新事実による再訴は可能であり、実体法上判決の終局性は完結し得ない。すなわち実体法上の変動は基準時以後も存在し得、その中で如何なる範囲で後訴を争い得ないものとするか、すなわち後訴を遮断するか（既判力なのか争点効か）が問題とされる。そしてこの限りにおいて前訴の法的判断は覆滅し、再度、新事実による判断が裁判所によりなされる。ここで新事実による再訴を提起するにあたり、前訴の判断をどれだけ利用するかの問題として、判決効として争点効は有益かつ合理的であり利便である。またこのことは、実体法上の規律を尊重するものであり矛盾がない。争点効によれば事実の認定に基づいたきめ細かい拘束力が生ずることになり、前訴判決が判決効を後訴に及ぼす要請をよりよく実現する。

日本では訴訟が長期にわたり、再訴自体が少なかった。しかし、新法の導入によりこのような解決を目指す争点効が受け入れられるべきであろう。ここでは紙数の関係で十分な検討ができなかったが今後の課題としたい。

佐々木吉男先生の御学恩に謝意を表し、ここに本稿を捧げたい。

(1)　一九九九年度の民事訴訟法学会における竹下教授の基調講演「民事訴訟法における学説と実務」でも、新堂説は意義深いものと評価されている（民事訴訟雑誌四六巻五頁、二〇〇〇年）。

(2)　新堂幸司『新民事訴訟法』五九九頁。争点効の基本的な文献を以下に掲げる。新堂幸司『訴訟物と争点効』(上)(下)、三ケ月章「既判力の客観的範囲」ジュリスト三〇〇号二六二頁（一九六四年）（『民事訴訟法研究』七巻八五頁）、倉田卓次「いわゆる争点効について――京都地裁昭和四〇・七・三一判決を廻って――」判例タイムズ一八四号八一頁（一九六六年）、吉村徳重「理由中の判断の拘束力――コラテラル・エストッペルの視点から」法政研究三三巻三～六合併号四四九頁（一九六七年）、住吉博「『争点効』の本質について（一）（二）」民商法雑誌六一巻二号一七五頁（一九六九年）、五号七五四頁（一九七〇年）、新堂幸司、奈良次郎、谷口安平、上谷清、馬場英彦、三宅弘人、座談会「争点効をめぐって――事例を中心に――」判例時報五八六号、五八八号、五八九号、五九一号、五九二号（一九七〇年）、小山昇「いわゆる争点効について――争点効理論へのひとつの刺激として」ジュリスト五〇四号七五頁（一九七二年）、奈良次郎「争点効」『演習民訴法』〔旧版〕（上）五二一頁（一九七三年）、吉村徳重「判決理由の既判力をめぐる西ドイツ理論の新展開」法政研究三九巻二～四号合併号四五三頁（一九七三年）、中野貞一郎「いわゆる争点効を認めることの可否」法学教室〔第二期〕四号六一頁（一九七四年）（『過失の推認』二〇一頁）、上村明広「判決効の拡張をめぐる利益考量」法学教室〔第二期〕七号六五頁（一九七五年）、竹下守夫「判決理由中の判断と信義則」山木戸還暦『実体法と手続法の交錯（下）』七二頁（一九七八年）、上田徹一郎「遮断効と提出責任」民商法雑誌・法と権利(3)二三六頁（一九七八年）、水谷暢「後訴における審理拒否」民訴雑誌二六号五九頁、吉村徳重「判決の遮断効と争点効の交錯」『新・実務民事訴訟講座2』三五五頁（一九八一年）、青山善充「争点効」民事訴訟法判例百選〔第二版〕二四〇頁（一九八二年）、竹下守夫「争点効・判決理由中の判断の拘束力をめぐる判例の評価」民商法雑誌二五九頁（一九八六年）、富樫貞夫「判例理由中の判断の拘束力」三ケ月章＝青山善充編『民事訴訟法の争点〔新版〕』二九六頁（一九八八年）、同「民事訴訟における『むし返し』禁止の効力」熊本大学法学部創立十周年記念『法学と政治学の諸相』二七一頁（一九八九年）、新堂幸司「判決の遮断効と信義則」三ケ月古稀『民事手続法学の革新(中)』四七五頁（一九九一年）。
(3) 兼子一『民事訴訟法体系〔増補版〕』三五二頁、同「連帯債務者の一人の受けた判決の効果」法協五六巻七号一頁（一九三八年）、同『民事法研究Ⅰ』所収。
(4) 伊東乾「行為効の理論」法学研究五〇巻一号一頁、同「信義則に代わるもの――民事訴訟法を視点として――」法と権利(3)民商法雑誌七八巻臨時増刊二一七頁以下。
(5) 坂原正夫「黙示による中間確認の訴え」法学研究五三巻一二号（『民事訴訟法における既判力の研究』一二一頁所収）。
(6) Baumbach, Lauterbach, Albers, Hartmann, Zivilprozessordnung, S. 1122, 55 Aufl., 1997.
(7) Stein-Jonas, Kommentar zur Zivilprozessordnung, S. 185, 20 Aufl., 1989.
(8) 『新民事訴訟法講義』（大学双書）三九二頁（高橋執筆）。
(9) 新堂『新民事訴訟法』六〇六～六一一頁・六〇四頁、高橋・前掲三九二～三九三頁。ここは争点効の「天王山」であり、不明確性がしばしば指摘されるところである。
(10) 新堂・前掲六〇六頁・六〇七頁。ここで争点とは判決理由中の判断で不可避に判断された法的事実をいうと考えられる。場合により異なるが主要事実のほか、間接事実、補助事実を含む場合がある。
(11) 新堂・前掲六〇八頁。争ったことである。新法でも立法化されたように争点の明確化や争点に従った訴訟追行が弁論の中心となるからである。また争点単位の審理は効率的である。
(12) 新堂・前掲六〇九頁。これは書面により明らかとされる。実質的にとは攻撃防御の提出をいう。
(13) 新堂・前掲六一〇頁。訴訟の規模についてである。
(14) 新堂・前掲六〇四頁。前訴の攻防につき、当事者が一番詳しいこと、また当事者主義によりこのように言える。
(15) 新堂・前掲六一一頁・六一二頁。
(16) 高橋・前掲三九三頁。実体法、訴訟法の考慮による。
(17) 高橋・前掲三九七頁。
(18) 新堂・前掲六一三頁・六一四頁。この点につき異論は少ないが、なお上訴制度との整合性から考察の余地がある。

(19) 新堂・前掲六〇四頁・六〇五頁、高橋・前掲三九四頁。
(20) 高橋・前掲三九四頁。
(21) 新堂・前掲六〇三頁、高橋・前掲三九三頁。さらに言えば、一事不再理や一回的紛争解決の理解が裏側にある。
(22) 高橋・前掲三九三頁。
(23) 高橋・前掲三九五頁。今後の動向をさぐるものである。
(24) 新堂幸司「訴訟物概念の役割」判例時報八五六号一一六頁以下（一九七七年）、同『訴訟物と争点効(下)』一一三頁所収。同「提出責任効の評価」『法協百年論集　3巻』（一九八三年）二八七頁以下。卓抜した理論である。争点を単位とする審理を推進し、さらに包摂するものである。
(25) 新堂『新民事訴訟法』五九一頁。
(26) 三ケ月章「特定物引渡訴訟における占有承継人の地位」法曹時報一三巻六号一頁、同民訴法研究一巻所収。この点については判決の効力についてのあり方の立法論といえる。
(27) この他に争点効の例示として訴訟脱退（四八条）などがある。
(28) 大阪高判昭和四六年四月八日判例時報六三三号七三頁。
(29) 新堂「訴訟承継主義の限界とその対策」判例タイムズ二九五号初出、同『訴訟物と争点効(下)』九五頁所収、上田徹一郎『判決効の範囲』一二六頁以下、また、以上につき、伊藤眞『民事訴訟法』四八三頁・四八四頁。
(30) 田頭章一「民事訴訟における法人格否認の法理」『民事訴訟法の争点〔第三版〕』六六頁。
(31) 多数説である。判例としては最判昭和四四年二月二七日民集二三巻二号五一一頁参照。
(32) 田頭・前掲六六頁。
(33) 最高裁は最判昭和五三年九月一四日（判例時報九〇六号八八頁）で否定説に立っている。学説・判例については伊藤眞「法人格否認の法理」民事訴訟法判例百選II三四六頁。
(34) 江頭憲次郎「法人格否認の法理と判決の効力の拡張」『会社法人格否認の法理』四一九頁以下所収。
(35) 中野貞一郎『民事執行法〔第二版〕』一一六頁以下（一九九一年）。
(36) 吉村徳重「執行力の主観的範囲と法人格否認」大石忠生ほか編『裁判実務大系7』三頁以下。

(37)　吉村・前掲一一頁。
(38)　吉村・前掲一五頁・一六頁。
(39)　最判昭和三七年八月一〇日民集一六巻八号一七二〇頁等。
(40)　江藤「一部請求と残部請求」『民事訴訟法の争点〔第三版〕』一八六頁。
(41)　民法判例百選Ⅱ（第四版）三九頁（佐藤執筆）。
(42)　竹下守夫「判決理由中の判断と信義則」『実体法と手続法の交錯(下)』（山本戸還暦）七八頁・七九頁。
(43)　新堂「判決の遮断効と信義則」『三ケ月古稀(中)』五一〇頁、注(50)。
(44)　吉村徳重「判決理由中の判断の拘束力」法政研究三三巻三～六号四八六頁以下、住吉博「『争点効』の本質について」民事訴訟論集一八七頁以下。
(45)　中野貞一郎「争点効と信義則」『過失の推認』二〇一頁以下。
(46)　最判昭和五七年九月三〇日民集三〇巻八号七九九頁、最判昭和五九年一月一九日判時一一〇五号四八頁。
(47)　『講説民事訴訟法』一八七頁（文字浩）。
(48)　斎藤秀夫『民事訴訟法概論』四〇二頁・四〇三頁、新堂幸司『新民事訴訟法』六二五頁。
(49)　伊藤・前掲四九七頁・四九八頁。
(50)　竹下守夫「判決の反射的効果についての覚書き」一橋論叢九五巻一号三〇頁、鈴木(正)「判決の反射的効果」判例タイムズ二六一号二頁以下。
(51)　ここで伊藤説では反射効を否定し、一一五条によらない既判力の拡張であるとする。
(52)　Schilken, Zivilprozessrecht, 2. Aufl., S. 524.
(53)　Entwurf einer Civilprozeßordnung für das Deutsche Reiche mit Motiv., 1874, S. 482ff. 坂原・前注(5)『民事訴訟法における既判力の研究』一三二頁参照。

# 10 訴訟記録の閲覧等と独占禁止法

大内義三



## 一　はじめに

### 1　訴訟記録の意義

民事訴訟法（以下において「民訴法」という）における「訴訟記録」とは、従来、一定の事件に関して、裁判所及び当事者にとって共通の資料として利用される、受訴裁判所に保管された書面の総体をいうと定義されていた(1)。すなわち、一つの訴訟に関して作成された書面で、裁判所が保存しておかなければならない一切のものを綴り込んだ帳簿である(2)。新民訴法によれば、録音テープまたはビデオテープ（これらに準ずる方法により一定の事項を記録した物を含む）もまた訴訟記録に含まれることになる（民訴九一条四項）。もっとも、いかなる書面が訴訟記録であるのか、民訴法上明確なわけではない。訴訟記録には、当事者その他の関係人から裁判所に提出されるものと裁判所側が作成するものとがある。前者には訴状、答弁書、準備書面、証拠申出書等が、後者には、口頭弁論調書、準備手続調書、判決原本等がこれに当たる。これらが訴訟記録に該当することに争いはない(3)。前者の書面は相手方当事者にも送られることが予定されているが、後者の場合は、必要があれば当事者が閲覧・謄写、正本・謄本・抄本の交付請求、テープの複製（以下において「閲覧等」という）をすることになる。したがって、本稿との関係では、特に後者の書面が問題になる。

## 2　訴訟記録の合理的利用

民訴法は審理の方式に関して、口頭主義、直接主義、継続審理主義を原則とする。これらを貫徹する限り、訴訟記録はそれほど重要ではないはずである。しかし、正確な陳述、正確な保存を考え、実際の訴訟においては書面性を合理的に利用している。訴えの提起（民訴一三三条一項）、訴えの取下げ（民訴二六一条三項）、控訴の提起（民訴二八六条一項）等がこれに当たる。訴訟記録の場合、たとえば、移送をしたとき、受送裁判所における手続進行を可能にさせるため、訴訟記録が送付される（民訴規九条）。また、控訴の際、訴訟記録は控訴審裁判所へ送付され（民訴規一七四条）、上告の際、事件の送付は訴訟記録を送付する方式によって行われる（民訴規一九七条）。このことによって前審における訴訟状況がわかることになる(4)。

## 3　訴訟記録の閲覧等の問題点

民訴法において、当該書面が訴訟記録に該当するのかどうかという問題は別として、訴訟記録に関して特に議論されてはいなかった。しかし、秘密保護との観点から、訴訟記録の閲覧等が注目されるようになった。すなわち、憲法八二条は、「裁判の対審及び判決は、公開法廷でこれを行ふ」と定めている。審理を公開し、一般国民の監視によって裁判手続の適正な運用が確保される。民訴法ではこの憲法の要請をうけて公開主義を原則とする。この結果、口頭弁論、証拠調べ、判決の言渡しが公開された法廷で行われることになり、また、この公開主義の原則から、訴訟記録の閲覧が原則として自由に認められている（民訴九一条一項）。しかし、当事者の秘密に係わることが公開されるならば、当事者の利益が害される。このことは、たとえば営業秘密が侵害され、侵害者に対して損害賠償を求める訴訟、あるいは侵害行為の差止めを求める訴訟を提起する場合に起こりうることになる。この場合、秘密保持者は、グールド事件[5]のように、勝訴するために秘密を開示するか、秘密を保持して敗訴するかの二者択一をせまられることになる。そこで、民訴法における秘密保護の問題が指摘され[6]、後述のように、同法改正にあたり、いくつかの秘密保護手続に関する提案がなされた。

当事者の秘密に係わることが漏洩するおそれがあるケースとして、裁判が公開される場合と訴訟記録が公開される場合が考えられる。しかし、民事訴訟の実務では、口頭弁論期日において「準備書面に記載の通り」と述べ、その記載内容を口頭で陳述したものとしてしまう慣行が確立されている。審理は書面のやりとりが多い。したがって、必ずしも裁判を公開することにより秘密が漏洩するわけではない。むしろ、訴訟記録に書かれたことを相手方当事者または一般の第三者が閲覧することによって秘密が漏洩するおそれがある。実際、訴訟記録を閲覧することはそれほど困難なことではないために、なおさらである。他方、訴訟記録の閲覧等は、関係人が情報を入手するための重要な手段であり、訴訟記録閲覧権は民訴法における当事者権の一つでもある[7]。秘密保持と閲覧等との調整が必要となる。

## 4 本稿の目的

独占禁止法（以下において「独禁法」という）の分野でも秘密保護の問題が起こりうる。現在、独禁法違反事件においても差止めを認めるべきではないかが問題になっており、差止めの規定を設ける方向で法改正の動きもある[8]。私は独禁法にも私人の差止請求を認めるべきであると考え、認めた場合における手続上のいくつかの問題点について論じたことがある[9]。「訴訟記録の閲覧等と秘密保護」の問題は差止請求だけに関係するわけではないが、独禁法に差止めの規定を設けることによって起こりうる問題点の一つである。民訴法が改正され、訴訟記録の閲覧等に関しても重要な改正がなされた。そこで、民訴法及びそれに対応すると思われるその他の法律における類似規定を参考にしながら、独禁法における記録の閲覧等の問題について検討したい。

## 二　民事訴訟法

### 1　訴訟記録の閲覧等に関する規定の変遷

訴訟記録の閲覧等に関する規定に関しては、これまで何度か改正されて今日に至っている。すなわち、

(1)　明治二三年法律第二九号（旧旧民事訴訟法）

第二二四条

①　當事者ハ訴訟記録ヲ閲覧シ且裁判所書記ヲシテ其正本、抄本及ヒ謄本ヲ付與セシムルコトヲ得

②　裁判長ハ第三者カ權利上ノ利害ヲ疏明スルトキニ限リ當事者ノ承諾ナクシテ訴訟記録ノ閲覧及ヒ其抄本並ニ謄本ノ付與ヲ許スコトヲ得

③　判決、決定、命令ノ草案及ヒ其準備ニ供シタル書類並ニ評議又ハ處罰ニ關スル書類ハ其原本ナルト謄本ナルトヲ問ハス之ヲ閲覧スルコトヲ許サス

(2)　大正一五年法律第六一号（旧民事訴訟法）

第一五一条

①　當事者ハ訴訟記録ノ閲覧若ハ謄寫又ハ其ノ正本、謄本、抄本若ハ訴訟ニ關スル事項ノ證明書ノ交付ヲ裁判所書記ニ請求スルコトヲ得利害關係ヲ疏明シタル第三者亦同シ

②　訴訟記録ノ正本、謄本又ハ抄本ニハ其ノ正本、謄本又ハ抄本ナルコトヲ記載シ書記之ニ署名捺印シ且裁判所ノ印ヲ押捺スルコトヲ要ス

(3) 昭和二三年法律第一四九号

昭和二三年に法改正があった。すなわち、第一五一条第一項中「閲覧若ハ」を削り、同項を第三項とし、同条第二項を第四項とし、同条第一項及び第二項として新たに二項を加えることになった。

① 何人モ訴訟記録ノ閲覧ヲ裁判所書記ニ請求スルコトヲ得但シ訴訟記録ノ保存又ハ裁判所ノ執務ニ支障アルトキハ此ノ限ニ在ラス

② 公開ヲ禁止シタル口頭辯論ニ係ル訴訟記録ニ付テハ當事者及利害關係ヲ疏明シタル第三者ニ限リ前項ノ規定ニ依ル請求ヲ為スコトヲ得

③ 當事者ハ訴訟記録ノ謄寫又ハ其ノ正本、謄本、抄本若ハ訴訟ニ關スル事項ノ證明書ノ交付ヲ裁判所書記ニ請求スルコトヲ得利害關係ヲ疏明シタル第三者亦同シ

④ 訴訟記録ノ正本、謄本又ハ抄本ニハ其ノ正本、謄本又ハ抄本ナルコトヲ記載シ書記之ニ署名捺印シ且裁判所ノ印ヲ押捺スルコトヲ要ス

これに関して、訟務長官奥野健一政府委員は、昭和二三年四月一三日、衆議院司法委員会において、「百五十一條という規定を設けて、これを大体何人も閲覧ができることにいたしまして、いやしくも訴訟手続は公開であるということ、及び訴訟がどういうふうになっておるかということは、國民が審査の対象にもなるというようなことから、公開主義を徹底すると、公開主義の記録である調書も、やはり何人も見ることができるようにすべきではないかということで、訴訟記録の閲覧にも、公開性を拡張したのが百五十一條であります」と説明し、また同年五月一九日、参議院司法委員会においても、「從來は當事者以外の者は、利害關係のあることを證明しなければ閲覧ができないことになっておりましたのを、裁判はすべて公開であるのが原則でありますし、又國民審査等の關係から言いましても、記録を何人も閲覧し得るという建前が適當であるという意見がありまして、訴訟記録は何人も閲覧ができる、ただ勿論いろいろ仕事に差支があるとか、或いは記録の保存上支障があるという場合、或いは又公開禁止の記録についてはこ

の限りでないことにいたしたのであります。これが百五十一條に關する改正であります」と説明している。[10]

この結果、憲法八二条は裁判の公開を保障しているが、訴訟記録もまた、当事者や利害関係のある第三者に対する当事者公開ばかりでなく、一般国民に対する一般公開が認められるようになった。もっとも、公開を禁止した口頭弁論に係る訴訟記録については、当事者及び利害関係を疎明した第三者に限って閲覧の請求ができる（民訴一五一条二項）。また訴訟記録の謄写・正本等の交付請求も、当事者及び利害関係を疎明した第三者に限る（民訴同条三項）。このように民訴法は、一般国民に対して、訴訟記録について閲覧権を認めながら、謄写・正本等の交付請求権を認めていない。これは立法政策の問題であって、裁判の公開の精神に反するものではないと解されている。[11]

(4)　昭和四六年法律第一〇〇号

一五一条四項について改正があり、但書がつけ加えられ、署名捺印は記名捺印でもよいこととされた。[12]

④　訴訟記録ノ正本、謄本又ハ抄本ニハ其ノ正本、謄本又ハ抄本ナルコトヲ記載シ裁判所書記官之ニ署名捺印シ且裁判所ノ印ヲ押捺スルコトヲ要ス但シ署名捺印ニ代ヘテ記名捺印スルコトヲ得

## 2　新民事訴訟法

(1)　新民訴法制定過程における案

民訴法改正にあたり、秘密保護手続に関して、いくつかの考え方が検討された。すなわち、

(イ)　検討事項

平成三年に公表された「民事訴訟手続に関する検討事項」では、①秘密を保護するために、訴訟審理を非公開とすることができる場合を法律で明確にすることができるかどうか、②訴訟審理を非公開とする場合、さらに必要があると認めるとき、裁判所は当事者、証人その他の関係人に対し、秘密保持を命ずることができ、違反に対しては刑事罰を含む制裁規定を設けることができるのかどうか、③訴訟記録の閲覧・謄写に関して、秘密保護のために必要がある

ときは、裁判所は、閲覧・謄写の請求ができる者を当事者に限ることができ、閲覧・謄写をする者に対して、それによって知った秘密の保持を命ずることができ、秘密保持命令違反に対しては刑事罰を含む制裁規定を設けることができるのかどうか、が検討された。[13]

しかし、①と②の考え方に対しては賛成意見と反対意見が拮抗し、③の考え方に対しては賛成の意見が多数であったが、相当数の反対意見もあった。[14]

(ロ) 改正要綱試案

平成五年に公表された「民事訴訟手続に関する改正要綱試案」においては、①については「なお検討する」として（後注）に、③の秘密保持義務についても「なお検討する」とされ（注）に掲げられるにとどまった。結局、改正要綱試案に掲げられたのは、訴訟記録中に当事者が保有する営業秘密が記載されている場合その他第三者が訴訟記録の閲覧・謄写等をすることにより秘密を保有する当事者の重大な利益が害される場合には、当該当事者の申出により、裁判所は、決定で、訴訟記録中当該秘密に関する部分の閲覧または謄写等の請求をすることができる者を当事者に限ることができるものとする、という案であった。[15]

以上の案が検討された結果、平成一〇年に新民訴法が施行され、九一条及び九二条が設けられるにいたった。[16]

(2) 新 規 定

(イ) 訴訟記録の閲覧等

「訴訟記録の閲覧等」に関しては九一条が定めており、原則として旧一五一条と同様である。すなわち、何人も裁判所書記官に対して訴訟記録の閲覧を請求できる（民訴九一条一項）。公開を禁止した口頭弁論に係る訴訟記録については、当事者及び利害関係を疎明した第三者に限って閲覧の請求ができる（民訴同条二項）。訴訟記録の謄写・その正本等の交付請求も、当事者及び利害関係を疎明した第三者に限っている（民訴同条三項）。

新法は、このほか、訴訟記録中の録音テープまたはビデオテープ（これらに準ずる方法により一定の事項を記録した物を含む）に関しては、謄写等の請求はできないが、当事者または利害関係を疎明した第三者の請求があれば複製を許すことにした（民訴同条四項）[17]。また、訴訟記録の閲覧、謄写、複製の請求は、訴訟記録の保存または裁判所の執務に支障があるときはすることができないとした（民訴同条五項）[18]。

九一条は、旧法と同様に訴訟記録の公開原則を認めている。憲法八二条の裁判公開原則の精神を徹底したものである[19]。

(ロ)　秘密保護のための閲覧等の制限

九二条は新設規定であり、秘密保護のために、訴訟記録の閲覧等の制限をしている。すなわち、当事者のプライバシーや営業秘密が係わる場合、秘密保護のために、当事者の申立てにより第三者による記録の閲覧等を制限している。閲覧等の制限の対象となるのは、①「当事者の私生活についての重大な秘密」であり、かつ「第三者が秘密記載部分の閲覧等を行うことにより、その当事者が社会生活を営むのに著しい支障を生ずるおそれがある」もの（民訴九二条一項一号）、及び②当事者が保有する、不正競争防止法二条四項に規定する営業秘密（民訴同条同項二号）、の二つである。

九二条は、九一条の例外的規定である。その趣旨は、訴訟記録の閲覧等を通じて当事者のプライバシーや営業秘密が漏洩するおそれがあり、秘密の保持を望む当事者が、それらが訴訟記録に記載されることを危惧して、秘密事項に関する主張・立証をすることができなくなり、その結果、敗訴の危険にさらされることを防止することにある[20]。

(ハ)　訴訟記録の閲覧等の制限手続

秘密保護のために訴訟記録の閲覧等を制限するためには、当該秘密を保有する当事者が申立てをする必要がある。書面で、かつ、訴訟記録中の秘密記載部分を特定し、九二条一項各号に掲げる事由を疎明することになる（民訴九二条一項、民訴規三四条一項）[21]。当事者の申立てがない限り、裁判所が職権によって記録の閲覧等の制限を認める決定をすることはできない。当該記載を秘密とするか否かは私益に関するものであり、また民訴法は記録の一般公開を原則としているからである。[22]

当事者の申立てがあった場合、その申立てについての裁判が確定するまで、暫定的に、第三者は秘密記載部分の閲覧等を請求することができない（民訴九二条二項）。当事者の申立てを認めた場合、裁判所は決定により、当該部分の閲覧等の請求をすることができる者を当事者に限ることになる（民訴九二条一項）。決定においては、訴訟記録中の秘密記載部分を特定しなければならない（民訴規三四条二項）。右決定は直ちに確定する。[23] 閲覧等の制限決定があった場合、第三者は、制限の要件を欠くこと、または決定後に欠くに至ったことを理由に、制限決定の取消しの申立てをすることができる（民訴九二条三項）。閲覧等制限決定を取り消す裁判が確定した場合、閲覧等の制限が解除され、取消しの申立てをした第三者以外の者も自由に閲覧することができる。[24]

㈡　新法の問題点

今回の法改正は、当事者の秘密保持の利益と第三者の記録閲覧等の請求権との調整をはかったものである。プライバシーや営業秘密が法律上保護に値することに異論はないであろう。しかし、特に九二条に関していくつか問題点が指摘されている。

①　第三者の秘密　当事者の保有する秘密のみが対象となり、第三者の秘密は保護の対象にならない。第三者は閲覧等の制限の申立てもできない。[25] 当事者の保有する秘密は、当事者が訴訟において攻撃防御を尽くして勝訴するためには、当該秘密を手続に持ち出さざるをえない。これに対して第三者が保有する秘密の場合、証人として証言する場合、または文書提出命令を受ける場合であっても、この秘密を開示すべき義務を負わないので（民訴一九六条・一九七条・二二〇条四号イ・ロ参照）、閲覧等の制限対象に加える必要に乏しいからと説明されている。[26]

②　相手方当事者に対する開示　九二条が制限しているのは、第三者による訴訟記録の閲覧等である。相手方当事者は閲覧等の制限決定があっても閲覧等ができる。当事者は訴訟追行のために訴訟記録の閲覧等をする必要があり、他方、閲覧等をするのが相手方当事者だけであれば、秘密性は失われないからと説明されている。[27]

③　相手方当事者の手続関与　　訴訟記録の閲覧等の制限決定をする際に、相手方当事者の意見を聴取することはなく、相手方当事者は手続に関与しない。相手方当事者は閲覧等の制限決定があっても訴訟記録の閲覧等をすることができるために、手続関与権を認めなかったと解されている。(28)

④　相手方当事者の秘密保持義務　　閲覧等の制限決定があっても相手方当事者は訴訟記録の閲覧等をすることができるが、相手方当事者の秘密保持義務について特に規定は設けられていない。(29)

⑤　口頭弁論期日・判決言渡しの公開　　憲法八二条との関係から、口頭弁論期日や判決言渡しは非公開とされていない。

## 三　その他の法律

記録の閲覧等に関する規定を設けているのは民訴法だけではない。民訴法に関連すると思われるいくつかの法律に定められている類似規定を概観してみたい。

### 1　刑事確定訴訟記録法

(1)　刑事確定訴訟記録法とは

刑事訴訟法（以下「刑訴法」という）五三条は、「何人も、被告事件の終結後、訴訟記録を閲覧することができる」とし、訴訟記録の閲覧について定めている。(30)しかし、訴訟記録の保管機関を検察庁と裁判所のどちらにするか、現行刑訴法制定にあたり未解決であった。同法五三条四項において「訴訟記録の保管及びその閲覧の手数料については、別に法律でこれを定める」としたものの、長い間、訴訟記録の保管及び閲覧に関する法律が制定されなかった。多くの訴訟記録が廃棄されてしまうことが問題となり、そこで一九八七年に制定されたのが刑事確定訴訟記録法（以下

「記録法」という）である。当初は法の趣旨として訴訟記録の保存が念頭におかれていたと思われる。記録法が訴訟記録の保存・保管を明文をもって法律化・制度化したことは評価されている。[31]

(2) 保管記録の閲覧

刑訴法五三条一項は閲覧自由を原則としている。例外として、「訴訟記録の保存又は裁判所若しくは検察庁の事務に支障のあるとき」、「弁論の公開を禁止した事件の訴訟記録又は一般の閲覧に適しないものとしてその閲覧が禁止された訴訟記録」は閲覧が制限される（刑訴五三条一項但書、同条二項）。刑訴法五三条を受けて、確定した刑事被告事件の訴訟記録の閲覧について定めているのが記録法四条である。[32] 記録法四条一項は、刑訴法五三条一項にいう訴訟記録を保管記録と呼んでいるが、閲覧自由の原則を明確に定めている。刑事確定訴訟記録の保管機関は検察官である（記録法二条一項）。

もっとも、記録法四条二項は閲覧について多くの制限事由を設けている。これらは刑訴法五三条二項にいう「一般の閲覧に適しない」ものを具体的に列挙したと解されている。[33] 記録法四条二項は憲法二一条及び八二条に違反するのではないかが争われた事件において、最高裁は、「憲法の右の各規定が刑事確定訴訟記録の閲覧を権利として要求できることまでを認めたものでない」としている。[34] 閲覧制限事由に該当しない限り記録の閲覧が認められるはずであるが、実際には請求者の職業や閲覧目的により、閲覧が認められないことがあり、保管検察官に「原則非開示」の考え方があるのではないかと指摘されている。[35] 閲覧の制限事由がある場合であっても、訴訟関係人または閲覧について正当な理由があって特に保管者の許可を受けた者は記録の閲覧が可能である。[36]

(3) 民訴法との比較

民訴法と比較した場合、民訴法九一条も刑訴法五三条も「何人も」と規定して閲覧自由を原則とし、一般に公開するとされていること、例外として「訴訟記録の保存または裁判所の執務に支障がある場合」や「公開を禁止した」裁判の訴訟記録について閲覧が制限されることは共通している。

しかし、①民訴法においては裁判確定前であっても原則的に訴訟記録が公開されるが、刑訴法五三条は「被告事件の終結後」としている。②民事裁判記録は裁判所が保管・保存しているのに対して、刑事の訴訟記録は検察庁の検察官が保管・保存している（記録法二条一項）。③民訴法九一条三項が訴訟記録の謄写請求を認めているのに対して、刑訴法・記録法には謄写について全く規定がない。(37) ④民訴法においては、プライバシーや営業秘密が関係する事件の場合、秘密保護のために訴訟記録の閲覧等の制限ができる（民訴九二条）。

## 2　民事執行法

(1)　民事執行の事件の記録の閲覧等

旧旧民訴法五三八条は、「強制執行ニ付キ利害ノ関係ヲ有スル各人ニハ其求ニ因リ執行官ノ記録ノ閲覧ヲ許シ及ヒ記録中ニ存スル書類ノ謄本ヲ付与スルコトヲ要ス」とし、執行官の記録の閲覧等に関して定めていた。しかし、旧旧民訴法においては、執行裁判所の行う民事執行の事件記録の閲覧等について特に規定がなかったために、旧民訴法一五一条の準用があるのかどうかについて議論があった。民訴法は、前述のように、一般公開を原則としている。しかし、執行手続は公開の法廷で行わなければならない性質のものではないので、実務においては、執行裁判所の執行記録の閲覧・謄写、謄抄本の交付請求について、当事者及び利害関係人以外の者には認めていなかった。(38) そこで、民事執行法（以下において「民執法」という）制定にあたり、民執法二〇条において「特別の定めがある場合を除き、民事執行の手続に関しては、民事訴訟法の規定を準用する」としているが、解釈上の疑義をなくすため民執法一七条に規定を設け、この問題について明確にした。現在、執行裁判所の行う民事執行の事件の記録の閲覧等については民執法一七条が、また執行官が職務上作成する書類の閲覧等については執行官法一七条・一八条が適用される。

民執法一七条にいう「事件の記録」とは、当該民事執行の事件の記録をいい、特定の事件に関して執行裁判所及び当事者の共通の資料として利用されるため執行裁判所に保管される書面の総体をいう。(39) これは民訴法にいう訴訟記録に相当する。たとえば、夜間・休日執行の許可（民執八条）、執行異議申立てについての裁判（民執一一条）等の記録がこれに当たる。(40)

(2) 民訴法との比較

民訴法では、公開を禁止した口頭弁論に係る訴訟記録を別として、訴訟記録の閲覧は何人も請求することができるが、記録の謄写や正本等の交付請求は当事者及び利害関係を疎明した第三者に限られている。これに対して、民執法一七条は閲覧についても利害関係を有する者（事件の当事者も含まれる）に限定している点において異なる。これは執行手続が非公開で行われるものであり、無制限に閲覧等を認めた場合の弊害（プライバシーの侵害、執行妨害）を考慮したためである。(41)

民執法一七条但書において「ただし、閲覧又は謄写については、執行裁判所の執務に支障があるときは、この限りでない」と定められていたが、新民訴法の施行に伴い削除された（平成八年法律第一一〇号）。(42)

### 3 民事保全法

旧民訴法一五一条が保全訴訟に準用されるのかについて、かつては議論されていた。(43) 民事保全法（以下において「民保法」という）は、この問題について明文の規定を置き、五条において、保全命令に関する手続と保全執行に関し裁判所が行う手続に関する事件の記録の閲覧等について明確にした。この規定は基本的には民執法一七条と同趣旨である。(44) 民保法では、任意的口頭弁論の原則がとられているため、裁判は決定または命令で行われ（民保三条）、また民事保全の事件は既判力がなく権利の最終的確定をするものではないので、閲覧等を請求できる者が利害関係を有する者に限定されている。(45) 利害関係人には当事者も含まれる。

民保法五条二項において「裁判所の執務に支障があるときは、事件の記録の閲覧又は謄写を請求することができない」と定められていたが、新民訴法の施行に伴い削除された（平成八年法律第一一〇号）。これは民訴法九一条五項に同旨の規定が設けられ、民保法七条により準用すれば足りるからである。また、民訴法の下では、録音テープ等について謄写等の請求に代え複製の請求を認めているが（民訴九一条四項）、これも民保法七条により準用されることになる。(46)

### 4　和　議　法

和議法には和議事件記録の閲覧・謄写に関する直接の規定はない。和議法一一条二項は、別段の定めがないときは、民事訴訟に関する法令を準用すると規定する。和議法三〇条は、和議開始申立てに関する書類及び整理委員の調査書類と意見書を利害関係人の閲覧に供するため裁判所に備えおくことを要するとしながら、記録の謄写に関する規定を欠いている。(47)

## 四　独占禁止法への示唆

### 1　独禁法の改正

民訴法及びその他の法律においては、いずれも一般公開（民訴法、刑訴法及びこれを受けた記録法）あるいは当事者公開（民執法、民保法）の違いはあるが、憲法八二条の趣旨を考慮して、記録の閲覧等を認めている。独禁法においても記録の閲覧等が認められる。私はかつて独禁法における事業者の秘密保護の必要性を論じた際、「審判の公開」の問題のほかに、特に審決取消訴訟における「記録の閲覧等」の問題についても言及したことがある。(48)

しかし、当時はまだ民訴法の改正作業中であり、また独禁法に差止請求訴訟制度を導入するかどうかについて具体的に検討されていなかった。その後、新たに民訴法に秘密保護の規定が設けられ、また独禁法にも差止請求の規定が設けられるかもしれない。事業者が独禁法違反の有無を争えば、審判手続及び審決取消訴訟手続において、また差止請求訴訟が提起されれば訴訟手続において、それぞれ当該事件に関する記録の閲覧等が行われ、それに伴い、事業者の秘密保護の問題が生ずることになる。そこで、立法論ではあるが、訴訟記録の閲覧等に関する民訴法の規定、それに関連すると思われるいくつかの法律に定められている類似規定を比較検討しながら、独禁法における記録の閲覧等の問題について考察してみたい。ただし、本稿執筆の段階では、独禁法に差止請求の規定を設けるのかどうか、設けるとしてもその具体的な内容について不明であり、それに関してはあまり深く触れないこととする。

## 2 独禁法六九条

独禁法において、記録の閲覧等に関しては同法六九条に規定があり、利害関係人は公正取引委員会に対して、事件記録の閲覧等を求めることができるとしている。これは民訴法九一条に相当する規定である。同条にいう「事件記録」の意味については明治商事㈱事件において争われた。公正取引委員会は、「審判調書、速記録等審判手続の過程において作成された書類および審判廷に顕出された証拠を一括してさす」とした(49)。これに対して、明治商事側は、審査官の手持資料を含む一切の資料の閲覧、謄写等をすることができると主張したが、東京高裁は、「審判手続そのものについての記録をいうのであって、審判の開始される以前の手続段階における関係書類や審判手続に提出されていない審査官手持ちの資料は、右記録に含まれるのではなく、それが審判手続に提出されてはじめて右記録の一部となる」とし、公正取引委員会の見解を支持した(50)。

また、同条にいう「利害関係人」の範囲については和光堂㈱事件において争われた。最高裁は、東京高裁と同様に、「当該事件の被審人のほか、法五九条及び六〇条により参加しうる者及び当該事件の対象をなす違反行為の被害者」を指すものと解している(51)。

### 3　独禁法の問題点

記録の閲覧等に関して、独禁法六九条に定めはあるが、これは審判手続における規定であり、訴訟が提起された場合における記録の閲覧等に関する直接の規定はない。独禁法に差止請求に関する規定を設けるならば、その制度を導入した場合に起こりうる手続上の問題にも対応しておく必要がある。独禁法における手続規定を整備する必要があるが、記録の閲覧等の問題もその重要な課題の一つである。私は独禁法違反事件において、できるだけ証拠は開示すべきであると考えているが、他の事業者あるいは国・地方公共団体の秘密が漏洩することがないように、制度を整備する必要がある。

ところで、中山教授によれば、営業秘密の侵害の態様として三つの類型があるとされる。第一は、営業秘密を地位や契約に基づいて取得した者が、不正の利益を得る意図もしくは加害の意図をもって使用、開示する場合、第二は、営業秘密の正当な保有者から不正に取得し、使用、開示する場合、第三は、第三者による取得、使用または開示が問題になる場合がこれに当たる。すなわち、取得自体は合法である者、不正に取得した者、第三取得者の三類型である。(52)これに対して、独禁法違反事件の場合において、事業秘密が問題になるケースは必ずしもこれと同一になるとは限らない。独禁法違反事件における差止請求は、「私的独占」や「不当な取引制限」の場合にも問題となりうるが、「不公正な取引方法」の場合にはいろいろなケースが想定される。原告となるのは、競争業者（例、差別対価の事例）、小売業者（例、不当廉売、抱き合わせ販売、再販売価格の拘束の事例）、新規参入業者（例、ボイコットの事例）、納入業者（例、優越的地位の濫用の事例）、一般消費者（例、ぎまん的顧客誘引の事例）などが予想される。その訴訟において、秘密漏洩のおそれがあるのは、通常は原告であろうが、独禁法違反行為をした事業者、すなわち、被告側の事業秘密漏洩のおそれもある。差止請求訴訟が提起されれば、必ず秘密保護の問題が生ずるわけではないが、訴訟記録の中に、たとえば、製品の製造技術、代理店との取引条件、主要原料の購入先、流通経路、顧客名簿等が記載されている場合、それについて閲覧等が行われれば問題となりうる。

憲法八二条は、訴訟記録の閲覧の自由まで要求しているわけではないと解されている。[53] 独禁法違反事件における「記録の閲覧等と秘密保護」の問題に対して、どう対応すべきであろうか。

民訴法九二条はプライバシーや営業秘密が関係する事件について規定しているが、以下においては、営業秘密、すなわち、独禁法における事業者の秘密保護の問題に限定して論じることとしたい。

## 4　検　討

### (1)　訴 訟 手 続

差止請求訴訟、あるいは審決取消訴訟が提起された場合における、訴訟記録の閲覧等について直接の規定はない。そこで、民訴法九一条・九二条を準用するか、または訴訟記録の閲覧等に関して独自の規定を設けることが考えられる。規定を新たに設けるならば、民訴法の規定、記録法の規定、その他の法律の規定、あるいはドイツ法の規定[54]に倣うべきか問題となる。思うに、民訴法の準用となると、民執法・民保法・和議法において問題になったように、解釈上の疑義が生ずるおそれがある。誰がどのような手続で行うことができるかについて独自の規定を設けて明確にすべきである。その場合、民訴法改正にあたり、数年間検討し、論議を重ね、秘密保護のための閲覧等の制限規定を設けたことを考えれば、基本的には民訴法の規定に倣うべきである。しかし、独禁法違反事件は、民訴法における事件と同じわけではないので、立法にあたり留意点がある。すなわち、

(イ)　民訴法では一般人に訴訟記録の閲覧を認めている（民訴九一条一項）。もっとも、訴訟記録の謄写等を請求できるのは当事者及び利害関係を疎明した第三者である（民訴九一条三項）。これに対して、独禁法の場合、審判手続に関してであるが、事件記録の閲覧ができるのは利害関係人だけである（独禁六九条）。差止請求訴訟が提起された場合、その訴訟記録の閲覧を請求できるのは誰なのだろうか。私はかつて、審決取消訴訟に関して、法解釈としては、審判手続と訴訟手続との連続性・密接性・整合性を重視し、独禁法六九条を準用して利害関係人だけに限定すべきであると考えた。[55] 差止請求訴訟を認めるならば、立法論としては、憲法八二条の趣旨を考慮し、民訴

法九一条と同様に、「何人も」訴訟記録の閲覧を請求することができることとし、秘密保護の対策として、別に民訴法九二条に相当する規定を設けるべきであろう。

(ロ)　民訴法の場合、閲覧等の制限決定は、第三者の閲覧等を禁止するものであり、相手方当事者は秘密記載部分について閲覧等をすることができる。独禁法違反事件の場合、競争業者が差止請求訴訟の原告になると予想される事例がある。また、事業秘密を知りたいために訴えを提起するという制度の濫用のおそれがある。[56]相手方当事者の閲覧等を制限する合理的な理由があるならば、相手方当事者は秘密記載部分について自由に閲覧等ができないこととすべきである。その際、相手方当事者の意見を聴取する必要がある。相手方当事者は、閲覧等の制限決定に対して不服があれば、取消しの申立てをすることができるとすべきである。この場合、相手方当事者の秘密保持義務は問題にならない。

(ハ)　民訴法の場合、閲覧等の制限を受ける秘密は当事者の秘密に限定されている。ところで、民事訴訟の基本型は、一人の原告と一人の被告が対立する訴訟形態である。これに対して、たとえば商品の場合、一般的には、メーカー→卸売業者→小売業者→消費者と流通し、独禁法違反事件において、当該商品に係わる人が二人とは限らない。誰が差止請求をするかにもよるが、訴訟記録中に当事者以外の第三者の秘密が含まれている場合、第三者の秘密を保護する必要がある。第三者に閲覧等の制限の申立てを認めるべきであろう。

(2)　審判手続

訴訟手続に秘密保護に関する独自規定を設けるならば、審判手続ではどうするのかという問題が生ずる。すなわち、独禁法六九条は民訴法九一条に相当するが、民訴法九二条に相当する規定がないからである。審判手続においても訴訟手続においても、事業者の秘密保護が必要であることは共通している。独禁法における審判手続は、そもそも民事手続なのか刑事手続なのか明白ではない。私は民刑両訴訟手続の混淆した特別訴訟手続と解しているが、[57]審判手続においても(1)で論じたことが当てはまる。独禁法五三条は、審判の公開を認めている。この趣旨は民事訴訟・刑事訴訟と同様であると解されている。[58] 審判が公開されるわけであるから、事件記録の閲覧を利害関係人に限定する必要はない。独禁法六九条を改正し、民事訴訟・刑事訴訟の原則と同じく、「何人も」事件記録の閲覧を請求することができるとすべきである。これとは別に、民訴法九二条に相当する規定を設けるべきである。また、相手方当事者は秘密記載部分について自由に閲覧等ができないこととし、さらに、第三者に閲覧等の制限の申立てを認めるべきである。なお、民訴法九二条には「裁判所」とあるが、審判手続においては「公正取引委員会」が判断することになろう。

(3)　審決書・判決書

公正取引委員会における審決及び裁判所の判決において、閲覧等が制限決定された部分の公表には注意する必要がある。[59]

（1）　西村宏一「訴訟記録」民事訴訟法学会編『民事訴訟法講座（2）』四九四頁（有斐閣、一九五四）。新民訴法における訴訟記録の意味について、上田正俊「新民事訴訟法における調書と記録」伊藤眞＝徳田和幸編『講座新民事訴訟法Ⅲ』三〇九頁（弘文堂、一九九八）参照。

（2）　新堂幸司『新民事訴訟法』四一五頁（弘文堂、一九九八）。

（3）　西村・前掲論文四九四頁、竹下守夫＝伊藤眞編『注釈民事訴訟法（3）』四一八頁〔大石忠生＝坂本慶一〕（有斐閣、一九九三）。

（4）　新堂・前掲書一〇四頁、最高裁判所事務総局民事局監修『条解民事訴訟規則』二二頁以下・三六五頁以下・四〇八頁以下（司法協会、一九九七）参照。

（5）　損害賠償債務等不存在確認請求において、被告はノウハウの内容の具体的な特定を公開法廷ではできないとして拒否した。そこで、債務不存在確認を求める原告の請求が認容された事件である。東京地判平三・九・二四判時一四二九号八〇頁。これに関して、国友明彦「判批」平成三年度重判解二六〇頁（ジュリ一〇〇二号）参照。

（6）　田邊誠「訴訟手続における企業秘密の保護」民訴三七号一三五頁、同「民事訴訟における企業秘密の保護(上)(下)」

判タ七七五号二五頁、七七七号三一頁参照。

(7) 新堂・前掲書一〇八頁、伊藤眞『民事訴訟法』七八頁（有斐閣、一九九八）。なお、当事者権について、山木戸克己「訴訟における当事者権」民商三九巻四・五・六号七六九頁参照。

(8) 守谷治「民事的救済制度の展望」NBL六五六号二八頁、菅野善文「独占禁止法違反行為に対する私人の差止訴訟制度の導入について」金法一五四〇号二一頁参照。

(9) 拙稿「差止請求と独占禁止法」一論一二一巻一号八六頁。

(10) 第二回国会衆議院司法委員会議録第一二号二頁、同参議院司法委員会会議録第二五号二頁参照。

(11) 前掲『注釈民事訴訟法(3)』四二二頁〔大石＝坂本〕。

(12) 兼子一ほか『条解民事訴訟法』三七四頁〔新堂幸司〕（弘文堂、一九八六）参照。

(13) 法務省民事局参事官室編『民事訴訟手続の検討課題』（別冊NBL二三号）参照。

(14) 柳田幸三ほか「『民事訴訟手続に関する検討事項』に対する各界意見の概要(5)」NBL五一六号四八頁以下参照。

(15) 法務省民事局参事官室編『民事訴訟手続に関する改正試案』（別冊NBL二七号）参照。改正要綱試案に対する各界の意見について、柳田幸三ほか「『民事訴訟手続に関する改正要綱試案』に対する各界意見の概要(3)」NBL五六三号四五頁以下参照。

(16) 森脇純夫「秘密保護のための訴訟記録の閲覧等の制限」北尾哲郎ほか編『新民事訴訟法体系(1)』二五三頁（青林書院、一九九七）、山下孝之「秘密保護のための閲覧等の制限」滝井繁男ほか編『論点新民事訴訟法』三七二頁（判例タイムズ社、一九九八）、佐上善和「秘密保護と訴訟記録の閲覧の制限」竹下守夫＝今井功編『講座新民事訴訟法Ⅰ』三三九頁（弘文堂、一九九八）、『（ジュリスト増刊）研究会新民事訴訟法』九七頁以下参照。

(17) 録音テープやビデオテープについて謄写は考えられないし、後に改ざん等のおそれがあるからである。法務省民事局参事官室編『一問一答新民事訴訟法』八一頁（商事法務研究会、一九九六）参照。

(18) 旧法においては訴訟記録の閲覧についてのみ規定していたが、訴訟記録の保存または裁判所の執務に支障があれば当事者の請求に応ずることができないのは同じであるので、訴訟記録の謄写、複製の場合にも請求することができないとした。前掲『一問一答』八二頁参照。

(19)　山下・前掲論文三七五頁、佐上・前掲論文三四二頁参照。
(20)　前掲『一問一答』八三頁参照。
(21)　プライバシーの場合には、その秘密の重大性と第三者の閲覧等によって当事者が社会生活を営むのに著しい支障を生ずるおそれがあることを疎明する。また、営業秘密の場合には、不正競争防止法二条四項に当たることを疎明する。佐上・前掲論文三五二頁。疎明によることとした理由について、前掲『一問一答』九二頁参照。
(22)　前掲『一問一答』九〇頁、佐上・前掲論文三五二頁。
(23)　山下・前掲論文三七六頁。
(24)　森脇・前掲論文二六七頁、佐上・前掲論文三五九頁。
(25)　山下・前掲論文三七九頁。
(26)　前掲『一問一答』八五頁参照。
(27)　前掲『一問一答』八六頁参照。
(28)　森脇・前掲論文二六四頁、山下・前掲論文三七九頁。
(29)　相手方当事者の秘密保持義務について、出口雅久「訴訟における秘密保護」ジュリ一〇九八号七二頁、森脇・前掲論文二七一頁以下、佐上・前掲論文三六〇頁以下、前掲『研究会新民事訴訟法』一〇一頁以下参照。
(30)　本条は、裁判公開の原則を拡充し、裁判の公正を担保するとともに、裁判官弾劾制度や最高裁判所裁判官国民審査制度に対応し、国民一般の裁判に対する理解を深めるために規定されたものとされる。小野清一郎ほか『刑事訴訟法』一〇八頁〔横川敏雄〕（有斐閣、一九五五）参照。
(31)　記録法の制定過程について、押切謙徳ほか『注釈刑事確定訴訟記録法』一頁以下（ぎょうせい、一九八八）、梅田豊「刑事確定訴訟記録法と知る権利(4)―刑事確定訴訟記録法の制定過程―」龍谷三〇巻一号七七頁、寺崎嘉博「刑事手続における情報の管理と公開」ジュリ一一四八号二三二頁参照。
(32)　訴訟記録の閲覧の実情について、押切ほか・前掲書二五頁以下、福島至編『コンメンタール刑事確定訴訟記録法』三四二頁（現代人文社、一九九九）参照。
(33)　藤永幸治ほか編『大コンメンタール刑事訴訟法(8)』五〇頁〔古田佑紀〕（青林書院、一九九九）。

(34)　最決平二・二・一六判時一三四〇号一四五頁〔三島署事件〕。申立人はフリー・ジャーナリストである。警察留置場における被拘禁者、特に女性被拘禁者の処遇実態とこれに対する世人の反応や意見を調査し、記事、論説としてまとめ、月刊誌等に発表するために、被告人Aに対する特別公務員陵虐被告事件の保管記録全部の閲覧請求をした。しかし、保管検察官が右請求は記録法四条二項三号、四号、五号に該当するとして不許可にしたため、申立人が準抗告、特別抗告を申し立てた事件である。これに関して、石川才顯「判批」判評三八〇号七六頁参照。

(35)　福島編・前掲書九六頁以下〔飯田正剛ほか〕参照。

(36)　藤永幸治ほか編・前掲書四五頁以下〔古田〕参照。

(37)　福島至「刑事確定訴訟記録法と知る権利(1)—刑事確定訴訟記録法の再検討—」龍谷二九巻四号三五頁・四〇頁参照。

(38)　執行事件実務研究会編『債権・不動産執行の実務』二九頁〔法曹会、一九七八〕参照。

(39)　鈴木忠一＝三ケ月章編『注解民事執行法(1)』二一八頁〔原田和徳〕(第一法規、一九八四)。

(40)　香川保一監修『注釈民事執行法(1)』四四二頁〔田中康久〕(きんざい、一九八三)参照。

(41)　前掲『注解民事執行法(1)』二一八頁。

(42)　民執法一七条は、記録の閲覧等を求めることができる者の範囲を「利害関係を有する者」に限定しているので、その閲覧等は執行裁判所の執務の支障を理由に拒むことができないものとされた。浦野雄幸編『民事執行法〔第四版〕』五五頁〔佐々木吉男〕(日本評論社、一九九九)参照。これは民訴法九一条五項に同旨の規定が設けられたからでもある。

なお、改正前の民執法一七条但書に関してであるが、不動産競売事件について、不動産所有者が民執法一七条により右事件記録の閲覧・謄写を請求したところ、書記官により売却条件が決定され、売却実施命令が発令されるまでは同条但書に定める「執行裁判所の執務に支障があるとき」に当たるとしてこれを拒絶されたために、異議申立てをした事件がある。この事件に関して、東京高裁は、「たまたま未完成の書類が綴ってあるからといって、すでに完成している部分の事件記録についてまで閲覧・謄写を拒む根拠はない」としている(東京高決平三・一〇・一一判時一四〇五号五四頁)。これに関して、松浦雅美「判批」平成四年度主判解二三二頁(判タ八二一号)参照。

(43)　この問題について、西山俊彦『保全処分概論』七三頁(一粒社、一九七二)、柳川眞佐夫『保全訴訟〔補訂版〕』二五四頁（判例タイムズ社、一九七六）参照。
(44)　山崎潮『民事保全法の解説』一七四頁（法曹会、一九九四）。
(45)　山崎・前掲書一七六頁参照。
(46)　山崎潮監修『注釈民事保全法(上)』一〇九頁〔矢尾渉〕、一四一頁〔山崎潮〕（きんざい、一九九九）参照。
(47)　旧民訴法一五一条が和議手続にも準用されるのかが争われた事件がある。これは和議申立てがあった事件において、利害関係を有する申立人が、担当書記官に対して和議事件の記録の謄写を申請したところ、当該書記官が和議開始前の保全処分決定はなされたものの、和議開始決定前であることを理由にその申請を拒絶したため、和議裁判所に対して、書記官の処分の取消しと記録謄写の許可を求めた事件である。名古屋高裁は、和議手続は非訟事件であって手続の公開を予定していない。殊に、和議開始決定前の段階においては、和議申立書に記載された和議申立人の資産内容の明細や債権者・債務者の氏名、債権者・従業員等の意向聴取書の内容などが関係者に判明すれば和議手続の進行上不当な結果をもたらす可能性がある。和議開始決定前の段階における和議事件記録の謄写を拒否することは合理的であるとした（名古屋高決平五・一〇・五判タ八七五号二八二頁）。これに関して、西澤宗英「判批」リマークス一二号一三六頁参照。記録の閲覧に関して、麻上正信＝谷口安平編『注解和議法〔改訂〕』二二〇頁〔高橋慶助〕（青林書院、一九九三）参照。
(48)　拙稿「独占禁止法における事業者の秘密保護について」一論一一六巻一号五八頁。
(49)　公取委審決昭四三・一〇・一一審決集一八巻一九七頁。
(50)　東京高判昭四六・七・一七審決集一八巻一六七頁。
(51)　最判昭五〇・七・一〇民集二九巻六号八八八頁。なお、独禁六九条に関して、拙稿・前掲論文一論一一六巻一号五五頁以下参照。
(52)　中山信弘「営業秘密の保護の必要性と問題点」ジュリ九六二号一六頁。
(53)　宮澤俊義＝芦部信喜『全訂日本国憲法』六九九頁（日本評論社、一九七八）。なお、この問題について、浦部法穂「訴訟記録の公開と憲法」福島編・前掲書一九七頁参照。
(54)　ドイツ法の場合、一般公開原則は憲法上の要請ではなく、裁判所構成法一六九条に規定があるにすぎない。ドイツ民訴法においては、訴訟記録の閲覧は、当事者の同意がない限り、法的な利害関係を有する者に限定されている（二九九条二項)。ドイツ法について、田邊・前掲論文判タ七七七号三三頁以下、出口雅久「民事訴訟における秘密保護手続」立命二四九号一二〇二頁以下参照。

(55) 拙稿・前掲論文一論一一六巻一号五八頁。

(56) 拙稿・前掲論文一論一二一巻一号九六頁以下参照。

(57) 拙稿「独占禁止法における行政手続及び民事的救済」一論一一三巻一号六八頁。

(58) 今村成和ほか編『注解経済法〔上巻〕』六〇六頁〔辻吉彦〕(青林書院、一九八五)、厚谷襄児ほか編『条解独占禁止法』五三四頁〔鈴木恭蔵〕(弘文堂、一九九七) 参照。

(59) これに関して、閲覧制限部分を編集にあたり省略した事例が参考になる。大阪地判平一〇・一二・二二知的裁集三〇巻四号一〇〇〇頁参照。

〔追記〕

校正の段階で次の文献に接しました。塚田益徳「『独占禁止法違反行為に係る民事的救済制度の整備について』の解説(上)(下)」NBL六七八号一八頁、六八一号五八頁、『独占禁止法違反行為と民事的救済制度』(別冊NBL五五号)。

# 11

# 手続内不服申立てと事後的救済方法の同質性と異質性

## ――配当異議と不当利得返還請求の関係を素材として――

堤　龍弥



## 一　はしがき

実体権と裁判上の民事手続との関係については、これまでいろいろな観点からの考察がなされてきた(1)。実体法と手続法は、理念的には別個の考察対象として、それぞれ独自の精緻な学問大系を築いてきたとはいえ、機能的には、実体権の給付的側面に限ってみても、手続法は実体法の実現過程に作用するものとして、相互補完的な役割を果たすべき関係にあることは言うまでもなかろう。通常、この関係を手続法の観点から論じる場合は、実体権の存在を所与のものとして（権利既存の観念）、手続におけるその事実的実現の在り様ないしはその手続的制約の当否が論じられることが多かったように思われる。その逆のケースと言えるかどうかはともかく、実体権行使のためのある裁判上の民事手続においてその制度的要請により制約された形ではあるが認められた権利行使（たとえば、執行手続における配当金請求権を想定せよ）が、その手続終了後（手続外）でも可能かどうかについては、手続による失権効という観点から論じられこそすれ、実体法の観点からはあまり議論されてこなかったように思われる。

近時、最高裁（一小）平成一〇年三月二六日判決（民集五二巻二号五一三頁）が示した過誤配当と不当利得の関係についての判断は、これを改めて意識的に議論の俎上に載せるべく問題提起をしているように思われる。もっとも、既に下級審で争われ、学説上も議論が分かれていた問題について、最高裁が一応統一的な判断を示したことで、実務的には一応の決着が付いたものと考えるべきであろう。しかしながら、一応出揃ったと思われる判例評釈を概観した結果、学説の多くが、必ずしも最高裁の示した理由および結論に賛成されていないことが明らかとなった。おそらくは、最高裁が示した前記論点に関する実体法上の理由付けには理論面で、またそれによる結論には妥当性（法律家としての素朴な法感情と言い換えてもいいかもしれない）の点で、何らかの問題があることを敏感に感じ取っているからなのであろう。

本稿は、副題にも示したように、この最高裁が取り扱った事例を素材にして、限られた紙数ではあるが、主題のような一般的な視野から、この問題を論じてみたいと考えている。[2]まず、本最高裁の考え方を中心に下級審を含めたこれまでの裁判例を（既に十分に引用文献において繰り返されていることゆえ、詳細はそちらに委ねることとして）その理解に必要な限度で紹介し（二）、同判例評釈を中心に学説を概観することにより（三）、それらの批判的検討を通じて論点の整理を行いたい。そして、私なりに抽出した各論点について、現時点での一応の考え方を明らかにすることができればと考えている（四）。

（1）　兼子一『実体法と訴訟法』を初めとして、実体法と手続法の関係を論じた文献は枚挙に遑がない。極端な言い方をすれば、とくに手続法学者の論文においては、黙示的であれ常にこの問題が意識されているはずであり、また一つは直接このテーマで書かれた論文を見つけることも可能であろうと思われるくらいに、民事訴訟法学においては古典的かつポピュラーな問題といえよう。

視点こそ違え、本稿と問題意識を共通にすると思われる最近の文献として、梶山玉香「手続終了後の実体的調整に関する一試論（一）（二・完）―過誤配当事例の検討を中心に―」同法四六巻二号四〇頁以下、同五号二六頁以下参照。

（2）　本稿で過誤配当後の不当利得返還請求を論じるに当たっては、逐一断らないものの、とくに問題とする一般債権者が配当異議を申し出なかったか、異議を申し出たが異議の訴えを提起しなかったり、取り下げたりしたまま、実体法的にみて誤った配当表に基づく配当が実施された場合を前提としている。それゆえ、適時に配当異議・同訴訟を経た後の不当利得返還請求については対象外とする。もっとも、後者の場合については、旧法時代にかつてこれを肯定する最高裁判決（最判（一小）昭和四三年六月二七日民集二二巻六号一四一五頁、千種秀夫「判解」曹時二〇巻一二号一四二頁）も存在したが、（誤って結果的に）一部請求後の残部請求の問題が絡む特殊な事案であり（宮脇幸彦『強制執行法（各論）』五〇二～三頁参照）、一般的には通説と同様、配当異議訴訟判決の既判力による遮断効またはその制度的要請により、これを否定すべきものと考える（中野貞一郎「配当手続の性格」『強制執行・破産の研究』一九〇頁、山木戸克己「任意競売と配当手続」『民事訴訟法論集』三三二頁、三四〇頁など。なお、後記平成三年最高裁判決も、そのような趣旨であろうとの認識を示すものとして、富越・後掲「判解」一一八頁参照）。

## 二　判例の考え方

**1**　まず前記最高裁判決の概要であるが、要するに、一般債権者Xが債務者所有の建物についての賃料債権を差し押さえその効力が生じた後に、右建物に抵当権設定登記がされ、抵当権者Yが物上代位に基づく賃料債権の差押えをして差押えが競合したので、第三債務者が供託した賃料の配当手続において、執行裁判所が供託金を一般債権者Xと抵当権者Yの債権額に応じて案分配当する旨の誤った配当表を作成したにもかかわらず、(3) 一般債権者Xが配当異議の申し出をしなかったので配当表に従って配当が実施されてしまった、というのが基礎となるべき事実関係である。そこで、問題は、執行手続内において過誤配当是正の手段を採らなかった一般債権者Xが、後になって、自己に全額配当されるべきであったとして抵当権者Yに対して不当利得返還請求をすることができるかどうか、が争いとなったが、最高裁はつぎのように判示して、これを否定的に解した。(4)

「配当期日において配当異議の申出をしなかった一般債権者は、配当を受けた他の債権者に対して、その者が配当を受けたことによって自己が配当を受けることができなかった額に相当する金員について不当利得返還請求をすることができないものと解するのが相当である。けだし、ある者が不当利得返還請求権を有するというためにはその者に民法七〇三条にいう損失が生じたことが必要であるが、一般債権者は、債務者の一般財産から債権の満足を受けることができる地位を有するにとどまり、特定の執行の目的物について優先弁済を受けるべき実体的権利を有するものではなく、他の債権者が配当を受けたために自己が配当を受けることができなかったというだけでは右の損失が生じたということができないからである。」

(3)　一般債権者の賃料債権差押えと抵当権者の物上代位権に基づく差押えが競合した場合における両者の優劣については、同日付けで、言い渡された最高裁（一小）平成一〇年三月二六日判決（民集五二巻二号四八三頁）参照。

(4)　以上は、野山宏「判解」曹時五一巻一〇号二〇一〜三頁の要約による。

**2**　右の最判の論理は、類似のテーマを扱った事例において、そのメルクマールとなる実体法的理由付けで抵当権者からの不当利得返還請求を肯定した最高裁（二小）平成三年三月二二日判決（民集四五巻三号三二二頁）(5)において既に予想されていたところである。すなわち、「抵当権者は、不動産競売事件の配当期日において配当異議の申出をしなかった場合であっても、債権又は優先権を有しないにもかかわらず配当を受けた債権者に対して、その者が配当を受けたことによって自己が配当を受けることができなかった金銭相当額の金員の返還を請求することができるものと解するのが相当である。けだし、抵当権者は抵当権の効力として抵当不動産の代金から優先弁済を受ける権利を有するのであるから、他の債権者が債権又は優先権を有しないにもかかわらず配当を受けたために、右優先弁済を受ける権利が害されたときは、右債権者は右抵当権者の取得すべき財産によって利益を受け、右抵当権者に損失を及ぼしたものであり、配当期日において配当異議の申出がされることなく配当表が作成され、この配当表に従って配当が実施された場合において、右配当の実施は係争配当金の帰属を確定するものではなく、したがって、右利得に法律上の原因があるとすることはできないからである。」

（5）　これを踏襲するものとして、最判（二小）平成四年一一月六日民集四六巻八号二六二五頁、滝澤孝臣「判解」曹時四六巻九号一六八～九頁参照。

**3**　両最高裁判決に共通するのは、過誤配当により不当利得法上の「損失」を被るのは抵当権者（一般化すれば、特定の執行目的財産上に実体法上の優先弁済請求権を有する者）のみであり、一般債権者には執行手続外では、債務者に対する債権が（観念的にであれ）存続する限りは、何らの「損失」をも発生しないとの論理である。見方を変えれば、一般債権者の権利（配当金債権）は、その基礎となる執行債権が実体的権利であるにもかかわらず、執行手続の俎上に載せられた途端に、専ら執行手続においてのみその存在が認められる特殊な実体権（執行手続上の権利）に変容してしまったかのようである。すなわち、執行手続内では、誤った配当表に対しては、配当異議・同訴えにより一般債権者もその是正（実体法的に不当な結果の防止）をはかることができるにもかかわらず、手続終了後は、その機能において実質的に同質と思われる不当利得返還請求権が一般債権者には認められなくなるということであり、これを実体法的にみれば、その実質において同じ実体権でありながら手続の内と外とで全く異なった取扱いを受けることに他ならない。

もっとも、執行手続の前後、すなわち執行手続外で比較すれば、実体法的には同じ取扱いがなされていると言えるかもしれない（たとえば、一般債権者のうち、配当加入していない債権者の場合など）(6)。しかしながら、実体権の実質的内容というのは、債務者の資産状態を含めて日々変化しうるばかりでなく、強制的手続を経ることによってもまた法的に変容しうるものといわなければならない。(7) ここで問題としたいのは、純粋の手続権（たとえば、責問権など）は別として、実体権行使の方法としてある手続内で認められ可能とされた当該手続上の権利は、単なる手続法上の権利ではなく、むしろ手続によりその内容が制約されてはいるものの、まさに実体法上の権利と言うべきである。手続内で可能な権利行使が、手続外では実体法的理由からできないというのは（もちろん手続的安定その他の手続的理由からの制約はともかくとして）、手続というものが本来実体権の実現の場であることからすれば、手続の内外で実体法的にみて異なる原理に支配されていると考える発想は、やはりおかしいと言わなければならない。(8)

さらに言えば、前記最高裁判決の論理によると、配当異議手続の機能において一般債権者と抵当権者等を異別に取り扱うものであり、執行手続において認められた一般債権者の実体的権利（配当金債権）が、同手続終了後（手続外で）はいかなる理由があろうと（配当異議の手続保障がない場合であっても）認められない、すなわち実体法的理由によるとはいえ一種の失権効が働くのに対して、抵当権者の場合は、前記判旨の通りである。後者の場合はともかくとして、最高裁の論理は、せっかく執行手続内での（予防的）不当利得返還請求にも相当する配当異議を制度として認めておきながら、(9) さらにはその権利確定手続の不十分さをも認めておきながら、その理由付けからすれば一般債権者に異議手続利用に当たって何らの落ち度のない場合であっても、事後的救済を一切否定する（最判の論理からすれば、実体法的にはその必要がないということであろう）考え方に他ならず、手続内救済手段を制度として認めた趣旨が貫徹されない結果を自ら容認するものといわなければならない。

残念ながら、以上のような最高裁判決の論理は、確かに一面ではそれなりの説得力を持つ有力な一つの法解釈ではありえても、他のより妥当な法解釈を排除するだけの説得力を有しているとは言えないように思われる（たとえば、一般債権者との区別の論拠となっている抵当権の優先弁済権も、競売手続との関係でいえば、結局のところ同手続において優先的に配当を受けることができる法的な地位にすぎず、一種の執行手続法上の地位と言うこともでき、競売手続を離れて論じてみても意味がないと言えなくもない）。すべからく、最高裁としては、担保権者と一般債権者の異質性を強調することではなく、その同質性に目を向け、同様な視点から、配当異議（または配当金請求権）と不当利得返還請求権との同質性に配慮することが望まれる。なお、妥当性の判断において、他に代替可能な事後的調整手段として考えられうるものとしては、債務者に認められる不当利得返還請求権の代位行使（他の債権者との競合の可能性がある）のほか、不法行為による損害賠償請求と国家賠償請求（後掲裁判例からも、これが認容される可能性は、現在の実務においては極めて低いと思われる）ぐらいであろうが、いずれも必ずしもそれらの要件がいつも満たされる保障がないことを考慮すれば、解釈論としてやはり一般債権者からの不当利得返還請求の余地は残しておく必要があるように思われる。

十分な論証もなしに、少し結論を急ぎすぎたかもしれない。以下では、右に紹介した二つの最高裁判決を嚆矢として、それ以外の裁判例の動向およびその考え方を概観することにする。

(6)「一般債権者のうち、配当加入もしていない債権者については、配当を受ける余地はなく、したがって不当な配当による損失が存しないのであるから、そもそも不当利得の問題は生じず、債務者の取得する不当利得返還請求権の代位行使の可否の問題が生じるのみである。」（田原・後掲論文一八頁）。もっとも、破産の場合（破一四三条二項）とは異なり、一般債権者には執行手続の開始決定および配当要求の終期が個別に通知されるわけではなく（担保権者については、民執四九条二項二号参照）、執行参加の機会を逸しさせないようにするためには、「執行手続の開始を他の債権者に周知せしめる公示の手段を強化することが必要であろう。」（山木戸克己『民事執行・保全法講義〔補訂二版〕』一三八頁）。

(7) この点に関し、大村敦志「判研」法協一一一巻六号九二五頁も、「評釈者としては独断は避けたいが、配当手続の意義（意味）を重視するという立場からは、……手続に参加した一般債権者の地位は通常の一般債権者のそれとは異なるものとなるという帰結も導けそうに思えるということを指摘しておきたい」とされる。

(8) かつて旧民事訴訟法六三四条が「異議ヲ申立テタル債権者前条ノ期間ヲ怠リタルトキト雖モ配当表ニ従ヒテ配当ヲ受ケタル債権者ニ対シ訴ヲ以テ優先権ヲ主張スル権利ハ配当実施ノ為メ妨ケラルルコト無シ」と規定し、そこで「『優先権ヲ主張スル権利』とは、平等主義を採る以上、順位による優先に限らないので、自分に帰すべき配当額を他の者が受領してしまったすべての場合に、その請求を認むべきである。」（兼子一『新版強制執行法・破産法』九八頁）との有力説が存在していたことが想起されるべきである（同旨、加藤正治『改訂強制執行法要論』二三三頁など。なお、宮脇・前掲書四九六頁以下参照）。私見によれば、配当手続内では、誤った配当表により、競合債権者間に実体法上不当利得的な関係の生じる恐れがあるとみているからこそ配当異議および同異議の訴えの手続を認めているのではないだろうか。最高裁判決の考え方は、配当手続内では実体法上不当な配当表であるにもかかわらず、手続外ではそれに基づく配当が（一般債権者との関係では）実体法上不当とはならないという不当利得の二義性を認めることに他ならない。なるほど、不当利得法上の要件、とくに過誤配当後の「損失」をめぐる問題を、実体法上、抽象的・静止的にみれば判例のように担保権者と一般債権者を区別する考え方にもそれなりの理屈を認め得るが、手続法的視点をも加味して、個別具体的・動態的に探求する必要があるように思われる。

（9）　筆者にとって興味深いのは、折衷説を採られる松岡（後掲谷口追悼五三五頁）自身、「配当異議訴訟は、実体法秩序に即した配当を保障している点では、不当利得返還請求訴訟と基本的に同質である。」ことを認めており、同じく折衷説をベースに担保権者にも手続的失権の余地を認められる栗田・後掲論文七頁も、例外的に一般債権者が配当異議の機会を奪われた場合に認められるべき「訴えは、実際上は不当利得返還請求訴訟として現われざるをえないが、本質的には配当異議訴訟に代わる訴えと位置づけられてよいであろう。」とされていることである。

**4**　まず、この問題に関する新法（民事執行法）下における初めての裁判例と思われる、①東京地裁平成元年一二月二二日判決（判時一三四七号七五頁）の事案はつぎのようなものである。

すなわち、Yは、A会社に対する売買代金債権等の物上保証として、B所有の二個の不動産について、極度額二、〇〇〇万円とする共同根抵当権を有していたが、右不動産は担保権実行としての不動産競売手続において売却され、Yは合計二、九九〇万円余の配当金の交付を受けた。他方、Xは、Bに対し金二、五〇〇万円の連帯保証債権を有し、右不動産に仮差押えを有していたが、右不動産の競売事件の配当期日に適式の呼出しを受けながら出頭せず、したがって、当然のことながら、右期日に配当異議の申出をせず、配当異議の訴えも提起しなかった。その後、Xは、Yが交付を受けた右二、九九〇万円のうちYが優先弁済請求権を有するのは極度額二、〇〇〇万円についてのみであり、超過部分九九〇万円から右不動産についての先順位抵当権者の交付要求額七六万円を控除した残額九一四万円については、Xが配当を受けることができるものであったと主張して、不当利得返還請求をしたのに対して、東京地裁は、つぎのように判示して、この請求を棄却した。

「仮に配当表の記載が各債権者間の実体的な法律関係と一致していないものであったとしても、配当に与かるべき債権者が適式な配当期日の呼出しを受けながら配当期日に出頭せず、あるいは出頭しても配当異議の申出をせず、又は配当異議の申出をしても所定の期間内に配当異議の訴えを提起しないなどの場合には、もはや配当表の記載を争うことができない旨の消極的な効果の発生を認めることができるものというべきである。……してみれば、配当表のうち配当異議の申出等のない部分については、それに記載された各債権者の債権についての配当の順位の変更及び当該配当表に基づく配当の実施を全債権者において異議なく承認したものと同様に評価することができ、……このようにして配当金の交付を受けることは、各債権者の調整といういわば横の関係においては、配当期日において全債権者の合意により作成された配当表に基づく配当の実施があった場合と同様に、執行手続上正当化されるのみならず、これによる債権の消滅（満足）という結果が債権者間においては実体法的にも正当なものとして取り扱われるという効果を伴うものというべきであるから、不当利得法上も「法律上の原因」を有するものといわなければならない。」

なお、この控訴審である、②東京高裁平成二年五月三〇日判決（判時一三五三号六二頁）は、その理由をつぎのように変更したうえで、結論的には、Xの控訴を棄却している（確定）。

「一般債権者は、執行目的財産の交換価値に対して実体法上の権利を有するものではなく、実体法的には、債務者の財産から請求債権の満足を受ける地位を有するにとどまり、その点では任意弁済の受領と変わるところはない。ところで、任意弁済において、債務者が複数の債権者に平等弁済をしなかった場合、ある債権者への多額弁済が当然に少額弁済受領者の「損失」によるものということができず、少額弁済受領者から多額弁済受領者に対する不当利得返還請求権は認められないというべきである。そして、配当においても、執行目的財産の交換価値を実体法上把握していない一般債権者については、任意弁済の場合と同様、ある債権者への多額配当が当然に少額配当受領者の「損失」によるものとはいえないというべきである。」

つぎに、③東京地裁平成三年一月二四日判決（判時一三八四号六七頁）の事案はつぎのようなものである。

すなわち、不動産の競売手続において、執行裁判所の計算ミスにより配当額が本来あるべき数値と異なった配当表が作成され、これに従って配当が実施された場合において、適式に配当期日の呼出しを受けながら出頭せず、したがって、配当異議の申出をしなかった一般債権者が、本来あるべき配当額と現実の配当額との差額について、過分に配当を受けて任意に返還しない他の一般債権者に対し不当利得返還請求ができるかどうかが争われた事案である。東京地裁は、前記①判決とほぼ同様な理由で、この請求を棄却した（さらに、控訴されたが、控訴審判決については、不明。なお、本件では、同時に、国に対して国家賠償法に基づく賠償請求を、また多額配当受領者に対しては、不法行為による損害賠償請求も併せてなされていたが、いずれの請求も棄却されている）。

「配当期日において、不利益な取り扱いを受けながら配当表記載の配当額に異議の申出をしない債権者は、執行裁判所の作成した配当表に消極的にしろ賛意を表明したと扱われてもやむをえないものといわざるをえず、このような場合には、たとえ実体的な法律関係と異なる配当がなされ、実体的な法律関係からみれば過分に配当を受けた債権者も、債権者の合意に基づいて配当表が作成されて配当が実施された場合に準じて、法律上の原因があって配当金額を受領したものというべく、不当利得とはならず、不利益な取り扱いを受けた債権者も不当利得としてこれの返還を請求しえないものと解すべきである。」

以上のような先例を経て、前記最高裁平成一〇年三月二六日判決の出現を見たわけであるが、念のために、その第一審および原審の判決理由も確認しておくことにする。いずれも、前記②東京高裁判決を踏襲したものであり、まさに最高裁もこれを是認したものといえよう。

④東京地裁平成七年三月一五日判決

「金銭債権そのものには、債務者の特定の財産の処分を禁止したり、これを売却して強制的に債権の満足を得る権能は含まれず、その強制履行（民法四一四条第一項）の方法として裁判所に対して、債務の本旨に従った履行を強制するよう請求することができるにすぎない。その具体的方法として、法は強制執行の申立、目的財産の差押、換価、配当、という一連の手続を定めるが、その配当は、強制履行請求権の行使としてまさに配当手続に参加したことによって認められるのであって、そのことにより、執行財産上に何らかの実体法上の権利（優先弁済権）を取得するわけではなく、その実体法的性質は任意弁済の受領と異ならないと考えられる。従って、ある債権者が多額配当を受領したことにより、当然に少額配当受領者に実体法上の損失を及ぼしたとは認められないことになるから、執行手続を離れて他の債権者に対し不当利得返還請求することは認められないというべきである。」

⑤東京高裁平成八年一月三一日判決（右記引用の第一審判決理由の最後三行「従って」以下をつぎのように変更）

「そして、任意弁済においては、債務者が複数の債権者に平等弁済をせずに一部の者に多額の弁済をしたり、あるいは、債権のない者に対して給付をしたとしても、そのことが当然に少額の弁済しか受けられなかった者の損失によるものであるということはできず、少額弁済受領者が多額弁済受領者に対して不当利得返還請求権を取得するということはできない。これと同様に、執行対象財産上に何らの実体法上の権利を有しない一般債権者が配当手続において過少に配当を受けた場合も、過大に配当を受けた債権者に対して不当利得返還請求権を取得するということはできないというべきである。」

以上、一般債権者からの不当利得返還請求事例を概観して、いずれも裁判所側に何らかのミスがあり、極めて制約された手続内でそれを指摘・是正することについて、一般債権者に必ずしも期待し難い事案も含まれているように思われることをとりあえず指摘しておきたい。いずれにしても、引用した裁判例と先に紹介した抵当権者等からの不当利得返還請求事例を併せて考えれば、一部下級審裁判例を別にすれば、その判断基準はいわゆる特定の執行目的財産上に何らかの実体法上の優先弁済権を有しているか否かである（その点に不当利得法上の「損失」の有無を直結している）ことは明らかであり、判例を批判的に検討する学説もまさにそのような判断基準そのものの妥当性とくに誤った配当表による配当を任意弁済と同視している点に疑問の目を向けているといえよう。

## 三　学説の概観(10)

1　まず、学説は、既に前記①および③の二つの地裁判決で示されたと同旨の考え方を、民事執行法の施行直後から表明しており、立法担当者および有力な学者によることに加え、手続的要請に適い理論的にも一貫していることなどから、前記平成三年最高裁判決がでるまでは、むしろこれが通説・多数説であったように思われる(11)。おそらくは、前記①および③の二つの地裁判決も当時の通説に従ったものであろうと推測される。

現在において最も有力にこの説を主張されている中野貞一郎（『民事執行法〔新訂三版〕』四六二〜三頁）から、その論拠を引用させていただくと、

「(ⅰ) 執行による満足は、実体法上の弁済と同義ではなく、債権者が配当により得た給付利益を終局的に保持できるかどうかは、その実体的正当性だけで決まるのではなく、手続法上の要請にも係っている。とくに、配当に与る債権者相互間の配当関係では、配当の順位や額につき実体状態との厳密な整合は要求されず、債権者の自主的な態度決定による変容の余地が与えられている。配当期日の呼出しを受けながら、出頭せず、配当異議の申出をせず、あるいは適時に配当異議の起訴証明をしない債権者は、それなりに配当手続に対応しているのであり、その態度は、配当期日に作成される配当表に対する賛意の消極的表明と評価できる。従って、その配当表に基づく配当実施は、実体状態に適合しない財貨移転となる場合でも、総債権者の合意により記載された配当表（法八五条五項）に従う配当実施に準じ、「法律上の原因」（民七〇三条）を有するというべく、不当利得返還請求権は成立しない。(ⅱ) 配当期日を無視した者に不当利得返還請求を認めるのでは、配当期日の手続を実質的に徒労に終わらせ、裁判所が裁定した財貨移転を覆し、不当利得訴訟への応訴の負担を相手方に課することになり、その結果は耐え難い。(ⅲ) ただし、配当に与る債権者でありながら、適式な配当期日の呼出しを受けず、配当

手続に関与できなかった債権者は、配当実施後でも、自己が受けるべきであった分の配当額を受領した他の債権者に対して不当利得の返還を請求できる（そう解しないと、その執行手続に関し当該債権者の権利行使を全く封ずる結果となる）。」

いわゆる消極説といわれるこの説の魅力は、手続の持つ制度的要請を重視し、抵当権等の実体法上の優先弁済権を絶対視することなく、過誤配当において事後的救済が必要なのはむしろ事前に予防措置を講ずることのできない一般債権者の方であるとの正当な認識を背景に（中野貞一郎「判批」リマークス一九九二（上）一五八頁参照）、しかしながら手続保障と自己責任に基づく解決を模索しているところであろう。[12]

(10) 学説は、1 原則として不当利得返還請求を認めない消極説、2 原則として不当利得返還請求を認める積極説、3 担保権者等と一般債権者とを区別し、前者についてのみ不当利得返還請求を認める折衷説（判例の立場）、およびその他若干のバリエーションに分類できよう。

(11) 田中康久『新民事執行法の解説〔増補改訂版〕』二三八頁、鈴木忠一＝三ケ月章編『注解民事執行法(3)』三八七頁〔中野貞一郎〕、香川保一監修『注釈民事執行法(4)』三五六頁〔近藤崇晴〕参照。他に、中野貞一郎編『民事執行・保全法概説〔第二版〕』二一〇頁〔鈴木正裕〕、小室直人『民事執行法〔二訂版〕』一〇四〜五頁・一一三頁、深沢利一『民事執行の実務（上）』五二九頁、竹下守夫＝上原敏夫＝野村秀敏『ハンディコンメンタール民事執行法』二一〇頁〔野村（ただし、後掲評釈では、利益衡量説に改説）〕、松岡久和「判批」金法一三〇四号六七頁以下（ただし、後掲二論文では、折衷説の立場に立つ）、上原敏夫「判研」ＮＢＬ六六三号六三頁、塚越豊「批判」債権管理三四号四五〜六頁なども同旨か。

(12) 中野教授自身、「たしかに、民事執行法が予定しているような競合債権者の「自主的態度決定」が実際上つねに可能なのか、と反問されるならば、問題はあると認めざるをえない。」（前掲評釈一五七頁）とされ、その理由として「債権届出の催告に応じない、抵当権登記・仮登記の残存する者を原則として、登記簿の記載に従ってそのまま配当に与らせている現在の実務、および、配当異議起訴証明期間が短かすぎて、異議を貫徹できる見込が立つほどの調査の余裕がないこと（ド民訴では配当期日から一月）」（前掲民執法四七三〜四頁）を挙げておられる。以下に紹介する積極説ないし折衷説は、まさにそのような現行配当手続上の不備を理由に、手続保障を重視する立場から、手続法的な理由による失権効を原則的に認めようとする考え方に反対しているのであり、私見も同旨であるが、その詳細については右各説に属する本稿引用文献において既に論じ尽くされている感もあり、何よりも前記最高裁判決自身がこのような消極説の論拠を否定していることから、紙幅の関係もあり本稿ではとくに論じないこととする（なお、後注(27)参照）。

**2**　つぎに、これと結論的には対極にあるのがいわゆる積極説と呼ばれる考え方である。(13)すなわち、執行目的財産上に実体法上の優先弁済権を有する者（担保権者等）のみならず一般債権者にも過誤配当後の不当利得返還請求を認めようとするものであるが、初めにも見たように過去の裁判例でこの立場をとるものはない。(14)私見は、結論的にはこの立場に立とうと考えているものであるが、とりあえずこれまでに表明された積極説の論拠を見てみることにしよう。

まず、田原睦夫（「不当な配当と債権者の不当利得返還請求」金法一二九八号一八〜二〇頁）は、（過誤配当が多額配当受領者の債権の範囲内にとどまるときは、その者には利得がないとして、この問題を否定的に解する点では必ずしも徹底していないのであるが、過誤配当が配当受領の債権を越えてなされまたは架空の債権に対してなされた場合と断ったうえで）つぎのように主張される。

「配当手続に参加しうる債権者は限定されているのであり（民事執行法八七条）、そこでなされる配当を一般の任意弁済およびその際の非債弁済と同視することはできない。配当に参加した債権者は、その配当の対象となる執行目的財産の交換価値から弁済を受ける地位を手続的に保障されるだけでなく、実体法上も配当手続に従って有効に弁済を受ける権利が保障されるのであり、その権利が非債弁済を受けた者によって侵害された場合には、その限度で損失が認められるのであり、かつ非債弁済受領者の利得と右損失との間の因果関係は認めざるをえないのである。(15)」

つぎに、一貫して全面的に積極説の立場を採られてきた手塚宣夫（「判研」法学五六巻三号七〇頁）も、（田原・前掲論文と同様、前記裁判例における配当による受領を任意弁済によるそれと同視する論拠を批判して）つぎのように主張する。

「配当の場合は単純な任意弁済とは異なり、各債権者の配当を受けるべき額は、（全債権者の合意ないしある債権者による異議によって、変更される余地はあるものの）限られた売却代金の中からいくらの配当を受けられるかは、優先権の有無、届出債権額等によって、予め決まっているとみるべきであり、たとえ一般債権者であっても、実体法上彼が有している債権を前提として、一般債権者に対する配当源資から按分して某かの配当を受けられる〔実体法上の〕地位にいるとみるべきである。……そうであるならば、受けるべき金額を超えてなされた配当の受領者については、法律上の原因なくして、実体法上受けられたはずの配当に与るべき債権者の損失において、不当な利得をしたとみるべきである。」[16]

また、秦光昭（「配当異議の申出をしなかった債権者の不当利得返還請求の可否」手形研究四五六号一〇頁）も、つぎのように積極説を擁護している。

「抵当権の優先弁済権とはいっても、結局のところ競売手続において優先的に配当を受けることができる法的な地位であって、競売手続を離れて論じてみても意味がないことからすると、一般債権者が競売手続において配当要求等により獲得した当該不動産の売却代金から一定の配当を受けることができる法的地位も、優先弁済権と同様に保護されてよいのではないかとの疑問も生じる……。また、競売手続は、一定の財産を一定の法律上の有資格者の間で分配する手続であることから、これを通常の任意弁済と同様に考えることの妥当性にも疑問が残る。一般債権者が競売手続に参加して配当を受けるべきであった利益が失われることも「損失」として評価されてよいし、また本来その競売手続で受けえなかったはずの配当を受けたことは、やはり「利得」と評価してよいように思われる。」とし、また、「多額受領者は、ほとんどの場合、多額の受領であることを知り、または知りうべかりし状況のもとで受領するのであるから、これを保護するために不当利得返還請求を制限すべきであるとする考え方は一般的には成立しない。むしろ、これを制限すると、故意に多額受領を狙う債権者を助長しかねない〔ず、……また〕、債務者と一部債権者が通謀して、一部の債権者に実質上優先弁済をはかったり、あるいは債務者が多額受領者から配当金の還元を受けることを通じて、競売代金の全部が債権者の弁済に当てられなくするという弊害の余地が考えられる。たとえば、第一順位抵当権の被担保債権が、すでに弁済で消滅しているにもかかわらず、これに配当を受領させたうえで債務者にこれを返還させ、これを他の債権者の弁済に充当するという弊害が考えられる。」との政策的理由も付加している。

なお、四宮和夫（『事務管理・不当利得』一〇七頁）も、「競売手続において債権者間の優先順位に反するなど不当な配当がなされた場合には、配当を受くべかりし者と不当な配当を受けた者との間に不当利得の問題を生ずる。これは、財貨の帰属割当の侵害による不当利得でもあると同時に、執行手続の結果のまき戻し（運動法型）でもある。」とし、その例として、「虚偽の債権証書に基づいて配当を受けた者と差押債権者」を挙げていることから、一応積極説に属すると見てよいであろう。

以上が、初めにも紹介した平成一〇年最高裁判決が出されるまでに表明されていた積極説の論拠であり、私見もこれらを援用したいと考えているが、残念ながら後掲の折衷説と比較して最高裁の心をとらえるものとはならなかったようである。

(13)　以下、本文で紹介するもの以外に、池田辰夫「配当異議訴訟をめぐる諸問題の現況」判タ七二九号三一頁、石川明＝小島武司＝佐藤歳二編『注解民事執行法〔上巻〕』九三二頁〔池田〕、林屋礼二編『民事執行法（改訂第二版）』一七二頁〔山本和彦〕などがこの説に属するものと思われる。（不当利得の要件についての論証はないものの）結論同旨、井上治典「債権者平等について」法政五九巻三・四号三八六頁、三八八頁・注(29)参照。なお、一般には、石川明「配当異議と不当利得」金法九九二号六頁以下も積極説の筆頭に挙げられており、確かに「異議事由のある債権者は、不当利得の訴えを提起することができると解する。」（八頁）との一般債権者をも含むかのような表現も見られるが、結語において不当利得返還請求が認められるべき主体を「優先権者」（一〇頁）としていることなど、その論調からすれば実体法上の優先弁済権者を念頭に置いているとも思われることから、本稿では、その位置づけを留保したい。

(14)　もっとも、旧法下の裁判例ではあるが、大判昭和一〇年四月二三日民集一四巻六〇一頁参照。直接の判示事項とはなっていないものの、任意競売事件における仮差押債権者（一般債権者）の過誤配当による損失と抵当権者（不当配当受領者）の利得との因果関係を認め、前者の後者に対する不当利得返還請求を肯定した事例である。

(15) 同旨の考え方は、既に旧法下においても、宮脇・前掲書四九七〜八頁において有力に主張されていたところである。なお、渡部晃・NBL五二四号五八頁以下もほぼ同旨か。
(16) 同旨の判例評釈として、手塚・判評四七九号（判時一六五五号）二三六〜八頁参照。

**3**　つぎに、便宜上、ここで前記平成一〇年最高裁判決に対する判例評釈のうち（既に触れた評釈者のものは除き）、私見と同様これを批判的に検討しているものを紹介させていただくことにする。

いち早く判例評釈を出された滝沢聿代（民商一二〇巻一号一三六頁・一四一〜三頁）は、利益衡量説と評される立場からではあるが、

判例の示した「担保権者と一般債権者を定型的に区別し、前者のみを救済するという……解決が十分な理論的根拠を有するとは考えられ」ないと前置きしたうえで、秦・前掲論文と同様、「抵当権者の優先弁済権も、執行と配当の手続を経なければ具体化し得ないものであり、その過程の中で受領できる弁済の額に変動が生じることは当然の前提である。他方、一般債権者も執行目的物を含めた責任財産全体に実体法上の権利を有するのであり、その違いは単なる優先順位の問題にすぎない。……すなわち、配当過誤が生じた場合、本来受けるべきでない多額配当を受けた債権者の煽りを受けて、少額しか受領できなかった者の損失は、抵当権者であるか一般債権者であるかによって本質的に変わるものではなく、一般債権者には「損失」がないという議論は正確ではないと考える（……少なくとも「損失」は、理論の演繹的帰結として導かれるような性質のものではないと見るべきであろう）。」と主張される。

松本博之（「判批」リマークス一九九九（下）一四七頁）も、（田原、秦・前掲各論文および滝沢・後掲評釈を引用しながら）おそらくは積極説の立場から、つぎのように主張される。

「配当手続による配当は、誰にいくら弁済するかを自由に債務者が決める、債務者による任意弁済の受領と同じものではない。すでに指摘されているように、配当を受けうる一般債権者は、債務者による目的物の処分禁止、配当要求の制限のあ

る執行手続において執行目的物の換価代金から適正な配当手続によって配当を受けうる地位を法律上保障されており、配当財団と配当を受けうる債権者のこのような結びつきから見て、この地位は手続的地位に止まらず、実体的な地位であると見ることができる。したがって、不当な配当によってこの地位が侵害されると、損害が生ずると言うべきである。……このように見ると、一般債権者と担保権者とで、不当利得返還請求の要件としての「損失」の有無に関して全く異なる取扱いをする根拠は薄弱だと言わなければならない。」

さらに、福永有利（「判批」金法一五五六号六六頁）も、

一般債権者は「差押えの取消しや取下げがあれば、配当を受ける権利も失われてしまうので、担保権のような執行手続を離れても存在が認められるような地位でないことは確かであるが、一定範囲の債権者間で債権額や優先権の有無に従って配当がなされねばならないという場合を前提とすれば、適正に計算された配当額を受領する実体的な権利を取得したというように理解することも不可能ではない。」としたうえで、同じく秦・前掲論文を引用しつつ、「配当手続の実情をも勘案すると、一般債権者には、損失がないから、不当利得の返還請求は常に否定されると解することには疑問があろう。」とされる。

なお、実質的な根拠付けにするものではないが、妥当性の判断要素として、政策的な配慮も重要と思われる。すなわち、なるほど抵当権は売却により消滅する（「損失」を認定しやすい）のに対し、「過誤配当によって配当を受けられなくても執行債権は理論的には消滅しないが、」一般債権者があえて不当利得返還請求の訴えを提起してまで、本来配当手続によって受領することのできたはずの金員を取り戻そうとするケースでは、通常、「債務者に他に〔執行に適する〕目ぼしい財産が〔残ってい〕ない」（「その配当手続で配当を受けられないときは、当該債権を失ったと実質的に変わらないことになる。」）ことがその背景にあることを忘れるべきではないであろう。

以上、筆者が参照し得た平成一〇年最高裁判決に対する判例評釈（解説を含む）九編のうち、担当調査官のもの二編（野山宏「時の判例」ジュリ一一三八号一一三頁、同「判解」曹時五一巻一〇号二〇〇頁）および見解表明のないもの一編（大澤晃「主判解」判タ一〇〇五号九八頁）を除き、積極説（手塚・松本・福永）・消極説（上原）・利益衡量説（滝

沢・野村）の違いこそあれ、何れもそれぞれの立場から判例を批判的に検討しており、判例の立場を支持するものは一つもないという結果は無視すべきではなかろう。

**4**　そこで、判例の立場である折衷説の論拠を改めて確認する必要があるように思われる。まず、新法（民事執行法）下でこの立場を明確に打ち出したのが、富越和厚（司法研修所編『執行関係等訴訟に関する実務上の諸問題』二九二頁以下）ではないかと思われる。(17) 同文献は、昭和五八年度の司法研究報告書（第三七輯第二号）であり、その性質上そもそもが実務の指針となることを期待され、目的として執筆されたものといえよう。それゆえ、その後の裁判例が右文献を十分に参考にしたであろうことは想像するに難くなく、また、前記平成三年最高裁判決の担当調査官が富越判事であったことも、その判旨に反映しているように思われる。もちろん、滝沢（前掲評釈一三九頁）も指摘しているように、「いずれにしても、配当期日での異議手続のない請求をすべて切るという否定説と、不当利得請求を自由に認める肯定説の間で、妥当な中間的処理の基準を導くことは容易ではなく、多様な試案があって当然である。担保権者だけを優遇するという処理は、その中でも定型的かつ明快であり、必然的に裁判例をそこに引きつける結果となったと見うる。」という点も実務で支持を広げる一つの理由ではあろうが、何よりもその示す論拠・実体法上の理由付け（一般債権者からの不当利得返還請求に限っていえば、問題を民法・不当利得法の解釈論と割り切っている）が持つ説得力に帰着することはいうまでもない。そこで、以下少し長くなるが、その骨子と思われる部分（二九四～五頁）を引用する。

「一般債権者は、執行目的物の交換価値（配当源資）に対して実体法上の権利を有するものではなく、差押え又は配当要求をしても、目的財産に対して質権を取得するものでもなく、実体法的には、債務者の財産から請求債権の満足を受ける地位を有するに止まり、その点では任意弁済の受領と変わらないから、債務者が任意弁済において複数の債権者に平等弁済をしなかった場合又はある債権者に善意で非債弁済をした場合と同様、ある債権者への多額配当が当然に少額配当受領者の損失によるものとはいえないからである。要するに、一般債権者が執行の目的財産の代金から配当を受けるのは、執行に参加したからであって、その分配に対する不服はその手続内での所定の不服方法によるべく、また、平等主義は金銭執行手続の原則であるが、執行手続においてその例外も予定しており、執行手続外で主張し得る実体的権利を債権者に創設するものではないからである（不当利得の可否は民法の解釈問題に外ならないから、差押え又は配当要求により、目的財産に対して何らかの実体的権利を取得すると解しなければ、たとえ、虚無債権への配当があっても、そのことは、債務者の不当利得返還請求権を発生させるとしても、一般債権者に不当利得返還請求権を発生させるものではないと考えられる。）。右のとおり、一般債権者からの不当利得返還請求権が否定されるのは、他の債権者の多額配当受領に「法律上の原因」があるからではなくて、債務者財産から他の債権者がその債権の範囲で割合的に多い配当を受けたことが、他の債権者の「損失」にならないことに求めるべきである。したがって、その債権者に対する配当期日の呼出しを欠いた場合等、配当手続に瑕疵がある場合も、手続内で右瑕疵の是正を求めるべきであって、不当利得の問題は生じることはない。」

右折衷説の論拠から明らかなように、一般債権者の執行手続への参加は、「執行手続外で主張し得る実体的権利を債権者に創設するものではない」というのがその要点であり、まさに先に引用した各説は（積極説は明示的に、消極説は暗黙裡に）、結論の妥当性を求めて、「差押え又は配当要求により、目的財産に対して何らかの実体的権利を取得すると解」する努力をしてきたものということができよう(18)。

なお、富越（「判解」曹時四五巻七号一〇八頁）は、「強制競売または競売において、一般債権者も担保権者も執行機関から売却代金の配当を受けるという点では同様であるが、実体法的には、担保権者は当該財産の交換価値中に把握している自己の優先弁済請求権の実現として配当金を受領するのに対して、一般債権者は裁判所に対する強制履行請求権の行使として（執行手続に参加したことによりその手続中において）配当金を受領するものであって、執行手続に参加したことによって、財産の交換価値に対して実体法上の権利を取得するものではない。」と主張するが、私見によれば、担保権者が対象財産から配当金を受領できるのは、被担保債権の効力によるものであって、担保権そのものは、他の競合債権者との関係において優先権を付与するものであるにすぎないといえよう。[19] すなわち、富越（前掲「判解」一二二頁・注(4)）も自認しているように、「論点は、抵当権者または一般債権者が配当を受領する実体法上の根拠であって、」それが、担保権者の場合は、担保権により優先権が付与された被担保債権の摑取力であり、一般債権者の場合は、（平等的取扱いが実体法的要請であると解し得れば）競合する他の債権者との按分比例による制約を受けた債権の摑取力であって、[20]「配当の原因となった競売手続の相違にあるのではない。」

(17)　同旨、富越「判解」曹時四五巻七号一〇八頁、一一三頁および一二二頁・注（5）、同「時の判例」ジュリ九八二号九七頁参照。他にこの説に属するものとして、塚原朋一「判研」金法一二九四号一六～八頁、松岡久和「過誤配当と不当利得」谷口追悼第二巻五三一～三頁、同「差押債権者の実体法上の地位（上）」金法一三九九号二四～五頁、梶山・前掲同法四六巻五号四二～三頁、山木戸・前掲講義一六五頁（もっとも、区別の基準を「利得と損失の因果関係」の存否に置いている）。

なお、民事執行法の立案作業に担当官として参画した浦野雄幸『条解民事執行法』四一五～六頁は、論拠必ずしも明快または一貫性があるとは言い難く、原則は否定、例外として一般債権者にも「配当期日の呼出しも受けなかった等配当実施の手続に関与できなかったときには、救済を認めるべきで、不当利得の返還請求は許されると考える。」とする点では、消極説に近いようにも思われるが、他方で、（配当異議の申出をした）担保権者と一般債権者とで不当利得の取扱いを区別しているところからすれば、折衷説に与しているとも考えられる。

(18)　なお、「摑取力の具体化や物的地位を根拠とするのは、結論を先取りした説明の論理」とする松岡・前掲金法一三九九号二三頁の反論があるが同教授自身も認めておられるように、法律の解釈は、単なる客観的事実の確認ではなく、認定された事実ないし行為の法的評価（体系的整合性の要請はあるものの「法的感覚」に基づいた法的価値判断）であって、実践的目的に奉仕するものでなければならないと考える（滝沢・前掲評釈一四二～三頁・注(12)参照)。

(19)　鈴木禄弥『物権法講義〔四訂版〕』三六一頁以下、中野・前掲民執法四六四頁参照。

(20)　山木戸・前掲講義二二二頁参照。

**5**　最後に、これまでに表明されているその他の学説（限定的肯定説および利益衡量説）についても概観しておく必要があろう。

まず、栗田隆（「配当異議の申出をしなかった債権者と不当利得返還請求」金法一二八八号六頁以下）は、自らの立場を「限定的肯定説」と名付けられているが、（あえて右各学説の中に位置づけうるとすれば）おそらくは折衷説を基本としつつも、

一方で、「不当配当が不利益を受けた担保権者の行為ないし怠慢に起因する場合には、……その不当配当に消極的に賛成したものと評価され、」担保権者からの不当利得返還請求を否定し、他方で、「配当期日の呼出がなかった等の理由で配当異議の機会を奪われた」場合には、一般債権者にも不当利得の返還請求を肯定することにより、理論的にはやや一貫性を欠くものの、消極説の示す手続保障と自己責任に基づく配慮を示している点で、つぎの利益衡量説の考え方にも通ずるところがあるように思われる。(21)

つぎに、滝沢聿代（「判批」判評三九三号（判時一三九四号）一八二～三頁）は、

平成三年最高裁判決までの各事案の比較検討から、「判決の結論は、結局〔配当手続上の〕瑕疵の大きさと原告の帰責性との総合的な衡量によって導かれているのであり、抵当権者と一般債権者との相違も、理論的な区別というよりはそのような実質的衡量の一つの要素であるとみる方が適当である。」とし、それをこの問題に対する自らの考え方の基礎に置いたうえで、（「抵当権者の救済は、利益衡量的判断における重要なメルクマール」としてはいるものの）「確かに一般債権者は目的財産の交換価値に対して担保権者と同じ意味での実体上の権利は有しないが、債務者の責任財産に対して存在した潜在的な権利は配当手続に参加することによって特定財産に対する権利として具体化している」として定型的には抵当権者と一般債権者を区別しない点で、また配当手続の尊重と実体法上の権利の重視とのバランスの中で、場合により担保権者からの不当利得返還請求を否定しうると考えられる点でも、折衷説の考え方とは明らかに異なる発想に基づくものといえよう（もっとも、その実質において判例の結論を正当化しようと努力されていることから、実際上はこれと類似の結論になる可能性が

高いと予想されるが、その軸足を他の何れの説にも置いていないという点では、第四説に分類すべきであろうか[22]。

一般に利益衡量説と呼ばれているこの考え方は、平成一〇年最高裁判決の前掲評釈（民商一二〇巻一号一三九頁以下）においても敷衍されている。

「私見は、一般債権者を定型的に排除しないために、配当期日への出席の有無、配当過誤の重大性、届出債権の性質等を考慮し、総合的に不当利得請求の当否を判断するべきではないかと考えたわけである。……導かれた結論の公平と妥当性は、やはり私見のような利益衡量的な観点から検証するよりなく、今後ともそのような考察は必要と見なければならない。……一般債権者であるという理由だけで不当利得請求を一律に否定することは、実質的に妥当でない結論をもたらすことを確認すべきであろう。……私見としては、現状に基づいた折衷的な問題処理を目ざしている。……（「裁判の基準としては柔軟に過ぎるかもしれず、事実認定に依存する面が大きい点にも危惧は残る」ものの、「その具体的基準は判例法に委ねられる」としたうえで）とりあえずは〔先の諸要素〕をも含めて、「配当が著しく公平を欠く場合」には不当利得請求が認められるとしておきたい。」

(21)　同旨、栗田「重判解」ジュリ一〇〇二号一三〇～一頁参照。他に、青山善充「時の判例」法教一三三号九九頁も、一般債権者からの不当利得返還請求についての明示はないものの、自ら、この説と「同様の発想に立つものである」とされる。

(22)　他にこの説に賛成するものとして、野村秀敏「重判解」ジュリ一一五七号一三二頁参照。なお、岸上晴志「判批」担保法の判例Ⅰ八七頁も、信義則を基準に様々な利益衡量的分析をする点でこれに近いと評しうる。また、結論として積極説に立つようにも思われるが、その考え方において利益衡量説に近いものとして、大村・前掲評釈九二五頁以下がある。

# 四　まとめにかえて

一における本稿の問題意識から、二および三における判例・学説の紹介・検討を通じて明らかとなった過誤配当後の（とくに判例が明確に否定している）一般債権者からの不当利得返還請求をめぐる論点を改めて項目的に整理してみると、つぎのようになろう。

① 不当利得法（民七〇三条）上の要件である、「法律上の原因の欠如」、「利得」、「損失」、「因果関係」が一般債権者の事例の場合にも認められるか。

② ①の場合に、過誤配当が配当受領者の債権の範囲内に止まるとき（多額弁済ないし多額配当型＝平等主義違反事例）とその債権の範囲を超えてなされまたは架空の債権に対してなされたとき（非債弁済ないし非債配当型＝架空債権事例）で区別するか。

③ ①を肯定する場合、さらに手続保障の有無、当事者の帰責性等を考慮して、失権を認めうるか。

私見によれば、①②に関しては、無権限者（非債弁済型）はもとより、一般債権者間（多額弁済型）でも、過誤配当があったときは、相手方がそれを優先的に取得する実体法上の権利はない（「法律上の原因の欠如」）と考える。[23] また、執行（配当）手続に参加する一般債権者は、差押権者であれ配当要求権者であれ、当該執行財産から実体法秩序に従って配当金を受領しうる地位を有しているが、これは既に三で引用させていただいた積極説の論拠からも、また二3で述べた理由からも、実体法上のものと考えるべきであり、それゆえ（とくに多額弁済型の場合には、債務者との執行関係では不当利得は成立しないといえるが）[24]、配当関係にある競合債権者間においては相互に実体法上の「利得」と「損失」があるというべきである。なお、相手方の「利得」と請求者の「損失」はいずれも過誤配当を原因としているので、「因果関係」の要件も満たされていると考える。

なお、③に関しては、利益衡量説的考慮は否定しないものの[25]、一般的には平成三年最高裁判決において述べられているように、「配当期日において配当異議の申出がされることなく配当表が作成され、この配当表に従って配当が実施された場合において、右配当の実施は係争配当金の帰属を確定するものではなく、」（わが国よりも手続保障の厚いドイツの配当異議手続〔わが国の旧民訴六三四条のもととなったドイツ旧民訴七六四条二項（現八七八条二項）参照〕のもとでの通説・判例においても否定されている〔配当異議の訴えに代わる不当配当の是正手段として不当利得返還請求の訴えが認められている〕[26]こととの比較からしても）解釈論としては（配当表による）配当実施に既判力のような失権効を認めることはできないと考えるべきであろう。[27]

さらにいえば、判例の採る折衷説の立場では、（筆者の誤解でなければ、理論的には）一般債権者にはいかなる場合にも不当利得法上の「損失」は認められないことになることから、（消極説でも例外的に肯定する）たとえば「適式な配当期日の呼出しを受けず、配当手続に参加できなかった」等、いわゆる手続保障が欠ける場合でも不当利得返還請求は認められないという、（このような場合は、国家賠償請求を肯定するとでもしない限り）まさに不当な結果を容認するものといわなければならない。[28]

過誤配当後の不当利得返還請求の問題は、民法の解釈論であるとともに、手続法との交錯場面における実体権の有り様を考慮すべき問題でもある。本稿は、このような問題意識に導かれて、拙いながらも判例・学説の分析・検討を中心に、手続法学者の立場からこの問題に対する一応の私見を述べたものである。徒な思索の果てに思わぬ過誤をおかしていないかを恐れるとともに、ここでの細やかな問題提起がどれほどの意味を持つものか、またそれに関して指摘したところが正鵠を得ているかも、なお省察を要すると思っている。批判と叱正を得て、さらに熟考する機会があれば幸いである。

(23)　手塚・前掲法学五六巻三号七〇頁、同・前掲判評四七九号（判時一六五五号）二三六～七頁、福永・前掲論文六六頁参照。

私見によれば、ある債権者が他の債権者に優先して弁済を受けうる実体法上の根拠・原因があるといえない限り、一般債権者間でも、債権者平等に反する財貨の移転は「法律上の原因」を欠くといわざるをえない。

なお、判例は、本文で後述するように、「配当期日において配当異議の申出がされることなく配当表が作成され、この配当表に従って配当が実施された場合において、右配当の実施は係争配当金の帰属を確定するものではな」いことを受益者の「利得に法律上の原因があるとすることができない」理由としているが、この理由付けは担保権者のみならず一般債権者の場合にも当てはまるものといえよう（松本・前掲評釈一四七頁）。

(24)　なお、非債弁済型の場合は、債務者との執行関係においても不当利得の問題が生じうるが、過誤配当の（事後的）匡正を重視する本稿の立場からは、（対債務者との関係でも、またその権利を代位行使しうる他の手続外債権者との関係でも）一般債権者の不当利得返還請求が認容される限度で、後者が優先すると解すべきであろう（宮脇・前掲書五二〇～一頁、東京高判平成七年一一月一六日判時一六〇五号五二頁参照）。

(25)　ただし、私見によれば、いうところの利益衡量は、不当利得法上の要件審査のレベルではなく、実体法上の請求権と配当手続との調和という観点から、手続法上の失権効のレベルで、抽出された諸要素（手続の迅速化・安定と信頼などの制度的要請とそれらと交錯しつつその正当化根拠に関わる当事者の故意・過失、裁判所のミス、いわゆる手続保障と自己責任、信義則など）を境界指標として当事者間および裁判所との関係でその内容・程度を総合的に評価する際に使われるべきものと考える。ただ、現実には、配当に与る債権者でありながら配当表に記載されないなど、過誤が明白である場合を除き、失権効を認めることは困難であろう（大村・前掲評釈九二六～七頁参照）。

(26)　Vgl. Stein/Yonas/Münzburg, Kommentar zur ZPO, 21. Aufl., 1995, § 878 Rdnr. 38, 39; Zöller/Stöber, ZPO, 21. Aufl., 1999, § 878 Rdnr. 16; Baumbach/Lauterbach/Hartmann, ZPO, 57. Aufl., 1999, § 878 Rdnr. 13; Lüke/Walchshöfer/Eickmann, Kommentar zur ZPO, 1992, § 878 Rdnr. 30, 31; Musielak/Becker, Kommentar zur ZPO, 1999, § 878 Rdnr. 9.

(27)　現行配当手続上の問題点については、前注(12)参照。配当異議および同訴訟は、配当手続内で（権利として）その不当を争うことができる手続としておかれているものであって、それを利用しないからといって当然に不当利得返還請求を遮断するほどの制度と考えるべきではない（もしそうであれば失権の明文規定をおくべきであるし、論者も指摘するように現行法制はそれだけの十分な手続保障的構造にはなっていない。すなわち、事前に配当表を公表する手続にはなっていないし（民執八五条一項。ちなみに国税徴収法一三一～三条参照）、配当期日に異議の申立て（民執八九条一項）をしてから一週間内に訴え提起の証明をしなければいけない（民執九〇条六項）など、最終的な権利確定手続のための手続保障としてはやはり不十分といわざるをえない。ちなみに、最近改正されたフランス新民事執行法施行デクレ二八六条では、「配当案は、受領証明付書留郵便により、債務者および各債権者に通知され」、各債権者等は、「通知の受領後一五日以内に、必要な証拠書類を添付し、理由を付して、配当案を作成した執行士に対して異議を提起することができる」こと、および「所定の期間内に回答がないときは、配当案を受諾したものと見なされ、異議の提起のないときは、右案が確定する」（二八七条）ことになっている）。

「なお、配当異議を申し出ない債権者の配当異議〔不当利得返還請求〕を認めると配当異議および配当異議訴訟の制度が無意味になるという反論があるかもしれないが、これは理由を欠くことを付言しておきたい。配当異議、配当異議の訴えにより異議を完結すれば、配当財団からの弁済を受けることができるが、不当利得返還請求による場合には、相手方（多額弁済受領者）の資力の悪化等により不当利得返還請求権の実現が不可能になるというリスクを伴うことになるから、」可能なら「配当異議および配当異議の訴えの方法で不利益の回復を図るのが望ましいことに変わりはない」（松本・前掲評釈一四七頁）。

(28)　「配当手続に関与できなかった場合に不当利得返還請求権を肯定する各説は、配当手続における利得と損失が、配当手続に参加する債権者相互間における不当利得の問題となることを前提としている」（田原・前掲論文一八頁）。

# 第三章　国際的民事紛争の解決と手続

# 12

# 国際法律業務規制の昨日・今日・明日

## ――日本法の外国弁護士法を中心として――

小島武司



## 一　グローバルな課題としての弁護士活動の国際的相互乗り入れ

日本の弁護士（以下弁護士という）は、法律事務の取扱いに関し広範な独占権を有している。弁護士資格を有しない非弁護士による法的サーヴィスの提供は、実質および形式の両面から、厳しく規制されている。すなわち、内容面での規制としては、現在では、非弁護士が、報酬を得る目的で、かつ業として（反復的にまたは反復継続の意思をもって）、法律事務を扱うことは禁止されている（弁護士法七二条）。形式面での規制としては、非弁護士が弁護士または法律事務所の名称を用い、または「利益を得る目的で、法律相談その他法律事務を扱う旨」を表示することは禁止されている（弁護士法七四条一項・二項）。

弁護士法七二条の解釈をめぐっては、最高裁はその判例で、当初の立場を改め、非弁護士による法的サーヴィスの禁止範囲を縮小する方向に進んでいる。すなわち、一九七一年七月一四日の大法廷判決（刑集二五巻五号六九〇頁）は、「報酬を得る目的で」および「業とする」のいずれかの要件を欠くときは、法律事務を扱うことが刑事処罰の対象となる非弁活動にあたらないとしている。そして、一九七五年四月四日の判決（民集二九巻四号三一七頁）は、宅地建物取引業者が土地売買に絡む紛争について買主の委任で報酬を得て売主と折衝した事案において、商人が商行為として法律事務の取扱いを行っても、反復の意思を欠くときは、「業とする」の要件にあたらないとしている。

いずれにせよ、法的サーヴィスについて広範な独占権を享受している日本の弁護士は、これに照応して、リーガル・プロフェッションとしての高次の責務を負うはずである。しかしながら、弁護士は、貧富のいかんを問わずすべての人々に、また、その大小難易を問わずすべての事件について法的サーヴィスへのアクセスを普遍的に保障するという責務を忠実に果たしていないきらいがある。このような現状認識を前提として、弁護士の法的サーヴィスを得ることがとりわけ困難な、簡易で少額な民事紛争に関しては、弁護士法七二条の非弁活動の禁止は及ばないとし、非弁護士による示談交渉等の活動についてこれを無罪とした下級審判決が現に存在する（札幌地判一九七一年二月二三日刑裁月報三巻二号二六四頁）。この判決は、控訴審により覆された（札幌高判一九七一年一一月三〇日刑裁月報三巻一一号一四五六頁）ものの、社会的注目を集め、論議をよんだ。

現代法治国家におけるこの問題の重要性にかんがみ、法的サーヴィスへの普遍的アクセスを保障するための改革は、このところ、切実な国民的課題となっている。この課題の解決には、多方面にわたる本格的な取組みが必要であり、弁護士業務のあり方など再検討を要する点が多々ある。人口が一億二千万を超える国家において弁護士数がわずかに二万に満たない水準に止まっていることは、いささか奇異である。

ところで、法的サーヴィスの問題は、正義へのアクセスという広範な課題の中核的な部分をなすものである。そして、これには内国法サーヴィスと外国法サーヴィスという二つの側面をもつ複合的性格があることを見逃してはならない。メガトレンドとしてのグローバリゼイションは今後さらに進んでいくものとみられることから、二一世紀においては、良質の外国法サーヴィスの重要性がさらに高まっていくことになろう。このような進展のなかで、自国法だけでなく外国法をも含む法的サーヴィスへのアクセスの普遍化ということが、より公正な地球社会の存立にとって、いよいよ重要な課題となってくるはずである。そこで、外国法と内国法とを統合した総合的サーヴィスを提供するための新たなシステムの構築に広く国際的関心が集まることは、このような状況のなかで、ごく自然な成行きであるといえよう。

このことを正義へのアクセスの発展段階という構図のなかに位置付けるならば、第一の波であるリーガルエイド、第二の波である拡散利益の法的代表、第三の波である「正義へのアクセス・アプロウチ」(1)の次にくる第四の波として、外国法と国内法を総合したグローバルな法へのアクセスということがあり、これに対する自覚的な取組みが、今日、ぜひとも必要なのである。外国法サーヴィスということは、全く新しいものではないが、このところ質的に新たな様相を呈してきている。法的サーヴィスが国境という枠を超えて幅広く展開されることから、その重点は、裁判から裁判外へ（ＡＤＲ）、また、法的予防の方向に移っていくことになろう。そこで、国境を超えた国際的弁護士活動がどのような枠組みのなかで展開されていくかは、今後の正義へのグローバル・アクセスの水準を占う基本的な要因の一つとして、いよいよ重要なものとなっていくであろう(2)。

## 二　外国弁護士に関する法的規制の沿革

### 1　一九八六年法の制定

弁護士業務をめぐる国際摩擦は、日本の経済が国際市場のなかでその存在感を増し、東京が有数の世界都市の一つとしていわば「複合法都市」ともいうべき様相を帯びるに至って、他の先進的な世界都市におけると同等の規制緩和を求める声が大きくなり、急速に激しさを増すこととなった(3)。アメリカおよびヨーロッパの先進諸国は、外国弁護士が日本市場に参入できるようにするため、法的サーヴィスに関する規制を緩和することを日本政府に対して要請し、日本の経済界等も、弁護士業務の規制緩和を推進すべきことを要望したのである。

このような状況のなかで、弁護士界は、これを受け入れがたいものとして、強い反発を示した。裁判運営や弁護士活動は各国が主権に基づいて決定すべき事柄であること、和の精神と義理人情は日本の伝統に基づく固有の文化であり、訴訟万能の考え方によってこれが脅かされてはならないこと、社会正義と人権擁護を使命とする弁護士職がビジネス本位の活動ないし法律コマーシャリズムによって損なわれてはならないこと、日本の国際法律業務はいまだ発展途上にあって外国の巨大ローファームと対等の競争を行う状態にないこと、弁護士の給源である司法研修所の修了者は年間数百人程度であって、外国ローファームが進出してくれば、これらの人材の最良の部分がこれによって吸収されてしまうおそれがあることなどが、その主張である(4)。これらの主張には、相互に矛盾する部分があり、その認識が現実と照応しない部分もあり、また、現状を克服することが先決と考えられる部分もあって、社会的支持を得られるところとならなかったが、ある部分ではそれなりの説得力をもった。いずれにせよ、紆余曲折を経て、妥協の産物ともいうべきところの、いわゆる外国弁護士法（外国弁護士による法律事務の取扱いに関する特別措置法（法六六））が、一九八六年に成立した（一九八七年施行）。

## 2　一九九四年法改正

その成立当初から、外国法事務弁護士法の市場開放度については、欧米諸国の間に不満の声が多かった。果たせるかな、一九八九年に、米国通商代表部およびＥＵから、以下の五点にわたる改正要望が日本政府に対して寄せられることになった。

① 外国法事務弁護士と日本の弁護士との間の共同経営を認めること。
② 外国法事務弁護士が日本の弁護士を雇用することを認めること。

③　法務大臣による資格承認の要件である五年の職務経験期間に日本における弁護士または外国法事務弁護士の事務所における法律トレーイニとしての期間を算入すること（米国の要望）さらに、職務経験期間の要件そのものを撤廃すること（EUの要望）。

④　本国において所属する法律事務所（ローファーム）の名称を外国法事務弁護士の事務所名として直接使用できるようにすること。

⑤　外国法事務弁護士が国際仲裁代理において当事者の代理人となることを認めること。

これらの要望をめぐって、政府間協議が重ねられてきたが、結論は容易に得られなかった。

このような状況のなかで、一九九二年第三次臨時行政改革推進審議会（内閣総理大臣の諮問機関）は、この問題を国民各層および関係各界の意見を広く反映することのできる「開かれた公式の場」を設けて、早急に結論を出すよう、総理大臣に対し答申を行った。これを承けて、所轄官庁である法務省と、自治権を有する日本弁護士連合会は、国民的基盤に立って国際化時代の弁護士業務のあり方を中正な視点から検討するフォーラムを設けることが行き詰まりを打開するための実効的な方策であるとの認識を共有するに至り、外国弁護士問題研究会（座長竹下守夫）が創設されることになった。同研究会は、一九九三年に、法務大臣および日弁連会長に報告書を提出した。この報告書の内容は、共同事業、職務経験期間およびローファーム名称の使用に関して規制緩和を行い、そして、外国法事務弁護士による日本弁護士の雇用に関しては引き続き禁止を維持するとするものであった。なお、国際仲裁代理に関しては、規制緩和の方向で、別途検討すべきであるとした。

一九九四年に、外国法弁護士法は、この線にそって、改正されることになった。

①　相互主義の緩和（外弁法一〇条三項・一四条三項）。

②　日本国内における外国法トレーイニとしての職務経験を二年を限度として職務経験期間五年のうちに算入すること（外弁法一〇条二項）。

③　原資格国におけるローファームへの帰属を一定の条件のもとに事務所の名称中に示すことができること（外弁法四五条二項・四七条二項）。

④　外国法事務弁護士は、日本国内において五年以上の職務経験を有する日本弁護士と一定の法律事務を行うことを目的とする共同の事業（特定共同事業）を営むことができること（外弁法四九条の二、三、四）。

### 3　一九九六年法改正

国際仲裁代理の問題は、専門性の高い国際仲裁に関わり、しかも、外国法事務弁護士のみならず広く外国弁護士に関わることから、別途に国際仲裁代理研究会（座長小島武司）が発足し、同研究会は、一九九五年に、その報告書を法務省および日本弁護士連合会に提出した。この報告書の内容は、外国法事務弁護士および外国弁護士が国際仲裁において当事者を代理できること、外国法事務弁護士と外国弁護士は第三国法はもとより日本法についても日本弁護士との共同代理等によることなく仲裁代理を行うことができることを内容とするものであった。

これを承けて、一九九六年改正法は、外国法事務弁護士の国際仲裁事件の手続代理（外弁法五条の二）および外国弁護士による国際仲裁事件の手続代理（五八条の二）を許容する旨の明文規定を置くことになった。

## 三　外国弁護士法における外国法事務弁護士および外国弁護士

### 1　はじめに

外国弁護士法は、外国弁護士となる資格を有する者が、日本国内において外国法に関する法律事務を取り扱うことのできる途を拓き、また、その法律事務の取扱いを日本の弁護士の例に準じて規律するなどの特別の措置を定めるものである。その目的は、外国法事務弁護士の制度を創設すること、および、外国弁護士の資格に基づいて一定の法律事務を行うことを認めることにより、外国法に関するサーヴィスの提供が日本国内において広く行われるようにし渉外的法律関係の安定を図るとともに、外国における日本法に関する法律事務の取扱いの充実に資するところにある。(5)

日本国内のみならず世界各国における法的サーヴィスの普及および充実を図り、法へのアクセスの普遍化を達成することが、本法の背後にある高次の理念である。すなわち、本法は、第一次的には、日本国内の法律事務の取扱いの改善を目指すものであるが、第二次的には、諸外国における同様の進展を促進し、グローバルな正義へのアクセスを確保しようとするものである（外弁法一〇条三項二号参照）。

本法の意義は、外国法事務弁護士という特別の制度を設けるとともに、限られた局面においてであれ、外国弁護士についてもその原資格に基づいて法律事務を取り扱う途を開いた点で、将来に向けての大きな可能性を秘めるものであろう。

そこで、外国弁護士に関する現行の規制内容を概観することにしたい。

## 2 外国法事務弁護士という資格

(1) 法務大臣の承認

外国弁護士となる資格を有する者は、法務大臣の承認を受けて、外国法事務弁護士の資格を取得することができる（外弁法七条）。この場合、法務大臣は、あらかじめ、日弁連の意見を聴かなければならない（外弁法一〇条四項）。外国弁護士が日本国内において法律事務を取り扱うためには、原則として法務大臣の承認などの手続を経て独自の資格を得ることが必要である。外国法事務弁護士となるには、外国弁護士は、新たな資格試験等を経ることなく、外国の弁護士となる資格を有するだけで足りるのである。

承認の基準の主なものは、以下の通りである（外弁法一〇条）。

① 外国弁護士となる資格を有し、かつその資格を取得した後五年以上その資格を取得した外国において外国弁護

士として職務を行った経験を有すること（外弁法一〇条一項一号）。ここにいう外国弁護士とは、たとえば、アメリカ合衆国各州のアターニイ、連合王国のソリシターまたはバリスター、フランスのアヴォカ、ドイツのレヒツアンバルト（Rechtsanvalt）、中国の律師などを指す。

この規定の適用にあたっては、日本国内において弁護士または外国法事務弁護士に雇用されて、これらの者に対し、その外国弁護士となる資格を取得した外国の法に関する知識に基づいて行った労務の提供は、通算して二年を限度としてその資格を取得した外国において外国弁護士として行った職務の経験とみなされる（外弁法一〇条二項）。これが、一九九四年法改正による職務経験期間要件の緩和である。

② 法定の欠格事由のないこと（外弁法一〇条一項二号）。

③ 誠実に職務を遂行する意思および適正かつ確実に訟務を遂行するための計画、住居および財産的基盤を有し、また、依頼者に与えた損害を賠償する能力を有すること（外弁法一〇条一項三号）。この要件を具備するためには、たとえば、業務計画の概要を明らかにする書類、開業準備資金の確保を証する書面（ローファーム等の支払保証書およびそのファームに資力があることを示す公認会計士作成の証明書など）のほか、損害賠償能力を有することを証する書類として、国内にある資産の評価証明書または弁護士過誤損害賠償責任保険契約の締結を示す証明書などを提出することが必要である。

④ 相互の保証の存在など。すなわち、法務大臣は、相互の保証が存すること（一号）、または、相互の保証が存しないことを理由に承認をしないことが条約その他の国際的約束の誠実な履行を妨げることとなること（二号）のいずれかの事情があるときでなければ、承認をすることができない（外弁法一〇条三項）。

一九九四年法改正によるこの規定は[6]、強制的相互主義から任意的相互主義への移行を意味する。日本政府はガットウルグアイラウンド交渉において最恵国待遇義務の免除を求めなかったことから、「サーヴィス貿易に関する一般協定」（GATS）において規定されている最恵国待遇原則（The most favoured nation principles）に反する厳格な相互主義を廃止することになったのである。これは、外国弁護士に参入の機会をより広く開き、日本の利用者にとって法的サーヴィスに関する選択をより多様なものにするであろう(7)。

(2)　名簿への登録

外国法事務弁護士となる資格を有する者は、外国法事務弁護士となるには、日弁連に備える外国法事務弁護士名簿に登録を受けなければならない（外弁法二四条）。日弁連は、単位弁護士・日弁連の秩序または信用を害するおそれなどがあるときは、外国法事務弁護士登録審査会の議決に基づき、その登録を拒絶することができる（外弁法二六条）。

## 3　外国法事務弁護士および外国弁護士の職務の範囲

(1)　外国法事務弁護士の職務範囲

外国法事務弁護士の職務は、当事者その他関係人の依頼または官公署の委嘱によって、外国法事務弁護士としての承認の基礎となった外国弁護士となる資格を取得した外国の法に関する法律事務（以下原資格法という。外弁法三条）、および、法務大臣が特定外国の外国弁護士となる資格を有する者と同程度の当該特定外国の法に関する学識を有しその法について五年以上の実務経験を有するとして指定した特定外国法（以下指定法という。外弁法一六条一項）に関する法律事務を行うことである。そこで、外国法事務弁護士が行うことのできないのは、日本法に関する法律事務、および、指定法以外の第三国法に関する法律事務ということになる（外弁法四条）。

なお、原資格国たる外国とは、法務省令で定めた連邦国家の場合には、その州などである。たとえば、アメリカ合衆国の場合でいえば、外国法事務弁護士は、各州を原資格国とするのであって、アメリカ合衆国を原資格国とするのではない。指定法の制度は、アメリカ合衆国に即していえば、コモン・ロー法域に属する各州法は同質性をもつことから、ある州を原資格国とする外国法事務弁護士は、他の州の法について法務大臣の指定を受けられることができるであろう。

外国法事務弁護士のこの職務については、以下の制限がある。

① 外国法事務弁護士は、日本国内の裁判所、その他官公署における手続の代理およびその手続についてこれらの機関に提出する文書の作成（外弁法三条一項一号）、日本国内に所在する不動産に関する権利または工業所有権等の得喪等を主な目的とする法律事件についての代理または文書の作成（同六号）などを行うことはできない。

② 外国法事務弁護士は、親族関係に関する法律事件で、その当事者として日本国民が含まれる事件の代理および文書の作成（外弁法三条二項二号）や、国内に所在する財産で国内に居住する者が所有するものにかかる遺言等や遺産分割等に関する法律事件で、その当事者として日本国民が含まれるものについての代理および文書の作成（同三号）などは、日本の弁護士と共同し、または、その書面による助言を受けて行わなければならない。

(2) 外国弁護士および外国法事務弁護士の職務範囲

外国弁護士および外国法事務弁護士は、国際仲裁事件の手続および当該手続に伴う和解の手続について、代理を行うことができる（外弁法五条の二、五八条二項）。ここにいう国際仲裁事件とは、日本国内を仲裁地とする民事に関する仲裁事件であって、当事者の全部または一部が外国に住所または主たる事務所（本店）を有する者であるものをいう（外弁法二条一一号）。また、ここにいう国際仲裁事件の手続には、当然のことながら、訴訟や民事調停法の調停を含まない。

この仲裁代理が日本法を準拠法とする場合であっても可能であるとした場合に問題となるのは、日本の弁護士との共同代理等によるべきことを法律上要求するべきか否かである。当事者は日本法の専門家である日本の弁護士の援助を求めようとするのが通常であり、また、外国弁護士等としても自己の能力外のことを引き受けまたは助言してはならないとする世界各国共通の弁護士倫理をよく承知しており、これに違反すれば弁護士過誤の責任を負わざるをえないことからして、共同代理や書面による助言などを法律により強制するまでの必要はないと考えられる（国際仲裁代理研究会・報告書一二頁）。そこで、この点に関する規定は置かれなかったのである。

外国法事務弁護士については、これ以上規定はない。しかし、外国弁護士については、以下の限定がある。すなわち、国際仲裁代理が許容されるのは、外国弁護士であって、外国において当該外国弁護士となる資格を基礎として法律事務を行う業務に従事している者（日本国内のトレーイニを除く）がその外国において依頼されまたは受任した国際仲裁事件の手続の代理に限る（外弁法五八条二項）。この場合に仲裁代理を許容するのは、外国弁護士は日本の弁護士会による規律および監督には服していないものの、当該外国の弁護士会等の規律および監督を受けているのが通例であり、その法的サーヴィスを受けようとする外国および国内の依頼者のニーズに応える必要があるからである。[8] これは、一九九六年の法改正により、これまで可能か否かが明確でない[9]との指摘があった国際仲裁代理について、弁護士法七二条の規定に反しないことを明文をもって明らかにしたものであるこの規定では、外国を活動の本拠とする外国弁護士が、個別事件に関して依頼を受けて訪日して行う国際仲裁代理、いわゆるトリップ・ビジネスとしての法的サーヴィスの提供が想定されているのである。[10]

## 4　外国法事務弁護士の権利義務

### (1)　弁護士会への入会・議決権

外国法事務弁護士として登録を受けた者は、その登録時に、当該単位弁護士会および日弁連に入会する（外弁法四〇条一項）。外国法事務弁護士は、会則を守る義務を負い（外弁法四二条）、また、所属単位弁護士会または日弁連が外国法事務弁護士に関する事項について会則の制定等を審議すべき総会を招集したときは、その総会における議決権を有する（外弁法四三条）。

### (2)　原資格国法および指定法の表示等

外国法事務弁護士は、その業務を行うに際して、外国法事務弁護士の名称を用い、かつ、その名称に原資格国の国名を付加しなければならない（外弁法四四条）。外国法事務弁護士は、その事業所内の公衆の見やすい場所に、原資格国法および指定法を表示する標識を掲示しなければならない（外弁法四六条一項）。

(3)　事務所の名称等

外国法事務弁護士事務所は、その外国法事務弁護士の所属単位弁護士会の地域内に設けなければならず、日本国内に二個以上の事務所を設けることはできない（外弁法四五条四項、五項）。

この事務所は、外国法事務弁護士事務所という名称を用い（外弁法四五条一項）、その名称中に法律事務の処理を目的とする原資格国の法人、組合その他の事業体で自己が所属するもの（所属事業体という）の名称を用いることができる（外弁法四五条二項）。外国法事務弁護士の全部または一部の名称を用いなければならず、他の個人または団体の名称を用いてはならない、との従前の規制を緩和する、この一九九四年規定は、その所属する外国ローファーム等の名称の使用を許容し、外国法事務弁護士個人を超え背後にあってその信用の基礎となっているロー・ファーム等に関する情報を依頼者に提供することを容易にするものである[11]（なお、外国法事務弁護士が業務を行うに際して、所属事業体の名称を用いることが一定の条件のもとに可能であることについては、外弁法四七条二項）。

(4)　在 留 義 務

外国法事務弁護士は、一年のうち一八〇日以上日本に在留しなければならない（外弁法四八条一項）。ただし、自己または親族の疾病その他やむを得ない事情に基づき日本外にあった期間は、日本国内に在留した期間とみなされる（外弁法四八条二項）。

(5)　弁護士の雇用の禁止

外国法事務弁護士は、弁護士を雇用してはならない（外弁法四九条一項）。

(6)　特定共同事業

外国法事務弁護士は、日本国内において五年以上弁護士として職務を行った経験を有する特定の弁護士とする場合に限り、組合契約その他の契約により、以下に掲げる法律事務以外の法律事務を行うことを目的とする共同の事業を営むことができる（外弁法四九条の二）。

共同事業の目的とすることはできない事項としては、①外国法事務弁護士が行うことのできない法律事務であるところの、日本国内の裁判所等における手続代理等、刑事事件における弁護活動等、外国の裁判所等のために行う手続上の文書の送達、公正証書の作成嘱託の代理（外弁法四九条の二第一項一号、三条一項一号、二号、四号、五号）。②純粋の国内法事務、すなわち、日本法がその全部に適用されまたは適用されるべき法律事件（当事者の全部または一部が外国に本拠（住所、主たる事務所、本店）を有するものである法律事件、および、外国に本拠を有する者が発行済み株式の総数（または出資の総額）の二分の一以上に相当する株式（または持分）を保有する会社の依頼による法律事件を除く）についての法律事務であって、その取扱いについて当該法以外の法に関する知識を必要としないもの（外弁法四九条の二第一項二号）がある。

これは、弁護士との共同事業および収益の分配の原則的禁止を定めた外弁法四九条二項に対する例外として、一九九四年の法改正により導入されたものである。

この、特定共同事業を営む場合において、外国法事務弁護士は、当該特定共同事業にかかる弁護士が自ら行う法律事務その他の業務に不当な関与をしてはならない（四九条の二第三項）。

特定共同事業というこのスキームについては、過度に制限的で、明確性を欠くためにリスクが多いことから、日本の弁護士にとってもまた外国法事務弁護士にとっても魅力的なものとはいえないとの批判が、主として欧米諸国から出ている。加えて、特定共同事業という独自の概念を用い、パートナーシップという用語を避けた点も、外国弁護士の理解を妨げ、その内実についての不安感の無用な増幅を招いた一因であろう。この規定のもとでの実績をみると、一九九七年二月現在、九人の外国法事務弁護士が日本の弁護士との間で特定共同事業を行っている。

## 四　外国弁護士法改正の動き

### 1　外国弁護士法に対する内外の改正要望

外国弁護士法の内容について内外から寄せられている改正の要望事項は、つぎの通りである。すなわち、①外国法事務弁護士の資格承認基準の一つである五年間の職務経験要件の廃止または緩和、②外国法事務弁護士による第三国法に関する法律事務の取扱いに関する規制の廃止、③外国弁護士による日本弁護士の雇用に関する規制の廃止、④外国弁護士と日本弁護士とのパートナーシップに関する規制の廃止、⑤外国弁護士による準法律専門職種の雇用に関する規制の廃止、⑥外国弁護士による日本政府機関に対する代理に関する規制の廃止。これらの要望事項のほとんどは欧米諸国や外国ビジネス組織から寄せられたものであるが、①および③については日本の経済団体からの要望もある。

ところで、この改正要望については、一九九四年および一九九六年の法改正からあまり期間が経っていないこと、外国弁護士法は内容的に欧米諸国と比べてさして見劣りのしないものであり、諸外国の動向や理論の展開を待って改正の要否を決定するのが得策であることなどの指摘があり、これらの要望事項について改正をすべきか否かについて、意見の一致は容易でない状況にあった。このような状況にかんがみ、法務省および日本弁護士連合会は、「弁護士業務をとりまく内外の動向等にかんがみ、外国法事務弁護士に関する」諸問題について調査・研究・検討を行い、その研究成果を法務省及び日本弁護士連合会に報告することを目的とする「外国弁護士問題研究会」（座長小島武司）を設置することにした。中心をなすのは、「外国弁護士受入制度の在り方」であり、具体的には提言をまとめるべき事項は、以下の通りである。

① 外国法事務弁護士による弁護士の雇用
② 職務経験要件
③ 第三国法の取扱い

④　その他

## 2　外国弁護士問題研究会の提言と法改正

外国弁護士問題研究会は、一九九六年一二月二六日から一九九七年一〇月三〇日まで一〇回にわたる調査研究を行い、その報告書を法務大臣および日本弁護士連合会会長に提出した。この報告書の提言に基づく法案作成作業が現在進行中であり、一九九八年には法案が国会に提出される見込みである。

この提言の趣旨にそった外国弁護士法改正が実現するならば、日本における外国弁護士に関する法的規制は、ニューヨーク州や英国のそれに実質的に匹敵する先進的な内容となるであろう。このような立法措置が実施されて、先端的な法的サーヴィスを提供する力量を備えた外国の有力ローファームが東京などの主要都市に進出し本格的な活動を開始することになれば、日本の法的サーヴィスは、内国サーヴィスばかりか渉外サーヴィスについても、著しい質的充実を遂げるものと期待される。

(1)　職務経験要件

外国弁護士法は、五年以上の原資格国における職務経験があることを資格承認の要件としている。しかし、提言は、以下の二点について規制緩和を行うべきであるとしている。まず、過去一〇年間の制度運用の実績にかんがみ、規制緩和により職務経験期間を三年に短縮する。つぎに、職務経験地との関係では、原資格国に限定することを原則としつつも、原資格国以外の外国における職務経験もその外国において外国弁護士となる資格を基礎として当該資格国法に関する法律事務を行う業務に従事した年数にかぎっては、これを職務経験期間に算入すべきものとしている（外弁法一〇条を改正）。国際的ローファームにおける業務実態からすれば、原資格国以外の外国の地における職務は、実質的に原資格国におけるそれと同視できる場合があるからである。

(2)　第三国法の取扱い

外国弁護士行法では、外国法事務弁護士は、第三国法（原資格国以外の外国の法）に関する法律事務を行うことはできない（指定法に関する法律事務を除く）。これに対し、提言は、この点に関し規制の緩和を推進して、外国法事務弁護士は、第三国法についても、当該第三国の資格を有する外国弁護士であって外国弁護士となる資格を基礎として当該第三国に関する法律事務を行う業務に従事している者（外国法事務弁護士を含む）の書面による助言を受ければ、法律事務を行うことができるものとすべきであるとしている（外弁法三条ないし五条の改正）。これは、外国法事務弁護士の職務範囲を原資格国法のみに限定していたのでは、複雑化している法律事件を依頼者のニーズに合った形で適切に処理することがむずかしくなっているという社会経済の国際化の進展を直視して、第三国法を取り扱うことを認めて渉外的法律問題の総合的処理を可能にするとともに、依頼者保護のための安全弁として書面による助言を要求するものである（外国弁護士問題研究会（第二次）・報告書一八頁）。ローファームが国際的に展開しており、また、通信テクノロジーが飛躍的に発達している今日、書面による助言という条件は、法的サーヴィスの提供にあたってさしたる支障とはならないであろう。

(3)　外国法事務弁護士と弁護士の協働関係

本報告は、現行法における特定共同事業に関する規制を緩和して、渉外的要素を有する法律事件について、包括的総合的な協力関係に基づく法的サーヴィスを、法的助言から訴訟事務や行政手続等に至るまで一貫して提供することのできるスキームを新たに導入すべきであるとする（外弁法四九条、四九条の二の改正）。これにより、具体的には、外国法の知識を必要とする法律事件についての法律事務、当事者の全部または一部が外国に住所または主たる事務所もしくは本店を有するものである法律事件についての法律事務、および、外資系会社が依頼者である法律事件についての法律事務を目的とすることが可能になり、渉外事件に関する本格的な国際パートナーシップが誕生する条件が整うことになる。この共同事業を営む場合においても、外国法事務弁護士は、外弁法の定める職務範囲を超えて法律事務を行うことはできないという制約を免れるものではない。これは、現行法の制約のもとにある特定共同事業においては、渉外事件について共同事業の目的とすることのできないものが少なからず存し、依頼者の利便を妨げていたという障害を除くための措置である（外国弁護士問題研究会（第二次）・報告書二〇頁）。

外国法事務弁護士による日本弁護士の雇用の禁止は依然として維持すべきものであって、雇用のニーズは、パートナーシップの協働関係のなかで相当程度まで充足されるというのが、本報告の立場である。

## 五　将来の課題

### 1　特権的地位

リーガル・プロフェッションは、グローバリゼイションの進行に伴い、国家を基礎とするそのパロキアルな性格の克服を迫られており、新しい現実の要請をしかと認識してその伝統的意識構造の変革を行っていかなければならない。

各国の弁護士階層は、これまで、法の支配という高邁な理想を掲げて、その活動の質と倫理の向上に努めてきた結果、その地位の確立に成功したかにみえる。とりわけ日本において、弁護士はまず、過去における三百代言などという蔑称を拭い去り、ついで、在朝法曹である裁判官や検察官と対等の地位に自らを法律上も社会的にも引き上げる必要があった。今日、裁判官、検察官および弁護士のいわゆる法曹三者に共通の統一的な司法試験は、国家試験のなかでも最難関の試験となり、弁護士は、エリート・プロフェッションとしての高い地位を享受している。その社会的上昇には目を見張るものがあるが、そこには、光とともに色濃い陰が存するのである。毎年四万五千人前後の卒業者が大学法学部を巣立っていくなかで、司法試験合格者は、わずかにその二パーセント程度の一、〇〇〇人余である。裁判官、検察官および弁護士全体の給源がこのように小さい現状では、日常生活において法的サーヴィスの領域へのアクセスの障害は顕著であって、法的サーヴィスの提供は、法廷中心に片寄り、法的予防や渉外的サーヴィスは未成熟である。このようにして、法的サーヴィスの偏りには、主体的（利用者）にも、また、内容的にも、著しいものがある。このような状況にあっては、日本の弁護士法がその第一条において社会的正義の実現と人権の擁護を掲げていることもあって、弁護士の公共的特質を誇張しビジネスとしての側面を否定し去る傾向が強まり、外国において巨大産業化やビジネス化が進んでいるとして、外国弁護士と日本の弁護士との間には超えがたい異質性があるという主張がしばしばなされる。

このような状況を前提とするとき、日本において、外国弁護士の活動に関する規制緩和が困難に逢着することは、当然の成り行きであるといえよう。現在、弁護士人口の飛躍的増加など司法改革が激しい論議を呼んでおり、この点については、ここではこれ以上触れないことにする。

## 2　弁護士観の刷新

弁護士活動の国境を超えた展開に焦点を合わせて、大局的観点から弁護士活動の展開をシステム的に三つの段階に整理して、われわれが現在どの地点にあり、また、今後進むべき方向は何かを考えることにしたい。

①　閉鎖世界システム　各国がその主権の範囲内において弁護士資格を付与した弁護士が、排他的に国内法および外国法の全般にわたって法的サーヴィスを提供するというのが、このシステムである。これによれば、外国弁護士は非弁護士にすぎないものという把握が徹底して、外国弁護士による法的サーヴィスの提供は禁止される。

②　混合世界システム　これは、閉鎖システムから開放システムへの移行過程にあって、外国弁護士の参入を許容しつつも、程度に差はあれ、種々の制約や条件を課するものである。

③　開放世界システム　これは、外国法サーヴィスに関するかぎり、外国弁護士の参入を幅広く許容し、しかも、内外の弁護士がパートナーシップを組んで総合的サーヴィスを提供する仕組みを用意するものである。この段階に至れば、弁護士活動は地球のすみずみまで普及し、依頼者は、自らの選択に基づいて最良の法的サーヴィスを受けることができよう。

世界各国における法制は、ＥＵなどの地域内における相互参入を別とすれば、おおむね閉鎖システムないし混合システムの段階にある。しかし、この問題は、ＷＴＯの枠組みのなかでＧＡＴＳという現実的ヴィークルを得て、一段と大きな展開をみせている。将来の更なる展開に大きな影響を与えかねないものに、弁護士に関する基本コンセプトの転換がある。各国の弁護士の存在形態はさまざまであるが、いずれも弁護士として等しく単一のカテゴリーに属するものであって、ただその個性や力量、業務環境に差があるにすぎない、とみる新たなコンセプトが、統合的弁護士観である(12)。このような認識が各国において共有されることになれば、それぞれの制度の美質から相互に学び合おうとする姿勢ないし機運が各国に広がり、グローバルな規模での異花受精が力強く展開されていくことであろう。もちろん、このようなコンセプトの共有が実現しても、現実にさまざまな問題が発生することは避けがたい。そこで、この問題をめぐって、職業的利害にとらわれることなく、自由な見地から虚心坦懐に意見を交換しハーモナイゼイションの方向を探る世界的な枠組みが必要になるであろう(13)。この枠組みとしては、公的なものとしてのＧＡＴＳや弁護士の自発的組織としてのＩＢＡなどがあり、これらも有用である。しかしながら、これだけでは十分でないのであって、より中正なスタンスをもつものとしてアカデミックな意見交換のフォーラムの設営が特に肝要である。今回の比較法国際会議は、このような貴重な機会を提供するものであり、これを契機に国際的な知的交流がさらに進捗することを望みたい。

（1）　M. Cappelletti & B. Garth, Access to Justice, vol. 1 Book 1, pp. 22–54 (1978).

（2）　なお、別個に法律があり、税理士、弁理士、司法書士などは、一定範囲の法律事務を取り扱うことができる。そこで、日本の法律職は、法律事務の取扱いについて一般的な資格を有する弁護士、および、その一部について限定的な資格を有する税理士などから成る多元的構造をもつことになる。

（3）　外国法弁護士法については、わたくしは、『中村英郎古稀記念論集（上）』に寄稿している。この直後、ジュリスト誌の規制緩和に関する特集の企画があり、これに執筆し、また、同法については、フランスのルアンにおける国際法社会学研究集会および韓国のソウルにおける日韓国際研究集会において報告を行っている。本報告は、一九九八年の法改正の方向を探る外国弁護士問題研究会の報告書が公表される直前に執筆されたものである。

（4）L. Ciano, Japan's Changes to Its Foreign Lawyer Law : Black Ships Revisited or Did Someone Miss the Boat?, 27 Houseirron no. 1 at 26-30(1994).

（5）外弁法一条。兼子一＝竹下守夫『裁判法（新版）』三三四の二頁（一九九二）参照。

（6）なお、外弁法一条の目的規定の文言から「相互の保証の下に」という字句が、この時、削除された。

（7）永井紀昭「外国弁護士受入制度の現状と課題」『貞家最高裁判事退官記念論文集（上）』三一八頁（一九九五）。

（8）河村博＝吉田正喜「改正外弁法の概要」ＮＢＬ五九七号一五頁。

（9）非弁活動の禁止を定める弁護士法七二条がその違反に対し刑罰をもって臨んでいることからして、その特別の要件は、客観的に明確なものであることを要する。なお、日本弁護士連合会は、一九九〇年三月一六日理事会決議により、外国法事務弁護士法三条および五条に関して、外国法事務弁護士について国際仲裁代理が許容される旨の解釈基準を定めていた。しかし、これについては法的不確実を除くに十分でないという批判が海外では強かった。

（10）国際仲裁代理研究会・報告書九頁（一九九五）参照。

（11）堺徹「外国弁護士による法律事務の取扱いに関する特別措置法の一部改正」法律のひろば一九九四年一〇月号一五頁。

（12）外国弁護士問題研究会・報告書一一頁参照。

（13）See, M. Storme(ed.), Approximation of Judiciary Law in the European Union(1994).

［後記］　本稿は、一九九八年七月に英国ブリストルで開催された第一五回国際比較法会議に提出された個別報告（英文）の訳文であり、その後、外国弁護士問題研究会『報告書』の提言の線にそって法改正が行われている（一九九八年）が、当時の内容をそのまま維持することとした。なお、この問題については、注(3)で触れたように、法改正の進展に伴い、また、雑誌の総合的企画などとの関係から、いくつかの論文を発表しているが、本稿は国際会議の報告として論述の角度がいささか異なるので、併せてご参照いただければ幸いである。

# 13 国際裁判管轄論序説

上村明広



## 一　総　説

(1)　経済の国際化が伸展し、企業や市民による国際的な取引活動の範囲が拡大すれば、そうした取引活動をめぐる国際民事事件も増大することは避けがたいが、これらの国際民事事件を裁判で解決しようとする場合、現状では、いずれかの主権国家で裁判を求めるという方法をとらざるをえない。その際、事件当事者にとっては、具体的にどの国で裁判を求めうるかが、実際的に最も重大な問題となる。特定の国からみると、どのような国際民事事件について審理・裁判をなしうるのかが重要な問題となる。

現在のところ、こうした国際的規模における各国の裁判権行使の分担を定める国際裁判管轄に関するルールについては、条約により特定国間で相互に規制する場合を除き、各国がそれぞれ独自に自国の国際民事訴訟法の理念に基づいて自治的に決めることになる。したがって、現在のところ、国際裁判管轄の場合には、国内の土地管轄の場合に許されている管轄指定や事件移送も認められない。いわんや、一定の事件について特定の国が自国に国際裁判管轄が無いと判断する際に、他国に国際裁判管轄を認めうると判示しても、そうした判示が当該他国を拘束する根拠はない。したがって、国際民事事件を裁判で解決しようとする当事者としては、特に外国裁判所の国際裁判管轄の有無について判断を誤ると、国内事件における管轄違いの場合とは比較にならない大きな不利益を招く危険性があるため、そうした事態を避けるためには、先ず、なによりも、各国の国際裁判管轄に関するルールができる限り明確化されることが望ましいわけである。もちろん、それだけでは、当事者の不安は解消されない。各国の法的伝統や法文化の相違がもたらすルールの多様性も、事件当事者にとっては、外国裁判所の国際裁判管轄の有無についての判断を困難にする大きな要因となる。例えば、ヨーロッパ大陸法系に属する国の当事者からみると、おそらく、アメリカの国際裁判管轄法は、明確性を欠くし、内容的にも理解しにくいものに見えるであろう。

(2)　アメリカでは、Pennoyer v. Neff[1] において最高裁が裁判管轄権は憲法上の due process clause（修正第一四条）にてらして判断されるべき旨を判示したことを受けて、連邦各州は、外国人被告を含む非居住者被告に対する州裁判所の対人裁判管轄権の範囲を限界づける long arm statute を制定している。各州の long arm statute の内容は必ずしも一様ではないが、要するに、外国人を含む非居住者に対する裁判管轄権は due process clause と調和しうる限りにおいて行使しうる旨を定めているのである。連邦裁判所も、それが設置されている州により制定された long arm statute を援用しうることになっている。

その後、最高裁は、International Shoe Co. v. Washington[2] において、被告が法廷地州と、手続の実施が伝統的な公平や正義の観念に反しないような一定の minimum contacts を有する場合には、due process clause と調和するので、そうした被告に対し裁判管轄権を行使しうると判断した。この International Shoe Co. v. Washington についての最高裁判決は、裁判管轄権に対する due process clause による制限に関する先例として重要な意味を有するが、被告と法廷地との contacts が具体的にどのような場合に伝統的な公平や正義の観念と一致するのかという一義的に捉ええない課題を残すものであった。最高裁は、更に繰り返し、minimum contacts の基準を示すように努めてきたが、課題の性質上、依然として重大な法的不確実性が存在している。ともあれ、国際裁判管轄の判定にも適用される minimum contacts という基準の導入は、被告が法廷地国に居住もしていないし居合わせもしていない場合でも、自国の裁判管轄権に服せしめる方策を与えることになった。

アメリカでは、このように一方において、minimum contacts という基準を用いて裁判管轄権の及ぶ範囲の拡大を図るとともに、他方において、最高裁は、アメリカの裁判所が著しく不便な法廷地であり、適当な法廷地が別に存在する場合に、裁判管轄権行使を避けることを許容する forum non conveniens 理論を導入した(3)。この理論は、アメリカの裁判所の裁判管轄権行使が合憲とみられる場合でも、例えば、被告の防禦負担、証拠に近いことによる迅速かつ効果的な法的保護、判決の執行可能性についての原告側の利益などの、私的利益要素や公的利益要素に基づく比較考量により、当該法廷地が訴訟の実施のために不適切であり、別の法廷地の方が適切であるとみられるときに、裁判管轄権行使を避けうることにするという考え方である(4)。こうした forum non conveniens 理論が適用されるか否かは、具体的なケースにおける複雑な利益考量にかかっているから、当事者がそれを予見することはきわめて困難であることは言うまでもない。

(3)　右のようなアメリカの国際裁判管轄システムについては、一方で、minimum contacts を根拠に外国企業を広範囲に自国の裁判管轄権に服せしめながら、他方で、外国企業がアメリカ企業を被告として訴える場合に forum non conveniens を適用して、外国企業の法的保護の要求を拒否し、それに不利益を与えることが稀ではないという点に対して、とりわけヨーロッパ大陸法系の立場からのきびしい批判がみられる(5)。

もとより、国際裁判管轄法の最も基本的な理念は当事者双方の裁判を求める権利を公平に保護することにあるから、裁判管轄に関するルールの内容や運用に国家的利己主義を持ち込むことは許されないし、そうした国家的利己主義の介入は、結局、国際的取引関係の正常な発展を阻害する重大な要因ともなろう。さらに、アメリカの国際裁判管轄法は、minimum contacts という基準にしても、また forum non conveniens 理論にしても、それ自体、法的に不確実なもので、当事者にとって明確な行為規範として機能しえないだけでなく、具体的な手続においても当事者間に裁判管轄の有無をめぐる複雑な争いを誘発させ、そのために肝心の事件解決を遅延させるという危険性も孕んでいる。

これに対して、ヨーロッパ大陸法系国を代表するドイツにおける国際裁判管轄法は、いわゆる二重機能説がドイツの支配的見解であることからもわかるように、予見可能性の確保という点では、右のアメリカ法とは対照的である。ところが、そうしたドイツにおいて、近時、アメリカの forum non conveniens 理論を導入すべしとする見解がみられた。Wahl の見解がそれであるが、彼は、forum non conveniens 理論は根本的に権利保護必要に関するドイツの理論と一致すると評価し、当該アメリカ法上の理論の考え方にならって、個々の場合に他の裁判籍と比較しつつ、具体的事件における訴訟経済、手続的正義、および事実関係の正当評価などを保障するために、なお内国裁判籍が適切と見るべきかを問う必要があるとしている。(6)

こうした Wahl の見解は、当然ながら、ドイツの支配的学説により、きびしく批判された。例えば、Geimer は、Wahl の見解が耐えがたい程度に法的確実性を危うくし、恣意をもたらすこと、外国における訴訟の方がより正当あるいは公正かという問題は果てしなく争われるし、そうした問題を裁判では解決できないこと、裁判官が法に拘束されるということを憲法上の根拠なしに否定していること、などの点を指摘するとともに、とくに、forum non conveniens 理論が法治国家原理から導かれる司法保障請求権と調和しうるかはきわめて疑わしいと述べている。(7) そのように、ドイツの支配的学説は、おしなべて forum non conveniens 理論をドイツ法へ導入することには強く反対している。(8)

また、「民事事件と商事事件における裁判管轄と裁判の執行に関するヨーロッパ協定」(EuGVÜ) の解釈としても、協定の規定により国際裁判管轄権を有する裁判所が、forum non conveniens であることを理由に、その裁判管轄権行使を拒否することは許されない、と解されている。(9)

している。

(4) わが国の場合、ドイツ法を母法としながらも、国際裁判管轄法をめぐる論議は、ドイツとは異なった様相を呈している。

周知のとおり、わが国の最高裁は、国際裁判管轄については明文法規が欠けているため「当事者間の公平、裁判の適正・迅速を期するという理念により条理に従って決定するのが相当である」としつつ、「民訴法の土地管轄に関する規定、……その他民訴法の規定する裁判籍のいずれかがわが国内にあるときは、これらに関する訴訟事件につき、被告をわが国の裁判権に服させるのが、右条理に適うものというべきである」と判示していたが（最判昭和五六年一〇月一六日民集三五巻七号一二二四頁）、その後、こうした基本的立場を維持しつつ、さらに、具体的事件における特殊事情を「特段の事情」として併せ考慮するという考え方をとるに至った（最判平成九年一一月一一日判例時報一六二六号七四頁）。下級審判決の多くも、こうした最高裁判決の考え方に沿った判断を示している。[10]

学説は、かなり複雑に対立していたが[11]、現在のところ、基本的には国際民事訴訟法の理念により条理に基づいてルールを設定する必要があるとしつつ、併せてそうした条理に合致する民事訴訟法上の土地管轄の定めによる裁判籍についても、それが日本国内に認められれば、国際裁判管轄を認めうるとする立場に立つとともに、具体的事件における特殊事情を「特段の事情」として考慮する方法でルール適用の結果を修正する余地を残す、という考え方が有力になっている。[12]

わが国の近時の判例・学説が採用するに至った「特段の事情」という判断枠組は、アメリカ法上の forum non conveniens 理論に類似したものであるが、forum non conveniens 理論の場合には、minimum contacts の存在により法廷地国に国際裁判管轄権が認められることを前提として、その行使を自制するという方法をとるのであり、しかも、そうした自制は、他の裁判所が裁判管轄権を有するときに許されるのに対し、「特段の事情」によるアプローチの場合には、個々の事件特有の事情を考慮して国際裁判管轄自体の存否を判断するという方法をとり、しかも他の裁判所が国際裁判管轄権を有することを必ずしも条件にしないという点で、両者の間には相違がみられる。

しかし、この forum non conveniens 理論と「特段の事情」によるアプローチを重視する考え方との間には、国際裁判管轄に関するルールの不可欠の要素であるべき法的確実性や予見可能性を十分に確保しえない点で、共通した欠陥がみられる。そうした判断枠組の機能範囲が拡大すればするほど、結局、裁判所の幅広い裁量によって裁判管轄が決まるという事態が多く生ずるが、それは、取りも直さず、国際裁判管轄法の内容が当事者にとってますます予見しがたい不確実なものになることを意味するわけである。国際裁判管轄法の内容が予見しがたく不確実であることにより最も重大なリスクを負うのは当事者であるということを見落してはならない。

できる限りそうしたリスクを負うことなく、裁判を求める権利を当事者が円滑に行使しうるように、法廷地決定の指針を示す行為規範としての役割をも担うべき国際裁判管轄法の内容は、極力、一義的に明確な基準を示すものとして形成される必要がある。(13)

もちろん、わが国がそうした国際裁判管轄法の整備に向けて努力するだけで問題が解決するわけではない。各国が独自にルールを定めている現状では、とくに外国で裁判を求めざるをえない当事者としては、当該外国の国際裁判管轄法の内容を正確に理解できないことによる危険に晒される状態は依然としてなくならない。こうした状態を改善するためには、多国間条約などの方法で世界的に統一的な内容のルールを形成するほかはない。今後は、各国とも、そうした方向へ努力する必要がある。

(5)　世界的に統一的な国際裁判管轄法を形成するという目的は、もちろん一朝一夕には実現されないであろう。しかし、そうした法形成の必要性については、できる限り余計な司法摩擦を避けることにより国際的取引関係の円滑な発展を望む諸国家間で共感が得られるはずである。ただ、いずれの国も、国際社会において、そうした統一的な法の形成の必要性やルールのあり方を提言していくためには、差しあたり、先ず自国のルール自体をできる限り普遍性を有するものにしておかなければ、提言の説得力も弱いものにとどまるであろう。

本稿は、右のような観点から、統一的な国際裁判管轄法を形成する場合の検討課題に取り組むための準備的作業として、先ず、中心的な財産関係事件に関するルール形成上の若干の基本的論点について検討しようとするものである。

## 二 actor sequitur forum rei について

(1) わが国の場合、一般的に、国際裁判管轄に関するルールのうち、被告の住所地国に国際裁判管轄を認めるというルールは、事件類型にかかわりなく適用される基本的ないし原則的なルールとして認められている[14]。その理由として示されるのは、原告としては十分に準備をしたうえで自分の責任で法廷地を選んで訴えるのであるから、当該法廷地で訴訟を行うことにはそれほど不便はないのに対し、屡々不意を打たれ準備不足のまま応訴を強いられる被告は訴訟追行上不利な立場に置かれるため、原告が被告の住所地国に出向いて訴えを提起すべきであるとすることにより、被告側の不利益を緩和するのが公平であって、このように被告側の防禦に有利になるよう配慮すべき手続的公平の要請は国際民事訴訟においては一層強く働く、という考慮である。

二重機能説が支配的であるドイツ[15]においても、ローマ法上の actor sequitur forum rei を継受したドイツ民事訴訟法第一二条と第一三条の規定に基づき、被告の住所地国に国際裁判管轄を認めるというルールが国際裁判管轄法の出発点をなすと解されている[16]。その理由についても、被告の防禦の負担を考慮する必要性と併せて、原告が屡々複数の裁判所間で選択しうる立場にあることとの均衡が挙げられる[17]。

また、EuGVÜ の第二条についても、この協定の裁判管轄規定は被告が締約国内に住所を有する場合に適用されることと併せて、被告の住所地が普通裁判籍として裁判管轄を決める基準になるというヨーロッパ裁判管轄法の出発点を定めたものと解されており、その理由づけとして、被告が防禦者として攻撃者である原告よりも弱い立場にあるため、被告の保護を公平上優先させる必要がある点が強調されている[18]。

さらに、学説のなかには、アメリカ裁判管轄法上の minimum contacts が被告と法廷地との関連を最も重視するのも被告の便宜を原告の便宜よりも優先させる考え方による、とみる見解がある[19]。しかし、アメリカにおける minimum contacts の導入には、むしろ、主として従前の厳格な属地主義的裁判管轄制度を柔軟な裁判管轄制度にする意図があったとみるべきであり、現にそれを導入した結果、被告が法廷地国に居住もしていないし、そこに居合わせてもいない場合にも、当該被告を自国（自州）の裁判管轄に服せしめうる根拠として用いられることになったのである[20]。アメリカの long arm statutes は、例えば doing business を理由に裁判管轄を認める場合が示すように、むしろ被告がなんらかの方法で法廷地国（州）との関係を生ぜしめた行為に焦点を合わせるという考え方を基礎にしているものとみるべきであろう[21]。

(2)　ドイツ法や EuGVÜ のように、actor sequitur forum rei を原則的ルールとした完結的で体系的な裁判管轄制度においては、そうした原則的ルールと他の諸ルールとの関連をどのように理解すべきかが問題となる。

この問題について、例えば Schack は、国家は原告の管轄の利益を無視することなく、被告を保護することにより法的平和を守らなければならないと強調し、裁判管轄法上の被告の優遇は原告の正当な管轄利益を併せ顧慮するという均衡を必要とすると説いているが[22]、そうした均衡を必要とするのであれば、「防禦に有利に」という考慮から先ず被告の保護を優先させること自体に疑問が生ずるであろう。Schack は、原告が「現状」を攻撃する者として強い立場にあるのに対し、被告は防禦者として弱い立場にあるため、原告に被告の住所地国の裁判所へ訴えを提起する負担を負わせることにより均衡を図ろうとするのであろうが[23]、そうした考え方は十分な説得性を有しない。

もちろん、「現状」が具体的に何を意味するのか、それが法的に正しい状態なのかは、訴訟によって明らかにされる事柄であって、例えば原告が被告により毀損された名誉の回復を訴求するケースにおいて、被告が原告の名誉を毀損したことが判明した場合、振り返ってみれば、実質的な攻撃者はむしろ被告であり、被告の攻撃により原告の名誉が毀損されている状態が「現状」であったということになる。こうした場合に、やみくもに、あくまで原則的には、原告は現状攻撃者であるため、その管轄利益を保護すべき程度が被告よりも低いというのは、理不尽である。

また、例えば、消極的確認訴訟の場合にも、審理の結果、被告側の不当な攻撃に対して原告が自己の法的地位を防禦するために訴えを提起せざるをえなかった事情が判明するケースもありうるのであって、こうしたケースにおいても、やみくもに原告が強者で被告が弱者という図式を適用するのは、やはり不合理である。

(3) そもそも、紛争当事者のいずれが原告になり、いずれが被告になるかは、個々の紛争内容により様々であるし、偶然的要素にも左右されるから、たまたま被告になった者を防禦者として一般的に弱い立場にあるとし、裁判管轄法上、原則的に原告よりも優遇する必要があると断定するのは公平な態度とは言えない[24]。当事者の管轄利益は、裁判制度利用の便宜を内容とするものであり、近代的法治国家における普遍的な基本権たる裁判を求める権利ないし司法保障請求権を円滑に行使しうる利益であって、裁判を求める権利を当事者に平等に保障すべきである以上、その権利を円滑に行使しうる利益も当事者に平等に保障する必要がある。当事者の管轄利益の国際的調整を主眼とする国際裁判管轄法の根本的な指導理念も、こうした裁判を求める権利を円滑に行使しうる利益の平等保障の要請である[25]。

裁判を求める権利を円滑に行使しうる状態を両当事者に公平に保障すべきだとすると、裁判管轄の発生原因として、アプリオリに当事者の一方の住所地を関連地点とすることは一般的に公平の要請に適合しないので、許されないと言わなければならない。むしろ、具体的な事件を裁判で解決するうえで、当該場所で解決することに両当事者が責任を負うのが公平であると評価しうる地点を関連地点として捉えるべきである。そうした関連地点は、特定類型の事件ごとに、その内容をなす法的関係の核心的部分が関連する地点に求められるべきであろう[26]。もちろん、裁判管轄を決定する段階では、対立する両当事者の法的主張のいずれが正当であるかは不明であるから、当事者のいずれか一方の主張が正しいことを前提とするような関連地点は問題にならない。あくまで、裁判管轄を決定する段階では、事件解決地としての妥当性を確保しうる関連地点のみが求められるのである。

なお、とくに当事者にとって予見しうる明確な国際裁判管轄法を形成するためには、現実に生起する事件をできる限り網羅的に類型化しつつ、それぞれの類型的な事件ごとに、その内容をなす法的関係の核心的部分をも定型化する必要がある。

これに対して、Geimer は、そのような試みはユートピアであると指摘している。[27]

たしかに、例えば近時の情報通信手段の急激な発達に伴う生活関係の一層の複雑化、取引活動の多様化が次々と新たな類型の事件を生み出していることからも言えるように、現実に生起する事件を網羅的に類型化することにも限界があることは否定できないであろう。したがって、既成のルールによって処理できない新類型の事件については、条理に基づいて応急的に新しいルールを形成し対処する必要も生じうるであろう。

ドイツでは、近時、Buchner が、国際裁判管轄のルールとしては具体的な事件内容との関連性を重視したルールこそが原則的ルールであるとしつつ、被告の住所地国に裁判管轄を認めるルールを補充的ルールとして残すべき旨を提案している。[28] もちろん、例えば、原告が外国判決の承認・執行を求める制度の利用を避け、実効的な権利実現を図るために、一般責任財産所在地国でもある被告の住所地国で訴えを提起しようとすることを別に阻止する必要はないから、いわば補足的に被告の住所地国にも国際裁判管轄権を認めうると解してよい。

(4)　もとより、現在でも、国際財産関係事件の類型としては、やはり、不法行為事件と契約関係事件とが最も基本的な類型であるので、以下においては、先ずこれらの基本的な事件類型について、国際裁判管轄のルールを形成するうえでの問題点を検討してみよう。なお、国際裁判管轄法上も、一定要件のもとに、合意管轄、応許管轄、請求の併合による関連裁判管轄などを認めうるが、本稿ではこれらの問題には立ち入らない。

## 三　一般の不法行為事件の国際裁判管轄

### 1　問題の所在

(1)　actor sequitur forum rei を原則的ルールとする通説も、不法行為事件について当該ルールを適用すれば、被害者が加害者の住所地国へ出向いて訴訟を提起しなければならないことになり、不公平になるとみるとともに、反対に原告の住所地国に裁判管轄を認めることも不公平であるとし、結局、事件や証拠に近い不法行為地国に裁判管轄を認めるべきであると解している。(29)

通説によると、右の不法行為地には、原因行為地と、最初の侵害結果が生じた結果発生地とが含まれるが、その他の損害発生地は含まれないとされる。(30)その理由は、そうした損害発生地は一般に被害者の住所地に該当するため、損害発生地を不法行為地に含めると、結局、原告の住所地国に裁判管轄を認めることになり、原告に法外な保護を認める結果になるという点にある。(31)

なお、通説は、原因行為地と結果発生地とが隔たっている場合には原告が何れかを選択しうるし、同様に、複数の原因行為地間ないし複数の結果発生地間の選択も認められるとして、こうした forum shopping を原則として適法としつつ、放縦な選択権行使は制限される必要があるとしている。(32)

(2)　もとより、公平の見地からみて、不法行為事件の裁判管轄のルールとしても actor sequitur forum rei が合理性を有しないことは言うまでもない。他方において、裁判管轄を決める段階では、原告が不法行為の被害者か否かは不明であることを前提にせざるをえないのであるから、(33)単に被害者保護を理由に原告の住所地国に裁判管轄を認めるとするのも不合理である。

むしろ、裁判を求める権利の円滑な行使についての両当事者の利益を公平に考量するという観点からは、通説が言うように、不法行為地国に裁判管轄を認めるべきである。まさしく、不法行為地は、不法行為事件の内容である法的関係の核心的部分が関連する場所であり、事件解決地としては両当事者にとって公平な地点だからである。訴訟の結果、原告が被害者であることが判明した場合でも、不法行為地で事件解決を図ったことにより、被害者の便宜も公平に保護されたことになるのであって、その意味では、不法行為地国に裁判管轄を認めることは、被害者保護のためでもあると言えるわけである。

ただ、通説が行う結果発生地と損害発生地との区別、あるいはそれに相当する「物理的な損害発生地」と「経済的な損害発生地」との区別[34]については、要するに、結果発生地としては第一次的な結果発生地に限定することにより、予測を越えた事件解決地の拡散を抑制しようとする趣旨に基づくものであり、その限りにおいて一応の基準として斟酌しうるが、必ずしもすべての場合に両地を明確に区別しうるわけではないし、不法行為事件のなかには、通説の区別による損害発生地を関連地点として考慮するのが公平と考えられるケースもあることに留意すべきである。

例えば、外国航空会社の国内線旅客機を利用して当該外国の国内を旅行中に墜落事故により死亡した日本人乗客の遺族が、日本国内では全く営業活動をしていない当該航空会社を相手に損害賠償を請求するような事件は、一般に契約事件として扱われるが、理論上は同時に不法行為事件でもある。これを不法行為事件の面からみた場合、第一次な結果発生地国である当該外国にのみ裁判管轄を認め、日本に認めないとすることは、はたして公平であろうか。

このようなケースの場合、日本人乗客が当該航空機を利用している事実により、墜落事故があれば、それに基づく損害が例えば遺族の被扶養利益に対する侵害の結果として日本でも発生する可能性があることは、当該航空会社としては一般に予測すべき事柄であるから、事故による物理的な損害の発生地国（第一次的な結果発生地国）のほかに、日本にも裁判管轄を認めることがむしろ公平であると考えられる。

通説は、損害発生地を不法行為地に含ませない理由として、それを不法行為地に含ませると原告の住所地国に裁判管轄を認めるという不公平な結果になる点を挙げるが、そうした理由には疑問がある。事件の内容とは関係なしに、アプリオリに原告の住所地国に裁判管轄を認めるというのではなく、右のケースのように、航空機墜落事故による損害の発生という当該事件の内容をなす法的関係の核心的要素の一つが一定の地点に関連している場合に、その関連地点に裁判管轄を認めることによって結果的に原告の住所地国に裁判管轄を認めることになるという判断には、何ら不合理性はないからである。

要するに、不法行為事件にも種々の類型の事件が含まれるから、できる限り各類型ごとに公平な裁判管轄のルールを形成する必要がある。ここでは、現代型の不法行為事件のうち、人格権侵害事件と製造物責任事件を中心に検討してみよう。

## 2 人格権侵害事件

(1) 人格権侵害事件に関する国際裁判管轄のルールを形成するうえで困難な問題を生ぜしめるのは、例えば名誉を傷つける事実や虚偽の事実を出版物、テレビ、ラジオ、インターネットなどのマスメディアを利用して広範囲に流布するという形態の事件の場合である。

通説は、こうした事件の場合、被害者にとって、発行元、放映元、放送元、発信元などの場所は重要でないとみるためか、もっぱら、流布行為が人格権侵害行為に当たると捉え、流布行為地のすべてが原因行為地に該当すると解している[35]。そのように解すべき実質的な考慮としては、人格権侵害行為がなされたすべての場所で除去対策の可能性が認められるべきであるという点や、人格権を尊重すべき教育的効果の面でも望ましい点が挙げられている。

こうした通説の見解をとれば、例えばインターネットに名誉を侵害する情報をインプットした場合、当該情報を呼び出しうるすべての場所が流布地になるから、地球上のすべて国に当該人格権侵害事件についての裁判管轄が認められるという結果になろう。その場合に、各流布地国の裁判所は原告が当該国で被った損害の範囲内でのみ裁判権を行使しうるにすぎないとすると、原告が相手方に全損害を賠償させうるためには全流布地国で訴えを提起しなければならないという困難に直面するし、被告側の対応の負担も非常に大きくなる。また、関係各国での裁判が矛盾する危険も生ずる。そこで各流布地国の裁判所がそれぞれ原告の被った全損害について包括的に裁判権を行使しうるとみる場合には、原告側に不必要な forum shopping を許容することになろう。しかし、だからといって、原告が全損害額の賠償を請求するには、原因行為地である被告の普通裁判籍所在地国の裁判所へ訴えるべきだというのは[36]、一方的に原告に不公平な負担を強いるもので不合理である。

人格権侵害事件について通説のように流布地を裁判管轄発生原因たる関連地点とみる場合には、出版物、テレビ、ラジオなどを利用したケースにおいても、多かれ少なかれ同様の困難が生ずるであろう。そもそも流布地という基準自体もやや曖昧であって、例えば出版物の場合、どの程度の部数で足りるのかも明確ではないし、テレビやラジオの場合、電波の届く範囲の特定が困難なケースもありうるから、原告が訴えを提起しようとする段階で流布地を正確に特定することは必ずしも容易ではなく、その判断が恣意的になる危険性も大きい。

(2)　右のような通説の難点を克服するために、Buchner は、当事者の公平や、訴訟物との関係を重視する立場から、マスメディアを利用した人格権侵害事件についての裁判管轄発生原因たる関連地点は、被害者だと主張する当事者の生活の中心点とみるべきであるとしている[37]。すなわち、個人の名誉は彼の社会的環境との関係によって形成されるのであり、その名誉の得失を彼が定住している場所で感知するのであるから、こうした人格権に対する侵害事件の場合には、精神的打撃を受けた人の生活の中心点を裁判管轄法上の関連地点とみるべきである、というのがその論拠である。

Buchner の言う原告の生活の中心点は一般に原告の住所地に当たるが、このように被害者の住所地（ないし定住地）を侵害地とみる見解に対して、Geimer は、例えば外国の出版物による人格権侵害事件においてみられるように、出版が遠く離れた場所でなされ、流布地も限られており、当該出版物の読者が被害者の住所地での生活領域とは関係を有しないような場合には、被害者の住所地を被害地とみることに疑問が生じうること、また、外国の発行者は出版物の流布領域での被害者の人格権に対する侵害を予測しないときでも、被害者の住所地国で裁判を受ける義務を負わされるのは不適切であることを指摘し、批判している[38]。

もちろん、名誉権をはじめ、一般に人格権は権利主体と不可分の法益であり、人格権侵害の内容を有する出版物が出版される事件の場合でも、そうした出版物を出版すること自体が被害者の人格権への攻撃であるから、直接的な侵害結果が生ずる場所は、人格権の主体である当事者が生活している場所ないし定住している場所とみるべきであって、当該出版物の読者が被害者の生活領域と関係を有するか否かとか、当該出版物が被害者の生活地での評判に現実に影響を与えたか否かということは、裁判管轄の判断基準としては考慮する必要はない。また、そもそも、出版物の発行者（ないし執筆者）は、意図的に特定人を選択して、その人の名誉を侵害する内容の出版物を発行することにより、直接的な侵害結果が当該人格権者の生活地で生ずることを当然に予測すべきである。そうした意味で、Geimer の見解は説得力を有しない。

要するに、名誉権侵害事件のような人格権侵害事件の場合には、事件の内容をなす法的関係は権利主体の精神的利益である人格的利益への侵害に対して救済を求めるという特質を有するのであり、そうした特質にてらして、その法的関係の核心的部分たる侵害行為の関連地点は、直接的な侵害結果の発生地である人格権者の生活地、すなわち通常はその住所地であるとみるのが適切であり、原告と被告の利益がその地点で接触するのであるから、その地点で事件解決を図るのが公平なのである。なお、右の基準により裁判管轄を有する裁判所は、当該人格権侵害により生じた全損害について審理・裁判をなしうるものと解すべきである。

## 3 製造物責任事件

(1) 製造物の瑕疵ないし欠陥により被害を受けた消費者その他の者が製造者に対して賠償責任を訴求する場合の国際裁判管轄については、被害者であると主張する原告と製造者たる被告との間に直接的な契約関係（取引関係）が存在する場合と、そうした関係が存在しない場合とに区別して検討する必要がある。

ドイツの有力説は、不法行為責任としての製造物責任を訴求する場合には、製造地と、それと因果の連鎖にある事故地とが不法行為地に該当するとし、買主が製造物を購入した場所については、買主は被害者になるとは限らないという意味においても基準たりえないのであり、製造物の購入地は、買主からの契約上の請求についての義務履行地としてのみ考慮しうる、と解している(39)。わが国の有力説は、不法行為責任を問う場合には原因行為地と物理的な損害発生地が基準になり、直接的な契約関係にある当事者間の製造物責任訴訟については、当該製造物の流通に関与した被告の従たる営業所の所在地に裁判管轄を認めうるとしている。[40]

(2)　不法行為責任として製造物責任を訴求する場合に、ドイツやわが国の有力説が製造地を原因行為地として捉え裁判管轄を認める関連地とすることには疑問がある。欠陥のある商品を製造することだけでは、他人の利益との接触は全く生じていないので、製造者を非難する余地はないのであって、あくまで、当該商品を流通させて当該商品により他人が被害を受ける状態にさせたことが責任問題を惹き起こす原因になったとみるべきだからである。[41]したがって、不法行為責任のみを問う製造物責任訴訟の場合には、原則として、結果発生地ないし事故発生地国に裁判管轄を認めることで足りる。

また、直接的な契約関係当事者間の製造物責任訴訟の場合についても、右の有力説の考え方には検討の余地が残されている。先ず、こうした場合の原告の請求は、理論上、契約法上の請求であると同時に不法行為法上の請求でもあるという性質をもった統一的な請求として捉えうるのが普通であるから、結果発生地ないし事故発生地も関連地点として認められることを注意する必要がある。更に、このように直接的な契約関係にある当事者間の製造物責任訴訟において、ドイツの学説が裁判管轄発生原因たる関連地として認める購入地ないし販売地という基準にも問題がある。

例えば、ある製造者が甲国と乙国で販売している製造物を甲国で購入した買主が乙国で当該製造物により被害を受けたというケースについて、当該事件の裁判管轄は当該製造物購入地である甲国に認められるべきであるとする見解が見られるが[42]、こうした考え方は、販売地という基準の機能範囲が狭過ぎることを示しており、製造者と契約関係にない第三者が当該製造者の製造物によって被害を受けた場合に、その事故地で製造者が同じ製造物を販売しているか否かに関係なく、当該事故発生地に裁判管轄を認めうることとの均衡を失すると思われる。こうした事故発生地での第三者の被害発生について製造者の予測可能を認めるのであれば、右のケースにおいて、買主が乙国で被害を受けたことについても同様に扱わないと、証拠収集などの点で買主にとって乙国での訴訟が便宜であっても、買主というだけで第三者よりも不利に扱われるという結果になるからである。したがって、右のように製造物の買主が当該製造物により直接的に被害を受けたとして製造物責任を訴求する場合には、やはり、事故発生地を事件の関連地点とみることで足りるのである。

しかも、ドイツの学説が示す販売地という基準は、それ自体、やや曖昧であり、とくに隔地的な国際的取引の場合、それが契約締結地なのか、個々の商品の引渡地なのか、あるいは広く販売活動の展開地なのか、などの点が明確でないと混乱するおそれがある。そこで、むしろ、直接的な契約関係にある当事者間の製造物責任訴訟の場合に、契約責任の面から事件との関連地点をみるにしても、商品の流通圏内であって製造者が予見しうる地点において両当事者の利益が接触するのであるから、商品の流通に関与した製造者の従たる営業所所在地国にも裁判管轄を認めうるとする方が適切であると思われる(43)。

(3)　製造物責任事件においては、被害者と主張する原告からの製造物責任訴訟に対抗して、屡々、製造者たる被告から、製造地である原因行為地も不法行為地に含まれるとして、製造地国の裁判所へ製造物責任の不存在の確認を求める消極的確認訴訟を提起するという手段がとられる。

こうした消極的確認訴訟について製造地国に裁判管轄を認める考え方に対しては、「不法行為を否定する側が不法行為地を理由に管轄を根拠づけることに理論上の問題があること」、「不法行為事件について不法行為地に管轄を肯定する根拠は証拠収集の便宜だけでなく被害者の提訴の便宜という考慮もあり、加害者を原告とし被害者を被告とする消極的確認訴訟についてまで不法行為地の管轄を肯定することは不当である」という批判(44)が加えられている。

もちろん、上述のように、製造物責任事件における製造地は不法行為地には該当しないから、製造物責任訴訟だけでなく、製造者が提起する消極的確認訴訟についても、製造地であることを理由に裁判管轄を認める根拠は存在しない。

しかし、製造物責任訴訟について事故発生地国に裁判管轄を認めうる場合に、製造者の提起する消極的確認訴訟については裁判管轄を認めないとするのは不合理である。たしかに、製造物責任訴訟について事故発生地国に裁判管轄を認めるのは、公平の見地から、被害者と主張する当事者からの訴訟提起の便宜をも考慮したものであるが、製造者側が消極的確認訴訟を提起することを不公平として禁止する趣旨まで含むものではない。そもそも、事故発生地国に裁判管轄を認めるのは、製造者が製造物責任を負うか否かをめぐる紛争を解決する場所として、両当事者にとり公平であるからであって、裁判を求める権利を行使する手段として、給付訴訟と消極的確認訴訟とを原則的に対等に扱うべきである以上、裁判管轄法上もこれらを差別すべきではあるまい。

(4)　不法行為事件としての製造物責任事件において、事故発生地が、例えば被害者と主張する当事者の旅行中の一時的な立ち寄り地であるときのように、その生活地とは全く関係のない場所である場合には、公平の見地から、事故発生地のほか、例外的に損害発生地にも裁判管轄を認める必要があると考えられる。こうした場合、公平の見地からは、損害発生地での事件解決の必要性も、製造物を流通させることに伴うリスクとして、結局、そのリスクを製造者に負わせるほかはないからである。

## 四　一般の契約関係事件の国際裁判管轄

### 1　問題の所在

(1)　契約関係事件についての裁判管轄発生原因たる関連地点の決定は、とりわけコミュニケーション手段の発達に伴う取引方法の多様化により、種々の困難な問題に直面するに至っている。国際的な隔地間の取引が対面した当事者の握手で確約されるような方法で行われるのではなく、一般に郵便、電話、ファックス、電子メール、インターネットなどを利用して行われるようになると、例えば契約締結地を明確に特定することは困難である。本来、契約締結地は事件の両当事者の利益が接触する重要な地点の一つである筈であるが、現在では、右のような事情から、一般的に、国際的な契約関係事件の場合、契約締結地は、それだけで裁判管轄を根拠づける関連地点とすることには疑問が生ずるのである。(45)

もちろん、事件の一方当事者である企業が外国に従たる営業所を設けて、それを拠点に当該外国内での取引活動を展開しているような場合には、契約締結を含めて、当該営業所が関与した契約関係の核心的部分が当該営業所所在地に関連することになるから、当該契約関係をめぐる事件については、その営業所所在地国で解決するのが公平と言えよう。その意味において、契約関係事件については、先ず、事件の内容をなす契約関係に関与した当事者の従たる営業所所在地を基準に裁判管轄を認めるというルールを定立することができる。(46)

なお、一般の契約関係事件の場合、請求の目的物の所在地も契約関係の核心的部分が関連する地点であるから、当該目的物所在地国に国際裁判管轄を認めることができる。

(2)　二重機能説が有力であるドイツでは、ドイツ民事訴訟法第二九条第一項が契約関係に基づく紛争および契約関係の成立に関する紛争について係争義務の履行地に裁判管轄を認めていることから、国際裁判管轄についても、義務履行地に認めうるとする考え方が支配的である。(47)　また、EuGVÜ も、第五条一号において、契約もしくは契約に基づく請求を手続対象とする契約関係事件について義務履行地に裁判管轄を認める旨を定めている。わが国の通説も、契約関係事件について義務履行地国に裁判管轄を認める立場をとっている。(48)

しかし、このように義務履行地国に国際裁判管轄を認める考え方については、実質的合理性の説明が十分でない旨の指摘がみられるし、(49)　義務履行地を決定する基準は何か、履行地は係争義務の履行地なのか、それとも当該契約に特有の義務の履行地なのか、などの点をめぐっても見解の対立がみられる。

もとより、これらの問題点も、裁判管轄法の基本理念にてらして検討される必要がある。先ず根本的に、契約当事者は特定の給付義務の履行を合意することにより契約関係を成立させたのであるから、そうした契約特有の給付義務の履行地は、契約関係の核心的部分であり、そうした地点において両当事者の利益が最も密接に接触するのであるから、契約関係をめぐる紛争も当該地点で解決するのが公平であり、両当事者も契約締結の当初からそのことを予見しえた筈である。こうした考慮が契約特有の義務の履行地国に裁判管轄を認めうる根拠であって、そうした考慮には合理性があると言えよう。

義務履行地を決定する基準については、ドイツの従前の通説は抵触法により選択される準拠法が基準になると解している。(50) しかし、適用される契約準拠法が持参債務とするか取立債務とするかによって義務履行地が左右されるような偶然性を裁判管轄の決定方法に持ち込むことは不合理であるし、契約締結の際に当事者が紛争解決地を予見しがたいという不都合な結果を招くおそれもあるという理由から、近時、ドイツでは、従前の通説に批判的な見解が有力になっている。例えば、Schack は、準拠法による履行地の決定は裁判管轄の正当性を保証しないので、履行地概念については、特別な訴訟上の利益により基礎づけられる訴訟上の概念として構成される必要がある旨を指摘しているし、(51) Buchner も裁判管轄法上の特別の履行地概念を形成する必要性を強調している。(52) わが国の近時の有力説も、義務履行地の決定は事実問題であって、決定基準も契約準拠法ではなく、法廷地国際民事訴訟法であるとみている。(53)

こうした近時の有力説においても、義務履行地の具体的な決定方法については、あくまで事実として義務履行地がどの場所なのかを、法廷地国との密接関連性を問題にしつつ判断すべきだとする考え方と、(54) 契約自体に履行地が明確に定められている場合にのみ管轄原因として認められるとする考え方との微妙な対立がみられる。(55)

義務履行地の決定方法としては、契約の経緯を含めて個々のケースにおける諸事情を手がかりとしつつ判断する方法をとるべきであって、(56) 例えば、契約交渉や契約締結が行われた国も当該契約関係が当該国で処理される徴憑でありうるという意味で斟酌されるべきであるし、準拠法により決まる履行地であっても、国際裁判管轄法の理念にてらして合理性を認めうる場合には参酌されるべきである。(57) また、契約において契約特有の義務の履行地が合意されている場合、それにより直ちに当該履行地に裁判管轄を認めうるわけではないが、その場所で契約特有の義務を実現させ、契約目的を達成することを合意しているのであるから、当該合意は、その履行地に契約関係の核心的部分が関連することを示す徴憑とみることができる。したがって、裁判管轄法上の理念にてらして明らかに不公平とみられるような事情がない限り、合意された履行地に裁判管轄を認めうると解してよい。

なお、裁判管轄の基準となりうる義務履行地は、係争義務の履行地か、それとも契約特有の義務の履行地か、という問題は、次に述べる金銭支払義務の履行地が基準となりうるかという問題と関係している。

(3) 訴訟上の請求が契約に基づく金銭支払請求である場合には、当該係争義務の履行地が裁判管轄を根拠づける基準たりうるかという問題が生ずる。ドイツにおいても争いがあり、Geimer が、あくまで訴求される金銭債権に対応する義務の履行地、すなわち金銭支払義務の履行地が基準になると解しているのに対して、Schack, Schlosser, Buchner などの多数説は、基準となるのは契約特有の義務であって、金銭債務の履行地は基準たりえないとみている。[59] わが国においても、金銭債務の履行地に裁判管轄を認めることは妥当でないとする見解[60]が有力である。[58]

一般的に金銭債務の履行地は、原告または被告のいずれかの住所地ということになろうが、いずれの場合も、契約関係の核心的部分とは必ずしも実質的関連性があるとは言えない地点であるし、アプリオリに原告または被告の住所地を基準にしようとする場合と同様に、契約関係事件の解決地としては公平な場所とは言えないのであるから、そうした意味において、金銭債務の履行地は裁判管轄を根拠づける基準としては適切でないとみるべきである。例えば、売主が買主を相手に代金債権を訴求する場合でも、裁判管轄を根拠づける基準としては、当該代金債務の履行地ではなく、当該売買契約の特有の義務である目的物引渡義務の履行地が考慮されるべきである。したがって、裁判管轄を根拠づける基準としての義務履行地を、常に、係争義務、すなわち訴訟上の請求に対応する義務の履行地であるとみる Geimer の見解は妥当ではない。

(4) EuGVÜ の第五条一号は、使用者との関係では弱者の立場にある労働者を保護するという考慮から、個々の労働契約または個々の労働契約に基づく請求権が訴訟対象事項をなす場合、労働者が通常その労働を行っている場所に裁判管轄を認め、労働者が通常は同一国家内で労働を行うのではない場合には、当該労働者を雇い入れた営業所の所在地に裁判管轄を認めている。周到な配慮ではあるが、特別にこうした定めを必要としたのは、上述のようにEuGVÜ が actor sequitur forum rei を原則的ルールとしたためであろう。

しかし、裁判管轄法上、労働契約関係事件については、労働契約特有の義務である労働義務の履行地を裁判管轄の基準とするのが本来の基本的ルールなのである。もちろん労働者保護の要請も実質的公平の要請にほかならないが、契約関係事件についての裁判管轄を契約特有の義務の履行地に認めるという基本的ルールを定立することによって、ルール運用上、そうした実質的公平の要請も当然に生かしうるのである。

(5)　契約関係事件についての消極的確認訴訟を義務履行地で行いうるかが問題となる。

この問題については、一般的に認められないとしつつ、例外的に、契約関係事件に対する外国裁判所の判決をわが国では承認しえないと予測される場合には、「特段の事情」の存在に基づき、債務不存在確認訴訟を提起する余地を認めることも考えられるとする見解[61]がみられる。この見解の根拠になっているのは、存在しないと主張する債務の所在地を管轄原因とすることは論理的に問題があるという判断と、ルール設定の段階で、消極的確認訴訟において被告となる本来の原告に対して、提訴が著しく困難になることはないという最低限の保障が与えられていないため、消極的確認訴訟での被告は著しい不利益を被るおそれが大きいという懸念である[62]。

右の懸念は、契約関係事件についても actor sequitur forum rei が原則的ルールとして妥当するという考え方からの懸念であろう。

しかし、上述のように、契約関係事件については、当該契約に関与した当事者が取引活動を展開している従たる営業所の所在地国や、契約特有の義務の履行地国に裁判管轄を認めるというルールが基本的ルールであって、それは、それらの場所が、契約関係事件について裁判を求める権利を行使するうえで両当事者にとり公平であるという考慮に基づいている。それらの場所で裁判を求める権利は両当事者に平等に保障されるべきであるから、いずれの当事者が原告になるかによって裁判管轄が左右されることはないのである。もちろん、裁判管轄の有無を判断する段階では、それらの場所に債務が存在するか否かは未だ不明であるから、それらの場所で提起される消極的確認訴訟の原告が債務の不存在を主張することは決して論理的な矛盾ではない。正確には、それらの場所は、契約関係をめぐる紛争を解決するための公平な場所であるが故に、裁判管轄を認める基準とされるのである。これから契約関係をめぐる紛争を解決しようとする段階で、当事者の一方が権利義務関係の存在を主張する場合と他方がその不存在を主張する場合とで、裁判管轄について差別するのはむしろ不条理であると言わなければならない。

## 2　電子商取引事件における義務履行地

(1)　デジタル・ネットワークを利用して行われる商取引のうち、とくにインターネットを利用する商取引は、今後、国内的にはもちろん、国際的にも、きわめて大規模な市場へと発展する可能性がある。既にコンピュータの急速な普及に伴い、インターネットに関する犯罪行為にどのように対処するかが重大な問題になっているが、今後、電子商取引が広範囲にわたって行われるようになれば、当然、そうした取引をめぐる紛争の増大も避けられないであろう。

本稿の当面の課題との関連でも、国境を越えた電子商取引に関する紛争について、従前の一般的な契約関係事件の場合と同様の基準で裁判管轄を決めうるか、という困難な問題が生ずる。

(2)　例えば、インターネット上のショッピングモールであるサイバーモールを介して販売業者から商品を購入するという取引の場合には、契約特有の義務の履行地が裁判管轄を根拠づける基準となる点については、郵便、電話、ファックスなどを用いる従来の取引形態の場合と、とくに区別する必要はないと思われる[63]。すなわち、こうした場合には、商品引渡義務の履行地に裁判管轄を認めることが裁判管轄法上の公平の理念に合致するとみるべきである。また、インターネットを利用した通信販売の場合にも、売主である企業が従たる営業所を外国に設けて販売活動を展開しているという事情があれば、当該従たる営業所の所在地国に裁判管轄を認めうることは言うまでもない。

(3)　これに対して、例えば大量のデータを分類してデータベース化し、その内容を料金と引き換えに多くのユーザーに提供するデータバンクとユーザーとの取引の場合、契約特有の情報給付義務の履行地は何処かという点が問題となる。

データバンクは、その所在地とは関係なく、オンラインにより地球上のすべての国で呼び出しうるが、そのことから、契約特有の義務の履行地はオンラインで情報を要求するすべての国にあるとみるべきか、それとも、データバンクが情報をユーザの国へ送っているのではなく、情報入手はユーザ側のイニシアチブにより、ユーザーがデータバンクの所在地で得ているとみて、情報給付義務の履行地を当該データバンクの所在地とみるべきか、という点をめぐって見解が対立する可能性がある。

微妙な問題であるが、データバンクを構築している業者がインターネットを利用する通信販売業者と同じように、その営業についての国際的な活動範囲を拡大し、できる限り外国でも多くの顧客を獲得し多くの経済的利益を得る目的で、意図的かつ組織的にインタネートを利用して外国へ向けて働きかけているような場合は、両当事者の利益はユーザーがデータに接した場所で接触するとみてよいし、データ提供者としても、当該取引をめぐる紛争をそうした接触地で処理することを予見すべきであるから、そうした当事者の利益の接触地に裁判管轄を認めるのが公平である[64]。とくに、情報提供業者とユーザーとの間に継続的な情報提供を目的とする契約関係が存在しているような場合には、右のように解するのが妥当である。

これに対して、データバンクが右のような目的で意図的かつ組織的に外国へ向けて働きかけているという状態がなく、インターネット加入者がネット中を無目的にさまよっているときに、偶然に彼にとって興味のあるデータに遭遇し、彼のクレジットナンバーをインプットした後に当該データに接近したにすぎないような場合には、通常、両当事者の利益の接触地はデータバンクの所在地であるとみるべきであるから、その地点で当該取引をめぐる紛争を処理するのが公平である[65]。

(4)　インターネットを利用した国際的な電子商取引の場合にも actor sequitur forum rei が原則的ルールであっ

て、買主が原告の場合には被告である売主の住所地国に、また、売主が原告であれば被告である買主の住所地国に原則的な国際裁判管轄が認められるとする見解[66]がみられるが、アプリオリに原告や被告という訴訟上の役割のみでその住所地国に原則的な裁判管轄を認めることは、こうしたケースの場合にも国際裁判管轄法の基本理念である公平の要請に合わないのであり、妥当性を欠くのである。

## 五　一応の総括

わが国を含めて、ヨーロッパ大陸法系型の国際裁判管轄法のもとでは、一般的に、「防禦に有利に」という考慮に基づいて被告側の管轄利益を優先的に保護する actor sequitur forum rei を原則的ルールとしつつ、併せて、事件類型ごとに事件との関連性を基準にする特別裁判籍を定めるという方法がとられている。

これに対して、アメリカの国際裁判管轄法は、右のような原則的ルールを認めるのではなく、むしろ、due process 条項に基づき、被告が法廷地国と一定の minimum contacts を有する場合に当該法廷地国において裁判を受ける義務を負うとすることにより、被告の保護と併せて原告側の効果的な法的保護にも配慮するとともに、forum non conveniens の法理により調整するという方法をとっている。

こうした国際裁判管轄法の相違を契機とした国際的な司法摩擦を避けるためには、多国間条約の形で国際裁判管轄法の国際的統一を図ることが必要であり、そうした目標に向けての準備的作業として、各国は、国際的統一を可能にしうるような、中立的かつ公平で、しかもできる限り一義的で明確な裁判管轄基準を検討し、提案する必要があろう。

その際、先ず、わが国やドイツの国際裁判管轄法をはじめ、EuGVÜ が原則的ルールとしている actor sequitur forum rei については、国際裁判管轄法の基本理念であるべき公平の理念に適合しないので、原則的ルールから外す必要がある。裁判による紛争解決の場所を公平に決めようとする段階で、被告の立場に立つこと自体が不当に不利な状態に置かれるかのように解し、一方的に「防禦に有利に」という要請を優先させることは不合理だからである。もちろん、一方的に「攻撃に有利に」という要請を優先させることも不合理であって、むしろ、裁判による紛争解決の場所は、攻撃者と防禦者の便宜を公平に考慮して決定されるのが道理である。すなわち、裁判による紛争解決の場所は、両当事者が裁判を求める権利を適切に行使する実際的な便宜の面で大きな影響を与えるのであるから、裁判を求める権利を両当事者に平等に保障すべきである以上、根本的に、そうした両当事者の便宜を公平に考慮する観点から決定されなければならないのである。

他方において、裁判管轄の決定基準は、当事者が予見しうるように、できる限り一義的で明確なものでなければならないし、更に、国家的利己主義の介入という弊害を避けうる中立的なものでなければならない。その意味において、minimum contacts という曖昧な基準により自国の裁判管轄権の範囲を過大なまでに拡げるとともに、他方で自国にとって適切でないと思われる事件処理を forum non conveniens という同様に曖昧な基準により拒否しうるというようなアメリカの裁判管轄法の考え方を導入することは、法政策的に避けるべきである。また、現在のわが国の判例・学説が採用している「特段の事情」という判断枠組は、アメリカの forum non conveniens の法理を参考にしたものと思われるが、実際上は、そうした判断枠組の利用が原則化し、裁判管轄の有無を判断する段階で、常に特段の事情の有無をめぐる争いが展開され、その審理のために長時間を要することになる可能性がある。それは、取りも直さず、裁判管轄法の運用が当事者にとって予見しがたいものとなる危険を増大させるし、余計な司法摩擦を惹き起こす原因にもなろう。

そこで、国際裁判管轄法の国際的統一化を進めるためには、法的明確性や国際的中立性の要請を生かしつつ、証拠収集の便宜や、事件の迅速な解決を図るうえでの便宜などをも含めて、当事者が裁判を求める権利を行使するための便宜を公平に考慮する立場から、事件類型ごとに、裁判管轄を根拠づける基準を整序していく作業を重ねる必要がある。したがって、目標とすべき統一的裁判管轄法は、できる限り詳細に事件を類型化し、それぞれの事件類型ごとに右のような考慮を結晶させた基準を示すものとなろう。それをユートピアと批判する前に、望ましい統一化のために試行的努力を重ねるべきではあるまいか。

本稿は、右のような立場から、国際的に統一化された国際裁判管轄法の形成に向けて提言を行っていくための準備的試みとして、最近の諸学説を参考にしつつ、差し当たり再検討を要する基本的な問題点のみを指摘したものであり、各論的検討を今後の課題としたい。

（一九九九年四月）

（1） 95 U. S. 714, 733 (1877).
（2） 326 U. S. 310 (1945).
（3） Gulf Oil Corp. v. Gilbert, 330 U. S. 501 (1947).
（4） Born, International Civil Litigation in United States Courts, Second Edition, 1992, pp. 275. なお、アメリカの裁判管轄の法理については、小林秀之『新版アメリカ民事訴訟法』一七頁以下を参照。
（5） Geimer, Internationales Zivilprozessrecht, 3. Aufl., Rdnr. 1092.
（6） Wahl, Die verfehlte internationale Zuständigkeit, 1974, S. 126.
（7） Geimer, a. a. O., Rdnr. 1074, 1075.
（8） Kropholler, Internationale Zuständigkeit (Handbuch des Internationalen Zivilverfahrensrechts, Band I, 1982, KapitelIII) Rdnr. 209, 212 ; Pfeiffer, Internationale Zuständigkeit und Prozessuale Gerechtigkeit, 1995, S. 381 ff., S. 421 ; Schack, Internationales Zivilverfahrensrecht, 2. Aufl., 1996, Rdnr. 502 ; Nagel-Gottwald, Internationales Zivilprozessrecht, 4. Aufl., 1997, S. 59.
（9） Kropholler, Europäisches Zivilprozessrecht, 5. Aufl., 1996, S. 82 ; Schack, a. a. O., Rdnr. 502.
（10） 竹下守夫「判例からみた国際裁判管轄」ＮＢＬ三八六号一九頁以下、池原季雄「国際裁判管轄権」『新・実務民訴講座』七三頁以下、石黒一憲「渉外訴訟における訴の提起」『講座民訴②』二七頁以下、『注釈民事訴訟法(1)』九九頁

以下、一〇三頁以下（道垣内正人）、小島武司「国際裁判管轄」『判例民事訴訟法の理論（下）』三八三頁以下など参照。

(11) 学説の分類については、高橋宏志「国際裁判管轄」澤木＝青山編『国際民事訴訟法の理論』三一頁以下、四七頁以下、『注釈民事訴訟法(1)』一〇〇頁以下（道垣内）など参照。

(12) 例えば、小林秀之『国際取引紛争〔補正版〕』一〇九頁、『注釈民事訴訟法(1)』一〇六頁（道垣内）、『注解民事訴訟法(5)〔第二版〕』四四二頁（山本和彦）など参照。

(13) 木棚＝松岡＝渡辺『国際私法概論〔新版〕』二四八頁（渡辺惺之）参照。

(14) 例えば、『注釈民事訴訟法(1)』一一〇頁以下（道垣内）、『注解民事訴訟法(5)〔第二版〕』四四二頁（山本）、木棚＝松岡＝渡辺・前掲二四九頁（渡辺）、石川＝小島編『国際民事訴訟法』四四頁、小林『国際取引紛争〔補正版〕』一一七頁などを参照。なお、高橋「国際裁判管轄」前掲三三頁を参照。

(15) Geimer, a. a. O., Rdnr. 946.

(16) Geimer, a. a. O., Rdnr. 298 ; Linke, Internationales Zivilprozessrecht, 2. Aufl., 1995, Rdnr. 139 ; Kropholler, Internationale Zuständigkeit, a. a. O., Rdnr. 265.

(17) Kropholler, Internationale Zuständigkeit, a. a. O., Rdnr. 265.

(18) Geimer-Schütze, Europäisches Zivilverfahrensrecht, 1997, S. 69f. ; Kropholler, Europäisches Zivilprozessrecht, 5. Aufl., 1996, S. 84f. ; Hoffmann, Gegenwartsprobleme internationaler Zuständigkeit, IPRax 1982, S. 217, S. 218f.

(19) 小林『国際取引紛争〔補正版〕』一一七頁参照。

(20) もともと、コモンロー上は、住所を必ずしも裁判管轄の根拠として認めていたわけではなく、むしろ物理的な力による召喚の結果として、被告が裁判機関の面前に居るということが裁判権行使の基礎であると考えられていたのであり、そうした背景のもとで、イギリスやアメリカでは、被告が法廷地に現に居る間に送達することが一般的管轄権の基礎になると考えられてきたのである。Born, op. cit., p. 36, p. 50.

(21) Kropholler, Internationale Zuständigkeit, a. a. O., Rdnr. 104.

(22) Schack, a. a. O., Rdnr. 206, 256. また、Geimer は、actor sequitur forum rei の基礎になっている「被告の防

禦に有利に」という利益評価は強制的なものではなく、例えば原告が典型的な弱者である場合には、そうした利益評価の内容は正当性を失うと指摘している。Geimer, a. a. O., Rdnr. 1128.

(23) Schack, a. a. O., Rdnr. 192.

(24) こうした点を指摘するものとして、石黒・前掲三二頁の注(3)を参照。なお、ドイツ法や EuGVÜ の解釈において防禦者たる被告の保護を優先させるルールの沿革上の根拠として屡々引用されるローマ法上の actor sequitur forum rei について、Buchner は、当時の裁判権行使についての厳格な属地主義的建前と、欠席判決制度が認められていなかったという事情によって条件づけられた原則であって、被告の保護を目的としたルールとして捉えるべきものではなかったと指摘している。Buchner, Kläger-und Beklagtenschutz im Recht der internationalen Zuständigkeit, 1998, S. 82ff.

(25) Buchner, a. a. O., S. 85 f.

(26) Buchner, a. a. O., S. 95.

(27) Geimer, a. a. O., Rdnr. 1103.

(28) Buchner, a. a. O., S. 151 ff.

(29) Schack, a. a. O., Rdnr. 289 ; Geimer, a. a. O., Rdnr. 1497 ; Kropholler, Internationale Zuständigkeit, a. a. O., Rdnr. 373, 376 ; Linke, a. a. O., Rdnr. 158 ; Schröder, Internationale Zuständigkeit, 1971, S. 265ff., S. 269 ff.『注釈民事訴訟法(1)』一三一頁（道垣内）参照。

(30) Schack, a. a. O., Rdnr. 295, 304 ; Geimer, a. a. O., Rdnr. 1501 ; Kropholler, Internationale Zuständigkeit, a. a. O., Rdnr. 376 ; Nagel-Gottwald, a. a. O., S. 73.

(31) Schack, a. a. O., Rdnr. 304 ; Kropholler, Internationale Zuständigkeit, a. a. O., Rdnr. 376.『注釈民事訴訟法(1)』一三一頁（道垣内）。

(32) Schack, a. a. O., Rdnr. 222, 228, 293 ; Kropholler, Internationale Zuständigkeit, a. a. O., Rdnr. 376.

(33) 高橋「国際裁判管轄」前掲六二頁参照。

(34)『注釈民事訴訟法(1)』一三一頁（道垣内）。

(35) Schack, a. a. O., Rdnr. 303.
(36) Kropholler, Europäisches Zivilprozessrecht, 5. Aufl., 1996, S. 122.
(37) Buchner, a. a. O., S. 142ff., S. 145.
(38) Geimer, a. a. O., Rdnr. 1514.
(39) Schack, a. a. O., Rdnr. 301.
(40) 『注釈民事訴訟法(1)』一三一頁（道垣内）。
(41) Buchner, a. a. O., S. 132.
(42) Buchner, a. a. O., S. 133 f.
(43) 『注釈民事訴訟法(1)』一三二頁（道垣内）。
(44) 『注釈民事訴訟法(1)』一二三頁（道垣内）。
(45) Schack, a. a. O., Rdnr. 258, 259 ; Buchner, a. a. O., S. 100 ff. 『注釈民事訴訟法(1)』一二六頁（道垣内）。
(46) 『注釈民事訴訟法(1)』一二五頁（道垣内）。
(47) Geimer, a. a. O., Rdnr. 1481ff., 1486 ; Kropholler, Internationale Zuständigkeit, a. a. O., Rdnr. 351 ff. ; Schack, a. a. O., Rdnr. 260 ff. ; Buchner, a. a. O., S. 109 ff.
(48) 例えば、『注釈民事訴訟法(1)』一二五頁（道垣内）、『注解民事訴訟法(5)』四四三頁（山本）、木棚＝松岡＝渡辺・前掲二五一頁以下（渡辺）、石黒・前掲五二頁、石川＝小島編・前掲四五頁など参照。
(49) 高橋「国際裁判管轄」前掲六六頁の注(7)。
(50) Geimer, a. a. O., Rdnr. 1482 ; Nagel-Gottwald, a. a. O., S. 69 ; Kropholler, Europäisches Zivilprozessrecht, 5. Aufl., S. 102 f.
(51) Schack, a. a. O., Rdnr. 271 ; Kropholler, Internationale Zuständigkeit, a. a. O., Rdnr. 356.
(52) Buchner, a. a. O., S. 110.
(53) 石黒・前掲五二頁、『注釈民事訴訟法(1)』一二七頁（道垣内）。
(54) 石黒・前掲五二頁。

(55) 『注解民事訴訟法(5)』四四三頁（山本）、石川＝小島編・前掲四五頁。
(56) Buchner, a. a. O., S. 111.
(57) Buchner, a. a. O., S. 111. 木棚＝松岡＝渡辺・前掲二五二頁（渡辺）。
(58) Geimer, a. a. O., Rdnr. 1483.
(59) Schack, a. a. O., Rdnr. 266 ; Schlosser, Einschränkung des Vermögensgerichtsstandes, IPRax 1992, 141f. ; Buchner, a. a. O., S. 103 ff.
(60) 『注釈民事訴訟法(1)』一二六頁（道垣内）。
(61) 『注釈民事訴訟法(1)』一二四頁（道垣内）。
(62) 『注釈民事訴訟法(1)』一二二頁（道垣内）。
(63) 高橋和之＝松井茂記編『インターネットと法』二〇三頁（渡辺）参照。
(64) Buchner, a. a. O., S. 123. なお、高橋＝松井編・前掲二〇四頁（渡辺）参照。
(65) Buchner, a. a. O., S. 122.
(66) 高橋＝松井編・前掲二〇〇頁以下（渡辺）。

# 14

# パナマにおける工業所有権の保護と権利主張

三谷忠之 監訳
マルタ・アチューラ 訳



〔監訳者まえがき〕

本稿は、アチューラ女史（香川大学法学修士、パナマ弁護士協会メンバー）が英文で書き下ろしたものを本人が日本語訳を試み、それを三谷が監修訳したものである。マルタ女史にはすでに比較法雑誌二九巻三号（一九九五年一二月三〇日、中央大学内日本比較法研究所）五一頁〜八七頁に、英文での“The Judiciary System in the Republic of Panama”と題する紹介論文があり、またジュリスト一〇七八号（一九九五年一一月一日）三八頁〜三九頁に、Marta Achurra＝三谷忠之（訳）「パナマ（裁判資料保存についての各国の法制と実情）」が掲載されている。

## 一　はじめに

この数十年間に、新しい技術開発の成果が爆発的に国際市場に導入され、しかも、その速度は絶えず速くなっている。たとえば、コンピュータ、半導体、セルラーホンおよび生物工学的物品、生物工学的医薬品などの製造および進歩を含むこれらの成果は、工業所有権の法的保護を受けるのが通常である。その結果、工業所有権の十分な保護が貿易業界においてますます重要な争点となってきた。

先進諸国における多国籍企業は、工業所有権問題は世界貿易の障害になるとして、より効果的な保護をはかるよう開発途上国に圧力をかけはじめている。国際取引にかかる条約は、特許および商標のような工業所有権を含む知的所有権の適切な取扱いのための枠組みを設けている。

パナマは、このような国際的な趨勢に沿って、国際的水準に適合した工業所有権の保護を達成するための努力を現実にしてきた。そして、このことは、新しいパナマ工業所有権法の施行をみると明確である。

## 二　パナマの工業所有権立法の概観

パナマは、従来、種々の規則の制定または工業所有権に関する規則を現行法典に挿入することを通して工業所有権を保護してきた。この立法は、単一の法典または制定法として体系化されてはいないが、具体的には、工業所有権の記録保管所および登録に関する法律第四五号およびそれを規制する一九七六年二月二日の行政命令第三号、商工業省の一九六九年の行政命令第三八九号と一九三九年三月三日の行政命令第一号および一九四〇年四月二〇日の行政命令第一八号として存在する。このほか、工業所有権立法は、共和国の法典、すなわち、もっぱら工業所有権を扱っている行政法典第七編（特許）および第八編（商標）第四部、および、その補充的立法としての商法、刑法、裁判法、民法および財政法としても存在する。

国際法に関して、パナマは、一九二九年の商標保護のワシントン条約のような重要な条約を承認し、最近では、一八八三年工業所有権保護のパリ条約を承認した(1)。

パナマ法は、その数も多く、商標、特許、営業秘密その他の工業所有権問題の多くの領域を規制しているが、内国人と外国人に対してその発明と商標権の十分に平等な保護を保証する点で不適切であると考えられた。その後、国際取引のパターンが引き続き変化したことや、工業所有権の国際的保護は保護を求める国ごとに保護を与えることによるべきであるという外国投資家の見解が圧力になって、パナマは、工業所有権立法を再編することを決定した。

もっとも新しいものとしては、「工業所有権の規定に関する（concerning industrial property dispositions）」一九九六年五月一〇日の法律第三五号の制定がある。この法律は、基本的な法規を一つの制定法に統一しかつ集中化しており、現行の立法を現代化するためにいくつか変更を加えている。パリ条約および世界貿易機構条約への最近のパナマの加盟は、外国人の権利保護に関するパナマの民事法制度に不慣れな外国人にも確実性を与えている。さらにいえば、パナマは北アメリカ自由貿易協定（ＮＡＦＴＡ）の一員ではないが、その規則のいくつかを採用することによってメンバーになろうとしている。

## 三　工業所有権を保護する法源

上述したように、パナマにおける工業所有権は、一九九六年三月の工業所有権法（Ley de la Propiedad Industrial）によって保護されている。この法律は、とくに特許、商標および企業秘密を含んでいる。同法は、工業所有権の保護と権利主張の改善を目的としている。なぜなら、保護が適切でなければ、貿易に対する重大な非関税障害となるであろうからである。この目標を達成するために、パナマは、立法の模範を一九九一年のメキシコの新工業所有権法に求めた。[2] この法律は、メキシコの立法者が、本質的にGATTで採用されたものと類似したNAFTAの第一七章（知的財産権に関する特別の章）の規定に従ってそれを調整したゆえに、ラテン・アメリカでもっとも進んだ法律である。

一九九六年の工業所有権法の制定前には、時代遅れのパナマ法が、パナマ経済への外国人の不信感の一因となっていた。たとえば、一九一七年制定の行政法典は、パナマ人の特許権者には五年から二〇年の保護を与える一方、外国人には五年から一五年の保護しか与えないというように、一種の差別的取扱いをしていた。しかしながら、新法は、二〇年という標準的保護期間を設けることによって、このような差別を撤廃した（二〇条）。

本論文では紹介できないが、開放政策の他の表明として、一八八六年の文学および芸術作品保護のためのベルン条約へのパナマの加盟がある。パナマは、主たる知的財産条約のための事務局として行動する世界知的財産機構（WIPO）のメンバーでもある。

## 四　工業所有権法

パナマの工業所有権法は、特許、実用新案、意匠、商標、役務商標、商号、出所の表示、原産地の表示、広告表現ならびに営業秘密（非公開情報）の領域を規定している（一条）。同法は、パナマ・シティにある工業所有権庁（Direccion General del Registro de la Propiedad Industrial（DIGERPI））によって運用される（二条）。同庁は、商工業大臣の所轄機関であり、特許、商標その他の工業所有権の登録、取消、許諾および権利譲渡ばかりでなく、上述の領域に関する行政レベルでの紛争を担当している。同法の構成は全一一編に分けられ、各領域を詳細に規定している。その構成を刷新させることによって、重要な利点が生じている。なぜなら、工業所有権の濫用の場合の手続規定とともに実体法を含んでいるからである（一六四条）。同法の制定前には、補充的な立法として、手続法（the Procedural Law）がこれらの場合に適用された。また、工業所有権の規定は、パナマによって批准された国際条約に違反することなく適用されなければならない公序規範である（三条）。

## 1　特　許

### (1)　特許保護

パナマの工業所有権法は、DIGERPIによって発行される特許と呼ばれる法的証書（a legal title ..... named patent）を通して、発明者および発明者によって指名された当事者の権利を保護している。この証書は、その保有者（自然人または法人）に、他人が、無権限で、侵害物を製造し、使用し、販売し、販売のために提供しまたは輸入すること、および、侵害方法を使用することを差し止めることによって、一定期間発明を利用する排他的権利を保証するであろう（五条および一八条）。発明とは、技術の分野における特定の問題の解決を実際上可能にする新しい思想をいう（一一条）。

保護要件は、新規性のある思想、進歩性および産業上の利用可能性である（一〇条）。発明は、水準的技術に属さない場合に新規性ありとみなされる。すなわち、パナマにおける特許出願日前、刊行物公知、口頭の発表、販売商品化、公用その他いかなる手段によるかを問わず、世界のいずれにおいても公衆に開示されていない場合をいう。発明活動とは、当該技術分野に熟練した人が水準的技術によっても得られないような結果を生じさせる創作過程をいう（一六条）。産業上の利用可能性は、その発明が工芸、農業、鉱業、漁業およびサーヴィスなどいかなる種類であるとを問わず、産業または活動において製造されまたは使用されうるときに存在する（一八条）。

理論的または科学的原理、自然現象の発見、精神行動、ゲームまたは営業の実行のための計画、手順、規約および方法、文学および芸術作品、外科的、治療上または診断上の方法、過去の発明のたんなる寄せ集め、および、公序、道徳、国内法または国家の安全に反するコンピュータ・プログラムおよびそれらに反する発明は、発明とはみなされない（一四条）。

特許性のある対象は、三つの特許要件を充足しており、明示的に排除されていないものすべてを含んでいる。特許性なき対象には、倫理、道徳または人間の尊厳に反するとDIGERPIが考える植物、動物またはその変種の入手または生殖のための生物学的方法、植物種および動物種、生物学的自然物、植物変種ならびに遺伝子的資材がある（一五条）。

パナマでは、メキシコ法に類似しているが、アメリカ法とは異なって、発明時は、出願人の優先性を判断するのに無関係である。最先の出願人が発明者とみなされ、将来特許を取得できるであろう（三八条）。

特許保護は、今日の商業環境において非常に重要であり、実際、世界知的財産権機構の統計によると、一九九四年に世界で付与された特許の数は約六七万件に達している。さらに、一九九四年末現在で、約四〇〇万件の有効な特許が世界に存在すると推計されている。(3)

(2)　保護の範囲と存続期間

パナマの新しい法律によれば、特許の保護は、物と方法の両者を含むように拡張された（一一条）。この改正は、物と方法の両者を保護するNAFTAの一七〇九条に従おうとするメキシコの新しい工業所有権法にならったものである。この点についてのNAFTAの規定の立法理由の解説によれば、「方法の保護を定める規定は、特に重要である。なぜなら、そのような規定がなければ、悪辣な投資家は、新しいまたは類似の発明をするために特許のある（したがって開示された）方法を模倣して、最初の特許権者の技術を自由に利用して開発費用を節約することができるからである。さらに、方法特許の保護がなければ、研究および投資の費用を無駄にする危険をおかそうとしないため、発明は製品化されないままになるであろう。」である。(4)

特許期間に関しては、特許法によれば、法定手数料の支払いを条件に、出願日から二〇年間（延長不可）の保護を与えている（二〇条）。旧法では、保護期間の延長に関し、外国人とパナマ人とでは異なる取扱いがなされていた。しかしながら、パリ条約の批准によって、パナマは、「各国は外国人を自国民と同等に扱わなければならない」という約定（パリ条約二条）に従わなければならなくなった。また、ＮＡＦＴＡもＷＴＯも、出願日から少なくとも二〇年の存続期間を主張している（TRiP's art. 33）[5]。

### (3) 登　録

特許出願は、地区の弁護士を通してのみすることができる。出願には、あらゆる関連資料、たとえば、出願人の氏名および住所、発明者名、代理人の氏名および住所、発明の名称、発明の明確な記載、――もし外国の発明であれば――優先権に関するデータ、および、出願手数料支払済みの証明書を添付しなければならない。出願人は、自然人でも法人でもよい。出願人が発明者でない場合には、出願と同時に、発明の譲渡証を提出しなければならない（二九条）。

出願公開は、工業所有権公報（Boletin Oficial de la Propiedad Industrial（BORPI））に、出願日から一八カ月後になされる。しかしながら、発明の特許阻害事由が存在しないときには、出願人は、右期間の満了前いつでも公開を請求することができる。その場合、ＤＩＧＥＲＰＩは、すべての特許要件が充足されているかどうかを判断する（四七条）。特許要件不備の場合には、出願人には、誤りおよび不備の訂正のために、六カ月の期間延長――さらに六カ月の延長可――が認められる。適切な応答なしにこの期間を徒過すると、出願放棄とみなされ、ＤＩＧＥＲＰＩはその旨記載する（四五条）。あらゆる手続が終了した後に、ＤＩＧＥＲＰＩは、特許権の公的付与としての特許の許可証、すなわち、証明書を発付するであろう。この許可証には、発明の記載および名称、特許の名称および分類、特許権者の氏名および住所、発明者の氏名、出願日、存続期間ならびに特許番号および査定日が記載される（五四条）。

## 2　実用新案と意匠

実用新案と意匠は、工業所有権法の第二編第三章および第三編第一章から第三章までの章で保護されている。

### (1) 実用新案

実用新案とは、考案、ツール、器具、仕組みまたは物の形式、形態または要素の組み合わせ、および、その一部であって、それらの物のより良い、もしくは異なる作用、使用または製作を可能にするものをいう（二四条）。もしそれらが新規性および産業上の利用可能性の要件を充たせば、出願日から一〇年間（延長不可）登録することができる（二五条および二六条）。特許に関する規定は、実用新案に準用される（二七条）。パリ条約は、実用新案の取扱いに関する類似の規定を五条五項に設けている。

(2)　意　匠

意匠に関しては、法律は、実用品と一体化した場合において、その実用品に特別の外観を与え、その製造のためのひな形としての有用性を与えるような二次元または三次元の形式をいう、と定義している（六六条）。この法律によって与えられる保護には、技術的効果を獲得するためだけに使用されるデザインの要素または特長は含まれていない（六六条二項）。意匠の保護を受ける権利は、その創作者にのみ属し、複数の者が共同でデザインを創作した場合には、その権利はそれらの者全員の共有となる。この権利は、生存者間の行為または遺言によって移転することができる。しかしながら、その意匠が公務もしくはサーヴィス契約または雇用契約の履行中に創作されたときには、保護を受ける権利は、契約上の特約がないかぎり、請負人または使用者に帰属する（六八条）。

工業所有権法は、保護を受ける権利を有する者（創作者）によってパナマで意匠が最初に公表されたときから二年間保護される、と規定している。その保護によって、その権利者は、第三者がその意匠を実施すること、すなわち、保護された意匠を複製しまたは一体化した物を製造し、販売し、販売のために提供し、使用しまたは輸入することを禁止する権利を有する（七四条）。

(3)　意匠の登録

上述の保護は、工業所有権法七五条ないし八二条による登録を受ける権利を排除しない。願書は、出願人の氏名と住所、意匠の図面、所定の手数料支払済みの証明書、創作者の名前、その意匠にかかる物品の名称および国際基準による物品の分類とともに、ＤＩＧＥＲＰＩの事務所に提出しなければならない（七五条）。ＤＩＧＥＲＰＩは、出願について、方式要件のすべてが充足されているか否かを調査し、もし誤りがなければ、その公開を命じなければならない（七六条）。登録は、パナマにおける出願日から一〇年間有効であり、さらに五年間更新できる。更新のためには、出願人は、登録期間の経過前六カ月以内に延長を申請するべきであり、延長を受ける権利は、所定の手数料の支払いを条件に主張できる（七九条および八〇条）。

登録の有効性に関して、第三者は、担当裁判官に対して、無条件に、無効の抗弁を提出することができる。この抗弁権は、登録日から五年経過すると除斥期間により消滅する。ただし、登録が悪意で取得された場合には、登録の有効期間内ならいつでもその抗弁を主張することができる（八一条）。

登録要件は、その意匠が独立別個に創作されたこと、および、公知意匠と相当程度異なっていることである。また、その使用が公序良俗に反することになるひな形および意匠は、法律による保護の対象に該当しない（七二条）。

## 3　商標および役務商標

### (1)　定義と範囲

法律によって規定されている一般的な定義によれば、「その性質上、一方の当事者の商品または役務と他方当事者の商品とを識別できる視覚可能な標識、語、これらの結合またはその他の手段は、商標として機能しうるとみなされる」（八九条）。この定義は、商標に関するＷＴＯ規定にならったものである（TRiP's art. 15 (1)）。

商標の構成要素は、語または語の結合である。これには、個人の氏名、肖像、図、記号および図表、文字、数字およびその結合、物品の容器または包装などの三次元形式（ただし、その機能のみによって必然的に定まるものを除く）、ホノグラム、および、その異なった組み合わせの色彩が含まれる。本条の標識には、前述の要素のいずれかの結合も含まれる（九〇条）。

他方、特に、いずれかの国、国家組織または国際組織の紋章の無制限の複製または模造は、商標または役務商標として登録されない。以下のものも同様である。商標が使用される商品または役務の性質、成分または品質を公衆に誤認させうる三次元形式、公序良俗に反する要素、本人の承諾または本人死亡のときは相続人の承諾がない場合の他人の氏名、署名、ペンネームおよび肖像、いずれかの国の紙幣、コイン、切手および納税印紙、ならびに、それらのつづり、図形、称呼、外観または概念においてそれらと同一または類似の商標も登録されない（九一条）。それに加えて、出願人は、公衆を誤認させまたは不公正に当たる地理的表示の使用を避け、または、その登録を避けるべきである。パナマは、「不実記載的な、すなわち、商品の地理的な出所に関して公衆を誤認させる地理的表示からなる商標は登録できない」と規定するＮＡＦＴＡの一七一二条二項を国内法に導入しているからである。

(2)　著名商標

工業所有権法が保護する著名商標は、「市場または宣伝における集中的かつ広汎な作用によってもその有効性を失わず、公衆に知られている商標」と定義されている（九五条）。その保護は九八条に規定されており、著名商標の権利者は、無権限の使用および登録に異議申立てをすることができ、また、第三者が登録をした場合にはその取消を請求することができる（九八条）。パリ条約六条の二は、侵害主張地においてその所有者がその商標の使用または登録をしていない場合においても、当事国に著名商標の保護を要求することによって、本条を強化している。そのような保護によって、著名商標の権利者は、未だ参入していない地域市場においても不公正な取引を禁止することができる。

(3)　商標登録制度

法は、商標および役務商標の登録は、国際的な分類制度に関してかつ国際的分類制度に従ってなされるであろう、と規定している。そして、製品または役務の分類に関する疑問は、ＤＩＧＥＲＰＩによって決定される、としている（九四条）。この規定は、まったく不明確である。なぜなら、本条は「国際的な商品・役務分類制度」を定める具体的な制度または国際条約に触れていないからである。本条は、パリ条約、ＧＡＴＴおよびＮＡＦＴＡのような重要な国際協定にパナマが従うよう命じているものと思われる。もっとも、パナマはNAFTAのメンバーではないが、NAFTAは、多くの国によって承認されている国際的基準を設けている。

たとえば、NAFTAの一七〇八条では、商標の登録によって不利な影響を受ける利害関係人がその登録の取消を求めうるとの規定を含む登録制度を国内法化するよう各当事国に要求している。そのような登録制度は、使用に基づく未登録商標の保護を排除するものではない。さらに、当事国は、現実の使用を条件に商標の終局的登録をすることができる。しかし、商標の使用を出願要件として強要することはできない。いずれにせよ、商標は、その登録を有効に維持するために最終的には使用されなければならない（一七〇八条八項）。WTOもまた、同旨の規定を維持している（TRiP's art. 19）。パナマはこれらの規定の多くを遵守しているが、パナマの工業所有権法は、使用を登録の有効要件としている。しかし、商標が使用されていないときでも、最先の出願人、または、商標がすでに他の国で出願もしくは仮出願されているような場合には、最優先権を有する者に登録が認められるであろう（九六条および九七条）。

世界的に商標の役割がますます増加しているという証拠は、

「世界で一九九四年になされた商標の登録および更新の件数は約一一〇万件であった、と予測される。この数は、おおよそ二二〇、〇〇〇件の国内の登録または更新に相当するマドリード協定による二二、〇六九件の国際登録および更新を含んでいない。一九九四年末現在で八〇〇万件以上の商標の登録が有効に存続している。この数字は、約三〇〇万件の国内登録に相当するマドリード協定による約三〇万件の国際登録を含んでいない。」

と指摘している世界知的所有権機構によって提供されている統計によって示される。(6)

(4)　登録の有効期間

商標および役務商標は、出願日から一〇年間DIGERPIに登録され、その後は、何回でも一〇年間更新できる（一〇九条）。更新登録出願は、登録期間満了後一年六カ月以内になされなければならない。更新せずにこの期間を経過すると、登録は失効する（一一〇条）。

更新は、公開の対象とはならないのであり、権利者以外の者からは請求できず、前の登録の期間満了の日から効力を生じる。更新登録出願が所定の要件を満たしている場合には、ＤＩＧＥＲＰＩは、出願人に登録査定の謄本を発行することになる（一二一条および一二二条）。

(5)　放　棄

不使用の十分な理由が証明されないかぎり、連続して何年も商標の不使用を続けると放棄が推定される。ＮＡＦＴＡによれば、連続二年間であり、ＷＴＯは、少なくとも三年間の不使用を放棄推定条項援用の要件としている（TRiP's art. 19）。十分な理由とは、ＮＡＦＴＡによれば、「商標権者の意思と無関係な、商標の使用の阻害事由」とされている（Art. 1708 (8) of NAFTA）。ＷＴＯおよびＮＡＦＴＡのような国際機関による商標放棄の特別処置に対応して、パナマの工業所有権法は、連続した五年以上の不使用を放棄推定の要件としている（一三八条の二）。

(6)　登録の取消および無効

商標は、登録の取消、放棄、連続五年以上の不使用による放棄、更新登録出願なき場合の登録期間の満了、登録の無効確認および取消を命じる終局判決によって消滅する（一三八条）。

第三者は、商標異議手続（the trademark opposition proceedings）を通して、登録の取消もしくは無効またはその両者を申し立てることができる。申立期間は、登録日から一〇年以内である。ただし、悪意の出願にかかる登録の場合には、登録期間中いつでもその申立てをすることができる（一三九条および一四〇条）。

(7)　使用許諾

登録商標権者は、契約により一人または複数の当事者に対して指定商品または役務の全部または一部について商標の使用を許諾することができる。権利者は同時に、自己のために商標の使用権を留保することもできる（一二一条）。使用許諾を得るための申請は、地区の弁護士によってＤＩＧＥＲＰＩに願書を提出しなければならない。その場合、願書の記載事項は、次のとおりである。当事者の氏名または会社名、国籍または設立地、住所および識別番号、登録番号および登録日を特定した当該商標の記載、指定商品または指定役務の明細、ならびに、許諾のタイプ・期間（一二二条）。

使用許諾は、使用権者が使用許諾とともに技術援助を受けるときには、フランチャイズの要件をみたす。このような場合、実際の目的は、その商標によって識別される商品および役務の品質、名声および肖像を保護するために、商標権者が確定する基準、商業的および管理方法に適合した商品および役務を製造し、販売しまたは提供することにあるからである（一二六条）。

強制的使用許諾制度はパナマ法には存しない。いずれにせよ、それはＮＡＦＴＡでもTRiP's条約でも認められていない。

## 4　原産地表示

### (1)　定　義

原産地表示は、商品または役務の出所たる国もしくは国家群、地方または特定の場所の名前を示すために使われる表示または記号である。また、それは、商品などの品質および特性が、自然的または人的要因を含めて、場所または地域にもっぱら関連しているときには、その特定の地方からの製造物であることを明示するために使われる国、地方または土地の地理的名称も原産地表示とみなされる（一三一条および一三二条）。

### (2)　保　護

工業所有権法一三一条以下によれば、製造物の産地の名前は、ＤＩＧＥＲＰＩによる認定および官報（ＢＯＲＰＩ）での公示によって保護されうる。それぞれの産品などの製造者は、そのような保護を申請することができる。

## 5　営業秘密法

パナマでは、営業秘密法が工業所有権法の八三条から八九条までに規定されている。これによって、はじめて営業秘密がパナマ法によって適切に保護されることになった。

(1)　定　義

パナマ法による営業秘密は、工業所有権法八三条により定義されている。すなわち、会社または個人によって秘密維持手段が採られており、かつ、第三者に対する経済的または競業上の利益を獲得しまたは維持するために用いうるあらゆる工業的または商業的情報を意味している。

(2)　営業秘密の要件

パナマ法では、次の三つの要件を営業秘密の要件としている。

パナマ工業所有権法八三条によって設けられている第一の要件は、秘密性である。秘密と考えられるためには、その情報は、公知であっても、また、その技術分野の専門家にとって自明のものであってもならない。

第二に、その情報は、正当権利者の営業上利用され、かつ、正当権利者が競業上の利益または経済的利益を維持するのを可能にするものでなければならない。営業秘密は、製造物、製造方法、製造物の流通または販売方法に関連していなければならない。

第三の要件として、正当権利者は、無権限開示を禁止し、秘密情報の入手を制限するための合理的な手段、方法または制度を採用していなければならない。すなわち、秘密性だけでは不十分であり、厳格な秘密維持手段が、営業秘密の要件として不可欠である。

重要ではないが、他の要件として、八五条によれば、文書、電子または磁気メディア、光ディスク、マイクロフィルムまたは類似の媒介などの記録媒体に固定されていることが必要である。

(3)　不正入手

不正入手の定義は、工業所有権法八七条にある。専門職関係の存在、および、与える情報が秘密であったとの警告が要件とされている。また、同法八八条によれば、違法な手段による入手は、営業秘密保護規定の侵害となる。また、同法は、無権限開示の禁止をも規定している。無権限開示が成立するのは、従業員もしくは正当権利者と専門職関係を有する者、または、第三者が誠実な商慣行に反する方法で情報を入手するときである。この場合の違反者は、その行為について責任を負い、秘密開示を直ちに中止し、損害賠償の支払いが命じられるであろう（八七条および八八条）。

## 6 商　号

商号については、パナマ工業所有権法第三部第八章の一四五条から一五五条までに規定されている。

(1) 定　義

同法によれば、商号は、企業を表示するために企業の名称または表示として使用される実名または架空の名称である、とされる（一四五条）。

(2) 保　護

次のものは、登録できない例である。他人の商号または著名商標と同一の、もしくは類似の商号、その内容が公衆を誤認させまたは公序良俗に反する題銘、地域団体、宗教団体または慈善団体が、その産品、礼拝、習慣もしくは宗教実践を表示するために使用する言葉、文字または記号（ただし、これらの団体が自己のために使用する場合を除く）（一四六条）。

商号登録を受ける権利は、その使用を要件とすることができる。しかし、その排他的使用権は、DIGERPIに登録することによってのみ付与される（一四七条）。その出願は、地区の弁護士を通してなされなければならず、出願人の氏名、国籍、住所および身分を証する書類、法人の場合は、会社名、設立地および住所、そして、登録される商号の表示を記載しなければならない（一四八条）。出願とともに、記載事項を証明する文書が提供されなければばならない。

商号は、出願日から一〇年間DIGERPIに登録され、一〇年ごとに更新できる。商号登録の更新は、官報に公示されず、権利者以外の者によって要求されえない（一五二条）。商標および役務商標の更新要件は、商号に準用される。最後に、商号に関する事項について疑問があるときまたは明文規定が存しないときには、商標の規定が準用される（一五五条）。

(3) 取　消

商号の取消は、職権によりまたは第三者が登録を受ける権利を主張するときになされる。職権による取消は、放棄、更新出願なき場合の登録期間の満了および会社の営業の中止を意味する。

## 7　広告に関する表現

これは、パナマの工業所有法の第三部第九章一五六条から一六一条に規定されている。

(1) 定　義

広告に関する表現とは、工業所有権法一五六条によれば、公表文、題銘、説明文、モットー、成句、言葉の組合せ、デザイン、記録された手段または類似のものであって、消費者または利用者の注意を製品、商品、サーヴィスまたは会社にひきつけるために自らの発想により、かつ、特徴的な方法で、使用されるものをいう。商標および商号は、同一権利者のために一度登録されると、広告に関する表現の一部となりうる（一五七条）。

(2) 保　護

広告に関する表現に与えられる保護は、全体としての表現を対象とし、一部を別々に保護するのではない（一五九条）。広告に関する表現の登録は、出願日から一〇年間有効である。その後、一〇年ごとに何回でも更新できる（一六〇条）。広告に関する表現の登録、取消および無効に関する事項に疑問があるときおよび明文規定が存しないときには、商標の規定が準用される（一六一条）。

## 8 工業所有権の権利主張

工業所有権の権利主張は、行政手続または裁判のいずれかによってすることができる。制裁はほとんどもっぱら刑法による。刑事裁判または別個の民事訴訟によって、損害賠償を請求できる。工業所有権の権利主張手続は、時間と経費を要する。

(1) 行政手続

特許、商標または企業秘密に関する出願または申立ては、パナマでは工業所有権庁に対してなさねばならない。出願または申立ては、書面でかつスペイン語でしなければならない。利害関係人またはその代理人（かれは裁判上の代理権の委任状を提出しなければならない）は、出願書または申立書に署名しなければならない。行政手続には、DIGERPIによってなされるあらゆる査定に対する異議申立手続が含まれる。行政上の裁決を求める申請書には、申請人および相手方の住所・氏名、申請の目的、事実および申請の根拠となっている法律の規定の表示が含まれる。

もし特許出願が拒絶された場合には、その通知の日から一〇日以内に、工業所有権庁に書面で、再審査の請求をすることができる。そして、控訴の場合には、当事者は、一〇日以内に救済原因を提出し説明する。行政手続における当事者は、行政行為に対する控訴を決定する最高裁判所の第三行政事件部に上告することができる。

(2) 民事的権利主張

工業所有権法一六七条は、同法によって保護されている権利を侵害する者から損害賠償金を得る民事訴訟を許している。民法上の救済手段もまた利用することができるが、ある場合には、実践的ではなく理論上可能というにすぎない。当事者間に契約が存するときには、契約法に基づいて損害賠償を求めることができよう。工業所有権法によれば、被害者は、民事の損害賠償請求訴訟を提起することができる。

工業所有権の濫用は、たとえば出所混同を生じさせる程度に類似した商標の使用、あたかも特許または登録商標によって保護されているかのような誤認を生じさせる商標の使用、特許品や実用新案品の無権限の生産、販売、使用もしくは販売のための提供または無権限の意匠の複製ないし実施許諾に対しては、刑事罰とは別に、二〇万ドル以下の罰金と侵害者の事業の一時的（少なくとも連続三カ月）または永久的閉鎖の制裁が課される。その事業がコロン自由区（the Colon's Free Zone）、免税区（duty-free zone）または輸出加工区（export processing zonens）に存する場合には、罰金は、取引月額の二五％であるが、七万五千ドルを下限とする。常習犯の場合には、営業停止は一年まで延長され、罰金は最高額の四倍に増額される（一六四条および一六五条）。

罰金の支払いおよび損害の賠償とともに、原告は、侵害行為の中止、侵害行為の継続または反復の防止手段および官報での有罪判決の公告を要求することができる（一六九条）。

また、トライアルの裁判官は、侵害の用に供されたあらゆる模造品および機械の没収を命じることができる。その後、没収品はすべて、当該商標などを除去した後、慈善目的で無償で寄贈されるであろう。それにもかかわらず、当該商標などの製造物からの除去が不能であり、かつ、その所有者が寄贈に同意しない場合には、それらは所管官庁によって廃棄されるであろう（一六六条）。

工業所有権の侵害差止請求訴訟を提起する権利は、違法行為が行われた最後の日から六年を経過したとき、時効により消滅する（一六八条）。

(a)　手続および管轄権　　民事手続は、商標、商号、意匠または広告に関する表現の登録と異議の手続、および工業所有権の無効、期間満了、取消および工業所有権の濫用の確認を含む（一八一条から一九九条まで）。

管轄権――パナマの工業所有権法は、工業所有権に関する訴訟はパナマの独占禁止法（一九九六年二月一日の法律第二九号）一四一条および一四三条所定の裁判所の専属に属する、と規定している。これらの条文は、独占禁止事件の管轄権を定めている。一四一条によって、三つの新しい巡回民事裁判所がパナマ第一裁判巡回区に設けられ、コロン地方にも一つ設けられた。さらに、三つの巡回民事裁判所が、コウクル、キリキおよびロス・サントスに設けられた。一四三条は、独占禁止事件における上訴を審理判断する新しい高等裁判所を設けている。この新しい高等裁判所は、第一裁判地区の第三高等裁判所（the Third High Court of the first judicial district）という。

手続——訴状の編綴後、訴状は被告に送達され、被告には、それに答弁しまたは反訴を提起するのに五日間の猶予が認められている。反訴もまた、五日の猶予を認めて原告に通知される。いったん訴訟が開始され、審尋の期日を指定する決定が送達されると、通知はすべて、訴訟が一カ月以上も休止していた（paralyzed）としても、公告によってなされなければならない。この規則の例外は、訴訟を終わらせまたは訴訟の続行を妨げる終局判決または決定の送達である。

審尋の日に、当事者は、出廷し、かつ、自己の権利の防御のために必要な証拠を提出しなければならない。審尋の開始の前の延期は、一度だけ、正当な理由があれば許されるであろう。延期が求められなければ、トライアルが出席当事者によって続けられるであろう。しかしながら、いずれかの当事者が第二回目の審尋に出席すれば、裁判官は、請求とその答弁とともに提出された証拠に基づいて事件を判断する判決を言い渡す（一八八条）。

審尋をして相当の証拠説明を得た裁判官は、トライアルの日に原因を判断する判決を言い渡すことができる。さもなければ、裁判官は、二〇就業日を超える期間後に判決を言い渡さなければならない（一九一条）。

(b)　第二審　第二審で、当事者は、第一審で提出されたが調査されなかった証拠だけを提出できる。いずれにせよ証拠調べは、一〇日以内（延期不可）になされるであろう。裁判官は、一〇就業日以内に控訴判決を言い渡さなければならない（一九四条）。裁判所費用は、裁判官が敗訴者が証拠上善意で行動したと考えるときを除き、敗訴者が負担することになる（一九六条）。

(3)　刑事的取締り

パナマの刑法三八二条によれば、無権限の、特許品の製造、輸入、販売、または、特許方法の使用は犯罪の構成要件をみたす。この場合の侵害に対しては、一年以下の投獄の刑または一日の最低賃金の二〇倍から一五〇倍の罰金が科せられる。

さらに、公務員が知得した営業秘密を自己の利益のために第三者に開示しまたは使用する行為も犯罪を構成する。二つの構成要件が充足されなければならない。すなわち、違反者は、①公務員でなければならず、かつ、②犯行時において、違反者は、秘密であることを知っており、かつ、経済的利益を得るために営業秘密を開示したことである。この犯罪に対する罰則は、三年以下の投獄または一日の最低賃金の一五〇倍から二〇〇倍の罰金である（刑法三八三条）。

最後に、虚偽の商標の使用または正当な商標の無許諾使用は、重罪（a felony）を構成する。前者の場合の罰則は、二年以下の投獄と一日の最低賃金の一〇〇倍ないし二〇〇倍の罰金である（刑法三八四条）。そして、後者の刑罰は、一年以下の投獄である（刑法三八五条）。

検事局（the Attorney General's Office）は、職権でこの重罪の捜査を開始しなければならない。すなわち、無権利者は、調査のための請願書（a petition）を提出する必要はなく、また、訴訟を支持するための証拠を提出する必要もない。しかしながら、権利者は、捜査の助けになる証拠、その他のもの（evidence and other elements）を提出するために、訴訟の第三当事者として捜査に参加することができる。この場合には、第三当事者は、弁護士を任命することができ、二〇〇〇ドル以上五〇〇〇ドル以下の保証金を支払うであろう。権利者は、私的検察官（a private prosecutor）として参加することもでき、この場合、その者の行為は、刑事訴訟上の規定によって規制されるであろう（工業所有権法一七五条）。

## 五　批　判

パナマの工業所有権法に対する主要な批評の一つは、ソフトウェアの特許を許していないことである。したがって、外国の特許、たとえば、コンピュータ・ソフトウェアにかかるアメリカ特許は、パナマでは認められない。この事実は、コンピュータ・ソフトウェアの法的保護が異なる結果、パナマの主たる貿易国であるアメリカのような国とパナマとの間の貿易障害となりうる。

## 六　結　論

特定の国の工業所有権制度は、技術革新の刺激剤として作用する技術移転において、主要な役割を果たしている。たとえば、特定の特許の場合には、発明を商業的に実施する排他的権利は、その会社の開発研究費の財源となる。また、特許の実施許諾は、新技術の普及を促進する。そして、このような事情を認識しているパナマは、工業所有権制度全体を改編し、パリ条約を承認した。新しいパナマ工業所有権法は、非関税障壁の全面排除という国際貿易上の要求に対処するため、工業所有権を適切に保護している。この立法は、NAFTAおよびWTOのような地域的・多国間貿易条約の基本条項を含んでいる。

新法の成果や達成度を予測することは時期尚早であるが、国際的意見および国内の意見は、その実施に好意的であり、高度技術の開発の分野への外国投資の促進を助長するとの信頼感を表明している。

パナマにとって、よりよい新立法の承認は、工業所有権の保護のような貿易関連問題の最終的解決を意味しない。しかしながら、この立法は、すばらしい出発点であり、構造改革と確約を通しての、適切な準備と一体化されるならば、パナマは、確実に、工業所有権保護について先進国的な見方へと接近するであろう。

他方において、パナマは、NAFTAへの即時加入を真剣に求めるかもしれない。パナマでは法改正を実行したとしても、古い組織のいくつかが温存され、パナマ自体がそのような機構に入ることを妨げてきたのである。したがって、パナマは、新法の実施を早めるかもしれない。何度か遅延はしたが、最終的に一九九六年一〇月に、WTOの構成員としてパナマが、受け入れられたことは、工業所有権立法の国際化途上のよき一歩である、といえる。

私は、この論文を、工業所有権の保護に関する世界工業所有権機構の宣言を引用して締めくくりたいと思う。

「工業所有権の保護は、それ自体目的ではない。それは、創造的活動、工業化、投資および誠実な貿易を奨励する手段である。これはすべて、人間生活における、より高度の安全と快適さ、貧困の減少および美の増進に貢献することを目的とする。(7)」

(1)　一九九五年七月一三日の法律第四一号は、パナマ共和国の領土内で適用するために、工業所有権の保護のためのパリ条約を承認している。

(2)　メキシコは、最近、NAFTAによって受け入れられると思われる工業所有権法をさらに改正した。この法律は、申請者が特定の事件に適用される法律が一九九一年法であるか一九九四年法であるかの選択権を申請者に認めている。"NAFTA and GATT Intellectual Property Issues", LADAS & PARRY, Published December 1994.

(3)　World Intellectual Property Organization, "International Protection of Industrial Property", Bulletin of this Organization in the Net, 1996.

(4)　See, Lori M. Berg, The North American Free Trade Agreement & Protection of intellectual Property: A covering view, Journal of Transnational Law & Policy at 8 (citing Alan Wright, Comment, The North American Free Trade Agreement (NAFTA) and Process Patent Protection, 43 AM. U. L. Rev. 603, 607).

(5)　NAFTAは、正規の承認手続によってひきおこされた遅滞を補償するために、適切な事件であれば、特許保護期間の延長を各当事者に許している。ただし、要求はしていない (Art. 1709-12)。

(6)　See, supra note 3.

(7)　See, supra note 3.

# 15 確定判決の反公序性とその効力に関する一試論

岡田幸宏



## 一 はじめに

民事訴訟において判決が言渡され確定した場合には、判決はその種類に応じて、既判力、執行力、形成力といった判決効（いわゆる判決の本来的効力）を有することになる。しかし、これらの判決効は、必ずしもそれを争うことのできないような絶対的なものではない。例えば、民事訴訟法は、再審制度を設けて、一定の要件のもとで確定判決を取り消す可能性を認めているし（民訴法三三八条以下）、また、定期金賠償判決の基礎となった事情が口頭弁論終結後に著しく変動した場合には、訴えをもって確定判決の変更を求めることも認めている（民訴法一一七条）。さらには、判決が確定しても判決効そのものが生じない場合のあることも一般に認められており、判決の無効、あるいは判決の当然無効とよばれている。

さて、どのような場合に確定判決が無効となるのか、すなわち判決効を有しないかについては、学説上、様々な見解が主張されてきているが[(1)]、本稿は、判決の無効の問題一般を扱うのではなく、確定判決の「反公序性」という観点から、この問題についての検討を試みるものである。というのも、民訴法一一八条三号が、外国判決の承認要件として、（外国裁判所の確定）「判決の内容及び訴訟手続が日本における公の秩序又は善良の風俗に反しないこと」と規定していることが注目されるからである。外国判決の承認についてわが国では、承認の要件を充足すれば、何らの特別の手続を経ることなく、法律上当然に承認の効果が発生すると解されている（いわゆる自動的承認の原則）が、このことを前提とするならば、民訴法一一八条三号、すなわち外国判決の承認における「公序（ordre public）」に関する規定（以下、公序条項という）は、わが国の公序に反する外国判決は、わが国領域では判決効を有しない、すなわち、わが国領域では無効であることを意味する規定であると評価することもできるからである。とすれば、同様に、「内国」確定判決もその判決の内容及び訴訟手続がわが国の公の秩序又は善良の風俗に反する場合には、やはり無効と解することができるのではないか、あるいは無効と解すべきではないか、が疑問としてわき上がってくるのである。

そこで、本稿ではまず、確定判決の反公序性とその判決効を議論する端緒として、外国判決の承認要件としての公序条項に検討を加え、内国確定判決の効力を論ずる際の視座を得たいと考える。その際には、公序条項とは何か、民訴法一一八条では、「判決の内容及び訴訟手続が」と規定されているが、この部分をどのように読むべきか、また、公序条項における公序の内容とは何か、等々が問題となる。ただし、この点についてはすでに別稿で詳細に述べる機会が与えられたので[(2)]、本稿ではその概略を述べるにとどめたい。次に、外国判決の承認の場合と同様に、わが国の公序に反する内国判決も、わが国領域では判決効を有しない、つまり無効であると解することができるのではないか、またそう解すべきではないか、といった問題を扱う。はたして、わが国の公序に反する内国判決は、わが国領域では判決効を有しないと解することができるのか、またこれが肯定されるとして、どのような場合にまた何をもって内国確定判決が公序に反すると解されるのか、をここでは検討したい。外国判決の承認における公序条項についての知

見・視座を参考にしつつ、これらの問題についての検討を試みることにしたい。(3)

## 二　外国判決の承認における公序要件――その役割と内容

### 1　公序要件（公序条項）とは

国際的な私法上の紛争、いわゆる渉外紛争が発生した場合に、これを解決する手段として、外国国家裁判権、すなわち外国の裁判所にその解決を委ねる場合がある。ところが、各国の習俗や生活規範は多様であり、また法秩序や法制度も各国ごとに様々なバリエーションがある。このことを考慮すれば、外国国家裁判権による紛争解決、すなわち外国判決が、内容的にあるいは手続的に自国の法秩序に反する場合のあることは十分に予測されうる。もちろん、各国はその訴訟法秩序として、外国判決の自国領域内における効力を一切認めないという態度もとりうるのであるが、この点わが国は、多くの諸外国と同様に、外国判決の承認の規定（民訴法一一八条）をおき、また執行判決の制度（民執法二四条）を設けて、外国判決が一定の要件を満たす場合に、その内国における効力および執行の可能性を認めている。

しかし前述のように、外国判決については、その内容および手続がわが国の法秩序に反する場合がないとは言い切れず、いわばフリーパスの状態で、外国判決の承認・執行を認めると、わが国の私法秩序に混乱を引き起こす可能性も否定できない。そこで、ここに一応の調整が必要とされ、法律上の手当てが図られることになる。いわゆる公序条項による規制がそれにあたる。わが国では、外国判決の承認の要件として民訴法一一八条三号にあげられている、「判決の内容及び訴訟手続が日本における公の秩序又は善良の風俗に反しないこと」が、外国判決の承認制度における公序条項にあたる。(4)そして、この公序条項が、外国判決の承認・執行制度と自国法秩序維持との調整弁としての役割を果たすことになる。

## 2　公序条項の内容

民訴法一一八条三号は、外国判決が「日本における公の秩序又は善良の風俗に反しないこと」を承認要件として規定する。つまり、外国判決の承認・執行についての公序（ordre public）条項として、いわゆる公序良俗（öffentliche Ordnung und gute Sitten）に反することがあげられている。まずは、公序条項でいうところの公序、すなわち ordre public の意味での「公序」と「公序良俗（öffentliche Ordnung und gute Sitten）」の関係を明らかにしておく必要があろう。両者について、わが国では一般に公序という同一の術語が用いられているため、概念上の混乱が生じる可能性があると考えるからである。ちなみに、民法九〇条に関して、「公ノ秩序」とは、国家秩序の一般的な利益を指し、また「善良ノ風俗」とは社会の一般的道徳観念を指す、しかし、理論上、両者は明瞭に区別できず、また区別する必要もない、と一般に説明されているが[5]、基本的に、この説明は、民事訴訟法一一八条三号の公序良俗を説明する際にも妥当しよう[6]。ただし、以下に述べるように、この説明じたいが実質的な意義を有するものではない。

さて、前述のように、わが国の外国判決の承認における公序条項としては、「公序良俗」が規定されているのであるが、公序条項として規定されているのは、必ずしも「公の秩序又は善良の風俗」に限られるものではない。例えば、大正一五年改正前の旧々民訴法においては、外国判決の承認に関する規定は存在せず、その五一五条に執行に関する規定のみがおかれており、公序条項としてその第二号に「本邦ノ法律ニ依リ強テ為サシムル事ヲ得サル行為ヲ執行セシム可キトキ」が規定されていた。また、母法国であるドイツに目を転じれば、外国判決の承認に関する公序条項として、一九八六年の改正以前のZPO三二八条一項旧四号では、「判決の承認が善良の風俗又はドイツの法律の目的に反する場合」と規定されていたし、改正後の現行法では「判決の承認が、ドイツ法の重要な原則と明らかに反する結果になる場合、特に承認が基本権と一致しない場合」と規定されている。ちなみに、ドイツでは仲裁判断につき、内国仲裁判断の取消事由として、ZPO一〇四一条一項旧二号では、「仲裁判断の承認が善良の風俗又は公の秩序に反する場合」が、また外国仲裁判断の承認について同法一〇四四条二項旧二号では、「仲裁判断の承認が善良の風俗又は公の秩序に違反する場合、特に仲裁判断が当事者にドイツ法において禁止されている行為を命じる場合」が規定されていたが、一九八六年の改正で、両規定は、「外国判決」が「仲裁判断」と代わる他は、外国判決の承認における公序条項と同一の文言に統一されている。

ところでこのように、公序条項として、抽象的かつ多様な文言や内容が規定されていることから、逆に、公序条項がどのような文言や内容で規定されていたとしても、そのことはとりたてて重要でないことが推測される。とりわけ、ドイツにおける一九八六年の改正で文言の修正がなされた際に、公序条項について内容上の変更を加えようとするものではない、と明確に立法理由書で述べられていることは、このことを明白にものがたるものである。[(7)] 思うに、ここにいう公序とは、外国判決（あるいは仲裁判断）という自国の裁判権以外の裁判に対して、自国の裁判と同様の効力をその領域内で認めるにあたって、自国法秩序の維持のために一定の調整を図る規準を意味する。したがって公序条項としては、そこに自国法秩序維持のために必要な限りで調整を図るという態度が宣言されていれば、すなわち公序条項であることが客観的に認識できるような規定であれば、公序条項としては十分ということになる。具体的にそこに掲げられているものが、「公序良俗」でも「法律の目的」でも、また「法の重要な原則」であっても構わない。むしろ重要なのは、どのような場合に、国家は調整を図る必要性を感じるのか、ということである。しかし、この必要性の感じ方は、各国それぞれに異なりうるし、また同一国でも、時代によって異なる可能性がある（公序の相対性）。以上を前提とすれば、公序（ordre public）と公序良俗（öffentliche Ordnung und gute Sitten）の関係は、次のように解されよう。すなわち、「公の秩序」「善良の風俗」という概念は、「公序（ordre public）」という上位概念に包摂されるべき下位概念、もしくは説明概念であり、民訴法一一八条三号は、「公の秩序」「善良の風俗」という下位概念をもって、「公序」を規定しているにすぎず、民訴法一一八条三号の解釈では、公序の本質と内容の理解に努める必要がある。

それでは公序の本質あるいは内容としてどのようなものを把握すればよいのか。前述のように、公序が自国法秩序維持のために必要な限りで調整を図る基準であるとすれば、公序の審査においては、わが国の法秩序にとってどこまでが耐えうるもので、どこからが耐え難いものになるか、という判断がその核心部分を占めることが極めて多くなる。(8) そのため、特定の実定法の規定、例えば強行規定だからということのみから公序の判断規準を導き出すことはできない。むしろ実質的判断基準として機能する公序とは、わが国の法秩序にとってどこまでが耐えうるもので、どこからが耐え難いものになるか、という点についての評価尺度となりうる、わが国の法制度を背後で支えている基本的な考慮・価値観であると考えられる。いみじくも、いわゆる萬世工業事件につき、最高裁がその判決中で用いた(9)、法制度の「基本原則ないし基本理念」と言い換えることも可能であろう。

基本的考慮・価値観、あるいは基本原則ないし基本理念が公序の内容として把握されるのであれば、実体的公序の内容としては、『法的安定・法的平和』、『健全な経済関係の維持・確保』、『財産権の保障』、『被害者に対する正当な補償』、『健全な婚姻・家族関係の維持・確保』、『平等主義』、『思想・信条・信教の自由』、『弱者の保護・福祉』、『平和主義・国際協調主義』、等々が、日独の判例等を参考にすればあげられよう。また、同様に手続的公序の内容としては、『裁判の公正』、『基本的人権の尊重』、『法治国家原則』、『人間の尊厳』、『法の下の平等（とりわけ武器平等）』、等々があげられよう。

### 3　公序適用のファクター

(1)　外国判決の承認結果の反公序性

まず、外国判決の承認が公序違反を理由に排除されるのは、外国判決の内容及び訴訟手続じたいが公序に反する場合か、それとも外国判決の承認（の結果）が公序に反する場合か、が問題となる。ドイツでは、ZPO三二八条一項旧四号に「判決の承認が……」と規定されていたため、従来から、外国判決が公序違反を理由に排除されるのは、外国判決の承認（の結果）が公序に反する必要があると解されてきており(10)、さらに前述のように、一九八六年の改正によってこの点が一層明確にされている。他方、わが国の民訴法一一八条三号は「外国裁判所の判決及び手続が……」と規定されるのみである。(11)この点は、抵触法上の公序条項である法例三三条に、外国法の適用が公序違反を理由に排除されるのは、外国法の規定そのものが公序に反するのではなく、外国法適用の結果が公序に反する必要があると明文をもって規定されていることと対照的である。ただし、この条文は、平成元年に改正されたものであり、改正前の法例旧三〇条では「規定カ公ノ秩序又ハ善良ノ風俗ニ反スルトキ」と規定されていたため、外国法適用の排除について、外国法の規定そのものが公序に反する場合か、それとも外国法適用の結果が公序に反する場合かをめぐる問題が存在していた。改正条文は、当時の学説・判例における支配的な立場(12)によったものである。とすれば、民訴法一一八条三号についても、法例旧三〇条におけるのと同様の議論をする余地もあるが、この点、解釈論としては、ドイツ法と同様に、外国判決の承認が公序違反を理由に排除されるのは、外国判決の内容や手続ではなく、外国判決の承認の結果が公序に反する場合であると解すべきであろう。

次に、抵触法上の公序に関する国際私法の通説は、公序違反となるための要件として外国法の規定内容の反公序性をも問題にするのであるが、(13)外国判決の承認における公序についても、外国判決の内容や手続じたいの反公序性を要求すべきか。この点、国際私法の通説を民事訴訟法上の議論に転用することは避けられるべきであろう。公序の目的が自国法秩序の維持である以上、外国判決の承認結果について自国の法秩序が乱されるか否かを問題とすることが必要なのであり、またそれで十分であると考えるからである。また、国際私法の場合には、具体的な結論の不都合は公序の問題ではなく連結政策の問題として扱いうる場合もあるのに対して、外国判決の承認についてはそのような代替的回避手段が存在しないからである。判決内容や手続じたいが公序に反すると判断される場合はもちろんのこと、仮に判決内容や手続じたいに反公序性がない場合であっても、内国関連性の強さや、実体的公序と手続的公序との相互の関連、その他諸般の事情から、その判決を承認する結果が公序に反するのであれば、民訴法一一八条三号によってその承認は拒絶されるべきであろう。(14)

(2)　内国関連性

国際私法では、公序違反となるための第二の要件として内国関連性が要求されている[15]。公序の発動に絞りをかけるためにこれを要求してきたものといえるが、外国判決の承認においても内国関連性を要件化する必要性があるのかは議論の余地がある。思うに、内国関連性の要件は、いわば、判決の承認結果の反公序性を問題とすることの必然的な帰結であり、判決の承認結果に反公序性がないと考えられる場合の要件化として考えることができよう。そのような事件が承認・執行において問題になるかは別にして、そもそも内国関連性のない事件では、判決の承認結果の反公序性を問題とするまでもなく、自国の公序を持ち出す必要がないと考えられる。また、一応の内国関連性は認められるものの、その強弱によって、判決の承認結果の反公序性がないと判断される場合がある。

例えば、米国人原告と米国人被告との間で、萬世工業事件と同様の懲罰的賠償判決が言渡され、たまたま被告がわが国に有していた財産に対して執行が求められたような場合、わが国の裁判所は懲罰的賠償判決だからとの理由で、その承認・執行は公序に反するとの判断を下す必要があるとは思われない。わが国の裁判所に承認・執行が求められたからといって、わが国における不法行為に基づく損害賠償制度の基本原則ないし基本理念と相いれない、とは考えられないからである。

なお、手続的公序の内国関連性については、外国判決の承認・執行が求められたという点において、換言すれば、外国判決の承認・執行という制度に内在的なものとして内国関連性を見い出すことが可能であり、常にこの要件は満たされると解すべきであろう。

## 三　確定判決の反公序性とその効力について

### 1　公序条項に関する議論の転用の可能性および必然性

前述のように、わが国の公序に反する外国判決が、わが国領域では判決効を有しないと解されるのであれば、同様に、わが国の公序に反する内国判決も、わが国領域では判決効を有しない、すなわち無効であると解することができるのではないか、あるいは無効であると解すべきではないか、が疑問としてわき上がってくる。すなわち、公序条項を外国判決に対する内国判決と同等の効力の付与基準であると解する場合には、内国判決じたいがその効力を保持しうる基準そのものも、公序に想定することが可能であると考えるからである。[16]

なお、ここで問題とする確定判決の「反公序性」は、例えば、賭博債務[17]について給付判決が命じられているというような、判決に宣言された内容じたいが公序良俗に反するという場合のみを想定するものではない。もちろん、判決に宣言された内容じたいが公序良俗に反する場合もその中に包含されうるであろうが、外国判決における公序適用のファクターに準じ、問題となっている確定判決の判決効をそのまま認めたのでは、わが国法制度の背後にある、基本的考慮や価値観、あるいは基本原則ないし基本理念と相容れない場合というように「反公序性」を広く想定するのである。なお、外国判決における公序適用のファクターに準ずるならば、内国判決の判決効を論ずるに際しても、内国関連性の要件も問題となろうが、内国関連性は常に満たされており、とりたてて問題にするまでもないと考える。

## 2 内国確定判決とその反公序性

外国判決が、内容的に、あるいは手続的に、わが国の法秩序に反する場合のあることは、各国の習俗や生活規範が多様であり、また法秩序や法制度にも各国ごとに様々なバリエーションのあることを考慮すれば、十分かつ当然に予想されうる事態である。これに対して、わが国の裁判所による判決、すなわち内国判決が、わが国の法秩序に反するということは、通常では考えられない、否むしろあってはならない事態である。わが国の民事訴訟では、専門法曹たる裁判官が、常に実定法規に注意を払いながら、すなわち手続的に瑕疵のないよう注意を払い、また、判決内容じたいが法規に反しないよう注意を払って、審理および判決がなされているのである。また特定の法規を適用したのではかえって不当な結果を招来すると判断される場合には、「公共の福祉」（民法一条一項）、「信義誠実の原則」（同二項）、「権利濫用」（同三項）、「公序良俗」（同法九〇条）等々の一般法理を用いて、結論ないしは結果の妥当性が図られている。[18] つまり、外国判決の承認における公序の内容として列挙したような基本的考慮・価値観、あるいは基本原則ないし基本理念は、内国判決においては、判決およびその成立過程において既に折り込み済みの事項なのである。この点で内国判決は公序適合性が強く推定されるものといえよう。

しかしながら、例えば、当事者の行為を原因として、あるいは訴訟係属中には予期されなかった事情や状況が判決確定後に生ずることによって、内国判決の効力をそのままに認めたのでは、わが国の法制度を支えている基本的な考慮・価値観、あるいは基本原則ないし基本理念と相容れない状況も、例外的には起こりうる。[19] 従来、わが国の判例・実務は、このような例外的な状況について、「権利濫用」、「信義則」、「事情変更」等の法理を用いて、具体的な調整を図ってきたのである。

例えば、最高裁は著名な荷馬車挽きの事件で、自動車事故により傷害を受けた者が、将来の営業活動不能による損害賠償を命ずる確定判決を得た後、負傷が快癒し、電話を引くなどして堂々と営業をしている反面、加害者が右賠償債務の負担を苦にして自殺するなどの事故があったにも拘らず、右判決確定後五年を経て、加害者の父母に対して強制執行をする等の事情の下でなされた確定判決に基づく強制執行に対して、権利濫用を請求異議の事由として執行を排除する可能性を示唆している。[20] 仮に同様の事件が外国裁判所で扱われたものであり、その執行判決がわが国に求められたとすれば、その承認・執行は、やはり、損害賠償制度の根底にある、『被害者に対する正当な補償』、換言すれば、「損害に対してバランスのとれた補償」という、基本的な考慮・価値観、あるいは基本原則ないし基本理念に反するものとして、つまり公序に反するものとして排除されるであろうし、また、排除されるべきであろう。

とすれば、内国判決に対しては、権利濫用等の法理が用いられてはいるが、そこでなされていることは、まさに外国判決の承認における公序条項でなされていることと同様のことであると評価できるのではあるまいか。つまり、内国判決に対する公序留保として、権利濫用等の法理が用いられている、とも説明しうるのである。なお、説明としては可能であっても、訴訟法上の権利濫用にしろ信義則違反にしろ、わが国では学説上および実務上、相当に成熟した法概念となっており、これで十分に説得的な判決理由を提示できる以上、ことさらに公序という概念を説明のためにのみ持ち出す必要性はない、否むしろ法体系を崩しかねないと反論されるかも知れない。しかし、たんなる権利濫用や信義則違反では既判力を破ることはできないという見解も有力に主張されている[(21)]。思うに、既判力が国家的な法的安定性に資するために設けられた制度である以上、主体間の関係とか権利行使の態様を基準とする、たんなる権利濫用や信義則違反では、これを否定することは難しいのではなかろうか。他方、公序条項は、わが国の法秩序を守るという使命をもつものであり、公序ならば、既判力の法的安定性と同じレベルでの評価が可能となる。具体的妥当性を追求するため判決効を否定した方が明快な場合もあり、この点、判決効を否定しうる公序の有用性が認められよう。

また、この問題を検討するために、次のような事例を考えてみたい[(22)]。

【設例1】　Yは以前よりAから本件建物を賃借していたところ、Aが死亡した。相続人が不明であったため、賃料は弁済供託された。Xは、家庭裁判所によってAの特別縁故者として認められ、本件建物の所有権を与える旨の審判がなされこれが確定した。XはYに対して自己に対する賃料の支払いを通知した。それに対してYは、XがAの特別縁故者には該当しないと考え、Xが本件建物の賃貸人ではないとする意図のもとで、「X・Y間に本件建物等について、Yを賃借人、Xを賃貸人とする賃貸借契約が存在しないことを確認する。」という請求の趣旨の訴えを提起した。Xは、Yの主張事実を全て自白し、請求の趣旨と同旨の主文の判決が言渡されこれが確定した。その後、XからYに対して建物の不法占拠を理由に建物明渡請求訴訟が提起された。

実際の判例では、「Yが付属建物について正当に有している賃借権を否定し、本件訴訟を提起したものであって、Xの既判力がある旨の主張は、Yやその訴訟代理人の明白な過ちに乗じて、これを積極的に利用するものであるから、信義則に反し、許されない」ため、本訴では賃貸借契約が不存在であるとは認定することができないとして、Xの請求は棄却されている。

はたして【設例1】のような事件について、信義則で判決効を否定することができるのか、あるいは判決効の否定を説得的に理由付けることができるのであろうか。思うに、本件は、原告側の訴えに対して被告側は自己にとって最も有利な対応をしたに過ぎず、相手方のミスに乗じたとはいえ、被告側はいわゆる訴訟戦術としてごく当然の行動をとったにすぎないとも考えられる。もし既判力の援用を信義則で否定するのであれば、前訴において、相手方原告の請求が不適切であると指摘する義務を、信義則上被告側に認めるに等しいことになり疑問である。また従来、信義則ないし権利濫用で、判決効を（いわば）否定してきた事例と比べて(23)、判決効を有利に用いる者に対する非難可能性の程度は明らかに低いように思われ、信義則違反を理由に前訴判決の既判力の否定を試みることも不適切であろう。Yが勝訴している以上、再審を認めることも無理であるとすれば(24)、前訴判決の既判力の否定は、前訴判決に既判力を認めた場合、その結果としてYに建物の明渡が命じられることが、借地借家法の基礎にある『弱者保護』や『財産権の保障』の観点から耐え難いと見なされるか否か、すなわち公序に反するか否かにかからせるほかないのではあるまいか。なお、私見は、【設例1】のような事件でも、具体的事情によっては、前訴判決の既判力を否定することは可能と考えるのである。

### 3　確定判決の反公序性と再審の訴えとの関係

以上のように、内国判決の場合にも、外国判決の場合と同様に、実体的公序および手続的公序の両者について、あるいは両者を総合的に勘案して、確定判決に判決効を認めた結果の反公序性を問題とすることが可能であり、またすべきであると考える。

ところで、手続的公序は、法的審問請求権（あるいは手続保障と言い換えることもできよう）をその中心とすると解されるが、手続的公序違反を基礎づけるであろう手続的瑕疵の多くが、実は、再審事由のなかに取り込まれていることも否定できない。この点、確定判決が反公序性を帯びる場合には判決は無効となると解するのであれば、既判力の否定を導く手続的公序違反と、既判力の存在を前提とする再審の訴え、ないし再審事由の関係が問題となろう。[25] [26]

前述のように内国判決の公序適合性の推定を前提とするならば、内国確定判決は、既判力等の判決効を有することが原則となる。そして例外的に、公序適合性の推定が覆された場合、すなわち、後訴を扱う裁判所が、前訴判決の反公序性、すなわち前訴判決の判決効を認めた場合の反公序性を認定しえた場合にはじめて、前訴判決の判決効を否定しうることになる。しかし、内国判決の公序適合性の推定は極めて強いものであるべきで、また公序という概念が、一般的かつ抽象的であることに鑑みれば、判決の反公序性の認定には、慎重かつ謙抑的であることが要求されよう。しかし、このように判決の反公序性の認定について慎重かつ謙抑的であることが必要であるとすれば、判決効の否定を求める当事者、すなわち判決の反公序性を主張する側の当事者に、裁判所を動かすことについての重い負担を課すことになる。そこで、歴史的・経験的な所産として、反公序性をおびる可能性のある、一定の手続的瑕疵を要件化し、この瑕疵の主張・立証をもって反公序性の立証に代えたものが再審事由のいくつかであると考えることができるのではないだろうか。すなわち、判決の反公序性、とりわけ手続的公序違反との関係からは、再審事由のうちのいくつかは、反公序性の具体的要件化の現れと考えるのである。

以上のように解した場合、再審事由が制限列挙であるということを理由に、再審事由に該当しない場合には、判決効の排除を一切認めないという立論は適切でないことになる。次のような例で考えてみよう[27]。

【設例2】 AはYから本件土地を賃借し、本件建物を建築所有していた。Aは、Xに対する債務のため本件建物に抵当権を設定し、その他多額の債務も負担していた。本件建物に対しBが強制競売を申し立て、その後Cも抵当権実行の競売を申し立てた。相次ぐ競売申立に直面し、Aは、建物所有権の維持を不可能と考え、Yと通謀し、借地権を仮装的に消滅させ、第三者が建物所有権を取得してもその利用を不可能にしようと企てた。そして、僅少の地代延滞を理由にYに賃貸借契約を解除させ、それを理由に建物収去土地明渡の訴訟を提起させた。Aは、第一回口頭弁論期日で、Yの主張事実を全て認め、その結果、Y勝訴の判決が言渡され上訴のないまま確定した。競売手続はYA間の訴訟係属中も進められ、Xが抵当権実行の競売で競落人となった。Xは、判決確定の約五ヵ月後に競落許可決定を受け建物所有権を取得し登記も経た。Yは、判決確定後もAに建物を利用させていたが、Xの建物所有権取得から半年程して、前述の判決にXに対する承継執行文の付与を受け、建物収去土地明渡の強制執行に着手した。これに対して、Xは、請求異議の訴えを提起した。

最高裁は、【設例2】の事例において、民事訴訟法は、確定判決に重大な瑕疵が存する場合でも、それが再審事由に該当する場合に、法定の制限のもと、再審の訴えにより右確定判決を取り消すことを許容し、救済を図っているにすぎず、第三者詐害目的の馴合訴訟だからといって、当事者の右行為が不法行為を構成するかは別にして、確定判決が既判力、執行力を生じないと解すべきものではない、として請求異議の訴えを退けている。

もちろん再審事由の拡張で処理できればそれはそれで望ましいが、仮に再審事由に該当しなくても、馴合訴訟により獲得された判決の効力を認めることが公序に反すると解されるのであれば、判決効を争うことは認められるべきであろう。すなわち【設例2】の事例は請求異議の訴えにより執行を排除することが認められるべきであったと考える。類似の事例において権利濫用または信義則違反として請求異議の訴えを許容した判例[28]が報告されている。権利濫用または信義則違反という理由付けは疑問であるが、結果的に執行を否定した処理じたいは是認される。なお後者の判例の方が、【設例2】の事例よりもより強度の不当性ないしは反公序性を有している事例であったともいえる[29]が、私見は、【設例2】の事例も、実体的公序の観点からも、また手続的公序の観点からも、公序に反するものと考える。

## 四　おわりに

以上に、外国判決の承認における公序条項に関する議論を端緒とし、内国確定判決もその効力を認めることがわが国の公序に反する場合に、当該判決効を否定しうる可能性を論じてきたが、残念ながら試論の域を出るようなものではない。とはいえ、とりあえず、ここで私見をまとめておくことにしたい。

外国判決の承認要件としてわが国の公序に反しないことが要求されるのと同様に、内国の確定判決についても、その効力を維持する基準として、当該判決の効力を認めることによって、わが国の公序、すなわち、わが国の法制度を背後で支えている基本的考慮・価値観、あるいは基本原則ないし基本理念に反しないことが要求されている。判決に宣言された内容じたいが公序良俗に反する場合は、当該判決は無効であると一般に解されているが、これは、そのような判決の効力を認めるとわが国の公序に反するのが通常であり、それゆえ一般には、当該判決は無効になるということを意味するものと解されよう。なお、内国判決の場合には公序適合性の推定が強く働くため、確定判決の反公序性の認定は、慎重かつ謙抑的に行われることが必要となる。そして、ある判決によって不利益を受けている者が、当該判決効の拘束から容易に救済されるための手段として、明確な要件の立てられている再審制度を考えることができるのではないだろうか。ただし、明確な救済手段であるべき再審が、現実問題として、そのニーズを十分に満たしているかは別問題である。

なお、以上のように解した場合、「判決の不当取得」ならびに「判決の不当利用」と称されてきた問題を、公序という基準のもとで改めて整理することが可能となろうし、さらには公序という基準のもとで整理し理論化することが必要となろう。ただし、この点は紙幅の関係もあり、別の機会に譲らざるをえない。(30)(31)

（1）　古くは、雉本朗造「裁判ノ無効」『民事訴訟法論文集』五〇一頁以下（内外出版印刷、一九二八）、中田淳一「判決

の無効」『京大訣別記念法学論文集』五二一頁以下（政経書院、一九三三）、また近年では、紺谷浩司「確定判決の無効と詐取（騙取）」『講座民事訴訟⑦上訴・再審』三五五頁以下（弘文堂、一九八五）、加波眞一「（民事）判決無効の法理（一）～（三・完）」北九州大学法政論集二一巻二号二六五頁以下（一九九三）、四号七一二頁以下（一九九四）、二二巻二号一八一頁以下（一九九四）など枚挙にいとまがない。

（2）拙稿「外国判決の承認・執行要件としての公序について㈠～㈥完」名法一四七号二七九頁以下（一九九三）、一四八号三一三頁以下（一九九三）、一五一号三六九頁以下（一九九三）、一五二号四三九頁以下（一九九四）、一五三号三五五頁以下（一九九四）、一五六号四二五頁以下（一九九四）。

（3）なお、判決内容が公序良俗に反する場合の判決効の問題を論じる先行業績として、加波眞一「公序良俗違反を内容とする判決の効力」北九州大学法政論集二〇巻四号三八一頁以下（一九九三）がある。同論文は、内国判決において公序良俗に反する内容が言渡された場合を論じた後、その理論を外国判決の承認・執行における公序条項において展開するという、私見とは全く逆のアプローチをとる。

（4）紛争の解決が、国家裁判権に委ねられる場合のほか、両当事者の合意によって、仲裁裁判所に委ねられる場合もある。仲裁裁判所での紛争解決（仲裁判断）も、内国仲裁判断については「確定判決ト同一ノ効力」が認められ（公示催告手続及ビ仲裁手続ニ関スル法律（以下「公催仲裁」）八〇〇条）、また、執行判決を受けることによって内国での執行も可能である（公催仲裁八〇二条）。外国仲裁判断についても、二国間条約や多国間条約で、その承認・執行の定めがなされている。これらの仲裁判断も、その内容および手続がわが国の法秩序に反する場合がないとは言い切れず、そのまま承認・執行を認めたのでは、わが国の私法秩序に混乱を生じさせる場合のありうることは、外国判決の承認・執行の場合と同様である。そこで、仲裁判断の承認・執行についても公序条項を定め、法律上の調整が図られている。例えば、公催仲裁八〇一条一項二号の「仲裁手続カ法律上禁止ノ行為ヲ為ス可キ旨ヲ当事者ニ言渡シタルトキ」がこれにあたり、通説（小山昇『仲裁法（新版）』二〇六頁（有斐閣、一九八三）、小島武司＝高桑昭編『注解仲裁法』一八九頁〔吉村徳重〕（青林書院、一九八八）など）は、その文言にも拘らず、仲裁判断が公序良俗に反する場合も同号に該当すると解している。また外国仲裁判断の承認・執行に関する各条約はその要件として、仲裁判断の承認・執行を求められる国の「公の秩序」に反しないことを一般に規定しているようである（例えば、各条約の条文については、小島＝高

桑・前掲書三〇七頁以下〔高桑昭〕、〔岩崎一生＝高桑昭〕（青林書院、一九八八）参照。

(5) 我妻栄『新訂民法総則（民法講義Ⅰ）』二七一頁（岩波書店、一九六五）、川島武宜編『注釈民法⑶』五二頁以下〔高津幸一〕（有斐閣、一九七三）参照。

(6) 鈴木忠一＝三ケ月章編『注解民事執行法⑴』四〇一頁以下〔青山善充〕（第一法規、一九八四）参照。

(7) Drucksache des Deutscher Bundestages 10/504 S.42.

(8) 詳細については、拙稿・前掲注(2)論文㈠㈡㈢で紹介した各事例を参照。

(9) 最判平成九年七月一一日民集五一巻六号二五七三頁。

(10) Vgl., etwa, von Gierke, Wann verstöst Anerkennung eines ausländischen Urteils gegen Zweck eines deutschen Gesetzes ?, ZHR 88, 143 ; Martiny, Handbuch des Internationalen Zivilverfahrensrechts Bd. III/1, 1984 Tübingen, Rn. 979f.

(11) 旧民訴法二〇〇条三号でも「外国裁判所ノ判決カ……」と規定されるのみであった。

(12) 学説としては、池原季雄『国際私法（総論）』二五八頁（有斐閣、一九七三）、山田鐐一『国際私法』一二八頁以下（筑摩書房、一九八二）など。また判例としては、最判昭和五二年三月三一日民集三一巻二号三六五頁など。

(13) 例えば、山田・前掲注(12)一二九頁。

(14) 前出の萬世工業事件において最高裁は、（カリフォルニア州民法の定める）懲罰的損害賠償制度は、刑罰とほぼ同様の意義を有するものであり、被害者の原状回復を目的とするわが国の不法行為に基づく損害賠償制度の基本原則ないし基本理念と相いれないものであり、わが国の公の秩序に反する、との判断を下しており、判決内容じたいの反公序性をも問題にしているかのようにも考えられる。しかし、ここでは、承認・執行を許すことによって、「被害者が加害者から、実際に生じた損害の賠償に加えて、制裁および一般予防を目的とする賠償金の支払を受け得るとすること」が、わが国における不法行為に基づく損害賠償制度の基本原則ないし基本理念と相いれない、すなわち公序に反する、という点をもっぱら問題にすれば十分であったと考えられる。

(15) 池原・前掲注(12)二五八頁以下、山田・前掲注(12)一三〇頁など。

(16) Roth, Der Vorbehalt des Ordre Public gegenüber fremden gerichtlichen Entscheidung, Bielefeld 1967 は、

外国判決、内国仲裁判断、外国仲裁判断の承認における公序留保を詳細に分析したのち、公序による判決効の留保は、ドイツ内国判決についても同様に、ＢＧＢ八二六条（「良俗に反する手段で故意に他人に損害を与えた者は、その他人に対して損害の賠償をする責めを負う」）を利用した確定判決に対する救済手段という形で実現されていると主張する（S. 180ff.）。なお、ＢＧＢ八二六条に関する事例については、拙稿「判決の不当取得㈡」名法一三四号三八六頁以下（一九九〇）参照。本稿で展開する私見も、この Roth の見解に示唆を受けたところが少なくない。

(17)　判決に宣言された内容じたいが公序良俗に反する場合、一般に、判決は無効となると解されている（例えば、斎藤秀夫『民事訴訟法概論〔新版〕』三六三頁（有斐閣、一九八二）、中野貞一郎＝松浦馨＝鈴木正裕編『民事訴訟法講義〔補訂第二版〕』四一三頁〔鈴木正裕〕（有斐閣、一九八六）、紺谷・前掲注(1)三五九頁、伊藤眞『民事訴訟法〔補訂版〕』四四五頁（有斐閣、二〇〇〇）など）。なお、加波・前掲注(3)四一五頁注(15)参照。また、加波・前掲三八七頁以下は、従来の学説が一般に、公序良俗に反する内容を包含する判決を無効と解してきた理論的根拠を、既判力の本質論に立ち戻って詳細に検討する。

(18)　なお、準拠外国法を適用すると不当な結果を招来する場合には、法例三三条（抵触法上の公序条項）により、当該外国法の適用じたいを排除するという方法で結論または結果の妥当性が図られる。

(19)　民訴法一一七条の「定期金による賠償を命じた確定判決の変更を求める訴え」は、定期金賠償判決が命じられた場合には、このような状況の生じることが必ずしも例外的ではないと認め、特にその救済手段を明文をもって定めたものと解することもできよう。

(20)　最判昭和三七年五月二四日民集一六巻五号一一五七頁。

(21)　Baumgärtel, Treu und Glauben im Zivilprozeß, *ZZP*86, 361（邦訳、バウムゲルテル、石川明訳「民事訴訟における信義誠実」『ドイツ手続法の諸問題』二三頁（成文堂、一九七九））、中野貞一郎「民事訴訟における信義誠実の原則」『訴訟関係と訴訟行為』六七頁（弘文堂、一九六一）、松浦馨「当事者行為の規制原理としての信義則」『講座民事訴訟④』二六四頁（弘文堂、一九八五）。但し、松浦教授は、信義則違反が極端であり、公序良俗に反する場合には、確定効を排除できるとする。

(22)　事例については、大阪高判平成六年一二月一六日判タ九〇九号二六五頁を参考にした。実際の事例では、訴訟は認諾で終了しているが、認諾調書の既判力については議論があるため、設例は、判決に変えてある。
(23)　例えば、拙稿「判決の不当取得について㈠」名法一三三号七五頁以下（一九九〇）掲記の事例参照。
(24)　兼子一ほか『条解民事訴訟法』一二六四頁〔松浦馨〕（弘文堂、一九八六）、石川明＝高橋宏志編『注釈民事訴訟法(9)』一四頁〔高橋宏志〕、伊藤・前掲注(17)六六五頁など参照。なお、最判昭和四六年六月三日判時六三四号三七頁参照。
(25)　拙稿・前掲注(2)論文㈡四七一以下参照。
(26)　なお、加波・前掲注(3)三九二頁以下（特に三九五頁）参照。
(27)　設例は、最判昭和四〇年一二月二一日民集一九巻九号二二七〇頁を参考にした。
(28)　東京高判昭和三八年一一月二七日判時三五九号二三頁。
(29)　詳細は、拙稿・前掲注(23)一〇二頁以下。
(30)　「判決の不当取得」に関しては、拙稿・前掲注(23)論文、前掲注(16)論文、ならびに「同㈢〜㈣完」名法一三六号三八一頁以下（一九九一）、一三七号四三七頁以下（一九九一）で、一応の私見は示してある。しかし、「判決の不当利用」とあわせて再論する必要があるものと考えている。
(31)　なお私見においては、内国仲裁判断については、公序条項が取消事由になっている点、すなわち仲裁判断について既判力を認めたうえで、公序に反する場合には取り消しうるとされている点が問題となる（小島＝高桑・前掲注(4)一七六頁〔吉村〕参照）。とりわけドイツのように、内国仲裁判断と外国仲裁判断で同一の文言が使われながら、内国仲裁判断については取消事由とし、外国仲裁判断では承認拒絶事由とされている場合には顕著となる。私見は、条文上は取消事由とされているが、内国仲裁判断においても、その承認の結果が公序に反する場合には、これを取り消すまでもなく当然無効になると解する（同旨、小島＝高桑・前掲注(4)一六二頁〔福永有利〕）。しかし、そもそも内国仲裁判断はなぜ既判力の存在が前提とされているのか、なぜ承認要件ではなく取消事由となっているのかの検討も含めて、この問題も別稿で改めて論ずることにしたい。

〔追記〕本稿は、第六八回民事訴訟法学会大会（一九九八年五月一六日・一七日〔広島大学〕）における筆者の個別報告原稿を全面的に書き改めたものである。

# 16

# 日本論・日本人論のイデオロギー

楠根重和



## 一　日本論・日本人論の病理

日本と日本人について書かれた書物は、普通、日本論・日本人論と呼ばれている。Daleは、そのような日本論・日本人論を、"The Myth of Japanese Uniqueness"という書物で分析している。彼によると、日本の特殊性神話には、次の三つがあると言う。一つ目は、日本は文化的にも社会的にも均一の民族であるという神話。二つ目は、日本人は他の民族とは全く異なっているという神話。三つ目は、日本人でない人が行ういかなる分析に対しても、内容やその手続きに関して、敵対的態度を取るという神話。要約すれば、日本論・日本人論とは、日本のユニークさを強調し、日本に関心を持つナショナリスティックな書物のことであるとしている。もちろん、このような定義で、すべての日本論・日本人論の書物が網羅されるはずもないが、そのような傾向を持つ書籍が多いのも否定できない。後の方で詳しく述べるが、中には、特殊性に逃げ込んでは、やはり、西洋の反対物でしかない。むしろ日本的なものの中に、西洋とは異なっているが、アジア的な普遍性があると考えたり、あるいは、西洋にもかつてあった普遍的なものを、日本がまだ維持しているのだと言ったりする日本論・日本人論もある。さらに付け加えるならば、日本特異論というのは、西洋人による日本の発見前に、西洋人が日本について述べたものの中にすでにある。必ずしも日本の産物とは言い切れない。日本論・日本人論は、それほど広くて根が深いのである。

日本論・日本人論は二重の意味で興味深い。それらの書物は、日本の姿を写す鏡であるだけでなく、そのような日本像を必要とする国の姿を写す鏡となっている。仮に、そのような日本像に一つの真実があっても、まさにその一つの真実に光を当てるという行為によって、日本の姿を歪め、ある種のイメージを流布し、再生するという誤りを犯してしまう。その意図が、悪意に満ちていようと、善意に満ちていようと同じことなのである。

他文化を解釈するとき、自文化と比べてどうなのか、どのように異なっているのか、どの程度同じなのか、どちらがより進んでいるのかなど、価値・解釈を含めて、自己文化から出発するのが常であり、またそうせざるを得ない側面を持つ。つまり、異文化理解には、自己文化中心主義が入り込むこと、自己文化による異文化誤解が避けられないのである。他者を見るときに、自己中心的な角度から他者を見ているという意識を持つことは少ない。西洋がオリエントを見るとき、それはオリエンタリズムになる（ザイード）。中国から非中国を見るとき、それは中華思想になる。アメリカが中国を見るとき、そこにはアメリカ中心主義的なオリエンタリズムがある（コーエン）。また、ヨーロッパや中国のような、世界の覇権国ないし世界の文明の中心から離れた、日本のような小国が、自己を規定したり、自己を理解したりする場合には、このような外部からの見方に影響される。この場合に二つの方向がある。一つは、覇権国に、自己がどれだけ近づいているか、あるいは、どの程度、覇権国の正当な継承者であるかで自己規定する、オリエンタリズムの内面化ないし小中華思想の方向である。青木保は『逆行のオリエンタリズム』で「アジアは西欧を経過してアジアをとらえる」（五頁）と書いているのもこれである。しかし、それでは自己が準拠するものを常に外部に求めることとなり、ナショナリズムとの関係で齟齬をもたらす。そのために、二つ目は、覇権国のように、自己文化に準拠し、それができない場合でも、他文化との比較によって、自己の特殊性の中に自己文化を規定しようとする方向である。このような欲求は、強烈なナショナリズムを生み出し、覇権国を脅かし、逆オリエンタリズム、ないしオクシデンタリズムと言われ、文明の衝突を引き起こす原因となる。

このような西欧のアジア批判、アジアの西欧批判、そして自己規定の長い歴史から、私たちの異文化へのまなざしは影響を受けている。このことへの意識、詳細なフォローなくして、口当たりの良い、文化相対主義やグローバリゼーションを持ち出しても、国際理解に役立ちはしない。文化相対主義は、文明の衝突論を含み得るし、グローバリゼーションといっても、それは、アメリカ化ないし西洋のスタンダードや価値の普遍化、ないし内面化であることを考えると、このような思想が新たな偏見、新たな覇権主義、新たなナショナリズムを生む危険性すらある。NATO軍の国連決議によらないユーゴスラビア連邦への攻撃、西欧化に背を向けるロシアやスラブ諸国、アラブ諸国の最近の動きなどを目の当たりにすると、グローバリゼーションの限界を感じるのである。

このような日本論・日本人論の危険性を回避するために行わなければならない作業は、過去から現在までの、日本が自ら規定したことと、他の国が日本について語ってきたことをもう一度整理することである。遺伝子の中に生物の過去の記憶が刻まれているように、私たちの認識には、過去の認識パターンが刻まれているのだ。私たちの世界認識、政治、経済、文化、宗教、民族の認識と理解に、すでに過去に蓄積されたフレームが存在している。それらを深く知ることなくして、白紙で世界理解など最初からできない相談である。この論文では、他者規定と自己規定の狭間で揺れ動く日本論・日本人論を分析する。その分析を通じて、自己と他者の理解を考えてみたい。また、日本論・日本人論で取り上げた自己認識と他者認識のメカニズムについて言えることの多くは、同時に他の国の自己理解に関しても有効な方法を提供するはずである。グローバル化したこの時代に、あえて日本論・日本人論を分析する意義は、このことにある。

日本論・日本人論の研究は、非常なアクチャル問題をも視野に入れている。アジアが西洋列強によって植民地化された後に、新興の帝国主義国家としてアジアを植民地化しようとした日本は、西洋列強と経済的にも軍事的にも衝突し、またアジアからも不信の目で見られた。そのため戦後五五年が経過しても、経済力に見合った国際的地位を与えられることなく、孤立している。経済力ではアメリカに次ぐ世界第二の大国となって、すでに三〇年以上も経過しているのだが、国際的発言力も弱く、旧西ドイツの宰相シュミットによれば、日本は依然として、「友人を持たない大国」である。日本の経済が順調にいく限り、世界最大の援助国である日本はそれなりのアクターとして、少なくとも経済サミットでは発言力を持っていた。ところが、肝心の経済に危険信号が点滅しだしたのである。バブルがはじけ、経済が停滞し、過去三年間は、日本の国内総生産はむしろ減少した。一方、アメリカやヨーロッパのそれは、その間数十パーセントも増大した。官・政・財の緊密な連携のもと、世界が注目する日本的経営も、高価格維持政策であり、非効率で時代遅れの経営であったとされる。グローバリゼーションの時代にあっては、日本だけが独特の経済システムを維持することはできない。日本の経済力の相対的な弱体化が明らかになり、企業は倒産ないし合併へと追い込まれた。世界的に著名な幾つかの日本企業は、外国からの資本注入、合併を余儀なくされた。『日はまた沈む』（エモット）という予言は当たったのである。日本経済力の低下は、統一ヨーロッパの通貨、ユーロが象徴的である。世界の基軸通貨ドルと、次の世紀に基軸通貨になろうとしているユーロの狭間に、日本円は埋没する恐れすらある。世界最大の外貨準備高と、世界最大の貿易黒字国、世界最大の債権国日本に対し、世界は不信の目を向ける。日本の銀行団は借入に際してジャパン・プレミアムすら要求された。かつて八〇年代には、日本に学べと、日本型経営を学びに、世界からマネージャーが日本に集まり、九〇年代初頭でも、ソ連邦崩壊後、アメリカの産業を脅かす日本が、アメリカにとって最大の脅威だと言われ、日本バッシングが話題になった。しかるに最近は、ヨーロッパとアメリカの復活を背景に、日本パッシング、そして日本ナッシングとまで揶揄されるような時代に突入する。これが世紀末を迎えた日本の状態である。日本は自信喪失し、世界は日本に疑いの目を向けている。日本人の自己アイデンティティが揺らいでいる。経済不況、金融破綻、総会屋、政治家や官僚の腐敗、構造汚職など、世界に誇れるような状態ではない。十分にグローバリゼーションの要請に応えていないという批判、日本社会の閉鎖性、特殊性にその責任があるかのような論調、日本に対するダンピング批判と反ダンピング税、スーパー三〇一条の復活、日本発の世界恐慌への言及などの陰に、伝統的な日本理解の枠組みを感じるのである。ある時は、日本は「最も重要な二国関係」と言われ、経済が好調だと、ソ連に代わって、仮想敵国ナンバー1になり、「日本封じ込め論」が展開される。日本経済の勢いがなくなり、脅威がなくなれば、アメリカの対日認識が好転する。時々のご都合主義的な対日イメージに、過剰な反応をする必要もないし、過度なペシミズムに陥る必要もない。経済活動には上り坂も下り坂もあり、『日はまた昇る』（斎藤）からである。

このような時代に、また過去の日本論・日本人論が蠢きだし、オピニオン・リーダーと称する内外の学者や評論家、経済人や政治家のご神託が下されるのである。黒船が来たときや、戦争時に国体思想が強くなり、日本の方向を誤らせたように、日本の危機の時代に、日本論・日本人論という情念が持ち出され、日本人の世界認識や、世界の日本認識に枠をはめようとする。ある種の情念をもった認識のフレーミングは、他の解釈の可能性を閉ざすが故に、病理的なのである。私たちが日本と世界を捉えるその見方の中に、既に病理が潜んでいる可能性を意識しなければならない。日本を総体として評価を下す言説が可能であるためには、日本人を一個のまとまった集団として捉え、日本人と他の国が異なった、それどころか対立する集団であると見なす必要がある。ここに、日本ユニーク論があり、日本民族単一神話がある。日本と外国をこのような対立概念で理解することを繰り返し説く、日本論・日本人論それ自体が、危険性を孕んでいる。杉本とマオアは『日本人論の方程式』において、日本人論は本当に日本の理解に役立っているのかとの疑問を投げかけている。「『日本人論』のほとんどは、日本人がどんなに特殊独特であるかを強調するという点で、驚くほど似かよっている」（二五頁）としている。この意味で、日本論・日本人論の研究にあっては、その言説にいかほどの真実があるのかを検討することも重要なのであるが、それと同時に、そのような日本論・日本人論の発生メカニズムの研究、何故そのような日本論・日本人論を必要としているのかの分析も重要である。

## 二　日本論・日本人論発生のメカニズム

『日本人論の方程式』において、杉本とマオアは「自分たちの国民性の特殊さを強調する書籍が、何百冊も出版され、何冊ものベストセラーが登場するという社会は、日本を除いて、おそらく世界に類がない」（二六頁）と書いている。そのような特殊論は、世界認識を歪なものにしてしまう。杉本とマオアは前掲書において、「日本が他の社会とどんなに異質であるかを誇張して論じることによって、日本人の世界観をゆがめてはいないか。いまや、日本人論そのものが、ひとつの社会的な力になり、日本人の自画像を形づくっている。その自画像が、実は国際理解や社会間コミュニケーションの大きな壁になっている」（二八頁）と書くとき、筆者はその意見に全く賛成なのである。それにも拘らず、日本特殊論、ユニーク論を、日本独特のものとする意見に、次に述べる三つの理由から、著者は否定的である。第一の理由は、自国を特殊化したい衝動はどの国もある。日本論・日本人論で先に述べたような認識のメカニズムは、異文化と接触したときの、人間の普遍的な対処の一つの形態と考える方が良いのではないか。日本論・日本人論の中で言われている世界認識の枠組み、つまり自己中心主義と他者中心主義の狭間で造られる認識の枠組みは、日本だけの特異な現象では決してない。大なり小なりどの国にも当てはまる。室町時代から、江戸時代にかけて、宣教師たちが自己活動を肯定するために日本を神話化し、西洋に好ましい日本像を宣伝し、また、そのことによって、自己規定したように、西洋は他者である東洋を必要とした。同様に日本も自己を知るために西洋を必要としたのである。ただし、日本論・日本人論が、とりわけ内外で問題になる原因として考えられるとしたら、日本は、近世において、非西洋で、最初に西洋に対抗する軍事アクターとなり、さらには経済アクターとなったこと、それでいて、日本は文化覇権国になれなかったことから、海外に文化や技術を求め、そのためにアイデンティティの危機を味わい、自己形成に苦労した国として、自己規定する必要性を強く感じさせられる立場にあった点であろう。問題性と病理も、それ故際だつのである。過去の歴史を少し思い起こしてみれば分かることだが、そのような衝動を欲しない国はあるまい。第二の理由は、このことから出てくる当然の帰結として、他者をその対立概念として想起したい衝動はどの国にもあるからである。第三の理由は、特殊性と普遍性とは相対的なものであるからだ。自己の特殊性を普遍性と言いくるめれば、相手には特殊性しか残らないからである。中華思想も、ヨーロッパ中心主義も自己を準拠にし、そこから周辺諸国がどれだけ離れているかという、自らの特殊性の普遍化に過ぎないからである。

日本は世界で希な単一民族であり、一大家族をなしており、性質がおとなしく、犯罪も少ない。思いやりがあり、他人の心を推し量り、言葉も要らない以心伝心の国であり、甘えの国であるとする、日本ユニーク論は、人口に膾炙されており、信じ込んでいる人も多い。網野は『日本論の視座』において、「日本島国論」の虚構性（三二頁）と、日本の「均質性」と「閉鎖性」は表裏をなしていることを指摘した（二七頁）。日本特殊論に寄りかかった、日本論・日本人論は時の権力を支えるイデオロギーとしての役割を果たした。そこには、大国へのコンプレックスと大国意識の両面性を持っている。覇権国が、自己を価値尺度に据えるとき、周辺国は、その価値に近づけば近づくほど、先進国の仲間に入ったことになり、それから離れている国は、未開で野蛮な国というわけだ。日本がどれだけその時々の覇権国、例えば、どれだけ中国に近いか、どれだけ西洋に近いかを気にするのはこのためである。しかしそのように振る舞っていては、自らの中国、自らの西洋を自己の中に取り入れただけに過ぎない。中国人のように振る舞ったり、鹿鳴館で燕尾服を着て西洋人の真似をして踊ったりする日本人は、猿まねであり、良くて物覚えの良い生徒、悪くて亜流の地位にしかつけないのである。模倣の大国と言われ、独創性が否定されるのは、後発国の常である。これを打破するには、自らが覇権国になり、一流国家の宣言をしてしまえば、亜流という汚名を着せられることもなく、非常に楽になるわけだ。

このように考えると、日本論・日本人論における特殊論から普遍化論への飛躍の必要性は、日本が大国としての道を歩むにつれて、登場してくるのも頷ける。かつて、奈良時代に対中国との関係で対等の関係に立とうとして、持ち出されるのを打ち立てた国体論が、江戸時代末期から明治にかけて、今度は、対西洋と平等の関係に立とうと、天皇である。それが帝国主義と合体していったのである。聖徳太子が遣隋使の国書において、「日出ずる処の天子、書を日没する処の天子に致す」というのはそのような強い意志の現れであった。中国から見て周辺国を倭の国と規定する見方から脱却すべく、日本は自らを大和の国であると宣言した情念にこれを見るのである（井上）。日本を中心軸と考える思想、国体論は、その後繰り返し登場する。徳川時代末に、日本が外国によって開港を迫られたとき、尊皇攘夷が出され、日本の精神的優位が持ち出された。また、軍国主義の真っ直中に、文部省が出版した、『國体の本義』では、日本の国体を、国家イデオロギーにまで高めていることが読み取れる。日本は天皇を家長とする、「一大家族国家として億兆一心聖旨を奉體して、克く忠孝の美徳を発揮する」（九頁）国だとしている。このような国家イデオロギーが、日本を軍国主義へと駆り立て、アジアを支配しようとさせたのである。

国体論はコンプレックスの裏返しである。日本が当時どれほど西洋列強に対してコンプレックスを抱いていたかは、高橋義雄の『日本人種改良論』で、西洋人との雑婚を勧めていることなどからも窺うことができる。福沢諭吉は「帝室論」の中で、日本の歴史において、鎌倉時代以降、天皇の権威が疑われたことがない。日本天皇は、日本精神のよりどころであるとし、日本の独自性ないし特殊性を強調する一方、文明国に入ろうと努力しない隣国、朝鮮への侵略を肯定した。同じく、時事新報論集三に入っている論文、「朝鮮人民のために其国の滅亡を賀す」でも、皇国論者、福沢は、朝鮮について、ロシアやイギリスに国土を蹂躪されても、何も言えず、王室は無法であり、貴族跋扈、税法は乱れ、私権はない。そのような国は文明国の属国になった方が幸せだという趣旨を述べている。これはイギリスによる巨文島の占拠についての論文である。福沢は、朝鮮停滞論を持ち出す。ここには帝国主義理論を疑う気持ちは全く存在しない。この理論から朝鮮の合併や、〝遅れた〟アジア侵略は、直接繋がるのである。国体論は膨張理論を引き受ける。小熊英二によると、そのような膨張理論には三つのものがあるのだという。第一のものは、あからさまな軍国主義ないし帝国主義である。日本を異民族の支配者と位置づけ、権力関係でアジアを支配するというものである（一四二頁）。鹿子木員信らがこの見解である。しかし天皇支配は権力関係の支配ではないとするのが国体論者であるから、このようなあからさまな帝国主義者になれなかった。第二のものは、国体を普遍的理論にする考えである。国体を民族の無差別理論、平和理論として普遍性を持つ理論だと主張する方向である。一君万民主義による労働者・農民救済を主張した異端の国体論者、里見岸雄は『国体に対する疑惑』という一九二九年の書物の中でこのような主張を行った（小熊一四三頁）。一九一八年の佐藤鉄太郎の講演「国体之研究」にも大日本帝国は国体を世界に広める道具として、平和、調和の理論として使用している（小熊一四四頁）。しかし、大半の者は帝国主義者にもなれなかったし、また国体論を人類の普遍理論として押し進める極端な方向に向かわなかった。第三のものは「特殊でありながら擬似的に普遍である」「家族国家」という理念を持ち出す方向である。異民族を養子として、家族理論を取り込めば、国体論とは矛盾しないわけである（小熊一四六～一四九頁）。

日本特殊論である天皇主義、日本中心主義、家族主義、国体論が、容易に普遍論に変わるのである。近衛文麿は『国士に現れたる日本精神』の中で、日本精神の一番の核は天皇制であると説いている。そこでは天皇を中心として、臣民一体となって行動する日本ユニーク論、西洋列強に伍して戦えるのは日本だけだ、腐敗した中国、呻吟するアジアという世界認識が繰り返し提示される。荒木貞夫は『皇道の本義』で、マルクス主義などの外来思想を排し、皇道に戻れと説く。日本人が日本精神に立ち返らなければ、世界の尊敬も受けず、孤立する。欧米の植民地主義に対抗して、東亜を解放しなければならないと説く。蘇峰、荒木、近衛、さらには山鹿素行や、吉田松陰の言説を見ると、天皇という擬制を必要としたのは、古くは、中国という覇権国に対して、常に自己確立を必要としたからである。本来は部族的信仰に過ぎなかった部族神を、国家神道に仕立てる内的動機は、古代中国の影響にあって、日本という国を確立しなければならない要求があったからであり、江戸末期には、盟主である中国の没落と、アジア諸国の植民地化を目の当たりにした日本が、アイデンティティの危機を感じたからである。世界経済恐慌、そして、日本の中国への侵略、それに対する列強の非難、日本の孤立、日本精神への国民の動員、中国に代わるアジアの盟主日本、大東亜共栄圏という、ナショナリズムは、このようにして生まれた。

日本が戦争に負けると、天皇主義や国体論は、日本の思い上がりだとして否定され、日本は非民主的で、遅れた国であったとされ、アメリカを模範として戦後を歩むことになる。これまでの社会は、封建的であり、家父長的であった。日本的なものを捨てて、欧米を志向した。丸山真男、大塚久雄のように、西欧の価値尺度で日本を見るという態度は、当時のインテリのスタンスである。それでも、日本の保守陣営は、国体を守ろうとした。天皇制の保存の代償で払ったとされる、日米安保条約を結ばざるを得なかった吉田茂の選択も、国体の保持、つまり、日本人としてのアイデンティティの危機下における、先祖帰りであると見ることもできる。アメリカがアメリカ兵の日本における治外法権を要求した背景には、日本を野蛮な国とアメリカが考えたのではないかと、豊下楢彦は『安保条約の成立』で書いている（一〇二頁）。日本の経済力が強まるに連れて、日本がある程度自信を取り戻し、経済力がつくと、戦前の日本論・日本人論の焼き直しである、積極的な日本ユニーク論や日本特異論が登場する。歴史は繰り返すのである。日本の経済・社会システムが、欧米のそれとは異なり、異なっていることが、必ずしもマイナスとは評価されなくなった。寧ろ日本のシステムの方が、資本主義的生産に向いていると考えた人々もいる。一丸となった社会というイメージは、日本株式会社論となる。日本の会社は、家族みたいなもので、日本の社会には個人主義がなく集団主義であるという。この日本株式会社論というのは、戦前の天皇を中心とした大家族主義、国体論に通じる。文部省は、『國体の本義』の中で、個人主義を否定し（六頁）、日本の国体を「一大家族国家として億兆一心聖旨を奉體して、克く忠孝の美徳を発揮する」（九頁）と書いている。家族主義と言えば、有賀喜左衛門の『日本家族制度と小作制度』を挙げなければならないだろう。有賀の家族制度の焼き直しと言われる中根千枝の「タテ社会」という分析は内外で受け容れられた。これは、新たな異質論である。諸外国からも、日本の特殊性や危険性が指摘された。

ところで、日本の家族主義に根ざした、日本社会の分析は、本当に日本の社会に当てはまるのだろうか。日本のモデルと言っても、大会社の社員をモデルに想起しているものに過ぎず、中小企業に働く大半の日本人のモデルにはならないと反論することは容易である。現在の日本の一流企業の首切りや破綻を見ていると、どれほど日本の家族制度が機能しているのか疑わしい。また、家族と言っても、従業員のどれほどが情報を共有していたのだろうか。自分の会社の倒産状態をほとんどの従業員が知らされていなかったというのが実状であろう。

さらに日本の経済が、順調に推移し、経済大国になると、日本文化の特殊性はさらにその普遍性へと高められる。青木保は『「日本文化論」の変容』の中で、日本文化論の基調が変わったのを一九七〇年代以降としている（一〇八〜一〇九頁）。濱口恵俊は、一九九四年八月、コペンハーゲンのヨーロッパ日本研究学会（ＥＡＪＳ）や、同じ年の一〇月一七日に開催された「日本研究・京都会議」（国際日本文化研究センターと国際交流基金の共催）の発表を下敷きにして、「『日本異質論』に変化の兆し」という小論文を書いている。日本は異質であり、独自の文化があり、欧米のそれとは異なるというのが日本異質論である。このような考え方では、日本と欧米の相互理解はできなくなる。そのために、全く別の理論を導入した。それが彼の言うところの方法論的関係体主義である。個人か集団かという二分法では社会は把握できない。どの社会も「関係体」の方が根源的であり、日本研究をそのような角度から行えば、ヨーロッパから見ての欠如態ではなく現実態として描き出すことができるとしている（一二一頁）。日本型社会を普遍的なものとしてとらえようとした。日本論を普遍論として再構築する試みを濱口以外にも様々な人たちが行った。公文俊平や吉田和男らは個人主義と集団主義という二項対立で日本が説明できないことを主張する。山崎正和は日本のそれは、「柔らかい個人主義」であるという。

欧米の日本異質論に対する反論を榊原英資も行っている。欧米人の日本異質論は、「戦前からの日本の主流知識人あるいは主流派ジャーナリストたちの日本論のミラー・イメージなのである」（「歴史からの断絶——米国リビジョニストと戦後知識人」）。進歩主義的日本人や欧米の日本異質論者は、歴史をヨーロッパ中心的に見ている。単線的歴史理解はマルクスが徹底した形で提出している。このような歴史理解からは、アジアは遅れており、停滞していることになると、榊原は、欧米の異質論に対する不快感を述べている。停滞論は、植民地支配の正当化のためによく使われる理論である。日本も大東亜共栄圏を掲げ、台湾・朝鮮半島・満州の植民地経営に乗り出したときに、このような停滞論を持ち出した。停滞論は相手を知的に侵略する場合のパターンと考えられる。日本の特殊性を普遍化させるこのような分析は、日本を欧米に分からせようという点では説得力はあるが、欧米からは逆オリエンタリズムと非難される。また、自らがナショナリズムに絡め取られるイデオロギーとなっている。

## 三　日本論・日本人論はそれぞれの国の産物

日本論・日本人論を必要としているのは、大国論・島国論の間で揺れ動く日本だけではない。東アジアもそれらを必要としている。日本に支配された国や、日本に侵略された国や西洋によって、植民地化された国や、産業を興そうとしたり、独立しようとしたりする国は、自己の必要性に応じて、日本を必要とした。どのようにすれば、日本のようになれるのか。あるいは、日本のようにならずにすむのか。あるいは、日本はアジアなのか、非アジアなのか。盟主国として欧米を目指す場合、日本と自分の国のどちらが欧米に近いのかなど。日本に対する尊敬と軽蔑、恐怖と疑いのイメージが交差するのである。日本と直接的な利害関係がなくて、欧米に支配されたアラブ諸国では、反米、反ヨーロッパの気持ちが強く、アラブ民族主義が強いので、日本のイメージは良好である。また、日本に対しては、アメリカに比べると直接的な利害がなく、しかも日本人移民の多い中南米でも、日本に対しては好意的である。とりわけ、ペルーでは、日本に対して良いイメージを抱いているようである。だからと言って、日本の方は、これらの国に良いイメージを抱いているわけではない。ここでも、それぞれの国が自ら必要なイメージを膨らませてきたことを指摘するにとどめておきたい。ヨーロッパはどうであったろうか。宣教師たちや出島の学者らが、自らの宗教的情熱と研究心とヨーロッパ中心主義で打ち立てた日本像が、日本開国後の日本イメージの創造、日本神話創造に影響を与えている。対モンゴルや対中国のイメージである黄禍論は、日本が強力になってくると、日本に対して持ち出される。このような流れから、経済摩擦にも、人種偏見やオリエンタリズムが入り込むのである。同様のことは、アメリカについても言える。第一次世界大戦に勝利した日本に対して太平洋を挟む反対側の大国アメリカでは、対日オリエンタリズムや人種偏見が強くなる。日本が敗戦し、アメリカは日本を支配し、自己陣営に取り込んだ。アメリカの監視のもと、戦後日本は民主化の道をたどるのであるが、日本が経済的に成功すると、日本は学びがいのある生徒から、やはり日本は西側の一員ではなく、西欧の民主主義国ではなかったとされ、不信の目が日本に向けられる。とりわけ、ソ連の崩壊以後、ソ連に変わる脅威として日本が挙げられ、経済摩擦から、日本叩きが起こり、経済摩擦と文化摩擦が一緒になり、日本がアラブと連合して西欧文明と戦うという文明の衝突論すら持ち出される。

## 四　日本論・日本人論のつけ

明治には、盟主である中国の没落と、アジア諸国の植民地化を目の当たりにした日本が、アイデンティティの危機を持ち、天皇を中心とする中央集権国家を打ち立てた。近衛文麿などの日本精神への国民の動員、中国に代わるアジアの盟主日本、大東亜共栄圏という、ナショナリズムや、福沢諭吉が「脱亜論」で行った西欧化と脱亜入欧の思想は、自己と相手を正しく評価するのを困難にしている。福沢は、この書物で、ヨーロッパ文明という麻疹に対抗するのは無駄であると書き、さらに、「一切万事西洋近時の文明を採り、独り日本の旧套を脱したるのみならず、亜細亜全州の中に在りて新に一機軸を出し、主義とする所は唯脱亜の二字に在るのみ」（二三九頁）と続けている。「我が日本の国土は亜細亜の東辺に在りと雖も、其国民の精神は既に亜細亜の固陋を脱して西洋の文明に移りたり」（二三九頁）と書いている。したがって、「我国は隣国の開明を以て共に興すの猶予ある可らず、寧ろ其伍を脱して西洋の文明国と進退を供にし、其支那朝鮮に接するの法も隣国なるが故にとて特別の会釈に及ばず、正に西洋人が之に接するの風に従て処分す可きのみ。悪友を親しむ者は共に悪名を免かる可らず。我れは心に於いて亜細亜東方の悪友を謝絶するものなり」（二四〇頁）というかの有名な一文を残している。しかし、当時はどう贔屓目に見ても、物質では西洋に歯が立たないので、日本精神の優位を説く必要があった。これが、和魂洋才の思想である。もっともそれは日本だけの現象ではない。中国にもこれに似た「中体西用」という考え方があった（駒井）。一九二三年の『尋常小学国語読本巻一二』には、「万世一系の皇室を中心として団結した国民は、かくていよいよ結束を固くし、熱烈な愛国心を養成した。其の上我が国の美しい風景や温和な気候は、自ら国民の性質を穏健ならしめ、自然美を愛好するやさしい性情を育成するのに与って力があった」と書いている。この延長上に、和辻哲郎は、南洋の未開の国の植民地化や、日本の傑出した地位を、自然から導き出し、太平洋戦争、植民地戦争を肯定することに繋がる日本風土学を説いた。戦後は、中根千枝や土井健郎などが、違った形で、日本文化を宣伝した。それが、先に述べたように、公文俊平、山崎正和、吉田和男、榊原英資などは、日本型社会を普遍的な形で提示するにまで至った。

ユニーク性を主張することで、この言説の呪縛に、日本人は囚われる。個としての確立の遅れ、ムラ社会の妥協、市民の勇気の欠如、公共性の欠如した政治・経済システム、日本のみに関心を持つ国民性、世界的視野の欠如など。個人としての活動が不活発なために、ボランティア活動にも勇気がいる国民になってしまう。また、言論による公の場でのディスクールに慣れていないから、政治家やジャーナリストは世界にコミットメントできないでいる。ウォルフレンの言うように、責任の所在が曖昧になり、過去の克服が不徹底になる一つの原因にもなっている。

ザイードによれば、オリエンタリズムとは「ヨーロッパの実体的な文明・文化の一構成部分をなす」ものであり、「この内なる構成部分としてのオリエントを、文化的にも、イデオロギー的にもひとつの様態をもった言説として、しかも諸制度、学識、形象、信条さらには植民地官僚制度と植民地的様式によって支えられたものとして、表現し、表象する」文化的ヘゲモニーの体系だとされる。同じように、日本論・日本人論も、逆オリエンタリズムとして、支配のイデオロギーとなっている。姜尚中が『オリエンタリズムの彼方へ』で、知の発展と権力の行使は分かち難く結びついている（五九頁）と述べている。知は支配の道具なのである。自己と他者の区別をするために、他者が必要であり、他者を管理する監獄や精神病棟として、学問がある。姜は、日本論・日本人論の代わりに、日本文化論という言葉を使っている。「オリエンタリズムの日本的な再生産である」（八五頁）日本論・日本人論は、「否定的特殊性の認識」、「肯定的特殊性の認識」、「特殊から普遍へ」「「国際化」の中の「日本文化論」」へと変遷している。この流れで、日本は、世界の日本化を模索している（八三頁）。この、日本化は、一九三〇年代の「近代の超克」とか「日本精神論」との差異的反復をはらんでいる（八四頁）。つまり、国体論の亡霊を、戦後の日本論・日本人論の中に感じ取っている。鋭い指摘である。

アジアから見た、日本論・日本人論はどのようなマイナス面を持つのであろうか。自己に都合の良い対日認識を持つことで、誤った日本像を持つと共に、日本を鏡に、自己イメージを作り上げ、日本との正常な関係を持ち得ないでいる。また、欧米においては、キリスト教文明、植民地主義、人種偏見、ダーウィニズム、欧米文化中心主義が、他の文化を正当に評価することを困難にしている。対日認識においても、オリエンタリズムに陥り、日本を対等のパートナーと見られず、日本異質論を克服できず、文明の衝突すら囁く始末である。

## 五　結　論

日本を見る見方、外国を見る見方、異文化へのまなざしに、私たちの日本認識、世界認識は翻弄される。また、世界の人々も、そのような日本論・日本人論に影響を受ける。日本の場合でも外国の場合でも。どれだけ西洋に近いか、どれだけ日本に近いか、どちらが西洋に近いか、自己がどれほど日本と異なっているかで、自己規定をする。自己文化中心主義、自己否定、オリエンタリズム、逆オリエンタリズム、ナショナリズムなどに囚われていては、自己理解も、異文化理解もできない。姜尚中の『オリエンタリズムの彼方へ』を読んでいると、私たちの考え、思想、学問、民族、文化、国家などというものが作られるメカニズムに、支配の構図が入り込んでいることに気付かされる。それにいかに対抗すればよいかという問題が残る。ただ、日本がオリエンタリズム、ないし逆オリエンタリズムによって、欧米に対抗し、アジアを見るまなざしは、西欧のアジアを見るまなざしと同じであることを、知ることは重要だ。自己文化中心主義、文化オリエンタリズムは、どの文化にも刷り込まれる。そのような言説は、国境を越えてマス・メディアを通じて、日々届けられる。これに対抗するためには、日本の言説と世界の言説とのクロス・チェックをし、日本論・日本人論のイデオロギー性を嗅ぎ取る力を高めなければならない。

**引用および参考文献**

網野善彦『日本論の支座』小学館、一九九三
青木保『「日本文化論」の変容』中央公論社、一九九〇
荒木貞夫『皇道の本義』日本精神講座三巻、新潮社、一九三四
ポール・A・コーエン『知の帝国主義、オリエンタリズムと中国像』平凡社、一九八八
Dale, Peter N.: The Myth of Japanese Uniqueness, Routledge, 1990
ビル・エモット『日はまた沈む—ジャパンパワーの限界』草思社、一九九〇
福沢諭吉「脱亜論」一八八五（慶應義塾編纂『福沢諭吉全集第一〇巻』岩波書店、一九六〇）
「帝室論」一八八二（慶應義塾編纂『福沢諭吉全集第五巻』岩波書店、一九五九）
「朝鮮は退歩にあらずして停滞なるの説」一八七七（慶應義塾編纂『福沢諭吉全集第一九巻』岩波書店、一九六二）
「朝鮮人民のために其国の滅亡を賀す」一九八五（慶應義塾編纂『福沢諭吉全集第一〇巻』岩波書店、一九六〇）
ジェームズ・ファローズ『日本封じ込め』TBSブリタニカ、一九八九
濱口恵俊「『日本異質論』に変化の兆し」「中央公論」一九九五年一月号
『日本型モデルとは何か』新曜社、一九九三

サミュエル・ハンチントン「文明の衝突」『中央公論』一九九三年九月号
林辰彦『日本とアラブ』産業新潮社、一九七五
平川祐弘『和魂洋才の系譜』河出書房新社、一九八七
井上秀雄『倭、倭人、倭国』人文書院、一九九一
彌永信美『幻想の東洋、オリエンタリズムの系譜』一九八七
姜尚中『オリエンタリズムの彼方へ』岩波書店、一九九六
小熊英二『単一民族神話の起源』新曜社、一九九五
駒井洋編『脱オリエンタリズムとしての社会知』ミネルヴァ書房、一九九八
近衛文麿『国士に現れたる日本精神』日本精神講座一二巻、新潮社、一九三五
文部省『國体の本義』一九三七
中根千枝『タテ社会の人間関係』講談社現代新書、一九六七
W・エドワード・ザイード『オリエンタリズム』平凡社、一九八六
斎藤精一郎『一〇年デフレ―日はまた昇る一九九一―二〇〇〇』日本経済新聞社、一九九八
榊原英資「大蔵官僚の功罪　もう一人の日本異質論者への反論」『中央公論』一九九五年五月号
「歴史からの断絶―米国リビジョニストと戦後知識人」『発言者』一九九四年八月号
杉本良夫＝ロス・マオア『日本人論の方程式』ちくま学芸文庫、一九九五
土井健郎『表と裏』弘文堂、一九八六
豊下楢彦『安保条約の成立』岩波新書、一九九六
山崎正和『日本文化と個人主義』中央公論社、一九九〇
吉田和男『複雑系としての日本型システム』読売新聞社、一九九七
和辻哲郎『風土』岩波書店、一九三五

カレル・ヴァン・ウォルフレン（Wolferen, Karel van）『人間を幸福にしない人間というシステム』毎日新聞社、一九九四

# 第四章　紛争の諸相と解決・手続

17

# 自己使用文書としての訴訟等準備文書と文書提出義務

伊藤　眞



## 一　問題の所在

弁論主義の原則の下に運営される民事訴訟において、裁判所が争いとなる事実について真実を発見し、適正な裁判を行うためには、当事者が証拠を提出する機会を広く保障する必要がある。平成十年一月一日より施行された現行民事訴訟法が、文書提出義務について新たに一般義務文書の範疇を設けたことは（二二〇条四号）、こうした考え方にもとづくものと評価される(1)。他方、文書の所持者の側にとってみれば、その者が訴訟当事者であれ、また訴訟外の第三者であれ、文書の提出を強制されることは、多かれ少なかれ文書上に表象される情報についての支配権を制限される結果となる。したがって、一般義務文書についての提出義務に関しても、合理的基準にもとづく限界を設けなければ、所持者の利益が不当に害されるおそれがある。法が、一般義務文書について、証言拒絶事由（二二〇条四号イロ）および自己使用文書性（同ハ）に該当しない場合にのみ文書提出義務を認めているのは、こうした考え方にもとづくものである。

しかし、証言拒絶事由が、それぞれ法一九六条各号や一九七条一項二号および三号に記載されている事項を意味するとされ、その概念としての外延が比較的明確であるのに対して、「もっぱら文書の所持者の利用に供するための文書」と表現される自己使用文書は、旧法下の利益文書概念や法律関係文書概念との関係でなされてきた議論の影響もあり、多様な解釈が成立しうる概念といわざるをえない。平成一一年から一二年にかけて自己使用文書概念にかかる二つの最高裁判例が現れたことも、こうした事情によるものである。第一の判例は、最決平成一一年一一月一二日（民集五三巻八号一七八七頁）であり、銀行の貸出稟議書が、特段の事情がない限り、一般義務文書としての文書提出義務の除外事由たる自己使用文書性をもつとしたものである。(2) この判例においては、自己使用文書の意義について「ある文書が、その作成目的、記載内容、これを現在の所持者が所持するに至るまでの経緯、その他の事情から判断して、専ら内部の者の利用に供する目的で作成され、外部の者に開示することが予定されていない文書であって、開示されると個人のプライバシーが侵害されたり個人ないし団体の自由な意思形成が阻害されたりするなど、開示によって所持者の側に看過し難い不利益が生ずるおそれがあると認められる」ものと説示されている。

第二の判例は、最決平成一二年三月一〇日（判例集未登載）であり、これは法律関係文書（二二〇条三号後段）の意義との関係で、教科用図書検定調査審議会作成の、検定申請のあった教科用図書の判定内容を記載した書面および文部大臣にたいする報告書を「所持者が専ら自己使用のために作成した内部文書」として、その提出義務を否定したものである。ここでは一般義務文書の場合と異なって、法律関係文書に該当するか否かの判断基準として内部文書性が問題とされているのであり、したがって、一般義務文書の提出義務除外事由としての自己使用文書性と、法律関係文書の外延を画する事由としての内部文書性とが厳密に一致するものではない。しかし、判決理由にいう定義を比較すれば、実質的に両者の間に大きな違いはなく、ここでは、一般義務文書提出義務の除外事由としても、また法律関係文書該当事由としても、自己使用文書性が基準となることが判例上確立されたと理解することとする。

このように提出命令申立ての対象となるのが、一般義務文書であれ、また法律関係文書であれ、自己使用文書性は重要な基準となるが、それに該当するかどうかについて従来それほど詳細な検討がなされてこなかったものとして、当事者またはその代理人弁護士が訴訟追行の準備のために作成した文書がある。アメリカ法では、この種の文書の中で弁護士が作成したものについては、ワーク・プロダクツとして秘匿特権の保護を受ける。[3] わが国においても、この種の文書を弁護士が所持している場合には、弁護士の秘密保持義務（弁二三条）[4]を媒介として、文書提出義務の除外事由（二二〇条四号ロ・一九七条一項二号・三号）に該当することを主張できる。[5] もちろん、弁護士が当事者から依頼を受けて訴訟準備のために作成した文書などが全て秘密保持義務の対象となるかどうかの問題はあるが、準備書面等として裁判所に提出され、秘密性を喪失したものを除けば、[6] 秘密保持義務の対象と考えるのが原則になろう。

しかし、同じく訴訟等準備文書であって弁護士の作成にかかるものであっても、現に当事者本人が所持しているものについては、弁護士の秘密保持義務を根拠として文書提出義務を否定することができるかどうか検討の必要があるし、また弁護士以外の第三者や当事者本人が作成した文書については、もちろんそのような可能性は認められない。しかし、当事者対立構造をとる訴訟手続を前提とすれば、相手方当事者が訴訟準備のために作成し、または所持する文書について一方当事者がその提出を求められるとすることは、公平に反すると思われるし、また信義誠実訴訟追行義務（二条）との関係でも、問題があるといわざるをえない。そこで本論文においては、この種の文書について、自己使用文書性を根拠として文書提出義務を否定する余地があるかどうかを検討してみたい。なお、本論文において検討の対象とする訴訟等準備文書とは、「当事者本人が作成したか、本人からの依頼を受けて弁護士などの第三者が作成したかを問わず、当事者が訴訟追行のために準備し、現に所持する一切の文書であって、裁判所に提出されるなどの原因によってその秘密性を失っていないもの」と定義する。

## 二　文書提出義務の構造

現行法における文書提出義務は、民事訴訟法二二〇条一号ないし四号によって規律され、対象として特定された文書が、引用文書（一号）、引渡しまたは閲覧請求の対象となる文書（二号）、利益文書（三号）、法律関係文書（三号）、一般義務文書（四号）のいずれかに該当する場合に、その提出が法律上義務づけられる。以下、実際上問題となることが多い、利益文書、法律関係文書、および一般義務文書の三つについて、訴訟等準備文書とのかかわりを検討する。(7)

利益文書については、「文書の作成目的が挙証者の権利義務や法律上の地位を基礎づけるもの」と定義されるが、一方当事者が所持する訴訟等準備文書が、挙証者たる相手方当事者の権利義務などを基礎づけるために作成されるものでないことは明らかであり、したがって、訴訟等準備文書が利益文書とみなされる余地はないと思われる。

これに対して法律関係文書の概念については、新民事訴訟法の施行からいまだ日が浅いことから、その解釈も定まっていないが、旧法下の解釈を前提とすれば、「契約書や解除通知書などのように、挙証者と所持人との間の法律関係自体が記載されているもの、および法律関係の構成要件たる事実やそれを基礎づける事項が記載されている文書」が法律関係文書にあたると考えられる。(8)

訴訟等準備文書の中には様々なものが含まれうるが、たとえば紛争の対象たる権利関係にかかる事実について一方当事者が調査し、その結果を整理したものが考えられる。この種の文書は、その記載内容の客観的性質を基準とすれば、場合によっては、挙証者と所持人との間の法律関係を基礎づける事項が記載されているものとみなされるので、上記の定義に照らして法律関係文書とされる可能性がある。また、訴訟等準備文書の記載内容が立証主題にとって証拠価値をもつものであれば、それが一般義務文書に該当する可能性も否定できない。

そこで、以下では、訴訟等準備文書について、その記載内容からすれば、法律関係文書または一般義務文書として文書提出義務が成立しうることを前提として、それに対する除外事由が認められるか否かを検討する。

## 三　文書提出義務の除外事由としての証言拒絶事由該当性と自己使用文書性

訴訟等準備文書が一般義務文書に該当するとしたとき、証言拒絶事由該当性がその除外事由となることは法文上明らかである（二二〇条四号イロ）。これに対して、訴訟等準備文書が法律関係文書とされたときに、同様に証言拒絶事由該当性が除外事由となりうるかどうかについては、法文の規定からは明らかでない。しかし、法律関係文書に関する文書提出義務については、現行法が旧法の規定の解釈を変更する意図をもつものではないことは、立案担当者によって繰り返し言明されてきたところである。(9) 旧法下では、法律関係文書について証言拒絶事由該当性が提出義務の除外事由となることは、ほぼ確立された考え方となっていたことを前提とすれば、(10) 現行法下の法律関係文書についても、証言拒絶事由該当性を除外事由としてよいものと考えられる。

次に、自己使用文書性に関しても、一般義務文書についてこれが提出義務の除外事由となることは明文の規定によって認められているところである（二二〇条四号ハ）。これに対して、法律関係文書についても同様に考えられるかどうかに関しては、考え方の対立がある。多数説は、法律関係文書と証言拒絶事由該当性の関係について述べたのと同じ理由から、法律関係文書についても、旧法下と同様に自己使用文書性が除外事由となるとするが、(11) 少数説は、以下のような理由からこれに反対する。(12) すなわち、旧法下で、自己使用文書性が法律関係文書に関する除外事由として認められたのは、旧法下の法律関係文書の概念が拡大しすぎることを防ぐためのものであり、本来は文書の客観的記載内容を問題とする法律関係文書概念を前提とすれば、当該文書がどのような目的のために作成されたかを問題とする自己使用文書性は、法律関係文書の提出義務を制限する要因とすべきではないというものである。

しかし、この少数説にしたがって、自己使用文書性が直ちに法律関係文書の提出義務について除外事由とならないとした場合であっても、後に述べるように、自己使用文書性は比較考量にもとづく評価概念であり、かつ、自己使用文書性自体についても、文書作成の目的などを考慮したときに質的な違いが存在することを考えれば、いかなる場合でも自己使用文書性が法律関係文書に関する文書提出義務の除外事由とならないといえるかどうかについて、より立ち入った検討が求められる。

そこで本論文においては、訴訟等準備文書の中にどのような性質の文書が含まれるかをまず検討し、次にそこに記載された内容に即して、自己使用文書性および証言拒絶事由該当性が認められるかどうかを考察し、それにもとづいてこの種の文書について一般義務文書または法律関係文書としての提出義務が認められるかを考えることとする。

## 四　準備成果物としての訴訟等準備文書の意義

訴訟等準備文書の中には、訴訟追行を準備するために当事者が事実などを調査し、その成果を整理した文書が含まれる。文書作成の主体としては、当事者本人と弁護士などの第三者が考えられるが、いずれにしても当事者がこの種の文書を所持していることを前提として、これを準備成果物と呼ぶことにする。準備成果物の性質は、特定の紛争に関連して、当該紛争から派生する訴訟等の手続において、紛争当事者たる所持人が自らの権利や法的利益を主張し、または防御する目的のために、自己または自己の依頼した弁護士などによって作成され、現にこれを所持しているものである。訴訟等の手段による紛争解決のために当事者が収集し、所持する文書には、様々の種類のものが含まれるが、準備成果物は、同じく訴訟等のために当事者が収集、所持する文書であって、訴訟の準備とは無関係に作成された文書と、以下の点で区別される。

当事者が訴訟等による紛争解決を自己に有利に導くために収集、作成、所持する文書について、その性質を大別すると、すでに訴訟準備前から客観的に存在し、当事者や第三者によって所持され、または収集されたものと（以下、これを一般文書と呼ぶ）、訴訟等の準備のために当事者本人またはその委任を受けた弁護士などによって作成されたものとが分けられ、ここでいう準備成果物たる文書は、後者に該当する。自己使用文書性の視点からみたときに、この二種類の文書の性質は、次のように考えられる。
一般文書の中には、まず事実を記録した文書であって、公開を予定されたり、また合理的理由があれば外部に示されることを予定されるものが含まれる。この種の文書は、いかなる意味においても自己使用文書とはみなされない。次に、その本来的作成目的についてみれば、所持人自身の活動に関する備忘録や記録、団体であれば、その意思決定手続の適正化などを目的として作成される稟議書など、所持人自身のみが用いることを予定し、外部に開示することを予定されないものとが分けられる。通例、内部文書と呼ばれる私人の日記や備忘録、あるいは法人の意思決定過程で作成される稟議書や会議記録などがこれに属する。

しかし、これらの内部文書といえども、当然に法律上の意味で自己使用文書と認められるわけではない。自己使用文書は評価概念であり、国民が等しく負う司法への協力義務と、証拠としての重要性や訴訟の目的とを比較考量して判断されるべきものであり(13)、通常の使用目的を考えれば、内部文書とされるものであっても、証拠としての重要性から司法への協力義務が優先して、自己使用文書性を否定されることも考えられる。たとえば、金融機関の貸出稟議書について文書提出義務義務の有無が争われるが、貸出稟議書が本来の使用目的からみれば内部文書であることについて異論はないと思われる。それにもかかわらず、自己使用文書性が問題とされるのは、訴訟における争点との関連などを考慮したときに、なお文書提出義務を否定して、司法への協力義務を免除することが適当かどうかについて、判断が分かれる余地があるためである(14)。

これに対して準備成果物たる文書についてみると、それは訴訟等の準備の過程で所持人または所持人のために弁護士などの第三者によって作成されるものであり、場合によってはその内容が準備書面や陳述書の形で外部に顕出されることがないとはいえないが、準備成果物自体は、もっぱら紛争解決において有利な地位を形成するための準備として所持人自身が用いることを予定されているものであり、その性質上、所持人以外の第三者による使用を予定しないものとみなされる。そこで次に検討すべきことは、証拠としての価値などを考慮したときに、司法への協力義務などを根拠として、準備成果物たる文書についてなお自己使用文書性を否定する余地があるかどうかである。

## 五　準備成果物と司法への協力義務

証人や文書などの証拠方法の種類を問わず、当事者や第三者が証拠の提出を義務づけられるのは、わが国の裁判権に服する者が等しく司法への協力義務を負っているからに他ならない。すなわち、権利義務をめぐる紛争について法を適用して解決を行う義務を負う裁判所としては、その前提として、争いある事実についてできるかぎり真実を発見することを要請され、この要請を実現するために、国民は、真実の発見に必要な証拠を法廷に提出することが求められ、これが司法への協力義務の内容をなすものである。もっとも、前記のように、証拠としての提出が所持人の生活や組織運営にとって著しい障害を生じるときには、証拠としての重要性などとの比較考量にもとづいて司法への協力義務、すなわち文書提出義務が否定されることがありうる。

しかし、このような可能性とは別に、文書などの証拠方法の不提出が司法への協力義務と矛盾関係に立たない場合が考えられる。これが本論文でいう準備成果物たる文書の概念であり、また、アメリカ法において発達したワーク・プロダクツの概念もほぼこれに対応する。ワーク・プロダクツとは、秘匿特権（プリヴィレッジ）の一種であり、これに含まれるものは、プリトライアル段階におけるディスカヴァリーの対象からも除外される。その定義としては、訴訟の準備のために弁護士または当事者本人が作成した手控え等の文書であるといわれるが、(15) ワーク・プロダクツの考え方を確立したといわれる連邦最高裁判決では、(16) その根拠について次のようなことが説かれている。

この事件で提出が問題となった文書は、証人について当事者の代理人弁護士が事前に面談した結果を記録した文書である。連邦最高裁は、この文書に記載されている内容は、弁護士が証人から録取したものであるから、弁護士と依頼者との関係を保護する、弁護士の秘匿特権（attorney–client privilege）の対象とならないとする。しかし、コモン・

ローの審理が当事者対立構造をとっている以上、一方当事者が、相手方当事者やその代理人弁護士が行った活動の成果に便乗することは、訴訟の基本原理である武器対等の原則や当事者間の公平に反するものであるとして、本件の文書についてのディスカヴァリーを否定したものである。

このワーク・プロダクツの考え方をより一般的な法理として構成するとすれば、次のようにいうことができよう。民事訴訟手続には、一方において真実発見の要請が妥当するとともに、他方においては、当事者対等の原則や当事者間の公平の理念が妥当する。後者の原則や理念に照らすと、挙証者は、自ら収集した証拠方法にもとづいて自らの立証活動を行うべきであり、相手方当事者が準備した成果物たる文書に便乗して、立証活動を行うことは公平に反するものと評価される。もちろん、このことによって真実発見の要請を本質的に損なうことは許されないから、相手方当事者が収集したものであっても、すでに訴訟前から客観的に存在する一般文書などについては、これを準備成果物とみなすべきではないが、少なくとも一般文書などを分析し、それを基礎として、当事者本人またはその依頼を受けた弁護士の意見を踏まえて作成された文書は、ワーク・プロダクツに対応する準備成果物たる文書として、文書提出義務を否定すべきものである。

このように考えると、準備成果物たる文書について文書提出義務が否定されるのは、司法への協力義務を制限すべきことを根拠とするものではなく、むしろ、当事者対等という民事訴訟の基本原則の発現を根拠とすべきものである。加えて、準備成果物たる文書が所持人以外の者によって利用される可能性が認められれば、所持人はこの種の文書を準備しようとする動機付けを失い、当事者の準備活動および訴訟活動を充実させることによって、審理の充実を図ろうとする民事訴訟手続の考え方の基本的目的が阻害されるおそれも生じる。

また、準備成果物は、当該訴訟に関する文書だけではなく、当該訴訟と一体とみなされる紛争から派生する他の訴訟などのために準備された文書にも妥当する。関連する他の訴訟のために準備された準備成果物であっても、所持人が当該紛争において自らの地位を強化するために作成した点では違いがみられず、これを紛争の相手方の使用に委ねることは、相手方に不当に有利な地位を与え、また所持人が訴訟を準備しようとする意欲を減殺する結果になるからである。

もちろん、準備成果物たる文書を自己使用文書として、文書提出義務の除外事由にあたるとすることから生じる挙証者側の不利益についても考えなければならない。しかし、準備成果物を自己使用文書とすることは、準備成果物の基礎となっている文書等を当然に文書提出義務の対象外とするものではない。この種の文書については、二種類のものが分けられる。第一に、準備成果物たる文書の作成過程において作成されたものであり、この種の文書は、準備成果物と一体のもの、またはそれに準じるものとして自己使用文書とされる。しかし、第二に、訴訟等の準備活動以前に所持人の業務遂行過程などにおいて作成された文書、すなわち先に述べた一般文書については、たとえそれが準備成果物の基礎とされている場合であっても、文書提出義務を考えるについては、準備成果物と切り離し、一般文書としてその提出義務を考えるべきものであるから、準備成果物たる文書について自己使用文書として提出義務を否定することが、挙証者の側に決定的不利益を生じさせ、また民事訴訟の目的である真実発見を根本から阻害するものとは考えられない。

## 六　準備成果物たる文書の作成主体

準備成果物たる文書は、高度の自己使用文書性をもつものとして、文書提出義務の除外事由とされるが、その作成主体は、当事者本人または当事者本人から依頼を受けた者であれば足り、受任者が弁護士資格をもつ者であることを要求するものではない。もちろん、当該事件に関する資料を分析し、その分析にもとづいて当事者の有利になるべき判断を示すためには、当事者本人以上の判断能力をもつ者であることが必要になるが、それは、必ずしもわが国の弁護士資格を有する者に限定されず、たとえば公認会計士や外国弁護士資格を有する者も含まれる。

## 七　準備成果物に関する文書提出義務のまとめ

準備成果物たる文書は、紛争解決を当事者の活動を基礎として行うという民事訴訟などの基本構造を前提として、公平を維持しながら、当事者の自主的訴訟準備活動を促す目的に照らして、高度の自己使用文書性を認められる。その結果として、準備成果物について文書提出義務が否定されても、準備成果物たる文書の基礎となる一般文書等の証拠方法については、挙証者が別に文書提出命令や証人尋問などの方法によって証拠として提出する可能性が認められるから、訴訟等準備文書について文書提出義務が否定されることによって、真実発見が決定的に阻害されるとはいえない。

準備成果物たる文書の作成主体の範囲には、所持人自身の他、その依頼を受けた弁護士または外国弁護士、あるいは公認会計士なども含まれ、それらの者による文書作成目的が訴訟準備であり、かつ、文書の内容がその趣旨に添うものであれば足りる。また、ここでいう訴訟には、挙証者および所持人を訴訟とする当事者に限られず、所持人が当事者に準じる地位にある訴訟、およびこれらの訴訟と一体の紛争から派生する他の訴訟も含まれる。

なお、以上のことは、一般義務文書の提出義務除外事由としての自己使用文書性にかかわることであるが、法律関係文書の範囲を限定する事由としての自己使用文書性について同様のことがいえる。先に述べたように、筆者を含め、法律関係文書について自己使用文書性を問題としない少数説があるが、この少数説を前提としたときでも、準備成果物のような高度の専有性を認められる文書に関しては、当事者間の公平からも法律関係文書としての提出義務を認めるべきではないと考えられる。

## 八　記録文書と文書提出義務

準備成果物と密接に関連するが、厳密にはこれと区別されるものとして、依頼者と弁護士との間の訴訟の打ち合わせや連絡内容を記録した文書がある。その記載内容は、弁護士などによる訴訟準備の成果物というより、当事者本人から弁護士へ、逆に弁護士から当事者本人へ意思や事実に関する認識を伝達したものである。これを記録文書と呼ぶ。

記録文書については、その所持人が弁護士であるときと、当事者本人であるときが考えられるが、まず弁護士であるときには、それについて一般義務文書としての提出が求められた場合には、「弁護士……の職にある者が職務上知り得た事実で黙秘すべきもの」という文言に照らして、民事訴訟法一九七条二号・二二〇条四号ロの証言拒絶事由該当性を認められる。また、法律関係文書の提出義務が主張された場合にも、証言拒絶事由該当性が旧法以来の解釈によって除外事由として認められることを前提とすれば、記録文書について文書提出義務が否定されるべきである。

もっとも、このような考え方が、わが国において外国法事務弁護士の資格を認められていない、外国弁護士との間の記録文書にも妥当するかどうかは、なお検討の余地がある。しかし、弁護士などに関する証言拒絶権の規定は、他人の秘密に関与する専門職業人を信頼して、その秘密を開示した者の利益を保護する趣旨によるものであり、その点を考えれば、当該国の法令によって守秘義務を負うものである限り、その職務内容においてわが国の弁護士に相当する外国弁護士にもこれらの規定を類推適用することが許される(17)。

したがって弁護士等は、その所持する文書であって、秘密保持を前提として依頼者から開示された内容を記載した文書について、文書提出義務の不存在を主張できるが、当該文書の写しなどを依頼者が所持しているときに、依頼者自身がその提出を拒絶できるかどうかの問題がある。しかし、そもそも文書提出義務否定の基礎となっている弁護士の黙秘義務は、弁護士自身の利益を保護するためのものではなく、依頼者の秘密保持の利益を保護するものとされていることを考えれば(18)、依頼者たる所持人も弁護士の黙秘義務を理由として、文書提出義務の不存在を主張できると解すべきである。また、二二〇条四号ロでは、「一九七条第一項第二号に規定する事実又は同項第三号に規定する事項で、黙秘の義務が免除されていないものが記載されている文書」とされ、証人の証言拒絶権の場合と異なって、文書の記載事項さえ黙秘義務の対象とされていれば、弁護士に限らず、文書所持人が提出義務を免れる趣旨であることを考えれば、依頼者など、弁護士の黙秘義務を主張するについて正当な法的利益をもつ所持人は、文書提出義務の除外事由を主張できるものと考える。

（1）「研究会新民事訴訟法」ジュリ増刊二七五頁（一九九九年）においても、一般義務化自体について各論者の積極的評価は一致している。
（2）本決定の意義については、特段の事情の理解をめぐっていくつかの考え方が成り立ちうる。加藤新太郎「銀行の貸出稟議書と自己使用文書」ＮＢＬ六八二号七一頁（一九九九年）、「銀行の貸出稟議書に対する文書提出命令・最高裁決定—最二決平成一一・一一・一二をめぐって」銀行法務二一　五七〇号七頁以下（一九九九年）など参照。
（3）小林秀之『新証拠法』一〇三頁・一〇六頁（一九九八年）参照。
（4）なお、弁護士倫理二〇条も、法の規定を受けて、秘密保持義務を定める。
（5）一般義務文書の場合には、これらの除外事由に該当しないことを文書提出命令申立人が主張・立証しなければならないというのが法の建前であるが、実際上では、文書の記載内容に通じている所持人に主張・立証を求めることが多いと思われる（伊藤眞『民事訴訟法』三六二頁（一九九八年）参照）。
（6）秘密性喪失の具体例については、日本弁護士連合会弁護士倫理に関する委員会編『注釈弁護士倫理』八八頁（一九九五年）参照。
（7）利益文書・法律関係文書と一般義務文書との間には、前者についての該当性が認められない場合に、後者についての該当性を検討すべきであるとし、いわば両者の間に補充優先関係を認める考え方がある（平野哲朗「新民事訴訟法二二〇条をめぐる論点の整理と考察」判タ一〇〇四号四三頁・四六頁（一九九九年））。立法の経緯はともかくとして、法律上の意味で補充優先関係が存在するかどうかは疑わしいが（法務省民事局参事官室『一問一答新民事訴訟法』二四五頁・二五四頁（一九九六年）、青山善充他「研究会・新民事訴訟法をめぐって（一七）」ジュリ一一二五号一〇七頁・一一〇頁参照）、実際上では、これらの提出原因があわせて主張されているときには、まず利益文書および法律関係文書該当性について検討し、それに該当しないときに、一般義務文書該当性について検討することが合理的であろう。

（8）伊藤・前掲注（5）三五九頁。もっとも、法律関係文書の意義について旧法下の解釈が維持されるべきかどうかについては疑問があり、一般義務文書の概念が創設された現行法の下ではより厳格に解すべきであるとの有力説がある（平野・前掲論文注（7）四六頁、上野泰男「文書提出義務の範囲」『講座新民事訴訟法Ⅱ』三三頁・五〇頁（一九九八年）など参照）。私見も一般論としてはこれに賛成するが、ここでは立ち入らない。

（9）法務省民事局参事官室・前掲一問一答注（7）二五三頁、青山善充他・前掲研究会注（7）一一五頁、伊藤・前掲書注（5）三六一頁など参照。

（10）下級審裁判例および学説の詳細については、菊井維大＝村松俊夫『民事訴訟法Ⅱ〔全訂版〕』六二一頁（一九八九年）、『注釈民事訴訟法（7）』八二頁〔広尾勝彰〕（一九九五年）など参照。

（11）『基本法コンメンタール・新民事訴訟法』第二巻一九六頁〔春日偉知郎〕（一九九八年）参照。先に紹介した最決平成一二年三月一〇日が、「民訴法二二〇条三号後段の文書には、文書の所持者が専ら自己使用のために作成した内部文書（以下「内部文書」という）は含まれないと解するのが相当である」とするのも、こうした考え方を判例が採用することを明らかにしたものと思われる。

（12）伊藤・前掲注（5）三六〇頁。学説の詳細については、平野・前掲論文注（7）四八頁参照。

（13）伊藤眞「文書提出義務と自己使用文書の意義」法協一一四巻一二号一四四四頁・一四五七頁（一九九七年）参照。

（14）貸出稟議書について文書提出義務を肯定した東京高決平成一〇年一〇月五日金法一五三〇号三九頁は、紛争発生前に作成された文書の信憑性が高いことを根拠の一つとしている。同じく文書提出義務を肯定した、東京高決平成一〇年一一月二四日金商一〇五八号三頁が、貸出稟議書の信憑性が高いものとし、「当該貸出の正当性、合理性を基礎づける最重要の基礎資料であるといえる」としているのも、同様の趣旨と理解される。

逆に文書提出義務を否定した裁判例である、東京地決平成一一年六月一〇日金法一五五〇号三六頁、東京高決平成一一年七月一四日金法一五五四号八〇頁などは、貸出稟議書の記載内容と要証事実との関連が十分に説明されていないことを理由の一つとしてあげる。

また、この問題についての学説（平野・前掲論文注(7)五一頁、山本和彦「稟議書に対する文書提出命令（下）」NBL六六二号三〇頁・三四頁（一九九九年）、新堂幸司「貸出稟議書は文書提出命令の対象になるか」金法一五三八号六頁・一三頁（一九九九年））も、それぞれの場合における結論はともかく、考え方としては、上記の裁判例と共通の枠組みをとっているものと思われる。

この問題についての判例を確立した最決平成一一年一一月一二日民集五三巻八号一七八七頁が、一般的には貸出稟議書が自己使用文書に該当するとしつつも、特段の事情が存在するときには、文書提出義務を認める余地があることを示唆しているのも、このような考え方に沿ったものと思われる。

(15)　ジェフリー・ハザード＝ミケーレ・タルフォ『アメリカ民事訴訟法入門』〔谷口安平＝田邊誠訳〕一二七頁（一九九七年）。より正確には、連邦民事訴訟規則二六条（b）（三）でいわれる、訴訟準備のための文書等がこれに対応する。

(16)　Hickman v. Taylor, 329 U.S. 495 (1947).

(17)　『注釈民事訴訟法(6)』三一五頁〔坂田宏〕（一九九五年）、前掲基本法コンメンタール(注11)一六七頁〔小林秀之＝山本浩美〕（一九九八年）では、立法趣旨を考え、公認会計士等、法令によって守秘義務を負う者にも証言拒絶権の規定を類推適用すべきであるとされる。

(18)　菊井＝村松・前掲注(10)五〇一頁（一九八九年）。

# 18

# 禁治産事件における事件本人の審問について

## ——人事訴訟法旧規定とCPO・ZPOの対比からの示唆——

佐上善和



## 一　はじめに

一九九八年四月に法務省民事局参事官室より発表された「成年後見制度の改正に関する要綱試案及び補足説明」によると、その手続のあり方はなお今後の検討課題とされている。すなわち、「試案第一（後注）」においては、⑴鑑定の簡略化、⑵本人の審問の要件・方法、⑶成年後見開始決定の本人への通知および⑷成年後見開始決定の公示方法について検討することが重要だとされている。

しかし、要綱試案の「補足説明」においては、この手続課題は「いずれも最高裁判所規則（家事審判規則）の規定事項であるため、法制審議会の答申に含まれる事項ではない」としている。[1] たしかに現行の家事審判規則を前提とする限り、その改正として扱われることになるのも一見したところ自然であるようにも思われる。また法律事項と規則事項の区別も微妙であって、これらの問題は規則事項であってもよいようにも見える。しかし、要綱試案が触れていない手続問題をも含め、ここに掲げられた事項は、成年後見事件の審理の骨格を左右する基本的事項であって、法律事項とする方が筋ではないかと考える。このように考える、あるいはこれにこだわるには、それなりの理由がある。

まず第一に、禁治産・準禁治産宣告およびその取消事件が人事訴訟手続法から家事審判法に移された際に、旧法に比べて著しく手続が簡略化されてしまっているが、以来半世紀を経てわれわれは家事審判法の規定に慣れ親しんでしまい、そもそも禁治産宣告・その取消事件の審理手続がこれで十分であるかについて、十分な検討がなされていないことである。第二に、近時における諸外国の成年後見制度の改正とその裁判手続との比較である。とりわけ日本法との対比の対象になることの多いドイツ成年後見法による非訟事件手続法の改正内容(2)と比較したとき、わが国の家事審判法における禁治産宣告手続のあり方と、それを引き継ぐ成年後見事件の審理には多くの疑問が生じてくることである。第三には、同様の目的を達成するために、厳格な手続と簡易な手続の併存を認めてよいかという問題がある。たとえば民法八五八条二項と精神保健福祉法三三条の手続の関係がその例である。(3)そして第四に、現行の家事審判法を前提にしたままで新しい成年後見事件の手続を構想してよいかについても、今一度基本に立ち返って点検する必要があるように思われる。

そのような作業のひとつとして、ここでは人事訴訟手続法旧規定が禁治産事件についてどのような定めをしていたか、またその立法の前提となったドイツの民事訴訟法における禁治産手続がどのようなものとして想定されていたかを振り返ることにしたい。その中で、旧人事訴訟手続法自体がドイツ民訴法を必ずしも正確には継受していなかったことを明らかにしておきたい。とりわけ、禁治産事件の管轄、禁治産を受けるべき者の審問および鑑定の三点についてこのことを明らかにしたい。しかしそれでもなお、家事審判手続よりは禁治産を受けるべき者の手続上の地位に関して質の高い規定を有していたことが明らかになる。ここで触れる内容は、すでに過去のことであり、その意味では歴史的な一齣を明らかにするにすぎないが、禁治産から成年後見へと制度を展開させるに際して、どのような手続を必要とするかを考える際のひとつの参考になればと考える。
なお、本稿では、今日では用いない用語・概念が登場するが、それは歴史的記述の必要からであるのでご了解を得たい。

## 二　人事訴訟法旧規定における禁治産事件の手続

### 1　明治二三年法律一〇四号から人訴法へ

いうまでもなく、家事審判法制定以前においては、わが国でも禁治産事件——禁治産宣告およびその取消事件——は訴訟手続として審理されていた。それがどのような内容を定めていたか、またどのような運用状況であったか、今日ではほとんど注目されることはないが、制定の当初においてどのように考えられていたのか、まずこの点から明らかにしていこう。

わが国において禁治産事件の審理・裁判について定めた最初の法律は、「婚姻事件養子縁組事件及ヒ禁治産事件ニ関スル訴訟規則」（明治二三年一〇月八日法律一〇四号、以下、「法律一〇四号」という）である。明治二一年九月一七日付民事訴訟法案議案第四六号の第二章「禁治産事件ノ訴訟手続」(4)がその原型であると考えられる。ドイツ民事訴訟法（CPO）と同様に、当初は民事訴訟法の中に定められることが予定されていたようであるが、同年に成立した民法人事編との関連項目が多く、それとの調整を図る必要があったためか、法律一〇四号として民事訴訟法とは別に定められることになった(5)。ところが肝心の民法人事編が、民法典論争の結果施行が延期されたために、法律一〇四号も実際に施行されたか否かは明らかではない(6)。禁治産事件は法律一〇四号では第二章で第二〇条から第四〇条に定められていた。

法律一〇四号における禁治産事件の構造および審理手続は、以下に触れるように若干の点を除くと、一八七七年のドイツ民事訴訟法（CPO）の第五九三条から第六二七条ときわめて類似している。それは次のようなものであった。すなわち、禁治産宣告の手続は、区裁判所における訴訟手続である（第二〇条）が、原告・被告という二当事者の対立構造は採用されない。二当事者の対立構造となるのは不服の訴え以後の手続である。職権探知主義が採用され（第二二条）、手続は非公開である（第二三条）。禁治産を受けるべき者は、非公開の法廷で一人または数人の鑑定人の立ち会いのもとで審問を受け（第二三条第一項）、また裁判所は一人または数人の鑑定人を尋問した後でなければ禁治産の宣告をすることはできない（第二四条第二項）。禁治産を宣告する決定に対しては、禁治産者、その後見人および民法により禁治産の申立をなす権利を有する者は、一ヶ月以内に訴えの方法により不服の申立をすることができる（第三〇条第一項、第二項）。この訴えは地方裁判所で審理され（第三一条）、訴えは検察官を相手方とし、検察官が訴えを提起するときは、禁治産者の後見人を被告とする（第三四条）。禁治産者が訴えを提起しようとするときは、申立により受訴裁判所の裁判長は訴訟代理人として弁護士の付き添いを命じることができる（第三三条）。不服申立の訴えの手続にも第一審と同様の手続が妥当する。また禁治産の原因が止んだことを理由とする禁治産解止の訴えについても不服の訴えと同様の手続が妥当する（第三九条）。ドイツ民訴法では規定のない準禁治産についても、特別の定めを除くほか、禁治産の手続が準用される（第四〇条）。検察官は、裁判所から手続開始等の通知を受ける（第二七条）とともに、自らも申立権を有し（第二一条第三項、二九条）、不服申立の訴えの当事者になる（第三四条）。

訴訟手続としての禁治産手続においては、禁治産の宣告とこの裁判に対する不服申立および解止の訴えが定められているだけである。禁治産宣告による後見人の選任は民法の規定により法定後見が定められており、法定後見人を欠くときは親族会によって選任される（民法人事編二二四条）[7]。そのための手続はとくに必要がなく、ドイツ法と異なり非訟事件手続法にも定めがない。

この法律制定の意図、個々の条文の理解について、立法者がどのように考えていたかは、必ずしも明らかではない。

先に触れた民事訴訟法草案議案第四六号に先立って民事訴訟法草案第三〇回終「第六編婚姻事件及ヒ禁治産事件」[8]においては、ドイツ民事訴訟法（CPO）の第五六八条から六二七条の翻訳が添付されている。しかし、議案四六号[9]では、「第□二一条　禁治産ノ宣告ハ申立ニ因リ区裁判所ノ決定ヲ以テ之ヲ為ス（独第五九三）」としている。その末尾には、これについて「修正ノ理由」として「独乙訴訟法第五九三条ニハ精神病者（瘋癲白痴等）タルノ宣告トアルモ、民法第三七七条ニ禁治産ノ裁判宣告云々トアリ、此法文ニ依レハ裁判ハ精神病者ナリトノ宣言ヲ為スニアラスシテ、治産ヲ禁スル旨ヲ宣言スル事明ラカナリトス。故ニ草案ニハ禁治産ノ宣言ハ云々ト記シタルナリ」と説明している[10]。ドイツ民訴法の規定と日本民法草案との整合性を図ろうとしなければならない苦労が示されている。ともあれ、民法自体の改正の必要から法律一〇四号も修正を迫られ、新たに人事訴訟手続法（明治三一年六月二一日法律一三号）が制定された。その制定過程の議事速記録から、法律一〇四号との関係が明らかになる。禁治産宣告の全体の説明の箇所で、河村譲三郎は次のようにいう[11]。

「河村　譲三郎　最初ニ大体ノ事ニ付テ申上ケテ置キマスガ、第三章ノ規定ハ旧法律第一〇四号ノ規定ト大体ニ於テ同一テアリマス。一体禁治産ノ手続ハ各国ノ法律ニ於キマシテモ、或ハ之ヲ訴訟事件ト致シテ居ル所モアリマスルシ、又訴訟トハシマセヌテ単ニ非訟事件トシテアル所モアリマス。孰レモ利害ハアリマスルガ、本案ハ折衷ヲ致シマシテ、一応ハ非訟事件ノ如クニシテ極ク簡略ノ手続ニスル、若シ争ヒノアル時ニハ訴訟モ出来ルト云フ折衷ノ主義ヲ採リマシタ。旧法モ矢張リ其主義テアリマスノテ、今之ヲ特ニ改メル必要ハナイト考ヘマシテ、矢張リ同シ折衷主義ヲ採リマシタ。デ、多少文字ヲ替ヘマシタリ箇條ノ置キ方ヲ替ヘマシタリシタ所ハアリマスガ、格別変ハリハアリマセヌ……（以下略、句読点は筆者の挿入である）」。

たしかに法律一〇四号と人訴法の定めを比較すると、河村がいうように、立法技術的な理由による修正がほとんどであるが、この間になされたドイツ民事訴訟法の改正（ZPO）における影響も見て取れる。たとえば、法律一〇四号の第二三条第二項は、裁判所が禁治産を受けるべき者の尋問を実施しなくてもよい場合として、ＣＰＯ五九八条第二項と同様に、「裁判所ノ意見ニ従ヒ実施シ難ク又ハ裁判ノ為ニ必要ナラス又ハ治産ヲ禁セラル可キ者ノ健康ニ害アリトスルトキ」という三つを掲げていた。しかし人訴法第四三条では、「裁判ノ為メニ必要ナラス」との文言が削除されている。これはZPOの改正に際して、「裁判ノ為メニ必要ナラス」との理由で尋問を実施しないのは、裁判所が予断をもって臨んでいる印象を与えるので好ましくないとして削除された[12]のに対応している。

もっとも人訴法における禁治産事件の審理のあり方をめぐっては、法案の審議過程において、第四二条の「心神ノ状況ニ関スル探知」と証拠調べとの関係について若干のやりとりがあった程度で、大した議論もなく終了している。禁治産手続を運営していくために不可欠な鑑定人の確保をどうするか、といった実務上問題となりうる事項についての質疑も見られない。こうした不安は残るものの、人訴法の成立によって、禁治産事件についても法文上ではドイツ民訴法に匹敵する内容を備えるに至ったといえるのである。

## 2　ドイツ民訴法から継受されなかったもの

法律一〇四号および人訴法における禁治産事件の手続は、主としてドイツ民訴法やフランス民法等を参照しつつも、ほとんどドイツ民訴法そっくりに形作られたものであることは、条文を対照させてみれば明らかである。しかし中には、立法者が意識的に変更した箇所や、ドイツ民訴法の禁治産手続において重要な位置づけを与えられていた条文が、人訴法には採用されていないものがある。前者の例としては、先に指摘した禁治産の要件である[13]。後者の例としては、とりわけZPO第六五〇条・六五一条、六五四条および第六五六条をあげることができる。これらの規定の改正は、CPOからZPOへの改正に際して禁治産手続をたんに民法典との調整を図るだけではなく、十数年間にわたる実務の中で登場してきた問題点を立法によって解決し、禁治産事件の審理の充実を図ることも意図していた。右にあげた条文はそうした趣旨による改正である。人訴法があえてZPOのこの改正の成果を取り込まなかったということに、むしろ端的に人訴法立法者の禁治産事件に対する見方が表れているようにも思われる。具体的にはそれは次のような内容である。

(1)　管轄の定めと移送

まずZPO第六五〇条・六五一条から見ていこう。人訴法三七条は、禁治産の申立については、禁治産を受けるべき者の普通裁判籍所在地の区裁判所が専属管轄を有する旨を定めている。CPO五九四条およびZPO六四八条第一項も同じ内容である。人訴法には移送に関する定めを欠く。誤った裁判所に提起された場合の移送だけでなく、本来管轄権を有する裁判所に提起された場合に、なお別の裁判所に移送するという両者の場合について定めを欠いている。このうち前者については民訴法の準用で対処できる。後者については、専属管轄を定めているのであるから、その裁判所に提起された事件を他の裁判所に移送する余地はないと考えるのが通常である。したがってこの場合について移送を認める規定は、不要であると考えられCPOにも法律一〇四号にも見られない。この点だけを見れば、人訴法に移送に関する規定が見あたらないのは取り立てて問題ではないといえる。

しかし、ドイツでは禁治産を受けるべき者——当時は精神病者が大部分である——が、その精神状態によって、管轄地以外の地で拘束されあるいは入院している場合がしばしば存在し、受訴裁判所による審問が可能ではなく、事件本人の滞在する地の裁判所の管轄を認めて審理させることが適切だとされる場合が多いと考えられるに至った。こうした事情を考慮してZPO六五〇条は、手続の開始時についてのみ専属管轄を維持し、禁治産を受けるべき者の滞在する地の裁判所に移送することができるとする改正を施した[(14)]。禁治産を受けるべき者がその滞在地をさらに変更したときは、再移送することができる（ZPO六五一条）が、裁判所がすでに禁治産を受けるべき者の審問を実施したときはもはや移送できない（ZPO六五〇条第二項）。この改正は、立法者によれば、専属管轄を維持して本人の審問を受託裁判官に委ねるよりは、事件を移送して、移送を受けた裁判所で本人の直接の審問と裁判をなさしめる方が妥当であると考えられたことにもとづく。しかしこの趣旨は、人訴法にはまったく反映されていない[(15)]。

(2)　禁治産を受けるべき者の審問の場所

第二点は、禁治産を受けるべき者の審問の方法・場所に関する理解である。ZPO六五四条は、禁治産を受けるべき者の鑑定人の立ち会いのもとでの審問を定めている。人訴法四七条も同様の定めを置く。いずれの規定によっても、尋問の実施が困難かまたは禁治産を受けるべき者の健康に害があると認めるときは、実施することを要しない。ただ注意深くみると、ZPO六五四条には、「法廷ニ於テ」という文言がみあたらない。一見したところ、たいした違いではなさそうである。

異なるのは、条文の文言ではなくその解釈なのである。禁治産手続の審理の核心部分であり、ドイツにおいては実務の共通認識をなしている部分である。このことは、法律一〇四号第二三条を引き合いにすることによって明らかになる。すなわち同条は、「裁判所ハ公開セサル法廷ニ於テ一人又ハ数人ノ鑑定人ノ立会ヲ以テ治産ヲ禁セラル可キ者ヲ尋問スヘシ……」と定めていた。審問の場所は法廷であるが、非公開でまた裁判官によって直接に審問されることが規定されている。人訴法は、この規定のうち審理の非公開に関する部分を四四条として独立させ、審問の部分だけを四七条に残したのである。『人事訴訟手続法議事速記録』によれば、四四条、四七条に関しては格別の議論はなく、それゆえ法律一〇四号の規定の意味がそのまま維持され、前述のように「多少ノ文字ヲ替ヘマシタリ、箇条ノ置キ方ヲ替ヘマシタ所ハアリマスガ、格別変ハリハアリマセヌ」と考えてよいであろう。禁治産を受けるべき者は、非公開の法廷で審問を受けることが当然の前提とされているわけである。

こうした理解は、その後の学説においても当然のこととして受け止められている。たとえば、人訴法四七条の解釈について松岡は、「鑑定人ノ立会ヲ以テ禁治産ノ宣告ヲ受クヘキ者ヲ尋問スヘシ然レトモ其尋問ヲ為シ難キトキ（例ヘハ禁治産ヲ受クヘキ者カ操暴狂者ナルトキ又ハ尋問ヲ受クヘキ者ノ健康ニ害アルトキハ尋問ヲ為スコトヲ要セス（人訴四七）何トナレハ前者ノ場合ニアリテハ尋問ノ目的ヲ達スルコトヲ得ス又後者ノ場合ニ在リテハ禁治産ノ宣告ヲ受クヘキ者ノ利益ヲ害スレハナリ禁治産ノ宣告ヲ受クヘキ者カ遠隔ノ地ニ在ル事由ハ禁治産ヲ受クヘキ者ノ尋問ヲ止ムルノ原因ト為スニ足ラス蓋此場合ニ在リテハ裁判所ハ受命判事ヲシテ之カ尋問ヲ為サシムルコトヲ得レハナリ、禁治産ノ宣告ヲ受クヘキ者ヲ尋問スルノ目的ノ為ニ其者ヲ勾引スルコトハ法律ノ許サザル所トス蓋シ斯ル身体上ノ拘束ハ法律上明文アルニ非サレハ之ヲ為スコトヲ得サルヲ当然トスレハナリ」という[16]。この見解の特徴は、この引用文の前に鑑定の必要を指摘した上で述べられているのであるが、審問の場所について言及がないこと、審問を実施しない例外についての説明が詳細であること、およびZPO六五四条第一項第二文の裁判所による尋問のための禁治産を受けるべき者の勾引について触れている点である。松岡のこの見解は、裁判所の法廷で審問を実施し、そこに関係者が出頭するのは当然で、禁治産を受けるべき者が任意に出頭しない場合があること、しかしその際にはその者を勾引することができない点を説明しているのである。ここまで論じるのであれば、なぜ審問の場所についての指摘がないのか、かえって疑問が生じるのである。『人事訴訟手続法議事速記録』でもこのような議論はされていないが、これと同様な理解であったと推測される。

しかし、ドイツ民事訴訟法（CPO・ZPO）においては、これとは逆に、禁治産を受けるべき者を裁判所の法廷で審問することは、原則とされてはいなかったのである。CPO五九八条にもZPO六五四条にも「法廷ニ於テ」の文言がないのは、それを象徴するともいえる。後にも詳しく紹介するように、すでにCPOの立法過程において、「禁治産を受けるべき者について必要な審問は、通例、その居所で実施し、法廷では行われないことについて（政府委員会の）見解は一致している。例外的な場合、すなわち（精神病を理由とする禁治産の場合には）医師の異議がない場合にのみ、法廷で、しかも非公開の法廷で実施されるにすぎない[17]」との見解が確立していたのである。その後の学説もこれを支持し、従っている[18]。そして先に見たZPO六五〇条の移送の定めも、受託裁判官による審問による裁判よりは、直接主義を維持し禁治産を受けるべき者の居所での審問を確保するための改正であったのである。法律一〇四号および人訴法の制定時においては、ドイツ法のこの考え方は採用されなかった。立法時においてドイツ民訴法の立法理由書は当然に参照されていたと考えるのが常識的であろう。そうすると、この部分に関しては意識的にドイツ法の考え方が継受されなかったといえるであろう。学説においても禁治産を受けるべき者の法廷での審問が問題であるとの指摘は見られないのである。

(3)　鑑定のための収用

第三は、ＺＰＯ六五六条である。この規定は、裁判所が禁治産を受けるべき者について医師による精神状態の鑑定のために必要があると認めるときは、その者を最大限六週間まで治療院に収容させることを命じることができると定めている。ＣＰＯにはこの定めがなく、刑事訴訟法（StPO）第八一条にならって同様の規定を設けるよう実務の側から不満が出されていた[19]ために、ＺＰＯではじめて規定されたものである。人訴法制定時には、当然にこの規定の存在は知られていたが、継受されなかった。その理由は、『人事訴訟手続法議事速記録』によっては明らかにされないが、当時のわが国においては精神病者を治療・鑑定するのにふさわしい施設がほとんど存在しなかったためであろうと考えられる。

精神病者の処遇に関しては、人訴法制定直後の明治三三年（一九〇〇年）に精神病者監護法が制定・公布される。しかしこの法律および施行規則には、そもそも何をもって精神病とするかについての定義すら存在しない。また何よりもこの法律は後見人・配偶者・親権者・戸主等が行政庁の許可を得て精神病者の私宅監置を許すことを主な内容とするものである[20]。精神病者の治療は考慮されていない。ドイツ民事訴訟法が予定しているような、禁治産を受けるべき者の精神状態を鑑定するに適した施設は、ごく一部にしか存在していなかったのである。ＺＰＯ六五六条は、人訴法の立法者にとっては、こうした状況を考慮すると継受できる可能性はなかったといえよう。

(4)　ま　と　め

法律一〇四号および人訴法は、当時最新のドイツ民事訴訟法における禁治産手続を継受したように見える。しかし右に見たように、はたしてドイツ法を正確に継受したかについては疑問が残される。なぜなら右に見た三点は、ドイツの禁治産手続の最重要部分をなすものであり、その核心とそれを支え、実質化する定めであるからである。この部分がわが国に伝えられなかったことは、改めて確認しておく必要があろう。

区裁判所で禁治産を受けるべき者の審問を実施するには、その者を裁判所まで連れていかなければならないうえに、大都市以外の裁判所では鑑定人を呼び出さなければならない。さらにまた鑑定を受けさせなければならないが、精神科医の数も乏しく、また入院費が高額であることを考えあわせると、禁治産の手続を申し立てる余地のある者はきわめて限られていたといえる。一方において精神病者監護法によって、行政庁の許可による私宅監置を許して精神病者を社会から隔離し、治療もしないという政策が採られている中で、あえて高額な費用を投じ、また裁判所によって公に精神病のために禁治産宣告を受けるという選択をする者は限られてくる。

しかしながら、少なくとも人訴法の規定の上では、禁治産を受けるべき者が鑑定人の立会のもとで裁判官によって直接に審問を受け、また鑑定人に対する尋問を経なければ禁治産を宣告されないこと、禁治産宣告に対しても禁治産者は自ら訴えを提起することができ、この場合に受訴裁判所の裁判長は必要と認めるときは弁護士を訴訟代理人に選任することができることを定めていた（人訴三三条）ことは、特筆しておく必要がある。なぜなら、大正年代以降、禁治産手続も家事審判所構想の中に取り込まれ[21]、家事審判法によって甲類審判事項とされる中で、人訴法の手続規定が十分に引き継がれなかったからである。少なくとも、わが国でも禁治産手続について、ドイツ法から見ればやや見劣りするとはいえ、質の高い手続を有していたことを確認しておくことは、十分に意味のあることだと考える。

## 三　ドイツ民事訴訟法における禁治産事件の手続

### 1　CPO草案をめぐる議論

#### (1)　政府草案の立場

ドイツ民事訴訟法における禁治産手続の主要な部分については、人訴法の制定に関連して触れたが、CPO自体がどのような過程を経て成立したかを明らかにしておこう。

一八七七年の民事訴訟法制定当時においては、禁治産事件の審理構造をどのように構想するかが厳しく争われた。プロイセンやビュルテンベルク等においては、訴訟手続とする法律がすでに存在していたし、他方で普通法に従い非訟事件手続によって処理しているバイエルン等のラントもあって、基本的な対立が存在していたからである。[22] 一八七四年一〇月二九日に帝国議会に提出された民事訴訟法の政府草案は、その五六八条から五八〇条で禁治産手続を定めていた。[23] この草案は禁治産手続を地方裁判所における訴訟手続（五六八条E、五六九条E）とし、しかも手続の開始は訴状に記載された請求を基礎づける事実が証明された場合に、はじめて口頭弁論期日が指定され（五七一条第二項E）、職権探知主義の定めのない内容であった。精神病を理由とする訴えの場合には、被告は非公開の法廷で裁判所による直接の審問を受け（五七五条一項E）、またその判決は裁判所が被告の精神状態について一人または数人の医師を審問した後でなければ言い渡すことができないとされていた（五七六条E）。判決に対しては控訴・上告が認められていた。

禁治産宣告は人の能力に関する事件であるがゆえに「民事訴訟の保護形式により、対立構造的な手続を必要とする」として地方裁判所で合議体による裁判を保障することが重要であるとされたのである。[24]

立法者は北ドイツ草案以来、禁治産手続については訴訟の形式が主張されており、権利の保護の強化が要求されていると判断したのである。禁治産の理由には、精神病と浪費があげられているが、主要な関心は精神病にあった。CPO草案をめぐる審議においても、その大半は精神病を念頭において議論されているし、各ラント法の精神病を理由とする禁治産には差異が大きかったからである。

(2)　草案への賛否

一八七五年五月二六日の全体討議においては、冒頭からこの草案は厳しい批判にさらされる。その先鋒はベール（Bähr）であった。彼は、草案の禁治産手続の全体の削除を求めつつ、予備的に非訟事件手続を基礎とした代替案を提出する。[25] またエーベルスバルトの治療院長でもあったチン（Zinn）は、草案の体系を維持しつつ、禁治産を受けるべき者の健康に不利益を加えないこと、手続開始後に精神病者に仮の監護人を選任する権利を与えることを骨子とする修正案を提出した。[26] これに続く議論は、政府草案とベールの見解の対立を軸に、禁治産手続はいかなる審理原則によるべきか、訴訟手続構成か非訟事件構成か、地方裁判所の管轄として合議体の審理とするかあるいは区裁判所の管轄とするか、裁判に対してどのような不服申立を認めるか、また禁治産事件の紛争はどのような実態のものと考えるかをめぐって行われる。議事録を通読する限り、禁治産手続の立法に際して最も説得力のある議論を展開し、全体をリードしたと思われるのはチンである。

以下において、全体の議論を簡単に要約したうえで、チンの見解を紹介することにしよう。[27]

ベールおよびこれを支持する立場は、禁治産手続は私権をめぐる争いではないから民事訴訟の任務に属しないこと、禁治産の必要性は当事者間には争いがないこと、仮装の訴訟を構成することで家族内で争うことは国民感情に反すること、もし仮に争いがあるなら禁治産に対する取消の訴えを認めるだけで十分であるとして、真っ向から草案に反対を表明した。

地方裁判所が管轄権を有するべきであるとして草案を支持する見解は、禁治産においては自立した法的人格が認められるか否かが問題なのであるから、通常裁判所によるべきであること、複数の裁判官および検察官の関与のもとではじめて客観的な判断が確保されること、禁治産の要件である精神病の認定には困難な場合があり有能な鑑定人を確保するためにも地方裁判所が必要であること、さらに控訴・上告が必要であるとする。

これに対してさらに、区裁判所の管轄権を主張する立場は、その理由として禁治産事件を訴訟と構成することが親族間で訴訟を擬制する不自然さを強調する。また禁治産事件のうち九〇パーセントは問題がないので、高額な訴訟手続は必要がないこと、地方裁判所の管轄とするなら費用を敬遠して禁治産を受けない危険が生じること、地方裁判所は裁判所から遠い患者について探知が限られるから過ちが起きやすいが、事件の諸条件から近い区裁判所の方がよりよく事実を探知できると主張する。もっとも、ハウケとマイヤーは、バイエルンの非訟手続としての禁治産手続を援用しつつ、「後見裁判所は、たいていの簡単な事件について報告者からの聴取、管轄官庁の報告書等の取り調べをなし、その後に禁治産を宣告している。そのようにして不幸な精神病者の裁判所での審問を省略することができる」として、書面審理の余地を残そうとする者もある。(28)

法理論として禁治産事件が訴訟か非訟か、あるいはその立脚するラント法がそれぞれ成果を上げ、しかも問題を生じさせていないといった議論を展開する中で、チンは、ドイツにおける精神病患者の実情をもとに詳細な意見を展開する。(29) 彼は、まず禁治産宣告手続において考慮しなければならないこととして、次の三点をあげる。第一は、手続は精神病者であるとの疑いをもたれたが、この事実が存しない者の人格的自由の保護を確保すること、第二は、精神病の存在が手続を通じて証明され、実際に精神病である者の治療を危うくさせず不治へと悪化させないこと、そして第三に、手続は禁治産を受けるべき者の身上および財産の保護が図られることである。疑問のある禁治産事件においては、対立する利益を主張させ、また検察官を関与させることによって国家の利益を積極・消極に主張させることも必要である。従来訴訟手続のなかったところで、これを創設する意味は大きい。帝国法として規定するならば訴訟手続によるべきである。また、ドイツにおいては少なくとも一三万人以上の精神病者が存在し、毎年約一五、〇〇〇人が精神病を患っている。この病人の多さは、直接その身上および財産の保護の必要性と結びついている。禁治産は、精神病の者が家族や警察の側から精神病院へ収容されてよいかという問題とは全く別である。禁治産を宣告することで、その者を精神病院へ入院させることと直結させるという考え方は時代遅れであるという。

このように述べた後、彼は草案は次の三点で修正を必要とするという。第一は禁治産事件の審理に関し、第二は手続中の仮の監護人の必要性に関し、そして第三は地方裁判所での弁護士強制主義による訴訟手続に関するものである。第一点に関する主張を次に掲げよう。

「……ある者が精神病者であるか否かの解答に際しては、純粋に医学上の診断が重要であることが考慮されなければならない。鑑定人を立ち会わせないで、裁判官が精神病の疑いのある者を審問することは、極めて問題のある帰結をもたらし、本人が本当に病気でないときは、被告の権利を侵害する。鑑定人のみが事実を慎重に調査し、しばしばある特別の刺激や事情のもとで明らかになる病状を確定することができる。個々の無気力現象、軽度の言語障害等々は、それぞれは本人の意思に無関係である患者の言語や行動よりも診断にとっては、しばしばより重要かつ確実である。禁治産を受けるべき者の審問が、鑑定人の立会のもとで裁判官によって行われるときは、裁判官も精神状態の現実の印象を獲得することができる。そこで禁治産を受けるべき者の審問は、その健康状態を考慮して、真実の探知の利益のために、ラント法の領域で明示的に規定され、またライン地方で一般的に行われているように、その居所においてなされるべきであり、裁判所で行われるべきではない。治癒可能な精神病の多くの場合に、患者にとって裁判所までの旅行および法廷での審問は、チフスといった病気の患者よりも有害である。人の人格的自由を保護するという考え方からは、その精神的健康を害することも、また彼を不治とすることも、また精神的に死亡させることも許されない[30]」。

チンのこの発言は、たとえばプロイセンにおける禁治産手続を念頭に置いて理解すれば分かりやすい。禁治産を受けるべき者の審問に関して、プロイセンではすでに一八三〇年代より、司法大臣訓示によって法廷においてではなく、本人の居所で行うことを原則とすべき旨が指示されていた[31]。法廷における審問のもたらす弊害は、本人の慣れ親しんだ環境や諸関係から切り離すことによる本人の精神状態の影響から、日常の精神状態について正しい判断ができなくなることである。すなわち、法廷所在地までの大がかりな移動、宿泊による緊張、公的な雰囲気のもとで時として争っている人物を含む多数の人物が同席している中での審問という緊張によって、検査と鑑定が著しく困難になる。それゆえ、期日の実施は検査と鑑定を妨害するような外部の影響をできる限り排除した静穏な環境のもとで実施されなければならない。訓示はこのようにいう。

一八三〇年代においては、ドイツにおいても精神病者に対する治療はまだ旧態依然の懲役場のような状況も珍しくはなかった。精神病者の治療や保護という考え方がすでに一般的であったとはいえない[32]。禁治産の手続について、こうした大臣訓示がなされているのは、たんに精神病者の保護のためというよりは、むしろ逆にチンが示唆するように、禁治産手続の利用をめぐる他の不当な現象（精神病と主張して禁治産の宣告を得る）が存在したためかもしれない。また普通法の下では禁治産を受けるべき者の審問は必要的とはされていなかったし、プロイセン以外のラントでもここまでは徹底されていなかった(33)。

しかし一八七〇年代になると、ドイツにおける精神病患者に対する処遇は、格段に改善されている。ドイツ精神科医連盟は、CPOの立法に際しても発言するだけの力をつけるようになっていた(34)。チンの見解は、ようやく体制が整ってきた精神科医学・治療体制を前提としてそれを禁治産手続にも反映させようとする趣旨であると理解することができる。

チンはさらに地方裁判所での審理に関連して次のようにいう。

「禁治産手続においては、不当な禁治産に対して多くの保護形式が与えられなければならないが、禁治産を受けるべき者から社会を守り、禁治産を受けるべき者に精神的・肉体的および財産法的保護との関係で、……患者の病気を考慮し、この保護形式を困難と感じさせ、治療に反する方向に作用するように設計されてはならない。

地方裁判所での審理は、患者にとって不都合な形式のように思われる。まず第一に、精神病の疑いのある者を少なくとも二〇万人の住民の住む地方裁判所の所在地に同行させることができないし、専門家によって審問されるのも難しい……受命ないし受託裁判官による審問が通例となる……。しかし、（草案五七三条による）被告の代理人である弁護士は、通例、被告（禁治産を受ける者）を見ていない。弁護士が被告の所に行くべきか、あるいは（草案五七一条第二項により）すでに精神病と疎明されている被告が弁護士の所に行くべきか。さらにここで問題となっている患者は、すでに精神病院に収容されており、搬送可能でないことにも留意しなければならない。また事件の大多数は、全く問題の余地のないものであり、これについて重装備で費用のかかる手続は必要がなく、治癒可能な事例にも適合しない(35)」。

チンの主張はガウプやストラックマン等によっても支持された。チンの主張は、訴訟手続の構成を維持するとしても、地方裁判所ではなく区裁判所に移管させること、区裁判所で鑑定人の立会のもとでの審問を保障するという点では、訴訟手続支持派に対して説得力を持ち、また同時に区裁判所支持派に対しても禁治産手続における本人の審問と鑑定の必要性を訴える点で、双方の妥協点を示すものでもあった。チンが禁治産の対象となる精神病者の処遇に開明的で、鑑定人の立会のもとでしかも本人の居所での審問でなければ、かえってその者の健康を害し、正しい精神状態の把握ができないこと、禁治産手続自体が事件本人の健康状態に不利益に作用してはならないことを強調していたことは、特に強調されるべきであろう。彼は、禁治産手続が法理論的に訴訟か非訟かという問題に無関心ではないが、構想される手続が禁治産を受けるべき者の精神状態に関する医学的所見の正確さを確保し、手続自体が本人の健康状態を悪化させるようになってはならないと指摘する。このことは草案をめぐる審議に大きな影響を与えている。そしてまたCPOの審議過程において禁治産事件を担当する裁判官が、禁治産を受けるべき者の居所に赴いて審問することに対しては、反対がなかったことにも注目しておく必要がある。すでに指摘したように、法律成立後の実務もこれを当然のこととしている。[36]禁治産を受けるべき者について適切な印象を獲得するためにはその居所での審問が必要であるとされている。

チンのこうした発言およびその後のドイツにおける実務と比較して、わが国の場合を見ればどうなるか。日本の法律一〇四号や人訴法の立場では、禁治産を受けるべき者を法廷に出頭させるという前提であるが、出頭自体が本人の健康に害があるとされれば、審問を実施しないという解釈が可能になる。たとえば分裂病で外出させることが困難であるという場合である。その実務はドイツに比べて極めて違ったものになってしまうのである。そしてわが国では、ドイツにおける禁治産手続の核心部分が継受されず、また学説によっても紹介されないまま、チンによって批判された本人の出頭が原則であるという考え方が基礎にされるのである。

一八七五年五月二八日の第二七回委員会では、精神病を理由とする禁治産を訴えに基づいてのみ認めるとする草案の立場、および職権探知に基づいて審理されるとする立場のいずれもが否決され、禁治産手続は小委員会を設置してそこで新たに提案をとりまとめることとされた[37]。

(3)　小委員会提案から法律へ

一八七五年六月九日の第三六回委員会に、小委員会の決定が提案され[38]、審議されることになった（§§a-hh）。小委員会の提案は、禁治産事件は、区裁判所の決定でなされ（§a）、訴訟手続という構成は維持されるが、実質的には当事者が存在しないこと、職権探知主義が採用されていること（§e）、禁治産を受けるべき者は鑑定人の立会のもとに審問を受けること（§f）、禁治産を宣告するには鑑定が必要であること（§g）、禁治産宣告に対しては不服の訴えAnfechtungsklageを認め（§n）これは二当事者対立構造をとること（§p）、禁治産の原因が消滅したときは取消の訴えWiederaufhebungsklageを認める（§bb）という基本構造であった。若干の修正はあったが、大筋は承認された。禁治産を受けるべき者の鑑定人の立会のもとでの審問も、もはや改めて問題とされることなく異論なく承認された。不服の訴えの手続への§§f, gの準用についても「政府委員会と小委員会は、禁治産を受けるべき者の必要的な審問を、通例、その居所で実施し、法廷では行わないことについて見解の一致があった」として、これも異論なく承認された[39]。§§f, gは法律（CPO）では第五九八条、五九九条になった。その全文を掲げておこう。

第五九八条　禁治産を受けるべき者は、一人または数人の鑑定人の立会のもとに裁判所によって直接に審問される。審問は受託裁判官によっても行うことができる。

審問は、それが裁判所の意見により実施するのが困難であるか、または裁判にとって重要でないかまたは禁治産を受けるべき者の健康にとって不利益であるときは、実施することを要しない。

第五九九条　禁治産は、禁治産を受けるべき者の精神状態について一人または数人の鑑定人を審問した後でなければ宣告することができない。

以上に見てきたように、政府草案から法律に至るまで、禁治産事件における口頭弁論と禁治産を受けるべき者の審問および鑑定の必要性については、ほとんど争いがなかった。問題はどのような方法により、その実質を確保することができるかであった。区裁判所と地方裁判所の役割の評価、単独裁判官と合議体による審理の優劣といった論争は、理論的ではあるが、同時に大きな実際的な意味をもっていた。またこれに関して、訴訟にせよ非訟事件にせよ裁判手続である以上は、当事者等の関係人が法廷に出頭して審理するのが当然であるといった考え方に対して、禁治産事件の特徴からむしろ審理を担当する裁判所の方から禁治産を受けるべき者の居所に出向くのが原則だという共通認識が形成されたのは、大きな成果であったといえよう。

最近の――世話法制定以前の――民事訴訟法の教科書やコンメンタールにおいては、禁治産を受けるべき者の審問のあり方についての説明は、きわめて簡単である。法的審問の保障が必要であること、その違反は責問権の対象とはならないことが指摘されている程度である。審問がどこで行われるかを明らかにしているものは少ない(40)。禁治産事件の研究自体が乏しかったうえに、民法典施行後から禁治産が障害者監護によって実質的に代替され、実務上の意義を小さくしていったという事情も無視できない(41)。また世話法の立法理由書においても、禁治産事件について審問の場所、方法が問題であるとは指摘されていない。実質的に禁治産手続に代わる役割を担った障害者監護が非訟手続で処理され、そこでは裁判官の直接の審問の保障がなく、また鑑定に代えてホームドクターの診断書ですまされていることが問題だとの指摘が見られる(42)。禁治産手続における審問の方法をめぐる憲法訴願もみあたらない。このことは、禁治産手続ではＣＰＯおよびＺＰＯの予定する審理が行われてきたことを示すものであろう。

## 2　鑑定人の役割

すでに指摘したように、ＣＰＯ五九八条および五九九条（ＺＰＯ六五四条、六五五条）に二度にわたって鑑定人が登場する。裁判所の審問への立会と、証拠調べとしての鑑定人である。

ＣＰＯ五九八条（ＺＰＯ六五四条）における鑑定人の役割は何か。まずこの点から明らかにしていこう。この審問期日は、裁判官の指揮のもとに実施される。裁判官による審問は本人尋問としての性格を有する。しかし裁判官は、チンが指摘していたように、禁治産を受けるべき者の病気やその程度を正確に判断する力を持たない。どのような順序でどのような質問をしてよいのか、あるいはよくないのかについても十分な知識を持ち合わせていない。審問期日への鑑定人の立会は、裁判官による審問を円滑に進行させ、裁判官が禁治産を受けるべき者の精神状態について理解できるようにするための補助者という役割である。(43)禁治産を受けるべき者の示す態度を裁判官に翻訳する通訳者ともいえる。

裁判官が禁治産を受けるべき者についての直接の印象を獲得するうえで、自ら発問するか、あるいは鑑定人に質問させるかは裁判官の裁量に委ねられる。鑑定人はこの期日だけで鑑定書を作成できるとは考えられていない。

第二の、鑑定人の本来の任務は、禁治産を受けるべき者を診断・検査して、その精神状態について病歴と医学的所見を示すことである。(44)CPOは、鑑定のために禁治産を受けるべき者を治療院に収容させることはできなかった。その改善はZPO六五六条によって実現する。しかしその措置の必要性、濫用を防止する対策、および収容を命じる裁判に対する不服申立をもあわせて定めている。こうした措置を定めたのは、禁治産の要件を満たすかどうか疑いがある事例において、治療院に短期間収容して精神状態を確定することは、不当な禁治産申立に対する有効な保障となるという。他方で、この措置の濫用を避けるために、鑑定の準備のために禁治産を受けるべき者を治療院へ収容できるのは、(1)この措置が必要であるとの医師の証明書が必要であり、(2)申立人の同意を必要とし、(3)命令は可能な限り禁治産の申立をなしうる権利を有する者、とりわけ検察官の審問を経た後になされなければならない。裁判所の意見だけでこの措置を命じることはできないし、申立人の意向だけでもこの措置をとることはできない。

民事訴訟法自体は、精神病についての定義をおいていない。それは実体法に属するために、各ラント法の定めるところである。民法典の制定までは様々に定められていた。病気の内容、症状によって禁治産と宣告されてもどのような法的効力を生じるかは実体法によって異なる。すなわち、完全に行為能力を奪われるか、あるいは制限されるにすぎないかの差異である。それゆえ鑑定人は、禁治産を受けるべき者がいかなる病気で、どのような症状であるのかを、専門知識と経験を用いて明らかにし、理由を付けて〈精神病である（ない）〉との結論を示さなければならない[45]。

精神状態の医学的判断は鑑定人の判断であるが、鑑定に先立って裁判官が禁治産を受けるべき者を直接に審問し、直接の印象を獲得しているという審理の構造は、裁判官が鑑定を鵜呑みにしないことを保障するものである。実際に裁判所が鑑定結果をどのように評価し、鑑定人に審問したかについては明らかではないが、理論上は裁判官が鑑定人の立会のもとで直接の印象を獲得していることは、鑑定をより正確なものとさせる圧力として機能する。鑑定人は、裁判官が全く知らない事実だけを基礎として鑑定書を作成することは困難となると考えられ、裁判官に理解できる鑑定書を作成しなければならないように仕向ける可能性を有するからである。裁判官の直接の審問は、鑑定に対してきわめて重要な位置を占める可能性をもったものであるといえる。

もっとも、民事訴訟法の施行当時においては、精神科医の数もさほど多くはなく、またその質も平均化していなかったと考えられる[46]。医学という観点から、禁治産を受ける者の精神状態に関する臨床的研究・経験則の蓄積も十分であったかは疑問がある。プロイセンにおいては裁判上の精神状態の検査を医学の発展にも有益なものとするとの保健医局と司法省との間の協定があったほか、一八七〇年一一月一九日には司法大臣訓示により、精神状態について裁判上でなされた検査の調書および鑑定は、裁判所を通じて郡長ないしベルリン検察本部に、その謄本を送付しなければならないとされていた[47]。その趣旨は、一方では公務員でありまた鑑定人となる保険医に対する監督権の行使であるとともに、鑑定の不備を改善することが個々の事件の利益を超えて公益に資するとされたのである。このことは、精神状態に関する鑑定に対する社会の一般的な信頼がなお確立していなかったことを明らかにするものであろう。そうだとすれば、禁治産の事件において専門家の鑑定を経なければならないという要請と、他方において鑑定人の判断だけには頼れないという状況の中で、審理構造を考えなければならないといえるのである。

## 四　まとめに代えて

一九九〇年に成立したドイツの世話法は、禁治産事件を廃止し世話制度を新設した。その際、手続は訴訟から非訟手続に移管された。しかし、その手続は従来の民事訴訟法の定めを非訟手続に引き継ぎ、さらに一層その充実を図った。これに対して、わが国の場合には、家事審判法の制定に際して鑑定の必要性は、規則事項として引き継がれたが、事件本人の鑑定人の立会のもとでの審問や、不服申立に際しての事件本人の手続能力などを継承しなかった。その後の調査官制度の導入に際しても、裁判官による事件本人の直接の審問は問題とされていない。

ドイツにおける禁治産手続は、非訟化されても訴訟手続以上の手続保障を持続したといえるが、わが国においては人訴法の制定以来、審理のあり方はドイツ法とはきわめて異なった経過をたどり、問題の多いものとなっているといえる。成年後見制度の制定は、従来の手続を見直し、新たなものとする絶好のチャンスといえる。しかし最初に指摘したように、成年後見の手続は最高裁規則の改正で止めようとするのが法務省の立場である。これに疑問を呈する趣旨で、敢えて人訴法旧規定やそのモデルとなったドイツ民事訴訟における禁治産事件の審理を取り上げ、そこには今われわれが問題としなければならない事項がすでにドイツ法では議論され、あるいは実践されていたことを示した。成年後見の手続問題について、考えるなにがしかの示唆を与えることができれば幸いである。

（1）「要綱試案補足説明」二八頁参照。

（2）ドイツ非訟事件手続法の内容については、佐上「世話事件および収容事件の手続(1)〜(3)」立命館法学二五九号（一九九八年）二三八頁以下、二六〇号（一九九八年）六八八頁以下、二六二号（一九九九年）一三三一頁以下を参照されたい。

（3）これについては、佐上「保護者選任審判手続の問題点」立命館法学二五八号（一九九八年）二三七頁参照。なお、一九九九年二月に発表された成年後見法要綱案は、要綱試案補足説明においてもとりたてて問題とされていなかった民法八五八条第二項の削除を提案しているが、疑問である。

（4）　法務大臣官房司法法制調査部監修『日本近代立法資料叢書二三「民事訴訟法草案」』（一九八六年、商事法務研究会）二八四頁（この資料はもともと日本学術振興会版のタイプ謄写本であるが、本書の方が普及していると考えられるので、頁数の引用もこれによる）。

（5）　岡垣学「人事訴訟法の制定と改正」『人事訴訟の研究』（一九八〇年）三九九頁以下がこの点を最も詳しく扱っている。法律一〇四号の制定の経過については、四〇四頁で「民事訴訟法再調査案の中から第六編『婚姻事件及ヒ禁治産事件』を削除し、次いで第九編『婚姻事件養子縁組事件及ヒ禁治産事件』を付加しようとする企図に対し、法律取調委員会がこれをどのように審議したかを知りうる直接的な資料は残っていない」としている。

（6）　山木戸克己『人事訴訟手続法』（一九五八年）六頁は、施行されなかったとするが、前掲注(5)四〇五頁は、法律一〇四号は民法典論争の圏外にあったため、予定どおり明治二六年一月一日から施行されたとしている。

（7）　この構成は、明治三一年民法にも引き継がれる（九〇二条、九〇三条、九〇五条参照）。

（8）　前掲注(4)一三三頁以下。

（9）　前掲注(4)二八四頁以下。

（10）　前掲注(4)二八六頁。

（11）　前掲注(4)所収『人事訴訟手続法議事速記録』五〇頁。

（12）　Hahn/Mugdan, Die Materialien zu den Reichsjustizgesetzen, Bd. 8 (1898), S. 129.

（13）　ドイツ民法においては、禁治産の原因は、精神病（瘋癲、白痴等）であり（六条）、フランス民法においては、痴愚、心神喪失、乱心であった（仏民旧四九三条）。したがってフランス法では、心神喪失は痴愚や乱心の上位概念とはされていない。日本民法が心神喪失のみを禁治産原因として取り出した理由についても疑問が残るが、ここでは触れない。

（14）　Hahn/Mugdan (12), S. 128.

（15）　浪費および飲酒癖を理由とする禁治産手続にはＺＰＯ六五〇条は適用されない。この規定は精神病を理由とする禁治産手続にのみ適用される。

(16) 松岡義正『特別民事訴訟論』(大正九年版) 四〇五頁以下。ドイツ民訴法が禁治産を受けるべき者の審問の場所として「裁判所構内」が不適当である旨を明らかにしているのは、斉藤常三郎・小野木常『現代外国法典叢書・独逸民事訴訟法(II)』(一九五五年) 二五九頁である。

(17) Hahn, Die gesammten Materialien zur Civilprozeßordnung (1881), S. 902 におけるチンの発言参照。

(18) Hahn/Mugdan (12), S. 129; Daude, Entmündigungsverfahren, (1881), S. 46; Friedländer, Das Entmündigungsverfahren, AcP, Bd. 86 (1896), S. 466 Fn. 95; Levi, Die Entmündigung Geisteskranker, (1901), S. 216 f.

(19) Friedländer (18), S. 466; Hahn/Mugdan (12), S. 129.

(20) この法律は、昭和二五年の精神衛生法が制定されるまで継続する。それゆえ、人訴法旧規定の時代とほとんど重なり合う。この法律の歴史的な位置づけについては、大谷実編集代表『条解精神保健法』(一九九一年) 二頁 [大谷]、金子嗣郎・斉藤正彦「日本における精神医療関連法規の歴史」松下正明総編集『臨床精神医学講座(22)・精神医学と法』(一九九七年) 三七頁以下。なお、この文献によれば、大正八年には精神病院法が制定されるが、予算不足等の理由からほとんど成果を上げることができなかったと指摘されている。他方、クレペリン/岡不二太郎・山鼻康弘訳『精神医学百年史』(一九七七年) によれば、ドイツでは「一九一一年に、一八七の公立精神病院ならびに一六の大学付属病院、そして軍病院では精神病者のための科が五つ、刑務所にはそれが一一科、二二五の私立病院ならびに酒精中毒者、神経質者、退行性患者のための八五の治療施設または療養施設が存在した。施設に収容された精神病者と精神薄弱者は一四三、四一〇を数えた」とし、精神科医師数は一三七六名であったという (一〇一頁以下)。

(21) 禁治産事件は当初家事審判所の管轄とは考えられていなかったが、徐々にそれに取り込まれていくようになる、その経過については、堀内節編著『家事審判制度の研究』(一九七〇年) 経過篇三頁以下参照。その四一頁において、昭和一〇年前後の東京区裁判所においては、禁治産事件は、隠居・廃家、戸籍訂正の許可、親族会員の選定などのいわゆる人事非訟事件と同じ部で扱われ、実質的に非訟事件の扱いを受けていたとの指摘があり、禁治産事件を非訟事件として扱うという提案はすでに実行されていたものともいえるのであると評価している。

(22) Schmidt, Die Entmündigung von den Anfangen des BGB bis zu ihrer Ablösung durch das Institut der

Betreuung（1998）, S. 31ff. に一九世紀における禁治産事件の法状況が簡単に整理されている。

（23）　Hahn（17）, S. 72ff. その理由は四〇七頁以下に掲げられている。

（24）　Hahn（17）, S. 406ff.

（25）　Hahn（17）, S. 763. ベールの代替案はその七七三頁以下に収録されている。

（26）　Hahn（17）, S. 764.

（27）　二六名の委員からなる委員会の意見分布は、第二六回委員会の議事録からみる限り次のようになっている。普通法の立場から禁治産事件を非訟事件とし区裁判所の管轄とすべきであるとする立場は、ベールをはじめ四名、訴訟手続構成とするが区裁判所の管轄でよいとする者がチンをはじめとして一〇名であり、訴訟事件でかつ地方裁判所の管轄とするべきであるとする立場は六名である。

（28）　Hahn（17）, S. 769-770.

（29）　Hahn（17）, S. 764ff.

（30）　Hahn（17）, S. 765.

（31）　Daude（18）, S. 46. なお、これに関連して次のことを指摘しておこう。阿部潤「オーストリア・ドイツの成年後見制度――その裁判実務を中心として」家月四九巻一一号（一九九七年）六九頁以下において、ミュンヘン区裁判所の審問の実務が詳しく紹介されている。事件本人の自宅ないし精神病院での裁判所分室での裁判官による事件本人の直接の審問や、裁判官自身による調査について、家庭裁判所調査官制度の不存在と関連させているが、裁判官による事件本人の直接の審問は、CPOから起算してもすでに一二〇年以上の歴史のうえに成り立っているのである。

（32）　クレペリン／岡・山鼻訳・前掲注(20)二六頁。一八二〇年代になって治療院（Heilanstalt）と養護施設（Pflege-anstalt）の分離がなされ、ようやく精神病者の多くは治療可能という確信が大方の認めるところとなったという。しかしなお、癲狂院（Tollhaus）に収容された者が治療を受けないで、かえって健康を損ないあるいは死亡するという状況はその後も続いている。

（33）　Daude（18）, S. 46.

（34）　ドイツにおける当時の精神科医の状況については、注(20)に掲げたもののほか、小俣和一郎「ナチ政権下における精神医療」松下正明総編集『臨床精神医学講座(22)・精神医学と法』（一九九七年）一五七頁以下参照。また、Hahn (17), S. 766 におけるチンの発言の中にも、ドイツ精神科医連盟が、禁治産手続における監護人制度の必要性を提言したことが窺われる。その後ＢＧＢ制定時になると、禁治産要件の定め方についても多くの提言を行っていることについては、Schmidt (22), S. 125ff.

(35) Hahn (17), S. 766.

(36) 前掲注(18)参照。

(37) 一八七五年五月二八日の第二七回委員会では、ストラックマンおよびチン、フェルク、マルカーセンの提案がなされているが、いずれも否決したうえ、小委員会で起草することとされた。Hahn (17), S. 775ff.

(38) Hahn (17), S. 890.

(39) Hahn (17), S. 890.

(40) Alternativkommentar zur Zivilprozeßordnung, (1987), §654 Rn. 6 (Wiebe).

(41) Schmidt (22), S. 151, 157 によると、精神病を理由とする禁治産事件はＣＰＯの施行後の一八八一年に三九五八件であったものが、ＢＧＢ制定直後の一九〇〇年まで一貫して増加し、同年には八六三四件まで達する。しかし、その後は徐々に減少し一九二〇年代には二四〇〇件程度になる。また浪費による禁治産は一貫して毎年せいぜい数百件程度であり (S. 212, 215, 216)、ＢＧＢによって導入された飲酒癖による禁治産は一九一三年に一四六八件を数えるがその後はやはり減少する (S. 248, 249)。そして、すでにライヒスゲリヒトは一九〇二年一〇月六日の決定 (RGZ 52, 240) において、精神病者に対して禁治産ではなく、民法一九一〇条第二項による障害者監護を命じることができるとしていた。その後の経過については、さしあたり、Gernhuber, Lehrbuch des Familienrechts, 3. Aufl. (1980), S. 1094ff. また次注(42) S. 38f. ドイツ成年後見法研究会「ドイツ成年後見制度の改革㈠」民商一〇五巻四号（一九九二年）五七五頁以下〔神谷〕に要領のよい解説がある。

(42) Entwurf eines Gesetzes zur Reform des Rechts der Vormundschaft und Pflegschaft für Volljährige (Betreuungsgesetz), Bundestag Drucksache 11/4528 (1989), S. 50-51.

(43) Levi (18), S. 226f.

(44) ＣＰＯの立法段階では、鑑定の必要性は精神病の分類がきわめて精密であるからとされていた。Hahn (17), S. 409f.

(45) Levi (18), S. 禁治産の要件はＢＧＢ第六条一号によれば、「精神病または心神耗弱のために自らの事務を処理することができない」ことである。前掲注(17)で掲げたダウデやレービも、鑑定人は「精神病であるか否か」の医学的判断に重点を置いている。ＢＧＢの判定当時には、精神病にはそれに対応する身体上の原因があると考えられていた。鑑定対象についてエンデマンは、鑑定人は精神病ないし心神耗弱の存在を確定し、裁判官は本人が病気の結果その事務を処理できないか否かを審査すべきであると考えていた (Endemann, Einführung in das Studium des BGB, 1. Bd., 3. Aufl. (1898), S. 32)。しかしこの立場は司法精神医学の側から批判され克服される。とりわけ今日に至るまで、民事精神鑑定の基礎を築いたとされるシュルツェは、一九〇九年にHoche (Hrsg.), Handbuch der gerichtlichen Psychiatrie, 2. Aufl. の改訂版において、禁治産は病人のための国家的監護であるとしたうえで、民法六条の要件を臨床医学的要件（精神病）と民事法上の要件（事務処理能力）に区分する。そして鑑定の重点を事務に置き、事務を処理する能力への影響という点においてのみプシコーゼが法の意味での精神病ないし心神耗弱であるか否か、あるいは禁治産をもたらすか否かが確定されるにすぎないと考えた。その後は、このシュルツェの考え方を土台として、二つの要件の関係が議論され、鑑定人は二つの要件をともに鑑定しなければならないとの結論に至る。これらの詳細は、「成年後見手続における鑑定」として別稿で扱う予定である。さし当り、Holzhauer, Empfiehlt es sich, das Entmündigungsrecht, das Recht der Vormundschaft und Pflegschat über Erwachsene sowie das Unterbringungsrecht neu zu orden? Gutachten B zum 57. Deutschen Juristentag, (1988), S. 25ff.; ders., Vormundschaft-Pflegschaft-Betreuung, Z. ärztl. Fortbild. 86 (1992), S. 824f.: Weinrfiefer, Die Entmündigung wegen Geisteskrankheit und Geistesschwäche, (1987), S. 47ff. を参照されたい。

(46) クレペリン／岡・山鼻訳・前掲注(18)一〇二頁によれば、その執筆当時の一九一七年において精神医学会の会員は七〇〇名であり、精神科医の半数に満たない。

(47) Daude (17), S. 60. このような措置がとられたのは、一八一八年までさかのぼるという。

〔付記〕

本稿の執筆を終えたのは、一九九九年春である。その後、筆者が同年九月より二〇〇〇年三月まで在外研究のためドイツに滞在し、当地で初校を終えた。その時点ではまだ、成年後見法が成立していなかった。再校時には大幅な内容修正が困難であるため、記述はそのままとしたことをご了解いただきたい。また帰国後はじめて佐々木先生が逝去されたことを知った。東京大学での民事訴訟法学会の折に、先生と家事調停等についてお話ししたのが最後になってしまった。謹んでご冥福をお祈りしたい。

# 19 株主代表訴訟における監査役の役割

西山芳喜



## 一 はじめに

1 株式会社の株主は、会社に対する出資者であって、実質的にみると、会社の所有者であるが、会社の債務については直接なんらの責任も負わない立場にある。そこで、これに照応するように、法律上、会社は取締役会を中心に経営される仕組み（取締役会中心主義）がとられ、たとい大株主であるとしても、会社の経営に直接口を出すことはできないものと観念されている（商二三〇条ノ一〇参照）。それゆえ、株主としては、株主総会における役員（取締役・監査役）の任免、決算の承認などの場面を通じて間接的に経営に関わることになる。[1] また、他方で、取締役や執行役員・従業員等の故意または過失ある行為（債務不履行または不法行為）によって会社に経済的な損害が発生した場合であっても、[2] 第一次的には、株主ではなく、会社みずからが（会社を代表する者（代表取締役・監査役・代表清算人・

破産管財人等）を通じて）訴訟その他の手段を用いてその責任を追及すべきものと観念されている。(3)

しかし、実際には、当該取締役等が未だ会社の首脳として在任中である場合や、役員間（取締役・監査役間または取締役相互間）の特殊な同僚・仲間意識が強い場合などには、積極的にその責任追及がなされず、いわゆる「提訴懈怠の可能性」が生じ、結果的に会社の損害が回復されず、ひいては株主の利益が害されるおそれがある。そこで、例外的に、株主が直接に監督・是正のための行動を起こす方策として、個々の株主が、会社のために、会社に代わって、取締役等の会社に対する責任を追及するための訴訟を提起することが認められている（商二六七条以下参照）。これを株主代表訴訟といい、昭和二五年の商法改正に際し、アメリカ法の制度にならって新設されたものである。(4)

2　わが国の株主代表訴訟制度は、適用の範囲が広く、取締役の会社に対する責任を追及する場合にとどまらず、その他の役員・株主等の会社に対する責任の追及についても適用されている。すなわち、株式会社にあっては、①発起人（商一九六条）、②監査役（商二八〇条一項）、③清算人（商四三〇条二項）、④不公正価額による新株引受人（商二八〇条ノ一一第二項）、⑤株主としての権利行使に関して会社から利益供与を受けた者（商二九四条ノ二第四項）についても、この株主代表訴訟制度が準用されている。さらに、証券取引法上の内部者取引（insider trading）規制として、上場会社等の役員または主要株主に対しては、六月以内の反対売買によって得た利益を会社に提供すべきことを請求するため、ほぼ同様の株主代表訴訟が認められている（証取一六四条二項）。そのほか、有限会社の取締役・監査役・清算人に対しても（有三一条・三四条一項・七五条二項）、また、保険相互会社の取締役・監査役・清算人に対しても（保険五一条二項・五三条二項・一八三条一項）、会社に対する責任を追及するため、それぞれ、同様の社員による代表訴訟が認められている。

その意味で、株主代表訴訟制度の解明に際しては制度全体の枠組みとその相互の関連性に留意して検討を加える必要があるが、ここでは、とくに株式会社を代表して取締役の責任を追及すべき立場にある監査役に焦点をあてて検討しようと思う。すなわち、株式会社にあっては、会社・取締役間の訴訟について、会社を代表する固有の権限は監査役に付与されていることから（商二七五条ノ四参照）、監査役の判断ないし対応の在り方がきわめて重要な論点となるからである。そこで、本稿では、監査役制度の活性化を求める立場から、監査役制度の本質を模索すると同時に、併せて、監査役はつねに明確な行動指針が必要であるとの認識にもとづき、株主代表訴訟という場面における監査役の具体的な対応の指針を検討しようと思う。しかしながら、検討に際しては、このような訴訟に関わる固有の権限を有しないいわゆる商法特例法上の小会社の監査役[5]（商特二四条・二五条参照）や有限会社の監査役を除外して論ぜざるを得ないことをあらかじめお断りする次第である[6]。

## 二 取締役に対する責任追及と監査役の役割

1 株主代表訴訟における監査役の役割を論ずる前提として、まず、一般的な意味において、株式会社の取締役が会社に対して何らかの債務（契約上の債務、損害賠償債務等）を負担する場合、監査役はいかなる役割を果たすべきなのかというところから検討をはじめようと思う。

(1) 裁判外の請求

取締役が会社に対して何らかの債務を負担する場合、当該債務の履行を請求するのは、通例、会社の通常の業務執行の一場面である。したがって、その任務は、会社を代表して日常の業務を執行する権限を有する代表取締役にあって、監査役にはないと考えられる。そもそも、監査役にはそのような業務執行権限がないからである。それでは、代表取締役がその任務を懈怠している場合は、いかがであろうか。債務の履行請求が会社の業務執行上の問題であるとすれば、第一義的にそれを是正すべき役割は、取締役会が担うことになる[7]。しかし、取締役会が現実にそのような役割を果たしていない場合は、いかがであろうか。その場合の是正措置をとることは、監査役の任務である。むろん、この場合の眼目は、代表取締役や取締役会に対する警告ないし勧告である。もっとも、それでもなお、取締役会がこのような監査役の警告ないし勧告を無視し、履行請求・催告等の法的措置をとらない場合は、いかがであろうか。監査役には「株主に対する報告」という手段のほか、みずから裁判上の請求を行い、併せて必要な法的措置をとるという手段が残されているが、経営者による会社支配という現実の下で、取締役の側と正面から拮抗することになる。その意味で、会社の監査機関（実質的にいえば、取締役の活動を牽制すべき株主の代理人）としての監査役の真価が問われる場面である。

(2)　裁判上の請求

前述のように、当該取締役に対し、裁判上、会社を代表してその債務の履行を請求するのは、監査役の任務である（商二七五条ノ四前段）。しかも、会社が当該取締役に対して訴えを提起するかどうかの決定も監査役が行うものと解されている。(8) したがって、代表取締役あるいは取締役会が事前にかかる提訴を決断し、監査役にその旨を依頼したとしても、監査役はそれに拘束されることはなく、みずからの判断に基づき訴訟を提起することになる。その意味では、監査役が会社を代表するという異常な事態にあって、その出処進退が会社の内外から注目されることになる。

このような監査役の最終決断が問われる場面における監査役の在り方に関して、従来の見解はどのように答えてきたのであろうか。残念ながら、会社の名誉や信用を保持すべきことのみが強調され、具体的な行動指針が明示されることはなかったと言わざるを得ないが、それはなぜであろうか。監査役の側に、みずからの任務に対する自覚が欠けるとの批判を甘受すべきところもあるであろうが、商法学、さらには経営学に関わる諸研究者の間にも、監査役は現実にこのような決断はできない、あるいは、監査役にこのような決断を求めることは酷であるとの暗黙の了解があったからではないだろうか。それゆえ、従来の研究は、一方で、監査役の地位の強化、権限の拡大の方向を示唆しながらも、その重心は、取締役会自体の自浄作用の確保の方向、あるいは逆に、会社外部からの改革として、株主による直接的な監督是正権（提案権・質問権等）の行使の強化の方向を指向していたものといわざるを得ない。しかし、近年、会社経営者による不祥事の発覚が続発するにつれて、株主の活動に期待する機運が生じ、株主代表訴訟制度が再評価されつつあり、必然的に、監査役の対応に焦点が当たらざるを得ない状況が生じている。

2　前述の昭和二五年の商法改正では、株式会社の経営の機動性を確保するため、会社の機関権限の再配分が行われ、株主総会の権限を縮小する一方で、中心的な組織としての取締役会制度が新設され、その権限が明定された。同時に、取締役の責任を厳格化するとともに、株主の地位の強化が図られた。株主代表訴訟制度は、これらの改正の一環として採り入れられたものである。ちなみに、この改正前は、株主総会が取締役に対する訴えの提起を求める決議を行うことができ、また、株主総会がそれを否決した場合や特別決議で取締役の損害賠償責任を免除した場合に、資本の一〇分の一以上に当たる株式を有する少数株主が取締役に対する訴えの提起を監査役に請求できるとされていた（昭二五改正前商二四五条二項・二六七条二項・二六八条）。その意味で、株主代表訴訟制度は、これらの提訴請求の制度に代わるものであったが、株主のより直接的ないし積極的な活動が容認されていた。また、同改正では、株主の会計帳簿等の閲覧請求権や計算書類附属明細書の閲覧制度などが新設され、株主が代表訴訟を行うために有用な情報・資料の入手に役立つように配慮されていた。しかし、実際には、同改正法の施行後、株主代表訴訟が提起されることは少なく、平成元年までの約四〇年間で僅かに一〇件ほどにすぎなかった。ところが、その後急増し、現在では、二〇〇件を超える株主代表訴訟が係争中である。(9) これらの訴訟のなかには、大企業の倒産、多額の不良債権の発生、金融オプション取引の失敗、粉飾決算の発覚、総会屋等への不正な利益供与事件・政官界への贈収賄事件の摘発などを契機として提起されたものとして時事的な話題となり、社会的な関心を集めたものも少なくない。(10)

3　株主代表訴訟は、株主が会社に代わって、会社の取締役等の責任を追及する訴訟であるが、実際の訴訟の遂行にあたっては、原告となる株主の負担が重く、また、株主が勝訴したとしても、会社が経済的な損害の回復を受けるだけで提訴した株主自身はなんらの利益を受けるものではないことから、株主にとっては、いわば「割の合わない訴訟」であったはずである。他方、個々の株主が所有株数・期間等と無関係に、訴訟を提起できる結果、取締役や監査役などの会社側の役員が過剰な反応を示しがちなことも、さらにまた、いわゆる会社荒らしの手段として濫用される危険の多いことも承知されていた。それがなぜ、いま急に、数多くの株主代表訴訟が提起され、社会的な関心を呼んでいるのであろうか。平成五年の商法改正によって、株主代表訴訟を提起するための訴訟手数料が損害賠償請求等の金額のいかんにかかわらず一律八、二〇〇円とされたことをその起因と指摘する見解は少なくない。すなわち、訴訟の目的の価額（訴額）の算定については、従来規定がなく、勝訴判決により会社が受ける利益の額（請求金額）が訴額であると考えられたが、理論的には、全株主が受ける算定の困難な利益の額であることをふまえ、株主代表訴訟は財産権上の請求でない請求に係る訴え（訴額は九五万円）とみなされ（商二六七条四項）、その結果、訴訟の手数料は、請求額のいかんにかかわらず、一律に八、二〇〇円とされたのである。[11]

しかし、訴訟手数料の問題だけではないように思われる。費用的に見て、株主代表訴訟が提起しやすいということは、最近の株主がなぜ積極的に代表訴訟を提起するのかという疑問に対する答えのすべてではないからである。従来から一般の株主が比較的容易に行使することのできたいわゆる共益権的な諸権利（株主総会における議決権・質問権、計算書類附属明細書の閲覧請求権等）があまり積極的に行使されることがなかった過去の経緯からすると、株主代表訴訟の増加は、一面において、株主の行動の変化として捉えることができる。その意味では、この問題は、株主の地位の再検討を試みる近時の企業統治（コーポレート・ガバナンス）に関する議論の展開と相互に関係するところがある。しかも、実際の株主代表訴訟にあっては、会社の内紛、義憤、売名、あるいは社会運動としての側面などもあり、新しい動機・行動パターンも含まれており、その多面的な検討が求められている。

他方、近時の株主の行動のきっかけとなり、具体的な根拠を与えている要因として、新たに「経験」と「情報開示」という要素に注目する必要がある。ここでいう経験とは、母法ともいうべきアメリカにおける活発な株主代表訴訟の現状であり、また、情報開示とは、訴訟を提起するに必要な会社情報の開示である。

(1)　アメリカ法の現状

アメリカでは、株主代表訴訟は、一般の株主を経営者の専横から守る唯一の効果的な手段であると考えられている。

このような訴訟は、形式的には、会社のために、その訴権を代位行使する代位訴訟（derivative suit）であるが、実質的には（アメリカ法の組合契約的株式会社観からすれば）、原告となった株主が全株主の利益のために、全株主を代表して提起する代表訴訟（representative suit）またはクラス・アクション（集団訴訟：class action）であるという二面性を有することになる。(12) したがって、訴訟自体が単なる財産権上の請求でない請求に係る訴えとみなされる必要があるとともに、株主の訴訟活動の有り様についても、会社に対する関係のほか、他の株主との関係の両面においても、衡平（equity）と公正（fairness）の確保が要請されている。ことに、株主相互間に利害の対立があることを認識すべきことに重大な意味がある。(13) また同時に、会社が取締役を訴える場合にも、あるいは、株主が代表訴訟で取締役を訴える場合にも、馴れ合い訴訟のおそれがあるため、不当訴訟防止の法的措置が必要となる。そこで、会社役員賠償責任保険（株主代表訴訟担保契約条項などを含む）を利用することで、不当な代表訴訟に備える会社側の対策が進展を見せている一方で、株主代表訴訟の適正な手続自体についても法解釈上の整備が進み、社外取締役からなる訴訟委員会が当該訴えは会社の利益に合致せず、訴えを提起すべきではないと判断した場合には、その判断が不当でない限り、株主は代表訴訟を提起できないものと解される方向に進んでいる。しかも、アメリカ法の下では、株主代表訴訟は、①取締役の会社に対する損害賠償責任の追及に限定されていないこと、②上級幹部従業員も対象となること、③担保提供の制度は州によって異なるものの一般に低額であること、および④裁判所の監督による和解（株主への通知、公聴会の開催等を要件とする）が行われることなどの特質が形成されている。しかし、実際には、会社役員賠償責任保険の保険料の高額化の動きも障碍となり、株主代表訴訟の増加に歯止めがかかっていないといわれている。

(2)　会社情報開示

確実な証拠なしに訴訟を提起することのリスクの大きさにかんがみると、情報の重要性は容易に理解できるであろう。企業統治論は、会社情報開示（ディスクロージャー）が充実しつつある現状をふまえ、これを基礎として議論が展開されている。近時、わが国のみならず、先進諸国における企業規制の枠組み自体が行為規制から開示規制へと重点を移しつつあるが、このような法規制の変化は、端的に言えば、投資家保護の見地から、金融・資本市場の要請に応えようとするものである。金融・資本市場は、その国際化の進展に伴い、各市場の共通的な公正性・透明性の程度を整える必要から、各国が協調して統一的な開示規制を図ることを要請している。その結果、開示規制は、従前の行為規制の補完的機能としての位置づけを否定し、独自の展開を見せる方向に進んでいる。(14) すなわち、企業価値に関わる会社情報の開示の拡大（連結情報、時価情報、セグメント別情報等の拡充）と統一化（企業間における財務諸表の比較可能性の強化）が推進され、さらにまた、企業およびその経営者の活動が市民社会や社会環境に与える影響（参加・貢献・加害・改善等）に関する特別な情報の開示さえも求め、また同時に、その前提として、かかる情報の適正性の確保のための特別な監査（社会監査・環境監査等）の充実を図る方向に進んでいる。このような会社情報開示の拡大は、金融・資本市場で大量の資金を調達する大企業にとって、企業自体に対する評価（信用度）を高め、かつ、投資者・金融機関の信頼を確保するため、投資者等や市場自体が実際に求める情報の開示を迫られていることに起因するが、これには二つの側面がある。

一つには、証券の価値を探るための企業の収益力に関する情報開示といった従来の要求を超えて、企業実体に関わる時価情報の開示が求められていることである。これは、資産の再評価問題や企業全体の経済的価値をさぐる企業買収・取得（M&A）の問題とも関連するが、これらの問題が現実の証券価値（株価等）に過敏に反応することを受けて、一般投資家の関心が増大していることである。他は、経済不況を背景に、企業の安定を求めて、株主代表訴訟や差止請求を通じて、投資者みずからが株主であることの意味を模索しはじめたことである。従来、上場会社のような大規模な株式会社では、理論的に株主が会社の実質的所有者とされていても、資本多数決の原則の下で、無力で経営自体に無関心であったはずの投資者が、目先の短期的な利益の追求にとどまらず、長期的な視点で投資対象としての企業の安定を求めはじめたことである。この後者の側面は、企業統治に関する議論に連なるものであり、いわば世界標準として、大企業がどのような経営および監督の機構を備え、どのような基準に則って行動すれば、株主その他の関係者の利害との調整をはかれるのか、また同時に、企業の健全化を求める国際社会の要請に応えることができるかという問題が積極的に論じられるべきことを意味している。

(3)　わが国の対応

会社企業をめぐる社会・経済環境の変化の状況を受けて、わが国の政財界の一部に、株主代表訴訟提起の制限を求める動きがあり、法改正の提案も見られるようになってきた(15)。しかし、いま重要なことは、会社経営者の責任の有様を省みることなく、株主代表訴訟制度の改廃を論じることではない。しかも、経営者の責任いかんが「経営組織の実態」を基礎とするものであれば、株主代表訴訟を通じて提起された問題の原点はむしろそこにあるというべきであろう。株主代表訴訟の是非にのみ議論が集中することは、争点を「株主・役員間の訴訟」の有様にのみ集約させる結果となり、「経営組織の実態」の問題が取り残されるおそれがある。わが国の株式会社の経営を是正する仕組みが会社内部にあってこその代表訴訟である。まず問われるべきはこの会社内部の監督・是正機能それ自体である。その意味で、わが国特有の会社の監督機関としての監査役の役割が改めて問われ直されるべきであろう。

## 三　株主代表訴訟の提起と監査役の対応

1　以下では、株主代表訴訟制度の現状をふまえ、その仕組みの中で監査役がいかに株主代表訴訟に関わるべきかを検討してみようと思う。まず株主代表訴訟の提起の手続は、以下のように進行する。すなわち、株主がみずから直ちに代表訴訟を提起できるのは例外的な場合に限られ(16)、原則としては、書面をもって、会社（監査役または監査役会）に訴えの提起を請求し、三〇日間待つことを要する（商二六七条一項・二項・二七五条ノ四後段、商特一八条ノ二第二項）(17)。その意味で、株主がいわば最初に対決する会社側の人物は監査役である。他方、監査役は、その職務の執行上、いわゆる外部監査人としての会計監査人(18)と協議することはあっても、一般的に会社外部の者に対し会社を代表して応接することはない。また、株主総会における報告や株主からの質問に対する答弁も通例、一方的であって、交渉的な関わりとはいえない。交渉は、本来、何事かを決する権限をもってはじめて意義をもつものであるとすれば、監査役は、株主による会社に対する提訴請求という場面で、はじめて株主に対し交渉の当事者としてまみえることになる。[19]その意味では、監査役にとっての試金石となる場面である。

(1)　提訴資格の確認

提訴請求の株主に対して、監査役は、まずその資格を確認することになる。すなわち、代表訴訟の手続に着手しうる者は、六カ月前から引き続いて株式を有する株主に限られるからである（商二六七条一項）。ここでいう株主は、株主名簿の名義書換後六カ月を経過した株主を意味するが、[20]相続・会社の合併などの包括承継によって株式を取得したときは、被承継人の保有期間を通算して六カ月あれば足り、また、同一の株式を引き続いて保有する必要はない。なお、保有する株式の種類と数量は問題ではなく、議決権のない株式の株主でも、あるいは一株の株主でもよいが、端株主および単位未満株式の株主には代表訴訟の提訴権はない（商二三〇条ノ六、昭五六商改附一八条）。そのほか、取締役の責任発生（不法行為ないし任務懈怠）の当時においてすでに株主であった必要もないが、[21]代表訴訟の着手から終了にいたるまで株式の保有を継続していなければならないので、監査役は、爾後、この点に留意する必要がある。

(2)　対応の決定

現行法の規定の文言解釈からすると、監査役は、その裁量によって株主の代表訴訟提起の請求を拒絶することができると解することはできない（商二六七条二項参照）。すなわち、かかる請求を行った株主は、請求後三〇日の経過により、また、監査役が訴訟を提起する意思のないことを表明した場合には三〇日の経過を待たず直ちに、代表訴訟を提起することができると解せざるを得ないからである。その意味では、監査役に対する請求という手続に、濫用的な代表訴訟を防止する効果を期待することはできない。しかし、監査役の積極的な対応を促す事実上の効果はある。監査役は、提訴請求を受けて、みずからの判断により、あるいは、大会社の監査役は監査役会の決議の方法により、対応を決定することになる。むろん、大会社の監査役は、監査役会で決議をすることを強制されるわけではなく、かつまた、みずからの固有の提訴権限の行使を妨げられるわけでもない。複数の監査役の判断が異なったとしても、やむを得ない仕儀といわざるを得ない。それゆえ、監査役の一人が会社を代表して提訴した訴訟を他の監査役が取り消すことはできないと解すべきであろう。

監査役の判断は、株主の提訴請求を受けて、みずから事実関係の調査を行ったうえで、①請求後三〇日以内に提訴に踏み切るか、②提訴とは別の手段をとって、当該取締役の責任を追及するか、③請求株主を説得して提訴を断念させるか、あるいは、④何も決定しないかのいずれかであろう。訴訟が被告取締役のみならず、会社自体にもたらす有形・無形の影響や損害発生の危険性は測り知れないことから、①の決定には、会社の利益確保に関する慎重な判断を必要とする。しかも、後述のように、実際の訴訟手続の着手にあたっては、株主の訴訟参加、あるいは再審の請求のあることを考慮に入れておく必要があろう。②は、当該取締役との裁判外の交渉を意味するが、前述のように、監査役は、一般的な意味で、債務の履行請求・催告等を行う権限を有しないことから、あくまで提訴を前提とした交渉を行うことになる。③は、当該取締役に責任を問うべき場合には無用のことであるが、責任を問うべきではないと監査役が判断した場合に行われることがあろう。しかし、株主の提訴を阻止する法律上の根拠がないため、あまり効果は期待できないが、監査役の対応が公表されるのであれば、監査役がみずからの意見を株主に対し明らかにする機会としては社会的な意義があろう。むろん、監査役の意見表明の機会がこの時点に限定されているわけではない。これに対し、④は論外である。当該訴訟の提起請求を請求株主と当該取締役との間のいわば個人的な問題と割り切って、拱手傍観することはできない。監査役が会社を代表する地位に立つということは、何らかの意思決定を行い、かつ、それを会社の意思として表明することにある。監査役が会社を代表した場合には、何も決定しないことが許されるという解釈はとりえない。この場面では、法人企業としての会社の意思は、監査役のそれしかないのだから、思考停止が許されるわけがない。監査役の存在意義が問われる局面である。もっとも、会社更生法に基づく更生手続の開始、または会社の破産によって、株主代表訴訟は中断し、また以後は、株主は訴訟を提起することができないが（会社更生五三条・六八条・九六条一項、破産七条・一六二条参照）、それは監査役についても同様である。

### (3)　株主による直接の提訴

前述のように、株主が直ちに代表訴訟を提起できるのは例外的な場合である。すなわち、会社の提訴を待っていては会社に回復し得ない損害が生ずるおそれがあるときであり、具体的には、当該取締役が財産を隠匿したり、無資力になるとか、会社の債権が消滅時効にかかるおそれがある場合などがそれにあたる。なお、これらに該当する場合、直ちに代表訴訟を提起した株主は、遅滞なく会社に対してその訴訟の告知をしなければならないので（商二六八条三項）、これにより、監査役は株主代表訴訟の存在を知るとともに、その後の対応を決断しなければならない。

2　株主代表訴訟によって追及できる取締役の会社に対する責任の範囲は、①取締役としての地位に基づき負担すべき損害賠償責任（商二六六条一項のほか、商二一〇条ノ四第二項・二一二条ノ二第六項・二九三条ノ五第五項など）や、②法定の特別責任である資本充実責任[22]のほか、③会社と当該取締役との間の契約上の責任（各種の取引上の債務の履行）や、④会社に対する不法行為に基づく責任（民七〇九条）なども含まれ、全体としては、当該取締役が会社に対して負担する一切の債務が含まれることとなる。また、その債務も、取締役の地位にある間に負担したものに限られず、取締役の就任前から負担していた債務や相続・債務引受によって取得した債務についても代表訴訟を認められる[23]。なお、いったん債務が発生した以上は取締役を退任しても代表訴訟の対象となることは当然である。①に含まれる責任は、通常の過失責任と特別の無過失責任とに大別できる。前者は、故意または過失によって、当該取締役が具体的な法令（商法のほか、証券取引法、独禁法、政治資金規正法、刑法等）または会社の定款の規定に違反した場合のほか、一般的な忠実義務（商二五四条ノ三）に反し、または善良なる管理者の注意義務（商二五四条三項、民六四四条）を怠った場合にも、会社が被った損害額を会社に賠償すべき義務を負うことを意味する（商二六六条一項五号[24]）。もっとも、近時、アメリカ法を参照して、取締役の経営判断の失敗について、裁判所がその過失責任（注意義務違反）を否定する経営判断（尊重）の原則（business judgment rule）という考え方が紹介され、学説上の論議の対象となっている。[25] 他方、後者は、(a)違法配当額の弁済、(b)株主権の行使に関する利益供与の価額の弁済、(c)会社との利益相反取引の損害額の賠償、および、(d)他の取締役への金銭の貸付の未弁済額の弁済の各場合について、会社に対し特別の無過失責任を負うことを意味する（商二六六条一項一号・二号・三号・四号）。なお、②については、学説上異論はないが、③、④については議論があり、株主代表訴訟制度は、会社が不正・不当に当該取締役の責任追及をしない場合の特例と解する立場から、責任の性質と内容を分析し、会社による責任免除の困難な①の責任と責任免除の不可能な②の責任に限って株主代表訴訟を認めるべきとする有力説が主張されている[26]が、会社による責任追及の可能性が低い現実にかんがみると、これを支持することはできない。

3　監査役が会社を代表して当該取締役の会社に対する責任を訴求した場合には、株主が重ねて訴えを提起することはできないが、監査役が会社を代表して提訴しない旨を決した後には、株主による代表訴訟が提起されうることになる。むろん、その場合であっても、監査役は、いつでも、臨機応変の対応が可能である。すなわち、その代表訴訟により会社に不測の損害が発生するおそれのある場合には、自らの決定を覆して当該訴訟に参加するか、あるいは、再審の請求等の措置をとる必要があるからである。

(1)　担保の提供

いわゆる会社荒らしの手段として株主代表訴訟制度が濫用される危険を防止するため、被告となる取締役が、代表訴訟の提起が原告である株主の悪意に出たものであることを疎明した場合には、裁判所は原告株主に対し、相当の担保を提供すべきことを命ずることができる（商二六七条五項・六項・一〇六条二項）。この悪意は、被告取締役を害することを知ることを意味し、不当に被告取締役を害する意思のあることを要しない。また、悪意は取締役に対する悪意であって、会社に対する悪意ではない。なお、担保の提供は、株主が株主総会決議取消（または無効）の訴えなどを提起した場合にも命じられることがあるが（商二四九条一項・二項・一〇六条二項・二五二条）、これらの訴訟の場合に提供される担保の担保権者が会社であるのと異なり、代表訴訟の場合のそれは被告取締役であって、被告取締役が勝訴した場合の原告株主に対する損害賠償に備えるものである。

なお、株主代表訴訟が明らかに会社荒らしの手段として行われている場合には、通例、原告株主によって会社に対しても何らかの業務妨害、嫌がらせ、脅迫等が行われることから、会社（取締役）側としては、代表訴訟提起後においても、毅然とした対抗策を講じる必要があるが、監査役にとっても、かかる代表訴訟に対する会社の対応が適切であるかどうか注目し、必要に応じて、代表取締役・取締役会に対し自らの意見を表明する必要がある。

(2)　訴訟参加

会社が取締役に対する責任追及のため、通常の損害賠償請求訴訟などを提起したときや、株主が所定の手続を経た後に代表訴訟を提起したときは、他の株主は、二重訴訟の禁止により、重ねて訴えを提起することはできないが（民訴一四二条）、すでに提起された訴訟に参加することができる（商二六八条二項本文）。しかも、参加した株主には、代表訴訟を提起した株主と同じ権利と責任が認められるが（商二六八条ノ二第三項）、参加前の六カ月前から引き続いて株式を有する株主である必要はないと解されている。このような訴訟参加が認められるのは、訴えを提起した会社または株主が適切に訴訟を遂行せず、被告取締役と馴れ合ってわざと敗訴することがないとも限らないからである。[27] 他方、株主が代表訴訟を提起したときは、会社もまた同様に、監査役の判断に基づき、株主が提起した代表訴訟に参加することができる。むろん、原告側への参加である。なお、会社による参加であると株主による参加であるとを問わず、不当に訴訟を遅延させたり、または裁判所の負担を著しく大きくするときは許されない（商二六八条二項但書）。このような訴訟参加は一般に、いわゆる共同訴訟的補助参加ではなく、共同訴訟的当事者参加（民訴五二条参照）と解され、参加人は本訴による請求の範囲を拡大したり、原告（会社または株主）が訴えを取り下げたとしてもなおみずから訴訟を継続することができると解されている。そのほか、訴訟参加を容易にするため、取締役の責任を追及する訴えについては、会社の本店所在地の地方裁判所の専属管轄が定められているが（商二六八条一項）、訴え提起の公告はないことから、株主が訴訟に参加する機会は保証されていない。もっとも、他の株主が訴訟参加するのは、代表訴訟の一環であるから、訴訟手数料も同様に八、二〇〇円で足りるが、会社が訴訟参加するのは、通常の訴訟であるから、通常の訴訟手数料と同額となる。[28]

なお、会社が、民事訴訟の一般原則により、被告取締役側へ補助参加（民訴四二条参照）することは理論上可能であるが、これに反対する見解が少なくない。[29] 監査役は取締役の活動を牽制する目的で株主から（株主総会の議を経て）選任されている趣旨にかんがみると、取締役と協同して、株主と拮抗する立場に立つことを容認すべき積極的な理由がないといわざるを得ない。これは、当該取締役の行動が会社の正規の意思決定手続に従ったものであった場合でも同様である。

(3)　判決の効果との関係

原告株主は、会社のために訴えを提起するのであるから、自分にではなく、会社に賠償額その他を給付すべきことを請求しうるにすぎず、したがってまた判決の効力は当然会社にも及ぶ（民訴一一五条一項二号）。原告株主が勝訴した場合には、それによって利益を受けるにいたった会社に対して、その株主は訴訟を行うのに必要と認むべき費用で訴訟費用でないもの（たとえば、事実関係の調査費用、弁護士との打合せ費用など）を支出したときはその費用の額の範囲内で、または弁護士に支払う報酬額の範囲内で、相当な額の支払を請求することが認められる（商二六八条ノ二第一項）。なお、訴訟費用自体は敗訴取締役が負担する（民訴六一条）。

これに対し、原告株主が敗訴した場合であっても、株主に悪意（会社を害することを知ること）がない限り、会社に対し損害賠償の責任を負わない（商二六八条ノ二第二項）。したがって、原告株主の訴訟の遂行が不適当であったために敗訴し、会社が損害を被ることがあるとしても、原告株主には責任はないことになる。その意味で、たといみずから訴訟を提起しないと判断した場合であっても、監査役は、株主代表訴訟が提起されている場合については、たえず注意を怠らず、臨機応変に訴訟参加・再審の訴え等の措置を講じる必要がある。なお、勝訴した取締役は、原告株主に対して、訴訟費用のほか、場合により不法行為による損害賠償を請求できるが、会社に対しては、制定法上の論拠に乏しいため、防御のために要した弁護士の相当な報酬その他の費用の支払を請求することはできないと解されている。しかし、立法論としては、会社の業務執行に関して株主から訴えられた裁判に関して、取締役が勝訴した場合についての費用負担を肯定する方向で検討されるべきであろう。

(4)　再　審

たとえば、故意に敗訴したり、あるいは故意に少額の請求をして勝訴した場合などのように、原告（会社または株主）と被告取締役との共謀によって、訴訟の目的である会社の権利を詐害する目的で判決をさせた場合には、訴訟当事者でない会社（株主が原告のとき）または株主（会社または他の株主が原告のとき）は、確定した終局判決に対し、再審の訴えによる不服申立を行うことができる（商二六八条ノ三第一項）。その意味では、馴れ合い訴訟の弊害は、訴訟参加または再審の訴えによって防止または排除することができる。(30) なお、再審の訴えを提起した株主にも、本来の代表訴訟の場合と同じ権利と責任が認められるが（商二六八条ノ三第二項）、本来の場合と異なり、提訴資格の制限はなく、また提訴前の手続をふむ必要もない。(31) この再審の訴えは、その事由および提訴権者について一般の再審の訴えと異なるが、管轄裁判所、再審期間などその他の点では民事訴訟法の規定（民訴三三八条以下）が適用される。

(5)　訴えの取下げ・和解等

原告（会社または株主）は訴えの取下げ、和解または請求の放棄を行うことができるか否かについて議論があり、原告の一存で会社の権利の全部または一部を処分することを認めない立場からは、特に和解や請求の放棄につきその制限を求める主張(32)がなされている。しかし、監査役に関する限り、監査役が会社を代表して行う訴訟において、その代表権に特段の制限が付されているわけではないから、本来的にいえば、監査役はみずからの判断で訴えの取下げ、和解または請求の放棄を行うことができるものと解しうるであろう。ただし、監査役の地位の特質から、株主からの信任に背かぬように、自らを律する必要がある。それゆえ、監査役がかかる判断を行う場合には、みずからの公正と信義を明らかにするため、株主に対し自己の見解を明らかにするとともに、その承認を得るべきであろう。その具体的な手続きについては、特段の規定がないことから、原則論として、株主総会の承認を事前に得ることが必要となるものと解すべきであろう。

## 四　結びに代えて

1　最近の株主代表訴訟は、大規模な株式会社企業に多く見られる現象である。実際のところ、小規模の株式会社の株主や有限会社の社員が会社のために、取締役の会社に対する責任を追及する訴えを提起する例は少ない。彼らは、通例、会社の実質的所有者または経営者の一員として、会社の運営に深く関わりをもち、会社内部のいわば運命共同体の一員である。それゆえ、特定の取締役の会社に対する責任を追及すべき場合には、むしろ、その者の取締役解任をまず問題としたり、あるいは、その者を加害者とみて、みずからの損害を回復するための直接的な法的措置をとることのほうが実効的である。むろん、将来における訴訟動向を予測することは難しく、あるいはこれらの会社においても株主代表訴訟が頻発する可能性がないではない。ことに、訴訟手数料の安さは、ある意味でいわゆる訴訟戦略上の魅力的な要因であるかもしれない。しかし、そうであれば、会社の数から予想される訴訟件数は裁判制度の限界を超えることになるが、翻って、そのような事態は株主代表訴訟制度の理念にそうものではない。個々の株主の株式保有割合が低く、株主が会社の経営に直接関与できない状況、つまり会社の所有と経営が分離している状況こそが株主代表訴訟の機能が発揮されるべき原点だからである。

2　前述のように、わが国では、株主代表訴訟の提訴資格が形式的・画一的に定められている。しかも訴訟参加の方法をとれば、その提訴資格さえも問題とならない。このような状態の下で、最近では、株主オンブズマン等と称する社会運動家が株主代表訴訟を利用して大企業経営者の責任を追及する事例が少なくなく、これらの経営者の中に動揺が生じているのは事実であろう。しかし、そのことを理由に法改正を云々するのは本末転倒である。むしろ、株主代表訴訟制度の意義を再確認することから議論を始めるべきである。その意味では、現行の株主代表訴訟をめぐる法的課題には二つの側面があることに留意しなければならない。

一つは、原告となる株主が全株主を公正かつ適切に代表しうる者であるか否か、また、それは誰が判断するのか、さらには、かかる公正性はどのような法的枠組みで確保されうるのかという側面の問題である。株主代表訴訟の提起が不正な目的を有し権利（株主権）の濫用にあたる場合（たとえば、会社に対する嫌がらせや金銭の喝取など）は許されないことはいうまでもない。しかし、原告株主が一方で会社の権利の実現をはかるとともに、他方で、その訴訟の提起により自己の名声が広がることを望んでいるとしても、それだけの理由で直ちにその代表訴訟の提起が権利の濫用にあたるということはできない(35)。それゆえにこそ、裁判所の適切な判断と積極的な関わりが重要となるが、裁判所が他の株主の利益のための後見的な監督を行えるような制度的な枠組みが現行法の解釈上十分であるか否かが再検討されるべきであろう(36)。

他の側面は、取締役の会社に対する責任追及を求める株主に対する会社側の対応の問題である。すなわち、現行法のもとでは、会社側はその裁量によって株主の代表訴訟を阻止することはできないが、会社として何の対応もせず、原告株主と被告取締役との間のいわば個人的な訴訟と割り切って、拱手傍観できるのか否かが問題となる。場合に応じて、会社が積極的に訴訟参加すべき場合があるのか、原告・被告のいずれに参加するのか。現行法上これらの問題の鍵を握るのは、わが国特有の監査機関である監査役である。「閑散役」などと酷評されることの多い監査役に真実そのような意思決定の能力があるのか疑問とする見解は少なくないが、株主代表訴訟においては、会社を代表する立場を保障され、広範な業務監査権限を付与された監査役こそが会社を代表して経営判断を下すべき立場(37)にあり、躊躇することは許されない。その意味で、改めて監査役制度の存在意義が問われる問題でもある。

3　いずれにしても、株主代表訴訟はわが国で曖昧に解されてきた法律上の諸問題をすべて表面化する効果を示している。しかも同時に、戦後の経済成長のためのいわば手段として利用されてきたわが国の株式会社制度の有り様こそが問われているのである。株式会社にあっては、会社財産のみが債権者に対する唯一の担保となるにすぎないにもかかわらず、誰が経営上の責任者なのか、また他方で、誰が株主なのか考えようともしないわが国の現状こそが、株主代表訴訟を通じて提起された問題の核心であろう。いま、株主代表訴訟という具体的な手段を得て、大企業を中心に強く求められている会社情報開示（ディスクロージャー）の要請や経営報告責任（アカウンタビリティー）の所在の明確化の要請は、株主が意識すると否とにかかわらず、いわば企業の外部からの企業改革の動きとして拡大するとともに、併せて、一般社会の価値観や行動基準にも影響を及ぼしていくであろう。ある意味で、訴訟社会の到来であり、また、真実と公正の確保を行為の制限（規律性）から情報開示（透明性）に対する規制に求める社会への脱皮を促すものでもあろう。

（1）　職務執行上の行為であると否とを問わず、また、作為・不作為を問わない。

（2）　むろん、いわば事前に取締役の違法行為を阻止するため、株主の差止請求制度（商法二七二条）が認められている。

（3）　債務不履行または不法行為に基づく損害賠償責任のほか、法定の特別責任（資本充実責任など）や個別の契約上の責任なども含まれる。

（4）　株主が取締役等の違法な加害行為によって直接に自らの生命・身体・財産等に損害を被った場合に、当該取締役等に対し、その損害の賠償を求めて、商法二六六条ノ三や民法七〇九条（不法行為責任）などに基づき提起する訴訟は、当該株主のいわば個人的な訴訟であって、株主代表訴訟とは別個のものである。

（5）　小会社にあっては、実際上、取締役会または株主総会において、監査役を会社を代表すべき者と定める場合はむしろ特例であろう（商特二四条一項・二項）。

（6）　監査役監査は業務監査においてのみ有用であると解する立場からは、小会社のみならず、有限会社の監査役に業務監査の権限を付与すべき点についても同様に立法による解決を求めざるを得ない（拙著『監査役制度論』（平成七年、中央経済社）一八二頁以下参照）。

（7） この問題は、取締役会が執行機関であるか否かに関する議論とは関係がない。

（8） 鈴木竹雄＝竹内昭夫『会社法（第三版）』（平成六年、有斐閣）三一六頁、北沢正啓『会社法（第五版）』（平成一〇年、青林書院）四五三頁ほか参照。

（9） 株主代表訴訟の地裁・高裁の審理状況（最高裁判所事務総局調べ）

| | 地方裁判所 | 高等裁判所 | 合計 |
|---|---|---|---|
| 一九五〇（昭和二五）年〜一九八九（平成元）年受理件数 | 一〇件 | | 一〇件 |
| 一九九〇（平成二）年受理件数 | 四件 | | 四件 |
| 一九九一（平成三）年受理件数 | 五件 | | 五件 |
| 一九九二（平成四）年一二月末現在 | 三一件 | | 三一件 |
| 一九九三（平成五）年一二月末現在 | 七四件 | 一〇件 | 八四件 |
| 一九九四（平成六）年一二月末現在 | 一三三件 | 一二件 | 一四五件 |
| 一九九五（平成七）年一二月末現在 | 一五八件 | 一六件 | 一七四件 |
| 一九九六（平成八）年一二月末現在 | 一七四件 | 一四件 | 一八八件 |
| 一九九七（平成九）年一二月末現在 | 二〇三件 | 一六件 | 二一九件 |
| 一九九八（平成一〇）年一二月末現在 | 二二二件 | 一八件 | 二四〇件 |

（鳥飼重和『わかりやすい株主代表訴訟』（平成九年、オーエス出版社）一四頁、資料版／商事法務一五八号四七頁、商事法務一四八八号五〇頁、同一五二五号一〇八頁参照）

（10） 最近の主要な株主代表訴訟事件の概要につき、資料版／商事法務一五八号四八頁以下、商事法務一四七五号一九頁以下参照。

(11) 民訴費四条二項、別表第一の一(1)・(2)。
(12) 竹内昭夫「株主の代表訴訟」『会社法の理論III』（平成二年、有斐閣）二三四頁以下参照。
(13) 高田裕成「株主代表訴訟における原告株主の地位」民訴四二号一六二頁（平成八年）。
(14) 拙稿「会社情報開示制度の現状と課題」金沢法学四一巻二号二六七頁以下（平成一一年）など参照。
(15) 自由民主党法務部会・商法に関する小委員会「コーポレート・ガバナンスに関する商法等改正試案骨子（一九九七・九・八）」や経済団体連合会「コーポレート・ガバナンスのあり方に関する緊急提言（一九九七・九・一六）」など参照（ジュリ一一二一号七一頁以下）。
(16) 取締役が財産を隠匿したり、無資力になるとか、会社の債権が消滅時効にかかるとかのおそれがある場合など。なお、これらに該当する場合、直ちに代表訴訟を提起した株主は、遅滞なく会社に対してその訴訟の告知をしなければならない（商二六八条三項）。
(17) なお商法特例法上の小会社にあっては、監査役ではなく代表取締役に対して請求することになる（商特二五条）。
(18) 本稿では、会計監査人が会社の機関であるか否かの議論には立ち入らないが、会計監査人の職業的監査人としての社会的独立性を重視すべきものと思う。
(19) 監査役は株主総会で選任されるが、通例、経営者である取締役の側から監査役候補者として総会に提案されており、あらかじめ株主との間で監査役就任に関する交渉をもつことはないからである。
(20) なお、会社の成立後まだ六カ月たたない会社については、会社の成立後引き続き株主であればよいと解されている（北沢・前掲書四五二頁）。
(21) 株主代表訴訟は、株主が取締役等の責任を追及することができる実体法上の権利を有することを基礎とするが、立法論としてこの点を強調すれば、提訴株主は、取締役等の責任発生（不正行為）の当時すでに株主である必要があると解する根拠とすることもできよう。
(22) 会社設立時の引受・払込（給付）担保責任（商一九二条）や財産価額塡補責任（商一九二条ノ二）のほか、新株発行時の引受担保責任（商二八〇条ノ一三）や財産価額塡補責任（商二八〇条ノ一三ノ二）などを意味する。
(23) 反対、鈴木＝竹内・前掲書三〇〇頁、北沢・前掲書四五一頁など。

(24) 善管注意義務違反の責任は、原則として過失責任であるが、取締役の義務の重要性などにより、例外的に無過失責任となり、あるいは過失の挙証責任の転換も必要となる場合があり、他方、忠実義務違反の責任は、取締役が会社の利益を犠牲にして自らの利益をはかってはならないという義務に反する場合の責任であるから、善管注意義務違反の場合と異なり、本来、無過失責任であると解する見解が有力である。

(25) 吉原和志『会社判例百選（第六版）』（平成一〇年、有斐閣）一一二頁など参照。

(26) 服部榮三『会社法通論（第三版）』（昭和五八年、同文舘）一二七頁、北沢・前掲書四四九頁、近藤光男『最新会社法』（平成一一年、中央経済社）二〇〇頁など。

(27) 商法上の罰則として、商四九四条一項二号・二項参照。

(28) たとえば、一億円の損害賠償請求訴訟の場合、手数料は四一七、六〇〇円となる（民訴費四条一項、別表第一の一）。

(29) 判例は、補助参加を否定するもの（名古屋高決平成八・七・一一判時一五八八号一四五頁）と肯定するもの（東京地決平成七・一一・三〇判時一五五六号一三七頁、東京高決平成九・九・二判時一六三三号一四〇頁）とに分れている。

(30) 同旨、北沢・前掲書四六〇頁など。

(31) 判決確定後、再審の事由を知った日から三〇日以内などの制限がある（民訴三四二条一項）。

(32) 大隅健一郎＝今井宏『会社法論・中巻（第三版）』（平成四年、有斐閣）二七七頁、田中誠二『三訂版会社法詳論上巻』（平成五年、勁草書房）七〇四頁ほか。

(33) 取締役の対第三者責任（商二六六条ノ三第一項、有限会社法三〇条ノ三第一項）や不法行為責任（民七〇九条）を追及すること。

(34) 国税庁企画課編『平成八年分税務統計から見た法人企業の実態―会社標本調査結果報告（平成九年一二月）』（平成一〇年、大蔵省印刷局）一二頁参照。

(35) 東京高判平成元・七・三金融・商事判例八二六号三頁、東京地判平成三・四・一八判例時報一三九五号一四四頁参照。

(36) 竹内・前掲論文二四二頁以下参照。

(37) 拙著・前掲書一四二頁以下参照。

# 20 ゲームソフトの著作物と同一性保持権

栗田　隆



## 一　はじめに

著作権法を学び始めたとき、「著作物は、著作者の人格の表現である」という言葉に触れて、感銘を受けるのは私一人ではなかろう。人格と著作物とのこの結び付きを保護するために、著作権法は、著作者人格権と総称される次の三つの権利を認めている。(1) すなわち、人格の発露である著作物を公表するか否かの決定権（公表権）、自己と著作物とを社会的に結び付ける氏名を表示する権利（氏名表示権）、そして、自己の人格の表現である著作物の内容を改変されない権利（同一性保持権）である。著作者人格権は、著作者の一身に専属する権利であり、譲渡することができない（著作五九条）。本稿では、この著作者人格権のうち、同一保持権がコンピュータゲームソフトの著作物にどのように適用されるかを検討しよう。以下では、ゲームは、コンピュータを用いて実行されるゲームを指すものとする。

ゲームソフトの範疇には、多種多様なものが入る。囲碁や将棋のような古典的なゲームをコンピュータが一方のプレイヤーになって実現するものから、一定の物語を基礎にしたロールプレイングゲーム、あるいは、ゲーム制作者が現実を模倣して設定したルールを基礎にしたシュミレーションゲームがある。その他、シューテングゲームや格闘技ゲームがある。その全部について一律に議論することはできないので、本稿では、次の要素を比較的多く持つゲームソフトを対象とする。すなわち、コンピュータゲームでは、一定のシナリオに基づき、プレイヤーの選択をコンピュータが一定のルールにしたがって評価し、その評価結果に基づいて次の段階に進行することになるが、そのシナリオとルールについて創作性が強いものである。換言すれば、シュミレーションゲームやロールプレイングゲーム[(2)]が中心となり、囲碁や将棋のゲームは除かれる。

著作権法は、一〇条一項において、さまざまな著作物を例示している。その中には、プログラムの著作物や映画の著作物はあるが、ゲームソフトという著作物は挙げられていない。ゲームソフトは、一つの著作物類型として認められるのであろうか。ゲームソフトは、プログラムとは別個の一つの著作物なのであろうか。ゲームソフトは、著作権法上どのように位置づけたらよいのであろうか。議論は、ここから始まる（なお非力のため文献の引用が不十分であるが、御容赦いただきたい）。

## 二　判例の動き

### 1　プログラムとゲームソフトの関係

コンピュータソフトは、人間の生活に役立つべき用具の一つである。ユーザーの意思に応じて動作するように制作されるのが通常であるので、多かれ少なかれ、ユーザーと相互交流（インタラクティブ）の要素を持つ[(3)]。相互交流は、コンピュータプログラムにより管理される。それゆえ、コンピュータソフトの中心となるのは、多くの場合、プログラムである。しかし、コンピュータ上で利用されるソフトの中には、インタラクティブの要素が小さいものもある。映画ソフトがその好例である。ユーザーがすることは、映画のスタートを指示することである。コンピュータプログラムは、できるだけ汎用性を持たせて、同種の目的のために再利用可能なように作られるのが通常であるので、インタラクティブの要素の少ない映画ソフトの場合には、プログラムの部分とこれにより表示されるデータの部分とが分離され、プログラムは言ってみれば映写機の一部となり、映画ソフトはデータとなる。これに対して、ゲームのプログラムの場合には、インタラクティブの要素が高いので、個々のゲームごとに専用のプロプログラムが作られ、それとデータとが一体となって一つのゲームソフトとなって実現される。このように書くと、ゲームソフトは、プログラムの著作物のように聞こえるが、そうであろうか。

まず、コンピュータプログラムの代表例である文書作成ソフトについて考えて見よう。他人の制作した文書作成プログラムの機能・特徴を十分に理解して類似のプログラム（第二プログラム）を制作した場合に、第二プログラムが原プログラムに依拠することなく独自に制作されたのであれば、第二プログラムは原プログラムの複製にも翻案にもならない。文書作成ソフトの機能は、著作権の保護の対象にならない（その意味で、アイデアの領域に属する）と一般に考えられているから、そのような機能を真似したことが著作権侵害になることもない。では、ゲームソフトの場合はどうであろうか。あるゲームに慣れ親しんだプログラマーがそのゲームの実現に用いられた原プログラムを一切見ずに自分で同機能の第二プログラムを制作したとしよう。この場合には、第二プログラムは、原プログラムに類似していても、その複製ないし翻案とはならない。では、ゲームソフトの複製あるいは翻案になるのであろうか。［1］東京地判平成六年一月三一日判例時報一四九六号一一一頁（パックマンフリーウエア事件[4]）は、このような事案と考えられる。一世を風靡したビデオゲーム「パックマン」のアーケード機が市場から姿を消したのを寂しく思ったあるプログラマーが、ゲーム要素のすべてを記憶から呼び起こし、オリジナルにでき得るかぎり忠実に作るように努力して、「chomp」の名称の類似のゲームを制作し、これを被告がフリーウエアの著作物として複製して配布したことが同一性保持権や複製権等の侵害になるかが問題になった。裁判所は、このゲームソフトが映画の著作物の要件を満たしていることを認めた上、第二ゲームは、「主人公と敵のキャラクターの形状、動作、数をはじめ、画面構成、ストーリー（影像に現れるゲームの進行ルール）など多くの面で本件ビデオゲームの影像と共通点を有し、両者は、本件ビデオゲームの影像を知る通常人であれば、Chomp の影像が本件ビデオゲームに僅かな修正を加えただけのものと覚知できる程度の同一性がある」としたうえで、まったく同一ではないから同一性保持権が侵害されているとした。

## 2　頒布権との関係

映画の著作物には、他の著作物にはない強力な権利が認められている。複製物の頒布権である（著作二六条一項・二条一項一九号）。他の著作物について認められている譲渡権[5]が、適法な譲渡により消尽するのに対し、頒布権は消尽することのない点で、強力である。ある著作物が映画の著作物に該当するか否かは、この権利が認められるか否かの点で重要である。ゲームソフトの著作物にこの権利が認められるか否か、したがって映画の著作物に該当するか否かについては、見解が分かれている。これについては、最近の次の二つの対照的な先例をあげるにとどめよう。

［2］東京地判平成一一年五月二七日判時一六七九号三頁は、ゲームソフトの販売業者が、家庭用テレビゲーム機「プレイステーション」用の二つのゲームソフトについて、そのメーカーを被告にして、《ゲームソフトの中古品の販売について、被告が、ゲームソフトの著作権に基づく差止請求権を有しないこと》の確認を求めた事件である。被告は、当該ゲームソフトが映画の著作物の範疇に入ると主張し、原告はこれを争った。裁判所は、次のように判示して原告の請求を認容した。「著作権法上の『映画の著作物』といい得るためには、(1)当該著作物が、一定の内容の影像を選択し、これを一定の順序で組み合わせることにより思想・感情を表現するものであって、(2)当該著作物ないしその複製物を用いることにより、同一の連続影像が常に再現される（常に同一内容の影像が同一の順序によりもたらされる）ものであることを、要するというべきである」。「ゲームソフトは、劇場用映画のようにあらかじめ決定された一

定内容の連続影像と音声的効果を視聴者が所与のものとして一方的に受働的に受け取ることに終始するものではなく、プレイヤーがゲーム機の操作を通じて画面上に表示される影像を自ら選択し、その順序を決定することにより、連続影像と音声的効果を能動的に変化させていくことを本質的な特徴とするものであって、このような能動的な利用方法のため、プレイヤー個々人がそれぞれのゲーム機を操作して個別の画面上にそれぞれ異なった影像を表示するという形態で利用されるものであり、多数人が同一の影像を一度に鑑賞するという利用形態には本質的になじまないものである」から、本件ゲームソフトは映画の著作物ではない。

他方、［3］大阪地判平成一一年一〇月七日判例時報一六九九号四八頁は、家庭用テレビゲームソフトのメーカーである原告らが、ゲームソフトの中古品を販売している被告らに対し、それぞれが制作するゲームソフトが映画の著作物に該当し、原告らの許諾を得ずにこれらの中古品を販売する行為は、原告らが有する頒布権を侵害するとして、各ゲームソフトの中古品の販売の差止めおよび廃棄を求めた事案である。問題となったゲームは、ロールプレイングゲーム三つ、対戦格闘型ゲーム一つ、レーシングゲーム一つ、サッカーゲーム一つである。これらについて、裁判所は、次のように説示して、映画の著作物に該当するとした。「劇場用映画においては、カメラワークの工夫、モンタージュやカット等の手法、フィルム編集等の知的な活動を通じて、その構図等において創作的工夫に係る影像を作成し、これを選択して一定の順序で組み合わせ、音声をシンクロナイズすることによって映画フィルムが作成され、これを上映することによって一定の思想又は感情の表現としての連続影像がもたらされるものであり、それ故、映画フィルムの複製物たる複数のプリント・フィルムを多数の映画館において上映することによって、多数の観客に対して、時間的・空間的な隔たりを超えて同一の思想・感情の表現としての同一の視聴覚的効果を与えることが可能である。これに対して、ゲームソフトは、プレイごとにディスプレイ上に具体的に出現する連続影像が異なってくるという違いがある。しかし、後記二の2でも示すとおり、著作権法にいう『映画の著作物』は、本来的な意味での映画である劇場用映画ないし劇場用映画の特質を備えるものに限られるわけではないのであって、劇場用映画に特有な右のような特徴に限定して『映画の著作物』の表現形式上の要件を解釈する必要はない」。「ゲームソフトの著作者は、右のようなプレイヤーの操作による影像の変化の範囲をあらかじめ織り込んだ上で、ゲームのテーマやストーリーを設定し、様々な視覚的ないし視聴覚的効果を駆使して、統一的な作品としてのゲームを製作するものである（中略）。したがって、本件各ゲームソフトを含むゲームソフトは、ゲームソフト自体が著作者の統一的な思想・感情が創作的に表現されたものというべきであり、プレイヤーの操作によって画面上に表示される具体的な影像の内容や順序が異なるといったことは、ゲームソフトに『映画の著作物』としての著作物性を肯定することの妨げにはならないものというべきである」。

この二つの判決によって、劇場用映画とゲームソフトの相違点と類似点がほぼもれなく指摘されている。両判決ともこの相違と類似を前提にしながら、結論が異なっている点は興味深いが、同一性保持権を問題とする本稿では、右の点に留意するにとどめることにしよう。

## 3　同一性保持権の間接侵害

同一性保持権が問題となった先例に目を向けよう。［4］大阪地判平成九年七月一七日知的裁集二九巻三号七〇三頁（NEO・GEO事件）は、同一性保持権を侵害すると主張された被告の行為の態様が専用コントローラの製造・販売であるという点で、幾分特殊な事案に関するものであり、それゆえに同一性保持権の侵害とは認められなかった事件であるが、ともあれ、裁判所は、ゲームソフトを次の理由により映画の著作物と位置づけた。「本件ゲームソフトウェアと本件ゲーム機を使用することにより音声を伴って受像機に映し出される影像は、本来の意味における『映画』ではないが、音声を伴って影像が動きをもって見えるという視聴覚的効果を有しており、また、右影像の動的変化及び音声は、すべて本件ゲームソフトウェアに規定されているところによるのであり、これから離れて別の影像や音声を出力することは不可能であるから、ゲームカセット内のプログラムメモリー内に固定されている」。そして、本件ゲームソフトウェアの一つである『餓狼伝説』はいわゆる格闘技ゲームの一種であり、一定のストーリー展開を有し、平成四年・五年にはテレビアニメ化されて全国放映されたのであるから、「著作者の知的文化的精神活動の所産として産み出されたもの」というべきである。したがって、「本件ゲームソフトウェアに蓄積された情報に従って本件ゲーム機により受像器に映し出される影像の動的変化またはこれと音声によって表現されるものは、［中略］映画の著作物というべきである」。この説示は、控訴審判決である［5］大阪高判平成一〇年一二月二一日知的裁集三〇巻四号九八一頁によっても支持された。

［6］東京地判平成七年七月一四日判時一五三八号二〇三頁[6]とその控訴審である［7］東京高判平成一一年三月一八日判時一六八四号一一二頁は、原告が創作した『三國志Ⅲ』と題するパーソナルコンピューター用シミュレーションゲームについて、被告がゲーム中の登場人物の能力値設定ファイルに著作者の予定した範囲外の値を入力するプログラムを製作し頒布したので、原告が、被告の行為が著作者人格権（同一性保持権）および著作権（翻案権）の侵害にあたると主張して、プログラムを格納した記憶媒体の製造頒布の差止めおよび損害賠償を請求した事件である。第一審では、原告がこのゲームソフトをプログラムの著作物であると主張したことに応じて、裁判所もプログラムの著作物ととらえた上で、「本件著作物のプログラムを実行してプレイした結果展開されるストーリーは、指令を組み合わせたものとしてのプログラムの著作物ということはできないし、データもプログラムの著作物ではない」との理由で、登場人物の能力値設定ファイルに著作者の予定した能力値を書き込むことをもって、「本件著作物の同一性を侵害する改変行為であるということはできない」として、請求を棄却した。控訴審も請求を棄却すべきものとした。控訴審判決の理由うちで、実質的に見て重要なのは、次の点であろう。すなわち、ゲーム展開を処理するプログラムの改変禁止範囲の限界（同一性保持権で保護されるべき範囲）について、著作権者の意向が、ユーザーに対して明確かつ絶対的なものとしては伝えられておらず、登場人物の能力値を入力するのに著作権者所定の登録プログラムを用いるか、それでは入力できない能力値を入力するために他のプログラムを用いるかは、ユーザーの自由になし得る範囲のもの

であった。この理由により、この判決の結論は正当であったと思われるが、その点はひとまず脇に置くことにしよう。この事件の控訴審で、原告は、「本件著作物の視聴覚的表現は、著作権法二条一項一号所定のゲームの著作物である」と主張した。これに対して、控訴審は、「著作権法にゲームの著作物そのものを定義づける規定はないので、本件著作物につき、ゲームの著作物であるとして著作権侵害行為の有無を判断することはできない」と判示した。しかし、この説示には賛成できない（後述三1参照）。

［8］大阪高等裁判所平成一一年四月二七日第八民事部判決（平成九年(ネ)第三五八七号）(7)で問題となったのは、高校生の恋愛をテーマにした「ときめきメモリアル」というシュミレーションゲームである。これも、ゲーム中の登場人物の能力値設定ファイルに著作者の予定した範囲外の値を格納したメモリーカードを被告が輸入し頒布したので、著作権者である原告が、被告の行為が著作者人格権（同一性保持権）および著作権（翻案権）の侵害にあたると主張して、メモリーカードの輸入頒布の差止めおよび損害賠償を請求した事件である。原告が、ゲームソフトの著作物について示唆に富む詳細な主張をしたのに応じて、裁判所も詳細な説示をなし、このゲームソフトを次のように位置付けた。「ゲームソフトにおいては、データに保存された影像や音声をプログラムによって読み取り再生した上、プレイヤーの主体的な参加によって初めてゲームの進行が図られる点で、『映画の著作物』と『プログラムの著作物』とが単に併存しているにすぎないものではなく、両者が相関連して『ゲーム映像』とでもいうべき複合的な性格の著作物を形成しているものと認めるのが相当である」。このゲームソフトについて、被告により改変が行われた構成要素として原告が取り上げたのは、(1)ゲームバランス、(2)インタラクティブ性、(3)登場人物の能力値設定の三つである。

(1)　ゲームバランスとは、「表パラメータの特定の数値を上昇させるとそれに連動して他の数値が上下するように設定された本件ゲームソフトにおいて、プレイヤーは勉学・運動・容姿等を表す数値間にバランスをとり、かつ、表パラメータと隠しパラメータとの連繫を考えながらコマンドを選択しなければならないこと、あるいはゲームの進行がそのように構成されていることを指す」。裁判所は、次のように判示して、ゲームバランスが著作権法の保護対象になることを否定した。「『ゲームバランス』それ自体は、本件ゲームソフトの制作者が、ゲームのスタートから終結にいたる様々なストーリー展開を設定し、コマンドの選択におけるプレイヤーの操作判断を複雑困難に構成し、そこにプレイヤーの知的活動における面白さを醸成させるというゲームの設計、ゲームのアイデアであって、制作者として知的に最も苦労する場面であるということができるとしても、これが直接著作物として著作権法上保護の対象となるものとはいい難い。本件において著作物として保護されるべき思想又は感情の創作的表現は、工夫された『ゲームバランス』に従って具体的にモニター画面に展開されるところの、本件ゲームソフトに内包された（多数ではあるけれども限定的に設定された）ストーリー（バーチャルな恋愛模様の表現）とその影像にあるというべきである」。

(2)　裁判所は、インタラクティブ性についても保護適格を否定した。「原告のいう『インタラクティブ性』とはその概念が必ずしも明確でないところであるが、原告の主張によれば、プレイヤーの入力行為がなければゲームが進行せず、プレイヤーの選択によって具体的なゲームの進行・展開が対話的、双方向的に決定されるという側面を指すものとされるところ、ゲームにそのような特性があるからといって、ゲームの進行・展開は、予めプログラムないしデータに保存された内容から選択されるに過ぎず、右にいう『インタラクティブ性』とは、シミュレーションゲームに独自の操作方法ないしは操作と反応との関係を抽象的に表した技術的な概念というに止まり、それ自体をゲーム展開や登場人物に関する制作者の思想又は感情の創作的な表現ということは困難である。」

(3)　しかし、登場人物の能力値の設定については、次のように判示して、保護対象となることを肯定した。「本件ゲームソフトのプログラムは、主人公の能力に関する初期設定を固定し、その設定を基盤とした上で、プレイヤーが選択した行動（コマンド）に対する能力項目の数値を創作的に加減させ累積させてストーリーが展開するという構造になっているから、プレイヤーによって作り出され蓄積されるセーブデータは、プログラムとは別個独立に截然と区別されて存在する単なる数値ではなく、制作者が初期設定の数値によって表した主人公の人物像（能力値）を変化させ、それに応じたゲーム展開を表現するための密接不可分な要素として構成されているものというべきである。従って、その初期設定は勿論、コマンドの選択に関連付けられた各能力項目の数値の加減は、本件ゲームソフトの本質的構成部分となっているもので、これを改変し無力化することは、それによる表現内容の変容をもたらすものというのが相当であり、本件ゲームソフトの著作物としての同一性保持権を侵害するものと解せられる」。そして、メモリーカードを使用しているのはプレイヤーであり、メモリカードの製造者や販売者ではないが、これらの者の責任を肯定するために、次のように判示した。「本件メモリーカードを使用して本件ゲームソフトのプログラムを実行することが本件ゲームソフトの著作物としての同一性保持権を侵害するものであり、そのようなゲームを行っている者は個々のプレイヤーということになるが、本件メモリーカードの制作者は、右行為に主体的に加功していることは明らかであり、本件メモリーカードの制作者はこれを意図してその制作をした者であるから、右カードを使用して行う本件ゲームソフトの改変行為について、制作者はプレイヤーを介し本件著作物の同一性保持権を侵害するものということができ、これを購入した者は本件メモリーカードを使用して本件ゲームを行ったものと推認できるから、制作者はプレイヤーの本件メモリーカード使用の責任を負うべきものというべく、右改変をするメモリーカードの輸入、販売をした被告も著作権法一一三条一項一号・二号より同一性保持権侵害の責任を免れないというべきである」。

## 三　ゲームソフトの同一性の決定要素

以上の先例において、論点はほとんど出ている。それを基にして、私なりに検討してみたい。

### 1　ゲームソフトにおけるプログラムの位置付け

今、次のようなプロセスを経て作成されるゲームソフトを考えてみよう。(a)ある物語を基礎にしたロールプレイングゲームを作ることにした。登場人物と基本的なストーリーは原作に依拠するので、このゲームは原作の翻案となる。

(b)プレイヤーの選択に従って原作とは異なった展開が必要であり、その点を含めたゲームのシナリオ（基本シナリオ）が作成される。シナリオには、登場人物とその特性値についての記述も含まれる。(c)基本シナリオを詳細化して、プレイヤーの選択に反応して、物語がどのように進行するか、登場人物の特性値がどのように変化するかについての詳細が決定される。そして背景や人物画像のデッサン、効果音やバックグラウンドミュージックの選定もなされる。(d)詳細シナリオをコンピュータ上で実現するためのプログラムがプログラマーによって作成される。コンピュータゲームは、マルチメディア作品であり、さまざまな画像や音楽が含まれる。画像や音楽のうちの一部は、他人の著作物を、その許諾を得て、利用しているとする。

このようなゲームソフトにとって、プログラムは重要な構成要素であるが、ゲームソフトそのものではない。反対に解すれば、原作のストーリーが無視され、音楽がゲームソフトの一部であることが把握できない。このことをもう少し敷衍して述べておこう。比較的簡単なゲームであれば、ゲームのプレイを通してその詳細シナリオを把握することができる。その詳細シナリオに基づいて原作のプログラムを見ることなく、従ってこれに依拠することなく同一のゲームソフトを作ることができる。この場合、模倣ゲームのプログラムは独自の創作にかかるものであり、複製ではない。それでも、ゲーム自体は模倣であり、複製と考えるべきである。このことを認めた点で、先例［1］は重要である。

ちなみに、同様な問題は、映画についてもいうことができよう。ある映画を見て、その映画のシナリオの作者の許諾を得て、同じ俳優に演技させて、同じ内容の映画を作ることは、技術的に可能である。この場合でも、演技と撮影を自分でしたからといって、新しい映画が元の映画の複製でないとは言えない(8)。

一般に著作物は著作者の思想・感情の表現である。どのような思想・感情が表現されているか、その表現の同一性はどのように判定すべきかは、著作物の類型によって異なるが、ゲームの著作物については、プレイヤーがゲームを実行して感得するものに基づいて同一性を判定すべきであろう。通常のゲームでは、ゲームの進行が影像や音声で表現されるので、それらの総体をもってゲームソフトの著作物と考えることができる。先例［1］［3］［4］は、この立場に立ってゲームソフトを影像著作物ないし（広義の）映画の著作物とした。先例［8］は、これを「ゲーム映像」の著作物と名付けた。もちろん、ここでいう映像ないし影像は、ゲームが一定の段階にある時にプレイヤーが一定の選択をすれば、ゲームが次の一定の段階に進むという論理的関係・ルールを含めたものである。今、シナリオや適用されるルールあるいは登場人物の特性値等を「ゲームの論理的構成要素」と呼ぶことにしよう。

ゲームソフトをゲームの進行過程においてプレイヤーに提示される影像・音声の総体であると考えると、ゲームソフトを構成するプログラムの改変は、それ自体がプログラムの著作物の改変となっても、プレイヤーによって感得される要素に影響を与えない限りでは、ゲームソフトの著作物の改変にはならないことになる。それでも、ゲームソフトの著作者が直接に制作するのはプログラムや画像データである。これらを物理的要素と呼ぼう（「物理的」というのは、単に「論理的」に対立させる意味にすぎない）。ゲームの論理的要素は、これらのプログラムや画像データ等によって具体化されているのであるから、物理的要素の改変は通常はゲームの改変になると考えてよい。

## 2　登場人物の特性値

登場人物の特性値あるいはその範囲は、ゲームの重要な要素であり、その改変（著作者が予定しない値への改変）は、通常、プレイヤーの感得する表現に影響を与える。したがって、その改変は、原則としてゲームの同一性の侵害となる。先例［8］は、これを肯定しており、正当である。

## 3　ゲームバランス

ゲームバランスの概念は、初めてこれに触れたとき、刺激的と言っていいほどに知的好奇心をそそられる概念である。先例［8］は、これを、「プレイヤーの知的活動における面白さを醸成させるというゲームの設計、ゲームのアイデアであって、直接著作物として著作権法上保護の対象となるものとはいい難い」とした。ゲームバランスに類似のものとして思いつくのは、推理小説のトリックであろう。ある小説で用いられたトリックと同じトリックを文章表現を大幅に変えて用いることは、可能である（背景設定を変えればよい）。もちろん、トリックはアイデアであり、著作権法により保護される対象にはならない。しかし、推理小説の中のトリックの具体的表現は保護の対象となり、その改変は、同一性保持権の侵害となる。これと同様に、ゲームバランスもそれを具体的に表現したもの、すなわち、プレーヤーの入力に応じて他の値を変更する変換式やそのパラメータは、著作権法の保護対象になると考えるべきであり、その改変は、ゲームの改変になるというべきである。もっとも、その改変を、ゲームバランスの改変と言うか、ゲームソフトの制作者が設定した変換式や数値の改変と言うかは、言葉の問題である（実質は同じである）。

## 4　インタラクティブな要素

ゲームのシナリオには、インタラクティブの要素が付加される。ある場面においてプレイヤーがある選択をすれば、どのような場面に移行するかの記述である。この記述もシナリオの重要な要素であり、創作性を持ちうる。先例［8］は、原告が用いた「インタラクティブ性」の語の理解にとまどいながら、それを「シミュレーションゲームに独自の操作方法ないしは操作と反応との関係を抽象的に表した技術的な概念」ととらえた。そのようにとらえれば、もちろん、インタラクティブ性は「ゲーム展開や登場人物に関する制作者の思想又は感情の創作的な表現」とはならない。しかし、インタラクティブをプレイヤーの選択に応じた「ゲーム展開」の記述と理解すれば、これもゲームの著作物の「制作者の思想又は感情の創作的な表現」となる。もっとも、これはゲームのシナリオに含まれると考えてよいであろう。

## 四　同一性保持権の間接侵害

先例［7］と［8］で問題になったのは、ゲームのソフトの記録媒体の所有者が登場人物の初期値を設定する数値を改変するためのプログラムの販売、あるいは著作者が予定しない範囲のデータを格納したメモリーカードを製造・販売する行為が、ゲームの著作物の同一性保持権の侵害となるかである。先例［7］では、改変のための専用品を使用しなくても、登場人物の初期値等はプレイヤーが比較的容易に改変することができるから、そのような数値の改変のためのプログラムの販売は、同一性保持権の侵害にならないとされた。レコードの演奏プレイヤーにエコー機能を付し、それを機能させることにより音楽が著作者の意図したところと異なった再生がなされても、そのエコー装置の製造販売行為が著作権侵害にならないのと類似している。判決のこの結論に賛成してよいであろう。

先例［8］の事件では、パラメータの改変に対する保護措置が比較的強固であった。通常のユーザーに利用できる範囲内での汎用の装置あるいはプログラムで改変できるとは言い難いパラメータを格納した特別のメモリーカードが製造・販売されていたのである。それを使用して、最終的にパラメータを改変するのはゲームソフトの複製物の所有者たる個々のユーザーである。それにもかかわらず、裁判所は、被告による右メモリーカードの輸入・頒布行為を著作者人格権の侵害ととらえた。この点についての判決の説示は幾分簡潔すぎるが、次の趣旨であると理解してよいであろう。すなわち、メモリーカードの制作者はプレイヤーを介し本件著作物の同一性保持権を侵害するものということができ、これを購入した者は本件メモリーカードを使用して本件ゲームを行ったものと推認できるから、メモリカードの制作が日本で行われたならば、制作者は著作権法一一二条一項の侵害する者または侵害するおそれのある者に該当する。被告はそのようなメモリーカードを輸入し頒布したのであるから、一一三条一項一号・二号により著作者人格権を侵害した者とみなされる。

このような論理展開に対しては、それならばメモリーカードの購入者による改変も著作者人格権の侵害であり、そのような侵害がなされたことを具体的に認定すべきであるとの見解もある。しかし、次のことを考慮すると、そのように考える必要はなく、先例［8］を支持してよいであろう。

(a)　カラオケボックスにおいて、カラオケ歌唱室において客が音楽著作物を再生・歌唱する場合には、伴奏音楽の再生および歌唱の主体は、カラオケ歌唱室としての営業の性質上、その営業主であると解すべきであるとするのが裁判例としてほぼ確立している。(9)

(b)　特許法では、特許が物の発明についてされている場合に、業として、その物の生産にのみ使用する物を生産あるいは譲渡する行為等は、侵害行為とみなされる（一〇一条一号。方法の発明について、二号）。このような間接侵害の禁止規定が著作権法には従来なかったのは確かである。しかし、平成一一年法律七七号で、違法複製の防止のための技術的手段を回避するための機器の製造・販売が、著作権法一二〇条の二により罰則をもって禁止された。(10)そのような機器の製造・販売によりただちに違法な複製等がなされるわけではないが、しかし、違法な複製行為を助長することになるからである。侵害行為の抑制のために、禁止されるべき間接的侵害行為の範囲の拡張は、時代の要請と考えるべきであろう。

(c)　著作物の原作品あるいは複製物の所有者が自宅でそれに改変を加えることが同一性保持権により本来禁止されるべき行為か否かについては、(α)公衆に陳列するのでない限り、所有者の自由であるとする見解と、(β)本来は許されないが、法律は個人の私的生活領域にまでは踏み込むことができないから、黙認されるにすぎないとの見解とが対立している。著作権法自身は、公表権や氏名表示権について「公衆に提供し、又は提示する権利」（一八条一項）あるいは「公衆への提供若しくは提示に際し（一九条一項）」という限定句を入れつつ、同一性保持権についてはそのような限定句を入れていない（二〇条参照）。しかし、この文言の差異のみから結論を引き出すのは妥当ではなかろう。個人の行動の自由の確保と著作者の人格的利益の調整の問題として、微妙な処理が必要であるというべきである。個人が自己の能力に従い改変することについては、彼の行動の自由を尊重してよく、私的生活領域では改変行為は容認せざるを得ないが、ただ、改変された物を公衆に提供又は提示することは同一性保持権により禁止されるとすべきである。しかし、美術の原作品となれば、個人的生活領域での改変自体も禁止されるべきであろう。ゲームソフトの著作物については、複製物がユーザーによって使用される。それを彼の能力に応じて改変することは、彼の自由としてよい。しかし、著作物の大量複製・大量頒布が容易になった現在、もっぱら著作物の同一性保持権の侵害にのみ用いられる物またはプログラムもまた大量複製・大量頒布が可能となったのであり、それらの大量頒布行為を禁止して著作者人格権の保護をはかるべきである。個人的生活領域における改変行為を容認する趣旨は、複製物の所有者が自己の能力にしたがい比較的容易に改変できる場合に、人は改変しようとする欲望を持ちたがるものであり、それを法で禁止することは適当ではないから、黙認するというにとどまる。著作者の視点から言えば、次のようになる。著作者は、著作物が改変されることを抑止することについて正当な利益をもち、その利益の実現のためには、適当な技術的措置をとることができ、またとるべきである。そのような措置がとられているため、一般のユーザーが改変をなしえない場合に、もっぱらそれを潜脱するために用いられる物あるいはプログラムを製造しあるいは頒布することまで自由とすることはできない。

(d)　したがって、著作者が著作物の同一性を維持するために、容易には改変されないように適当な措置がとられている複製物について、その同一性を害するためにのみ用いられる物又はプログラムを頒布する者は、頒布を受けた者がその複製物を改変することにより同一性保持権を侵害するおそれがある者として一一二条一項の適用範囲に入ると考えたい。頒布を受けた者の改変行為が個人的生活領域における自由として違法の評価を受けなくても、右の結論に影響はなく、そのことの理由は(c)で述べた。

(1)　著作者人格権に関する古典的に文献として、半田正夫『著作権法の研究』（一粒社、一九七一年）がある。最近の文献として、次のものがある。野一色勲「同一性保持権と財産権」『紋谷暢男教授還暦記念・知的財産権法の現代的課題』（発明協会、一九九八年）六四一頁、松田政行「同一性保持権の性質と周辺の諸問題」同前六九三、上野達弘「著作物の改変と著作者人格権をめぐる一考察――ドイツ著作権法における「利益衡量」からの示唆――（一・二完）」民商法雑誌一二〇巻四＝五号一八八頁、六号三七頁。本稿が取り上げる問題に関係の深い文献として、岡邦俊「インタラクティブ映像と著作権」コピライト四四九号二頁以下がある。

（2）この種のゲームにとっては、影像は不可欠というわけではない。文字だけでも、この類型のゲームをかなりのところまで作ることができる。

（3）文書作成ソフトは、キーボードからの入力に応じて文字を画面に表示して次の入力を待つという形で動作するので、相互交流の要素はきわめて高い。

（4）本件の研究として、山神清和・ジュリスト一一二七号一三四頁がある。

（5）平成一一年法律七七号により二六条の二が追加され、映画以外の著作物について譲渡権が認められた。これにつき、岸本織江「『著作権法の一部を改正する法律』について（後編）――著作者の権利の保護充実――」コピライト四六一号（一九九九年八＝九号）四七頁参照。

（6）本件の判例批評として、松田政行・判例時報一五五五号（判例評論四四六号）二一八頁がある（松田弁護士は、控訴審において原告代理人となっている）。

（7）最高裁のＷｅｂサイトの「知的財産権判決速報」に掲載されていた。判例時報や判例タイムズには、まだ掲載されていないようである。第一審の大阪地判平成九年一一月二七日判タ九六五号二五三頁は、同一性保持権の侵害を否定していた。本件の研究として、次のものがある。小倉秀夫＜http://www.ben.li/article/tokimemo.html＞（判旨に反対）

（8）果物の静物画を見て、これと同様に果物を配置して、その果物を同じようなタッチで書いた場合も、同様である。これが写真となると微妙であるが、果物の配置に創作性のある写真を見て、同じ配置の果物の似たような写真を撮影すれば、やはり元の写真の複製ないし翻案と考えるべきであろう。

（9）最近の先例として、最高裁のＷｅｂサイトに掲載されていた次のものを参照。東京高等裁判所平成一一年七月一三日第一八民事部判決（平成一〇年(ネ)第四二六四号、平成一一年(ネ)第七九〇号）、大阪地方裁判所平成一一年八月二四日第二一民事部判決（平成一〇年(ワ)第九四〇九号、平成一〇年(ワ)第一一六二四号）、名古屋地方裁判所平成一一年一〇月

八日民事第九部判決（平成一一年(ワ)第九三二号）。

(10) 越田崇夫「『著作権法の一部を改正する法律』について（前編）―技術の進展と著作権保護の新たなステップ」コピライト四六〇号（一九九九年七号）二四頁参照。著作権情報センターのサイトに掲載されている著作権審議会の次の報告書も参照。「著作権審議会マルチメディア小委員会ワーキング・グループ（技術的保護・管理関係）報告書」（平成一〇年一二月）<http://www.cric.or.jp/houkoku/h10_12_1.html>、「著作権審議会マルチメディア小委員会ワーキング・グループ検討経過報告マルチメディアに係る制度上の問題について」（平成七年二月）<http://www.cric.or.jp/houkoku/h10_2.html>。

# 第五章　紛争の解決と権利保護に関する実体的考察

# 21

# 他主占有者の相続人の占有

徳本伸一



## 一　はじめに

(1)　ある人（A）の占有が、他主占有として始まったものであるところ（たとえば、賃借人として、あるいは受寄者として等）、Aの死亡後にAの相続人たるBが、同一の目的物（不動産など）を自主占有者として占有を始め、これを時効によって取得することはありうるであろうか。

この点をめぐって、従来はいずれかといえば、相続は民法一八五条の定める「新権原」にあたるか、という形で論じられることが多かった。

例を変えて、いま仮にA自身の下での占有（他主占有で始まったもの）が自主占有に転換して、その時点から取得時効が進行を開始することがありうるか、というふうに問題を設定してみた場合には、これはまさに一八五条が規定する占有の態様（性質）の変更の問題であって、同条所定の要件が満たされる必要があることになる。すなわち、Aが、自己に占有をなさしめた者（他主占有者に直接占有を与えた者、通例は、その物の所有者。Cとする）に対して、①「所有ノ意思」のあることを表示するか、(1) または②「新権原」によってさらに所有の意思をもって占有を始めること（Aが、Cから当該不動産などを買い受けて所有権を取得したつもりで占有を始めたが、実は、その売買契約は無効であった、というような場合(2)などがその典型例とされる）が必要とされる。相続が新権原にあたることを肯定する説は、AからBに相続がなされたことが、右の売買契約（無効なそれ）に相当する新権原にあたる、と解するわけである。

これに対して、近時は、相続そのものは、Aの有した権利・義務がそのままBに引き継がれるだけであることから、右の新権原にはあたらず、むしろ、右の①の問題、すなわち、相続人Bによって所有の意思のあることがCに対して表示されたことをその理由として、Bの取得時効を基礎づけ得るし、またそうすべきである、と解する学説も有力である。(3) この立場は、AからBへと引き継がれた占有（それは相続によってBの取得した他主占有）の性質の転換の問題ととらえているので、占有それ自体としては継続した占有（相続人Bの下で新たに始まった固有の占有ではない）を問題とするものである。

(2)　以上の学説は、この問題を一八五条の枠内でとらえようとするものであるのに対して、舟橋諄一教授は、つとに、この問題は、「一八五条の適用の範囲外に属し」、相続人（B）自身について「所有の意思の有無が定められなければならない。そこで、たとえば、不動産質権者の相続人が、事情を知らずに相続によって所有権を取得したものと考え、公租公課を自分の名義で支払い、土地所有者がこれに対して何ら異議を述べないような場合には、所有の意思が認められる(4)」と説いていた。

結論的には、私見は、この立場に与するものであり、本稿は、その論拠を呈示しつつ、取得時効の基礎となる自主占有における所有の意思の意義についても言及しようとするものである。

## 二 従来の判例・学説の状況

(1) この問題に関して、はじめ判例は、被相続人の占有が他主占有であった場合には、相続人の占有もつねに他主占有である、と解する傾向にあった。すなわち、次のようである。

【1】 大判昭和六・八・七民集一〇巻七六三頁

寺の住職として境内地の管理・占有にあたってきたAの、一代おいた後の相続人B（Aの妻。BからみてAは先々代にあたる）が、寺（Y）に対して取得時効を主張したが、大審院は、これを認めなかった。

「相続ニ因リ占有権ヲ承継スル者ハ前主ノ占有権其ノモノヲ承継スル者ナレハ前主ノ占有カ所有ノ意思ナキモノナル場合ニ於テハ相続人ノ占有モ亦所有ノ意思ナキモノニシテ相続ヲ以テ右規定ニ所謂新権原ナリト解スヘキニ非サルナリ(5)」

【2】 大判昭和一四・九・一五評論二八巻民八七五頁

事実関係の詳細は不明であるが、判旨は、次のように述べる。

「取得時効ノ要件タル占有ニ関シテハ相続人ハ謂ハハ被相続人ノ人格ヲ承継シタルモノトシテ被相続人ト同様ニ取扱ハルヘキモノニシテ相続人自身相続以外ノ新権原ニ基ク新ナル占有ヲ開始セサル限リ相続人固有ノ占有ヲ主張スルヲ得ス被相続人ヨリ承継シタル占有ノミヲ主張シ得ルニ過キサルコト夙ニ当院ノ判例トスル処（大正三年（オ）第五八七号事件同四年六月二十三日言渡判決大正五年(オ)第六七四号事件同六年二月二十八日言渡判決）ナリ(6)」

これに対して、次の判例は、他主占有者（不動産質権者）の相続人について自主占有の成立を認めたケースであるが、はたして右の論点に関する先例といえるものであるかは疑わしいケースである(7)。

【3】 大判昭和八・一二・二八裁判例(七)民二九四頁

Bは、明治九年以前にその所有する土地をAに質入れし、以後、Aは、質権者として使用・収益し、自ら公租公課を納入してきた。Aは、明治一六年一二月二六日に隠居し、これに伴い、XがAを相続したが、占有の状況等に変化はなかった模様である。やがて明治二六年一二月三一日にBが死亡したが、原審の認定によると、「質権カBノ生存中ニ消滅シタル事実」はなかったものとされる。Bには相続人がなかったために、同人の家は絶家となり（明治一七年太政官布告二〇号）、絶家の財産は五年間、親族または戸長において保管し、右年限後は親族の協議にまかせ、この協議が行われなかったときには国によって没収される（官没）ものとされていたが、判決文中には、こうした手続がとられたことをうかがわせる判示はみられない。土地の名義は、「絶家前ノ戸主〔B〕ノ名義」のままとなっている模様である。事件名（土地所有権取得登記請求事件）から推察するところ、Xが時効による取得を理由に所有権の移転登記手続を請求した（相手方は、B遺産特別代理人となっている）もののようである。原審判決は、Xの取得時効を認めなかった。いわく、

「Bハ明治九年以前本件土地ヲX先代Aニ質入シタル事実ヲ認ムヘク然レハAハ質権者トシテ占有ヲ為シタルモノニシテ従ツテ其ノ家督相続人タルXモ亦同一権原ニ基キ所有ノ意思ナク其ノ占有ヲ始メタルモノト認メサル可カラス……又Xノ相続自体ヲ以テ民法第一八五条ニ所謂新権限《ママ》ト為スヲ得サルヤ言ヲ俟タス而シテ他ニXカ新権原ニ因リ更ニ所有ノ意思ヲ以テ占有ヲ始メタルコト又ハ占有授与者ニ対シ所有ノ意思アルコトヲ表示シタル事実ハ之ヲ認ムヘキ何等ノ証拠ナシ」

そこでXから上告して争った。

「X等カBノ死後四十年ニ亘リ之ヲ占有シ使用収益シ来リタルコトトナルカ故ニ仮ニ質権者トシテ之ヲ占有シタルモノトセハ其ノ間Bノ親族故旧ヨリ質物取戻ニ付何等カノ交渉アルヘキヲ想像シ得ヘク如上長年月ニ亘リ何等ノ紛議ヲモ醸シタルコトナク平穏裡ニ之ヲ占有シ得タルノ事実ハ特別ノ事情ナキ限リ自他共ニX等ヲ以テ所有者ナリト認ムルヲ相当トスル状況ニアリシモノト推定スヘク凡ソ如上特別事情ノ有無ヲ定メスシテ本件請求ヲ棄却シタル原審ノ認定ハ審理不盡又ハ理由不備ノ憾アルモノト云フヘク原判決ハ此点ニ於テ破毀ヲ免レサルモノトス」

判旨は、右のように判示してXの自主占有の成立を肯定しているが、どのような理由により、どの時点から占有の性質が変更したことになるのか、という点については、はなはだ漠然としたままである。B（元の所有者）の死後四〇年にわたってX等が占有して使用・収益していたのに対して、何等の紛議も生じることなく平穏裡に推移したのは、特別の事情のない限り、自他共に「所有者ナリト認ムルヲ相当」と述べるだけであって、AからXへの相続（Aの隠居による）によって、X側の占有が自主占有に転換することとなった、との趣旨は、右判旨の中には現われてはいないのである。このケースは、「一八五条の占有の性質の転換を問題とするものではない」とする四宮教授の指摘は正鵠を射た指摘であると思われる。(8)

このようにみてくると、大審院時代には、判例は、相続そのものは民法一八五条後段にいう「新権原」にはあたらない、と考えていたことがわかる。したがって、当時の判例は、中間に相続が介在した場合も、同一人が占有を継続した場合と同様にとらえている（逆にいえば、相続人固有の占有は考えに入れていない）ことになるので、相続介在型のケースも、同一人による占有継続中の問題と同じように処理していたことになる。

(2)　これに対して、最高裁の時代に入ると、判例の態度にはやや変化がみられるようになる。

【4】　最判昭和四六・一一・三〇民集二五巻八号一四三七頁

Yの弟である訴外Aは、Yから本件土地・建物の管理を委託され、建物の南半分に居住して、同建物の北半分を他に賃貸して賃料を受領していた。Aは、昭和二四年六月一五日に死亡し、以後は同人の妻であるX1と二人の子（X2・X3）が、同様の状態を継続してきた（Aの死亡後は、X1において賃料を取得。Yとしては、遺族の生活を援助するつもりであった）。この状況の下で、X1らは、本件不動産の時効取得を理由として、Yに対して所有権移転登記手続を求めた。

「以上の事実関係のもとにおいては、X1らは、Aの死亡により、本件土地建物に対する同人の占有を相続により承継したばかりでなく、新たに本件土地建物を事実上支配することによりこれに対する占有を開始したものというべく、したがって、かりにX1らに所有の意思があるとみられる場合においては、X1らは、Aの死亡後民法一八五条にいう『新権原ニ因リ』本件土地建物の自主占有をするに至ったものと解するのを相当とする。……／しかしながら、他方、原審の確定した事実によれば、$X^{1}$が前記の賃料を取得したのは、YからAが本件土地建物の管理を委託された関係もあり、同人の遺族として生活の援助を受けるという趣旨で特に許されたためであり、$X^{1}$は昭和三二年以降同三七年までYに本件家屋の南半分の家賃を支払っており、$X^{1}$らがAの死亡後本件土地建物を占有するにつき所有の意思を有していたとはいえないというのであるから、$X^{1}$らは自己の占有のみを主張しても、本件土地建物を、時効により取得することができないものといわざるをえない[9]」

右の判示の中で、最高裁は、相続が一八五条の新権原にあたるものと解しているようにも読まれうるが、判旨が、$X^{1}$らが新たに当該不動産を事実上支配するに至ったときには、このことにより、「これに対する占有を開始したものというべく」（傍点は引用者）と述べていることが注目されるのである。判旨が、一八五条の新権原に言及したことによって、あたかも問題は、継続した占有の性質の転換の問題ととらえているものとの印象を与えがちであるが、右において実質的に問題とされているのは、$X^{1}$らの下で新たに開始されることになった占有（事実上の支配[11]）が、「所有の意思」のあるものにあたるかどうか、という点である、ということができよう[10]。柳川調査官の解説で述べられているように、相続人が、「相続を契機」として目的物の現実の所持を始めたときには、そこに相続人固有の新たな占有が開始され（被相続人の占有を承継した、という側面をもあわせて考えれば、占有の二面性が肯定される[12]）、その占有（新たに開始されたもの）は、相続人独自のものであるから、改めて自主占有と評価できるものであるかどうかが問題となる、ということが右判示の中で示されているとみることができるのである（具体的な事案としては、$X^{1}$が居住している南半分の賃料をYに支払ったことがある、ということで消極に解されたが）。

【5】　最判平成八・一一・一二民集五〇巻一〇号二五九一頁

Aは、同人の五男であるBに本件土地・建物の管理を委任した。Bは、これに従って本件土地・建物につき占有・管理を開始し（昭和二九年）、一部は他に賃貸して賃料を取り立てていたが、受領した賃料は自己の生活費として費消していた。Bは、昭和三二年七月二四日に死亡し、同人の死亡後は同人の妻のX1と子のX2とが、その管理を継続した。いっぽう、Bの父親たるAは、昭和三六年二月二七日に死亡し、同人が生前に書き残したノートには本件土地・建物を「Bニ分与スルモノ」という記載がなされていたが、生前贈与の事実まではなかったものとされる。X1・X2とAの他の相続人Y1らとの間で、本件土地・建物の所有権の帰属をめぐって争いが生じ、X1らは、生前贈与もしくは時効による取得を主張した。原審は、X1らの占有は他主占有にあたる、として取得時効を認めなかったので、同人らから上告。

「被相続人の占有していた不動産につき、相続人が、被相続人の死亡により同人の占有を相続により承継しただけでなく、新たに当該不動産を事実上支配することによって占有を開始した場合において、その占有が所有の意思に基づくものであるときは、被相続人の占有が所有の意思のないものであったとしても、相続人は、独自の占有に基づく取得時効の成立を主張することができるものというべきである（最高裁昭和四四年(オ)第一二七〇号同四六年一一月三〇日第三小法廷判決・民集二五巻八号一四三七頁参照）[13]」（ただし、この場合には、相続人において、その占有が自主占有であることを証明しなければならない）。

右の判旨は、判決【4】を引用しているが、このたびの判決文中では、一八五条への言及はなされておらず、この部分が脱落していることは大変示唆的である[14]。

(3) 次に、学説の状況をみておくことにしたい。

つとに有力なある学説は、次のように説いていた。すなわち、「前主の占有と相続人固有の占有とは別物であって、第一八五条は単に『新権原ニ因リ更ニ所有ノ意思ヲ以テ占有ヲ始ムルニ非ザレバ占有ハ其性質ヲ変ゼズ』と規定するに過ぎず、相続人が別に所有の意思を以て占有を始めたるにも拘らず、其新占有までが前主の占有の瑕疵の故を以て瑕疵を帯びねばならぬ理由は少しも存在しない[15]」と。

このような主張をうけて、以後の学説は、おおむね相続人の下で自主占有が開始することによって取得時効が成立しうることを肯定する立場に立つ。ただ相続人の下での取得時効を肯認するための理論的根拠づけをどこに求めるか、という段になると、学説は種々の理解を示し、現在なお、見解の一致をみない状況にある。

(a)　一説は、その根拠を、「相続も権利取得の一権原であるから、相続人が所有の意思を以て遺産の占有を始めたときには、自己固有の自主占有を取得し、自己の占有を主張することが出来る」[16]と説く。右の説は、この叙述の前提として、相続人が、「遺産に対して事実上の支配」を及ぼしている場合を想定しているが、このことに加えて、相続は一八五条にいう新権原にあたるから、との理由づけを行っているわけである。

一般的には、相続は、一八五条の新権原にはあたらないと解する立場に立つ学説にあっても、「相続によって客観的権利関係に変更を生じたときは、新権原となると見るべき場合もあるのではなかろうか」[17]とする説明もみられる。自主占有における権原の存在へのこだわりからくるものであろう。

(b)　第二に、固有の占有を始めた相続人に取得時効が認められるのは、相続が新権原にあたるからではなくて、一八五条前段の所有の意思のあることの「表示」があったことによる、と解すべきであると説く見解がみられる[18]。他主占有で始まった占有が、同一人の下で途中から占有の性質が変更する場合と同一の法理によって相続人の自主占有を説明する見解である。被相続人から相続人へと占有の主体が変更したことに伴って、外形的事実（占有の事情）に変更が生じやすいことを考えれば、ケースによってはこれにあてはまる場合が出てきてもおかしくはないが（おそらく、多くの場合、黙示の表示）、右の説では、理論的には相続人の占有も一応他主占有を引き継いだものであることが前提となっていることに注意しておきたいと思う[19]。

(c)　第三に、別の説は、相続人の下で取得時効の進行が認められるのは、「相続が新権原であるからではなく、相続人に新たな占有が開始したからである」[20]と説く。相続人が遺産上に固有の占有を開始したときには、その占有が、所有の意思に基づく自主占有と認められるかどうかによって事柄を決しようとする立場である。

ただし、ここでの相続人の「所有の意思」の有無を、後述する現在の通説のように、占有の権原の客観的性質によってこれを決すべきものであると解した場合には、これに該当する権原とは何か、という一種の堂々めぐりに陥ってしまうおそれがある。(21) これをどのように解決すべきかが問われることになるのである。

## 三 検討

(1) ところで、現在、通説と目されている立場の学説は、自主占有における「所有ノ意思」（一六二条・一八五条等）の意義について、次のような理解に立っている。すなわち、「所有の意思とは、所有者として占有する意思であって、所有者であると信ずることではない。したがって、所有権者や所有権がないのにあると誤信する者（たとえば売買の無効を知らない買主）などだけでなく、盗人も自主占有者である」が、ただし、「所有の意思の有無は、その占有を取得する原因である事実、すなわち権原の客観的性質によって定まる。したがって、例えば永小作人は、内心どのような意思をもっていても、自主占有者ではない」(22)（傍点は原文）、と。

従来の最高裁の判例にも、右とほぼ同趣旨を判示するものが多かった。(23)

物をその所有者として支配する意思（占有者の内心の意思）のほかに、権原の客観的性質が付加されたのは、他主占有者としてその物の占有を開始した者（たとえば、賃借人、受寄者、永小作人等）が、途中から内心秘かに自己の物として支配するつもりで占有を始め、一定年月後に突然、自己に占有をなさしめた者に対して取得時効を主張することができては不都合である、との考慮によるものと思われる。そして、そのこと自体は誠にもっともなことであるので、右の学説は一定の説得力をもって支持を得、今日まで通説として維持されてきているものといえようか。

(2) しかしながら、右の心配は、一八五条自体によって排除されていることに加えて（したがって、右の心配は杞憂にとどまる）、学説が、所有の意思の要件として、権原の客観的性質ということをつけ加えたことによって、いくつかの類型における取得時効の説明が非常に苦しくなってしまったこともあわせて指摘しておかなければならない。たとえば、次のようなケースがそれである。

【6】 広島高判昭和二三・七・二一高民集一巻一号一四二頁

Xの先代Aは、Yの先代Bに対し、自己所有の土地を分筆のうえ、その一方を売り渡したが、売却済みの土地の一部をなお自己の所有する土地として占有を続けた（AとXと合わせて三八年間）。後日、YとXとの間で、所有地の範囲をめぐって紛争が生じたため、Xが、取得時効を援用した。

「民法一六二条にいわゆる所有権の取得時効の要件の一つである所有の意思を以てする占有とはものについて所有者と同様な支配をなす意思を以てする占有をいうので、必ずしも占有者が所有者であると信ずることを必要としないと解すべきであるから、仮にXにおいて本件係争土地がY所有の四一六番の二の土地の範囲に含まれていること、従ってその所有権がX先代〔A〕次でXに属していないことを知っていたとしてもX先代〔A〕及びXが本件係争土地を同条にいわゆる所有の意思で占有することはあり得ることであるから、原判示の如くXは係争土地の部分が自己の所有でないことを知っていたのであるからXは所有の意思をもって占有したものでないと即断することはできぬ筋合である。それゆえ、若しX主張の如くX先代〔A〕次でXにおいて本件係争土地を引続き三八年間以上占有した事実があるとすれば、たとえその占有の始善意無過失でなくとも時効中断の事由がない限り民法第一六二条第一項の二十年の取得時効の完成に因りXは本件係争土地の所有権を取得したものと言わねばならない。」

【7】 大判昭和一六・一二・一二新聞四七五三号九頁

Yは、自己の所有する宅地上に家屋を所有していたが、その南側屋根のひさしの真下の部分は、X所有の隣地に属するものであった。そこでXが、Yに対して突き出した屋根の部分の切り取りを請求したところ、Yは、突出部分真下の地盤の取得時効を主張した。判旨は、Yによる時効取得を認め、次のように判旨する。

「家屋ノ屋根ノ下ノ土地ハ通常家屋所有者ニ於テ之ヲ占有シ居ルモノト看ルヘキコト勿論ナリ……Yノミ該土地ヲ支配シ居リタルモノト云フヘク又其範囲モ屋根ノ下ト云フコトニヨリ確定シ得ルカ故ニ原審カ之ヲ以テ取得時効

ノ基礎タル占有ナリト做シタルコトニ付……違法アリトナスニ由ナシ」

【8】 最判昭和四七・九・八民集二六巻七号一三四八頁

昭和一五年一二月二八日にAが死亡したことにより遺産相続（当時）が開始したところ、共同相続人の一人であったB（当時戸主）は、家族であるAの死亡による相続が共同相続であることに思い至らず、自己が単独で相続したものと誤信してAの遺産である本件土地を単独で使用・収益し、昭和三〇年の初め頃、長男のXにこれを贈与して引渡した。以来Xはこれを占有している。Aのその他の相続人らも、自分達が共同相続したことに思い至らなかったため、全く関心を寄せず、BやXに対して異議を述べたことはなかった。このような状況の下で、Xが、取得時効を理由としてAの代襲相続人らに対して所有権の移転登記手続を求めた。

「共同相続人の一人が、単独に相続したものと信じて疑わず、相続開始とともに相続財産を現実に占有し、その管理、使用を専行してその収益を独占し、公租公課も自己の名でその負担において納付してきており、これについて他の相続人がなんら関心をもたず、もとより異議を述べた事実もなかったような場合には、前記相続人はその相続のときから自主占有を取得したものと解するのが相当である。叙上のような次第でBしたがってXは本件土地を自主占有してきたものというべきであり、これと同趣旨の原審の判断は相当である[24]」

以上はすべて「所有の意思」が認められて時効取得が肯定されたケースであるが、これらのケースにおける占有者の権原とは一体何であろうか。

ちなみに、ここにいう権原とは、「物を占有し、または用益する基礎である権利をいう。したがって、権原の性質とは、たとえば、占有が所有権に基づくか、賃借権に基づくか、というように、基礎である権利の性質のことである[25]」と説かれている。

では、売主が、売却した土地の一部で、本来ならば相手方に引渡すべき部分を引続き占有した、という場合の彼の権原とは何なのであろうか（判決【6】）。また、単純に境界の誤認から所有地の範囲からはみ出して隣地の一部を占有した者の占有の権原とは何か（判決【7】）。あるいは、共同相続であったにもかかわらず、単独相続と信じて疑わずに遺産全体を占有した者の権原とは何を指すのであろうか（判決【8】）。

具体的な結論としては、所有の意思が認められず、したがって取得時効が否定されたものではあるが、最高裁の判例の中で重要な位置を占める判決であると思われるので、この関連で考察しておきたいケースがある。いわゆる「お綱の譲り渡し」に関するものとして有名な判決がそれである。

【9】　最判昭和五八・三・二四民集三七巻二号一三一頁

Aの長男で、同人と同居して農業に従事していたXは、昭和三三年の元旦に父親のAからいわゆる「お綱の譲り渡し」を受けて本件各不動産の占有を取得した。「お綱の譲り渡し」とは、Aらの居住する地方（熊本県郡部）に昔から今に伝わっている慣習で、所有権を移転する面と家計の収支に関する権限を譲り渡す面とがあって、多義的要素を含んだものとされる。やがて昭和四〇年三月一日にAが死亡し、その後Xと同人以外のAの相続人（$Y_1$および$Y_2$）との間で本件各不動産の帰属をめぐって争いが生じたため、Xは、本件各不動産の所有権を①贈与によって、②そうでなければ取得時効によって取得したものと主張した。原審判決が、取得時効を認めたので、$Y_1$らから上告して争った。

「民法一八六条一項の規定は、占有者は所有の意思で占有するものと推定しており、占有者の占有が自主占有にあたらないことを理由に取得時効の成立を争う者は右占有が所有の意思のない占有にあたることについての立証責任を負うのであるが（最高裁昭和五四年(オ)第一九号同年七月三一日第三小法廷判決・裁判集民事一二七号三一七頁参照）、右の所有の意思は、占有者の内心の意思によつてではなく、占有取得の原因である権原又は占有に関する事情により外形的客観的に定められるべきものであるから（最高裁昭和四五年(オ)第三一五号同年六月一八日第一小法廷判決・裁判集民事九九号三七五頁、最高裁昭和四五年(オ)第二六五号同四七年九月八日第二小法廷判決・民集二六巻七号一三四八頁参照）、占有者がその性質上所有の意思のないものとされる権原に基づき占有を取得した事実が証明されるか、又は占有者が占有中、真の所有者であれば通常はとらない態度を示し、若しくは所有者であれば当然とるべき行動に出なかつたなど、外形的客観的にみて占有者が他人の所有権を排斥して占有する意思を有していなかつたものと解される事情が証明されるときは、占有者の内心の意思のいかんを問わず、その所有の意思を否定し、時効による所有権取得の主張を排斥しなければならないものである。しかるところ、原判決は、XはAからいわゆる『お綱の譲り渡し』により本件各不動産についての管理処分の権限を与えられるとともに右不動産の占有を取得したものであるが、Aが本件各不動産をXに贈与したものとは断定し難いというものであつて、もし右判示が積極的に贈与を否定した趣旨であるとすれば、右にいう管理処分の権限は所有権に基づく権限ではなく、Xは、A所有の本件各不動産につき、実質的にはAを家長とする一家の家計のためであるにせよ、法律的には同人のためにこれを管理処分する権限を付与されたにすぎないと解さざるをえないから、これによつてXがAから取得した本件各不動産の占有は、その原因である権原の性質からは、所有の意思のないものといわざるをえない[26]。」

判決の結論はこのようであるが、①AからXに対する不動産の引渡しが生前贈与にあたるものであればそれ以上の問題はない（Xの所有に確定）し、②Aが、Xに管理権限を与えて財産管理を託す意思であり、Xもそのように了解していたときにも格別の問題は生じない（各不動産はAの遺産として共同相続の対象となる）。そこで、③Aは、Xに財産管理を託す意思で、そのような意思を表明したつもりであったが、上記「お綱の譲り渡し」の多義性から、Xは、自分がAから生前贈与を受けたものと思い違いをして、以後、所有者のつもりで振舞った、という場合に初めて取得時効の問題が生じることになろう。判決【9】は、その場合でも、単にXの内心の意思のあり方だけではなく、外形的客観的にもそのことが認められる必要があるものとして、その判断の基準として、「占有者が占有中、真の所有者であれば通常はとらない態度を示し、若しくは所有者であれば当然とるべき行動に出なかったなど」の事情が認められた場合には、所有の意思が否定されるものと判示している。これはこれとして重要な点であると思われるが、上述の学説が問題としてきている権原の点に関しては、判旨は、証明責任との関連で、「占有者がその性質上所有の意思のないものとされる権原に基づき占有を取得した事実が証明され（た）」ときは、所有の意思が否定されるものとして扱っている。[27] 右に判旨が述べる権原とは、他主占有権原（賃借権など）のことであって、占有をして自主占有たらしめるところの積極的な権原（自主占有権原）のことを指しているのではないのである。この点は、注目に値する点であると思われる。というのは、次のような事情が認められるからである。

(3) 初期の頃の学説は、今日の通説とは違って、「所有の意思」については文字どおりに占有者の内心の意思ととらえる見方が一般的であったといえる。二、三の例をみておくことにしたい。

① 梅謙次郎博士は、「所有ノ意思トハ読テ字ノ如ク所有権ヲ行使スル意思ヲ云（フ）[28]」と述べる。

② 富井政章博士の『民法原論第一巻』[29]総論における叙述は、次のようである。

「所有ノ意思ヲ以テスルトハ自己ノ所有物トシテ占有スルコトヲ謂フ例ヘハ売買又ハ贈与ニ因リテ取得シタル所有権ノ目的物ヲ占有スル場合ノ如シ故ニ権原ノ性質上所有ノ意思ナキモノト認ムヘキ占有者（地上権者、賃借人質権者等）ハ一定ノ方法ニ依リテ其占有ノ性質ヲ変シタル後ニ非サレハ自己ノ為メ時効ニ因リテ所有権ヲ取得スルコトヲ得ス」

また、同博士の『民法原論第二巻』物権[30]では、

「自主占有トハ所有ノ意思ヲ以テスル占有即チ自己ノ所有ニ属スルモノトシテ物ヲ所持スルヲ謂フ例ヘハ甲者乙ヨリ或物ヲ買受ケテ之ヲ占有スルカ如シ但現実ニ所有権ヲ有スルコト又ハ其確信ヲ有スルコトハ之ヲ必要トセス故ニ他人ノ物ヲ盗取シタル者ト雖モ自主占有者タルコトヲ妨ケス……占有者カ所有ノ意思ヲ以テスルヤ否ヤハ其心理状態ニ依リテ決定スヘキ事実問題ニシテ其立証困難ナルコトアル為メ法律ハ所有ノ意思アルモノト推定スルコト後段ニ説明スル如シト雖モ実際ニ於テハ占有取得ノ原因ニ由リテ之ヲ認定スルコトヲ得ル場合最モ多シ例ヘハ売買又ハ窃盗ニ因リテ占有スル者ハ通常所有ノ意思ヲ以テスルモノト謂フヘク又賃貸借又ハ質契約ニ因リテ占有スル者ハ賃借人又ハ質権者トシテ占有スル限定意思ヲ有スルモノト解スヘキカ如シ……故ニ民法ニ於テハ此等ノ他主占有者ハ之ヲ『権原ノ性質上所有ノ意思ナキモノトスル占有者』ト曰ヘリ（一八五条）即チ占有取得ノ原因ニ由リテ右ノ両

者ヲ識別スルコトヲ得ルモノト見タルナリ」（傍点等は原文）と述べられている。

③　岡松参太郎博士は、次のように述べる。すなわち、所有の意思をもってする占有（自主占有）とは、「自ラ占有物ヲ所有スルノ意思則チ全ク他人ノ権利ヲ排斥スルノ意思ヲ以テスル占有ナリ……而シテ（1）適法ニ所有者トナリタルヤ否ヤ（2）自ラ所有者ナリト信スルヤ否ヤヲ問ハス単ニ所有セント欲スルノ意思アレハ足ル、例之所有者、買主（真ニ所有権ヲ得タルヤ否ヤヲ問ハズ）盗賊ノ占有」、所有の意思のない占有（容仮占有）とは、「自ラ占有物ヲ所有スルノ意思ナク単ニ自己ノ利益ノ為ニスルノ意思アル占有ナリ換言セバ他人ノ所有物タルコトヲ認ムルモ然モ亦自己ノ権利ニ基ツキ所持スル場合ナリ、例之地上権者、永小作権者、留置権者、質権者、使用借主、賃借人、受寄者、遺失物発見者」[31]をいう、と。

④　やや下っては、鳩山秀夫教授も、同じ立場に立って次のように述べる。すなわち、「所有ノ意思ヲ以テスル占有トハ物ニ付テ所有者ト同様ナル支配ヲ為スノ意思ヲ以テスル占有ヲ云フ。必ズシモ所有者ナリト信ズルコトヲ必要トセザルハ悪意ノ占有者モ又所有ノ意思ヲ有スルコトアルニ依リテ明ナリ。又必ズシモ所有権ヲ取得セントスル意思ヲ要セズ。唯事実上所有者ト同様ナル支配即チ他人ヲ排シテ物ニ付テ一般的支配ヲ為ス意思ヲ有スルヲ以テ足ル」[32]と。

⑤　石田文次郎教授が、「自主占有に於ける所有の意思とは、所有者が為し得ると同一の支配を為さんとする意思であり、所有者の如く（als ihm gehörend）支配する意思である」[33]と説くのも同じ流れに属するものである。

(4)　これらの学説に接して感じられることは、はじめ学説は、所有の意思については、文字どおりにこれを所有者として振舞う意思そのものと解するところから出発したが、はたしてある物の占有者がそのような意思を有しているものであるかどうかは、他者から見た場合には外部に現われた彼の容態——所有者なりとの外見[34]——から判断するほかないものであるところ、所有の意思は、売買契約の存在など、彼の権原によって積極的に認定できるときもあるが[35]、そうでない場合もありうるところ、反対に、他人の所有物であることを前提とした権原（他主占有権原）に基づいて占有している場合は、類型的に所有の意思の認められない場合として、はじめからこれを除外して扱ってよい、としたものではないであろうか。つまり、他主占有権原による占有は、権原の性質上、類型的にこれを除外例とする、ということだったように思われるのである。それがある段階から、学説によって、客観的な権原の存在が自主占有の積極的な要件としてとり込まれるようになり、現在の通説が形づくられていったのではないか、私見としてはこのように推察する。[36]

かくして、通説が、権原の客観的性質を自主占有の積極的要件としてとり込んだことによって、今度は逆に、前出の判例にみられるようないくつかの類型（本来、権原によってはカヴァーし切れなかったもの）について、その場合の権原とは何か、という点の説明に苦しむ事態が生じているのではあるまいか。

占有者の内心のあり方だけで取得時効を認めてよいか、という段になると、恐らく誰しもそれは不適当である、と答えることになろう。そこでこれをどうするか、ということであるが、前稿では、私見の試論として、次のように述べた。すなわち、「このようにみてくると、まず順序としては、占有者の意思いかん（所有者として振舞うつもりであったかどうか）が問題であって、それが外部に現われて、かくかくの事情として顕現している、というふうにみてゆくべきものではあるまいか。／そこで、現在、筆者の念頭にある考えをまとめると、こうである。すなわち、『占有者が、その物の所有者として振舞う意思をもって行動していることが外部的にも明らかなこと』という基準を立ててはどうであろうか」[37]と。

本稿では、これでよいかを検証し直したつもりであるが、この結論をこのまま維持できるものと思う。

(5)　本題にもどろう。

相続は、被相続人の有した権利・義務がそのまま相続人に承継されてゆくことを建前とする制度である以上は、相続そのものが、相続人に新たな権原を付与することは考えられないところである。したがって、被相続人の占有が他主占有である場合には、相続人が相続によって承継する占有権は、やはり他主占有としてのそれであるといわざるを得ないであろう。[38]於保教授も、「相続人が相続によって当然に承継する占有並びに占有権は、被相続人が有していたものと同一のものである」[(39)]と明言されるところであり、この点は、大方の承認を得られるところであろうかと思われる。

ただ、長期間にわたって占有が継続している間に、四囲の状況から従来の権利関係があいまいになってゆき、そのような状況の下で、相続人が、問題の不動産等を相続財産の一部と誤信して現実の占有を開始する、ということはありうることであろう。こうした場合に、相続人固有の占有が成立しうることは、これまた一般に学説の承認するところである。[(40)]柳川俊一調査官の表現を借用していうと、[(41)]これは、相続が「契機」となって、相続人自身が開始した「固有の占有」であって、相続によって何らかの権原が付与されたことによるものではない。したがって、ここでの問題は、通説のいう自主占有における「権原」の問題でも、継続した他主占有が途中から自主占有に転換する際の「新権原」（一八五条）の問題でもなくて、相続人自身が、独自に始めた、新たな占有が、自主占有と評価するに足りる占有であるかどうかの問題である、と解すべきことになろう。最高裁は、前出判決【4】までは相続人の「新権原」にこだわりをみせていたが、実質的には、新しく現実に相続人の下で開始された、前主（被相続人）の下での占有とは態様を異にするところの固有の占有を、取得時効を認める理由としていたのである。判決【5】では「新権原」（一八五条）への言及はみられず、説明方法としてはよほどすっきりとしたものとなっている。

つとに鳩山教授は、「占有権といふ権利は占有といふ事実の存するときは常に成立するものであって其成立せんが為めに特に権原なるものを要せざるもの」[(42)]と説いている。相続人の開始した占有が、自主占有であるかどうかを決する際にだけ、とりたてて何らかの権原に基づくものであるかどうかを穿鑿する必要はないものといえるのではあるまいか。

## 四　まとめ

本稿の結論をいま一度要約するところである。

通説は、自主占有における「所有の意思」が成立するためには、所有者として占有する意思のほかに客観的な権原が存することを要するものとする。この際に、客観的な権原は、「占有を取得する原因である事実」ともいいかえられている。こうした表現方法を受けて、通説的立場では、①占有取得原因（すなわち客観的な権原）と、②所有の意思を表象する外部的事実とは、同義のものとしてこれを等置する傾向もみられた。一例をあげれば、「占有取得原因は所有の意思を表象する外部的事実と捉えられている」(43)との叙述がそのことを示している。

これに対して本稿は、権原の存在は、自主占有を基礎づけるための積極的な要件をなすものではない、と解する。したがって、右の①は不要であり、②において占有者の所有の意思（主観的意思）が現われていればよい、と解する。権原の点に関しては、①とは反対に、占有を他主占有と性格づける権原（他主占有権原）の存することが、自主占有の成立を妨げる事由となる、というふうに解するものである。

近時の最高裁が、「所有の意思」の証明責任の問題との関連で、右の①と②とを区別して論じ始めていることは、本稿の立場からすれば歓迎すべきことといえる（判決【5】ならびに判決【9】参照）。

私見としては、権原に由来しない（つまり、無権原型の）自主占有もありうることを率直に承認すべきではないか、と考えるものである。

（1）　近時の裁判例として、最判平成六・九・一三判時一五一三号九九頁。その評釈・研究等として、判評四四一号（判時一五四〇号）一八一頁（宇佐見大司）、民商一一四巻三号五三四頁（金山直樹）、NBL五八五号五九頁（難波孝一）。ほかに、大阪地判昭和四七・一一・三〇判時七一五号八八頁、東京地判昭和五四・四・二七判タ三九二号一〇八頁など。

（2） 最判昭和五一・一二・二判時八四一号三二頁、最判昭和五二・三・三民集三一巻二号一五七頁は、新権原による自主占有を認めた例。ほかに、山形地判昭和四〇・八・三一判タ一八一号一七二頁、広島地判昭和四九・八・二七ジュリ五八〇号三頁（ジュリストカード四二）、東京高判昭和五六・六・一〇判タ四五一号九一頁など。
（3） 後出注(18)に引用の各文献参照。
（4） 舟橋諄一『物権法』（法律学全集一八、昭和五〇）。ほぼ同旨、四宮和夫「判批」法協九一巻一号一八八頁。
（5） 本件についての評釈として、『判民昭和六年度七八事件』（末弘厳太郎）。
（6） ここに引用された二つの判決（大判大正四・六・二三民録二一輯一〇〇五頁ならびに大判大正六・二・二八民録二三輯三二二頁）は、ともに占有の瑕疵（悪意・有過失）の承継に関するものである。
（7） 四宮和夫「判批」法協九一巻一号一九二頁参照。
（8） 四宮・同右一九二頁。
（9） 本件の評釈・解説等として、法協九一巻一号一八八頁（四宮和夫）、民商六七巻二号一四二頁（有地亨）、判タ二七七号五六頁（中川淳）、家族法判例百選（新版・増補）三二四頁（新田敏）、石田喜久夫・湯浅道男編『判例演習民法2〈物権法〉』（平五）一一一頁（大島俊之）、最判解説（民）昭和四六年度四二事件（柳川俊一）。
（10） この点の評価については、下村正明「占有の性質判定に関する一考察（一）」民商一一六巻六号（平九）八三八頁以下、八六三頁注（二三）参照。
（11） 柳川・前掲注(9)三九九頁。
（12） 鈴木禄彌「占有権の相続」『家族法大系Ⅵ相続（Ⅰ）』（昭四〇）九四頁以下、一〇五〜一〇六頁参照。
（13） 本件についての解説等として、法曹時報五一巻一号二七八頁（三村量一）、ジュリスト一一一三号（平成八年度重要判解）六一頁（本田純一）、法学教室一九九号一四六頁（門広乃里子）、みんけん（民事研修）四七八号三一頁（本田晃）。
（14） なお、札幌高判昭和四三・三・五高民集二一巻二号一六〇頁も参照。
（15） 末弘厳太郎『判民昭和六年度七八事件』三二七頁。
（16） 石田文次郎『全訂改版物権法論』（昭二〇）二八五頁。

(17) 我妻栄＝有泉亨補訂『新訂物権法』(昭五八) 四七三頁。林良平「占有権の相続」『現代家族法大系4』(昭五五) 二三四頁以下、二五四頁(『林良平著作集Ⅰ』所収) も、一般的には相続は新権原にはあたらないが、「所有の意思が客観的・外形的に認識しうる状態にあること」という条件下では、相続も新権原たりうる、と説く。

(18) 相続人による「所有の意思の表示」による占有の性質の変更を説く説として、門広乃里子「占有権の相続と取得時効」帝京法学一九巻一号(平六) 九七頁以下、一二八頁、田中整爾『自主占有』〈叢書民法総合判例研究⑨〉(昭五九) 一二四頁、同『占有論の研究』(昭五〇) 一八八頁、有地亨「判批」民商六七巻二号三一七頁、金山正信「判批」民商六八巻四号六四四頁、新田敏・別冊ジュリスト四〇号家族法判例百選(新版・増補) (昭五〇) 三二五頁、大島・前掲注(9)一一九頁、中川善之助＝泉久雄『相続法〔第三版〕』(昭六三) 一七六頁、高木多喜男「相続人の占有」民商四六巻二号(昭三七年) 一八九頁以下、二一四頁、石田穣『民法総則』(平四) 五九九頁。

(19) 相続の瞬間に間髪を入れずに表示が済んだことになるとは考えにくいし、そもそも引き継いだ占有が他主占有にあたらないのであれば、性質の変更のための「所有ノ意思」の表示は要求されないはずだからである。

(20) 柚木馨＝高木多喜男補訂『判例物権法総論』(昭四七) 三三九頁。同旨、於保不二雄『物権法(上)』(昭四一) 一七七頁、一八六頁、松坂佐一『民法提要物権法〔第四版・増訂〕』(平二) 一一五頁、舟橋諄一『物権法』(昭五〇) 二九六頁。

(21) 藤原弘道「相続と取得時効」判タ八六四号(平七) 七頁以下・一三頁が、「循環論」というのに同じ。

(22) 以上、我妻＝有泉・前掲注(17)四七一頁。この立場が、現在の圧倒的な通説をなしている。すなわち、舟橋・前掲注(20)二九五頁、柚木＝高木・前掲注(20)三三七頁、於保・前掲注(20)一七六頁、松坂・前掲注(20)一一四頁、末弘厳太郎『物権法(上巻)』(昭三五) 一六一～一六二頁、末川博『物権法』(昭四〇) 一九三頁、小池隆一『日本物権法論』(昭一四) 七四頁、林良平『物権法』(昭二九) 一五六頁、薬師寺志光『日本物権法新講』(昭三七) 二五〇頁、稲本洋之助『民法Ⅱ(物権)』(昭五八) 二一七頁、川井健『民法概論1民法総則』(平七) 四〇〇頁、同『民法概論2物権』(平九) 一三三頁、今泉孝太郎『物権法論』(昭四三) 五九～六〇頁、槇悌次『物権法概論』(昭五九) 一四五頁など。

(23) 最判昭和四五・六・一八判時六〇〇号八三頁、最判昭和四五・一〇・二九判時六一二号五二頁、最判昭和五六・一・

二七判時一〇〇〇号八三頁など。なお、以上の点については、拙稿「自主占有における『所有の意思』について」みんけん（民事研修）四九四号（平一〇）一四頁以下をあわせて参照していただければ幸いである。

(24) 本件についての評釈・解説として、民商六八巻四号六三二頁（金山正信）、法協九〇巻一一号一五〇四頁（川井健）、判例評論一七三号（判時七〇三号）一三八頁（金山正信）、最判解説（民）昭和四七年度七五事件（輪湖公寛）。なお、共同相続人の占有につき自主占有にあたらないとしたケースとして、東京高決昭和四二・四・一二家月一九巻一一号八三頁、大阪高判昭和五三・一・三一判時九〇六号五一頁、最判昭和五四・四・一七判時九二九号六七頁。

(25) 我妻栄＝有泉亨著・清水誠補訂『コンメンタール物権法〔新版〕』（平九）八六頁。

(26) 本件についての評釈・解説等として、最判解説（民）昭和五八年六事件（浅生重機）、ジュリスト七九八号一〇五頁（同）、季刊民事法五号一九〇頁（同）、民商九〇巻五号七二二頁（有地亨・生野正剛）、判タ五一四号一七七頁（本田純一）、金商六九四号五三頁（田尾桃二）、ジュリスト八一五号・昭和五八年度重要判解五九頁（田中整爾）、判評三〇一号（判時一一〇一号）一八七頁（小山昇）。

(27) その後の判例として、最判平成七・一二・一五民集四九巻一〇号三〇八八頁ならびに判決【5】。ともに、自主占有の成立を妨げる他主占有権原または他主占有事情について判示している。

(28) 梅謙次郎『訂正増補民法要義巻之一総則編』（明四三、昭五九年復刻版）四〇七頁。

(29) 大正一一年刊、昭和六〇年復刻版六六七～六六八頁。

(30) 大正一二年刊、昭和六〇年復刻版六三二～六三三頁。

(31) 岡松参太郎『註釈民法理由中巻』（明三〇）三三二頁。なお、同『民法総則全』（発行年不詳）四四九～四五〇頁、同『註釈民法理由上巻』（明二九）四一二頁・四一三頁も同旨。ほかに参照することができた、川名兼四郎『日本民法総則』（大七、訂正七版）三〇一頁、中島弘道『民法総則物権法』（昭六、訂正第四版）二〇七頁、曄道文芸『日本民法要論一巻緒論総則』（大一四、六版）五三七頁も、主観的意思説をとっている。

(32) 鳩山秀夫『増訂改版日本民法総論』（昭一二）六一八～六一九頁。同『法律行為乃至時効』（大八）六七〇～六七一頁も同旨。

(33) 石田文次郎『全訂改版物権法論』（昭二〇）二五九頁、同『物権法論』（昭一〇、三版）二六九頁。遊佐慶夫『新訂民法概論（物権篇）』（昭一四、第一一版）九六〜九七頁、沼義雄『物権法』（総合日本民法論別巻第二）（昭一七、再版）一一二頁も同旨。最近の学説としては、宗宮信次・池田浩一『物権法論（新版）』（昭四四）六七頁、石田穣『民法総則』（平四）五九八頁。

(34) 川名・前掲注(31)三〇一頁。

(35) しかし、考えてみれば売買契約があった場合にも、買主が誤信して売買の対象外の土地や隣地にまではみ出して占有したときにも権原による占有が成り立つ、というのもおかしな話ではあるまいか。彼にその部分を占有するいかなる権原があるのであろうか。判例は、こうした類型についても取得時効を認めている（最判昭和四六・一一・二五判時六五五号二六頁、最判昭和五二・三・三一判時八五五号五七頁）。

(36) これを論証できるだけの資料は現在、手許に有していないが、末弘厳太郎『物権法上巻』（大一五、一二版）二一七頁→我妻説という線で受け継がれていったのではないか、という推測が念頭をかすめる。末弘教授は、次のように述べる。「所有の意思とは、所有者が為し得ると同一の支配を事実上行ひ他に自己よりも強力な権利者あることを認むるを欲せざる意思を謂ふ。法律上かかる支配を為し得るとの確信……は不必要である。故に盗賊も亦自主占有を有する。／所有の意思の存否は当該の占有を開始せしめた原因事実（占有の権原）に依って定まる（一八五条）。例へば買主、盗人等は常は〔に？〕所有の意思を有し、賃借人、受寄者、質権者は常に之を有せぬ」と。これに対して、我妻栄『民法総則』（四、完）（現代法学全集第四巻、昭三）一一八頁では、「『所有ノ意思ヲ以テ』する占有即ち自主占有」とは、「所有者と同様の支配をすることである」とするにとどまっているが、同『物権法（民法講義II）』（昭一五、第一一刷。それ以前のものは参照できなかった）三〇九頁では、「所有の意思とは所有者として占有する意思であって所有者なりと信ずることではない。従って所有権者・所有権なきにありと誤信する者（例えば売買の無効を知らざる買主）のみならず盗人も自主占有者である。……／所有の意思の有無は、……占有取得の原因なる事実即ち権原の客観的性質によって定まる」との叙述に変わっている。

(37) 拙稿・前掲注(23)みんけん四九四号二〇頁。

(38) 門広乃里子・法学教室一九九号一四七頁。

(39) 於保不二雄『物権法（上）』（昭四一）一八六頁。

（40）　鈴木禄彌「占有権の相続」『家族法大系Ⅵ相続（Ⅰ）』（昭四〇）九四頁以下・一〇五頁、於保・前掲注(39)一八六～一八七頁、林・前掲注(17)二四九～二五〇頁、田中整爾「占有権の取得」『総合判例研究叢書民法(24)』（昭四二）一三三頁など。ただし、反対、大島・前掲注(9)一一九頁。
（41）　柳川俊一『最判解説（民）昭和四六年度四二事件』三九九頁。
（42）　鳩山秀夫『民法研究第二巻（物権）』（昭五）一六三頁。
（43）　有地亨＝生野正剛「判批」判決【9】）民商九〇巻五号七二二頁以下、七二九頁における表現。

# 22

# 取り消し得べき行為の取消・追認
## ――法定代理人を題材として――

尾島茂樹



## 一　はじめに

民法一二〇条は、取り消し得べき行為を「無能力者若クハ瑕疵アル意思表示ヲ為シタル者、其代理人又ハ承継人ニ限リ」取り消し得ると規定し、民法一二二条は「第百二十条ニ掲ケタル者」が追認することができると規定する。これらの条文によれば、法定代理人が取り消すことができ、追認することができるのは当然であるが、それから派生する問題は、現在のところ、詳細に議論されているようには思われない。このことは、そもそも従来の民法学が取消・追認についてあまり深く検討することなく、条文の注釈的・説明的な記述に甘んじてきたことに起因するように思われる。そして、取消・追認に関する実際的問題は、とくに法定代理人が行う場合において顕著に生ずるけれども、多くの記述は、無能力者・瑕疵ある意思表示をした者が取消・追認を行う場合を念頭におき、法定代理人が行う場合に触れても関連する条文の文言の説明程度にとどめている。もちろん、取消・追認に関し一部の個別的問題、すなわち、取り消し得べき主体（保佐人が取り消し得るか、保証人が取り消し得るか）[1]、取消の効果（取消権行使の結果生ずる返還義務の範囲）、取消権の行使期間の法的性質（消滅時効期間か、除斥期間か）[2]などは、かなり詳細に論じられてはいるが、なお、取消・追認をとりまく残された問題があるように思う。

他方、近時、高齢社会に伴ういわゆる成年後見の必要から、民法改正のための法律案が示されるに至っている。[3]そこでは、従来の禁治産、準禁治産に代わる制度の構築が示されており、新たな「行為無能力者」に関する新たな同意権・取消権・代理権のあり方を規定している。しかしながら、本稿はこれらを検討するものではなく、従来の法制度のもとで、いかなる議論がなされてきており、いかなる問題点が残されており、いかなる処理が望ましいのかを検討することを目的とする。もちろん、新たな立法により従来の問題点、あるいは議論に終止符が打たれることもあるが、新たな立法は従来の問題点・議論を踏まえたものでなければならないから、本稿のような検討にも一定の意義があると考えた。そこで、本稿では、とくに法定代理人が行う取消・追認を取り上げ[4]、従来の取消・追認の議論において欠けていた視点を提示するとともに、問題点に対する一定の処理を提示しようと思う。

## 二　取消権と法定代理人

### 1　問題の所在

法定代理人は、従来、異論なく「取消をなし得る者」とされてきた（民法一二〇条）。しかし、法定代理人が取消をする場合、その固有の取消権の行使なのか（以下、「固有取消権説」という）、無能力者本人の取消権を代わって行使するのか（以下、「代理行使説」という）[5]は、問題とされてよい。この問題、すなわち「取消権の性格論一般は、あまり実益がない(6)」とされるが、つづいて「問題は、取消権の時効、一方が取消や追認をしたときの他方の追認権や取消権の運命いかん、といった具体的な場での解釈論をつめてゆくことであろう(7)」とされ、具体的問題につながる側面を持つ。ここでの検討は、以下につづく「追認」「法定追認」「取消権の消滅時効」を検討する上での準備作業となる。ここでの問題が、以下の個別問題の説明の妥当性に関連するのである（以上のような問題関心から、本稿では、「取消権を有する」ことと、「その者の意思表示により取り消し得る」ことを明確に区別する(8)）。

## 2　従来の議論

民法起草者は、旧民法人事編七二条・七三条、財産編三一九条、その他、外国法の条文を参照条文として、民法一二〇条（起草時、一二二条）を起草した(9)。旧民法財産編三一九条一項は「……銷除訴権ハ無能力者又ハ瑕疵アル承諾ヲ与ヘタル者ノミニ属ス」と規定する。この条文は法定代理人には触れていない（旧民法人事編七二条・七三条は妻の無能力に関する規定である）。法定代理人による銷除権の行使は旧民法財産編五四四条において触れられており、「無能力者又ハ錯誤ニ因リテ承諾ヲ与ヘタル人又ハ強暴若クハ詐欺ニ因リテ承諾ヲ獲ラレタル人ノ約シタル義務ハ五箇年ノ間ハ或ハ其人又ハ其代人ノ請求ニ因リ或ハ履行ノ訴ニ対シ此等ノ者ヨリ為シタル抗弁ニ因リテ裁判上之ヲ銷除スルコトヲ得」と規定する。旧民法財産編五四四条は、法典調査会における参照条文としては、民法一二六条（起草時、一二七条）で掲げられる。起草者の意識としては、この条文は、権利行使者を定めるというより、五年間行使し得るという方に重点を置いていたのだろう。

法典調査会では、民法一二〇条に関し「其代理人」についても少し議論がなされている(10)。すなわち、横田國臣が、「代理人」には法定代理人も入るだろうが、法定代理人が取り消し得るのはあたりまえであり、承継人の代理人も当然に取り消し得るのだから、「代理人」を「承継人」の後に置くべきだとしたのに答え、梅謙次郎は、①「代理人」は主として「法定ノ代理人」を指したつもりだが、そう書くと他の代理人が入らないので、ただ「代理人」とした、

②「承継人」は通常は能力者であり、一般原則に従い自分で権利行使させることができるが、この条文はもともと無能力者に関連する条文であり、無能力者には多くの場合法定代理人がついているから、このように書いた、③実際はこのように書いた方が疑いが起こることがなく、法定代理人と書くとかえって疑いが起こる、と説明した。[11]

横田の意見が暗黙の前提としたことも含め、梅の返答から、先に設定した課題との関係で以下のことが読み取れる。すなわち、「代理人」には、法定代理人、任意代理人を含み、おそらくは代理人は代理権の効果として取り消し得ると考えていたことである。そして、この議論では、梅が「固有取消権説」に立つのか、「代理行使説」に立つのかは明示されていないが、私には、横田の意見も含め、会議では「代理行使説」を当然の前提としたように読める。[12]

学説は、当初、法定代理人は本人の取消権を本人に代わって行使するのであって、固有の取消権を有するものではないとする者がほとんどであった。[13]この考え方は、民法一二〇条に「代理人」が掲げられている理由を、取消権者が限定的に列挙されているので、疑義を防ぐ趣旨であるとか、[14]取消の意思表示に代理を許す旨を注意する老婆心的規定[15]とか、さらには、むしろ無用の規定[16]と説明する。

これに対し、一部に古くから法定代理人の取消権が固有の取消権であるという見解も存在している。[17]

その後、「代理行使説」を明示するものもみられるが、[18]現在に至るまで多くのものは、（紙幅の関係もあろうが）民法一二〇条の説明の中で「取消権者」として法定代理人を掲げるか、あるいは「代理人」に法定代理人が含まれるとする程度の記述にとどまり、[19]問題の所在自体が十分に意識されていたかは疑わしい。[20]

このような中で、無能力者制度における同意権・取消権・追認権を財産管理権という観点から構成する見解があらわれた。[21]この見解によれば、法定代理人は法定管理制度として無能力者の財産管理権を有し、[22]法定代理人が取り消し得るのは、財産管理権の行使であるから、法定代理人は固有の取消権を有することになる[23]（同意、追認も同様）。そして、その後、教科書・体系書でもこの問題が意識されるようになり、[24]「固有取消権説」を主張するものがかなり増加している。[25]その理由とするところは、取消権の根拠を法定代理権ではなく同意権に求めることとの一貫性、[26]あるいは

①任意代理人が表意者に代わって取消権・追認権を行使し得るのは当然である、②無能力者が単独で追認できない間にも法定代理人は追認権を有し、その結果、本人の取消権と法定代理人の取消権は、時効の開始時点を異にすることになり、このことは、民法自体、法定代理人が固有の取消権・追認権をを有すると考えていたことを示している、③そもそも無能力者の法定代理人の取消権・追認権は、特殊な財産管理権の効果である[27]、あるいは法定代理人は本人の意思に反してでも取消をなし得るというべきだから、固有取消権説の方が素直ではなかろうか[28]という点にある。

### 3 判決例

この問題を直接検討、あるいは傍論で触れる判決は、私が調べた限りみあたらない[29]。

### 4 小括

以上の検討をここでまとめておく。

まず、「代理行使説」については、おそらく、民法起草者はこの立場を当然の前提とし、その後、しばらく学説がこの立場を疑わなかったことが重要な根拠となろう。すなわち、当然のことだから、議論の対象にもならなかったという評価が可能である。これに対し、「固有取消権説」については、①取消権・追認権は代理権の効果でなく同意権の効果であること、②無能力者が追認できない間にも法定代理人は追認できること、③②の結果、時効の起算点を異にすること、④法定代理人は無能力者の財産管理権を有すること、⑤無能力者の意思に反した取消も可能であること、が根拠となる。しかし、これらに対しては、それぞれ、①問をもって問に答えているに等しい（代理権の効果でないから、代理行使説は成り立たないということに帰結する）、②無能力者の取消権は潜在的に発生しており、無能力者単独で行使できないに過ぎず、それを法定代理人は代理行使し得、追認もそれに伴うと考えることが可能、③一つの取消権につき異なる時効の起算点が定められたに過ぎないと考えることが可能、④財産管理権が代理権、場合によっては同意権の効果と考えれば、法定代理人の取消権は固有のものとはならない、⑤法定代理では、必ずしも無能力者の意思に沿う行為のみが前提とされるわけではない、という反論が可能であろう。

いずれにしても、法定代理人がその意思表示により無能力者の行為を取り消し得ることには異論がなく、以上の議論は、たぶんに概念上の対立であり、直接はあまり実益のある議論とは思われない。本稿ではこれらの記述は以下の検討のための準備と位置づけているから、以下の具体的問題を処理する際、妥当な結論との関係で、いずれの説明が妥当かという観点で考えれば足りるものと思われる。

## 三　追認と法定代理人

### 1　問題の所在

追認の有効要件を論じる際、通常は、本人が追認することを前提とし、法定代理人が追認する場合については、民法一二四条三項に触れられるのがせいぜいであった。ここでは、法定代理人が追認することを想定し、その要件につき検討する。

### 2　従来の議論

法典調査会では、当初の案（起草時一二五条）に民法一二四条三項に相当する規定がなかったので、土方寧から法定代理人が追認する場合について質問が出た(30)。この返答の中で梅は、この条文は主として本人が追認する場合を想像して書いたのだが、法定代理人が追認するのであれば、「直クカラテモ」（「行為後、直ちに」という意味であろう）できる、とし、結局、民法一二四条一項を法定代理人に適用しないよう修正を提案し、可決された(31)。また、土方が、民法一二四条二項につき、禁治産者が回復して後に知らないで追認するということはないから、追認する時に知っていることは自然に含まれており、民法一二六条（起草時、一二七条）との関係で必要であるのかと質問したのに答え、梅は、民法一二五条（起草時、一二六条）、一二六条（起草時、一二七条）との関係でここにあった方が都合がよい、と答え、これ以上の議論はなされなかった。

民法一二四条二項に関しては、旧民法財産編五四五条二項を引き継いでいるものと思われる。[32] その条文は、「……禁治産者ノ合意ニ付テハ右時効ハ其者カ能力ヲ復シタル後其承諾シタル行為ノ通知ヲ受ケ又ハ其行為ヲ了知シタル時ヨリ進行ス」と規定する。この規定では「行為ノ通知ヲ受ケ」ることと「行為ヲ了知」することを並列に扱っており、民法一二四条二項に引き継がれた「行為ヲ了知」することも同様だとすれば、「了知」の内容は《行為をなしたこと》であることになる。先の法典調査会での議論は、これを前提としているように思われる。

以上から、起草段階では、法定代理人は取り消し得べき行為後、直ちに追認できる、また禁治産者の「了知」する内容は《行為をなしたこと》である、とされていたことが読み取れよう。[33]

通説は、取り消し得べき行為の追認の要件として、①取り消し得る者が、②追認をなし得る時期に、③その行為が取り消し得るものであることを知ってなすこと、を掲げる。[34] ①では、民法一二〇条に掲げられた者が該当し、②では、民法一二四条が具体的要件となる。[35] また、③の要件は、追認が取消権の放棄とされていることからの論理的帰結であると説明される。[36] 通説によれば、法定代理人が追認をなす場合、①に該当し、②の時期には制限がないとされているので、③の要件を満たせば、追認が有効となる。[37]

ところで、ここで注目したいのが、民法一二四条二項である。この規定によると、禁治産者が能力を回復した後、「行為ヲ了知シタルトキハ其了知シタル後ニ非サレハ」追認できないとされている。ここでの了知の内容につき、通説は、《取り消し得べきこと》を了知すると解し、[38] 民法一二四条二項を当然のことを定めた規定としつつ③の要件の条文上の根拠とするものも多い。[39] その中で、この問題を明確に意識するものは、《特定の法律行為を認識すること》は《追認する法律行為について認識があること》の内容を構成しているから、別個独立の成立要件とする意味に乏しいので、「了知」とは、《取り消し得ることの認識》でなければならないと説明する。[40] しかし、先に述べたように、立法過程の議論では了知の内容は《行為の存在》(あるいは、《行為をなしたこと》) が念頭におかれており、追認の要件それ自体としては無意味であることが自覚されていた。[41]

### 3　判　決　例

判例[42]は、追認を取消権の放棄だとし、①取り消し得べきことを知り、かつ②取消権を放棄する意思があることを要するとする。そして、傍論では、能力者となった後、取り消し得べき行為を確認すること、と説明するものがある。[43] また、下級審では、数個の無能力の原因がある場合、全部の情況が止むのでなければ追認することができないとするものがある。[44]

### 4　若干の検討と私見の提示

通説の掲げる要件、すなわち、①取り消し得る者が、②追認をなし得る時期に、③その行為が取り消し得るものであることを知ってなすこと、のうち、①については、法定代理人が追認をなし得ることは問題ない。②については、まず、民法一二四条一項二項が、一般的には「追認の要件」を定めた規定とされているにもかかわらず、実は「追認をなし得る時期」を定めた規定に過ぎないことをもう一度確認しなければならない。そして、これが「時期」を定める規定でありながら主観的事情と客観的事情の両者に関係するものであることが複雑さを増幅している。すなわち、一項のうち、無能力者については能力回復という客観的事情により (成年に達した、(準) 禁治産宣告が取り消された)、他方、瑕疵ある意思表示をした者については主観的事情により (詐欺に気づいた、強迫から脱した)、「取消ノ原因タル情況」が止む。そして、二項では、禁治産者が追認をなすには《行為の存在》を了知することが要件となる。先の法典調査会の議論にあるとおり、たしかに、追認するという限りにおいてこの要件は意味を持たない。なぜならば、取り消し得べき行為の取消権を放棄するとしようが（通説）、取り消し得べき行為を有効に確定するとしようが（反対説）、特定の取り消し得べき行為を前提とする意思表示が追認となるからである。立法過程での説明の通り、二項は、法定追認と取消権の消滅時効について意味があるのみである。

先にみたとおり、民法一二四条は、無能力者・瑕疵ある意思表示をした者本人が追認をなす場合を念頭に起草された。その中で、自分が行為をなしたことすら記憶にない者として禁治産者が考えられ、おもにこの場合の法定追認、取消権の消滅時効との関係で二項が設けられた。そこでは、自己の行為が取り消し得るとか、取り消し得ないとかいった法的認識が問題とされているのではなく、あくまで、事実として行為の存在を認識しているかが問題とされている。この中に法的認識をあえて読み込む必要もない。

そうだとすると、そもそも自分の知らないところで無能力者が法律行為をなした場合における法定代理人は、自分のなした行為の記憶がない禁治産者と状況は同じではないか。たしかに、二項の要件は、実際上、追認をなすときには意味がないから（③の要件に包含される）、従来、議論の必要がなかったのだともいえよう(45)が、法定代理人についても、禁治産者と同様に、法定追認、取消権の消滅時効の場面で意味を持つといえるのではないだろうか。すなわち、法定代理人は、無能力者の事情（無能力状態という事情、詐欺・強迫にあっているという事情）との関係では行為後直ちに追認できるが、法定代理人自身の事情との関係では、禁治産者と同じ次元で、行為の存在を了知したうえで追認をなすことができるのである。すなわち、民法一二四条三項は、二項との関連では、法定代理人が追認をなす場合、禁治産者が行為を了知している必要はない旨を定めた趣旨と解され、法定代理人自身が行為の存在を了知していることは当然の前提としていると解される。

以上、民法一二四条一項二項に定められる要件を、純粋に「時期」の問題に特化したうえで、取り消し得べき行為の追認の「形式的要件」と呼ぶことにする。

他方、③の要件に関連して次のことがいえる。追認を取消権の放棄とするにせよ（通説）、有効に確定する行為とするにせよ（反対説）、追認するためには、不確定な効果の法律行為を有効に確定させる意思が必要である。これを通説は、《取り消し得べきことを知ってなすこと》と表現し、反対説は、《取消原因の存在を認容し、有効を是認すること》[46]という。この要件は、民法の条文上に明示される要件ではなく、追認の法的性質から演繹的に導かれる要件である。いずれにしても、この限りにおいて、追認の要件として、取消権の発生、消滅という法律の知、不知の問題、法的認識の問題が生ずる。しかし、先にみた圧倒的多数説（通説？）のように③の要件を民法一二四条二項から導くのは誤りであり、この誤りを前提とすることにより法定追認、取消権の時効の場面で無用の混乱を招くことになる。すなわち、③の要件は民法一二四条とは全く関係のない要件である。

以上、追認の法的性質から演繹的に導かれる③の要件を、取り消し得べき行為の追認の「実質的要件」と呼ぶことにする。

以上のように追認の要件は考えられるべきである。このことは、法定代理人が追認をなすという限りでは、従来の議論と比べ、結果においてまったく変わりはない[47]。また、「代理行使説」、「固有取消権説」の対立に新たな視点を与えるものでもない。

ところで、法定代理人が追認した場合、無能力者の取消権が消滅することは、結論として異論がないと考えられる[48]。この理由につき詳細に述べられることはないが、先に述べた結論は、「代理行使説」からは容易に導かれるが、「固有取消権説」によると無能力者の取消権が消滅しないという結果の不当性から導くよりなさそうである。

## 四　法定追認と法定代理人

### 1　問題の所在

ここでは、民法一二五条の文言中の「追認ヲ為スコトヲ得ル時」の意義が問題となる。

## 2　従来の議論

民法一二五条（起草時、一二六条）についての法典調査会の議論において、本稿の課題との関係では、みるべきものがない(49)。

「追認ヲ為スコトヲ得ル時」は、条文の文言上、民法一二四条によって定められることになり、ほとんどの論者は、説明として民法一二四条を引用している(50)。そして、ほとんどの論者は、追認の要件との差異を意識しつつ、民法一二五条列挙の事項を《取り消し得べきことを知ってなす必要はない》とするが(51)、なぜ、追認の有効要件のうち、この要件のみが除外されるのかについて明確な理由の説明はない(52)。

通説によると、民法一二四条では、法定代理人が追認をなす時期には制限がない(53)。そして、《取り消し得べきことを知ってなす必要はない》のだから、法定代理人が無能力者の行為の存在を知らないうちに法定代理人につき民法一二五条列挙の事項が生ずると、形式的には法定追認の効果が生じそうである（無能力者の行為の時から法定追認があり得るという結論になる(54)）。しかし、この結論は、いかにも不合理なので、法定代理人の行為によって法定追認が生ずるためには、法定代理人が行為を知ってなすことが必要だとするものが多いが、ここでも、追認の有効要件のうち、これのみが取り上げられる理由の説明はない(55)。唯一、理由付けを述べるものは、民法一二四条二項とのバランスをいう(56)。

## 3　判決例

判例は、民法一二五条は取消権者が取消の原因を知っていたか否かにかかわらず適用されるとし(57)、「取消ノ原因タル情況ノ止ミタル後」の主張・立証責任は、追認の効果を主張する者に属するとする(58)。

## 4　若干の検討と私見の提示

以上の議論における混乱は、先に述べた追認の要件の「形式的要件」と「実質的要件」を明確に区別することなく、これらを「追認の要件」として同質的・並列的に考えてきたことに起因すると考えられる。すなわち、法定追認の場合の「追認ヲ為スコトヲ得ル時」の解釈において、追認の「実質的要件」は問題とならず、「形式的要件」のみが問題となるにもかかわらず、この区別を怠ったことにより、《取消権の存在、取り消し得べきことを知ってなすこと》は必要ないことにつき、明確な理由を説明することができなかったのである。

法定追認は、民法一二四条にいう追認の「形式的要件」を備えた後、民法一二五条所定の行為を取り消し得る者がなすことによって生ずるとすべきである。そして、先にみたとおり、法定代理人については、民法一二四条二項、三項により、《行為の存在を知った時》が「追認ヲ為スコトヲ得ル時」となる。「実質的要件」は、追認の法的性質から導かれる追認の要件であり、法定追認の法定性質、すなわち「追認ヲ為シタルモノト看做ス」こととあいいれないから必要とされないのである。

結局、法定代理人が、無能力者の行為の存在を知った後、民法一二五条所定の行為をなすことにより、法定追認が生ずる。

ところで、明示的に議論されることはほとんどないが、法定代理人の行為により法定追認が生じた場合、法定代理人が追認した場合と同様に、無能力者は取り消すことができないことに異論はないものと考えられる。この場合も、追認の場合と同様に、「固有取消権説」よりも「代理行使説」の方が、妥当な結論を導きやすい。

## 五　取消権の消滅時効（五年）と法定代理人

### 1　問題の所在

ここでは、取消権の五年の消滅時効にかかわる民法一二六条の「追認ヲ為スコトヲ得ル時」の解釈が問題となる。(59)

## 2　従来の議論

民法一二六条（起草時、一二七条）についての法典調査会の議論において、本稿の課題との関係では、以下の議論がある。[60] すなわち、この規定を時効の部分に譲るべきだという岸本辰雄の意見に対し、梅謙次郎は反対する。いわく、通常の時効は権利が生ずると同時に起算され、期限、条件が付いている場合は、期限、条件が到来した時から起算される。しかし、この場合は、「追認ヲ為スコトヲ得ル日《ママ》ヨリ」、すなわち民法一二四条に書いたような起算点がずいぶん面倒である。[61] この返答からは、梅が、ここでも「追認ヲ為スコトヲ得ル時」として民法一二四条の規定を考えていたことはわかるが、それ以上のことは、窺い知れない。

民法一二六条の「追認ヲ為スコトヲ得ル時」の解釈として、学説は、一般論として、《取り消し得べきことを知った時[62]》とするものもあるが、《取り消し得べきことを知る必要はない》とするのが通説である。[63] しかし、追認の有効要件のうち、これのみを除外することについて、理由は説明されない。

他方、法定代理人との関係での民法一二六条の「追認ヲ為スコトヲ得ル時」の解釈としては、《取り消し得べきことを知った時[64]》、《取消原因を知った時[65]》とするもの、《無能力者の行為の時[66]》とするものもあるが、法定代理人が《無能力者が行為をなしたことを知った時[67]》とするものが多く、その理由は、ほとんど説明されないが、この時から追認できるからと説明するものがある。[68]

## 3　判決例

判例は、取消権の時効が進行するために、取り消し得べき行為であることを了知したことを要せず、[69] 未成年者の取消権の消滅時効は、その行為を知った時でなく、成年に達した時より進行し、[70] その時から五年を経過すると取消権は時効によって消滅するとする。[71]

この中で、興味深い事例がある。この事例では、民法施行前、後見人が親族の連署を得ずに行為をなしたので、その行為は取り消し得るものであったが、本人たる未成年者が成年に達した後、五年間、取り消されなかった。未成年者が、当該行為を知らなかったのだから、時効は進行しないと主張したのに対し、大審院は、未成年者が成年に達した場合には、その未成年中に法定代理人が取り消し得べき行為をなしたことを未成年者は知らないが、成年に達したとき法定代理人から事務の引継を受けるものだから、未成年者が当該行為を知り得るとみなすことができるので、未成年者に禁治産者の例外を適用しないとした（明治三九年大審院判決）[72]。また、下級審（山形地裁判決）であり、民法八六六条の取消に関するものではあるが、「未成年者の取消権の消滅時効の起算点である民法一二六条所定の追認を為すことを得る時とは、一般的には同法一二四条一項により未成年者が成年に達した時を意味し、それ以上に同条二項の未成年者自身、取消し得べき行為であることの了知を必要としないものと言うべきであり、この法理は、未成年者において、その行為を当然了知していると思われる、未成年者がその未成年中自ら為した行為である場合にのみ適用され、その行為が、未成年者でなく、その特別代理人により為されたような場合は、同項の規定にてらし、未成年者が成年に達した後その行為を了知した時を指すものと解するのが相当である」とした[73]ものがある。

## 4　若干の検討と私見の提示

要するに、前記明治三九年大審院判決は、未成年者が行為を知らなくても時効が進行するとしたが、通常、知ることができるのが当然で、知っているとみなし得るとし（知っていることの擬制）、前記山形地裁判決は、行為を知らなければ、時効は進行しないとしている。結局、両者は、その前提も含めると、行為の存在を知らなければ五年の消滅時効を適用すべきでないといっているに等しい。このことは民法一二四条二項に表現されているとみることができ、無能力者が行為をした場合の法定代理人の状況も同様である[74]。

結論としては、先にみた多数説と同様に、法定代理人が無能力者の行為の存在を知った時から時効は進行するとすべきである。このことの理由付けとしては、法定追認の場合と同様に、先に述べた追認の「形式的要件」と「実質的要件」のうち、「形式的要件」を満たした時が「追認ヲ為スコトヲ得ル時」であると説明すれば足りる。「実質的要件」が要求されない理由は、これが追認の法的性質から演繹的に導かれる要件であり、取消権の消滅時効の進行とはあいいれず、必要とされないこと、法定追認の場合と同様である。

ところで、「固有取消権説」と「代理行使説」の議論は、消滅時効との関係で議論されることが多い。すなわち、以上みたように、無能力者本人と法定代理人とで消滅時効の起算点が異なるため、その処理をいかにするか、問題となるのである(75)。

この点に関し、「代理行使説」によると、そもそも取消権は一つであるから、法定代理人が無能力者本人の取消権の消滅時効の要件を満たすことにより、取消権が消滅することになる(76)。他方、「固有取消権説」によると、取消権は二つあるから、それぞれの関係が問題となる。考え方は二つに分かれる。第一は、二つの取消権の消滅時効は別々に起算されるが、一方の（論理的に法定代理人の）取消権の消滅により他方の（論理的に無能力者本人の）取消権は消滅するとし(77)、その理由は、両者の取消権は発生原因が同じであること(78)、および法律関係をできるだけ速やかに安定させようとする民法一二六条前段の精神によるとする(79)。第二は、二つの取消権は別々に消滅時効にかかるとする(80)。

なお、法定代理人が無能力者の行為の存在を知った時から五年を経過しなくとも、無能力者が能力者となった場合には、そもそも法定代理人は代理人でなくなるのだから、取消ができなくなるのは当然である。このことは、法定代理人に固有の取消権を認めようとも当然だと考えられる(81)。

「代理行使説」から導かれる結論は極めて明確・簡明である。これに対し、二つの取消権を貫こうとする説（別々の時期に時効消滅するとする説）は、結論において妥当でないと思う。そうだとすると、「固有取消権説」からは別々に時効を起算したうえで同時に時効消滅することを説明しなければならなくなるが、その説明は、一応、満足いくもののように思われる。

# 六　おわりに

以上の検討をもとに、本稿の主張をここでまとめておきたい。

第一に、追認の要件は、民法一二四条に基づく「形式的要件」と追認の法的性質から導かれる「実質的要件」に明確に区別されるべきである。従来は、この区別が意識されず、要件が同質的・並列的に掲げられ、かつ多数説が実質的要件たる《取り消し得べきことを知ってなすこと》を民法一二四条二項から導くなど混乱が生じた。しかし、これらを明確に区別することにより、追認の要件が明確となる。そして、民法一二四条二項の「了知」の内容は、《行為の存在を知ること》であって《取り消し得べきことを知ること》ではない。さらに、したがって、この要件は、通常、行為が行われた時点で行為の存在を知らない者が追認する場合にも同様に適用されるべきである。そこで、無能力者の法定代理人が追認をなす場合、行為の存在を知ってなす必要がある。ただし、この要件は、追認をなすという限りにおいては、実質的要件に包含されるから、ここでは存在意義がなく、結局、法定追認、取消権の消滅時効において顕在化するに過ぎない。

第二に、法定追認における「追認ヲ為スコトヲ得ル時」とは、民法一二四条に基づく形式的要件を備えた時を指し、追認の実質的要件を備える必要はない。法定追認の法的性質からは、追認の実質的要件を要求しないからである。

第三に、取消権の消滅時効（五年）における「追認ヲ為スコトヲ得ル時」とは、民法一二四条に基づく形式的要件を備えた時を指し、追認の実質的要件を備える必要はない。取消権の時効消滅の法的性質からは、追認の実質的要件を要求しないからである。

第四に、「代理行使説」と「固有取消権説」の対立について付言する。このようにみてくると、「固有取消権説」よりも「代理行使説」の方が説明として無理がないように思う。民法一二〇条に「代理人」が掲げられているからといって、ことさらに法定代理人に固有の取消権を認める必要はなく、固有権を認める理由として述べられていることは、代理権（の効果）として説明することが可能である。逆に、法定代理人は無能力者の取消権を代理行使すると構成した方が、代理人・無能力者の一方の追認、法定追認により他方が取り消せなくなることを容易に説明できる。そうだとすれば、「代理行使説」が、比較の問題ではあるが、説明の仕方としてより妥当なのではなかろうか。

最後に、以上のように本稿は、法定代理人に関する取消・追認につき、解釈論として新しい結論を主張するものではないが、従来の通説が明確な理由を示さず、学説が混乱していた問題に関しその原因を指摘し、新たな視点から判例・通説の採る結論にもう一つの理論的根拠を加えることができたと考えている。

（1）近時の文献として、前田陽一「取消・追認と保証をめぐる一考察」立教三六号一一六頁以下（平成三年）。
（2）以下、論述の都合上、民法一二六条の関連で取消権の「消滅時効」あるいは「時効」と表現するが、本稿ではこの問題を検討対象としないため、期間の性質が「時効」である旨を含意しないことを留保したい。したがって、「時効」の文言は便宜上のものである。
（3）法務省民事局参事官室＝法務省民事局第二課「民法の一部を改正する法律案等要綱の概要」金法一五三九号六頁以下（平成一一年）、NBL六六〇号二〇頁以下（平成一一年）、ジュリ一一五二号一二七頁以下（平成一一年）、民事法情報一五一号七頁以下（平成一一年）、判時一六六六号一一頁以下（平成一一年）、資料「民法の一部を改正する法律案等要綱」金法一五三九号四七頁以下（平成一一年）、ジュリ一一五二号一三二頁以下（平成一一年）、民事法情報一五一号六八頁以下（平成一一年）、判時一六六六号一六頁以下（平成一一年）参照。
（4）法定代理人が行う場合に比べ、任意代理人が行う場合は、代理権の存在・範囲に制約されることが明らかだから、問題は小さい。
（5）「固有取消権説」、「代理行使説」という呼称は、幾代通『民法総則』（昭和四四年、青林書院新社）四二八頁以下、同『民法総則（第二版）』（昭和五九年、青林書院新社）四二八頁以下（以下、第二版で引用する）による。
（6）幾代・前掲注(5)四二九頁。
（7）同前。

(8)　なお、改正前民法には、妻の無能力に関する規定があった。これにより、夫は妻の法定代理人ではないが、夫の同意を得ない妻の行為を夫が取り消すことができた。この限りで、法定代理人でない者が他人の行為について取り消し得ることが認められていた。このことから以下の点を付言する。第一に、戦前の文献には、無能力者の行為につき複数の取消権が生ずる場合につき論ずるものがあるが、必ずしも法定代理人と無能力者を念頭におかず、夫と妻を念頭においている場合がある（たとえば、乾政彦「夫ノ追認ト妻ノ取消トノ衝突」法協一九巻四号三一三頁以下（明治三四年））。第二に、そこでの議論は、来るべき成年後見制度のもとでの取消・追認に参考となるが、本稿の対象範囲とはしない。

(9)　『法典調査会民法議事速記録』（日本学術振興会）（以下、「速記録」と略す）二巻七六丁、法務大臣官房司法法制調査部監修『日本近代立法資料叢書一法典調査会民法議事速記録一』（昭和五八年・商事法務研究会）一八〇頁（以下、民法議事速記録一として引用する）。なお、後者の引用には問題があるという指摘がある（たとえば、広中俊雄「日本民法典編纂史とその資料」『民法研究一巻』一六一頁以下（平成八年）参照）。

(10)　その他、おもに議論の対象となったのは、「承継人」についてであり、他に細かな文言修正も発言されたが、すべて否決され、原案の通り決定された。

(11)　速記録・前掲注(9)二巻七九丁、民法議事速記録一・前掲注(9)一八二頁。

(12)　幾代・前掲注(5)四二八頁は、「民法起草者は、かならずしも十分に意識して法文を作ったとはみえないが、法典調査会議事速記録にあらわれた議論の全体の調子からは、どちらかといえば、代理行使説を前提にしていたように思われる」とする。先の横田の質問に対する梅の返答の直後にも、尾崎三良の「代理人ナラバ無論情況ノアル間ニスルノデアル」（速記録・前掲注(9)二巻一七三丁、民法議事速記録一・前掲注(9)二三二頁）という発言がみられ、法定代理人が追認をするのは、無能力者が能力を回復する前だということを前提としている。そうだとすると、無能力者が能力を回復し、法定代理権が消滅すると、法定代理人であった者は、取消・追認ができなくなると考えていたものとみられる。

(13)　松波仁一郎＝仁保亀松＝仁井田益太郎・合著（穂積陳重＝富井政章＝梅謙次郎・校閲）『帝国民法（明治二九年）正解第二巻総則』（明治二九年、有斐閣書房）（復刻版・平成九年、信山社）六八三頁、岡松参太郎『註釈民法理由総則編』（明治二九年、有斐閣書房）二七一頁以下、岸本辰雄『民法講義総則編巻之一、二（第三版）』（明治三二年、講法社）一五三頁、中島玉吉『民法釈義巻一（訂正九版）』（大正七年、金刺芳流堂）六七二頁、六九一頁以下、鳩山秀夫

『註釈民法全書法律行為乃至時効（合本七版）』（大正八年、巌松堂書店）四〇三頁、富井政章『民法原論一巻総論（合冊）』（大正一一年、有斐閣）（復刻版・昭和六〇年、有斐閣）五四四頁（ただし、五五四頁では、「無能力者ノ法定代理人及ヒ夫ハ自己ノ権利トシテ取消ヲ為スコトヲ得ルモノ」という記述がみられ、混乱がある。こちらの記述は、「夫の取消権」にひっぱられたか）、曄道文藝『日本民法要論巻一緒論総則（第六版）』（大正一五年、弘文堂書房）三八七頁、鳩山秀夫『日本民法総論（改版）』（昭和五年、岩波書店）五〇四頁、穂積重遠『改訂民法総論』（昭和五年、有斐閣）四二七頁、吉田久『民法提要（総則）』（昭和五年、巌松堂）二九〇頁、沼義雄『綜合日本民法論（2）（増訂三版）』（昭和一二年、巌松堂）二六頁、五六頁、田島順『民法総則』（昭和一三年、弘文堂）四三六頁。また、川名兼四郎『日本民法総論（訂正五版）』（大正五年、金刺芳流堂）二七六頁以下は、これを前提としているようである。その他、廣濱嘉雄『私法学序説』（大正一五年、改造社）二五七頁、山下博章『民法講義総則』（昭和四年、有斐閣）四〇七頁など。

(14) 鳩山・前掲注(13)『法律行為乃至時効』四〇三頁、曄道・前掲注(13)三八七頁。

(15) 山下・前掲注(13)四〇二頁。

(16) 鳩山・前掲注(13)『日本民法総論』五〇五頁。

(17) 近藤英吉『註釈日本民法（総則編）』（昭和七年、巌松堂）四八三頁、岩田新『民法総則新論』（昭和一六年、有斐閣）六〇六頁以下は、これを前提とする。

(18) 薬師寺志光『日本民法総論新講（第三冊）』（昭和二九年、明玄書房）八二四頁、石本雅男『民法総則』（昭和三七年、法律文化社）三三九頁。その他、宗宮信次『改訂民法総論（第三版）』（昭和二五年、有斐閣）一八二頁、小出廉二『民法総則』（昭和二四年、評論社）二一〇頁。

(19) 個々に掲げないが、多くの教科書、注釈書が該当する。数の上だけでは、「圧倒的多数」である。

(20) 我妻栄『民法総則』（昭和八年、岩波書店）三九九頁、同『民法総則（民法講義Ⅰ）』（昭和二六年、岩波書店）三一二頁、同『新訂民法総則（民法講義Ⅰ）』（昭和四〇年、岩波書店）三九四頁（以下・新訂民法総則で引用する）は、「代理行使説」を当然の前提としているように読めるけれども、詳説はない。ただし、我妻は、保佐人の追認・取消を論ずる際、法定代理人の取消権および追認権は、その有する同意権の効果であって、代理権の効果であるべきではない（我妻・前掲本注八七頁以下）とするので、それとの一貫性を考えれば、「代理行使説」は、実質的にはともかく、形式的には採らないとすべきだろうか。

(21)　於保不二雄「行為能力に就ての一考察」論叢三二巻二号三三二頁以下（昭和一〇年）（同『財産管理論序説』（昭和二九年、有信堂）一〇七頁以下に「行為能力についての一考察」と改題の上、所収）、同「追完（Konvaleszenz）に就て」論叢三三巻一号四五頁以下（昭和一〇年）（同・財産管理論序説前掲本注二四三頁以下に「追完（Konvaleszenz）について」と改題の上、所収）、同「準禁治産者の能力（一）（二・完）」論叢三七巻五号八二八頁以下、六号九八三頁以下（昭和一二年）（同・財産管理論序説前掲本注一四一頁以下に「準禁治産者の能力」として所収）、同「授権同意と監督同意」論叢四〇巻二号二八一頁以下（昭和一四年）（同・財産管理論序説前掲本注三六一頁以下に所収）、同「財産管理論序説」淺井清信編集代表『民事法の諸問題（末川先生還暦記念）』（昭和二八年、有斐閣）一八九頁以下（於保・前掲本注一頁以下に所収）。以下、これらの論文につき、財産管理論序説の頁で引用する。

(22)　於保・前掲注(21)一三頁以下、一五八頁以下、一六六頁以下、二六七頁以下、三七一頁以下。

(23)　取消権の消滅に関する記述ではあるが、於保不二雄『民法総則講義』（昭和二六年、有信堂）（復刻版・平成八年、新青出版）二八〇頁は、このことを前提とする。

(24)　松坂佐一『民法提要総則（第三版・増訂）』（昭和五七年、有斐閣）二九九頁、中井美雄『通説民法総則』（平成三年、三省堂）一九七頁以下、北川善太郎『民法総則』（平成五年、有斐閣）一九八頁。

(25)　幾代・前掲注(5)四二八頁、四宮和夫『民法総則』（昭和四七年、弘文堂）二二五頁以下、同『民法総則（第三版）』（昭和五七年、弘文堂）二二六頁、同『民法総則（第四版・補正版）』（平成八年、弘文堂）二一六頁（以下、第四版・補正版で引用する）、その他、立場が明確なものとして、今泉孝太郎『新民法総則』（昭和三一年、泉文堂）四〇二頁、四一六頁、於保不二雄編『注釈民法(4)総則(4)』（昭和四二年、有斐閣）二六二頁以下（奥田昌道執筆）、五十嵐清ほか『民法講義1総則』（昭和五一年、有斐閣）二八六頁、二九二頁（甲斐道太郎執筆）、五十嵐清ほか『民法講義1総則（改訂版）』（昭和五六年、有斐閣）二八六頁、二九二頁（甲斐道太郎執筆）（以下、改訂版で引用する）、中川高男『民法総則講義』（昭和六〇年、明玄書房）四七二頁、遠藤浩ほか監修『民法注解財産法一巻民法総則』（平成元年、青林書院）五六七頁（山本和敏執筆）、石田穰『民法総則』（平成四年、悠々社）四八〇頁以下、川井健＝鎌田薫編『民法総則』（平成六年、青林書院）一九四頁（滝沢昌彦執筆）、近江幸治『民法講義Ⅰ（第二版）』（平成六年、成文堂）二八

五頁、川井健『民法概論1民法総則』（平成七年、有斐閣）三二七頁など。石田喜久夫『口述民法総則（第二版）』（平成一〇年、成文堂）三〇一頁は、これを前提とする。

(26) 幾代・前掲注(5)四二八頁。石田穣・前掲注(25)四八〇頁以下も同旨か。

(27) 四宮・前掲注(25)二一六頁。

(28) 川井＝鎌田編・前掲注(25)一九四頁（滝沢執筆）。

(29) 後にみる取消権の消滅時効に関する判決例では、法定代理人に関し期間経過が問題となる余地があるが、未成年者が成年に達した時から五年を経過したことを認定した事例では、問題とならず、山形地判昭和四五年一二月八日・後掲注(73)でも問題とされていない。

(30) 速記録・前掲注(9)二巻一七一丁、民法議事速記録一・前掲注(9)二三一頁以下。その他、おもに「情況」について議論がなされた。

(31) ここでは、一項に但書を追加する修正であった。

(32) 梅の挙げた旧民法の参照条文が財産編五五四条であったのに対し、箕作麟祥が五四五条ではないかと質問しているが（速記録・前掲注(9)二巻一七二丁、議事速記録一・前掲注(9)二三二頁）、二項に関しては、五五四条が引用する五四五条二項を引き継いでいることは明白であろう。

(33) その後、学説上、追認が法的にいかなるものであるかについて一部に議論が生じた。すなわち、本稿でも引用部分ですでに用語としては使用しているが、そもそも「追認権」という権利を認めるべきか否か（乾政彦「追認ト取消権ノ放棄」志林一八号一頁以下（明治三四年）、大谷美隆「追認権論」国家及国家学六巻五号六七頁以下（大正七年）、沼義雄『綜合日本民法論(2)（増訂三版）』（昭和一二年、巌松堂）五四頁）である。この問題には、本稿では立ち入らない。

(34) 我妻・前掲注(20)三九八頁以下。

(35) 追認が、取消権の放棄に過ぎないのか（参照し得たほとんどの文献がこのような説明をするといっても過言でない）、取り消し得べき行為を有効に確定させる効果を生ずるものか（多くの文献が、《取消権の放棄》とともに説明する。しかし、取消権の放棄でないことを明示したうえで、《有効に確定すること》と説明するものとして、大谷・前掲注(33)六七頁以下、薬師寺・前掲注(18)八七六頁、四宮・前掲注(25)二二〇頁）。この問題には、本稿では立ち入らない。この問題につき、遠藤ほか監修・前掲注(25)五八七頁（山本執筆）参照。
(36) 我妻・前掲注(20)三九九頁。
(37) 同前・三九八頁以下。
(38) 同前・三九九頁、四〇二頁。このように解する歴史は古く、立法時に遡ることができる。富井・前掲注(13)五五四頁（微妙ではあるが、「取消ノ原因タル事実ヲ了知スル」とする）、近藤・前掲注(17)四七七頁（「法律行為に取消原因あることを了知する」とする）。注(39)も参照。現在、数のうえでは、圧倒的多数である。また、近江・前掲注(25)二八二頁（「追認の意味を了知する」とする）も同旨か。
(39) たとえば、末川博『民法総則』（昭和一三年、三笠書房）一九四頁以下、田島・前掲注(13)四五一頁、於保・前掲注(23)二七八頁、舟橋諄一『法律学講座Ⅶ民法総則』（昭和二八年、弘文堂）一五五頁、川島武宜『民法総則』（昭和四〇年、有斐閣）四二四頁、於保編・前掲注(25)二八八頁（奥田執筆）、松坂・前掲注(24)三〇二頁。幾代・前掲注(5)四三八頁もこれを前提とするが、後に述べる法定追認については、四四一頁注(二)で疑問を呈する。
(40) 遠藤ほか監修・前掲注(25)五九五頁以下（山本執筆）。
(41) 梅謙次郎『民法要義巻之一（訂正増補三三版）』（明治四四年、有斐閣書房）（復刻版・昭和五九年、有斐閣）三三〇頁、岡松・前掲注(13)二七九頁、中島・前掲注(13)六九一頁、廣濱・前掲注(13)二六一頁、四宮・前掲注(25)二二一頁、四宮和夫＝能見善久『民法総則（第五版）』（平成一一年、弘文堂）二五五頁。
(42) 大判大正五年一二月二八日民録二二輯二五二九頁。同旨、福岡地小倉支判大正一四年五月七日新聞二四五六号九頁。
(43) 大判明治二八年一〇月二九日民録一輯三巻一四三頁。
(44) 東京控判明治四三年四月一二日新聞六五三号一一頁。
(45) ただし、法定代理人が追認をなすことができるのは、行為を知った時からであることを明示するものとして、岡松・前掲注(13)二七九頁、薬師寺・前掲注(18)八七〇頁。
(46) 薬師寺・前掲注(18)八六五頁以下。
(47) 禁治産者が追認をなす場合では、通説（?）と異なり、民法一二四条二項の解釈としては、禁治産者が《取り消し得べきことを知ってなすこと》は必要ではなく、《行為の存在を知ってなすこと》で足りることになる。

(48)　於保編・前掲注(25)二八四頁（奥田執筆）、幾代・前掲注(5)四四七頁、遠藤ほか監修・前掲注(25)五八二頁（山本執筆）、石田穰・前掲注(25)四八八頁。ただし、反対、川井・前掲注(25)三二七頁。

(49)　文言上の表現と法定追認を生じさせる個々の事由について議論されている。

(50)　梅・前掲注(41)三二三頁、富井・前掲注(13)五五三頁、岡松・前掲注(13)二八〇頁、鳩山・前掲注(13)『日本民法論』五二六頁、中島・前掲注(13)六九三頁、我妻・前掲注(20)四〇二頁以下、幾代・前掲注(5)四四〇頁、四宮・前掲注(25)二二二頁、その他、多数。

(51)　富井・前掲注(13)五五六頁、岡松・前掲注(13)二八〇頁、鳩山・前掲注(13)『日本民法論』五二六頁、中島・前掲注(13)六九三頁、幾代・前掲注(5)四四〇頁、四宮・前掲注(25)二二二頁、その他、多数。ただし、我妻・前掲注(20)四〇二頁以下は、禁治産者については、《取り消し得べきことを知ってなすこと》が必要だとする。これは、我妻説が、民法一二四条二項の「了知」の内容を《取り消し得ることを知る》と解することの論理的帰結である。これに対し、幾代・前掲注(5)四四一頁注(二)が、明確に疑問を呈する。また、法定追認に該当する行為を《取り消し得べきことを知ってなすことを要する》とするものとして、菅原眘二「民法第百二十五條の解釈」論叢一二巻一号九三頁以下（大正一三年）、《取消原因たる事実の存在を知ってなすことを要する》とするものとして、薬師寺・前掲注(18)八八八頁。さらに、花谷薫「無能力者の取消と民法第一二五条の法定追認」熊本商大論集四〇巻一号二五二頁以下（平成五年）は、前述した菅原説に賛成しているようであるが、民法一二五条一号の「全部又ハ一部ノ履行」を積極的行為に限定する解釈を主張しているように読め、趣旨が不明瞭である。

(52)　暗黙の前提まで読み込めば、民法一二四条が追認し得る「時期」を定めた条文であり、民法一二五条が「追認し得る時」を問題とするからだということになろうが。しかし、本文に述べたように、これでは、法定代理人について説明できないことは明らかである。

(53)　我妻・前掲注(20)三九八頁。

(54)　川名・前掲注(13)二八〇頁。

(55)　我妻栄＝有泉亨『コンメンタール民法総則・物権法』（昭和二五年、日本評論社）一八三頁、我妻栄＝有泉亨（清水誠補訂）『コンメンタール民法総則（新版）』（平成八年、日本評論社）二六五頁、石田喜久夫・前掲注(25)三〇五頁。

(56)　石田穣・前掲注(25)四八九頁。
(57)　大判大正一二年六月一一日民集二巻三九六頁。
(58)　最判昭和四九年二月七日金判四一二号二頁。なお、朝高判大正七年一一月五日評論八巻民法七一〇頁は、法定追認は、たんに《取り消し得べき行為の後》の一部の履行によっては生じず、《取消の原因である情況の止んだ後》でなければならないとするが、条文上、当然である。
(59)　取消権のような形成権がそもそも消滅時効にかかるのか否かについては、議論のあるところであるが、本稿では扱わない。
(60)　その他、文言上の表現、夫の取消権、時効期間（年数）について議論されている。
(61)　速記録・前掲注(9)三巻一二丁以下、民法議事速記録一・前掲注(9)二四八頁。
(62)　岡松参太郎「大審院判例要旨彙報」京都法学会雑誌一巻四号一一頁（明治三九年）。追認が取消権の放棄であるから、当然であるとする。
(63)　我妻・前掲注(20)四〇四頁。ただし、民法一二四条二項の「了知」の内容を《取り消し得べきことを知る》と解する我妻説は、法定追認の場合と同様に、禁治産者については、取り消し得べきことを了知する必要があるとする。四宮・前掲注(25)二二二頁以下、川井・前掲注(25)三二八頁も同旨。
(64)　遠藤浩「未成年者のAが、親権者である父B（母はすでに死亡）の同意を得ないで所有の土地をCに売却した。そして七年が過ぎた。A・B・C間にどのような法律関係を生ずるか」法教（第二期）五号一七六頁（昭和四九年）（石田喜久夫ほか・演習民法（財産法）（昭和五九年、有斐閣）四三頁以下所収）。
(65)　山下・前掲注(13)四一五頁、薬師寺・前掲注(18)八九二頁、今泉・前掲注(25)四一六頁（「追認ヲ為スコトヲ得ル時」の解釈としては《本人の行為の時》とするが、時効の起算点としては《法定代理人が取消原因を知る時》を挙げる）、篠塚昭次＝石田喜久夫編『講義民法総則』（昭和五六年、青林書院）一八一頁（菊池定信執筆）（「無能力者のした法律行為であることを知った時」から起算されるとする）。
(66)　岩田・前掲注(17)六二二頁、小出・前掲注(18)二一六頁、於保・前掲注(23)二八〇頁。
(67)　岸本・前掲注(13)一七三頁、梅・前掲注(41)三二五頁、鳩山・前掲注(13)『法律行為乃至時効』四四八頁、幾代・

前掲注(5)四四二頁、五十嵐ほか・前掲注(25)二九二頁（甲斐執筆）、石田穣・前掲注(25)四九三頁、川井・前掲注(25)三二八頁。その他、遠藤ほか編・前掲注(25)六〇七頁（山本執筆）、林良平編『注解判例民法民法総則』（平成六年、青林書院）五四一頁（中村成人執筆）。《無能力者が取り消し得べき法律行為をなしたことを知った時》と記述し、「取り消し得べき」に重点があるのか「法律行為」に重点があるのかによって意味が異なるが、「取り消し得べき」を法律行為の特定のために記述したとすれば、近藤・前掲注(17)四八二頁、田島・前掲注(13)四五四頁、遠藤浩『セミナー法学全集2民法Ⅰ総則』（昭和四八年、日本評論社）八八頁。

(68)　鳩山・前掲注(13)『法律行為乃至時効』四四八頁。

(69)　大判昭和一五年六月一日民集一九巻九四四頁。

(70)　大判大正五年九月二〇日民録二二輯一七二一頁。同旨、大阪控判明治四〇年六月八日新聞四三八号七頁、東京地判昭和四〇年三月一五日判タ一七五号一六九頁。最判昭和三八年九月六日裁判集（民事）六七号五三一頁は、微妙な事例である。未成年者は、法律行為をしたのは自分ではないという主張をあわせてしているが認められず、未成年者自身の法律行為の存在を前提として、「自己の行為を了知したこと」は時効進行の要件ではないと、最高裁は判示した。

(71)　大判明治三九年二月九日民録一二輯一四七頁。同旨、名古屋地判年月日不明新聞七三一号二二頁、東京控判明治四五年一月一六日新聞七八一号二五頁。

(72)　大判明治三九年二月九日・前掲注(71)。傍論で、一二四条二項三項に関し、取消権者の知らない間に時効が完成する不都合を防ぐ趣旨という。

(73)　山形地判昭和四五年一二月八日下民集二一巻一一＝一二号一五三二頁、判時六三五号一四二頁。ただし、「了知」の内容に混乱がある。

(74)　これに対し、「承継人」は、たとえ行為の存在を知らなくとも、前者を「承継」したことによる取消権だから、知・不知もそのまま引き継ぐとすべきである（東京地判昭和四〇年三月一五日判タ一七五号一六九頁）。

(75)　この問題を直接扱ったものとして、幾代通「無能力者の取消権と、法定代理人の取消権」法教（第一期）七号一八六頁以下（昭和三八年）（加藤一郎ほか『自習民法三三問』（昭和三九年、有斐閣）七二頁以下所収）、遠藤・前掲注(64)一七六頁。

(76) 薬師寺・前掲注(18)八九二頁、八九四頁。一つの請求権の消滅時効を問題とする民法七二四条の三年の消滅時効と構造上、同様となる。

(77) 近藤・前掲注(17)四八三頁、田島・前掲注(13)四五五頁、今泉・前掲注(25)四一六頁、於保編・前掲注(25)二八四頁、二九四頁（奥田執筆）、四宮・前掲注(25)二一六頁、二二三頁、幾代・前掲注(5)四四七頁、遠藤・前掲注(64)一七六頁、石田穰・前掲注(25)四九三頁、川井・前掲注(25)三二八頁、四宮＝能見・前掲注(41)二五七頁。

(78) 幾代・前掲注(5)四四七頁。

(79) 四宮・前掲注(25)二二三頁。なお、幾代・前掲注(5)一八六頁以下参照。

(80) 富井・前掲注(13)五五九頁、岡松・前掲注(13)二八二頁、山下・前掲注(13)四一六頁、穂積・前掲注(13)四三一頁、於保・前掲注(23)二八〇頁。

(81) 反対に、遠藤浩＝水本浩編『民法総則』（昭和六〇年、青林書院）二〇九頁（目崎哲久執筆）は、法定代理人の固有の取消権は、法定代理人についての消滅時効起算後、代理権が消滅しても五年間存続するとする説が有力であるとするが、理解に苦しむ。

（平成一一年五月）

〔付記〕　本稿では、人名を例外として、漢字はできるかぎり旧字体を新字体に改めて表記することとした。

〔追記〕　いわゆる成年後見制度に関連する民法改正がなされ、平成一二年四月、新法がすでに施行された。本稿に関連する条文もその改正に含まれ、用語の改正がなされたものもある。これに伴い、本来であれば、本稿における条文、用語を新法のものに改めるべきともいえる。しかし、本稿の議論の中心が、従来の議論の問題点を指摘し、理論的整理を行うことにある点を鑑みると、条文、用語が従来のもののままであることにも、一定の理由・意義があると考えられる。また、本稿での主張の趣旨は新法においてもそのまま維持できると私は考えている。そこで、条文、用語は、校正時に改めることはせず、論旨にも修正を加えず、脱稿時のままとした。

本書は、そもそも佐々木吉男先生の古稀をお祝いする論文集として編まれたものであるが、佐々木先生は、本年二月にご逝去なされ、本稿を先生に捧げることもできなくなってしまった。謹んで佐々木先生のご冥福をお祈りしたい。

（平成一二年五月（再校において））

# 第六章　倒産・強制執行手続の検討

# 23

# 法人管財人に関する一考察
## ――ドイツ新倒産法の立法過程における議論を踏まえて――

野村秀敏



## 一　本稿の目的

(1)　会社更生法上、法人にも更生管財人の資格が認められているが（同法九五条）、実際には、それが更生管財人に選任されることはほとんどないようである（【表1】参照）[1]。これに対し、破産法上は、破産管財人の資格を法人にも認めるとの規定も、自然人に限るとの規定も存在しない。そこで、かつては、法人に破産管財人の資格を認める学説がなかったわけではないが[2]、現在の学説・実務は一致してこれを否定している[3]。しかし、現在進行中の倒産法の改正作業との関連で平成九年一二月に公表された「倒産法制に関する改正検討事項」（以下、「改正検討事項」という）においては、「法人に破産管財人になる資格を認めるものとするとの考え方」の当否が問われている[4]。そして、改正検討事項についての意見照会を受けた関係各界の回答では、この考え方についていては、賛成意見が大多数であったが、常置

〔表１〕　更生管財人の職業別内訳

| | 昭和33〜41 | | 昭和42〜50 | |
|---|---|---|---|---|
| 職　　業 | 人数 | 割合％ | 人数 | 割合％ |
| 会社役員／実業家 | 67 | 37.6 | 215 | 47.8 |
| 弁　護　士 | 50 | 28.1 | 152 | 33.8 |
| 債　権　者 | 17 | 9.6 | — | — |
| 公認会計士・計理士 | 8 | 4.5 | 39 | 8.7 |
| 更生会社役員 | 6 | 3.4 | — | — |
| 法　　　人 | 4 | 2.2 | 2 | 0.4 |
| そ　の　他 | 26 | 14.6 | 42 | 9.3 |
| 計 | 178 | 100.0 | 450 | 100.0 |

代理人を複数選任することで対応すべきであるとして反対する意見もあったそうである。[5]

(2)　法人の破産管財人資格に関する右のような学説・実務の状況は、ドイツにおいても同様であった。すなわち、ドイツにおいても、明文の規定が欠けていたため、古くは法人にもその資格を認める学説がなかったわけではないが、[6]最近の学説・実務は一致してこれを否定していた。[7]そして、一九九四年一〇月五日の新倒産法（一九九九年一月一日施行）は、自然人のみが倒産管財人に選任されうるとの趣旨の明文の規定（同法五六条一項）を設けるに至った。

このように、現在、ドイツ新倒産法には明文の規定が置かれているのであるが、そうなるについては、立法過程で若干の紆余曲折があった。すなわち、ドイツ倒産法の改正のために設置された倒産法委員会の第一報告書の要綱の段階では、右のような明文の定めは置かれていなかったが、その理由書は、法人の倒産管財人資格については賛否両論があったが、多数意見は反対説であることを伝えていた。そして、特に明文の規定が置かれていないという状況はその後の連邦司法省草案、参事官草案、政府草案の各段階を通じて同様であったが、にもかかわらず、突如、最後の政府草案の理由書中に、法人にも倒産管財人の資格を認める旨の叙述が現れるに至った。そこで、この叙述をめぐって議論がたたかわされたが、そこでは反対説の方が有力であった。そして、新倒産法政府草案についての意見を徴するために一九九三年四月二八日に開催された連邦議会法務委員会の公聴会の席上でも、理由書の立場は反対説の側から厳しい批判を被り、[8]その結果、明文で、自然人のみが倒産管財人に選任されうるとされるに至った。

(3)　本稿では第一に、右のようなドイツ新倒産法の立法過程における議論[9]の内容を紹介する（二1、2）。この議論はそれ自体興味深いものであるが、その際の各論者の態度には、それぞれが倒産管財人としてどのような法人をイメージしていたかが大きな影響を与えていたように思われる。また、そのイメージには、（ドイツ以外の）諸外国における実情に関して各論者の有していた認識も影響していたように思われる。そこで第二に、そのようなイメージや認識、すなわち右の議論の背景となっていた事情を見てみることとする（三）。そして第三に、これらの議論や背景事情を踏まえつつ、日本法上の問題として、法人管財人の問題に若干の検討を加える（四）。

このような作業は、直接には、先に指摘した改正検討事項に対する回答をなすことに寄与する。しかし、それは、副次的には、実際上法人が更生管財人に選任されることが少ないことの原因を明らかにすることにも役立ちうると思われる。そしてまた、法人に破産管財人資格を認める方向での立法がなされれば破産管財人と更生管財人の双方につき、たとえそうではなくとも後者につき、法人を管財人に選任する際の指針をも与えうることになると思われる。

# 二　ドイツ新倒産法の立法過程における議論

## 1　立法資料

(1)　ドイツ新倒産法は、清算手続と更生手続とを統合した統一的な倒産手続を設けている[10]。そして、その立法過程において最初（一九八五年）に公表された倒産法委員会の第一報告書は統一的な倒産手続の管財人に関し、要綱一‐三‐一‐一(2)第一文において、「倒産管財人には、倒産手続の関係人から独立した者（Person）を選任することを要する」と定めていた。この定めに関する立法理由は以下のようであった[11]（文中の丸付き数字は、以下の叙述の便宜のために筆者が付したものである）。

「法人には、倒産管財業務は委ねられえない。①委員会の多数意見によると、法人の任命は、要綱が破産法七八条ないし八九条と和議法三八条ないし四二条に依拠して定めているような倒産管財人の地位と職責とに調和しえないであろう。これらの規定は、個人として単独で責任を負い、倒産裁判所によって監督され、その信頼を獲得しなければならない管財人に合わせて作られている。これらの前提は、匿名の法人の場合には保証されていない。②とりわけ、管財人の職責を果たさなければならないであろう法人の代表者が、会社法の規定に従って、交替させられることがありうるからには、そうである。③そのうえ、法人を管財人として認めると、その許容性が、管財人が法人という法形態において活動を行うことにより、破産法八二条による人的責任の危険を排除する目的で利用されることがありえよう。有責な義務違反を理由とする損害賠償請求権について、手続関係人に対して会社財産のみが責任を負うことになろう。これにより、管財人の責任が、〔法人の〕自己資本が不十分である場合に意味を失う危険が生ずる。④最後に、法人を選任する実際上の必要も明らかではない。倒産手続（更生手続）において、経済監査会社や税務相談会社のことが考えられている限りでは、必要な補助者と補助手段を投入しうる管財人を選任することで十分である。

これに対し、少数意見は以下のような見解を主張した。すなわち、①経済監査会社や税務相談会社が、ただ単にそれのラインから選任されたに過ぎない管財人に、必要な補助者を利用させることを期待するのは様々な理由から実際的ではない。②そのうえ、そのような会社に、既に法律によって、その処理に同様に信頼関係が前提とされる一連の職責が割り当てられることになろう。③他方、法人を選任すれば、管財人の死亡の場合に生ずるかもしれない一連の厄介な事柄が生じないこととなろう。④特に大型の倒産事件では、職能会社の内部に、〔様々な〕職責を果たすために専門横断的なチームを形成することが意味を有しうる。⑤破産法八二条の責任を制限するためのその法形態の濫用を出発点とすることはできない。なぜなら、自然人の場合にも財産を移すことがありうるので、そのような濫用は考えうるからである。⑥最後に、裁判所は、管財人の選択に際して、多数意見がおそれるような危険があるか否かを個別的に調査することができる」。

(2)　次いで、一九八八年に公表された連邦司法省草案の六一条一項は、「倒産管財人には、業務に精通し（geschäfts-kundig）、債権者と債務者から独立した者を選任することを要する」と規定していた。その際、理由書は、もはや、この規定に関連して法人管財人の問題に言及することをやめていた。(12) そして、右の規定が六一条一項に置かれていることと、理由書中に法人管財人の問題に対する言及がないことは、一九八九年の参事官草案においても同様であった。(13) ところが、その後、連邦議会に提出された政府草案六五条一項は連邦司法省草案、参事官草案の各六一条一項と同文であるにもかかわらず、その理由書には以下のような叙述が含まれていた。(14)

「倒産管財人として問題になる者の範囲は、自然人に限定されない。たとえば、倒産管財人には、税務相談会社、経済監査会社、帳簿監査会社も選任されうる。ただし、とりわけ〔それらの会社に〕人的に責任を負う社員が欠けている場合には、会社の選任によって関係人に不利益が生ずることが予期されないかが、特に調査されなければならない」。

先にも指摘したように、その後、この政府草案理由書の叙述は厳しい批判を被ったが、その立場を擁護する学説もなかったわけではない。そこで、次に、項を改めて、この叙述をめぐる議論を見てみることとする。

## 2　倒産法政府草案理由書をめぐる議論

(1)　ドイツにおいては、法人の破産管財人資格に関して、一九三〇年頃にも多少の議論がなされたようである。その際の議論は当時の破産法（新倒産法によって廃止される以前の破産法）の解釈論としてなされたものであるが、そこで既に、倒産法委員会での議論と同じような議論が展開されていた。(15) そして、政府草案理由書の叙述をめぐる議論も、当時の議論から大きな影響を受けているように思われる。すなわち、前者の議論は、後者の議論と倒産法委員会の報告書とに依拠しつつ、それらを敷衍したもののように思われる。

(2)　ともあれ、政府草案理由書の叙述に対して最も詳しい反対説を展開したのは、パーペとウーレンブルックである。この二人の反対の論拠の要点は、以下のようであった[16]。

第一に、倒産法委員会の多数意見①に関連するが、管財人に関する法律の規定は、裁判所（や関係人）と個人的に緊密な交渉を持つ管財人を前提としている。すなわち、そういった交渉を前提としてこそ、裁判所は管財人を信頼することができ、もし不都合があれば、厳格な刑事責任をも問いうる。裁判所は、管財人といつでも個人的に対話をなしうる状態になければならず、法人の被傭者を相手にしなければならなくなるとすると、管財業務の適否や管財人の能力を手続中に審査することが困難となる。

第二に、多数意見②は重要であり、これによって管財業務の継続性が害される。会社（法人）に同一の権限を持った複数の代表者がいる場合にも、困難な問題が発生しうる。また、法人の内部紛争により、誰が代表権を有する業務執行者かが判然としないことになる可能性があり、もしそうなれば、裁判所は誰を管財人として扱って手続を進めてよいかが分からなくなってしまう。極端な場合には、法人は分裂する可能性もある。さらに、親子会社、関連会社等のように、複数の会社の関係は相互に複雑に組み合わさっていることがあり、そうなると責任の隠蔽の可能性も生ずる。たとえ、ある会社に責任があるということになっても、その内部での責任の所在の解明が困難なことも多い。

第三に、賛成説は法人には清算人の資格が認められているということを指摘するが[17]、これは、清算人とは異なって、管財人は国家権力によって強制的に選任されるものであり、倒産手続は強制的な管理手続であることを看過している。すなわち、倒産手続は、国家権力による私人の財産と自由に対する重大な侵害を意味するから、管財業務の実施に際して不正に繋がるおそれのある措置はなるべく回避されるべきである。ところが、この観点からすると、第二の指摘にあるように、内部紛争や責任の隠蔽の可能性を孕む法人に管財人資格を認めることには問題がある。

第四に、管財人の職務、少なくともその中核部分は、管財人自ら行うべきものであって、第三者に委ねることのできない性質を有するし、管財人が補助者を用いうる可能性も、このことに何らの変更をも加えるものではない。そして、このことは法人の代表者が管財人の職務を行うべく義務付けられるということを意味しようが、そうであるとすると、抽象的に法人を管財人に選任するということが、どのような意味を有するのか疑問である。

第五に、法人は実際上はその被傭者を通じて行動することが多くなるとすると、管財人の選任に関する原則が曖昧になる。なぜなら、法人のすべての被傭者に関して、管財人としての適格性と能力とを審査することは不可能であるからである。そして、そうなると、十分能力のある者が実際に管財業務にあたるかの確実性が失われ、実際にその業務にあたる者の選択が裁判所の手から法人の手に移されてしまうことになる。法人と債務者との利益相反関係の審査が困難となるということもある。

第六に、これも多数意見①に関連するが、裁判所による管財人の監督に関して、代表者を管財人として扱う場合にはともかく、そうでない場合には、法人の内部の誰を具体的に相手として手続を進め、監督してよいかが裁判所にとって不明確になってしまうという問題も生じうる。取締役または監査役の負う会社法上の監督義務が裁判所による監督義務と矛盾することも、稀ならず生じうる。

第七に、管財人の解任に関しても問題が生じうる。すなわち、管財人は一定の事由があれば解任されうるが、法人を管財人とすると、管財業務を担当する者を交替させることによって、解任に関する規定が潜脱されてしまう。

第八に、倒産法委員会の多数意見③に現れているように、責任の問題を重視すべきである。すなわち、有限責任しか負わない法人が管財人に選任されることになると、管財人に与えられた大きな権限の代わりに課せられているその責任が空洞化させられる。だからといって、裁判所が選任に際して法人に財産状態を開示させ、手続中ずっと監視し続けることは実際上不可能である。なぜなら、そのようなことは、裁判所の実際の能力を超えるし、それと管財人間の信頼関係を損ねることにもなるからである。倒産法委員会の少数意見⑤に関しては、自然人の管財人の場合、管財人の職にとどまろうとする限り、財産を移すという操作を敢えてすることはできないということを指摘できる(18)。また、それは法人に対する不信を意味するから、選任に際して担保の提供を求めることは歓迎されないであろうし、保険も様々な免責条項や責任制限条項を含んでいるから、人的な無限責任の代わりとはなりえないことにも留意されるべきである。

第九に、倒産法委員会の多数意見④のことも指摘しうる。

(3)　以上に対し、政府草案理由書の叙述の強力な擁護者であるブラウンの賛成説の要点は、以下のようであった[19]。

(a)　まず、倒産法委員会の少数意見④にあるように、管財人には専門横断的な能力が要求される。すなわち、特に、新法の倒産手続には企業の再建のための更生手続が組み込まれているから、倒産管財人には経営経済学的な知識・経験が要求される。他方で、法律的な知識・経験が必要なことももちろんである。そして、職能会社には、これら双方の知識・経験が共に集積されている。

次に、職業戦略的な側面に注目されなければならない。すなわち、ドイツにおいては、経済監査士と税理士には、その職業を職能法人（特に有限会社）の形態で営むことが認められているが[20]、弁護士には認められていない[21]。しかし、弁護士に関してもそうすることには、老齢年金引当金の計上や税法上の利益、弁護士にとっての社会的な安定性、職業上のノウ・ハウの伝承、依頼者に対する多様なサービスの提供等の点でメリットがある。そこで、弁護士にも職能法人の利用を認めて、それを管財人に選任することを考えるべきである。

(b)　さらに、反対説の論拠については、次のように反論できる。

第一点は、現在でも、裁判所が管財人といつでも連絡をとれるわけではなく、また、管財人は実際に多くの場合、補助者や被傭者を利用しているということを無視している。刑事責任の問題には、刑法一四条[22]によって対処しうる。

第二点は、形式的に見れば問題とならない。すなわち、代表者の交替や内部紛争等があっても、当該法人が管財人であるということには変わりはない。また、分裂は、弁護士事務所が民法上の組合の形態をとっている場合にも生じうる問題である。

第四点についても、同様にいうことができる。法人の代表者や被傭者の行為の法的効果は法人に帰せしめられるのであるから、具体的に行為する者が誰であれ、第三者ではなく法人が管財人としての活動を行っていると観念されるからである。

第五点は表見的議論に過ぎない。管財人に一定の能力が要求されているとき、それは機関たる人について要求されていると解されるが、そのような能力を有する人が機関の地位を退けば、当該法人は管財人に適した能力を有しないことになる。しかし、このことは、管財人に適した能力を有した、弁護士事務所所属の弁護士の死亡の場合と同様である。双方の場合に、新たな管財人の選任を要する。利益相反の問題も、実際に業務にあたる者が自然人の補助者であるか、法人の被傭者であるかによって異なることはない。

第六点の監督の問題も反対説の論拠としては説得的ではない。法人には、そのすべての機関の行為の法的効果が帰せしめられ、その法人が監督を受ける。継続的に裁判所との対話の相手方となる者を用意しない法人は、二度と管財人には選任されないことになる。

第八点の論拠についても、形式的に見れば、法人も無限責任を負っており、有限であるのは、その社員の責任であるという反論が可能である。実質的に考えても、相当な資本を有する職能会社の方が、同様な資本を有する自然人よりも多い。また、職能法人に結合された当該職業に従事する者の存立意思と能力とは、それが個人として行動する場合と異なることはない。経済監査士の義務的監査事件に関しては責任制限額が定められているが[23]、これらの自然人から担保を要求すべきであるとの意見を聞かない。

(4)　新倒産法の立法過程では以上のような議論がたたかわされたが、本稿冒頭にも指摘したように、それは、結局、反対説に与することとした。すなわち、新倒産法五六条一項は、「倒産管財人には、それぞれの個別の事件について適切であり、特に、業務に精通し、債権者と債務者から独立した自然人を選任することを要する」との明文規定を設けたのである[24]。

## 三　ドイツにおける議論の背景事情

(1)　先にも見たように、ドイツにおいては、一九三〇年頃、解釈論として法人の破産管財人資格を認めるべきかが議論されたが、その際念頭に置かれていたのは信託会社であった。そして、この議論の背景には、次のような事情があったと思われる。(25)

すなわち、ドイツにおける最初の信託会社は、一八九〇年に設立されたドイツ信託会社であったが、一九〇〇年頃の不況を契機として、同社は、会社の債券所有者その他の債権者（不動産銀行債券所有者等）、または株主の利益保護のために広汎な整理清算の引受けを行うこととなった。たとえば、ある事件において、債務者たる銀行の債券所有者は、当該銀行の破綻を避けるために一定の条件の下に利息債権の猶予を承諾したが、その条件を債務者が遵守するか否かを監督するために毎年度決算、帳簿、財産の監査（検査）が必要とされた。これに、ドイツ信託会社は、監査部門を設けて債券所有者の代理人として関与し、成功を収めた。その後、同社は、不況の収束とともに、監査部門を外部の利用に供することとなった。そして、ドイツの信託業は第一次世界大戦後に発展期を迎え、多数の信託会社が設立された。

このように信託業が発展してくれば、右の事件におけるドイツ信託会社の立場を超え、信託会社に清算人となることを正面から認めるべきであるとの声が高くなるのは、自然の勢いではなろうか。そして、このことは肯定された。(26)そこで、さらに進んで、法人（信託会社）が強制的な清算手続ともいうべき破産手続の中心的機関である管財人の地位に就くことも認めるべきであるとの見解が出て来たと思われる。

ところが、そのような見解は、全くの少数説にとどまった。このことの原因は、自然人にのみ管財人資格を認めてきたローマ法以来の伝統(27)や、法人を管財人とすることにメリットがある大規模な破産事件（特に、国際的なそれ）が、現在のように多くはなかったと思われることのほか、特に、次の点にあると思われる。すなわち、当時の信託会社設立のブームの中では、「信託」の名に値しない不確実な基礎薄弱の会社も濫設されたが[28]、このいい加減な信託会社に対する不信が、右の見解が貫徹しえなかったことに大きく与っていたと思われる。

(2)　ドイツにおいては、右に見たように、信託会社が監査部門を外部に開放することから監査業が発展してきたため、信託会社は同時に監査会社でもある[29]。そして、今回の改正論議に際して主として念頭に置かれていた法人は、立法資料中にも現れているように、この経済監査会社であった。そして、そのようなことが考えられたのは、イギリスの例を模範としているとの指摘がある[30]。また、アメリカでは、会計事務所が倒産業務に大いに進出しているとの指摘もある[31]。そこで、次に、両国における実情を簡単に見ておくことにする。

(a)　会計ないし監査の世界では、アメリカにビッグ・シックスと呼ばれる巨大会計事務所が存在する[32]。そして、その巨大会計事務所は、現地事務所や現地法人を設けたり、提携先を確保したりして、その業務の世界的展開を図っており、そのことはイギリスに関しても同様である。

すなわち、イギリスにおいて、ビッグ・シックスの一つプライス・ウォーターハウスは、一九九一年に、倒産事件から前年比九四％増の手数料収入を、ＫＰＭＧは、六八％増の手数料収入を得たといわれる。また、同年、レシーバーシップ[33]（receivership）と会社管理[34]（administration）の手続数は、前年比三九％増の合計五、五一二件に達し、その多くにビッグ・シックスが関与したといわれる。ビッグ・シックスの倒産部門は佳境に入り、大いに伸びを期待されていたのである[35]。

ところで、管理レシーバー（administrative receiver）や管理人（administrater）として、管理レシーバーシップや会社管理という倒産事件の処理にあたる者には倒産処理実務家の資格が要求される[36]（一九八六年イギリス倒産法三八八条(1)(a)）。そして、法人は倒産処理実務家にはなれず（同法三九〇条(1)）、その有資格者の大多数は会計士であるそうである[37]。また、会社任意整理（company voluntary arrangement）という別の倒産手続に関してであるが、それは、ごく一部の倒産処理実務家によって事実上独占されているとの指摘もある[38]。

以上によれば、イギリスにおいては、ビッグ・シックス等の少数の巨大会計事務所に所属する倒産処理実務家である会計士が、個人としての資格で、管財人に相当する職に就いていると推測される。すなわち、ドイツにおいては、イギリスではビッグ・シックスが会計事務所として管財人に相当する職に就いて倒産事件を処理しているかのように考えられて、その例に倣うべきか否かが問題とされたように思われるが、イギリスの実情に関するそのような認識は誤りであると思われる。(39)

(b) 他方、ビッグ・シックスの本拠地であるアメリカにおいては、法律上、正面から法人（corporation）に管財人資格が認められている（アメリカ連邦破産法三二一条(a)(2)）。そして、何がこの法人に該当するかについては定義規定があり、「出資された資本のみが、その団体の債務の引当てになるものとして、法により組織されたパートナーシップ団体（partnership association）」は含まれるが（同法一〇一条(9)A(ii)）、リミテッド・パートナーシップ（limited partnership）は含まれない（同条(9)B）とされている。これは、個人的な無限責任の（共）存する団体は法人とはみなされないとの趣旨であり、したがって、通常の（無限責任のパートナーのみからなる）パートナーシップも法人とは認められない。(40) これに対し、一九九〇年代初め頃から認められるようになった有限責任のパートナーのみからなるリミテッド・ライアビリティ・パートナーシップ（limited liability partnership）というパートナーシップの形態は、パートナーシップを法人として認めない趣旨からすると、法人ということになるように思われる。

ところで、アメリカの会計事務所は、ビッグ・シックスのような巨大事務所を含め、伝統的にパートナーシップの法形態をとってきた。そして、一時期（一九六〇年代）職能法人（professional service corporation）の形態を利用することも行われたようであるが、それは、結局、利用されなくなったようである。(41) これに対し、最近のリミテッド・ライアビリティ・パートナーシップの形態はよく利用されるようであり、ビッグ・シックスはすべてこの形態に移行したようである。(42)

以上によれば、アメリカでは、会計事務所がそれとして管財人になることは、伝統的には法律上不可能であった。

そして、このことには最近変化が生じたが、その変化は専門家過誤訴訟による巨額な損害賠償義務に対する防衛という目的に根ざしているようである。(43) また、すぐ後に述べるところから明らかなように、アメリカでは、会計士が個人として管財人に選任される伝統はなかったと思われる。したがって、最近の会計事務所の法形態の変化は会計事務所がそれとして管財人になりたいとの要求から生じたものではないといえる。それ故、それがリミテッド・ライアビリティ・パートナーシップになったからといって、直ちに、管財人に選任されるようになったとは思われない。すなわち、アメリカでは、会計事務所が倒産業務に大いに進出しているとのドイツにおける指摘も、少なくとも、管財人にどのような者が選任されているかとの問題との関連では誤りと思われる。(44)

他方、アメリカでは、会計事務所ほどではないが、法律事務所も巨大化していることはよく知られた事実である。しかし、これがとる法形態についても会計事務所と同様のことをいいうるから、(45) それが、それとして管財人に選任されることがないのは、会計事務所に関してと同様であると思われる。また、わが国の会社更生法が信託会社と銀行を法人管財人の例としてあげているのは（同法九五条一項）アメリカでの慣行に倣ったといわれるが、(46) アメリカの信託機関の大部分は銀行である。(47) そして、わが国の古い文献では、信託会社が管財人に選任される例はあまり多くはないと推測されていた。(48) また、より最近のアメリカの文献には、幾つかの地域では、管財人候補者のリスト上支配的であるのは弁護士であるとの指摘がある。(49) したがって、アメリカでも、多くの場合、弁護士が個人として管財人に選任されていると推測される。(50)

(3) それでは、ドイツにおいては、今回の改正前に、どのような者が実際に管財人に選任されていたのであろうか。そしてまた、今回念頭に置かれていた経済監査会社の実情は、最近、どうなっているのであろうか。

(a) 今回の改正の前提として行われた実態調査の結果によると、破産管財人の職業は、弁護士六五％、税理士・税務代理人一五％、経済監査士五％、その他一五％であった。その他の内訳は様々であるが、その中には法律補助人、(51) 司法補助官やその他の司法公務員の退職者が含まれているので、これらと弁護士とをあわせると、広い意味での法律

〔表2〕 普段破産管財人に選任している者の職業別割合
(各裁判所による評価値の中央値：%)

| | 裁判所全体 289 | 大都市裁判所 48 | 中都市裁判所 57 | 小都市裁判所 158 | 第13地区裁判所 23 |
|---|---|---|---|---|---|
| 弁護士 | 56 | 67 | 57 | 53 | 58 |
| 経済監査士 | 11 | 11 | 12 | 10 | 8 |
| 税理士 | 13 | 10 | 15 | 12 | 20 |
| その他 | 19 | 12 | 17 | 24 | 28 |

注1） 裁判所欄の数字は，当該分類に属する裁判所ないし破産部の数である。
注2） 第13地区裁判所には，カッセル，マールブルク，フルダ，ギーセンの各地裁管轄区域内の裁判所が属する。この地域は住民構成が特殊であるとの理由によって，特別なグループにまとめられている。第13地区とは，電話帳上の地区分類にちなんだ命名である。

家が七五%となり、商人等をも含めた経済的な知識・経験を有する者は二五%であった[52]。また、普段破産管財人に選任している者を職業別に分類した場合、その職業別の割合はどうなるかも、各破産裁判所に問われている。そして、全裁判所のうちの二〇・三%の裁判所（絶対数では五三の裁判所）は一〇〇%弁護士を選任していると答えているが[53]、全体としては、それほど弁護士の比率が高いわけではない。すなわち、〔表2〕[54]によれば、この問に対する弁護士の割合に関する、全裁判所の回答の中央値は五六%に過ぎない。そして、弁護士の比率は大都市であればあるほど高い、ということも〔表2〕から読み取れる。

弁護士が破産管財人に選任される割合は、わが国の実情[55]と比べれば、意外に低いように思われなくもない。しかし、それは、他の職業の占める割合に比べれば、やはりずっと高いということができる。

(b) ドイツの大手の経済監査会社も、現在、ビッグ・シックス等による業務の世界的な展開の網の目の中に組み込まれており、それが関係を有するアメリカの会計事務所を基準とした幾つかのグループにグループ分けすることができる。そして、〔表3〕[56]は、各グループの傘下会社数、年間手数料収入、総人員数、経済監査士概数を示したものである。手数料収入上位七グループのうち第六位のBDOを除いた六つが、ビッグ・シックス傘下のグループである。上位七グループと第八位のグループの間に大きな格差がある。ここから、ドイツの会計の世界は、大規模な経済監査会社に

〔表3〕 ドイツの経済監査会社

| 会社グループ（傘下会社数） | 提携事務所 | 手数料収入（100万DM） | 総人員数（1992） | 経済監査士概数（1994.1.1） |
|---|---|---|---|---|
| ①KPMG Deutsche Treuhand Gesellschaft (21) | KPMG | 917（1992） | 5,229 | 525 |
| ②C&L Deutsche Revision (19) | Cooper & Lybrand | 852（1992） | 4,770 | 525 |
| ③Schitag Ernst&Young Gruppe (25) | E&Y | 445（1992） | 2,568 | 230 |
| ④Arther Anderson&Co (2) | AA&Co SC | 266(1992.8.16〜93.8.15) | 1,395 | 120 |
| ⑤Wollert-Elmendorff Deutsche Industrie-Treuhand (9) | Deloite Touche Tomatsu International | 255（1991.7.1〜92.6.30） | 1,250 | 150 |
| ⑥BDO Deutsche Warentreuhand (23) | BDO Binder | 218（1993） | 1,120 | 150 |
| ⑦Price Waterhouse (5) | PW | 214（1992.7.1〜93.6.30） | 1,169 | 100 |
| ⑧Arbeitskreis Wirtschaftsprüfer Kooperation | Moores Roland International | 87（1992） | 643 | |

よって支配されており、ビッグ・シックスにBDOをプラスした七グループによる寡占状態にあることが分かる。

(4) 先に指摘したように、一九三〇年頃に解釈論としての法人管財人肯定説が支配的となりえなかった原因の一つは、当時念頭に置かれていた信託会社に基礎薄弱なものが多かった点にあったと思われる。

これに対し、その論拠としては当時と同じようなことが主張されているが、今回の立法論としての法人管財人に対する反対説の背景には、一九三〇年頃とは全く異なった事情があると思われる。すなわち、右に見たように、今回念頭に置かれていた経済監査会社は大規模化しており、基礎薄弱とはいえないであろうが、まさにそのことが、法人管財人賛成説に災いした。つまり、現在のドイツの大規模な経済監査会社はビッグ・シックス等の網の目の中に組み込まれているが、そのビッグ・シックス等は、イギリスやアメリカでそれとして管財人ないしそれに相当する職に就くことが多いとの誤解が抱かれた。そこで、現在破産管財人の職に就くことの多い弁護士から、法人管財人を認めると、ドイツにおいてもイギリスやアメリカにおけるのと同様に、大規模な経済監査会社が管財人に選任されることになり、自らの職域が侵されるのではないかと反発された[57]。今回の反対説の背景には、この反発があると思われる。

他方、これも先に見たように、今回の法人管財人賛成説の論者は、専門横断的なチームの必要性と職業戦略的な側面を強調している。すなわち、論者は弁護士にも職能法人の利用を認めたうえで、この法人に経済監査士等の他の専門職の者も含めることを考えている。そして、そのような専門横断的な会社のみが、迅速かつ相当な費用で中小規模の手続の処理にあたることができるとする。中小企業にも新たに認められた再建のための更生手続の利用を可能ならしめるためには、このようなことが必要であるというのである[58]。

以上を要するに、この論者が念頭に置いているのは、新たに設けられるべき弁護士法人である。そして、そのような新規の会社が急速に大規模化することは考えられていないであろうから、比較的小規模な法人を念頭に置いていると思われる。また、たとえ大規模な経済監査会社が管財人市場に参入することとなったとしても、専門横断的なスタッフを抱えた会社としてそうするならば、それはそれで差し支えないとも考えているように思われる[59]。さらに、論者は、弁護士が専門横断的な協同作業の必要性に無関心でいるうちに、経済監査会社の主導の下にそのような協同作業のためのチームが形成されるようになることを危惧しているように思われる[60]。

## 四　日本法上の問題として

(1)　本稿冒頭に見たように、わが国においても、ドイツと同時期に、法人に破産管財人資格を認めるべきであるとの学説が主張された。その際、念頭に置かれていたのが信託会社であったという点も、ドイツの場合と同様である。そして、そのような学説が全くの少数説にとどまった理由も、ドイツにおけるのと同様であると思われる[61]。

すなわち、わが国最初の民間信託会社は、明治三九年に設立された東京信託株式会社であったといわれるが、その後、日露戦争後の経済の発展と第一次世界大戦後の好況に刺激されて、民間信託会社が多数設立されていった。しかし、その中には、信託会社の名の下に社会に害毒を流す泡沫会社や、資力に乏しく信用上問題のあると思われる会社も多数含まれていた。そこで、政府は、大正一一年に信託法と信託業法を制定し、信託業界を取り締まり、監督することとなった。その際、信託協会から、法律の明文の規定によって（右の二法の制定は現行破産法制定と同年である）、信託会社に破産管財人資格を認めるべきであるとの運動もなされた。(62) それはともあれ、信託関係二法の制定の結果、従来からのいい加減な信託会社は信託業界から淘汰され、他方で、旧財閥系の基礎強固な信託会社が設立されるようになった。

このように、信託関係二法の制定の結果、健全な信託会社も設立された。また、その前から、中には、かなり大規模な信託会社で比較的良好な業績をあげるものもなかったわけではない。そこで、右に見たような立法運動がなされたり、法人の破産管財人資格を肯定する学説が主張されたと思われるが、多数のいい加減な会社が存在したり、そのような状況がついこの間まであったという時期では、そういった運動や学説が受け入れられなかったのは当然であったと思われる。

(2)　戦後、信託会社は信託銀行に転換し、信託業の黎明期のようないい加減な信託会社は、もはや存在しない。そこで、戦後制定された会社更生法は、既に何回か指摘したように、信託会社と銀行を例にあげ、法人にも更生管財人資格を認めている（同法九五条）。しかし、これは、現実には機能していない。それはなぜであろうか。また、立法論として法人に破産管財人資格を認めた場合、それは機能するであろうか。これらの問題を考えるについては、ドイツにおける今回の改正に際しての議論が参考になる。

(a)　まず、そこでも指摘されているように、法人管財人のメリットは、法人の内部に集積された管財業務に関わる専門横断的（会計的・経営的、法律的）な知識・経験を包括的に利用しうるということにあろう（倒産法委員会少数意見④、ブラウンの賛成説(a)前半）。しかし、わが国の信託銀行がそのような知識・経験を現在有しているとは思われないし、将来有するようになる見込みもあまりないと思われる。

すなわち、わが国の信託銀行の業務の中心は、受託した金銭を長期貸付金や証券に運用することである。[63]したがって、それは、金銭のほか、不動産、動産、債権等を含む包括的な財産を運用するという知識・経験に欠けると思われる。そして、このことは、普通銀行についても同様であろう。

のみならず、ここで必要とされているのは、倒産事件に関連して包括的な財産を管理・運用・換価する知識・経験である。そして、そのような知識・経験を集積するためには、ある程度の数の事件数をこなす必要があろう。他方、小規模な倒産事件では、敢えて、法人を管財人として利用する必要はないであろう。そこで、そうなると、法人は裁判上の倒産手続によって知識・経験を集積する機会を十分には持ちえないから、そうするためには、裁判外での倒産関連業務に積極的に関わる機会を持たなければならないであろう。しかし、そのようなことをすれば、弁護士法に違反するおそれも生じかねないであろう。

(b)　次に、一般の有限責任の会社を管財人に選任することには、倒産法委員会多数意見③・パーペ等の反対説の論拠第八の問題がある。これに対するブラウンの反論は、自らが認めるように、形式的であり、説得力に乏しい。それ故、この視点からは大企業が管財人に選任されるべきであり、その意味では、わが国の信託銀行や大手の都市銀行には問題は少ない。[64]

他方、裁判所と実際に管財業務に当たる者との間には緊密な関係が保たれ、信頼関係が築かれる必要がある（倒産法委員会多数意見①・反対説の論拠第二）。それ故、それが会社側の都合で一方的に変更されてはならない。代表者（や担当の被傭者）の交替があっても当該法人が管財人のままであるとのブラウンの反論は、実際に業務を担当するのは生身の人間であることを軽視したあまりに形式的な議論である（自らも形式的と認めている）。そして、ドイツの議論は、第一次的には、法人の代表者が管財業務に当たるとの前提の下でなされているが、この場合には、倒産法委員会多数意見②・反対説の論拠第二の問題がある。たとえば、わが国の大企業の代表者はいわゆるサラリーマン重役であることが多いから、管財業務を担当中であるとの理由によって、任期が来たのに留任を認められるということなどはあまり期待できないように思われる。

ただし、ドイツの議論は、第二次的には、実際に管財業務に当たるのが法人の被傭者である場合も念頭に置いており、法人に管財人資格を認めた場合実際にはこちらの方が多くなると思われる。しかし、その場合には、反対説の論拠第一末尾・第五・第七の問題が生じうる。もっとも、わが国の会社更生手続においては、会更法九五条二項を手掛かりとして、責任者として代表取締役を裁判所に届け出るとともに、実際に管財人の職務を行うべき者を管財人の代理人として届け出、裁判所からの連絡はその者に対してなすのが適当であるとされている(65)。そして、このようにすれば、実際に業務に当たる者の監督やその能力の審査はこの者について行えばよいであろうから、反対説の論拠第一末尾等の問題は幾分は解消されうる。しかし、わが国の大企業でそのような業務を担当することになる者があるとすれば、それは幹部ないし幹部候補生である被傭者であろう。そして、そのような者は、各種の業務を経験するために配置転換され、あるいは転勤させられているのが実情であろう。それ故、会社更生手続におけるような工夫をこらしたとしても、右の問題は完全には解消されえないであろう。

以上を要するに、裁判所と実際に管財業務に当たる者との間の緊密な信頼関係の形成・維持という観点からは、管財人に選任される法人は、裁判所が信頼しうる法人であることが必要である。そして、そうであるためには、裁判所が、代表者や実際に業務に当たる者がそう頻繁には交替しない、たとえ交替しても、同一の地位に就いた後任者が前任者と同程度の能力を有するであろう、と考えることができなければならない。また、さらにそのためには、裁判所が代表者の人格と能力とを個人的に信頼でき、それを通じて法人の内部にもある程度は通じている必要があろう。このような要請を満たす法人があるとすれば、それは比較的小規模な法人であると思われる。ドイツの反対説も、大規模な経済監査会社を念頭に置いていた。

(c) 信託銀行、大手都市銀行等の一般の企業には、現在も、将来的に見ても、倒産業務に関連した専門横断的な能力の集積という点で問題がある。また、この点をさて措いても、管財人に選任される法人は、責任の観点からは大企業である必要があるが、裁判所との関係との観点からは比較的小規模な法人であることが望ましい。すなわち、管財人に選任されるのに適した法人は、これらの矛盾した要請を満たさなければならない。そして、そう考えると、現状を前提とする限りは（信託銀行、大手都市銀行等の一般の企業を念頭に置く限りは）、今後も更生管財人に法人が選任されることはあまりないであろうし、法人に破産管財人資格を認める立法を行っても、その規定はほとんど活用されないと思われる。

(3)　しかしながら、右に述べたところは、現状を前提とする限りである。すなわち、次には、ドイツにおけるブラウンの賛成説(a)後半に倣って、職能法人について考察する必要がある。

(a)　わが国における法律（弁護士）事務所の法人化の議論は、既に相当長い歴史を有する。[66]そして、最近の議論においては、法律事務所の法人化のメリットとして、ブラウンが主張するのと同じようなことのほか、法曹一元制度との関連等の様々な点が指摘されている。しかし、ここでは、法人化それ自体のメリット・デメリットの問題には立ち入らず、[67]提案されている法律事務所法人化法案を前提として、これが法人管財人の問題との関連でどのように評価されるかにのみ触れる。前提とされるのは、平成七年九月七日の日弁連業務対策委員会第二小委員会試案であり、[68]この試案の関係部分は以下のとおりである。

右試案では法律事務所法人は法務法人と呼ばれ（試案二条三号）、弁護士法三条に定める業務等を行う（試案九条）。法人の社員は弁護士でなければならず、かつ、その員数は二人以上であることを要する（試案五条一号・二号）。社員は、原則として六カ月前に予告をすることにより、法人を脱退することができる（試案二三条二項）。また、社員は、特に法人を代表する者を定めない限り、各自法人を代表する（試案二九条）。法人は、非社員弁護士を置くことができる（試案三一条）。法人は、法律業務を受任した場合には、その指定した社員または非社員弁護士（「指定弁護士」という）に当該法律業務を行わせるが、非社員弁護士に行わせるときは、社員と共同でなければ指定をしてはならない（試案三三条一項）。指定弁護士は、法律業務の遂行について依頼者から直接授権を受け、法律業務を遂行する（同条二項）。法人の法律業務の遂行に関して生じた依頼者に対する債務については、法人と指定弁護士である社員が、無限連帯責任を負い（試案三六条一項）、反面、社員の出資金払込義務は定められていない。

(b) 先に見たように、法人管財人の問題点の一つは責任の問題である。しかし、この法人では人的な無限連帯責任が定められているから、この点は問題とならない。また、この法人が管財人に選任される際には、実際上、裁判所と当該法人との間で、予め誰を指定弁護士とするかが協議されるであろうから、パーペ等の反対説の論拠第五の点もあまり気にしなくともよいであろう。そして、手続開始後は、裁判所はこの指定弁護士との間に緊密な関係を築くことができようから、反対説の論拠第一末尾も問題とはならないであろう。もっとも、法人の側の一方的な都合で指定弁護士が変更されてしまうという問題は残りえないではない。しかし、そのような可能性は、一般の大企業を管財人に選任した場合に、担当の代表者や実際に業務に当たる被傭者が変更する可能性より小さいであろう。のみならず、この法人はそれほど大規模なものとはならないであろうし[69]、法人に所属する社員弁護士は日頃裁判所と接触する機会も多いであろうから、裁判所は、当該法人の内部事情にもある程度は通じることができよう。すなわち、裁判所は、ある程度、そのような変更が生じて別の者が指定弁護士となっても差し支えがない体制が当該法人に整っているかを、予め判断することができよう[70]。指定弁護士である社員の脱退という事態であれば、原則として、突然行われることはないという保証もある。

以上のように考えると、それがそれほど大規模でなければ、法務法人を管財人とすることによるデメリットはないとはいえないまでも、それほど大きくはない。他方で、それが小規模であれば、法人を管財人とするメリットもあまりない。それ故、将来法務法人が立法化され、小さくも大きくもない適度な規模の法務法人[71]が設立されるようになれば、それを大規模な倒産事件で管財人に選任することは十分に意味のあることではなかろうか。ただし、法人管財人のメリットは専門横断的な知識・経験の包括的な利用という点にあるが、右で考えられている法務法人では、会計的・経営的知識・経験の面では不十分な面がある[72]。したがって、そのような法務法人が立法化されれば、大規模な破産事件の管財人として活用されるほか[73]（もちろん、法人の破産管財人資格が立法によって認められることを前提としてである）、現在弁護士がそれに選任されているような事件（【表1】参照）の一部で更生管財人にも選任されるようになることが期待されるが、更生事件でそれ以上に活用されることはないであろう。

(c)　他方、既に現在、わが国には、職能法人として監査法人が存在するが、これを更生管財人に選任しうるかには争いがある。否定説は、監査法人に認められている業務の範囲（会計士三四条の五・二条）を理由とするが[74]、これには、公認会計士が更生管財人に選任されていること（【表1】参照）との対比からする肯定説[75]が対立している。監査法人と公認会計士に認められている業務の範囲は基本的に同一であるから後説に賛成するが、現実には、監査法人が更生管財人に選任されることは全くない。これには、以下のような理由があると思われる。

監査法人の社員は公認会計士でなければならず、その員数は五人以上でなければならない（会計士三四条の四第一号・第二号）。そして、それらの社員は、法人の債務について無限連帯責任を負う（会計士三四条の二二、商八〇条）。したがって、責任の面からは、この法人を更生管財人に選任することには問題はない。しかし、この法人は、アメリカの会計事務所やドイツの経済監査会社と同様に、大規模化している。たとえば、わが国最大の監査法人といわれる朝日監査法人は、平成七年三月三一日現在、社員三一四人、公認会計士と会計士補で計九二六人、その他の職員を合わせて総計一、五六一人の人員を抱えている[76]。そのうえ、その規模にかかわらず、わが国の監査法人には法律的な知識・経験の面で不十分な点がある[77]。したがって、監査法人を更生管財人に選任することには、裁判所との間の緊密な信頼関係という面でのデメリットを補うほどの専門横断的な知識・経験の活用というメリットが期待できない。

監査法人が更生管財人に選任されないことには、そもそも有力な不適法説があることのほかに、右のような理由があるのではなかろうか。それ故、監査法人は、今後も更生管財人に選任される可能性は薄いし[78]、法人に破産管財人資格を認める立法がなされたとしても、破産管財人に選任されるようになるとは思われない。

## 五　結　語

以上、ドイツ新倒産法の立法過程における議論を踏まえ、かつ、その議論の背景事情にも目を配りつつ、法人管財人の問題について検討した。結論を要約すると以下のようになる。

現状を前提すると（すなわち、信託銀行や大手都市銀行等の一般の企業を念頭に置く限り）、更生管財人に関しても、そして、法人に破産管財人資格を認める立法がなされても、法人管財人の制度は機能しないであろう。ただし、法律（弁護士）事務所の法人化を認める立法がなされれば、適度な規模のそれが大規模な破産事件の管財人として活用されることが期待されるし、現在弁護士がそれに選任されているような事件の一部で更生管財人にも選任される可能性もあろう。ただし、法律事務所の法人化の内容が現在考えられている程度のものであれば、右以上に法人である法律事務所が活用されることはないであろう。他方、監査法人は、今後も更生管財人に選任される可能性は薄いし、法人に破産管財人資格を認める立法がなされても、それに選任されることはないであろう。

このように考えると、「改正検討事項」に対する回答は、現状を前提とする限り、「どちらでも構わない」というはなはだいい加減なものとなる。すなわち、法人に破産管財人資格を認める立法を行っても機能しないであろうが、そのような規定があったからといって、利用しなければ別に実害もないのであるから、敢えて積極的に反対するまでのこともない。ただし、法律事務所の法人化は時代の流れであると思われるので、これを側面から支援するために、法人に破産管財人資格を認める立法を行うことには意味があるかもしれない[79]。

（1）　左欄は終結した事件一一九件の更生管財人に関する数字であり、宮脇幸彦＝時岡泰『改正会社更生法の解説』（昭四四）三一七頁による。これに対し、右欄は廃止になった事件を含め、およそ管財人の選任された事件三一二件の更生管財人に関する数字であり、同書と同様に、司法統計年報に遡って調査した結果であるが（なお、同年報昭和四八年版には、昭和四七年までに既済になった事件も何件か掲載されており、それらのうちの管財人の選任された事件三二件も右欄の数字に含められている）、統計の取り方が変わっているために債権者、更生会社役員は数字に現れていない（なお、会社役員は左欄に、実業家は右欄に関わる）。なお、同様の理由により、昭和五一年以降の数字は明らかにできない。ただし、東京地裁民事八部でも、法人管財人が選任された先例を知る者はいないとの指摘がある。金筑誠志「更生管財人の適任者とその選任」判タ八六六号（平七）一五七頁。

（2）山内確三郎「法人と清算管理の事務(上)(下)」法律新報三八号一頁、三九号一頁（大一四）、細矢祐治「法人能力に関する立法思想と信託会社」法学新報三七巻二号（昭二）一七頁以下。

（3）石原辰次郎『破産法・和議法実務総覧〔全訂版〕』（昭五六）四五九頁（後述のドイツの反対説と類似の論拠をあげている）、斎藤秀夫ほか編『注解破産法〔第三版〕』下巻（平一一）二九三頁〔安藤一郎〕、司法研修所編『破産事件の処理に関する実務上の諸問題』〔司法研究報告書三五輯一号〕（昭六一）一〇四頁等。

（4）倒産法制に関する改正検討事項第1部第1章第1、8(2)ア。

（5）深山卓也ほか「『倒産法制に関する改正検討事項』に対する各界意見の概要(1)」NBL六四七号（平一〇）一三頁。

（6）Hachenburg, GmbHG, 5. Aufl., Bd. I, 1926, § 13 Anm. 4; Bondi, Kann eine Handelsgesellschaft oder eine juristische Person des bürgerlichen oder des öffentlichen Rechts Handlungsbevollmächtiger, Handlungsgehilfe, Handlungsagent und dergl. sein oder andere Vertreter-u. Vertrauensagent, wie Liquidator, Testamentsvollstrecker, Konkursverwalter und dergl. einnehmen?, Zentralbl f. Handelsrecht 1929, 38.

（7）Jaeger/Weber, KO, 8. Aufl., Bd. II/1, 1973, § 78 Rdz. 7; Uhlenbruck/Delhaes, Konkurs-und Vergleichsverfahren, 5. Aufl., 1990, S. 310; Kuhn/Uhlenbruck, KO, 11. Aufl., 1994, § 78 Rdz. 4. なお、否定説の判例として、OLG Köln, LZ 1908, 245; OLG Hamburg, JW 1931, 2155.

（8）公聴会の席上の議論を伝える報告書として、BT-Drucks. 12/7302, S. 161.

（9）政府草案とそれをめぐる議論については、木川裕一郎『ドイツ倒産法研究序説』（平一一）二七頁、三八頁、五一頁にも、簡潔な紹介がある。

（10）ただし、倒産法委員会の第一報告書の段階では、まず事前手続を開始してその中で清算（破産）または再建（更生）のいずれを目的としてそれ以降の手続を進めるかを決定することとされていたのが、それ以降の草案と成立した倒産法では、開始された倒産手続それ自体の中で、この点を決定することとされている。木川・前掲注（9）一〇頁以下、六一頁以下、三上威彦編著『ドイツ倒産法改正の軌跡』（平七）七頁以下、七八頁以下。

（11） Erster Bericht der Kommission für Insolvenzrecht, 1985, S. 127f.

（12） Vgl. Diskussionsentwurf : Gesetz zur Reform des Insolvenzrechts, 1988, S. B 45f.

（13） Vgl. Referentenentwurf : Gesetz zur Reform des Insolvenzrechts, 1989, 3. Teil, S. 56f.

（14） Begründung zum § 65 RegE, in : Kübler/Prütting (Hrsg.), Das neue Insolvenzrecht, Bd. I, 1994, S. 227.

（15） 一九三〇年頃のドイツの議論については、斎藤常三郎「法人と清算人及び破産管財人」『破産法及和議法研究六巻』（昭六、初出昭五）二〇頁以下に詳しい。なお、そこに掲げられていない典型的な否定説として、Bendix, JW 1931, 2587f. また、その頃と今回の改正論議との間の肯定説として、Sktotzki, Juristische Personen und Personengruppen als Konkursverwalter, KTS 1961, 143ff. がある〔論旨にはやや不明確なところがないわけではなく、これを肯定説と見ない見解もないわけではないが〔Pape, Konkursverwalter mit beschränkter Haftung?, ZIP 1993, 740 Fn. 30〕、結局、法人を管財人に選任することは当不当の問題となるに過ぎないとしているので、肯定説に数えて差し支えないと思われる〔vgl. Hess, InsO, Bd. 1, 1999, § 56 Rdz. 47〕）。

（16） 以下の叙述は、主として、Pape, a. a. O. (N. 15), S. 739ff. を要約したものであり、これと重複しない限りで、Uhlenbruck, Die juristische Person als Insolvenzverwalter nach dem Entwurf einer Insolvenzordnug (InsO), AnwBl 1993, 456f. の論拠を補った。なお、政府草案理由書の叙述に対するその他の反対説として、Gravenbrucher Kreis, „Große“ oder „kleine“ Insolvenzrechtsreform?, ZIP 1992, 659 があるほか、前述の公聴会の折に提出された態度表明書中でも反対意見が表明されている。Deutscher Anwaltsverein, Stellungnahme vom 26. 4. 1993, S. 4f.; Wellensiek & Partner, Stellungnahme vom 26. 4. 1993, S. 4f.（以下と同一の視点のほか、外国〔どこかは明示されていない〕での例によると、法人管財人には費用がかかり過ぎることが指摘されている）。また、以下の第一点については、田代雅彦「ドイツ連邦共和国における倒産実務の研究(下)」曹時五二巻三号（平一二）六九一頁も参照のこと。

（17） Bondi, a. a. O. (N. 6), S. 38. ドイツにおいては、一九二二年七月四日のライヒ裁判所の決定（RGZ 105, 101）

により有限会社が合資会社の無限責任社員となることが認められており（このような合資会社を「有限合資会社」という。この会社形態については、ケメラー＝ブラウロック／前田重行訳「有限合資会社」日独法学一号（昭五二）一頁以下参照）、この決定と商法一四六条一項（清算は、原則として、すべての社員が清算人となって行われる）から法人は合名会社の清算人となりうるとされ、さらに、実務は法人が他の法人の清算人に選任されうるというところまで進んだ (Bondi, a. a. O. (N. 6), S. 36)。そして、株式会社に関しては、一九三七年の株式法二〇六条一項二文以来（現行株式法では二六五条二項三文）、法人も清算人たりうる旨の明文の規定が置かれている。

(18) そのようなことは容易に判明し、そうなれば解任されるという趣旨であろう。

(19) Braun, Die Bedrohung der Konkurs-Kultur durch Berufsgesellschaften mit beschränkter Haftung als Konkursverwalter, BB 1993, 2173ff. 他に、Hess/Goetsch, Die Sanierung der Konkursordnug durch die Insolvenzrechtsreform?, 1993, S. 21 も政府草案理由書の叙述を積極的に評価していたほか、前述の公聴会の折に提出された態度表明書中にも賛成意見がなかったわけではない。Deutscher Gewerkschaftsbund, Stellungnahme vom 26. 4. 1993, S. 7.（以下と同一の視点のほか、法人管財人は大きな弁護士事務所と変わらないとの指摘をしている）。また、シュツルナー（Baur/Stürner, Zwangsvollstreckungs-, Konkurs- und Vergleichsrecht, Bd. II, 12. Aufl. 1990, S. 145 は、（新倒産法によって取って代わられる前の）破産法の解釈論としては、法人には管財人資格は認められないが、これは永く維持することのほとんど不可能な原則であるとしていた。さらに、ハインツェは、法律家や経済監査士等からなる管財人団の形成という倒産法の改正論議が本格化する以前からの主張（Heinze, Aspekte der Insolvenzrechtsreform, KTS 1980, 12f.）を、その後も繰り返すとともに（ders., Möglichkeiten der Sanierung von Unternehmen durch Maßnahmen im Unternehmens-, Arbeits-, Sozial- und Insolvenzrecht, NJW 1982, 1671；ders., Verfahrensrechtliche und arbeitsrechtliche Aspekte eines neuen Insolvenzrechts, ZHR Bd. 149 (1985), S. 517f.)、管財人団がどのような組織形態をとるかに関わりなく、法人の管財人資格を認めるべきである旨を指摘していた（ders., a. a .O., ZHR Bd. 149, S. 518 Fn. 42)。

(20) 経済監査士法一条三項・二七条一項、税務相談法三条一号・四九条。これは、ドイツにおいては、株式会社や有限会社の会社形態は、営利目的のみならず、非営利的な経済的目的（たとえば、社員の経済的利益の維持と促進の目的）

や精神的な目的（たとえば、社交、スポーツ、学問）のためにも利用されうるという一般原則（『現代外国法典叢書(9)・独逸商法Ⅳ有限会社法』（昭一四、復刻昭三一）二六頁〔大隅健一郎〕参照。ちなみに、わが国でいう会社の目的は事業目的を意味しており、ドイツにおいては、この事業目的は、営利目的等の目的を達成するために会社に許された活動範囲を画するものと捉えられている。K. Schmidt, Gesellschaftsrecht, 3. Aufl. 1997, S. 67ff.）の現れである。

（21）ただし、前注(20)に指摘した一般原則からして、既に現行法上、弁護士にも、その職業を有限会社の形態で営むことは許されているとの見解が、次第に有力になりつつはある。Ahlers, Die Anwalts-GmbH nach geltendem Recht, AnwBl 1991, 226ff.; Heinemann, Rechtsformwahl und Anwalts-GmbH, AnwBl 1991, 233ff.; Koch, Zur Zulässigkeit der Rechtsanwalts-GmbH nach geltendem Recht, AnwBl 1993, 157; Henssler, Anwaltsgesellschaften, NJW 1993, 2140ff.; Scholz/Emmerich, GmbHG, Bd. I, 8. Aufl., 1993, §1 Rdz. 13.

（22）ある者が、法人の代表権ある機関またはそのような構成員等として行為した場合に、特別な個人的特性、関係または事情（特殊な一身的要素）が可罰性を基礎づける法律が、それらの要素が当該の者に存在しなくとも本人に存在すれば、当該の者に適用されるとの規定。

（23）商法三二三条二項は、過失ある行為をした決算監査士等の賠償義務は、一監査につき五〇万マルクに制限される旨を規定する。そして、この規定は、同法三一六条以下の義務的監査事件についてのみ適用があると解されている。Baumbach/Hopt, HGB, 29. Aufl., 1995, §323 Rdz. 6.

（24）新倒産法に関する著書は、本文に紹介した反対説の論拠の幾つかを援用しつつ、新倒産法の態度を是としている。Hess, a. a. O. (N. 15), §56 Rdz. 47ff.; Braun/Uhlenbruck, Unternehmensinsolvenz, 1997, S. 183; Häsemeyer, Insolvenzrecht, 2. Aufl., 1998, S. 92f.; Wimmer (Hrsg.), rankfurter Kommentar zur InsO, 1998, §56 Rdz. 7 [Hössl]; Smid, Grundzüge des neuen Insolvenzrechts, 3. Aufl. 1999, S. 126f.; ders. (Hrsg.), InsO, 1999, §56 Rdz. 3f. [Smid]; Kübler/Prütting (Hrsg.), Kommentar zur InsO, Bd. I, 1998, §56 Rdz. 4 [W. Lüke]; Nerlich/Römermann (Hrsg.), InsO, 1999, §56 Rdz. 7 [Delhaes]. なお、右の二つのスミットの著書では、賛成説の論拠として援用されている、新法の倒産手続に再建のための更生手続が組み込まれているとの点は、反対説の論拠第一、第八と組み合わされて、むしろ反対説の論拠とされている。すなわち、更生のための措置には大きな危険を伴うから、そのよ

うな手続こそ、それ自身の個人的な無限責任に裏打ちされた管財人に対する特別な信頼を前提とするというのである。

(25)　以下のドイツ信託業の発展の概略については、オットー・ヒントナー／白井規稚矩訳及補注『独逸信託業概説』(昭六）二五頁以下、二八頁以下、六四頁参照。

(26)　前注(17)参照。

(27)　Vgl. Uhlenbruck, a. a. O. (N. 16), S. 454.

(28)　ヒントナー／白井訳及補注・前掲注(25)六四頁。

(29)　ヒントナー／白井訳及補注・前掲注(25)三四頁以下。

(30)　Grub, Der Regierungsentwurf der Insolvenzordnung ist sanierungsfeindlich!, ZIP 1993, 397.

(31)　Uhlenbruck, a. a. O. (N. 16), S. 454 Fn. 5 und S. 455.

(32)　学術的な著書ではないが、その実態については、マーク・スティーブンス／明日山俊秀＝信達郎訳『ビッグ・エイト』(昭五八)、マーク・スティーブンス／明日山俊秀＝長沢彰彦訳『ビッグ・シックス』(平二）が興味深い（一九八九年に、ビッグ・エイトは合併によってビッグ・シックスになった)。ビッグ・エイト全体で、所員数一五万人、事務所数一、五〇〇、事務所所在地一〇〇カ国以上に及んでおり、その最大のものに比べれば、全米最大の法律事務所でも十分の一以下の規模に過ぎないといわれる（前者の一九頁)。また、ビッグ・シックス中の最大のアーサー＆ヤングの一九八九年の収入は二二億六千ドル、パートナー数二、一三一人となっている（後者の一一頁)。

(33)　レシーバーシップには、浮動担保の実行方法としてのレシーバーシップと管理レシーバーシップがある（前者については、中島弘雅「イギリスの再建型企業倒産手続（一)」民商一一八巻四・五号（平一〇）五九四頁以下、後者については、同六〇五頁以下参照)。本文のそれが前者のみを意味しているのか、後者のみを意味しているのか、あるいは両者を指しているのかは明瞭ではない。

(34)　会社管理については、中島・前掲注(33)(二）民商一一八巻六号（平一〇）七一四頁以下参照。

(35)　以上のイギリスの実情については、cf. Accountancy, February 1992, p. 14. 五、五一二件のレシーバーシップと会社管理のうち、コーク・ガリーが八三八件、ＫＰＭＧが六一〇件、トゥシュ・ロスが五三〇件、アーンスト＆ヤングが五一一件、グラント・ソルントンが四八七件、プライス・ウォーターハウスが三六七件、アーサー・アンダーソンが二八八件（以上計で三、六三一件、全体の六六％）を扱った。これらのうち、一番目と五番目以外がビッグ・エイト（シックス）に属する。

(36) ただし、管理レシーバー以外のレシーバーには、倒産処理実務家の資格は要求されない。後藤雅一「新しい英国の倒産法の概要(4)完」ＮＢＬ四三四号（平元）一二頁参照。

(37) 中島・前掲注(33)六〇八頁以下。

(38) 中島・前掲注(33)(三・完) 民商一一九巻一号（平一〇）一九頁。

(39) 外国の例では法人管財人には費用がかかり過ぎるとの指摘（前注(16)参照）も、この誤解を基礎としているのかもしれない。

(40) 2 Collier on Bankruptcy ¶ 101.09 (1991).

(41) 以上につき、法律事務所に関してであるが、小杉丈夫「韓国とアメリカの法律事務所法人化事情」自正四六巻一〇号（平七）八四頁以下参照。

(42) 朝日監査法人二十五年史（平八）一八頁参照。

(43) 小杉・前掲注(41)八六頁参照。

(44) ウーレンブルックは、イギリスにおけるビッグ・シックスの倒産部門の活動に関して本文で指摘した実情（三(2)(a)）を、アメリカのものであるとして、そのような指摘をしている。しかし、この実情を紹介する記事の掲載誌はイギリスの雑誌であり、また、その記事の冒頭にはイギリスの倒産件数の報告がある。ウーレンブルックは、ビッグ・シックスの名に惑わされて、この記事をアメリカに関わるものと勘違いしているといわざるを得ないように思われる。

(45) ただし、それが最近リミテッド・ライアビリティ・パートナーシップの形態に移行しているか否かは詳らかにしない。

(46) 兼子一監修＝三ケ月章ほか『条解会社更生法（中）』（昭四八）二四〇頁参照。

(47) 逆に、信託業務を行っている銀行は、銀行総数の約四分の一である。なお、アメリカの信託機関と銀行との関係の詳細につき、青山和司『アメリカの信託と商業銀行』（平一〇）一頁以下参照。

(48) 斎藤常三郎「破産管財人と信託会社」『破産法及和議法研究三巻』（昭三）一一二頁以下。

(49)　3 Cowans, Bankruptcy Law and Practice, 263 (1986 ed.)

(50)　Cf. 1 Cowans, Bankruptcy Law and Practice § 2.2 (7th ed. 1998) なお、フランスにおける管財人の職は司法管財人（administrateur judiciaire）、企業清算人（mandataire judiciaire à liquidation des entreprises）と呼ばれ、それぞれ、その資格を有する者のみが選任されうる。そして、それらの者には、民事会社（société civile professionel. 一九八六年一一月五日デクレによる）や自由営業会社（société d'exercise libérale. 一九九〇年一二月三一日法による）の形態で業務を行うことも認められており（以上の詳細につき、山本和彦『フランスの司法』（平七）三四三頁以下参照）、このうちの前者は、それとして司法管財人または企業清算人に選任されうるとされている（一九八六年一一月五日法五条）。しかし、ウーレンブルックによれば、パリ控訴院の司法管財人のリストには一社しか民事会社は登載されておらず、フランスの右の制度はほとんど実際上の意義を有していないと評価されている。Uhlenbruck, a. a. O. (N. 16), S. 455 und Fn. 26.

(51)　「法律相談の分野における濫用防止法」により、弁護士ではなくして業として法律相談を行い、訴訟における輔佐人または代理人たることを許された者をいう。山田晟『ドイツ法律用語辞典〔改訂増補版〕』（平五）五一五頁参照。

(52)　Gessner/Rhode/Strate/Ziegert, Die Konkursabwicklung in der Bundesrepublik Deutschland, 1978, S. 56, 208. なお、田代・前掲注(16)(上)(中)(下)曹時五二巻一号一五頁、二号三三三頁、三号六五四頁・六六二頁・六七〇頁・六八〇頁・六九二頁（平一二）も参照のこと。

(53)　Gessner/Rhode/Strate/Ziegert, a. a. O. (N. 52), S. 79.

(54)　Gessner/Rhode/Strate/Ziegert, a. a. O. (N. 52), S. 64, 79.

(55)　わが国では、破産管財人にはほとんどの場合弁護士を選任しており、弁護士のいない地裁支部などで非弁護士（たとえば、調停委員）を選任した事例もあるようであるが、裁判所の指導が大変であろう、と指摘されている（麻上正信「破産管財人」同監修『新版破産法（金判別冊2）』（平二）六八頁）。ただし、更生管財人には、非弁護士が選任されることの方がむしろ普通である（【表1】参照）。

(56)　European Accountant, January 1994, pp. 12-14 ; H. B. Markus, The History of the German Public Accounting Profession 206-207, 225-228 (1997) による。なお、名称からいって、ドイツ最初の信託会社であるドイツ信

託会社は手数料収入一位のＫＰＭＧドイツ信託会社グループ中の一社となっていると思われる。

(57) Deutscher Anwaltsverein, a. a. O. (N. 16), S. 5 ; Wllensiek & Partner, a. a. O. (N. 16), S. 5. なお、田代・前掲注(16)六九二頁も参照のこと。

(58) Braun, a. a. O. (N. 19), S.2178.

(59) Braun, a. a. O. (N. 19), S.2178. 弁護士にとっての競争圧力は、大規模な経済監査会社に由来するのではなく、より優れた能力を有した管財人に由来するという。

(60) Braun, a. a. O. (N. 19), S.2178.

(61) 以下のわが国の信託業の発展の概略については、『安田信託銀行五十年史』（昭五一）七頁以下参照。

(62) 斎藤（常）・前掲注(15)五四頁参照。

(63) 三菱信託銀行信託研究会編著『信託の法務と実務〔新版〕』（平七）二二九頁。

(64) ただし、最近の金融情勢を前提にすれば、そうとばかりはいえないとの反論もあるかもしれない。しかし、最近信頼のおけない者も増えているということであれば、弁護士であっても同じことである。

(65) 兼子監修＝三ケ月ほか・前掲注(46)二四一頁。

(66) 法律（弁護士）事務所法人化論の歴史については、滝沢繁夫＝倉科直文「法律事務所法人化論の沿革と現状」自正四六巻一〇号（平七）七頁以下参照。

(67) 法律事務所法人化のメリット・デメリットについては、早川忠孝「弁護士業務改革と法律事務所法人化」自正四六巻一〇号（平七）一六頁以下参照。

(68) 自正四六巻一〇号（平七）五〇頁以下に全文が掲載されている。なお、ほぼ同時期に、東京弁護士会の法律事務所法人化立法に関する要綱案（平成七年三月七日）と東京弁護士会弁護士業務改革委員会の法務法人法案（試案）（平成七年一〇月二日改訂）が公にされている（これらについても、自正四六巻一〇号（平七）四四頁以下に全文が掲載されている。三つの試案ないし要綱案につき、岡田康男「法律事務所法人化案の策定経過と法案の内容」自正四六巻一〇号（平七）三〇頁以下参照）。日弁連二小試案を前提とするのには、全国的な団体の案であるという以上の意味はないが、他の案でも、内容が大幅に異なるということはない。

(69) 岡田・前掲注(68)三六頁、高畑満「第一東京弁護士会業務対策委員会の法律法人法試案について」自正四六巻一〇号（平七）五八頁。
(70) 「改正検討事項」に関する日弁連意見書（日本弁護士連合会・「倒産法制に関する改正検討事項」に対する意見書（平一〇年五月）(http://www.nichibenren.or.jp/sengen/iken/9805-1.htm) は、法人管財人と個人管財人を同時に選任するという方策を提示している。しかし、そうすると、個人管財人である弁護士が所属法人を離れても管財人のままであるという別個の問題が発生する可能性が生ずるであろう。
(71) 最少で社員弁護士と非社員弁護士を合わせて五、六人、最多でも合計二〇人から三〇人、その他の職員を含めて各々その二倍から三倍程度（すなわち、全部で十数人から一〇〇人以内）の法人が適当であろうか。
(72) 公認会計士を社員に含めることは認められていない。それを被傭者として雇用することも考えられるが、経験ある公認会計士が監査法人以外の単なる被傭者となることはあまり期待できないのではないか。なお、日弁連二小試案の策定過程では、法務法人の業務範囲を拡大することが話題にはなったが、検討すべき難問があることから、具体的提案までは進展しなかったそうである。岡田・前掲注(68)四〇頁。
(73) 岡田・前掲注(68)四〇頁参照。なお、「改正検討事項」補足説明一三頁と日弁連意見書（前注(70)参照）は、破産者の営業が継続される場面での法人管財人の活用を説くが、本文に述べたように、法務法人には会計的・経営的知識・経験の面で不十分な点があるから、そのような意味での活用は期待できないのではなかろうか。
(74) 兼子監修＝三ケ月ほか・前掲注(46)二四〇頁以下。
(75) 宮脇幸彦ほか編『注解会社更生法』（昭六一）三二六頁〔村重慶一〕。
(76) 『朝日監査法人二十五年史』（平八）三〇五頁。
(77) 朝日監査法人ですら内部に弁護士を抱えておらず、東京事務所所在ビルと同一ビル内の法律事務所と提携しているに過ぎない。『朝日監査法人二十五年史』（平八）三三八頁以下参照。
(78) もっとも、すべての監査法人が大規模化しているわけではない。また、大規模化している監査法人でも、その中身は主な創業社員や関与社員の公認会計士ごとに縦割りに分かれているとの指摘もある（新井清光ほか「監査法人の現状と今後の課題」商事一一一四号（昭六二）一七頁〔新井発言〕）。それ故、それほど大規模化していない監査法人であれば、あるいは大規模化していても縦割りにされた単位が実質的に管財人であると捉えれば大規模監査法人でも、規模の面では管財人に適したものがあるのではないかと思われなくもない。もし、そう考えることができ、かつ、弁護士事務所の法人化を契機にしてでも裁判所が法人管財人に対して積極的な方向に態度を改めれば、現在公認会計士がそれに選任されているような事件の一部で、監査法人が更生管財人に選任されるようになる可能性が全くないとはいえないであろう。

(79)　結論としては、日弁連意見書（前注(70)参照）と同一ということになる。なお、同意見書は、法人管財人の問題を考えるにあたっては、サービサーの設立に関する議論の帰趨を見守る必要があるとしている。そして、債権管理回収業に関する特別措置法（サービサー法）は既に成立・施行（平成一一年二月一日）されており、平成一一年七月一九日現在、整理回収機構を含む一五社に営業許可が与えられ、八社について審査中とのことである（法務省司法法制調査部債権回収監督室「サービサー会社設立動向」債権管理八五号（平一一）一三八頁参照）。この法律によるサービサーは、債権回収業等を営むほか、債権回収業を営む上において支障を生ずることがないと認められれば、法務大臣の承認を受けてそれ以外の業務も営みうるので（同法一二条）、更生管財人や（法人の破産管財人資格が立法によって認められれば）破産管財人になる余地も法律上はあることになろう。ただ、その業務内容からいって、サービサーは、破産管財人には適していても、更生管財人には適していないであろう。また、常務に従事する取締役のうちに一定の知識・経験を有する弁護士が含まれている点と、債権回収業を適正に遂行するに足りる人的構成を有する点は（同法五条四号・八号）、サービサーを破産管財人に選任するのに有利な要因としてあげることができよう。これに対し、それが資本金五億円以上の株式会社の形態をとる点は（同法五条一号）、その障害となる可能性を孕む。ともあれ、この制度は発足したばかりであり、サービサーの実態について詳しくもないので、これと破産管財人の関係についての論評は、この程度にとどめることにしたい。

〔追記〕　本稿は平成一一年六月に脱稿したものであるが、その後成立・施行（平成一二年四月一日）された民事再生法は、五四条三項において、「法人は監督委員となることができる」とし、この規定を六三条・七八条・八三条一項において、調査委員、管財人、保全管理人に準用している。また、最近の司法改革論議の中で、法律事務所法人化論にとって追い風が吹いてきたように思えなくもない。

# 24 資産流動化と米国倒産法改正
## ――真正売買と倒産隔離――

小林秀之
山田明美



## 一 はじめに

いわゆるバブル経済の崩壊後、金融機関の不良債権処理が進められるなか、その処理方法の一つとして債権流動化の手法が注目を集めている。(1) また他方では、債権流動化は、新たな産業の担い手に対する円滑な資金調達システムを構築し、わが国経済の活力を保持するものとしても注目されている。一口に債権流動化といっても、その手法には様々なものがある。(2) 債権流動化の典型的な手法としては、資金調達を望む企業（オリジネーター）が自己の保有する多数の債権を特別目的会社（Special Purpose Company、以下、ＳＰＣとする）などの特別目的機関（Special Purpose Vehicle、以下、ＳＰＶとする）(3) に移転し、これらの債権の信用を裏付けとしてＳＰＶが証券（資産担保型証券（Asset-

Backed Securities（以下、ＡＢＳとする）、社債など）(4)を発行し、投資家に販売するという仕組みがとられる。すなわち、債権流動化システムは、幅広い投資家の存在を前提とするものである。なお、ＳＰＶは、債権回収の機能を持たないことが多いため、ＳＰＶに代わり、流動化対象の債権の回収・管理を行うサービサーが存在する。しかし実際には、オリジネーターがサービサーを兼ねる場合が通常であるので、本稿ではサービサーについては言及しない。

金融ビッグバンの進展に伴い、とりわけ注目を集めている債権流動化の手法は、資産の証券化（ＡＢＳ）であり、これは、資産を所有企業から切り離し、資産単独の価値・収益力に基づいて資金調達を行うというスキームである。このスキームは、債務者・所有者ではなく資産価値自体の信用力に基づいて資金調達が行われる点に特徴を有している。他方、資産の証券化（ＡＢＳ）市場を展開するにあたっては、投資家が自己責任のもと安心して投資することができるシステムの構築が重要となる。それゆえ、アセット・バックの名に値するべく、ＳＰＣへ譲渡された債権は、オリジネーターの経営状態悪化の影響を受けたり、倒産手続に巻き込まれるようなことがあってはならない。そのためには、かかるシステムにおいて、ＳＰＣにつき倒産隔離（Bankruptcy Remote）の措置がとられなければならない。

そこで、本稿においてはまず、流動化システムにおいてオリジネーターが倒産した場合の倒産手続上の問題点をめぐるわが国の議論状況を整理し、現状におけるＳＰＣの倒産隔離の方策を検討する（二）。次に、アメリカにおける資産流動化に関する立法化の動向を紹介し（三）、最後に、わが国での立法化の可能性の探求を若干試みることにしたい。

## 二　わが国の議論状況――オリジネーターの倒産手続とＳＰＣの倒産隔離――

### 1　オリジネーターとＳＰＣの法律関係

流動化商品においては、オリジネーターからＳＰＣへの債権の移転は、譲渡または売買の形をとることが通常である。ABSの手法は、アメリカで発達したものであるが、そこでは、一般に真正売買（True Sale）という法概念が用いられる。債権の移転の法律関係を真正売買と捉えることの意義は、売主（オリジネーター）の倒産手続において、買主（SPC）は、債権に対する自己の権利を売主の管財人に対して主張でき、売主の倒産手続の影響（リスク）を受けずに債権の権利行使ができるという点にある。

すなわち、わが国においていえば、オリジネーターからSPCへの債権の移転は、その外形からは譲渡担保または債権譲渡という法律関係として理解されることとなろう。それゆえ、いずれの法律関係として理解することが債権流動化システムにおけるリスクの回避に資するのかという点が問題となる。この点につき、次に検討する。

## 2 オリジネーターの倒産とSPCの倒産隔離の方策

### (1) 譲渡担保か債権譲渡か

ここで最も倒産手続上留意しなければならないのは、オリジネーターに開始された倒産手続に、譲渡された債権およびその受け皿としてのSPCが巻き込まれないようにすることである。仮に、当事者間の合意により倒産手続に組み込まれない財産を作り出そうとしても、債権者の保護と平等が原則である倒産法の強行法規性から、それは難しいといえよう。そこで、倒産手続上、オリジネーターからSPCへの債権の移転が譲渡担保であるか、債権譲渡であるかは非常に重要な問題となる。なぜならば、この債権の移転の法的性質いかんにより、SPCがオリジネーターに対して有する債権は、倒産手続上全く異なった取扱いを受けることになるからである。仮に、譲渡担保と捉えるならば、破産手続では別除権として取り扱われ（通説・判例（会社更生手続について更生担保権としたものではあるが、最判昭和四一年四月二八日民集二〇巻四号九〇〇頁参照））、キャッシュ・フロー上の問題は生じないといえる（ただし、差額清算の問題は残る）。また、民事再生手続でも基本的には別除権として取り扱われるが、担保権消滅請求（民事再生法一四八条）との関係で若干問題が生じるであろう。そして、会社更生手続では次のような問題が生じる。すなわち、会社更生手続においては、譲渡担保は更生担保権として取り扱われ、更生計画に組み込まれることになり、その結果、債権流動化システムにおけるキャッシュ・フローの停止は避けられず、さらに更生計画に基づき債権額を減額される可能性が生じる。他方、当該債権の移転を債権譲渡と捉えるならば、倒産手続開始時にオリジネーターが当該債権を管理し、回収業務を行っていたとしても、SPCは当該債権の本来の権利者の地位に在り、取戻権（破産法八七条、会社更生法六二条）を有するので、倒産手続の影響を全く受けないですむ。

それゆえ、オリジネーターの倒産手続からSPCが倒産隔離されるためには、当該債権の移転の性質は債権譲渡と構成される必要がある。

なおしかし、譲渡担保か債権譲渡かを総合的に判断することにはかなりの不安定さがある。そこで、ある一定の要件を充たしている場合は、当該債権の移転は債権譲渡であるとみなすことができるという立法的手当てがあれば、実務上の困難は軽減され、さらには投資家の保護にも資するのではないかと考える。

### (2)　SPCの対抗要件具備の問題

しかしながら、たとえ当該債権の移転の性質を債権譲渡と構成したとしても、オリジネーターが倒産した場合に対抗要件を具備していなければ、SPCの倒産隔離の問題は完全には解決されない。

また、オリジネーターの経済的悪化後、つまり危機時期や破産宣告後に対抗要件を具備したとしても、破産法七四条（会社更生法八〇条）により、SPCへの債権の移転は否認されてオリジネーターの破産手続に巻き込まれてしまうおそれが生じる。(5) それゆえ、SPCの倒産隔離を確実なものとするためには、早期の対抗要件具備を心掛けなければならない。

なお、債権譲渡の対抗要件については、民法四六七条が債務者への通知ないし債務者の承諾を要求している。しかし、この民法四六七条による対抗要件制度は、資産流動化スキームにとっては、手続上および費用上の負担が重く、実務的に困難であるとの指摘がなされ、債権譲渡の対抗要件制度の簡素化が要求されてきた。

近時、以上の指摘および要請に応えるべく、新たな対抗要件制度が創設された。すなわち、法人がする金銭債権の譲渡等につき、債権譲渡登記ファイルへの登記による簡易な第三者対抗要件具備方法を認める「債権譲渡の対抗要件に関する民法の特例等に関する法律」（平成一〇年法律第一〇四号）（以下、債権譲渡特例法とする）が施行されたのである(6)。この法律に先立って、リース・クレジット債権の譲渡については、「特定債権等に係る事業の規制に関する法律」（平成四年法律第七七号）（以下、特定債権法とする(7)）の施行により、第三者対抗要件および債務者対抗要件を公告することのみによって具備することが可能となっている

### 3　小　括

ここで、オリジネーターが倒産した場合にＳＰＣが倒産手続から隔離されるために現時点で講じうる方策を確認しておく。まず、オリジネーターからＳＰＣへの債権の移転の法的性質を債権譲渡と構成し、そう判断されることが必要である。またさらに、ＳＰＣの対抗要件の具備が必要である。この対抗要件の具備については、前述したように債権譲渡特例法および特定債権法により簡易な方法が用意されている(8)。

なお、わが国では、ＳＰＣを利用するスキームが必ずしもうまく機能していないこともあり、実際には、信託を使ったスキームが七割から八割を占めているのが現状であるといわれている（ＳＰＣ法の改正により、信託を利用するスキームも立法化された（注3参照））。しかし、信託の場合には、倒産が生じても絶対に安全であるとはいえない。なぜならば、わが国の判例は大審院（大判昭和八年四月二六日民集一二巻七六七頁）以来、譲渡担保は典型的な担保とは異なり信託的譲渡であると判示しており、信託は譲渡担保に類似するとの性質決定が下されかねないからである。

そこで、ＳＰＣへの債権の移転の法的性質（原因）が債権譲渡（売買）であり、譲渡担保（担保提供）ではないという客観的な判断を可能にするためには、何らかの要件ないし判断基準を設け、システムの安全を図る必要がある。これについては、以下、アメリカでの取扱い（立法化(9)）を概観した後に、節を改めて再度検討することにしたい。

## 三　アメリカ連邦倒産法改正

### 1　Financial Contract Netting Improvement Act of 1998

#### (1)　改正の背景と立法の必要性

アメリカでは、債務者の破産において金融取引についてその他の商取引や契約の取扱いとは異なる扱いを定めるために、一九七八年成立の連邦倒産法の改正をはじめその他の法律[10]（Federal Deposit Insurance Act（ＦＤＩＡ）やFederal Deposit Insurance Corporation Improvement Act of 1991（ＦＤＩＣＩＡ））においても改正を行ってきた。これらの改正は、相関関係にある金融活動および金融市場から潜在的に生じる構造的リスク（systemic risk）を最小限にするという政策目標のさらなる促進を意図するものであった。

構造的リスクとは、市場リスクに対する紛争解決システムがしっかりしていない、またそれらのシステムが機能不全に陥っているために、企業およびその他の市場分野、さらには金融システム全体に対して広範囲にわたる問題を惹起せしめるリスクを意味する。仮に、特定の金融活動における参加者が適切な時期に、破綻状況にある法人（entity）との金融契約を解除し、あるいは様々な契約上の義務を免れることができないとすれば、その結果生じる不確実性や潜在的な流動性の欠陥が市場内崩壊のリスクを高めることになりかねない。

これまで、The House Banking and Financial Service Committeeは、連邦議会とともに、このような金融活動および金融市場から潜在的に生じる構造的リスクを最小限にすべく様々な策を講じてきたのである。たとえば、金融契約の相手方当事者が破産した場合には、その契約を消滅せしめる権利を保護する規定を連邦倒産法やＦＤＩＡに盛り込んできた。

契約の相手方当事者が経済的に破綻した場合の処理体制を整えておくことは、構造的リスクを減少させるうえで、極めて重要な措置であるといえる。

そして、The House Banking and Financial Service Committee は、大統領府のワーキング・グループの諮問に基づいて構造的リスクを軽減するための一連の立法（関連法）の調和と、より一層のリスク軽減を目的とする提案を含んだ Financial Contract Netting Improvement Act of 1998 を作成した。

(2)　立法の目的

Financial Contract Netting Improvement Act of 1998 の倒産に関する規定は、相手方が倒産状況に陥った際の特定の金融契約の取扱いを明確にし、構造的リスクの減少を促進することを意図している。これらの規定は、金融契約の取扱いおよび支払いの構造的リスクの減少を目標として連邦倒産法およびＦＤＩＡについて先に行われた改正を修正し、その目標をさらに促進するものである。

Financial Contract Netting Improvement Act of 1998 の倒産に関する規定は、次に掲げる四つの主たる目的を有している。

① 契約解消の執行可能性、close-out netting や関連する金融取引の関連規定を保護するという連邦倒産法の規定やＦＤＩＡの規定を強化する。

② 連邦倒産法の規定およびＦＤＩＡのもとでの金融契約・取引の取扱いを調和させる。

③ 債務を履行し得ない保険預金機構のためにレシーバーとして行動している Federal Deposit Insurance Corporation（ＦＤＩＣ）の権利がＦＤＩＣＩＡの文言の運用により無効とされないことを明確にするために、ＦＤＩＡやＦＤＩＣＩＡを修正すること。

④ 破産または経済的破綻において、金融契約・取引の執行可能性を明確にするために、その他、実体的および手続的改正を行う。

これらの改正は、いずれも銀行システムおよび金融市場における構造的リスクの減少を意図するものであり、この法律は、様々な関連法（連邦倒産法やＦＤＩＡ等）の改正を伴うものである。

## 2　アメリカ連邦倒産法五四一条改正案をめぐる議論

### (1)　改正の背景

Financial Contract Netting Improvement Act of 1998 は、前述の通り、様々な関連法における規定の改正を含んでいる。その一つとして、本稿の関心事である「資産担保型証券（ＡＢＳ）と倒産隔離」に関しても極めて重要な改正を提言している[11]。

すなわち、資産担保型証券に関しては、債務者が破産しても、資格のある法人（entity）に譲渡された資産は、一般に債務者の破産財団に取り込むことができないという旨の規定を現行の倒産法五四一条に新たに(e)項として導入しようとするものである。

連邦倒産法五四一条に(e)項として導入される条項案は、以下の通りである。

§541. Property of the estate

（ｅ） DEFINITIONS For purpose of this section, the following definitions shall apply:

（１） ASSET-BACKED SECURITIZATION. The term ”asset-backed securitization” means a transaction in which eligible assets transferred to an eligible entity are used as the source of payment on securities, the most senior of which are rated investment grade by 1 or more nationally recognized securities rating organizations, issued by an issuer; (傍線筆者)

（２） ELIGIBLE ASSET. The term “eligible asset” means

（A） financial assets (including interests therein and proceeds thereof), either fixed or revolving, including residential and commercial mortgage loans, consumer receivables, trade receivables, and lease receivables, that, by their terms, convert into cash within a finite time period, plus any rights or other assets designed to assure the servicing of timely distribution of proceeds to security holders;

(B) cash; and

(C) securities.

(3) ELIGIBLE ENTITY. The term "eligible entity" means

(A) an issuer; or

(B) a trust, corporation, partnership, or other entity engaged exclusively in the business of acquiring and transferring eligible assets directly or indirectly to an issuer and taking actions ancillary thereto;

(4) ISSUER. The term "issuer" means a trust, corporation, partnership, or other entity engaged exclusively in the business of acquiring and holding eligible assets, ancillary thereto.

(5) TRANSFERRED. The term "transferred" means the debtor, pursuant to a written agreement, represented and warranted that eligible assets were sold, contributed, or otherwise conveyed with the intention of removing them from the estate of the debtor pursuant to subsection (b) (5), irrespective, without limitation of

(A) whether the debtor directly or indirectly obtained or held an interest in the issuer or in any securities issued by the issuer;

(B) whether the debtor had an obligation to repurchase or to service or supervise the servicing of all or any portion of such eligible assets; or

(C) the characterization of such sale, contribution, or other conveyance for tax, accounting, regulatory reporting; or other purpose.

この改正は、ＡＢＳの証券化取引にもっぱら従事するisserや法人と定義される資格ある法人への当該資産の有効な譲渡について、債務者の当該資産に対する法律上および衡平法上の利益を一般に消滅させるものとしている。それゆえ、連邦倒産法五四八条(a)に規定される否認権の対象（詐欺的譲渡）とされない限り、資産の譲渡は、真正売買として取り扱われることとなる。つまり、この追加規定の重大な例外は、管財人が連邦倒産法五四八条(a)により債務者の譲渡を否認する場合であり、かかる否認権行使が認められた場合には、当該資産は破産財団に帰属せしめる結果となる。

Financial Contract Netting Improvement Act of 1998に従った以上の連邦倒産法五四一条の改正規定案は、若干の追加修正を受けた後に、下院に提出され、既に可決されている[12]。上院において、この改正案[13]が可決されるか否かは定かではないが、少なくとも下院では、特段の反対もなく通過した[14]。しかし、The House of Banking and Financial Services Committeeや議会を離れた場合においては、かかる改正案の是非をめぐり議論が展開されている。

この連邦倒産法五四一条改正案は、資産担保型証券の譲渡に関しては、承認された格付機関によって格付けされた場合（連邦倒産法改正案五四一条(e)(1)傍線部参照）には、真正売買であるとすることにより、倒産隔離を制度として実現しようとするものである。これによる倒産隔離を資産担保型証券市場のさらなる発展に寄与する優れた制度と捉えるか否かについては、評価の分かれるところである。改正案をめぐる是非論は、この点に焦点が当てられている。

### (2)　賛　成　説[15]

賛成説は、連邦倒産法五四一条の改正案は、倒産の際の処理基準の明確性を高め、資産担保型証券市場を活性化し、ひいては経済の混乱を避けることができるうえ、真正売買か否かの判断のためのコストを不要とし資産担保型証券市場全体としての構造的コストを軽減することになるという。また、いわゆる詐欺的売買のための抜け道を与えることになるとの批判に対しても、公正な市場価値（fair market value）に基づく売買かどうかにより詐欺的売買は防ぐことができるし、第三者保護の問題も、毎月のバランス・シートを要求すれば特段問題にならないという。むしろ、改正法案に、バランス・シートの公開などを要件として追加することを一考すべきであると提案している。

(3)　反対説（Professer Rapson の見解(16)）

これに対して、反対説は、次の点を挙げる。真正売買か、担保取引かは、これまで明確に峻別されてきたのに、本来単なる担保取引等であるものまでが真正売買とされたのでは、従来の法的概念に混乱を来すことになってしまう。「売買」という概念について、それぞれの分野・領域ごとに異なる意義を与えることになり、それは好ましくない。また、公示がない制度的建前のもとで真正売買とされてしまうと、債権者保護に欠けることになる。投資家というものが一定のリスクを負って投資をしているものであることを考えると、投資家を過剰に保護する必要はない。さらに、具体的事件において、民間の格付機関に真正売買であるか否かの判断権限を与え、裁判所から判断権限を剥奪することは妥当ではないばかりか、格付機関による安易な判断を助長し、ひいては格付機関の質を低下することになりかねないと指摘する。

## 四　おわりに――わが国での立法化に向けての予備的考察――

債権の移転原因が「債権売買（真正売買）」か「担保提供（譲渡担保）」かの効果の差異は、オリジネーターが倒産した場合で、とりわけ会社更生法の適用申請がなされた場合に特に顕在化することは先に述べたところである。

ここで問題となるのは、オリジネーターからＳＰＣへの債権の移転原因が不明確であれば、外部から見た場合、第三者対抗要件が具備されていたとしてもどちらの場合なのか、すなわち、当該債権の移転が債権売買（真正売買）なのか、債権譲渡担保なのか必ずしも明確に判断できない場合がありうるということである。

わが国において、アメリカでの立法と同様に格付機関にこの判断を委ねる立法がなされうるかというと、難しいといえよう。おそらく、わが国のメンタリティとして、一民間企業にすぎない格付会社の判断が裁判所や国の機関に代替するとの考え方は、到底受け入れられないところであろう。

そうであるならば、わが国においては、オリジネーターからSPCへの債権の移転原因が「債権売買（真正売買）」なのか「担保提供（譲渡担保）」なのかの判断基準を立法化することにならざるを得ないのではないかと思われる。具体的には、幾つかの要素を掲げ、おおよその基準を省令等で示すような方法を採ることになるのではないだろうか。その際に、客観的な性質決定のファクターとして考えられうる要素（①乃至⑥）を以下に挙げることにする。[17]

① 対抗要件の具備
② 当事者の意思
③ 公正な市場価値を反映している譲渡価格であるか
④ リコース・買戻しの比率
⑤ 会計上のオフバランス
⑥ SPCの独立性の確保

すなわち、債権譲渡か否かの性質決定においては、これら六つの要素の総合的考慮が必要とされるが、とくに、③および④の要素が判断のメルクマークとなるであろう。

なお、わが国における現在の実務は、おそらくほとんどアメリカでの取扱いをそのまま日本に持ち込んでいると思われる。[18]たとえば、倒産隔離の方策として、アメリカ型の発想で、独立取締役を任命せよとの要求がなされることが非常に多い。これは、貸手責任の問題を回避するため、借主側に独立取締役を指名させるが、指名された独立取締役は濫用的な倒産申立てに反対するというものであり、倒産申立ての濫用を防ぐという側面を持つ。しかし、わが国の法律上、独立取締役を置いても必ずしも有効であるとは言い難い。というのも、わが国の破産法は、単独の取締役が破産申立てできるので（破産法一三三条一項）、他の取締役が破産申立てを行えることとなるからである。さらに、破産申立ておいて取締役全員一致であるとか、他の債権者の同意を要するとの条件を約款あるいは定款などで付加したとしても、倒産法は強行規定であるゆえ、そのような契約は無効となる可能性が高い。

つまり、わが国で行われている資産流動化に関する実務は、日本の倒産法に配慮をしていないアメリカの考え方のもと行われているため、先述のような問題点が浮上してくるのである。

とはいえ、資産流動化の先進国であるアメリカで考えられているような真正売買と判断するための要素および基準は、わが国の資産流動化スキームが倒産というリスクから免れ、かかるシステム全体が円滑に機能することを目的とする立法に際して、十分検討の対象となりうるものであろう。アメリカでの議論および今後の立法動向を踏まえたうえで、わが国の土壌にみあった資産流動化スキームを有効かつ効果的に機能させるべく、日本法に即した方向で、今後のＡＢＳの実務および立法を考えていく必要があろう。

（1）　平成一〇月一〇月一六日に「債権管理回収業に関する特別措置法」（平成一〇年法律第一二六号）が公布された。本法は、不良債権問題の有力な処理策の一つとしてアメリカ等で定着しているサービサー制度に着目し、不良債権の処理および債権流動化等を促進させるため、わが国においてはこれまで弁護士にしか許されていなかった債権回収業を、法務大臣による許可制をとることによって民間業者に解禁することを内容とするものである。本法の概要については、黒川弘務＝坂田吉郎「債権管理回収業に関する特別措置法（いわゆるサービサー法）の施行令の概要」ＮＢＬ六六〇号六頁以下（平成一一年）および同「債権管理回収業に関する特別措置法（いわゆるサービサー法）の施行規則の概要」ＮＢＬ六六二号一八頁以下（平成一一年）参照。

（2）　とくに、不動産担保付債権の流動化については、景気対策の魔法の杖となっているといえよう。不動産担保付債権の流動化および法的諸問題の詳細は、川上嘉彦「不動産担保ローン債権の証券化・流動化と法的諸問題（上）（下）」金融法務事情一四九三号一五頁以下、一四九四号二八頁以下（平成九年）を参照されたい。

（3）　ＳＰＶの形態は、会社、信託、組合等様々である。わが国においては、「特定目的会社による特定資産の流動化に関する法律」（平成一〇年法律第一〇五号）（以下、SPC法とする）および「特定目的会社による特定資産の流動化に関する法律の施行に伴う関係法律の整備等に関する法律」（平成一〇年法律第一〇六号）が平成一〇年九月一日より施行されている。SPC法の内容および同法による特別目的会社の組織の概要に関しては、さしあたり丸山秀平「債権流動化とSPC法」ジュリスト一一四五号三四頁以下（平成一〇年）、森田章「特定目的会社による特定資産の流動化に関する法律について（上）（下）」金融法務事情一五二〇号六頁以下、一五二一号二三頁以下（平成一〇年）、国枝繁樹「『特定目的会社による特定資産の流動化に関する法律』およびその関係法律の整備法の概要（上）（下）」NBL六四七号二五頁以下、六四九号二四頁以下（平成一〇年）、SPC法関連政省令については、藤本拓資＝中村広樹「特定目的会社による特定資産の流動化に関する法律の施行に関する政令等の解説」NBL六五〇号一五頁以下（平成一〇年）、同「『特定目的会社による特定資産の流動化に関する法律』関係政省令の概要」金融法務事情一五二七号一五頁以下（平成一〇年）を参照されたい。なお、第一四七回国会において、SPC法は改正され、これに伴い、法律名は「資産の流動化に関する法律」（平成一二年五月二三日成立）とされた。これにより、流動化対象資産は拡大され（不動産、指名債権から財産権一般に拡大）、SPC設立手続は簡素化された（SPCの登録制を届出制に変更。最低資本金三〇〇万円から一〇万円に引き下げ）。また、流動化の受け皿として信託の利用も可能となった。

（4）アメリカにおけるABSスキームの発展については、大野克人「米国の証券化の現状について」金融研究一五巻二号一七頁以下（平成八年）参照。

（5）なお、破産者の支払停止を停止条件として債権譲渡の効力が生じる旨の特約を付した集合債権譲渡担保契約が故意否認および危機否認の準用により否認された事例（東京地判平一〇年七月三一日［控訴］金融法務事情一五二九号六一頁）、債権者が行った集合債権譲渡契約の対抗要件具備行為である債権譲渡の通知が破産法七四条により否認された事例（大阪高判平一〇年七月三一日［上告］、大阪高判平一〇年九月二日［上告］いずれも金融法務事情一五二八号三六頁）などがある。停止条件付集合債権譲渡担保契約と否認権行使の関係については、更なる検討を要するところであり、今後の学説・判例上の議論展開が望まれる論点といえる。

（6）その概要については、揖斐潔「債権譲渡の対抗要件に関する民法の特例等に関する法律の概要（1）（2）」NBL六四四号七頁以下、六四五号四九頁以下（平成一〇年）、法務省民事局参事官室第四課編『Q＆A債権譲渡特例法〔改訂版）』（商事法務研究会・平成一〇年）など参照。

（7）　特定債権法の解説としては、資産流動化研究所編『Q&A特定債権法』、通商産業省産業政策局取引信用室編『特定債権法の解説』がある。

（8）　しかし、それにもかかわらず、対抗要件を具備していないような場合もあろう。実際、資産流動化取引の実務においては、債権譲渡を行っても債務者への通知を留保するということが広く行われている。このようにSPCが対抗要件を具備していない場合には、SPCがオリジネーターの倒産手続に巻き込まれるというおそれは依然として存在する。すなわち、倒産手続において登場するオリジネーターの管財人との対抗関係において問題が生じるのである。倒産手続上問題となるのは、SPCは、管財人に対して、オリジネーターからSPCへの債権の移転の有効性を主張することができるのか、という第三者対抗の問題である。仮に、対抗要件を具備していない場合は、SPCは当該債権の移転の有効性を管財人に対して主張できないとなれば、SPCの倒産隔離は不可能となってしまう。

これは、オリジネーターの管財人が対SPCとの関係において第三者にあたるか否かという問題に関係し、管財人の法的地位の問題に逢着する。もし、管財人は第三者的地位になく、破産者本人と同視できる地位にあるという結論が得られるのならば、対抗要件具備の有無にかかわらず、SPCは、オリジネーターの倒産手続から常に倒産隔離されることとなろう。管財人とSPCの関係についての検討は、小林秀之＝山田明美「SPCの倒産隔離のための一方策―管財人の第三者性の再考をかねて」資産流動化研究Vol.Ⅴ（日本資産流動化研究所）（平成一一年）五五頁以下を参照されたい。

（9）　アメリカの立法状況については、財団法人産業研究所（委託先財団法人日本資産流動化研究所）『米国における資産流動化の破綻事例等に関する調査研究』（平成一二年）（以下、「報告書」として引用する）における報告および資料が詳しい。この報告書は、昨年末（平成一一年一二月）、筆者（小林）がメンバーとしてアメリカに出張し、調査研究した結果をまとめたものであり、本稿三の記述は、この報告書および筆者の調査結果に基づくものである。

（10）　また、Federal Deposit Insurance Corporation (FDIC) や Securities Investor Protection Corporation (SIPC) においても政策所信声明や公式文書を発してきた。

（11）　Financial Contract Netting Improvement Act of 1998 Report（To accompany H.R.4393）（報告書・前掲注

（9）一〇八頁以下、一二六頁参照）。

（12）Financial Contract Netting Improvement Act of 1998によって示された連邦倒産法五四一条の改正規定案は、以下傍線部の追加修正を受けた。

§541(2) ELIGIBLE ASSET. The term "eligible asset" means

(A) financial assets (including interests therein and proceeds thereof), either fixed or revolving, including residential and commercial mortgage loans, consumer receivables, trade receivables, and lease receivables, that, by their terms, convert into cash within a finite time period, *plus any residual interest in property subject to receivables included in such financial assets plus any rights or other assets designed to assure the servicing of timely distribution of proceeds to security holders;*

（13）なお、上院と下院に提出された法案とでは、若干の相違がある。すなわち、追加修正を受けた部分（前掲注参照）が削除された形で、上院に法案として提出されたのである（平成一一年一二月現在）。

（14）報告書・前掲注(9)二七頁以下および七八頁以下参照。

（15）報告書・前掲注(9)二八頁および一〇六頁以下参照。

（16）報告書・前掲注(9)八五頁以下参照。

（17）財団法人日本資産流動化研究所『平成一〇年度資産流動化と投資家保護に関する調査報告書』（第三分冊）（債権流動化と倒産法制に関する委員会）（平成一一年）七頁以下など参照。

（18）アメリカにおける取締役の区分としては、社外取締役（outside director）、利害関係のない取締役（disinterested director）、独立取締役（independent director）があり、これらの概念は、互いに矛盾するものではない。独立取締役とは、会社またはその経営者に対して取締役という地位以外には何ら重要な関係を持たず、会社支配者の影響を受けずに独立の判断を行うことができる立場および能力を持つ取締役のことである（伊勢田道仁『取締役会の現代的課題』（大阪府立大学経済学研究叢書八〇）（平成六年）一四四頁以下参照）。

# 25

# ドイツ新倒産法における保全管財人の権限と責任
## ――民事再生法および倒産法改正のための比較法的視点――

安達栄司

一　はじめに――ドイツ新倒産法と民事再生法――
二　保全処分の体系と問題点
三　最後に――わが国の民事再生法および倒産法改正への示唆――

## 一　はじめに――ドイツ新倒産法と民事再生法――

ドイツ新倒産法の最大の特徴は、単一（統一）的手続、つまり、倒産手続の申立ての時点では、破産か和議か、再建型か清算型かを区別しない点であり、そのことはわが国で注目されてきた。(1)しかし、一九九七年ころから相次いでドイツ型の単一倒産法モデルに否定的な態度が表明され、(2)さらに一九九七年一二月一九日に公表された法務省の倒産法改正の検討事項が同じく分離型を前提にしていることが明らかになった。その結果、個別の規制領域を除けば、倒産法改正のモデルとしてのドイツ倒産法の参照価値は半減したように思われる。ところが、一九九九年に入って、中小企業倒産対策のために倒産法の総合的見直しから和議法の見直しを先行させるという方針転換が法務大臣から指示され、新再建型手続法、さらに債務調整手続法へと名称を替えて、最後に一九九九年一二月の民事再生法の成立に至った。[3]

民事再生手続の特徴のひとつは、単一の申立て（入口の単一化）とその後の手続のバリエーションとしていわゆるDIP型、後見型、そして管理型に分かれていることにある。民事再生法は、再建型手続の一般法として位置づけられているが、他方で、営業譲渡の方法による債務者財産の清算を目的とする再生計画も許されると考えられている（債務者でなく企業自体の再生）。[4]それゆえに、特に中小企業に関して言うならば、民事再生法は清算と再建の双方に対応する倒産処理のための総合的一般法であるとも評価できる。[5]このことは、再び、完成度の高い単一倒産法のモデルとしてドイツの新倒産法のなかに民事再生法の今後の解釈及び運用のための比較検討の対象を求める動機となる。[6]

ドイツの新倒産法は、一九九九年一月から施行されている。新倒産法の施行からの一〇ヶ月の間において、その適用上の問題点に言及する判例及び学説もすでに多数公表されている。[7]具体的には、新倒産法によりドイツ倒産法上はじめて導入された消費者破産の特に免責に関する議論が目に付くが、[8]ドイツ新倒産法の施行直後という時期において現れた実務上の問題点として注目されているのは、手続開始前の保全処分、とりわけ保全管財人の職務範囲と責任に関する規定（二一条、二二条）が原因している問題である。

## 二　保全処分の体系と問題点

具体的な問題にはいる前に、ドイツ倒産法における手続開始決定前の保全処分の仕組みについて概観したい。[9]従来の破産法又は和議法に比較して、開始決定前の保全処分の充実化は、新倒産法の規制の特徴の一つである。[10]ドイツ倒産法二一条一項は、[11]「倒産裁判所は、申立ての裁判が下されるまでの間、債権者に不利益をもたらす債務者の財産状況の変更を防止するために必要なすべての措置を執らなければならない」と定める。個別的な保全処分は以下の通りである。

## 1 保全処分の概要

### (1) 保全管財人の選任[12]

実務において最も重要な保全措置は、二一条二項一号による保全管財人の選任である。条文の規定のうえでは、保全管財人の職務は、債務者の助言者にすぎず、また債務者財産に関する独自の処分権限を有しておらず、倒産裁判所が明確に定める義務だけを負うものとされている（二二条二項）。倒産裁判所は債務者の処分を保全管財人の同意にかからせることもできる（二一条二項二号二文）。しかし、倒産裁判所が、保全管財人の選任と同時に一般的処分禁止（二一条二項一文）を命じるならば、債務者の財産の管理処分権は保全管財人に移行することになり、その権限と活動範囲は格段に広がる。ドイツでは、このような、開始決定後に選任される倒産管財人にも比肩する権限を有することになる保全管財人は「強い保全管財人 Der starke vorläufige Insolvenzverwalter」と呼ばれる（もうひとつの、「弱い保全管財人 Der schwache vorläufige Insolvenzverwalter」との関係については、本稿の中心課題として後述する）。

保全管財人の職務について、二二条一項二文一号は、まず「債務者の財産の保全及び維持」を行わなければならないと定める。しかし、保全管財人は、例えば物が腐ってしまうというような緊急の場合にのみ、譲渡することができる。そのことから、保全管財人は、倒産開始に関する裁判が下されるまで中立人の企業体を存続させる義務を負う。ただし、財産価値の著しい減少を避けるために必要な場合に限り、保全管財人は、裁判所の同意を得て、企業体を閉鎖することができる（二二条一項二文二号。本来、企業を維持するのか、それとも清算するのかは、報告期日において債権者が決定する。一五七条）。その他に、保全管財人は、裁判所の補助者として活動し、債務者財産が手続費用をカバーするかどうか、当該申立てにおいて手続開始理由があるかどうか及び更生の見込みはあるのかどうかについて、裁判所のために審査しなければならない（二二条一項二文三号の鑑定人として）。その場合に、更生の見込みがあるならば、保全管財人は、自己の事業継続権限に基づき、将来の更生のための措置を執ること（例えば、大口の担保権者との交渉など）が許される。さらに、保全管財人は、職務遂行のために、債務者の事業所内に立ち入り、そこで調査を実施し、かつ帳簿及び業務書類を閲覧することができる（二二条三項）。

(2)　一般的処分禁止命令

保全管財人の選任に次いで重要な保全措置が、（前述の）債務者に対する一般的処分禁止命令である（二一条二項二号一文）。この一般的処分禁止命令の効果については、二四条一項により、八一条が準用されていることから、この命令に違反して行われた債務者の処分は、「絶対的に」無効になる。(13) 一般的処分禁止命令は、単独でも発令される保全措置であるが、しかし、通常は、前述のように保全管財人の選任と一体的に行われ、その結果、債務者財産の管理処分権は保全管財人に移行する（二二条一項一文）。

(3)　包括的執行禁止命令

裁判所は、二一条二項三号に基づき、職権で債務者に対する将来の強制執行上の措置の禁止、及びすでに開始された措置の中止・取消を命じることができる。この包括的な執行禁止命令によって、個々の債権者が手続開始前の期間において強制執行の方法によって満足を得ること、または債務者に帰属する財産に対して（差押え）質権を生じさせること、または企業から事業の存続に必要な財産を剝奪することが阻止される。

この包括執行禁止命令は、別除権を有する債権者に対しても及ぶので、別除権の行使（動産担保権の実行）による財団の解体を防止するために有効な手段になる。すなわち、倒産手続において、別除権者はもはや自ら返還執行を行って担保目的物の占有を獲得し、換価することはできない（一六六条一項）。換価権は原則的に倒産管財人が有している。それゆえに、開始決定後の倒産管財人による換価を可能にするためには、手続開始決定前から別除権者が包括的な執行禁止に服することが必要だと考えられている。

なお、以上の職権による包括的執行禁止は、不動産執行には適用されないことに留意しなければならない（二一条二項三号但書）。すなわち、不動産に関しては、保全管財人の申立てによる執行禁止が個別的に許されている（強制競売管理法三〇条d四項）。

2　弱い保全管財人の選任――管理型保全処分回避の新現象――

以上がドイツ倒産法における保全処分の全体像であるが、立法者及び多くの学説においては、債務者財産の早期保全のために、裁判所が一般的処分禁止命令を発令することによって、債務者から財産の管理処分権と事業継続権を剥奪し、同時に選任される保全管財人がそれらの権限を承継するという保全形態が原則になると予想されていた。しかし、一九九九年一月の倒産法施行直後から、裁判所は一般的処分禁止命令と結びついた無制限の権限をもつ「強い保全管財人」（二二条一項、二一条二項二号前段）をほとんど選任していないという実情が報告されるようになった。(14) あるアンケートによれば、裁判所はまず最初に鑑定人（二二条一項三号）だけを選出し、(15) この鑑定人が債務者からの十分な協力を得られない場合に限り、裁判所は「弱い保全管財人」を選出するというものである。「弱い」保全管財人とは、債務者財産についての包括的な管理処分権を取得しておらず、債務者の行為について個別的に、又は包括的に同意する権限のみを裁判所の命令によって与えられている保全管財人である（二一条二項二号後段）。

3　弱い保全管財人選任の原因

立法者の意図又は法規の原則形態に反するような保全管財人の選任が実務で行われるようになった原因として、新倒産法上の二つの規定が指摘されている。まず第一に、五五条二項によれば「強い保全管財人」が企業維持のために発生させた債務は、開始決定後において財団債務として取り扱われるので、倒産財団を縮小させないためには可能な限り強い保全管財人の投入は避けようという考慮がある。そのことについては、労働法改正によって、倒産賃金喪失金が原則的に財団債権になるという特別法の改正が大きく影響している。(16) 第二に、第一の原因に直接関連することであるが、二一条二項一号は保全管財人に対して倒産管財人に関する諸規定を準用しており、その中には、管財人の行為から生じた財団債務が不履行になった場合、管財人の個人的な賠償責任を追及するという六一条も含まれているからである。(17) そのために、多くの保全管財人は、賠償義務を負うことのない「弱い保全管財人」の地位に自己の活動範囲を制限することを望むようになったのである。

しかし、このように債務者財産の管理処分権を取得しない弱い保全管財人が選任されるという限りにおいては、開始決定前の債務者の一定行為について同意権を有する「仮差押物保管人 Sequester」[18]という旧破産法、和議法上の財産保全措置と変わるところがなく、新法施行の意義がまったくなかったとまで言われるようになった[19]。それゆえに、ドイツでは新倒産法の施行直前及び直後において「弱い保全管財人」の許容性及び責任をめぐって活発な議論が生じることになった。

## 4　一般的同意権を有する弱い保全管財人の実例

債務者財産の管理処分権を取得しない弱い保全管財人の権限の範囲は、裁判所の命令によって個別具体的に指示されなければならない（二二条二項）。しかし、ここで問題になる弱い保全管財人は、「一般的処分禁止命令」と同時に選任される強い保全管財人に代替させることが意図されているので、付与される権限は必然的に広範囲に渡ることになり、よって債務者の行為には一般的、包括的な同意権が留保されることになる（以下これを「一般的同意権留保」と言う）。このような弱い保全管財人の選任を含む保全処分の決定は、例えば次のような内容で発令される。

○ノイリュッペン区裁判所一九九九年一月五日決定[20]

「債務者Xの財産に関する倒産開始決定手続において、本日、一二時三〇分、将来の倒産財団の保全のため、並びに事実関係の解明のために、以下のことを命令する（倒産法二一条、二二条）。

(1)　保全管財人には、A弁護士を選任する。

(2)　債務者による債務者財産の処分は、保全管財人の同意がある場合にのみ有効である（二一条二項二号）。

(3)　保全管財人は、債務者の一般的代理人ではない。保全管財人の職務は、債務者を監督することによって債務者財産を保全し、かつ維持することである。保全管財人は、法的効力をもって債務者のために行動する権限を授与されるが、しかし、その権限を行使する義務を負うのは、手続の開始前においてすでにその職務を履行するために必要な場合に限られる。

(4) 債務者の債務者（第三債務者）は、債務者に弁済することを禁止される。[21] 保全管財人は、債務者の銀行預金及びその他の債権を取り立てること、並びに収入としての金銭を受領する権限を授与される。第三債務者は、本決定の指示に基づいてのみ給付することを催告される（二三条一項三文）。

(5) 不動産が対象になっていない限り、債務者に対する仮差押え及び仮処分を含む強制執行の措置は差止められる。すでに開始されている措置は、仮に中止される（二一条二項三号）。

(6) 保全管財人は、債務者の営業所及び営業施設、並びに付属建物に立ち入り、かつそこで調査を行う権限を授与される。債務者は、帳簿及び営業書類の閲覧を保全管財人に許し、かつ要求があれば、手続の開始までそれらを引き渡さなければならない。債務者は、将来の倒産財団の保全、並びに債務者の財産関係の解明のために必要なすべての情報を保全管財人に与えなければならない。これらの義務を遵守しない場合、裁判所は、宣誓に代わる保証を提供させるために債務者又は債務者の組織代表者を呼出すこと、強制的に引致すること、又は拘束することができる（二二条三項、九七条、九八条、一〇一条）。

(7) 保全管財人は、債務者の法形式に応じて基準になる開始理由が存在するかどうか、及び債務者企業の継続についてどのような見込みが存在するかどうかを鑑定人として審査することを同時に委嘱される。保全管財人は、さらに、債務者財産が手続費用を償うかどうかを調査しなければならない（二二条一項三号、二項）。

(8) 倒産法八条三項に基づいて、手続上必要な送達、特に債務者に対して義務を負う人物への送達は、保全管財人に委託される。」

## 5　弱い保全管財人の適法性

債務者財産の管理処分権の移行がないために「弱い」が、しかしこの裁判所の決定のようにほとんどすべての債務者の処分行為について包括的な同意権を有している保全管財人が選任される原因が、強い保全管財人の行為に起因する財団債務の発生（五五条二項）と管財人の賠償責任（六一条）の回避にあることはすでに述べた。[22] このことだけに注目するならば、弱い保全管財人の選任は一種の脱法行為であり、その適法性に疑問が付されることになる。[23] また弱い保全管財人の選任の常態化は、新倒産法の規制システムから見て本来例外的と想定された保全処分を原則へと変化させることを意味する。その結果、旧法下で指摘されてきた開始手続中の財産保全（Sequestration）の不備や問題点が、新倒産法施行後においても弱い保全管財人の選任によって再び繰り返される。[24] 特に外部関係において、保全管財人と債務者の権限関係が不明瞭であるという問題点が繰り返し指摘されている。[25] あるいはそもそも、できるだけ早期の保全管財人の積極的な活動によって、倒産の申立てから開始決定までの間に債務者の財産の保全又は企業の継続をはかり、開始決定後の倒産手続を実り豊かにするという新倒産法の趣旨からみて、弱い保全管財人の原則化は問題である。[26] それゆえに、新倒産法の下では弱い保全管財人の選任は不適法だとする見解が主張されている。[27] しかし、このような厳格な不適法説は、弱い保全管財人を選任している実務ではもちろん、学説においても支持されていない。

確かに、保全管財人の同意権を定める二一条二項二号後段の法律文言からは、債務者の処分行為のすべてについて一般的同意権を留保することが異論の余地なく適法といえるのか必ずしも明瞭ではない。[28] しかし、この規定の成立過程からは、保全管財人の選任と並行して発令される保全処分としては、一般的処分禁止と並んで「一般的な処分制限」も考えられていたこと、さらに特に重要な処分に限定した同意権「もまた」可能であると明文で述べられていることから、立法者が一般的な同意留保を許容していることは否定できない。[29] また、そもそも二一条二項の各号は可能な保全処分を例示しているだけなので（「特に命じることができる」）、特に二一条に明示されていないからといって、その他の保全措置、すなわちここで問題になっている一般的同意留保が排除されることはない。[30] 最後に、倒産申立てから開始決定に至るまで債務者の財産状況の悪化を防ぐためにいかなる保全処分を選択するのかは、法律上、裁判所の自由裁量に委ねられていることも指摘されなければならない[31]。

## 6　一般的同意権をもつ弱い保全管財人の存在意義

ただし、不適法説が主張するように特に外部関係においては、一般的処分禁止の場合と一般的同意留保の場合との違いはほとんど存在しないことも確かである。いずれの場合においても、保全管財人の判断なくして、債務者に有効に法律行為の効果が帰属しない。その際に、保全管財人自身が判断を下すのか（強い保全管財人）、それとも債務者の意思表示に同意をするのか（弱い保全管財人）は、まったく技術的な相違にすぎない[32]。

しかしそのこと以上に、内部関係において両者に顕著な違いがあることは無視できないという指摘がある[33]。すなわち、一般的同意権を有する弱い保全管財人の場合、財産の管理処分のイニシアティブはあくまでも債務者にある。確かに、債務者は、この保全管財人の監督に服し、また単独では対外的に法律行為の有効性を主張できない。しかし、債務者は、一般的処分禁止の場合に比較して、自由に処分行為のための準備を行うことができる。その際に弱い保全管財人の権限は、債務者からの提案について同意するか、阻止するかのいずれか限られ、管財人自らのイニシアティブで債務者に一定の行為を強制することはできない。このことが、一般的処分禁止命令の下での強い保全管財人との決定的な違いになる。

それゆえに、債務者自身の財産管理能力に格別の欠陥がなく、また事業遂行についての債務者の専門的知識を積極的に活用できるようなケースにおいては、一般的同意権を有するだけの弱い保全管財人にも積極的な存在意義が認められることになる。その典型例として、支払不能の恐れが存在するだけの早期の段階において、債務者自身が自己管理命令（二七〇条以下）を求めて自ら倒産手続を申し立てた場合には、弱い保全管財人の投入は特に有用である。そこでは、保全管財人は、部分的な保全・鑑定機能をもつ監督人としての役割を果たすことが可能である（二七五条から二七七条参照）。そして、これらの規定は、債務者と保全管財人との共同の企業運営のための基礎をつくり、かつ事業遂行に対して債権者団の信頼を回復することにも寄与する。(34)

さらに、弱い保全管財人を選任する長所として、たとえ保全管財人選任の措置が外部に公告されるとしても（二二三条一項二文）、管理処分権が剥奪される一般的処分禁止命令が発令されている場合とは異なり、弱い保全管財人が選任されるだけの場合には、債務者は取引相手に対しての面目を保つことができる。このことは、企業継続という目標にとって好ましい効果を生み出す。なぜなら、取引相手の供給者は、引き続き管理処分権を保持する債務者と従来からの取引関係を維持・継続することにより積極的であるのが通例だからである。また、倒産開始手続における保全措置が取引相手の協力も得ることによって奏功しているならば、このことは、裁判所が自己管理命令を発令するための有利な判断材料になる。したがって、債務者側に対してより大きな協調性と信頼性が期待でき、その結果保全管財人とのより密接な共同活動が見込まれるならば、保全処分の内容を一般的同意権留保の限度に留めることは、倒産財団の維持・確保にとって有意義である。(35)

### 7　弱い保全管財人の責任拡張

一般的同意権を有する弱い保全管財人の選任が適法であるだけなく、積極的な意義も有するという結論が支持されるとしても、前に述べたように弱い保全管財人の選任は管財人の賠償責任回避のための脱法的措置ではないのかという疑念が払拭され得ない。それゆえに、この弱い保全管財人の同意によって発生する債務もまた、強い保全管財人による場合と同じように、手続開始後に財団債務として扱われることが必要なのではないかが、次に問題になる。現在の学説状況においては、財団債務の発生と管財人の賠償義務の回避のために弱い保全管財人を選任している倒産実務を是認する見解が多数説だと思われるが、少数説として弱い保全管財人の行為による財団債務の発生を肯定する見解も主張されている。

(1)　ボルクの見解

以下では、少数説を代表するボルク（Bork）の見解を紹介する。[36] ボルクは、本来、一般的処分禁止命令が必要とされるにもかかわらず、五五条二項による財団債務の発生を避けるためだけにこの保全措置の発令を見合わせ、一般的同意権留保に代替させることは、典型的な法律回避であり、よって同じく財団債務の発生を認めるべきだとする。確かに、好ましくない法律効果を避けるために、同じ経済的効果を得られる別の要件を選択するという法律回避それ自体は非難されるべきものではない。また前述の通り、一般的同意権留保の発令はまったく不適法というものではない。しかし、そこで第三者保護の規定の適用回避が意図されるなるならば、それは法律の規定趣旨に反することになる。

ここで問題になっているのは五五条二項である。この規定の趣旨は、倒産企業の営業継続のために保全管財人と取引をする第三者、又は倒産申立て前から債務者に負っていた継続的債務を今度は保全管財人に対して履行しなければならない第三者を保護しようとすることにある。[37] そして五五条二項を文言通り適用するならば、裁判所が保全管財人の選任を命じるとしても、同時に発令する保全処分として一般的処分禁止ではなく、一般的同意権留保を選択しておけば、いずれにせよ最終的な判断権は債務者ではなく保全管財人に委ねられるという同一の経済的効果を得ることができる一方で、保全管財人の判断に起因する財団債務の発生は避けることができる。

しかし、前述のように外部関係において第三者たる債権者から見れば、最終的な判断権が保全管財人の意思に委ねられている点では双方では区別されず、一般的同意権留保についてはいわば「事実上の一般的処分禁止」が発令されているとさえ映る。それゆえに、本来必要とされるべき一般的処分禁止に替えて一般的同意権留保を命令することは、許されざる法律回避であり、よってその場合にも五五条二項を適用しなければならないという結論が引き出される。[38]

(2)　ボルク説の方法論――法の欠缺――

もっとも、このように五五条二項の明文の文言を超えて拡張的適用（類推）をする場合には、法適用法則（方法論）上の正当化が必要である。ボルクは、五五条二項に関して「法規制の欠缺」があることを確定したうえで[39]、その欠缺の補充の枠内において、財団債務を生じさせる場合として明示された一般的処分禁止の発令と同価値であると評価できる場合に限り、五五条二項の類推適用を認めようとする。そこで再び強調されるのは、五五条二項の趣旨は、保全管財人の意思に基づき発生した請求権を有する又は継続的債務を負担する第三者を保護することにあり、その限りにおいて一般的処分禁止と一般的同意留保とではこの規定が必要とされる状況に変わりがないことである[40]。すなわち、第一に、保全管財人本人が自身のために行為をするわけではないこと、第二に、債務者が対外的に必要な意思表示を行い、保全管財人がこの意思表示をドイツ民法一八五条に基づいて是認し得ること、第三に、管財人の権限の無視は二四条により八一条の適用（債務者処分の無効）と併せて手続開始効果の前倒しをもたらし、よって財団債務への性質決定についても前倒しが要請されること、第四に、保全管財人が債務に関して最終的に判断すること、については双方の場合において共通する。

それに対して、双方の形式的な法律構成上の相違点（管理処分権剥奪か同意権留保か）、並びに債務者と保全管財人の間の内部関係に関する相違点（取引のイニシアティブ）は、問題になっている債権者の保護の必要性ないし重要性についての相違をもたらさない。それゆえに、五五条二項の規制目的を考慮するならば、一般的同意権留保命令の場合への類推適用は正当化されるだけでなく、積極的に要請されるという結論になる[41]。

## 8　弱い保全管財人の責任限定を支持する見解

一般的同意権を有する（弱い）保全管財人の選任は不適法であるという見解、あるいは適法であるとしても五五条二項を類推して強い保全管財人と同様の賠償責任を負うべきだという見解に対しては、倒産手続開始決定の増加という新法の目標、五五条二項の文理解釈、並びに憲法上の原則である過度の侵害禁止との抵触の観点から異論が提出されている[42]。

(1)　倒産法の目的から

まず新倒産法の下でも、多くの企業が依然として倒産手続開始段階において手続費用の捻出に苦しんでいる。すでに支払不能の恐れの段階で倒産を申し立てて手続を早期に開始するという可能性がほとんど利用されていないこともその一因となっている。それゆえに、五五条二項の適用を拡張して不必要なまでに財団債務を発生させることは、旧法下以上に手続開始決定を困難にし、新倒産法の立法目的に反する。これに加えて、六一条の保全管財人の賠償責任が拡張されることは、開始手続において「不慣れな、決断力のない保全管財人」に対して萎縮効果を引き起こすことも考えられ(43)、財団の維持・保全に悪影響をもたらす（財団不足による却下の増加）。さらに、強い保全管財人とは異なり（二二条一項二号）、弱い保全管財人は企業継続の義務を原則的に負っていないのであるから、六一条の賠償義務を負わされる前提がない。最後に、申立ての段階においては、財団債務を確実に弁済できるような営業状態にあるのかどうかについて判断するための情報がしばしば不足することから、賠償義務の危険性はより大きくなっている。たしかに、六一条二項は、「財団が履行のために十分ではないかもしれないことを知り得なかった」場合には、免責されると規定するが、しかしこの免責の要件を証明しなければならない(44)という負担は大きい。

(2)　保全処分の規律から

次に、一般的同意権留保の場合の弱い保全管財人の行為に五五条二項を拡張適用することは、保全処分を規律する二一条、二二条の規定と矛盾する(45)。すなわち、一般的処分禁止の下では債務者は無権限者にすぎないが、一般的同意権留保の場合には権利義務の主体としての地位を保持しており、その点は外部関係においても大きな相違点として現れる。「債務の発生が最終的には保全管財人の意思にかかっている」という類推肯定説の前述の論拠だけでは、この相違点を無視させることはできない。一般的同意権留保の場合には、取引行為についてのイニシアティブを依然として債務者が保持し、保全管財人の権限は債務者の判断を監督・補助することにすぎないということは過小評価できず、したがって「事実上の一般的処分禁止命令である」という評価は当たらない。さらに、ドイツ民法一八五条の類推に依拠した両者の同一視も疑問である。最後に、五五条二項の適用拡張を導き出すために想定された「法律の欠缺」も、また類推を可能にするとされた二つの保全処分の構造上の類似性も認められないことは、二一条及び二二条の規定から明らかである。

(3)　憲法の過度の侵害禁止原則（必要性の原則）から

以上のように、倒産法の立法目的との適合性及び二一条、二二条の解釈方法を根拠として五五条二項の類推の是非を論じる限りにおいて、その肯定説と否定説の対立はいわば水掛け論の様相を呈している。それに対して、類推否定説が援用する憲法上の過度の侵害禁止の原則の観点は、倒産法の手続理念にも関わる新しい論拠である。[46]

まず、類推肯定説がその出発点において、一般的同意権留保命令を一般的処分禁止命令に対する「法律回避」であると評価していることは、二一条一項に含意される必要性の原則に反するものである。[47]すなわち、裁判所は、倒産法上用意されている段階的な強さをもつ異なった措置を自由裁量によって選択する義務を負っている。そして類推肯定説も認めるように一般的同意権留保が法律上違法とされていないのであるから（二一条二項二号）、必要性の原則に従い、一般的処分禁止よりも軽減された保全処分である一般的同意権留保のほうが優先的に発令されるべきである。

また倒産実務でしばしば見られるように申立ての取下げを予定した脅迫的申立て（Druckantrag）の場合にまでも一般的処分禁止を命じることは不必要な管財人費用を増加させる。さらに、経済的に意味のある企業継続のためには、債務者（代表者）の協力が不可欠である。特に書類・記録が不十分な場合には、従来の企業経営の経験からのみ営業に関する事実が明らかになる。保全管財人は、情報収集と評価のために、債務者の知見に頼らざるを得ない。明らかな利害衝突がない限り、一般的処分禁止命令によって債務者を倒産手続から隔離することは不必要である。

したがって、債務者の態様に鑑みて「債務者の財産状態の悪化防止（二一条一項）」のためには、通常、一般的同意権留保を命じることで十分であることが明らかであるならば、そのことを許されざる法律回避だとみなして一般的処分禁止命令と同じ取扱いをすることは、憲法上の過剰禁止原則（必要性の原則）によって禁止される。また倒産裁判所としても、必要以上に強力な保全措置によって倒産財団の減少を引き起こし、場合によっては債権者から国家賠償（ドイツ民法八三九条、憲法三四条）を要求されるという事態を回避しなければならない[48]。

## 9　今後の議論の行方――管財人の責任制限および保険――

### (1)　個別的な同意権留保

ドイツにおいて新倒産法の施行直後から論争の対象になっている一般的同意権を有する（弱い）保全管財人の許容性と責任の問題の行方は、現時点で確実な予想ができない[49]。ただ少なくとも弱い保全管財人の選任自体は違法でないことではほぼ一致する方向にあることを考慮するならば、今後は具体的事案を念頭においたうえで、保全処分の選択の適否と管財人の責任範囲の確定が論じられるのではないかと思われる。すなわち、弱い保全管財人が選任されるケースについて、いかなる場合であれば、保全管財人の賠償責任の回避だけを目的とする、許されざる法律回避とみなされ、場合によっては五五条二項の類推をすべきではないのか、あるいはいかなる場合であれば、債務者に財産の管理処分権を残したまま弱い保全管財人を選任するほうが合理的ないし好ましいとみなされ、五五条二項の類推は許されないとすべきなのか、が事案類型別に議論されるということである。

実務ではすでに、財団債務の発生を避ける正当な必要性があるならば、裁判所は「一般的な」処分禁止又は同意権留保を命じるのではなく、むしろ同意権留保に服する具体的措置のカタログを個別的に明示すべきだという提案があることは[50]、今後の方向性を示す取扱いとして注目される。例えば、手続開始後に債権者委員会の同意を要するとされている事項、さらに会計等の神経を使う事項については、具体的な同意権に服する重要な事項の類型に含められている（一五八条、一六〇条参照）。

### (2)　管財人の責任制限

次に、そもそも弱い保全管財人の問題を引き起こした原因は、新倒産法六一条が、従来の破産法・和議法に比べて

(保全) 管財人の賠償責任を著しく強化したことにある。新倒産法においては、管財人が「財団不足を予測できなかったこと」の証明責任を負っていることからみても、旧法下では例外とされていた (保全) 管財人の賠償義務の発生は、新倒産法の下では原則化していることがわかる。[51] このような管財人の責任強化が、保全管財人の実情 (手続開始段階における債務者情報の不足等) を正当に評価しているものであるかどうかについては、大いに疑問が提出されている。[52]

しかし、新倒産法の下での (保全) 管財人の賠償責任強化という規律自体が避けられないものとして考えるならば、現実的な問題解決の方法のひとつは倒産管財人のための責任保険の充実化である。従来の弁護士責任保険は、倒産管財人としての職務はもちろん、営業活動についての賠償責任を補塡するものではなかったので、倒産管財業務を目的とする責任保険の開発は必要である。これに加えて、さらには将来および過去に生じた倒産関連の取引事故を補塡する総合倒産保険 (Vorwärt-und Rückwärtsversicherung) が具体的に提案されていることが注目に値する。[53]

## 三　最後に——わが国の民事再生法および倒産法改正への示唆——

すでにドイツ型の単一倒産手続を採用しなかったわが国の倒産法改正から見ると、以上のようなドイツ倒産法の施行直後の問題点としての保全管財人の責任論との接点を見出すのは困難なように思われる。清算か再建かにかかわらない保全管財人の原則的投入、保全管財人の行為に起因する債務の自動的な財団債務化、並びにその不履行の場合についての (保全) 管財人の個人賠償責任等の具体的な規制は、日本の倒産実務から見て別世界のようである。平成一二年四月から施行される民事再生法だけを取り上げてみても、保全管理人の選任はほとんど例外的場合に位置づけられているし、[54] 申立後、開始決定前債務の共益債権化は、裁判所の許可等にかかっており (一二〇条)、それゆえに、保全管理人の個人賠償責任を追及する余地は現実には存在しない。

それにもかかわらず本稿で取り上げたドイツ倒産法における保全管財人の権限と責任をめぐる議論は、わが国でも参照すべきところが少なくないと思われる。例えば、民事再生法は、申立後・開始決定前において債務者が資金の借入や原材料の購入によって発生させた請求権の共益債権化を、裁判所に代えて監督委員の許可に委ねる可能性を開いた（民事再生法一二〇条二項）。この規定の趣旨は、共益債権化の機動性を実現するために裁判所の監督機能の一部を監督委員に移譲することである。(55) 手続開始前の企業継続の枠内において共益債権を発生させるという点で、この場合の監督委員の権限は、ドイツ法の弱い保全管財人の権限を超えており、むしろ「強い保全管財人」又はボルクが念頭におく「賠償責任が強化された弱い保全管財人」のそれに近い。そうであるならば、監督委員が共益債権化を許可した第三者の請求権が手続開始後に履行されない場合、この監督委員の責任追及は避けられないだろう。

なお、和議法の下では、申立代理人が申立て後・開始決定前に発生させた債務については、和議開始決定前に完済する、または開始後は事実上非和議債権として扱うという実務が行われてきた。(56) しかし、これは倒産処理に熟練した専門弁護士における実務慣行にすぎず、法律上の根拠があるわけではない。現に、このような処理が行われなかった事件に関して、申立代理人の行動が問題になっていたことも報告されている。(57)

さらに、民事再生手続において、保全管理人が選任されている場合には、監督委員が同時に選任され得ないのであるならば、(58) 保全管理人が裁判所から共益債権化の許可についても授権されて、単独の判断に基づいて、開始決定前に事業継続のため発生させた債務を共益債権化させる余地も排除できないのではないだろうか。(59) その場合の保全管理人はドイツの「強い保全管財人」と同等の権限を負うことになり、よって、その行為に起因する共益債権の不履行についての賠償責任の問題が生じる。

このように民事再生法に関して見ても、ドイツ倒産法で明らかになったような財団債務化に対する保全管財人の賠償責任の問題の端緒はすでに開かれているのである。もっとも、わが国の従来の倒産法の実務から見れば、管財人や申立代理人の個人賠償責任、あるいは倒産処理にかかわる裁判所の国家賠償責任という発想は、異質に感じられるだろう。確かに、従来のように法律上の倒産処理（和議、会社整理）の事件数が限られ、しかもそこでは熟練した、ベテランの倒産専門弁護士によって慎重かつ入念に事件が処理される、あるいは会社更生においては裁判所が慎重に慎重を重ねて企業の再起更生の確実性を見込んで、事業継続を許可している実務が今後も維持されるならば、特にドイツ法的な債権者保護と管財人の責任追及の方法を日本に取り込む必要はない。

しかしながら、民事再生法の施行が、法的な倒産処理件数を飛躍的に増加させ、また従来からの倒産法専門弁護士による寡占状態に解消を迫る（「普通」の弁護士の倒産処理業務への参入拡大の不可避[60]）ものであるならば、裁判所による手厚い後見又は熟練弁護士の個人的な信頼性に代替する第三者（債権者）保護のための装置が不可欠である[61]。そのひとつの可能性が、例えばドイツ法では（保全）管財人の賠償責任の強化であり、それに対する倒産関連保険の創設なのである。さらに、わが国でも倒産処理における柔軟性と迅速性[62]、ある種のラフジャスティスの不可避[63]、あるいは民事再生法の手続理念として、自由化又は当事者の自己責任[64]が頻繁に語られるようになった。これらのことを考慮するならば、わが国においてもドイツ法的な規制方法を参照し、かつその限界論を知ることは有意義である。

（1）　トピックス「ドイツ倒産法の大改正と我が国への示唆」NBL五九八号（一九九六）四頁。ドイツの新倒産法の全体に関する文献として、プリュッティング（吉野正三郎＝安達栄司訳）「ドイツ倒産法の改正」ジュリ一〇七二号（一九九五）一三一頁、三上威彦『ドイツ倒産法改正の軌跡』（一九九五）、木川裕一郎『ドイツ倒産法研究序説』（一九九九）。一九九九年の施行後の状況も伝える最新の詳細な文献が、田代雅彦「ドイツ連邦共和国における倒産実務の研究（上、中、下）」曹時五二巻（二〇〇〇）一号一頁、二号三二九頁、三号六四七頁（本論文（上）六〇頁以下に、ドイツ倒産法に関する網羅的な文献一覧がある）。法文の邦訳は、木川裕一郎＝吉野正三郎「ドイツ倒産法試訳」東海法学一六号三二六頁、一八号一八四頁、一九号二七〇頁、二〇号二六六頁（一九九六〜一九九八）があり、木川・前掲書に所収されている。

（2）　単一型か分離型かの問題について、福永有利「倒産法一本化の是非と問題点」ジュリ一一一一号（一九九七）二九頁（単一化否定的）、民事訴訟法学会編『民事訴訟法・倒産法の現代的潮流』（一九九八）二六四頁以下の宮川（肯定的）・伊藤（否定的）発言参照。ドイツ法を参照して、単一型のメリットを主張するのが、吉野正三郎「ドイツ新倒産処理手続の概要」東海二一号（一九九八）一〇三頁、木川・前掲六一頁。

（3）深山卓也ほか『一問一答民事再生法』（二〇〇〇）三頁・五頁・七頁。

（4）伊藤眞「民事再生法の概要」ＮＢＬ六八二号（二〇〇〇）八頁。清算を目的とする再生計画については、山本弘「民事再生手続の開始」ジュリ一一七一号（二〇〇〇）二〇頁がその可否を論じる。

（5）民事再生法が統一的倒産法になり得るかどうかの評価に関連して、管理型の再建手続のうち民事再生法の管理型と会社更生との間の役割分担が問題になる。立法者は、管理型は民事再生法のうちのごく例外に位置づけれ、管理型再建手続としては会社更生が原則になると考えているが、申立て代理人の選択を優先すべきだと言う議論もある。四宮章夫「民事再生実務の運用開始にあたって」ＮＢＬ六八五号（二〇〇〇）四四頁。

（6）民事再生法の立法作業においてもドイツの新倒産法は参照されているようである。三宅省三「民事再生手続における弁護士の役割」東京弁護士会編『入門民事再生法』（二〇〇〇）八六頁。個々の規制の中にドイツ法の影響があることも指摘されている。例えば、営業譲渡による再生の手法（民事再生法四二条）はドイツ法の übertragende Sanierung に類似する。山本弘「営業譲渡・減資」金判一〇八六号（二〇〇〇）一〇九頁。また、DIP 型における監督委員の否認権行使はドイツ倒産法の自己管理手続がヒントになっている。福永ほか「座談会・民事再生手続要綱案の概要と展望」銀法五六六号（一九九九）一二頁の山本発言参照（もっとも、ドイツの自己管理手続はアメリカ法に由来する。田代・前掲（上）一七頁）。

民事再生法とドイツ倒産法の類似性は、個々の規制よりもむしろ立法趣旨ないし目的に関して顕著である。ドイツ新倒産法一条においては、「企業の存続」が債権者の満足と同等の手続目標になっている。このことは、債権者の満足一辺倒と考えられてきたドイツの従来の倒産法の伝統に反して、一部の危機に瀕する労働者の職場の救済、あるいは市場において健全な競争相手を確保するために企業（体）の更生が必要だという理念が認知されたことを意味する。その点で、民事再生法一条が「債務者の事業の維持又は経済生活の安定を図ることを目的とする」ことと共通しているように思える。しかし、このような手続目標はあくまでも抽象的な手続上の目標であり、具体的に何をもって、「事業の維持又は経済生活の安定」と理解するのかはさらに検討を要する。ドイツ新倒産法について見るならば、倒産処理手続の目的は、あくまでも価値ある企業（体）の再生・存続であって、決して債務者（倒産者）自身の再生ではない。再生されるべき企業体と債務者自身を区別していることがわかる。例えば、ドイツ倒産法における原則的な更生（再生）方法と考えられている「企業譲渡（営業譲渡）による更生」が行われるのは、債権者自治の下、債権者にとってこの方法が一番経済的に有利だと判断されているからに他ならないからである。そこでは、職場救済を中心とする社会立法としての倒産法改正のときに考えられていた、「企業譲渡による更生」の劣後化の思想（逆に言うと「社会保障」と「企業所有者自身の再生」を優先する思想）は、市場経済立法としての現行倒産法にはもはや見られない（山本弘「ドイツ連邦共和国における倒産法改正の試み」『三ケ月古稀（下）』（一九九一）五三八頁参照）。このことに関して、「倒産した企業を再起更生させることそれ自体はなんら倒産法の目的ではなく、市場原理に適合した企業を清算させるか更生させるかの判断を債権者が的確にできるための枠組みを倒産法が用意することにその主眼がある」と言う指摘がある（吉野・前掲一〇七頁）。このことも、民事再生法において清算を目的とする再生計画が是認される文脈で語られる民事再生法の目的と合致する（伊藤・前掲八頁）。

（7）　新倒産法の施行状況及び実務の対応については、邦語文献として田代・前掲論文が非常に詳細である。

（8）　新法施行直後に現れた消費者破産と免責の問題状況を概観する文献としてVallender, ZIP 1999, 125. 判例及び学説においては訴訟費用扶助に関してすでに膨大な議論がある。田代・前掲（上）四九頁以下。新法施行後、消費者倒産の申立ての激増は見られない。Wehr, ZIP 1999, 2000は、それゆえにさらなる法改正を提案する。

（9）　以下の叙述は、吉野・前掲七八頁以下、Bork, Einführung in das neue Insolvenzrecht, 2. Aufl., 1998, Rn. 102 ; Gerhard, ZZP 109 (1996), 415 ; ders., Verfügungsbeschränkungen in der Eröffnungspahse und nach Verfahreseröffnung, in ; Kölner Schrift zur Insolvenzordnung, 1997, 159ff; Helwich, MDR1998, 516 に依拠する。なお、日本の保全法の体系はドイツ法に由来するので、民事再生法においても、ドイツとの規制の類似性を指摘できる。すなわち、個別執行の中止のための保全処分、将来の個別執行の包括的中止、担保権の実効中止、一般的保全処分、債務者財産の管理処分、申立債務者の後見についてそれぞれ相応する規制がある。

（10）　プリュッティング・前掲一三六頁、田代・前掲（上）一九頁。

（11） 以下、特にことわりのない限り、ドイツ倒産法は条文数だけを示す。

（12） 暫定的倒産管財人又は仮倒産管財人とも訳されるが、ここでは保全管財人に統一する。

（13） このことは、例えば法定の譲渡禁止（ドイツ民法一三五条）、官庁による譲渡禁止（同一三六条）が相対的無効であることとは対照的である。

（14） ZIP-aktuell 22, ZIP 4/1999, A 7. は、一九九九年前半の状況についてケルン、ハンブルク、ミュンヘン、ライプチッヒ、ドレスデンでの調査結果を紹介する。田代・前掲（上）二一頁も簡単にこの問題に言及する。このことは新法の施行前からすでに予言されていたことでもある。Smid, BB 1999, 3；Pape, NJW 1999, 30.

（15） 保全管財人の選任が回避される結果、鑑定人の職務が過大になっている問題点について、Wessel, DZWIR 1999, 230. Wessel はその原因である後述の五五条二項の削除を提案する（234）。

（16） Pape, NJW 1999, 29, 30；Hauser/Hawelka, ZIP 1998, 1261. 倒産賃金喪失金 Insolvenzausfallgeld（倒産欠損金）の問題点については、田代・前掲（上）四五頁。

（17） 旧法下に比較して著しい賠償責任強化であること、及び旧法との違いについて、Bähr, ZIP 1998, 1560, 1562.

（18） Sequester の同意が財団債務を発生させないことついて BGH, ZIP 1997, 1551.

（19） Weisemann, DZWIR 1999, 398；Pape, NJW 1999, 30. 従来からの Sequester の権限拡張の要求を新法は考慮している。旧法下の問題について Pape, ZIP 1994, 89.

（20） AG Neuruppin, DZWIR 1999, 107. Vgl. Smid, DZWIR 1999, 105.

（21） 企業による申立ての場合にはさらに「解約告知及び既存の経営協議会を相手に利害補償及び社会計画の交渉を行う権限も含み、使用者権限を行使する権利は、保全管財人に移行する」という条項が追加される。Weisemann, DZWIR 1999, 397.

（22） それゆえに、この保全管財人の権限はけっして弱いものではなく、「半分強い halbstarke」保全管財人だという言い方もできる。Weisemann, DZWIR 1999, 398.

（23） 違法だとするのは、Weisemann, DZWIR 1999, 399.

（24） Pape, NJW 1999, 30. 手続開始決定前の早期の段階で財産整理を実現するためには、特に Sequester の権限拡大が不可避である。

(25) Bork, ZIP 1999, 784.

(26) Weisemann, DZWIR 1999, 399.

(27) Weisemann, DZWIR 1999, 398, 399.

(28) Bork, ZIP 1999, 784.

(29) Begr. zu § 25 RegE, in ; Kübler/Prütting, Das neue Insolvenzrecht, Bd. I (1994), 182.

(30) Bork, ZIP 1999, 784 ; Vallender, DZWIR 1999, 265. その場合に二一条一項が根拠になるか、二項かはどちらでも良い。

(31) Vallender, DZWIR 1999, 265.

(32) 無権代理人に対する追認の可能性を考えればよい。ドイツ民法一八五条参照。

(33) Jaffé/Heller, ZIP 1999, 1205.

(34) Vallender, DZWIR 1999, 269.

(35) Vallender, DZWIR 1999, 269.

(36) Bork, ZIP 1999, 785.

(37) Begr. zu § 64 RegE, in ; Kübler/Prütting, Das neue Insolvenzrecht, Bd. I (1994), 223.

(38) Bork, ZIP 1999, 785.

(39) Bork, ZIP 1999, 785. しかし、Jaffé/Heller, ZIP 1999, 1206 は法の欠缺に反対する。

(40) Bork, ZIP 1999, 785, 786.

(41) Bork, ZIP 1999, 786.

(42) 以下は特にJaffé/Heller, ZIP 1999, 1205ff. に依拠する。

(43) Vgl. Bähr, ZIP 1998, 1562.

(44) Begr. zu § 72 RegE, in ; Kübler/Prütting, Das neue Insolvenzrecht, Bd. I (1994), 234.

(45) Jaffé/Heller, ZIP 1999, 1205.

（46） Jaffé/Heller, ZIP 1999, 1206.

（47） 必要性の原則は、過度の侵害禁止の一つの内容を構成する。ドイツ憲法の過剰禁止について、クラウス・シュテルン（小山剛訳）「過度の侵害禁止（比例原則）と衡量命令（一）」名城四四巻二号（一九九四）一五三頁以下、必要性の原則について特に一六九頁以下。民法（公序良俗違反）の解釈として過度の侵害禁止および必要性の原則に言及する文献として、山本敬三『公序良俗論の再構成』（二〇〇〇）二二八頁以下。

（48） なお、倒産手続に関しては、ドイツ民法八三九条二項の司法免責特権が及ばない。BGH, NJW 1959, 185. それゆえに、本稿で扱った（保全）管財人の責任強化の問題は、新倒産法による事業の閉鎖の許可等に関連して裁判所の国家賠償責任の強化論にもつながる。Smid, DZWIR 1999, 106 ; Hauser/Hawelka, ZIP 1998, 1262.

（49） 一九九九年一一月に行われたドイツ第二位の建設会社の倒産申立てに関しても、一般的処分禁止は命じられず、よって選任されたのは弱い保全管財人であったことが報じられている。田代・前掲（下）六九八頁。

（50） Bork, ZIP 1999, 786 ; Hauser/Hawelka, ZIP 1998, 1261.

（51） Begr. zu § 72 RegE, in ; Kübler/Prütting, Das neue Insolvenzrecht, Bd. I (1994), 234. 旧法下の状況について Bähr, ZIP 1998, 1562.

（52） Bähr, ZIP 1998, 1562 は立法時にこの問題がほとんど議論されていないと指摘する。

（53） Weisemann/Nisters, DZWIR 1999, 143. この保険は、いずれも事業継続に関連する財産損害を補塡するものである。管財人の責任保険では、企業条項により、経営判断上、投機上又は組織上の活動から生じた損害のための賠償請求のみが排除される（144）。また、ここで提案されている予防保険 Vorwärtsversicherung は、保険保護の開始のときから契約終了に至るまでに生じたすべての事故を包含する。遡及保険 Rückwärtsversicherung は、遡及保険の締結までに保険会社、保険契約者又はその共同経営者に判明していなかった過去の事故を補塡する。

（54） 三宅・前掲八二頁、四宮・前掲四四頁。

（55） 深山ほか・前掲（一問一答）八〇頁、森恵一「逐条解説民事再生法II　一二〇条」金法一五七二号（二〇〇〇）五六頁。

（56） 中村清「財団債権化、共益債権化と債権回収実務の留意点」金法一三五九号（一九九三）一〇〇頁。

(57)　東西倒産実務研究会編『和議』（一九八八）一九一頁の多比羅発言。
(58)　深山ほか・前掲（一問一答）八〇頁。
(59)　これに関連して、会社更生では、保全管理人の行為に起因する請求権が、当然に共益債権になるとすべきであるという見解も有力であったことが想起される。釜田佳考＝田原睦夫「再建型の申立手続及び保全処分について」判タ八八一号（一九九五）六四頁。立法論に関して、徳田和幸「保全管理人の地位と権限」松浦馨＝伊藤眞編『倒産手続と保全処分』（一九九八）三八三頁参照。
(60)　藤原総一郎「民事再生法は練達弁護士のものか」NBL六七九号（一九九九）四三頁。
(61)　ドイツにおいて倒産事件の熟練弁護士による寡占状態が顕著であった。一九九九年一月一日から同年九月三〇日まで、一一四四件の手続開始件数のうち五三二件において、受任件数上位の九人の管財人が選任されていた。二〇〇〇年一月一日から二月二九日までの期間では倒産法に基づく六四五件の開始件数のうち受任件数上位の九人の管財人が選任されているのは一二五件である（http://www.rws_verlag.de）。倒産事件を扱う弁護士層の拡大傾向が窺える。その背景には、倒産法に関する各種団体のセミナーの隆盛があり、また倒産法専門弁護士の創設がある。これらについては、田代・前掲（上）五八頁以下。わが国でも、倒産事件の法的処理件数の拡大を支えるインフラとして、弁護士の能力向上と継続教育の必要性が強調されている。高木新二郎「民事再生法元年」金法一五七一号（二〇〇〇）一二頁。才口千晴「弁護士の役割と責任」自正五一巻二号（二〇〇〇）九〇頁、一〇〇頁は、加えて弁護士の賠償責任等にも言及する。
(62)　門口正人「再建型倒産事件の処理の実情」債権管理八四号（一九九九）一三四頁。
(63)　岡ほか「座談会・倒産手続における裁判官、書記官、弁護士の協力と関与（四）」NBL六四八号（一九九八）六〇頁の高橋発言参照。和議について厳格な監督に徹していた東京地裁の破産部が運用の大転換を図ったこともこれに関連する。藤原・前掲四三頁参照。
(64)　田原睦夫「民事再生法の運用と実務」NBL六八四号（二〇〇〇）四三頁がこの点を得に強調する。

# 26

# 債権執行における執行債務者の報知義務
## ——ドイツ法を手がかりとして——

内山衛次



## 一　問題の所在

債権執行では、金銭債権が差し押さえられ差押えの効力が発生すると、執行債務者は被差押債権であるこの金銭債権についての証書を差押債権者に引き渡さなければならない（民執一四八条一項）。また、第三債務者は差押債権者の申立てにより、被差押債権の存否・種類・金額、弁済の意思等につき差押債権者に陳述しなければならない（民執一四七条一項、民執規一三五条一項一号～五号）。これらの義務は、公示のない無形の存在である被差押債権について差押債権者に情報を得させて差押債権者の取立てに資することを趣旨とする。[1] 債権執行においては、執行債権者は差押命令の申立てに際して被差押債権の存否、内容、先行手続の有無等について必ずしも確認することはできないし、執行機関も差押命令の発令前に債務者および第三債務者を審尋しない（民執一四五条二項）。したがって、差押債権者は被差押債権につき執行債務者および第三債務者から情報を収集しなければ被差押債権を容易にかつ確実に取り立てることはできず、また執行債務者に対して強制執行をし直すかどうかの判断もできなくなる。そこで、民事執行法は執行債務者に債権証書引渡義務、第三債務者に陳述義務を課すのであるが、被差押債権の取立てのためにはその債権につき最も良く認識している執行債務者から情報を得ることが必要である。すなわち、被差押債権の金額、原因、証拠方法、さらには第三債務者の抗弁事由についての防御となる事実等は債権の行使にとってきわめて重要である。しかしながら、民事執行法は執行債務者のこのような報知義務についてなんら規定を置いていない。

これに対して、わが国の強制執行制度の範であるドイツ法では執行債務者の債権証書引渡義務と並んでその報知義務を規定する（ドイツ民事訴訟法 Zivilprozeßordnung ――以下ではＺＰＯと略す――八三六条三項）。差押債権者は、これに基づいて債権の取立てを行い、取立ての遅滞により執行債務者に損害が発生すれば損害賠償義務を負う（ＺＰＯ八四二条）。わが国は、執行債務者から被差押債権について十分な情報を得るための手段を用意することなく、債権の行使を怠った場合にやはり損害賠償義務を課す（民執一五八条）。たしかに、債権については第三債務者から情報を得ることはできるが、第三債務者は自分の領域内において認識可能な事実についてだけ陳述するのであり、執行債務者の報知とはその範囲および性質を異にするはずである。そもそも、強制執行に突然に組み込まれた第三債務者に対して陳述義務を課すのであれば、執行当事者である執行債務者に報知義務を課すことが執行債務者に特に苛酷な負担となるのであろうか。執行債務者は必要な情報を容易に提供できることからその積極的な協力は期待されるはずである。

本稿では、この執行債務者の報知義務について、わが国においても導入は可能であり、また必要であるのか、そうであれば、その義務の範囲および強制方法はどのように考えるべきであるのかについてドイツ法を参考にしながら検討する。

## 二　ドイツ法における報知義務（ＺＰＯ八三六条三項）

ＺＰＯ八三六条三項は、債務者は債権者に対し債権の行使に必要な報知を与える義務を負うと規定する。この報知義務は、ドイツ民法（Bürgerliches Gesetzbuch ——以下ではＢＧＢと略す）が債権譲渡の際に旧債権者は新債権者に対して債権の行使に必要な報知を与える義務を負うと規定したことから（ＢＧＢ四〇二条）、これを範として一八九八年の改正法により導入された。(2) これにより、債務者は債権について存在する証書を引き渡す義務を負うとともに、債権の行使に必要な報知を与える義務を負う。また、債権者は第三債務者に対してこの債権に関する一定の事項について報知を要求することができる（ＺＰＯ八四〇条）。

### 1　報知義務の要件および範囲

報知義務は、差押命令および取立命令（Überweisung zur Einziehung）または転付命令（Überweisung an Zahlungs Statt）が第三債務者に送達されて効力を生じることにより発生する。(3) したがって、先行差押え（Vorpfändung ＺＰＯ八四五条）、保全執行（Sicherungsvollstreckung ＺＰＯ七二〇条ａ）および仮差押え（ＺＰＯ九三〇条）の段階では報知義務は発生しない。(4)

債務者は、債権者に対して債権の行使に必要な報知を与える義務を負う。債務者は、債権の取立ておよびその従たる権利（Nebenrecht とりわけ、担保権）の実行のために必要なすべての事実について詳細に指摘しなければならず、(5) これにより、債権者は第三債務者に対して精確に数額表示できる有理性のある訴えを提起することが可能になる。(6) したがって、報知義務の範囲は各個の具体的事案に応じて決まることになるが、(7) 一般には債務者は被差押債権の額および証拠方法、給付の時期および場所、第三債務者の抗弁事由およびそれに対する防御方法などを報知しなければならず、これらが差押命令の発令後第三債務者への送達前に発生した場合も同様である。(8)

たとえば、労働所得（Arbeitseinkommen）の差押えの際には、債務者は差し押さえられた所得の額の計算にとって規準となる事実について詳細に報知しなければならない(9)。ドイツ法は、労働所得の差押制限につきZPO八五〇条以下に詳細な規定を置いており、労働所得の差押禁止部分の計算は複雑で容易ではない。そこで、ZPOに付録として添付された付表（Tabelle）が利用されており、差押命令はこの付表の引用で十分である（ZPO八五〇条c三項二文）。すなわち、差押命令では差押禁止額の範囲は具体的に定められることはなく、差押禁止部分の計算は債権者や執行裁判所よりも確実に情報を取得できる第三債務者が債務者の扶養義務等を調査して行う(10)。したがって、債権者はこの労働所得を行使するに際して、自らも債務者から報知を得て差押禁止部分、すなわち差押可能な所得額の算出を行うことになる。これにより、債務者は支払時期における所得の総額（Bruttoeinkommen）、ZPO八五〇条e一号により算入されない給与、差し押さえることのできない額の計算のための扶養義務について報知しなければならない(11)。さらに、ZPO八五〇条c四項が債務者が法律上の義務により扶養する者が固有の所得を有する場合に、執行裁判所は、債権者の申立てにより、その者を労働所得の差し押さえることのできない部分の計算に際して、衡平な裁量により、全部又は一部分斟酌しないでおくことができるとすることから、債務者はその者の所得についても供述しなければならない(12)。また、ZPO八五〇条h二項により隠ぺいされた労働所得が差し押さえられる場合に、債務者は債務のある報酬を量定するために必要な供述、すなわち自らの勤務または労務の種類および量について供述しなければならず(13)、債権者はこれに基づき自らに支払われるべき額を特定することが可能となる(14)。

公課法（Abgabeanordnung ——以下ではAOと略す）四六条一項により税の還付請求権（Steuererstattungsanspruch）が差し押さえられた場合における債務者の報知義務の範囲についでは争いがある。ドイツでは、一九九二年の税法変更法（Steuerrechtsänderungsgesetz）により(15)、税務署による賃金税年間調整（Lohnsteuerjahresausgleich）は廃止され、代わって、被用者は、とりわけ源泉徴収された賃金税が高すぎる場合に所得税のための査定を所得税申告により査定期間の経過後二年以内に申し立て（所得税法 Einkommensteuergesetz ——以下ではEStGと略す——四六条二項八号）、税務署は税額決定（AO一五五条一項一文）により確定した過剰に徴収された所得税を還付する。[16] 被用者の還付請求権は被用者による所得税申告がまだ行われず、そして税務署による税額決定による確定の前であっても、課税要件が満たされることにより抽象的にはすでに発生しており差し押さえられる。[17] 未だ発生していない還付請求権を将来の請求権として差し押さえることは禁止されており（AO四六条六項）、還付年の経過後に初めて差押えは可能となる。還付請求権が差し押さえられたならば、被用者である債務者は、ZPO八三六条三項により、この請求権が現実に発生しているのか、あるいは発生する可能性があるかどうかについて報知する。[18] また、債務者の還付請求権を差し押さえた債権者は、差押・移付命令に基づきEStG四六条二項八号による査定を求める申立てを期間を遵守するために申立書に債務者の氏名および住所を記載することで自ら行うことができる。[19] そして、還付請求権の実現のためには、所得税申告により債務者の税法上の重要なデータ、すなわち債務者の所得、必要経費、特別支出などを表示することが必要であり、債権者は債務者の代わりに自ら所得税の申告を行い、債務者はZPO八三六条三項により、そのために必要な事項について報知し、そして自らの賃金税カード（Lohnsteuerkarte）を債権者に引き渡さなければならない。[20] しかしながら、一部の学説および判例は債務者の所得税申告は一身専属的な意思表示であり債務者自身がこれを行わねばならず、債務者はそのための報知および賃金税カードの引渡しをする義務はないと主張する。[21] この見解によれば、債権者は債務者が自ら申告を行って債権者に協力することを期待するか、あるいは税務署がAO九〇条、九三条および一四九条以下により、事実関係を職権で調査するために債務者に対して所得税の申告をすることを求め、そして必要な場合にはこれを強制することに期待をかけることになる。しかし、債務者が債権者に協力して情報を与えることは実際には考えられず、また税務署が債務者に協力させるかどうかはその裁量に委ねられており、税の減額をもたらす供述などが問題となる場合に、それについて証明責任を負わない税務署がその裁量を行使することも現実には起こりえない。[22] したがって、税の還付請求権の差押えの際に、債権者が所得税申告を行うことができないならば、還付請求権の実現は債務者のイニシアチブによることになり債務者が沈黙すれば差押えは不奏功に終わることになる。[23]

## 2　第三債務者の陳述義務（ZPO八四〇条）との関係

ZPO八四〇条は債権執行における第三債務者の陳述義務を規定する。この規定はわが国の民事執行法一四七条に相当し、第三債務者は債権者の要求に基づいて差押命令送達の日から二週間以内に所定事項、すなわち被差押債権の存否・原因・額、弁済の意思・範囲、優先権者の表示、執行競合の有無などを陳述しなければならない。債権者は、これにより被差押債権についての情報を得ることができるので、ZPO八三六条三項によって債務者から受ける報知をすでに獲得することができる。しかし、ドイツでは債権者が第三債務者から債権について情報を得る可能性があるとしても債務者の報知義務が排除されることはなく、第三債務者の陳述義務と債務者の報知義務は別個に独立して存在して両者の間に優先順位はない[24]。たしかに、債権者に対して債権についての情報を提供するという点で共通するが、債務者および第三債務者はそれぞれ自己の領域内において認識可能な事実についてだけ陳述をすることが求められるのであり、その範囲および性質は異なる[25]。たとえば、債務者は差押えの効力が債務者に対する送達とはかかわらないので（ZPO八二九条三項）、自分の債権が他の債権者によりすでに差し押さえられていることを知らない可能性があるし、第三債務者は債務者には知らせなかった抗弁事由で債権者に対抗する可能性がある。また、債務者は第三債務者の抗弁事由に対する防御方法を報知する[26]。そして、第三債務者の陳述義務が債務者の報知義務とは異なり形式的に有効な差押えだけを要件としており、移付命令の効果として初めて発生するのではないことから、両者は異なる性質を有し、すなわち債務者の報知義務は債権者に第三債務者に対して精確に数額表示できる有理性のある訴えを提起することを可能にするための手段を与えるが[27]、第三債務者の陳述義務はこれにより債権者が債権に対する抗弁を知ることでその満足可能性について判断し、債務者に対し新たな執行をし直すかどうかを決めることができることから、債務者に対する強制執行をより一般的に判断するための資料を提供する[28]。したがって、両者の義務は独立かつ並存するのであるが、これらの義務は総合して初めて債権についての包括的な判断が可能となるのであり、相互に密接に関連する[29]。

3　報知義務の強制方法

債務者が債権者に対して任意に報知を付与しない場合には、債務者は債権者の申立てにより、執行官の調書上で報知をなし、そしてその供述を宣誓に代えて（an Eides Statt）保証することが義務づけられる（ZPO八三六条三項二文）。この宣誓に代わる保証の実施についてはZPO八九九条以下の手続が準用される（ZPO八九九条一項）[30]。すなわち、手続は債権者が執行官に宣誓に代わる保証をさせるための期日の指定を求める委任をすることで開始する（ZPO九〇〇条一項）。執行官は、宣誓に代わる保証（以下では開示保証とする）の要件、つまり差押命令および移付命令が存在し、債務者が任意に報知をなすことを拒絶したことが債権者により疎明されるならば[31]、開示保証のための期日および場所を指定して債務者を呼び出す。債務者は期日において報知を行い、これは執行官の調書に記載される（ZPO七六二条）。そして、債務者はその供述を誠意を尽くして正確かつ完全にしたことを宣誓に代えて保証しなければならない。供述が不正確または不完全な場合には債権者は債務者にその供述を補充・訂正させるための新期日の指定を求めることができる[32]。また、債務者が虚偽の開示保証をした場合には刑事罰を受ける[33]。債務者が期日においてその報知義務を争うならば[34]、執行裁判所はまず最初にこの異議について決定で裁判し、開示保証はこの裁判が確定した後に行われる（ZPO九〇〇条四項）。債務者が期日に出席しない場合又は出席しても報知義務を争うことなく開示保証を拒絶する場合には、執行裁判所はこれを強制するために債務者に対して拘留命令を発する（ZPO九〇一条）。この拘留命令は、債権者の申立てにより、執行官が債務者を拘留することで執行される（ZPO九〇九条一項）。債務者は執行官による拘留命令の執行に際してすぐに開示保証をする用意がない場合には拘置所に収容される[35]。収容された債務者はいつでも拘留地の区裁判所の執行官に開示保証を受理すべき旨を要求することは可能であり、この要求は遅滞なく認容される（ZPO九〇二条一項）。拘留は六カ月を超えてはならず、六カ月が満了した後に職権で債務者の拘留は解かれる（ZPO九一三条）。

ところで、債務者が任意に報知を行わない場合に、このように執行官の下で開示保証が強制されるとするZPO八三六条三項二文は一九九七年第二次強制執行改正法により新たに導入され一九九九年一月一日から施行された。[36] それまでは債権者は債務者に対して報知を求める訴えを提起し、報知義務はその判決を名義としてＺＰＯ八八八条により執行された。[37] 今日では、債権者は新たな名義を取得しなくともＺＰＯ八九九条以下の手続を開始できるので、従前の報知を求める訴えは余剰となりこの訴えの権利保護の利益はない。[38]

報知義務のこれまでの執行方法は債権者による報知の訴えを必要としたことからその実現までに時間と費用を費やし、また債権者はさらに第三債務者に対して取立訴訟を提起しなければならないので、報知の訴えは明らかに債権者の二重の負担であるとの批判があった。[39] そのような中で、ドイツ司法補助官連盟（Bund Deutscher Rechtspfleger）は一九八三年にＺＰＯ八三六条三項に以下の三文を挿入してこの無駄な時間と費用を節約すべきであるとの提案を行った。[40] すなわち、「債務者が一文により要求される報知をなすことを拒絶するか、あるいは債務者の報知が不正確または不完全であることにつき理由のある手がかりが存在するならば、債務者は債権者の申立てにより、求められる陳述を調書上に行い、そしてその報知が完全かつ真実であることを宣誓に代えて保証する義務を負う」。しかし、この提案に対しては、報知義務を強制的に実現するための名義が存在せず、またそれゆえに債務者にいかなる内容の報知が義務づけられるのかが特定されないこと、そして実体法上の報知請求権（ＢＧＢ二五九条、二六〇条）がＺＰＯ八八八条または八八九条により実現されることと比較してＺＰＯ内部に矛盾を抱えることになること、さらには報知の訴えを不要としても債務者が開示保証を拒絶する場合には裁判官が拘留について裁判することになり、その際の債務者審尋を考えても特別に新たな執行方法を導入する価値はないと批判された。[41] もっとも、この批判に対しては、当時の立法者はＢＧＢ四〇二条を範として債務者の実体法上の報知義務を考えていたであろうが、立法者は当初から二段構成を採っており証書の引渡義務は執行法上の構造を示すことから債務者の報知義務も訴訟法上の義務とすることができるし、報知を必要とする債権はすでに差押・移付命令により特定されていて、これが報知義務の執行のための名義となること、さらにＺＰＯ八八八条により最初に命じられる強制金（Zwangsgeld）では金銭執行において効果を発揮することは少ないとの指摘があった。(42)この見解は、債務者の報知義務は債権者の債権差押えの申立てにより発生する公法上の執行法律関係の中にすでに組み入れられており、これは移付命令により具体的に発生し、債務者は債権者に対してだけでなく国家に対しても報知義務を負い、債務者が報知を拒絶する場合に期日に呼び出されて開示保証をさせられ、そして、裁判所により強制手段が命じられることは報知義務が国家の侵害関係にもかかわることを示すものであると主張した。(43)このような状況において、一九九七年第二次強制執行改正法は、ＺＰＯ八九九条以下の手続による報知義務の実現により強制執行の迅速化がもたらされ、差押・移付命令がその執行のための名義となることから執行制度上なんら問題はなく、強制手段としては強制金の代わりに拘留命令の方が適切であることを理由にＺＰＯ八三六条三項に二文を挿入した。(44)この規定により債務者の報知は債務者の財産開示（ＺＰＯ八〇七条）が債権差押後まで拡張されたものと考慮されることとなったことから、(45)債務者の報知義務は今後はその財産開示手続の構造およびその改革についての議論とますます深く関係することになろう。

## 三　わが国への報知義務規定の導入

ドイツでは一八九八年のＣＰＯ改正法により債務者の債権証書引渡義務と並んで債務者の報知義務が規定された。そして、この報知義務はその強制手段につき今日でも立法により改革を続けている。これに対してわが国は、旧民事訴訟法およびその後の民事執行法においてもこの規定を継受することはなかった。たしかに、わが国の民法はドイツにおいて報知義務規定導入の原因となったＢＧＢ四〇二条に相当する条文を持たない。しかし、債権譲渡に際して債務者が債権の行使に必要な報知をなし、かつその占有する債権証書を引き渡す義務があることは債権譲渡契約に付随する義務として考えられているし、(46)民事執行法一四八条の債権証書引渡義務に対応する民法上の規定が存在しないことは債権差押えと債権譲渡を必ずしも直接結びつけて考察する必要はないことを示す。すでに述べたように、債務者の報知義務は第三債務者の陳述義務とはその範囲および性質を異にすることからこれらの義務が総合して初めて債権についての包括的な判断が可能となる。しかるに債務者の報知義務だけが規定されなかった理由は、債務者の財産開示制度がわが国において立法当初から全く継受されなかったように[47]、わが国が当初から強制執行において債務者が協力するという事態を基本的に考えていなかったことが挙げられる[48]。そのために債務者の報知義務について学説において論じられる機会もまたきわめて少なかった[49]。

### 1　報知義務規定導入に対する障害

債務者に報知義務が課せられるならば、債務者は強制執行に際して受動的な地位に留まらずに積極的に協力することが義務づけられる。たしかに、被差押債権についての情報は民事執行法一四七条の第三債務者の陳述義務により得ることができるが、すでに述べたように、第三債務者の陳述義務と債務者の報知義務はその範囲および性質を異にし、両者の義務は独立かつ並存しつつ相互に密接に関連し、それらが総合して初めて被差押債権についての包括的な判断が可能となる。したがって、債権執行の実効性を確保するためには報知義務規定は必要であると思われるが、わが国はこの規定を継受せず今日まで債務者の報知義務は存在しない。それではこの規定を導入するのに大きな障害が存在するのであろうか。たしかに、執行方法としては直接に執行の目的である利益状態を実現する直接強制が最も直接かつ効果的で人格尊重の理想に適するとされ[50]、直接強制のできる債務については代替執行および間接強制は許されない。報知義務は債務者の意思を圧迫して被差押債権の取立てを容易にすることから金銭執行に間接強制の要素が混入することになる。しかし、債権者の執行債権の存在および内容は債務名義によりほぼ確定しているのに、債務者による被差押債権についての報知がなければその取立てに重大な影響が及ぶことがあり、また債務者が自己の領域内において認識可能な事実についてだけ陳述をすることは債務者にとって困難で苛酷な要求とは言えない。責任財産の原則を考慮しても債務者は積極的に協力すべきである。さらに、報知義務規定を導入して債権者に被差押債権についての情報を債務者からも入手させることは自力救済を禁止した国家が積極的に行うべきことであり、債務者の財産開示制度とともにわが国にも採り入れなければならないと考える。(51)

## 2　導入されるべき報知義務

わが国に債務者の報知義務を導入することが可能であれば、その要件・範囲および強制方法はどのようにすべきであろうか。これについて、今まで述べてきたドイツ法を参考にして考慮すべきと思われる点について指摘したい。

(一)　報知義務の要件および範囲　ドイツ法では、債務者の報知義務は第三債務者に対する取立訴訟を提起することを可能にし移付命令の効果として初めて発生する。わが国の民事執行法は民事訴訟法旧六〇〇条および六〇二条の取立命令を廃止し、取立権は差押命令により直接発生し、その送達後一週間の経過が取立権の効力発生の始期となる（民執一五五条一項）。そして、取立権が発生すれば第三債務者に対して取立ておよび取立訴訟が提起できるのでこれを報知義務の要件とすることが考えられるが、取立てのために必要な情報の入手を取立権が発生するまで待つ必要はなく、事前に報知を得て準備ができるように、差押えの発効を報知義務の要件とすべきである。そして、このことは債権証書引渡義務（民執一四八条）の要件と共通することになる。(52)

債務者は債権の取立てのために必要なすべての事実について詳細に指摘しなければならず、その具体的範囲は各個の具体的事案に応じて決まる。したがって、条文ではＺＰＯ八三六条三項のように一般的に「債権の行使のために必要な報知を与える義務を負う」となろう。これにより、一般には債務者は債権の額および証拠方法、給付の時期および場所、第三債務者の抗弁事由およびそれに対する防御方法などを報知しなければならない。給料債権の差押えにおいては、わが国はドイツと異なり民事執行法一五二条が給与手取月額二八万円以下でその四分の三を差押禁止とし、二八万円を超える場合には二一万円を超える部分の全部を差し押さえることができるとだけ規定しており、差押最小限度額の定めはなく、具体的事案への妥当な適応は執行裁判所による差押禁止範囲の変更に委ねられている（民執一五三条)。したがって、給料債権を差し押さえた債権者は、差押可能な部分を算出するために、債務者から給料の総額以外にも「債務者の生活の状況」(民執一五三条一項)に該当する事実、例えば債務者が扶養する義務を負う者の数、その者が固有の所得を有するかどうかについて報知を受け、これを基にして必要であれば差押禁止範囲の縮減を申し立てて変更の裁判を得て給料債権を取り立てることになる。(53)(54)

(二)　報知義務の強制方法　　債務者が債権者に対して任意に報知を付与しない場合に、現行のドイツ法のように特別な債務名義を必要とすることなく開示保証を強制するか、あるいは以前のように債務者に対して報知を求める訴えを提起してその判決を債務名義として不代替的作為義務の強制執行によるべきかは慎重な検討を必要とする。たしかに、わが国はZPO八九九条以下の宣誓に代わる保証および拘留の制度を立法当初から今日に至るまで全く継受しておらず、これを報知義務の強制方法とするためにはその導入の可能性も別に考慮しなければならない。しかし、報知の訴えを債権者に要求することで報知義務の実現までに時間と費用が費やされたことがドイツで強く批判され、それを踏まえての新法の規定を無視することはできない。すでに述べたように、報知義務規定を導入して債権者に被差押債権についての情報を債務者からも入手させることは自力救済を禁止した国家が自ら積極的に取り組むべきことであり、債務者の報知はまさにその財産開示(ZPO八〇七条)の債権差押後への拡張と考えられる。したがって、債務者の報知義務と財産開示義務はその基本的な構造を同じくし、債務者は報知義務を債権者に対してだけでなく国家に対しても負い、これは公法上の執行法律関係に組み入れられると考えられる。このことから、報知義務の強制手段としては新たに導入されるべき開示手続を利用すべきである。私は以前に債務者の財産は執行裁判所における開示宣誓により開示されるべきであり、現行ドイツ法の執行官による開示保証の実施には疑問があると述べた。(55)また、開示保証を拒絶する場合の拘留による強制についてもわが国に導入することには困難がある。(56)報知義務の強制手段ともなるこの開示手続についてはドイツの学説及び立法の動向を見た上で再検討したい。

## 四　結び

債権執行においては、執行債権者は差押命令の申立てに際して被差押債権の存否、内容、先行手続の有無等について必ずしも確認することはできず、また執行機関も差押命令の発令前に債務者および第三債務者を審尋しない。したがって、債権者は被差押債権につき執行債務者および第三債務者から情報を収集しなければ被差押債権を容易にかつ確実に取り立てることはできず、また執行債務者に対して強制執行をし直すかどうかの判断もできなくなる。そのためにその債権につき最も良く認識している執行債務者から情報を得ることが必要になる。債務者からその債権について報知を求めることは債務者にとって苛酷な負担ではなく、かえって債務者の協力を得られずに債権の取立てに障害が発生することは債権者に著しい不利益をもたらす。そして、国家は債権者に自力救済を禁止したのであるから、債権者が債務者から報知を得ることができて債権の取立てを容易にかつ確実に行い、その執行債権を満足させるように努めなければならない。わが国に報知義務規定を導入することに対して大きな障害はない。それどころか、債務者の報知義務により債権の行使のために必要な情報を得ることができない債権者にその債権の行使を怠った場合に損害賠償義務（民執一五八条）を課すことは問題があるし、また差押禁止範囲の変更（民執一五三条）の規定も債務者の報知により情報を得ることができなければ十分に機能しない。たしかに、報知義務の強制手段には検討を要する点も多いが、被差押債権についての包括的な判断を可能にし債権執行の実効性を高めるには第三債務者の陳述義務および債権証書引渡義務と並んで債務者の報知義務も必要となるのである。

（1）　中野貞一郎『民事執行法〔新訂三版〕』五五四頁以下、兼子一『増補強制執行法』二〇一頁以下、宮脇幸彦『強制執行法（各論）』一三六頁、鈴木忠一＝三ケ月章編『注解民事執行法（4）』四三四頁（大橋寛明）、四四六頁（稲葉威雄）、香川保一監修『注釈民事執行法（6）』一七三頁（近藤崇晴）。

（2）一八七七年の民事訴訟法典（Civilprozeßordnung）は、七三七条二項において執行債務者の債権証書引渡義務だけを規定していた。報知義務は、一八九八年の改正法（RGBl. I. S. 2.）により、執行についてＢＧＢ四〇二条に相当する規定による補充が不可欠であるとして導入された。Vgl. Hahn, Die gesammten Materialien zu den Reichsjustizgesetzen, S. 156；Gaup/Stein, Zivilprozeßordnung, 1913, S. 669；Struckmann/Koch, ZPO, 9. Aufl. 1910, S. 812.

（3）Vgl. Rosenberg/Gaul/Schilken, Zwangsvollstreckungsrecht, 11. Aufl. 1997, S. 853；Thomas/Putzo, ZPO, 21. Aufl. § 853 Rdnr. 14；Zöller/Stöber, ZPO, 21. Aufl. 1999, § 836 Rdnr. 9；Stöber, Forderungspfändung, 12. Aufl. 1999, Rdnr. 621. なお、抵当権付債権の差押えの場合には、ＺＰＯ八三〇条一項による抵当証券の債権者への引渡し又は土地登記簿への差押えの登記が必要である。Vgl. Zöller/Stöber, a. a. O., Rdnr. 9；Stöber, a. a. O., Rdnr. 621.

シュテーバー（Stöber）は、債権者の「申立てによる（angeblich）」債権が存在しない場合には、その債権の行使のための報知を与える必要はないので報知義務は発生せず、したがって被差押債権が存在し、それが債務者に帰属するときに報知義務は発生すると主張する。Zöller/Stöber, a. a. O., Rdnr. 9；Stöber, a. a. O., Rdnr. 621. この見解では、報知義務は有効な差押質権（Pfändungspfandrecht）の成立を要件とすることになろう。なお、シュテーバーによれば、強制執行が停止した後は報知義務は発生しない。Zöller/Stöber, a. a. O., Rdnr. 9.

（4）Vgl. Zöller/Stöber, a. a. O., Rdnr. 9；Stöber, a. a. O., Rdnr. 621.

（5）Vgl. Münchener Kommentar zur Zivilprozeßordnung/Smid, Band 3, 1. Aufl. 1992, § 836 Rdnr. 17；Gottwald, Zwangsvollstreckung, 2. Aufl. 1997, § 836 Rdnr. 6；Müsielak/Becker, ZPO, 1. Aufl. 1999, § 836 Rdnr. 6；Zöller/Stöber, a. a. O., Rdnr. 10；Stöber, a. a. O., Rdnr. 621a.

（6）Vgl. Musielak/Becker, ZPO, § 836 Rdnr. 6；MünchKomm/ZPO-Smid, § 836 Rdnr. 17.

（7）Vgl. Zöller/Stöber, a. a. O., Rdnr. 10；Stöber, a. a. O., Rdnr. 621a；Musielak/Becker, ZPO, § 836 Rdnr. 6.

（8）たとえば、差押えの後であるが、第三債務者への差押命令の送達前になされた支払等。Vgl. Zöiller/Stöber, a. a. O., Rdnr. 10；Stöber, a. a. O., Rdnr. 621b；Musielak/Becker, ZPO, § 836 Rdnr. 6. なお、すでに債権が差し押さえられており、取立てのために移付されていても、その債権をさらに差し押さえることは可能であり、その債権の行使のために先行する差押えについて知ることは必要である。したがって、報知は先行する差押えにおける執行債権者、執行債権、執行裁判所、そして第三債務者への送達の時期についても与えられる。Vgl. Stöber, a. a. O., Rdnr. 621a.

(9) Vgl. Zöller/Stöber, a. a. O., Rdnr. 10 ; Stöber, a. a. O., Rdnr. 945a.

(10) ドイツの労働所得の差押制限については、拙稿「給料債権の差押制限について」大阪学院大学法学研究二〇巻一・二号一頁以下参照。

(11) Vgl. Zöller/Stöber, a. a. O., Rdnr. 10 ; Stöber, a. a. O., Rdnr. 945a.

(12) Vgl. Zöller/Stöber, a. a. O., Rdnr. 10 ; Stöber, a. a. O., Rdnr. 945a.

(13) 債権者と第三債務者がその金額につき一致できない場合には、訴訟裁判所での取立訴訟により特定される。Vgl. MünchKomm/ZPO-Smid, § 850h Rdnr. 23 ; Gottwald, a. a. O., § 850h Rdnr. 13.

(14) 第三債務者が差押えの後に賃金清算票（Lohnabrechnung）を債権者に付与した場合のように、債権者がすでに供述について確実に認識しているときには、債務者の報知は債権の行使に必要ではなく、権利保護の利益は存在しないとの見解がある。Vgl. Zöller/Stöber, a. a. O., Rdnr. 11 ; Stöber, a. a. O., Rdnr. 621e, 945a.

(15) BGBl. I. 1992, S. 297.

(16) 一九九二年の税法変更法の施行後の税還付請求権の差押えについては、David, Tips zur Pfändung von Steuer-stattungsansprüchen, MDR 1993, S. 412f. を参照。

(17) Vgl. Stöber, a. a. O., Rdnr. 357, 384f.

(18) Vgl. Zöller/Stöber, a. a. O., Rdnr. 10 ; Stöber, a. a. O., Rdnr. 621d.

(19) 通説である。Vgl. Behr, Pfändung und Durchsetzung von Lohnsteuererstattungsansprüchen, NJW 1994, S. 3257 ; Stöber, a. a. O., Rdnr. 388a-d, 621d. なお、連邦財務官庁（Bundesfinanzbehörden）により発行された税務署の処理指針（Verwaltungsanweisung）—一九九三年賃金税指令（Lohnsteuerrichtlinie）—一四九章七節参照。この申立ては、申立書に債務者の氏名及び住所を記載すれば十分である。Vgl. Stöber, a. a. O., Rdnr. 388c ; Behr, a. a. O., S. 3257. 一九九三年賃金税指令一四九章七節参照。

(20) Vgl. Stein/Jonas/Münzberg, ZPO, 21. Aufl. 1996, § 836 Rdnr. 14 ; Behr, a. a. O., S. 3257f. ; LG Berlin, NJW 1994, S. 3303 ; LG Dortmund, Rpfleger 1995, S. 32 ; LG Stuttgart, Rpfleger 1995, S. 264 ; LG Koblenz,

Rpfleger 1995, S. 307.

(21) Zöller/Stöber, a. a. O., Rdnr. 10 ; Stöber, a. a. O., Rdnr. 388d, 621d ; David, a. a. O., S. 413 ; LG Koblenz, DGVZ 1994, S. 57 ; LG Marburg, Rpfleger 1995, S. 32 ; LG Krefeld, MDR 1995, S. 414.

(22) Vgl. Behr, a. a. O., S. 3258.

(23) Vgl. Behr, a. a. O., S. 3259.

(24) Vgl. Stein/Jonas/Munzberg, § 836 Rdnr. 18 ; Rosenberg/Gaul/Schilken, a. a. O., S. 853 ; Thomas/Putzo, § 836 Rdnr. 14 ; Musielak/Becker, § 836 Rdnr. 6; MünchKomm/ZPO-Smid, § 836 Rdnr. 17 ; Baur/Stürner, Zwangsvollstreckungs-, Konkurs-, und Vergleichsrecht, Band I, 12. Aufl. 1995, S. 371f. この場合に、権利保護の利益が欠けるとする見解として、AG Bonn, Rpfleger 1963, 126.

(25) Vgl. Lindgen, Die Drittschuldner-Haftung, 1991, S. 35.

(26) Vgl. Lindgen, a. a. O., S. 35.

(27) Vgl. Musielak/Becker, § 836 Rdnr. 6; MünchKomm/ZPO-Smid, § 836 Rdnr. 17.

(28) Vgl. Gaul, Zur Rechtsstellung der Kreditinstitute als Drittschuldner in der Zwangsvollstreckung, Festschrift 50 Jahre Sparkassenakademie, 1978, S. 36 ; MünchKomm/ZPO-Smid, § 836 Rdnr. 17.

(29) Vgl. Lindgen, a. a. O., S. 35.

(30) ＺＰＯ八九九条以下の第四章「宣誓に代わる保証及び拘留」はＺＰＯ八〇七条の「宣誓に代わる保証」、すなわち強制執行において債務者にその財産を開示させるための手続を規定する（この手続の今日までの発展経過及び現状については、拙稿「強制執行における債務者の財産開示（一）、（二・完）」大阪学院大学法学研究二五巻一号八五頁以下及び同巻二号三三頁以下参照）。そして、ＺＰＯ八九九条から九一五条ｈまでのどの規定が準用されるのかについてＺＰＯ八三六条三項では示されていないが、八三六条三項についての草案理由書によれば、少なくとも九〇〇条三項、九〇三条及び九一五条以下の準用はないとされた。Vgl. BR-Drucksache 134/94, S. 106

(31) Vgl. BR-Drucksache 134/94, S. 106 ; Thomas/Putzo, § 836 Rdnr. 18 ; Musielak/Becker, § 836 Rdnr. 6 ; Zöller/Stöber, a. a. O., Rdnr. 15 ; Stöber, a. a. O., Rdnr. 622. なお、この疎明は債務者に対して報知を要求した旨

の書面の提出で十分であるとされる。Vgl. BR-Drucksache 134/94, S. 106.

（32） Vgl. BR-Drucksache 134/94, S. 106；Zöller/Stöber, a. a. O., Rdnr. 15；Stöber, a. a. O., Rdnr. 622a. これは、外観上終了したに過ぎない手続の続行を求めるものである。なお、ＺＰＯ八〇七条の場合について、拙稿「強制執行における債務者の財産開示（一）」大阪学院大学法学研究二五巻一号九三頁参照。

（33） 刑法（Strafgesetzbuch）一五六条及び一六三条。なお、ＺＰＯ八〇七条の場合について、拙稿「強制執行における債務者の財産開示（一）」大阪学院大学法学研究二五巻一号九三頁参照。

（34） たとえば、債務者はすでに債権者に報知を行った、あるいは差し押さえられた債権が実際には存在しないなど。Vgl. Stöber, a. a. O., Rdnr. 622. なお、債権者の請求自体に関する異議はＺＰＯ七六七条の請求異議の訴えにより、執行文付与に対する異議についてはＺＰＯ七三二条及び七六八条により主張される。拙稿「強制執行における債務者の財産開示（一）」大阪学院大学法学研究二五巻一号九四頁参照。

（35） なお、執行裁判所により拘留を命じられた債務者は執行官の面前で開示保証をすれば拘留を免れる（ＺＰＯ九〇二条一項）。旧法下での手続について、拙稿「強制執行における債務者の財産開示（一）」大阪学院大学法学研究二五巻一号九六頁以下参照。

（36） 一九九七年第二次強制執行改正法（Zweites Gesetz zur Änderung zwangsvollstreckungsrechtlicher Vorschriften, BGBl. I. S. 3039）は、強制執行法の規定の多くが時代に適合しておらず、法律の状態と執行の実情が一致していない上に、強制執行手続は複雑で遅く分かりにくいとされたことから、手続の簡素化と迅速化を図り、執行裁判所の負担を軽減して執行官の権限を拡張することを目的とした。Vgl. BT-Drucksache 13/9088, S. 1. そして、宣誓に代わる保証の実施は、それまでの司法補助官から執行官の権限へと移動したのであり、これによりＺＰＯ八九九条以下の手続は重要な点で変更されることになった。これについては、拙稿「強制執行にける債務者の財産開示（二・完）」大阪学院大学法学研究二五巻二号六四頁以下参照。

（37） Vgl. Stein/Jonas/Münzberg, § 836 Rdnr. 12；MünchKomm/ZPO-Smid, § 836 Rdnr. 11；Baur/Stürner, a. a. O., S. 372；Gottwald, Zwangsvollstreckung, 2. Aufl. 1997, § 836 Rdnr. 6.

（38） Vgl. Thomas/Putzo, § 836 Rdnr. 18；Musielak/Becker, § 836 Rdnr. 6.

(39)　Vgl. Gaul, Neukonzipierung der Sachaufklärung in der Zwangsvollstreckung, ZZP 108. S. 41 ; Schilken, Vereinfachung und Beschleunigung der Zwangsvollstreckung, Rpfleger 1994, S. 146 ; BR-Drucksache 134/94, S. 104.

(40)　RpflBl 1983, S. 51.

(41)　Münzberg, Reform der Zwangsvollstreckung in das bewegliche Vermögen, Rpfleger 1987, S. 273 ; Münch-Komm/ZPO-Smid, § 836 Rdnr. 11.

(42)　Gaul, ZZP 108. S. 41 ; Schilken, a. a. O., S. 146.

(43)　Gaul, ZZP 108. S. 41 ; Schilken, a. a. O., S. 146 ; Rosenberg/Gaul/Schilken, a. a. O., S. 89. この見解は債務者の報知における国家の役割を重視するのであり、債権者による自力救済を禁止した国家は債権者にその権利を実現させることに責任を負っており、債務者の財産開示と同様にその報知についても国家は自ら積極的な役割を演じることになる。この点につき、拙稿「強制執行における債務者の財産開示（二・完）」大阪学院大学法学研究二五巻二号四四頁以下参照。

(44)　Vgl. BR-Drucksache 134/94, S. 103ff.

(45)　Vgl. BR-Drucksache 134/94, S. 105.

(46)　我妻栄『新訂債権総論（民法講義Ⅳ）』五二〇頁、石川明「債権執行における第三債務者の陳述義務について」『ドイツ強制執行法研究』一〇五頁。

(47)　これについては、拙稿「強制執行における債務者の財産開示（二・完）」大阪学院大学法学研究二五巻二号七二頁参照。

(48)　三ケ月章「強制執行と滞納処分の統一的理解」『民事訴訟法研究二巻』一六六頁以下参照。

(49)　石川明教授は第三債務者の陳述義務についての論考の中で、債務者の陳述義務はわが国の現行実体法及び手続法において解釈論として認められると述べる。石川・前掲一〇五頁。

(50)　中野貞一郎『民事執行法〔新訂三版〕』九頁以下参照。

(51)　拙稿「強制執行における債務者の財産開示（二・完）」大阪学院大学法学研究二五巻二号七四頁以下参照。

(52)　田中康久『新民事執行法の解説〔増補改訂版〕』三一五頁、鈴木忠一＝三ケ月章編『注解民事執行法(4)』四四七頁〔稲葉威雄〕、中野・前掲五七一頁以下参照。

(53)　民事執行法の立法当時から民事執行法一五三条による差押禁止範囲の変更は債権者又は債務者が相手方の具体的事情について十分な知識を持たない限り法の予定する機能を果たすことはできないとの指摘があった。竹下守夫「民事執行法の成立と将来の課題」竹下守夫＝鈴木正裕編『民事執行法の基本構造』三三頁。

(54)　所得税の還付請求権（所税一三八条以下）の差押えの場合には――所得税の年末調整による還付請求権のように発生時期までの時間差が少ない請求権は将来債権として差し押さえることが可能である。中野・前掲五四五頁参照――、債権者はその取立権の行使により自ら確定申告書又は年末調整のための扶養控除等申告書を提出して還付請求を行うことができると解すべきであり、そのためにその記載事項について債権者は債務者から報知を得ることができる。

(55)　拙稿「強制執行における債務者の財産開示（二・完）」大阪学院大学法学研究二五巻二号七七頁以下参照。

(56)　拙稿・前掲七七頁参照。

# 27 ソフトウェアに対する強制執行
## ――ドイツ法を参考に――

金子宏直



## 一 はじめに

コンピュータの普及によりプログラム（以下、ソフトウェア）の利用は、現在ではごく普通に行われている。ソフトウェアはFDやCDといった記憶媒体に記録されて取引される。これらの媒体は安価であり複製も容易であるが、記録されているソフトウェアの開発には物的・人的な資源を必要とし、ソフトウェアが経済的価値をもつことに争いはない。媒体は有体物であり、ソフトウェアは無体財産である。そのためソフトウェアに対する強制執行は物に対する強制執行と無体財産（主に著作権）に対する強制執行の二種類が考えられる。しかし、これらの手続は構造を異にしており、これらの手続の相互関係等の問題を考えなければならない。近年になり、これらのソフトウェアに対する強制執行の問題が議論されるようになっている。[1] これに対して、ドイツにおいては実務家を中心としてソフトウェアの強制執行に関して広範な議論がなされていた。また、ドイツの強制執行手続は、現在でもわが国の強制執行手続と共通する点が多いのでこれらの議論は参考になるものと考えられる。

本論文では、ソフトウェアが媒体により取引されることを前提にして議論する。まず、簡単にドイツにおけるソフトウェアの強制執行に関する議論を概観し（二）、次に、わが国におけるソフトウェアの強制執行に関する手続等を説明し（三）、最後に、著作権に対する執行と物に対する執行について若干の考察を行う（四）。

## 二　ドイツにおけるソフトウェアの強制執行

### 1　金銭債権に基づく強制執行

パッケージ・ソフトウェアは媒体により取引されるので外観上は有体物を対象にした取引とみることができる。そこで、一般的にソフトウェアの強制執行として差押えが許されるか否かが問題になる。金銭債権に基づく強制執行には、不動産、動産、債権、そのほかの財産権に対する強制執行がある。

#### (1)　物としての差押え

ドイツではBGB九〇条が物とは「有体的な対象」と定めるため、ソフトウェアは同条の物には該当しないとも考えられる。しかし、ドイツにおいてソフトウェアが物であるのか無体財産であるかについて従来から判例上争われてきた。[2] このような争いの理由のひとつには、ソフトウェアがFD等の記録媒体により取引されていたため、ソフトウェアに瑕疵のある場合の法律問題を考える上で、物であるか否かが重要な意味をもっているからである。[3]

まず、ZPO八〇八条は有体物に限り差押えができると定めているので、債務者の手元にあるソフトウェアの記録されたFDやCD等の媒体を差し押さえて換価することができるかを考える必要がある。この点について一般にパッケージ・ソフトウェアのような市販のソフトウェア（Standardsoftware）のような場合には、媒体を有体物として差し押さえられると考えられている。その理由として差押えの可否は、ＢＧＢ九〇条の「物」の概念から導かれるのではなく、動産の差押えに関するＺＰＯ八〇八条の目的から導かれるからであるとする。(4)

そして、差し押さえられた媒体の換価は、ＺＰＯ八一四条と八一六条以下の公の競売によって行われる。このとき問題となるのは、媒体の最高価買受人が媒体に記録されているソフトウェアについて使用できるか否かである。この点に関して、最高価買受人は媒体について負担のない所有者になり使用が可能であるとする見解がある。(5)媒体に記録されたソフトウェアの使用の制限、すなわち、ソフトウェアの再譲渡を含めた債務者の処分権の契約による制限に関しては、見解が分れる。(6)契約上の処分権限は買受人に対しては効力を持たず、債権者も債務者と同様に利用できるとする見解がある。これに対して、著作権の利用権に期限がついている場合には消尽の原則（ＵｒｈＧ一七条二項）が適用にならず、期限に制限がない場合には、消尽の原則の適用を認める見解がある。(7)この場合には契約上も有効な使用制限があっても、第三者への譲渡や強制執行は有効であるが、著作権者は第三者異議（ＺＰＯ七七一条）を提起することが出来る。また、著作権法が個人使用のコピーを禁止している（ＵｒｈＧ五三条四項二号）ことに着目して、媒体の再譲渡の禁止が効力を有するとする見解もある。(8)

(2)　著作権の差押え

しかし、媒体に対する差押えはソフトウェアの著作権には及ばないと考えられる。債権者が著作権を把握するためには媒体に対する差押えとならんで著作権を差し押さえる必要がある。以下では、債務者が著作権者の場合における著作権の強制執行に関する手続について説明する。まず、ドイツにおいては、著作権（Urheberrecht）は著作人格権と著作物利用権を含む権利で譲渡（übertragen）できないが（ＵｒｈＧ二九条二文）(9)、利用権（Nutzungsrecht）は著作者の同意に基づいて譲渡することができる（ＵｒｈＧ三四条）(10)。そこで、利用権の強制執行手続と著作者の同意について説明する。

まず、著作権のうち利用権（Nutzungsrecht）の強制執行は、その他の債権に対する強制執行（ZPO八五七条）により行われる。[11] 差押えの効力は、利用権は第三債務者の存在しない債権として、債務者（著作権者）への差押え命令の送達により生じるとともに、処分禁止の効力が発生する（ZPO八五七条二項）。

次に、換価は、取立（Einziehung）のための移付（Überweisung）によるべきとされる（ZPO八四四条、八五七条四項五項）。その理由として、使用権には名目上金額がないためとされる。この取立のための移付により、債権者は著作者が当該権利を執行する（Ausübung）ための権限を有するようになる。また、移付以外の換価として、執行裁判所は、競売や任意競売（ZPO八四四条、八五七条五項）により権利の譲渡を行える。さらに、裁判所は、管理人を任命して利用権を信託的譲渡し、債権者の権限の範囲での利用を行わせることができる（ZPO八五七条四項）。[12]

ソフトウェア著作権の強制執行についても著作者の同意の要件に関しては争いがある。①すなわち著作者の同意に基づき譲渡され得る権利（UrhG二九条以下）は、BGB四一三条に従い債権譲渡に関する原則（BGB三九八条以下）の準用により譲渡できるという立場、②排他的利用権を取得するにとどまるという立場、③市場に置かれたソフトウェアについては著作者の同意を不要とする立場等に分かれる。[13]

以下では、差押えの具体的問題を扱う。議論を分かりやすくするため、強制執行の債務者は著作権者であるものとする。債務者が使用許諾契約上の使用権限を持つに過ぎない場合については、理論上媒体の競落人がソフトウェアを使用できるか否か、使用権自体の差押えという重要な問題に関連するので後述する。

(3)　コンピュータとソフトウェア

ソフトウェアがコンピュータのハードディスクに記録されている場合に、どのように差押えが許されるのか。まず、差押えの範囲が問題となる。ソフトウェアの差押えがコンピュータにも及ぶか否かについて、例えば、ひとむかし前のOSのようにコンピュータの本質的構成要素とされる場合（たとえば、ファームウェア（Firmware））には、両者を分離すると経済的利用が不可能になることからソフトウェアとコンピュータの両方に差押えが及ぶと考えられる（B

GB九三条参照）。しかし、現在ではOSもコンピュータとは個別に取引されており、また、債務者の注文で作成・カスタマイズされたソフトウェアは必ずしもコンピュータの構成要素といえない。そこで、ソフトウェアに対してもコンピュータへの差押えの効力が及ぶかは、取引通念により判断すべきとされる。[14] また、マニュアル類はコンピュータやソフトウェアの操作に必要ではあるが、別個の著作物であるため、やはり取引通念によりソフトウェアの差押えの範囲に含まれるかが決まると考えられる。

次に、差押えの方法が問題となる。動産の差押えは司法補助官の占有に置くことによりなされる。最も分かりやすいのは、上述のようにコンピュータとソフトウェアを一体として差し押さえる場合がある。

これに対して、コンピュータを差し押さえることによるのではなく、コンピュータ内に記録されているソフトウェアを差し押さえる具体的な方法については議論がある。大きく分けて、予め用意した媒体にコピーするもの、媒体にコピーした後にコンピュータ内のソフトウェアを消去するもの、いずれもできないとするものに分けられる。このように見解が分かれる理由は、前二者の方法では複製や消去という行為が司法補助官の権限に属するか問題となるからである。[15] ソフトウェアをコピーする目的は、ソフトウェアの改変・滅失を防止することも含まれるが、その前提として必要となる差押え対象のソフトウェアを発見することならびに、安全にコピーすることが事実上きわめて困難であることから、司法補助官がコピーすることによる差押えにも問題が残る。

(4)　差押え禁止の問題

ソフトウェアが差押え禁止財産にあたるか否かを検討する必要がある。プログラマーにとって開発プログラムといったソフトウェアは必要な（erfordelich）ものであるとして差押えを禁止することも考えられる（ZPO八一一条五号）。また、教育用機材にあたる場合にも差押え禁止になる可能性がある（同条一〇号）。この場合にはコンピュータ自体も差押え禁止の効力が及ぶ場合があるという考え方もある。[16]

(5)　パスワードの問題

ソフトウェアが債務者の設定したパスワードにより保護されている場合には、執行官が差し押さえようとしても、現実的には目的とするソフトウェアを発見し差し押さえることはできない。技術的には専門家によるパスワードの解読も可能であるが、それに伴う債務者のコンピュータの操作によりデータを毀損する危険性があること、また、そもそもその操作が差押えの範囲に含まれるかが問題となる。パスワードの取得は、債務者の不代替的作為義務（ZPO八八八条）として別個に債務名義が必要であるとする見解もある[17]。また、パスワードに関連して、ソフトウェアの技術的使用制限（特定のコンピュータ上でのみ作動）を施しているような場合には、理論的にはソフトウェアの差押えは可能であるが、換価が実際上無理なため、差押え自体が無効になると指摘される（ZPO八〇三条一項）[18]。

(6)　価格評価と換価

差押えが許されるためには、ソフトウェアの価値が強制執行費用をまかなえなければならない（ZPO八〇三条二項）。そこで、差押えの前提としてソフトウェアの換価価値の算定が問題となる。パッケージ・ソフトウェアの場合には市場における価格は容易に知ることができるが、債務者の注文によりカスタマイズされたソフトウェアの場合には、その価格を算定することは容易ではない。換価価値の算定について、ソフトウェア一般を高価物とみなし、鑑定人（Sachverstandiger）による評価が提案されている（ZPO八一三条一項二文）[19]。しかし、カスタマイズされたソフトウェアの価格の評価は実際には困難なことが多いと考えられる。

(7)　債務者がソフトウェアの著作権者ではない場合（債務者の利用権の差押え）

債務者がソフトウェアの著作権者ではなく単に利用権（複製権、使用許諾権など）のみを有する場合でも、理論的にはその利用権を差し押さえることができる。すでに述べたように、利用権を差し押さえる場合には著作権者の同意が必要であるが、ソフトウェアの著作物の所有者に認められる複製などの許可権を差し押さえることにより利用権を移転することは可能であるとされる（UrhG六九条(c)条参照）。

具体例としては、法人著作物であるソフトウェアについて強制執行をする場合が考えられる。ソフトウェアの法人著作物は、雇用者と使用者の間で特に契約で定めない限り、雇用者が独占的に経済的権利を行使することができる（ＵｒｈＧ六九条(b)）。このような場合に、雇用者に対する強制執行は利用権の差押えにあたる。

## 2　非金銭執行

(1)　ソフトウェア開発契約

ソフトウェアの開発契約は一種の請負契約であり、その目的となるソフトウェアの性質により代替的か不代替的作為義務かに分かれる。代替的か不代替的であるかは、第三者によって開発できるかにより決められる。[20] プログラムの開発が債務者によらなければならない場合には不代替的な作為義務として執行される（ＺＰＯ八八八条一項）。

(2)　特定のソフトウェアの引渡請求

特定のソフトウェアの引渡請求が問題となる場合として、ソフトウェアのライセンサーが使用期間を経過した後にライセンシーに返還を求める場合や、ソフトウェア開発契約に基づき開発中もしくは完成したソフトウェアの引渡しを請求する場合が考えられる。

このような特定のプログラムの引渡しは、特定動産の引渡し（ＺＰＯ八八三条）、または、代替的作為義務（ＺＰＯ八八七条）により実現することができる。前者は記録媒体による引渡しを行うものであるから、コンピュータのハードディスクに記録されているソフトウェアの引渡しを求める場合には、ハードディスクに記憶されているソフトウェアのコピーのみを認めるのが学説の傾向である。[21]

(3)　債務名義の特定性

強制執行において、どのソフトウェアを対象とするのか債務名義において特定する必要がある。債務名義の特定性は金銭債権に基づくソフトウェアの差押えの場合にも問題になるが、とくに判決に基づく債務名義によりソフトウェアの引渡しの強制執行を行う場合には、訴えの申立てにおける特定性に直接関連する。つまり、訴えの申立ての段階でどのように正確に記述できるかが強制執行における債務名義の特定性に結びついている。たとえば、申立てにおいて「債務者の所持するソフトウェア」では申立てを特定したことにならず、具体的にどの媒体に記録されている等の記載が必要になる。

この点に関して、まず、ソースコードやディスケットなどの提出により特定すべきとする見解がある。(22) この他にソフトウェアを市販ソフトウェア（Standardsoftware）と個別（カスタム）ソフトウェア（Individualsoftware）の二つに分けて別の基準を立てる見解がある。この見解では、市販ソフトウェアは代替物の性質を有するため、対象となるソフトウェアの決定的な機能（entscheidenden Funktionen）を記述すれば十分であり、個別ソフトウェアは不代替物の性質を有するためステートメントごとの同一性を判断する必要があるとする。(23) しかし、判例上はソフトウェア引渡しの債務名義の特定性に関する基準は定まっていないとされる。(24)

右のいずれの見解に立つかにかかわらず、ソフトウェアの特定性（同一性）の判断材料としてソースコードは重要になる。しかし、実際にはソフトウェアのソースコードを債権者が所持している場合はごく限られている。ソースコードを入手するための方法として、著作権侵害の場合の議論を応用し物の占有者に対する呈示と検査請求権に関するＢＧＢ八〇九条を適用すべきとする見解がある。(25)

## 三　わが国におけるソフトウェアの強制執行

### 1　手　続

(1)　手　続

著作権に対する強制執行は、「その他の財産権に対する強制執行」（民執一六七条）として基本的には債権執行の手続による（民執一九三条）。したがって、金銭執行の場合には、差押えと換価がなされる。著作権の差押えの効力は、執行債務者への送達と差押登録等のいずれか早い時点で生じる（民執一六七条三項・四項）[26]。また、執行裁判所の管轄については議論の余地があるが、実務上登録の地を管轄する東京地方裁判所にあると考えるべきである（民執一六七条二項）[27]。

本節では、とくにプログラム著作物の登録との関係で、ソフトウェアのうちプログラム著作物について論じる。

(2) 差押え可能性（公表権の問題）

民事執行法は差押禁止動産として、「発明又は著作に関わる物で、まだ公表していないもの」（民執一三一条一二号）をあげる。すなわち、強制執行（とくに競売）は著作物の公表を伴うことになるので、著作者の公表権が侵害されることを行使するための規定である。理論的には、未公表著作物は差押禁止であり、著作権は差押可能になるという矛盾が生じる。このような矛盾を避けるためには、未公表著作物に関する著作権も差押禁止と考えるべきであるが、同条は文学作品や美術作品等を念頭にした規定で、それらの著作物の公表については著作者の人格権を保護する要請が強いと考えられる。これに対して、プログラム著作物の場合にはもともと財産的な利益を目的として作成され、著作者の人格的意味よりも経済的な意味が大きい場合もあり、必ずしも一律に差押禁止とすることは妥当ではない。そのため、民執法一三一条一項の類推適用により差押えの許可の対象とし、それにより売却された場合には公表があるとする立場もある[28]。

(3) 債務名義の特定

差押えは執行裁判所に差押命令の申立てをするが、対象となる著作権の特定が必要となる。わが国では一般著作物とプログラム著作物の著作権について登録制度が設けられている。それらの著作権の登録がなされている場合には、著作原簿謄本（著作七八条三項）、プログラム登録原簿記載事項証明書（プログラム登録法二条二項）を申立転付書類として提出することになり、一次的には原簿記載の登録番号により特定される。他方登録がない一般の著作権の場合には、実務上名称（題号、これがないときまたは不明の場合は、その旨）、著作者等の氏名または名称（死亡した時は、その旨およびその年月日)、最初に公開された日、著作物の種類、内容または態様等により特定するとされる。[29]

(4)　未登録プログラム

プログラム著作権を対象とした債務名義の特定に関しては、とくに未登録プログラムとバージョン・アップの問題を考える必要がある。わが国においてはすでに述べたようにプログラム著作権の登録制度があり、実名(著作七五条)、第一公表年月日(同七六条)、創作年月日(同七六条の二)、著作権(譲渡や質権の設定等)(同七七条)の登録ができる。そして、このプログラム著作権についての登録は、特許権の登録のような権利の発生要件ではなく、第三者に対する権利の対抗要件とされる。

ところで、登録がなされるのは、プログラムのごく一部であり、実際には未登録のプログラム著作物が多い。[30]まずプログラム著作権の登録にはプログラム複製物の提出が必要とされる。プログラム複製物はマイクロフィルム化されたプログラムであり、プログラムの同一性を判断するために、当該プログラム著作権の初めての登録の際に提出が要求されている。[31]

そして、未登録プログラムの著作権に対する金銭執行に基づき執行裁判所が差押えの登録の嘱託をなす場合にも初めて登録することになり、プログラム複製物の提出が必要となる(著作権施行令一五条二項)。そのため、執行債権者がなんらかの方法によりプログラム複製物を入手できない場合には、金銭執行は実質的に行えない。そこで債権者代位権によってプログラムの複製が行えるとする見解がある。[32]

(5)　換　価

著作権には第三債務者がおらず流通性がないため、通常の債権執行の場合と異なり換価方法として取立や転付によることはできない。そこで、換価方法として執行裁判所は差押債権者の申立てにより、譲渡命令・売却命令・管理命令等その他の特別の換価方法による換価を命ずる命令を発し得る(民執一六一条一項)。これらの特別の換価命令の発令に先立って執行裁判所は執行債務者を審尋しなければならない。

譲渡命令は、差し押さえられた財産権を裁判所の定めた価額で差押債権者に譲渡するものである。譲渡価額が債権額を超える場合に、譲渡命令発令前に差額を債権者に納付させ譲渡命令確定後にこれを債務者に交付する（民執規一四〇条一項）。著作権は流通性がないことを考えると、差押債権者が著作権を取得したいと望む場合には妥当な方法といえる。売却命令は、被差押債権者の取立に代えてその売却を執行裁判所が売却方法を定めて執行官に命ずる命令である。執行官から売得金の提出を受けた執行裁判所が配当を行う（民執一六六条一項三号）。また管理命令は、執行裁判所が管理人を選任して被差押債権の管理を命ずる命令である。管理人は実施権、使用権等の設定、許諾をなすことができ、使用権の設定対価、使用料を取り立て、配当をする。特許権等の工業所有権は一般に管理命令に適するといわれるが、実例は少ないといわれる。(33) その他相当な方法の換価命令は、特定の第三者に対し評価額に相当する代金を納付させて被差押債権を譲渡する命令であり、換価により納付された代金を配当する。(34)

## 四　問題の検討

### 1　具体的問題

(1)　著作物と著作権

ソフトウェア著作物に対する金銭執行が、差押えと換価手続により強制執行がなされるという基本構造はドイツもわが国も変わらない。媒体と媒体に具現化されている著作権とは別個の財産であり一方への差押えは他方には及ばないから、ソフトウェア著作権に対して強制執行するためには媒体ではなく著作権について強制執行を行う必要がある。ただしわが国とドイツでは異なる点がいくつかある。わが国では民執法一三一条一二号により未登録発明や未公表著作物に対する差押えが禁止されている。そこで執行により実質的に公表権が侵害されることを防止するために、同法一三二条一項の類推適用により差押えの許可により公表があったとすべきと論じられる。(35) これに対して、ドイツにおいては著作権に対する強制執行には著作者の同意が必要であり（ＵｒｈＧ一一三条）、原作品に対する強制執行にも原則として著作者の同意が必要である（ＵｒｈＧ一一四条一項）。ただし作品の使用収益権に対する強制執行に原作品が必要不可欠な場合などは原作品に対する強制執行に著作者の同意を不要とされる（同条二項）。

また、この点に関連して、ドイツでは流通に出されたソフトウェアの強制執行には著作者の同意を不要とする見解がみられる。公表権の保護は著作者の人格的利益保護の要請に基づくものであり、著作者が著作物を主に経済財として作成した場合には、むしろ著作者の人格的利益保護は制限されるべきであるという考え方である。このようなドイツにおける考え方は、出願前発明の差押えに関しても共通する点がある。[36]

(2)　複製物の提出の問題

ドイツと異なり、わが国ではプログラム著作権の登録制度があることに注意が必要である。すでに述べたように、現行法上未登録プログラムの差押えの登録には複製物の提出が必要となる。そして、債権者が複製物（ソースコードを含む）の引渡しを請求するには金銭執行に加えて物の引渡しの債務名義が必要となる。この点に関して裁判手続に必要な場合に複製を認める規定の適用が考えられる（著作四二条）。同条は公表権を侵害しない限度で未公表著作物に対しても適用があり、司法・立法・行政のために複製ができる。証拠資料として提出する場合など、裁判所や行政等ばかりではなく争訟事件の当事者である原告および被告も複製を行うことができる。[37]しかし、そのように作成された複製物をプログラム著作権登録の嘱託登記のために登録機関に提出することが同条の定める裁判手続の範囲内であると考えるのは難しい。なぜなら、登録機関は裁判所とは別個の機関であり、裁判のような法的判断は行わないからである。また、同条を適用ないし準用しようとしても、担保権の実行のように判決に基づかない債務名義による強制執行の場合には債務者からプログラムの提出を求める機会はないものと考えられる。

この点に関して、すでに述べたように債権者代位権により複製物の作成ができるとする見解がある。しかし現在のように複製物の作成に費用がかかる手続を前提とするよりも、むしろ差押えに際して複製物を提出し得ない場合でも、差押えの登録が行えるような立法的な手当てが必要であると考える。

(3)　債務名義の特定性の問題

(a)　バージョンの問題　プログラムは改良版が作成されることが多いが、厳密には旧版のプログラムと新版のプログラムは別個の著作物である。したがって、プログラム登録原簿上（プログラムの名称）バージョンの明示されている場合には、登録されているプログラム著作権は当該バージョンのみであり、新しいバージョンのものには及ばない。そして、既に述べたように登録のある著作権については登録番号により特定される。そのため、仮に登録番号により著作権を特定して差押えの申立てをしても、プログラムの著作者がわずかに改良した新しいバージョンソフトウェア著作物の著作権には及ばないことになる。

これに対して、未登録のプログラムの差押えに関してはそもそも債務名義でどのようにプログラムを特定すべきであるか問題となる。この場合には、登録番号のような識別方法がないから、一般著作物の場合のように名称や内容などにより特定せざるを得ない。

この点に関して、前述のようにドイツにおいては、プログラムの機能を特定すれば足りるとする立場と、ソフトウェアの特性に応じて、カスタムメイドのソフトウェアの場合にはプログラムのステップ毎の同一性が必要であるとする立場がある。

わが国でも、不作為命令における債務名義の特定性の議論を参考にすると、プログラムの機能等の同一性が分かるような評価規範を含んだ特定方法も考えられる(38)。執行段階でも「社会的なものの見方」によって同一性の有無が判断されるとする考え方もある(39)。かりに、この社会的なものの見方といった基準による場合には、大幅な改変がない場合には旧バージョンに対する債務名義により新バージョンに対しても差押えができると考えられる。

(b)　複数の著作権の存在　実際に、一つのソフトウェアの著作権を差押え換価しようとした場合に、たとえば、ゲームソフトのように画面を映像の著作物、音楽を音楽の著作物、プログラムをプログラム著作物、データをデータベースの著作物というそれぞれ別個の著作物の集合体と考えられる場合がある。これらの著作物それぞれについて、わが国では独立した著作物として著作権の登録が可能である。(40)さらに、ゲームソフトやアプリケーション・ソフトウェアについては、関連する商標もともに差し押さえることができない場合にはソフトウェアの換価は実質的には困難になる。

複数の著作権が関係するゲームソフトウェアの差押えについて、プログラムに比べてそれ以外の著作物の比重が高いことを理由に、プログラム以外の著作物として差し押さえることが論じられている。(41)現行制度上はそれぞれの著作物について別個の登録ができるため、映像とプログラム著作物のどちらか一方について他の債権者によって差し押さえられる危険がある。その場合には、実質的に強制執行を成功させることはできない。そのため、差押え債権者は差し押さえるべきソフトウェアがいかなる著作物（著作権）から成り立っているかを把握し、申立ての段階で差し押さえるべき著作物の種類を明示する必要がある。

(4)　換価の問題

既に述べたように、ソフトウェア著作権の換価方法として、譲渡命令、売却命令、管理命令、その他相当な方法による換価の四種類がある。最も問題となるのは、ソフトウェアの二次市場が存在しないこと、すなわち著作権に流通性のないことから無関係の買受人を見つけることが困難な点である。そのため、他の換価方法に比べて差押債権者が自ら著作権を取得する譲渡命令が換価方法として容易な場合が多いと思われる。たとえば、開発委託者がソフトウェアハウスに開発資金を融資していたような場合が考えられる。ドイツにおいても著作権一般の換価方法として取立てに代わる移付が中心に議論され、その他の方法として管理命令があげられている。

ところで、譲渡命令の場合でも強制執行の前提として差し押さえられたソフトウェアの価額を執行裁判所が算定する必要がある。執行官および執行裁判所の裁判官はソフトウェアの価額を適正に算定するための専門知識を必ずしも有しているとは考えられないし、そもそもソフトウェアの二次市場の存在が考え難い現状では、価額の算定に困難が伴う。

この点に関して、ドイツではソフトウェア著作物を高価物として、鑑定人による評価が行えるような解釈論がされている。これに対して、わが国では価額の算定に関しては評価人が関連する。評価人に関する資格制限はないが強制執行の対象により任命には異なる定めがなされている。まず、不動産の強制執行に関しては、評価人は必要な場合のみ任命される（民執五八条）。動産執行の場合には、ドイツと同様に高価な動産の場合には必要的であり、高価品ではなく必要があると認めるときは評価人に評価させることができる旨の定めがある（民執規一一一条）。債権に関して、譲渡命令等、その他の競売方法の場合には必要な場合のみ任命される（民執一六一条）。

ところで、専門家である鑑定人ないし評価人の評価を導入することは有意義であるが、例えば顧客のために開発されたソフトウェアのようなものを考えた場合には、その価格を適正に評価できる評価人・鑑定人を見つけること自体が実質的に困難と思われる。また、差押債権者が金融機関のように自らはソフトウェア著作権の買い取りを望まない場合には譲渡命令は妥当な方法ではない。その場合には、その他相当な方法による換価方法として、たとえば、差押債権者が探してきた買受人に評価相当額を納付させることが考えられる。とくに、ソフトウェア著作権でも使用許諾契約に基づくロイヤリティーが確かなものは、管理命令による換価も可能であるが、そのようなソフトウェアはロイヤリティー等を基準にして適正な価額を算定できるから、他の場合に比べて買受人を見つけやすいものと考えられる。また、評価の前提となるソフトウェアに関する情報は、債務者の審尋により得ることができると考える（民執一六一条二項、ZPO八四四条二項参照）。

## 2　ま　と　め

これまでソフトウェアに対する強制執行手続についてドイツ法と日本法を対照して論じた。ドイツとわが国ではソフトウェアに対する強制執行の基本的な手続に共通点が多いことが分る。ただし、以上の議論はソフトウェアが媒体により取引されることを前提としたものである。なぜなら、現在でもソフトウェアは媒体により取引されることが多く、ソフトウェアの強制執行では媒体に対する強制執行を考慮すべきと考えられるからである。

しかし、ソフトウェア複製物の所有者の利用権限は限られており（著作三〇条以下）、基本的には媒体とならんでソフトウェアの著作権に対する強制執行を行う必要がある。わが国において著作権に対する強制執行は、民事執行法上その他の財産権に対する強制執行によるものとされ、債権執行に準じて行われることが定められている。しかし、媒体（ソフトウェア複製物）に対する強制執行と著作権に対する強制執行の手続は異なるが、両者を切り離して行うことには問題があることを論じた。(42)

この点に関して、未登録発明に対する強制執行に動産執行を有効に利用しようとする考え方を参考にすると、(43)無体財産権を具現化した物により一体的に強制執行できる可能性がある。この考え方を参考にすると、ソフトウェアの強制執行については、たとえば、債務名義の特定の問題に関しても、開発委託契約の債務者に対する強制執行を考えた場合には、「債務者の所持するコンピュータ内」といった場所的な特定が許されるようになる。(44)また、一つのソフトウェアが複数の著作物から成り立っているような場合にも、媒体に記録されているソフトウェアとして差し押さえて差押債権者がその利用権を取得できるようになると考える。

今後は、ソフトウェアに記録された媒介を強制執行の対象にした場合に、当該ソフトウェアに対して差押債権者（競落人）がいかなる権利を取得するかについてさらに検討してゆく必要もある。(45)

最後に、本論文ではソフトウェアが媒体により取引されることを前提に議論した。そのため、ソフトウェアが媒体によらずに取引される場合については考察していない。現在もオンラインによるソフトウェアの取引が広まりつつあり、そのような場合におけるソフトウェアに対する強制執行について今後の研究の課題としたい。(46)

（1）　実務の取扱いを論じたものに、高野輝久「知的財産権に対する執行手続」判タ七八六号二一頁（一九九二年）（所収東京地裁債務執行等手続研究会編『債務執行の諸問題』（一九九三年）四四三頁、また栗田隆教授による著作権に対する強制執行の総合的研究がある。栗田隆「著作権に対する強制執行（1、2、3）」金法一四五九号一五頁一四六一号三八頁一四六三号二五頁（一九九六年）。

（2）Palandt, BGB 57 Aufl., 1998, §90, Fn. 2.

（3）Bleta, Styliani, Software in der Zwangsvollstreckung, 1994, S. 39 によるとＢＦＨの判例ではソフトウェアを無体財産と取り扱うのに対して、ＢＧＨの判例の多くは、物として取り扱う傾向が見られるとされる。König, Software (Computerprogramme) als Sache und deren Erwerb als Sachkauf, NJW 1993, 3121ff. S. 3123. この点に関連してソフトウェアの取引に関して無体物説と有体物説の対立がある。山田憲一「コンピュータ・プログラムの瑕疵と使用許諾契約㈠」民商法一一二巻一号四六頁（一九九五年）六一頁参照。ドイツにおけるコンピュータプログラムの保護の概要は、Ｗ・シュットックマイヤー（安井幸一訳）『ドイツ知的所有権制度の解説』（一九九六年）二六五頁以下。

（4）Bleta, a.a.O., S. 39. この点に関して媒体への差押えの効力が媒体上の磁化状態に及ぶかというきわめて観念的な議論がある。Koch, Software in der Zwangsvollstreckung, KTS 1988, 49ff. S. 55; Baumbach / Lauterbach / Albers / Hertmann, ZPO 54 Aufl., 1996, §808, Rdn. 3；Grdz 68, vor §704, Rdn. 68.

これに対して、パッケージを従物、ソフトウェアを主物と考える立場がある。（ＢＧＢ九七条）Weimann, Software in der Einzelzwangsvollstreckung, Rpfleger, 1996, Heft 1, 12, S. 13.

（5）Bleta, a.a.O., S. 96; Weimann, a.a.O., S. 14.

（6）Bleta, a.a.O., S. 96.

（7）Breidenbach, Computersoftware in der Zwangsvollstreckung, CR 1989, 873; 971; 1074, S. 876.

（8）Koch, a.a.O., S. 70.

（9）Rehbinder, Urheber recht, 10 Aufl., 1998, Rdn. 229；Rdn. 464.

（10）Palandt, BGB, §413 Rdn. 3.

（11）Baumbach, ZPO §857, Rdn. 8.

（12）Rehbinder, a.a.O., Rdn. 464. 後述するようにソフトウェアの価額の評価は困難であるが、これらの換価処分では競争相手が買い受けることが多いとされる。Weimann, a.a.O., S. 14. これらの複数の換価方法があるが、既に論じたように、著作権（利用権）に関する強制執行には著作者の同意が要件とされているため（ＵｒｈＧ一一三条）、特定の換価処分に制限し他の種類の換価方法を排除することもできるとされる Stöber, Froderungspfändung, 11 Aufl., 1996, Rdn. 1763ff.

(13) ①として、Bleta, a.a.O., S. 39; ②として、Koch, a.a.O., S. 69（ただし、媒体の競落人の立場を念頭にしているものと考えられる）; ③として、Breidenbach, a.a.O., S. 973; Paulas, Die Software in der Vollstrechung ; Rechtsschutz und Verwertung von Computerprogramen, (Lehmann Hrsg 2. Aufl., 1993, Rdn. 20.

(14) Koch, S. 62; 取引通念について、Bleta, S. 48.

(15) Paulus, a.a.O., Rdn. 14; Bleta, a.a.O., S. 76 は、消去まで認める。Koch, a.a.O., S. 59 は、差し押さえるべきソフトウェアとハードディスクからのコピーの同一性を司法補助官が確定できない以上、コンピュータとソフトウェアを一体として差し押さえることを有効と考えている。消去にはＺＰＯ八八七条による債務名義が必要であるとする。

(16) Paulus, a.a.O., Rdn. 7; Weimann, a.a.O., S. 16 は、ＺＰＯ八一一条五号の適用はプログラマーに限らず本業にプログラムを使用している場合も含めている。営業帳簿については同条一一号の適用も考える。

(17) Koch, a.a.O., S. 63; これに対して、Bleta, a.a.O., S. 67 は、金銭債権に基づく強制執行の申立てではＺＰＯ八八七条の行為に向けられないとして、パスワードの取得にはＺＰＯ八〇七条の宣誓に代わる保証のみが利用できると批判する。

(18) Koch, a.a.O., S. 63 ; Weimann, a.a.O., S. 16 は、ＺＰＯ七五八条二項によりハードディスク上のソフトウェアの捜索とプロテクトの解除ができるとする。

(19) Breidenbach, a.a.O., S. 877; Bleta, a.a.O., S. 110.

(20) Koch, a.a.O., S. 74 債務名義以外の事情がなければ特定できない場合には執行は許されない。この場合判決の更正（ＺＰＯ三一九条）、当事者による確認請求が可能である。Weimann, a.a.O., S. 14; Munzberg, BB 1990, 1011 はＺＰＯ七二六条により消去が行えるとする。

(21) Bleta, a.a.O., S. 121. 消去はＺＰＯ八八七条（代替的作為義務の執行）により行うとする。

(22) Engel, Der Software- Verletzungsproess, (Lehmann Hrsg. 2. Aufl.), Rdn. 96f.

(23) Koch, a.a.O., S. 71; ソフトウェアの使用される業務の特定で足りるとする見解もある。Bleta, p. 127 引用の Schneider の見解。

(24) Bleta, a.a.O., S. 130.

(25) Bleta, a.a.O., S. 133. 鳥谷部茂＝右近健男編『注釈ドイツ契約法』（一九九五年）七二〇頁以下参照。

(26) ただし、著作権は権利の移転につき登録等を要するものではないので、第三債務者の存在しない財産権として執行債務者への差押命令送達時であると考えることもできる（一六七条三項）。法一六七条二項は執行裁判所の管轄の問題とも関連する。

(27) プログラム著作物については、財団法人ソフトウェア情報センター（以下、ＳＯＦＴＩＣ）所在地が登録の地である。高野・前掲注(1)論文二三頁、ただし、登録の地は二次的管轄の地とされる。民執法一六七条一項は債権執行の例によると定めるので債務者の普通裁判籍所在地が管轄地となる（同一四四条）。これに対して、一六七条二項によると「その他の財産権で権利の移転について登記等を要するもの」は登記等の地に管轄があるとされる、特許権等に登録地である東京地方裁判所が管轄裁判所になる。著作権について権利の移転に登記等は不要であり一六七条二項は適用はない。債務者が外国にいる場合に執行裁判所が日本になくなるという指摘がある。ＳＯＦＴＩＣ「ソフトウェアの担保化に関する調査研究報告書　実行の側面を中心に」〔小川憲久〕（一九九九年）一二頁。登録制度については、作花文雄「著作権登録制度の解説（上下）プログラム著作物を中心として」ＮＢＬ三七四号一五頁、三七五号二五頁（一九八七年）参照。

(28) 栗田・前掲注(1)論文金法一四六一号四一頁。

(29) 高野・前掲注(1)論文二三頁。

(30) 平成八年度末までの全登録累計件数五六〇七件で、平成九年度のみの登録件数は五〇五件、平成一〇年度のみの登録件数は四七六件である。ＳＯＦＴＩＣ各年度別「プログラム登録年報」参照。

(31) プログラム著作権の登録が少ない理由にプログラムをマイクロフィルム化するコストの問題がある。

(32) 栗田・前掲注(1)論文金法一四六一号三九頁、この点に関して債務者が有するオブジェクト・コードを、債権者がマイクロフィルムに複製することが許されるかが問題であるとする。

(33) 鈴木＝三ケ月編『注解民事執行法(4)』〔塩崎勤〕七〇一頁（一九八四年）、牧野利秋編『裁判実務体系(9)』〔安倉孝弘〕四三九頁。

(34) 電話加入権に関しては、質権者に売却する場合がこれに含まれる。小川・前掲注(27)報告書一三頁。

(35) 栗田・前掲注(1)論文金法一四六一号四一頁。

(36) 玉井克也「責任財産としての発見」金融研究一五巻三号一〇四頁（一九九六年）一一四頁、出願前の発明の差押え可能性についてのドイツの通説は「経済的に利用する意図が明らかになった場合」を基準としているとされる。

(37) 加戸守行『著作権法逐条解説（改訂新版）』二三四頁（一九九四年）、田村善之『著作権法概説』二〇三頁（一九九八年）は、将来の裁判手続も含まれるとする。

(38) 野村秀敏「債務名義における不作為命令の対象の特定(4)――不正競争事件を中心として」判タ五六五号四七頁（一九八五年）。

(39) 小松一雄「工業所有権（特許権等）に基づく侵害差止め仮処分における対象の特定」中野＝原井＝鈴木編『民事保全法講座(3)仮処分の類型』五六七頁（一九九六年）。

(40) 映像等、データベースの著作権は文化庁、プログラム著作権は財団法人ソフトウェア情報センターに登録がされる。現在のところ同一の著作物がこれらの別々の著作権登録がされていることの関係を確かめる制度にはなっていない。

(41) 栗田・前掲注(1)論文金法一四六三号二五頁、二八頁。

(42) とくに、未登録のプログラム著作物について差押えの登録を行う場合を含めて、、プログラム著作権の最初の登録に関しては複製物の提出が必要となる。

(43) 玉井・前掲注(36)論文。倒産手続との関係で財団担保類似の処理を指す見解として、原竹修「倒産手続と知的財産担保」金商一〇六〇号六四頁（一九九九年）。

(44) わが国では、動産に対する強制執行の申立書には、動産の所在地を記載することになっている。これに対して、債権に対する強制執行については差し押さえるべき債権の種類および額その他の債権を特定するに足りる事項ならびに債権の一部であるときはその範囲と定められている（民執規一三三条二項）。

(45)　使用許諾契約（ライセンス契約）による再譲渡、処分禁止などの契約による利用制限の有効性の問題と関連する。ソフトウェアの強制執行を考える上で、媒体という有形物に対する強制執行が容易な場合と、著作権自体に対する強制執行が容易な場合が存在すると考えられる。いずれの方法によっても、差押えの実効性があがるように解釈論ないし立法論をする必要があると考えられる。

(46)　ソフトウェアのオンラインによる取引は電子商取引の普及により今後ますます重要になると考える。ソフトウェアの取引に関連して米国では一九九九年にコンピュータ情報の取引に関する統一州法（ＵＣＩＴＡ）が統一州法委員会会議により起草・採択された（金子宏直「ＵＣＩＴＡ」法とコンピュータ一八号掲載予定参照）。

〔付記〕　なお、本論文は一九九八年度、一九九九年度文部省科学研究費補助金による研究「ソフトウェア著作物に関する強制執行の問題」の成果の一部である。

# 第七章　裁判によらない紛争の解決と手続

# 28 フランス法における仲裁適格性

若林安雄



## 一　概　説

仲裁適格性の問題についてフランス判例は未だに十分に解決していないとされる。問題となるのは経済的公序の作用である。国際道徳を問題とするものは常に国際性質をもつとみなされ、その対象をなすものを仲裁人に提出することは許されなかった。(1) 仲裁合意は瑕疵のない合意であるとともに客観的に適法でなければならない。一方、仲裁により解決される事項に関しており、他方、紛争の解決を仲裁によることを認められた当事者間に結ばれた事項に関する。健全かつ明確な同意の必要は仲裁によることを契約する当事者の保護を確保することを目的とする一般利益の保護の配慮を行う。この考慮は仲裁適格性の用語の下に知られる。この表現は混乱の原因となり、広い国際実務に答えない。(2)

仲裁適格性が問題となるのは二つの面である。仲裁合意の同意は仲裁人として行為する、国の裁判官より別の仲裁人に生じた又は生じる紛争の解決を提出する紛争当事者の共同の意思である。このように考えると、仲裁合意における同意の対象と仲裁合意の対象とを区別することになる。仲裁合意の対象は仲裁人の指名により構成され又はされうるし、仲裁人に提出され又は不測にされるであろう紛争の決定及び審理・裁判の権限や方法の決定をさす。(3)これらの問題は合意の有効性や効果よりむしろ仲裁合意の利用の問題である。仲裁により解決され得ないことは仲裁可能性がないと言うことである。(4)仲裁適格性は二つの論拠により問題となる。

第一は主観的仲裁適格性に関する。紛争当事者の一方が国、公的団体、公的組織又は営造物である場合である。主観的仲裁適格性（人の理由による）は仲裁審理の主体の資格による。第二は客観的仲裁適格性の問題である。仲裁合意又は仲裁合意の履行の当事者、その一方が他方の異議に会い、この方法により解決されることを欲する紛争が、国家法又は法の一般原則が強制的に仲裁を免れしめることを支持する事項又は法規に関する故である。争われる紛争の客観的仲裁適格性（物の理由による）である。(5)

この主観的仲裁適格性は GOLDMAN により主張され、現在容認されている。(6)この主観的仲裁適格性による仲裁契約締結の公法人の能力の問題の吸収は仲裁契約締結の能力が属人法に従うに留まる抵触法の不確定性を逃れせしめ、判断受け入れ国の実質規則により評価される。Dalico 事件において「仲裁の国際法の実質規則により」「その存在とその効果はフランス法の強行規定と国際公序の留保の下に、当事者の共同の意思に従い、国家法によることなく、評価される」としている。(7)

## 二　主観的仲裁適格性

国又は公法人の仲裁契約締結の能力に関する。(8)一八〇六年民事訴訟法典第一〇〇四条及び第八三条(9)の規定する条文を併せて、判例は国及び公法人に仲裁契約及び仲裁条項を結ぶことを禁止した。この禁止は一九七二年七月五日法律民法典第二〇六〇条により採用された。(10)この禁止を求める国とそうでない国がある。(11)問題は国又は公的営造物が仲裁合意に署名した後、仲裁を免れるためにこの型の規定を利用することである。これに対処する手段は古典的抵触法と現在支配的である実質規則の方法がある。(12)

## 1　抵触的方法

当事者の一方の一般的には国が、しかし往々私人が、仲裁合意の有効性を争うために問題の国の法を援用する国の契約に関する紛争を解決するために抵触方法の利用は難しい問題を取りあげる。

主観的仲裁適格性を決定しなければならないのは国の法である。この法の選択は抵触規則の不変の機構に従って、解決する問題の資格付与及び偶々この資格付与が適用を求める抵触規定に依存する。資格付与において、仲裁適格性は仲裁合意を有効に締結する国の適格性を表す。この適格性は法人の能力の一局面でしかなく、論理的には合意の当事者の国の法であることをそれから演繹しなければならない。(13)しかし、この説では法が国に仲裁契約することを禁じる国が合意した、仲裁合意を国際的であっても免れることは不都合である。

この不都合を軽減するには、主観的仲裁適格性を仲裁合意法に関連づけることを考える。契約法が問題の国の法でなくかつ仲裁契約することを公法人に禁じない場合、その仲裁合意は有効である。しかしこの場合に、最高主権の国の適格性が他の国の法により制限されることになり、契約関連性は結果として、契約法が公法人に仲裁契約を締結することを許可するか否かによることになる。(14)この資格付与はしかし疑いの余地がある。この能力は事実その固有の利益を要求するものを評価するのに身上の不適格性により公法上の法人になされた仲裁禁止を説明することはできない。特に国に関し、何故国の法及び経済利益の管理権限の完全性がこの種の capitis diminutio 権利喪失と一致するかはわからない。(15)民事訴訟法典第一〇〇四条及び第八三条の禁止について一九五七年四月一〇日パリ控訴院判決により決定的に退けられた。(16)その後の破棄院判例の抵触的方法は明確にした。この禁止は民法典第三条第三項の能力の問題でなく「控訴院は単に国内契約に命じたこの一般的禁止は更に海事商事の慣習に従う必要及び条件において、私法の国際契約に適用されねばならないかを知る点について決定しなければならなかった。当然、控訴院はこの問題は契約法に関し契約当事者の属人法でないと判断した[17]」。契約法についての準拠は抵触規則によるものであった。一九七九年一一月一五日のイラン憲法第一三九条は「国有財産又は仲裁にこのような争いの提出に関する争いの規制は各場合内閣の承認に従いかつ議会に通知されねばならない。紛争の一方当事者が外国人である場合及び重要な国内事件は同じく議会により許可されねばならない」と規定する[18]。この場合も微妙である。その固有の利益で訴訟する適格性としての能力の資格付与を排除することができる。又、仲裁合意の有効性を争う当事者の主張が、一般に国を拘束する一定機関の不適格性からでなく、特に有効な仲裁を締結する可能性に影響する制限におくとき権限の資格付与を排除する。これは仲裁人の主観性に任されるのでなく具体的内容を有する[19]。

契約的資格を強調する説は、国の結ぶ国際仲裁契約は「私法契約に直面しかつ行政契約にではないことは明らかである。まさに判例は二つの間の区別の基準が、現実の行政法において、〝普通法の特別条項〟の不存在又は存在であることを指摘する。（中略）よって、国家法の適用を求める国は公権力の属性を分解した。公法は本質的に領土的である」として契約を外国法に委ねることはもはや疑問がないとされる[20]。

他の解決として、このような禁止は国際商事慣行の必要に応じ締結された国際契約に適用されるべきでないとして、公序を除き国際に関する仲裁合意の有効性の原則の適用を主張する[21]。契約は自治の法に従って規制される。明示の選択のない場合、場所決定の標識はこの法を指名する。契約締結の場所・履行の場所・債権者の住所等が挙げられる[22]。

## 2　実質的方法

### (1)　実質規則の成立

フランス判例は実質規則を作り上げたし、それが現在一般原則になっている。

フランス国内仲裁に採用された国及び国家機関に対する制限は国際仲裁において先に見たように退けられた（1

抵触的方法、注(9))。先出一九六四年四月一四日の判例は属人法を退けたが、一九六六年五月二日破棄院判例は次のような原則を確認した。「民事訴訟法典第八三条及び第一〇〇四条から生じる公法上の法人の仲裁契約締結の禁止は民法典第三条の意味の能力の問題を取りあげない。国内契約のために編纂されたこの規則は海商慣習に従う必要及び条件にて結ばれた国際契約に適用されない。フランス国によるこれらの条件で同意された仲裁条項は有効である」[23]。

この判例に対し、最近まで疑問が出されている。一は国務院の抵抗であり、国及び Val-de-Marine 県並びに Marine-la-Vallée 新都市営造物と Walt Disney Productions の契約に仲裁条項の挿入である[24]。外国会社と締結されたフランス国内私法上の契約であるとした。このため特別立法を行ったが、批判がある。この抵抗はフランス政府がニューヨーク条約に対し行った商事性の留保の除去により解決された[25]。二は一九六六年五月二日判例が専らフランス公法人の仲裁契約を締結する適性に関するか又はこの規則が、フランス法上その行為の効果に関し、外国公法人に適用されるかを問題とした[26]。

この二つの疑問を払拭したのが一九九一年一一月一七日の判決である。イラン NIOC 会社とパナマ法上の GATOIL 会社の間の争いにつき一九八九年六月一六日下された仲裁判断に対する無効の訴えがパリ控訴院に提訴された。理由はイラン会社は議会の承認を受けていないことであった（先出イラン憲法一三九条）。パリ控訴院は「仲裁合意は国際公序――反対に NIOC に当事者間に合意した仲裁を帰納的に免れるためにその国の法の制限的規定を利用することを禁じる――に適う。同じく、国際公序は条件が手段の目的とされるような、国内公序でこの国有財産に定められた条件に影響されないので、GATOIL は更にイラン法の規定に NIOC の能力及び権限の争いを基礎づけることはできない」として、GATOIL 会社の訴えを退けた[27]。その後パリ控訴院は GATOIL 判決の立場を確認した[28]。しかし、これらの判例はそれが認めた実質規則が単にフランス法に属するか、又は、フランス法に国際仲裁の多国間の法の一般原則を導入したものか、の問題について宣言していないとの疑問が出されている[29]。

(2) 国際仲裁の一般原則

国際仲裁の有効性を争うためにその固有の法の制限規定を利用することが禁じられているのはフランス判例によっても明らかである。以下にその問題点を検討する。

(a)　国際条約　先出1の注(22)のジュネーヴ条約第二条第一項は「仲裁に従う公法上の法人の能力」を規定している。しかし、第二項は「本条約に署名、批准又はそれに加盟するとき、総ての国はその宣言に正確な条件でこの権限を制限することができることを宣言することができる」との除外規定を設けている。CIRDI創設のための一九六五年三月一八日のワシントン条約が成立し、一九九五年には一三四カ国が署名し、一一七カ国が批准している。大部分の国は国を巻き込む紛争は仲裁適格がないとは考えていないといえる。(30)

(b)　比較法的検討　英国においては国の間の仲裁は純粋商事紛争に関するとし、国又は公的機関と私人との関係において貿易商事に関して仲裁が認められる。(31)仲裁権限については国内法により制限される。(32)イランが関係するGATOIL事件があるが、(33)英国においてHigh Courtは一九八八年九月二四日に「多くの理由から、第一三九条（注憲法）に原告の依拠は非常に満足すべき答弁ではないし、原告に最も適切な答弁は次のことであると思われる。第一三九条により要求される手続が、外国会社がNIOCに対し仲裁手続を提起することを求める事件に適用する場合、必要な承認を得るのは提案する請求者にかかる」として原告会社のイラン憲法の利用を退けた。(34)アルジェリアは先のフランスの判例の影響を受けて「仲裁契約を締結する適格性」の実質規則を認めた。これは次のスイス法より進んでいるとされる。(35)スイス法は一九八七年に新国際私法を制定して公法人の仲裁適格を認めた。(36)この規定を既に認めていたことが指摘される。(37)リビア法は一九八三年九月一六日デクレ‐ロワ新民事訴訟法の第八〇九条で公法人の仲裁を認めた。(38)

(c)　国際仲裁判断　国際仲裁判断は同じく常に自由に合意した仲裁合意の適用を免れるためにその固有の法の制限的規定を利用することはできないことを認めていた。一九七一年CCI n. 1939はその先例をなすとされ、(39)明白に原則を述べている。「フランス影響の特定の立法が……国又は他の公的団体に仲裁契約を結ぶことを禁止する場合、この禁止はなんの力もないことが認められる。事実、これが公序の規則に関するとしてもこの禁止は国内公序内にしか位置づけされない。今や確立されかつ確かなフランス判例の意味はこのようであり、（関係国の）民事訴訟法典第（X）を別に解釈する理由がない」とする。[40]

その後のCCI仲裁や特設仲裁においても同様な意味において宣言されている。CCI n. 2521事件において「営造物の適格性は次のように証明される。……更に、（公的営造物）は仲裁契約を結ぶのに適しないことを仮定すると、その行使が（H国の）法の適用により排除され得ない国際公序との矛盾の故に効果のないものと考察されねばならない」。[41] 同様趣旨の判断は「故に仲裁合意にその合意を与える（原告が）誠実でありかつ使用がイラン法の適用により排除されることができない国際公序とのその不適合の故に効果のないものとして仲裁契約を結ぶ（被告の）不適性を結果として考えなければならない（参照……n. 2521 de 1975……）」とする。[42] 比較的新しい判断は「比較しうる条文から出発して、公法人が必要のためかつ国際商事慣習に応じる条件で行為する商事契約に国内禁止を退けた、フランス判例を提起して、」「国際仲裁実務、学説及び判例はほぼ一致してこのような態度を非難する（参照、特に sentence CCI rendue en 1975 n. 2521……）」として適格性を認める。[43] 特設仲裁の一九八二年一月一四日の判断は、「国がそれ自身国際契約を結び又は国に依存する会社にこのような契約を結ぶことを許可した国は……国際法に認められた契約法はその後の立法によりこの契約法を変更する自由はない」として、「国は国自身により又は国により所持される会社により結ばれた同意に含まれる仲裁条項により拘束されかつ紛争の解決に関しその同意の当事者により予定された制度への他方当事者の訴えを一方的にその後に廃止することはできない、のは更に国際法に認められた原則である」と、CCIと同様の見解を示す。[44] 更に契約権限を有しない公法人も拘束されるとする判断がある。組織の理事長は許可も得ず、契約に署名する権限もなかった。「何時にても、無管轄の異議の原告はこれらの状況で、原告に帰される不適法を又明らかに署名され更にイラン国の最高委員会の認可と承認に、仲裁契約の有効性を争うためにそれを、主張することはできない」。[45]

## 三　客観的仲裁適格性

国際的紛争の客観的仲裁適格性の評価は、必然的に国際公序のフランス概念に結びつくことになる。紛争の仲裁適格性は仲裁合意又は紛争関係に適用される法に従う。国内仲裁に関し民法典第二〇六一条により商事法に関してしか禁止されない。

### 1　概　説

この問題を対象にする場合、客観的仲裁適格性とする立場[46]と争いある権利の不可処分的性格[47]とする立場の対立がある。少し以前は紛争の仲裁的性格としていた[48]。後者の立場によると公序規則の適用を必要とする紛争の仲裁適格性との関係を紛争権利の不可処分的性格は民法典第二〇五九条[49]の規定によることになる。この規定の自由な処分の概念は仲裁の自治及び固有の資格付与の創造のために保持されねばならない。仲裁適格性決定のための往々和解への直接又は間接の準拠は契約的概念の時代遅れの遺産である。紛争が対象である手続において仲裁人の裁判使命に焦点をおく仲裁の本質的活動性を忘れている[50]。仲裁人は裁判官と同じように司法行為を行う[51]。問題となるのは仲裁適格性であり、国際公序との適合性が問題となる[52]。

客観的仲裁適格性をとる説は「公共団体及び公の施設に関する争い」の非仲裁適格性の民法典第二〇六〇条[53]及び「仲裁条項は、法律が別に規定していない場合には、無効である」の第二〇六一条を挙げ、第二〇六〇条の他の規定及び第二〇五九条を排除して同一方向をみる。パリ控訴院の判例は「民事訴訟法典第八三条及び第一〇〇四条は国内公序でありかつ契約が国際性格を帯びる以上仲裁契約の締結に障害をなすことはない。仲裁の国際的性格は、仲裁の場所にも当事者の国籍にもよらないが、仲裁人に提出された事項が国際的であるとき、即ち紛争の対象、売買契約が国際商事の利害を問題とする、唯一事実による[54]」。破棄院も一九七一年にパリ控訴院の三つの上告を却下した[55]。パリ控訴院の判例についての注釈において「最近の判例は……紛争が公序に関わる唯一の事実のみで紛争の仲裁適格性を排除しない。仲裁人に公序規則の適用を確保ししかし単に公序規則の適用により無効契約の不履行の結果につき裁判することを請求しない範囲において、紛争は仲裁契約の対象をなす。……この解決は紛争の仲裁適格性の監督を仲裁契約の面から判断の面に移転を目的とするこの進化の範囲に位置付ける(56)」と評価する。

## 2　方　法

仲裁が可能な事項は無制限でないことは離婚や親子関係をみれば明らかである。仲裁に解決をまかせるについて非仲裁適格性の範囲は過去に紛争解決の私的機構をもち得、かつ、国際事項については紛争解決の通常の方法となった信頼性におかれたことはその発展をみれば明らかである。そこでフランス法の発展の段階を三つに分ける(57)。

第一段階では、公序として考えられる事項に関する紛争の解決を純粋単純に仲裁から免れしめることである。二つの基礎による。私的裁判官である仲裁人は一定事項に宣言することは考えられないとする。仲裁の結果が認められるためにその望まれる結果が不確かであるとされることである(58)。適用の問題として、裁判官の専属管轄の事項と強行規定の介入の事項に分けられる。後者には会社に関する紛争、為替規制、財政法の適用、価格についての立法又は競争についての紛争が挙げられる(59)。公序に関する紛争は排除されねばならないとの理念は一般的であり(60)、最近まで存在する(61)。学説は公序との唯一関連により排除されることに疑問を投げかけていた(62)。国際仲裁に関しオルレアン控訴院の判例は公序の必要性を認めていた(63)。

第二段階として、公序が実際当事者により無視された事項を仲裁から免れることにある。例として仲裁合意が準拠する本案契約が競争法の規定に反する場合しか仲裁を免れない。仲裁の対象をなす契約の唯一の不法性が非仲裁適格性を正当化することができる判例の出発点は一九五〇年一一月二八日破棄院の判例であるとされる(64)。これらの判例は「仲裁契約は公序に関するすべての訴訟事件に禁じられるのが原則である場合、この規則は、公序の性格を呈する規制のある点に従う合意又は取引に関するすべての紛争が仲裁をこの事実から免れることをいささかも意味しないし、決して意味しない。公序は非常に制限された範囲しかもたないし又扱う紛争の取引又は合意が不法でかつ事実公序に反するとして無効で罰せられる場合しか仲裁無効を得ない」としている。[65] 国際仲裁においても、パリ控訴院により多くの判例が主たる契約の中の公序の侵害に非仲裁適格性をよらしめた。[66] 破棄院も同様に認める。[67]

第三段階として、公序の監督の方法は公序に関する事項の争いを審理することを、仲裁合意に関する本案の契約がこの公序の規定を無視することを仲裁人に許す。仲裁判断の無効の訴え又は執行判決の訴権の段階にまかせる（新民事訴訟法典第一五〇二条五号および第一五四条参照）。仲裁人は国際公序を尊重する配慮を払うし又フランス裁判官は判断の裁判のときにその公序につき審理する機会を有する。任意履行の場合にはその機会はない。[68] 破棄院判例は次のように述べる。「仲裁合意は、いわゆるフランス国際私法の法的自治により、仲裁裁判所は、民事訴訟法典第一〇二八条に規定される場合以外に、公序の侵害が提起された場合、それに執行判決裁判官の監督の下に与えられた、又は、万一の場合、判断それ自身控訴の条件で、使命に入る紛争について裁判するために専属的資格を有する。ともかく、仲裁裁判所は争いある取引の不履行について裁判するため管轄を有する」。[69] 第三段階の判例である。

この立場を明確にしたのは一九九一年三月二九日のパリ控訴院の判決である。[70]「およそ国際公序に関しかつ仲裁合意の無効の事実から仲裁管轄を絶対的な方法で排除する事件において、非仲裁適格性が事項に依存する場合外に、使命が国際公序尊重を又確保することにある国際仲裁人は、国際商事の当事者間の関係を支配する誠実に反する行為を制裁する権限を有する」。その後の判例も[71]「国際事件において、仲裁人は国際公序に関する原則を適用し並びに無効の裁判官の監督の下にその偶々の誤解を制裁する権限を行使する」と明確にしている。

非仲裁適格性について、二つの状況に分けられる。一は身分に関する事項であり、二は新民事訴訟法典第一五〇二条第五号の意味の公序に関する事項である。[72] 後者については仲裁適格事項の領域の拡大はみられる、スイス国際私法第一七七条（前掲）が挙げられる。公序に関する紛争である、民法典第二〇六〇条により裁判官に留保された公序に関する紛争である。身分及び能力の問題である、民法典第二〇五九条は強制的に自由な処分をもたない権利について仲裁契約を結ぶことを禁止する。これを伝統的公序に与えられた公序権として取りあげる。非仲裁適格性において絶対的方法で排除されるのは人格権に関する事項である。そのほかに扶養権がある。これについては争いがある。[73] 社会的保護の公序により与えられた公序権がある。賃貸権で、居住及び職業用賃貸、商事賃貸と農地賃貸に分かれる。労働権がそれに入る。いずれも国内仲裁の問題である。[74]

### 3　具体的適用の問題

仲裁適格性について、国際事項において、仲裁人は国際公序に対し紛争の仲裁適格性に関しその固有の権限を評価するための権限を有しかつこの公序に関する原則及び規則を適用し、並びに無効の裁判官の監督の下に偶々の誤解を制裁する権限をもつ。財産外事項について、民法典第二〇六〇条が規定する「人の身分及び能力の問題、離婚及び別居」に関する事項は仲裁人により解決されることはできない。国際仲裁にそれを直接適用されるとは考えられない。[75] 身分の問題に関係する金銭利害は裁判官による身分問題の判決を留保して仲裁に提出することができるが、扶養定期金の問題は仲裁を免れる。[76] その他の処分不可能な権利については民法典第二〇五九条が仲裁適格性の線を引くために権利の非処分性の規定をおく。人の身分や能力を問題にする紛争は客観的法的状況を定める規則を適用する。個人の権利を対象としない、権利に関する紛争において仲裁が排除されるのは権利が処分不能ではなくて、仲裁人が審理できない公的利益がこの権利を超えるからである。[77]

財産権に関し仲裁が認められる。仲裁の実務は、公序から生じる要求を仲裁人自身遵守せしめる公序の原則を問題として紛争で提訴された仲裁人に属せしめる見解は現実に応じることがわかる。次に問題点を検討する。その他の問題として、ボイコット、外国投資の規制、有価証券、農業補償共同制度、独占販売譲渡取消、製造物責任、消費者法に関する事項があげられている。[78]

#### (1)　競　争　法

多くの判断が競争法に関する紛争の仲裁適格性を認める。フランスにおいては一九八六年一二月一日命令第八六－一二四三号により反競争実務において仲裁人は裁判所と同一管轄を有し、民事又は商事裁判官と同一の権限を有する。その権限は大幅に拡大された(79)。

共同体競争法（一九五七年三月二五日ローマ条約）は、国の競争法にも仲裁法にも優先する。仲裁人は共同体を構成するより他の国の判断について共同体公序の適用の義務はないが、構成国については共同体公序が優先する。条約第八五条は適用にあたり国際仲裁人はその第一項による違反の存在又は不存在を確認するための権限を有する(80)。違反を確認した場合は無効を宣言する権限を有するが、第三項の場合は委員会の権限に属する(81)。

仲裁人の共同体競争法の規定の適用は条約第一七七条により条文の解釈について権限を有しないので、この問題は国の裁判所に留保される(82)。「両当事者はスイス国際私法第一九〇条以下に基づく判断に対し連邦裁判所の訴訟を提起した。……ローマ条約第八五条に関し契約の有効性を決定するために管轄を有しなかった。……本質的なことは、その判断が無効であるべき場合、仲裁人はそれに提出された契約の共同体的規制との整合性を調査することである(83)」。

(2)　工業所有権

工業所有権は国家により、その主権の行使として付与された権利を対象とする。特許の有効性に関する紛争は第三者に関するもので仲裁適格がないとされる(84)。工業所有権法第六一五－一七条第一項の規定によりすべての紛争は大審裁判所の管轄とされる(85)。ただし、仲裁人はこの権利に関する契約の履行例えば使用料についての紛争についての当事者の紛争を審理することができる(86)。ノウハウは契約的性質の範囲においては法的独占権とは考えられない。自由な処分を有すると考えられる(87)。

(3)　腐　敗

仲裁裁判所は本案の契約の無効を確認して腐敗にその権限を保持し、かつ必要ある場合それを制裁しなければならないか又はそれに非仲裁適格を宣言しなければならないかの問題が生じている。賄賂のために手数料を要求した国際事件において仲裁人は「すべての証拠の重みから、そのような良俗及び国際公序政策の重大な侵害を含むような事件はアルゼンチン又はフランスの何れの裁判所においても援助を受けない」として、「このような企業と結合する当事者はその権利を解決するために（国の裁判所又は仲裁裁判所）裁判所に訴えるすべての権利を失ったことがわからなければならない」[88]との判断をした。屢々取り上げられる一九八八年四月一九日ジュネーヴの判断は契約が「本質的に内密情報の収集に関し及び観察並びにアルジェリア当局に影響を行使することを目的とする活動にある」ので、アルジェリア法に違反し、スイス法の良俗に反し無効とした。[89]

スイス連邦裁判所もこれを支持している。[90]この国際経済関係における腐敗の問題は、仲裁に提訴されるとこの状況が露見するが、このような違法性は公序特に国際公序により確認される。[91]

(4)　破産手続

破産が宣言されることは仲裁合意に救いがたい障害とはならない。国内仲裁に関し得られた解決は国際仲裁に利用可能である。[92]破産手続開始前と開始後に分けて考えられる。手続開始前において、判例は破産手続に仲裁合意の対抗性を認める。[93]この解決は一九八五年法により採用された。[94]しかし、紛争の仲裁適格性については手続の固有規則に侵害をもたらさない債務者と第三者との契約関係に基づくことが要求される。[95]二つの制限がある。一は仲裁手続の開始は個別追求の決定により妨げられることができる。二は個別追求の決定の規則の適用の条件を修正した。[96]仲裁契約又は仲裁条項は破産手続の開始前適用を受けなかった場合、第四七条第一項の規定により仲裁手続は停止又は禁止される。[97]破産手続開始後、破産裁判所は更生及び司法清算に関し専属管轄を有するが故に、[98]債務者、管財人及び清算人の仲裁契約を結ぶ権限は制限される。司法清算の場合には、第一五八条より規制される。司法更生の場合は第三一条及び第三三条により規制される。[99]

国際事件における仲裁判断として、一九九〇年の判断がある。ケベック法会社 Cambior に対し、リュクサンブルク法の破産手続の更生の管理のため認められたリュクサンブルク法会社 Casa によりなされた請求を審理するために仲裁裁判所の管轄について仲裁判断は決定すべきであった。仲裁への申請の提出後に、リュクサンブルク法の会社は清算の管理に置かれかつ仲裁裁判所に被告によりなされた仮処分の取得を目的とするケベック法会社の反訴請求に決定することをこのため拒否することを仲裁裁判所に請求した。ケベック法会社の請求はリュクサンブルク裁判所の専属管轄に属さないか否かを審理する理由があり、又 Cambior により請求された処分はこの直接の関連をもたないので、仲裁裁判所はそれにつき判断するために管轄を有する、としてこの請求を却下した。(100)

(5)　公用差押

一八世紀の間及びその後に国際法に現れた著作において公用差押は公用徴収を含む用語に拡張された。(101) 公用差押を認める判断は、一九九〇年八月八日のEC理事会の第二三四〇号規則によりイラクに対し輸出禁止を発令した。この規則について「国際かつ立法規定が紛争に適用される場合、それらは国際公序の性格を有する」(102) として公用差押を認める。イラクへのプラント輸出契約の下請が主契約者の違約についての仲裁において「(EC及び国) の公用差押に基づき、言うも愚かであるが、契約による全履行及び履行の主契約者は単なる受領のみでなく、同様に、争点の契約は停止され、かつ後にCC第一四六三条に従い終了する」(103) と公用差押の効力を述べる。

(1) Jean ROBERT, L'arbtrage, 5e éd., n. 395 p. 337. 注(33)「麻薬密売、売春等々はこの範疇に属する。この名義で司法判決がほとんどない場合、軍備の取引の実現が引き起こす紛争を審理するために国際公序の名目で無管轄を宣言する仲裁人が見受けられる」。

(2) Philippe FOUCHARD,Emmanuel GAILLARD et Berthold GOLDMAN, Traité de l'arbitrage commercial international, n. 532 p. 329.

(3) Berthold GOLDMAN, Arbitrage commercial international, J Cl. proc. civ. Fasc. 1058. 3. 1989. n. 1 p. 2.

(4) Pascal ANCEL, Arbitage, J. Cl. proc. civ. Fasc. 1024. 3. 1986. n. 1 p. 2.「先ず最初に仲裁の中に両立不可能性、私的正義と公序とがある。仲裁人の権限の自然の車止めを構成する後者は、ある種の紛争を審理する権限さえも制限する。この紛争は仲裁可能性がないとされ、この一紛争を目的とする仲裁合意——仲裁契約又は仲裁条項——は違法な対象のため無効とされる」。

（5） Berthold GOLDMAN, op. cit., n. 6 p. 3. et Philippe FOUCHARD, Emmanuel GAILLARD et Berthold GOLDMAN, op. cit., n. 533 p. 329.

（6） Berthold GOLDMAN, op. cit., n. 7 p. 4.

（7） Cass. $1^{re}$ civ. 20 déc. 1993, Rev. arb. 1994. 116. Khoms El Mergeb 市（Libye）と Dalico デンマーク会社の紛争である。

（8） 主観的仲裁適格性としないで国又は公法人の仲裁契約締結の能力とする著者がある。Jean ROBERT, L'arbtrage, $6^{e}$ ed. n. 286 p. 252. Matthieu de BOISSESON, Le droit français de l'arbitrage. n. 478 p. 390. は、但し、家族関係については、人の理由によるとして、仲裁適格性にいれる。n. 150 p. 123.

（9） 第一〇〇四条（仲裁禁止事項）及び第八三条（検事への伝達）。

（10） 第二〇六〇条（仲裁契約に親しまない問題）。

（11） Claude REYMOND, Souveraineté de l'état et participation à l'arbitrage, Rev. arb. 1095, 517. ベルギー、リュクサンブルクは禁止するが、イギリス、イタリア、オーストリア、オランダ、スイスは認める。ドイツは国による仲裁条項の署名には財政大臣の合意を要する。

（12） Philippe FOUCHARD, Emmanuel GAILLARD et Berthold GOLDMAN, op. cit., n. 534 p. 331.

（13） Jean ROBERT, op. cit., $6^{e}$ éd. n. 268 p. 237.「慣習として。能力の問題は属人法に関する。個人法の参照は自然人又は法人も同一である」。これを権限の問題とする説がある。Matthieu BOISSESON, op. cit., n. 583 p. 498.「この問題は能力でなく権限である」。J. VEDEL, "Le problème de l'arbitrage entre gouvernements ou personnes de droit public et prersonnes de droit privé" Rev. arb. 1961. 116.「公的人格の機関の管轄を解決するのは国の法である」。

（14） Berthold GOLDMAN, op. cit., n. 9 et 10 p. 3 et 4.

（15） Philippe FOUCHARD, Emmanuel GAILLARD et Berthold GOLDMAN, op. cit., n. 539 p. 332 et 333.

(16)「仲裁契約を締結するフランス国でなされた禁止は国内範疇の契約に制限され、しかし国際公序でない。フランス国により外国船の傭船契約に挿入された仲裁条項は有効である」。Paris, 10 avril 1957, JCP. 1957. II. 10078.
(17) Cass. 1re civ. 14 avr. 1964, JCP. 1965. II. 14406.
(18) Philippe FOUCHARD, Emmanuel GAILLARD et Berthold GOLDMAN, op. cit., n. 539 p. 333.
(19) Philippe FOUCHARD, Emmanuel GAILLARD et Berthold GOLDMAN, op. cit., n. 540 p. 333 et 334.
(20) Henri MOTULSKY, Ecrits v. 2,p. 366 et 367. Henri BATIFFOL, Droit international privé, T. 1, 5 éd. n. 252 p. 307.「フランス法に従わない契約に正にそれを課するために、警察及び保安に課する法の理念に立ち戻らねばならない」。警察及び安全に関する法は民法典第三条第一項「警察及び安全に関する法律は、領土に居住するすべてのものを拘束する」である。et Cass. civ. 31 mai 1932, D. P. 1933. 1. 169.
(21) Matthieu de BOISSESON, op. cit. n. 583 p. 498 et 499.
(22) Henri BATIFFOL, op. cit. n. 570 p. 210 et 211. ジュネーヴ条約第二条第一項は「本条約第一条第一項に目的とされる場合において、それに適用される法により、〈公法上の法人の〉資格付与された法人は仲裁合意を有効に締結するの権能を有する」。
(23) Cass. 1re civ. 2 mai 1966, JCP. 1966. II. 14798.
(24) Philippe FOUCHARD, Emmanuel GAILLARD et Berthold GOLDMAN, op. cit., n. 544 p. 336. et Matthieu de BOISSESON, Interrogations et Doute sur une Evolution Legislative ; L'article 9 de la Loi 19 août 1986, Rev. arb. 1987. 3.
(25) Philippe FOUCHARD, La levée par france de se reserve de commercialité pour l'application de la Convention de New York, Rev. arb. 1990, 571.「留保除去の原因」として、その後のフランス判例の進化、一九八一年五月一二日デクレ及び内閣総理大臣の報告、商事性の留保の不安定性、欧州調和の配慮を挙げる。
(26) Paris, 20 janv. 1987, JDI. 1987. 937. la note E. LOQUIN. spêc. p. 963.「石油業のチュニジア企業（注—公的営造物）は人格と財政自治を付与され、第三者との関係で商人とみなされ又炭化水素に直接又は間接に関連する総ての工業又は商事活動に参加することはその目的にはいるし又理事会の一定の決定が監督大臣の承認に従うとしても、それは仲裁契約締結の可能性に関する決定の場合ではない」。

(27) Paris, 17 déc. 1991, Rev. arb. 1993. 281.

(28) Paris, 24 fév. 1994, Rev. arb. 1995. 276.「仲裁契約締結の禁止は国内法の契約に制限される。この禁止は従って、国際公序ではない」。

(29) Philippe FOUCHARD, Emmanuel GAILLARD et Berthold GOLDMAN, op. cit., n. 545 p. 338.

(30) Rev. arb. 1995. 361. Convention de Washington du 16 mars 1965 : Nouvelles Signature ou Ratifications.

(31) Alan Redfern et Martin Hunter, Droit et pratique de l'arbitrage commercial international, traduit par Eric ROBINE, p. 33 et 37.

(32) Alan Redffrn et Martin Hunter, op. cit., p. 61.

(33) Paris, 17 déc. 1991, precité.

(34) High Court of Justice's Bench Division, 21 déc. 1988, Yearbook, 1992. 587.

(35) Bedjaoui Et Mebroukine, Le nouveau droit de l'arbitrage international en Algerie, JDI. 1994. 873.「アルジェリアの民事訴訟法典はアルジェリア法が仲裁へ公法人の訴えについて常に遵守してきた偏見を退けた。このことは仲裁合意を有効に締結する国にとっての義務と国際法原則が舞台背景を構成する確定的〝普遍的容認の基準〟にこの義務の服従との間の結合は Calakis 判例（注 JCP. 1966. II. 14798.）による実質規則の純粋単純な再取よりより適切であった」。ibid. p. 881.

(36) Suisse, Loi féderale sur le droit international privé (LDIP) de 18 décembre. 1987. 第一七七条「財産的性質の総ての事件は仲裁の対象をなすことができる。（二項）仲裁合意の一方当事者が国、国により支配される企業又は管理される組織である場合、この当事者は紛争の仲裁適格又は仲裁当事者であるその能力を争うためにその固有の法を提起することはできない」。

(37) Philippe FOUCHARD, Emmanuel GAILLARD et Berthold GOLDMAN, op. cit., note 323 n. 549 p. 341. arrêt de Cour de justice du Canton de Genève, 21 déc. 1983, inédit.「事実、政府又は国会のより仲裁に訴える承認の原則を認めることは仲裁条項の締結後に仲裁手続の、当事者が自由に同意した合意を一方的に免れることを認める

ことに帰する」。

(38) Nouveau code de procédure civile libanais, traduit par Marie Sfeir-Slim, Rev. arb. 1994. 750.

(39) Sentence rendue dans l'affaire n. 3327 en 1981, JDI. 1982. 971.

(40) Societe italienne c. organisme publoc africain. laffaire CCI. n. 1939, R. A. 1973. 145 (extrait). 本文に続き次のように述べる。「国際公序は、国家機関が国の外国人と取引して、それを知りかつそれを望み、共同契約者が信頼する仲裁条項を結ぶことができ、かつ、仲裁手続又は執行手続であれ、その固有の言葉で無効を主張することができることに、強く反対する」。

(41) Sentence intérimaire rendu dans l'affaire n. 2521 en 1975, JDI. 1975. 997.

(42) Sentence rendu dans l'affaire n. 4381 en 1986, JDI. 1986. 1102.

(43) Sentence rendu dans l'affaire n. 5103 en 1988, JDI. 1988. 1206.

(44) Sentence arbitrale préliminaire rendue à Copenhague le 14 janv, 1982, Rev. arb. 1984. 401.

(45) Sentence arbitrale du 30 avril 1982, JDI. 1984. 58.

(46) Philippe FOUCHARD, Emmanuel GAILLARD et Berthold GOLDMAN, op. cit. note 323 n. 549 p. 345 et Sentence rendue dans l'affaire n. 4640 en 1984, JDI. 1985. 973. note Y. DERAINS.「競争の共同体法かつ更に公序の問題を取り上げる問題が、仲裁可能性があるかを知る問題は仲裁合意の適法性の問題に帰する」。「判断が執行されうる国の固有の規則を適用する仲裁裁判所の堅い拒否は認められねばならない」。

(47) Matthieu de BOISSESON, op. cit., n. 587 p. 503. et JDI. 1985. 973.「仲裁に関する国際条約第五条は処分できうる権利に関し総ての紛争は仲裁できることを明確にして、紛争の仲裁適格性の問題を解決する。それは実質法の規定に関する」。

(48) Philippe FOUCHARD, L'arbitarge commercial international, n. 181 p. 106.

(49) (仲裁契約)「すべての者は、その者が自由な処分権を有する権利について、仲裁契約を行うことができる」。

(50) Matthieu de BOISSESON, op. cit., n. 587 p. 503 et 504.

(51) Charles JARRONSSON, La notion d'arbitrage, n. 196 p. 110 et n. 587 p. 284. 裁判官に認められることは「仲

裁人に認められねばならない」。また、MOTULSKY の裁判官と当事者の専権事項も仲裁人にも適用されるとして「裁判官のために述べられた良識のこの規則は類似により仲裁人により強く拡張されることができる」。

(52) Bertrand MOREAU, Arbitarge international, Enc. Dalloz. proc. civ. juill. 1997. n. 37 p. 5 et n. 201 et suiv. p. 24.

(53) (仲裁に親しまない問題)「人の身分及び能力の問題、離婚及び別居に関する問題又は公共団体及び公の施設に関する争い、及び一般的に公の秩序に関わるすべての事項については、仲裁契約を行うことができない。（二項）但し、工業及び商業の性格を有する公の施設の種別については、デクレが仲裁契約を行うことを許可することができる」。

(54) CA Paris 22$^{e}$ cham. 20 juin 1969, JDI. 1971. 118. なお、判例の挙げる条文は民法典第二〇六〇条に該当する。

(55) 「控訴院はフランスに本店を有するフランスの会社によりイタリアに本店を有するイタリアの会社に売却されたビール大麦をフランスからイタリアへの輸出を目的とし、かくして国際商事の利害を巻き込む。契約の履行に関する仲裁合意の国際的性格を正に認めた」。「契約及び損害賠償権の履行に専ら関する紛争は民事訴訟法典第一〇〇四条の禁止を免れる」。但し、BOISSESON, op. cit., n. 586 p. 502. この判例は「実質規則の資格付与のために明確に解決した控訴院の理由付けをその責任で再取することを拒否した」。

(56) JDI. 1971. 118. precité, note Bruno OPPETIT.

(57) Philippe FOUCHARD, Emmanuel GAILLARD et Berthold GOLDMAN, op. cit., n. 562 p. 347.

(58) Philippe FOUCHARD, Emmanuel GAILLARD et Berthold GOLDMAN, op. cit., n. 563 p. 347.

(59) Matthieu de BOISSESON, op. cit., éd. 1983, n. 33 et suiv. p. 37 et suiv.

(60) Cass. civ. 9 janv. 1954, D. 1954. 1. 69.「任意仲裁に関し、民事訴訟法典第一〇二八条により許可された執行判決に対する異議は、仲裁判断が無効な仲裁契約について下された場合に特に、様式の無効のみでなく、又同様に仲裁契約が公序に反する合意を対象とするときはとりわけ、仲裁契約の対象自身に関する無効に適用される」。

(61) CA Paris, 9 fév. 1954, JCP. 1955. II. 8685.「仲裁人に提出された紛争は……公序に関し、仲裁により解決されることはできない」。

(62) Henri MOTULSKY, op. cit., p. 53.「これら理念の混同について（一般に伝達（注―検事への）について公序の概念を制限的に理解しかつ課せられた問題が〈公権力の介入〉を公準として提起する限りしか仲裁に適用しない）それは一方概念は多大の慎重さをもって扱わねばならないし又他方我々の考えでは、〈公序〉と〈強行規定〉をともかく一致せしめようと望むことは誤っている」。

(63) CA Orlêns, 15 mais 1961, JDI. 1962. 140.「紛争が公序に関すること及び仲裁契約は仲裁の解決が公序の規則の解釈及び適用を前提とする度毎に無効であることを認識しなければならない。この問題は……その解決をフランスの経済組織の公序の規則の解釈及適用にしか見出すことはできない。それから二重の結果生じる。一方仲裁判断が基づく仲裁契約は民事訴訟法典第一〇〇四条及び八三条からの禁止を冒すものとして又他方紛争はこの同一条文の規定に従い仲裁の対象をなすことができないので、ジュネーヴ条約により執行判決を与えることはできない」。

(64) Pascal ANCEL, Arbitrage, op. cit., n. 13 p. 5. et Philippe FOUCHARD, Emmanuel GAILLARD et Berthold GOLDMAN, op. cit., n. 566 p. 351. et Cass. civ. 28 nov. 1950. Rev. arb. 1951. 170.「民事訴訟法典第一〇〇四条により、公序に関する原因につき仲裁契約を結ぶことの禁止されるのはこの条文から生じる。……売却された大麦の価格が一九三九年七月一日の相場を超える場合、公序に反する売買をして、それは仲裁契約の対象をなすことを禁止されたものの探知を放棄し、控訴院はその判決に法的基礎を与えなかった」。

(65) Paris, 16 juin. 1956, JCP. 1956. II. 9419.

(66) Paris, 22 janv. 1954, JCP. II. 8566. et CA Paris, 21 fév. 1964, JDI. 1965, 113. は明確にする「仲裁契約が公序に関するすべての訴訟事件につき禁止される場合、この規則は公序の性格を呈する規制のある点に従う合意又は取引に関するすべての紛争がこの事実から仲裁を免れることを意味しない」。

(67) Cass. 1re civ. 18 mai 1971, JDI. 1972. 62. 2e espèce.

(68) Philippe FOUCHARD, Emmanuel GAILLARD et Berthold GOLDMAN, op. cit., n. 563 p. 348 et 349.

(69) JDI. 1972. 62. 1re espèce.

(70) CA Paris, 29 mars 1991, Rev. arb. 1991. 478.

(71) CA Paris, 12 janv, 1993, Rev. arb. 1994. 685.

(72) Philippe FOUCHARD, Emmanuel GAILLARD et Berthold GOLDMAN, op. cit., n. 567 p. 353. Matthieu

de BOISSESON, op. cit., ed. 1983, n. 29 p. 34. 身分の問題と経済次元の問題に分ける。

(73) Pascal ANCEL, op. cit., n. 20 et suiv. p. 7 et suiv.

(74) Pascal ANCEL, op. cit., n. 80 et suiv. p. 21 et suiv.

(75) Philippe FOUCHARD, Emmanuel GAILLARD et Berthold GOLDMAN, op. cit., n. 572 p. 355, Matthieu de BOISSESON, op. cit., éd. 1990 n. 587 p. 504 et 505.「事実ある法はイギリス法のように家族法に又子の保護に関する紛争に仲裁適格を認める。離婚及び別居に関し、当事者の住居法が場合により仲裁適格性を認める場合、仲裁合意又は判断はフランスで効果を受けるように思われる」。

(76) Pascal ANCEL, op. cit., n. 29 p. 9.

(77) Pascal ANCEL, op. cit., n. 72 p. 19. この見解は Bruno OPPETIT, L'arbitrage en matière de brevets d'invention aprés la loi du 13 juillet 1978, Rev. arb. 1979. 83. の「仲裁への訴えは公序の規則が契約法の処分性自身を禁じる場合にのみ不可能であり、公序の規則がこの処分可能性の使用及び行使に専ら制限をもたらす場合ではない」に対しての反論である。

(78) Philippe FOUCHARD, Emmanuel GAILLARD et Berthold GOLDMAN, op. cit., n. 579 p. 361 et 362.

(79) Jean-Hubert MOITRY, Arbitrage international et droit de la concurrence ; vers un ordre public de la lex mercatoria, Rev. arb. 1989. 3. 第八五条第一項「構成員国間の商事に影響を与え得るかつ共同市場内の競争の作用を妨げ、制限し又は破壊する目的又は効果を有する並びに特に次の各号に関する、企業間のすべての合意、すべての企業の結合の決定及びすべての計画的行為は共同市場と両立しないしかつ禁じられる。（各号略）」第二項「本条により禁じられる合意又は決定は当然無効である。」第三項「但し、第一項の規定は次の場合不適用とされる。（注次の場合は第一項の合意、決定計画的行為をさす）」。

(80) Sentence rendu dans l'affaire n. 1397 en 1966, JDI. 1974. 879.「……の契約の制限的とみなされる条項は、ローマ条約第八五条により目的とされることを、すべての理由に反して、さえ仮定してこれら条項に適用される無効は他の契約規定の有効性について効果はない」。et Sentence rendu dans l'affaire n. 4604 en 1984, JDI. 1985. 973. ローマ条約第八五条及びイタリア民法典による商標のライセンス契約の無効で提訴され「仲裁裁判所は仲裁についての郡際協約第五条に基づきかつ同じく外国国内法律制度を参照して、本紛争は仲裁適格を有する」。

(81) Jean ROBERT, op. cit., 6 éd. n. 367 et 368 p. 319 et 320.

(82) Cour de justice des communautés européenes, 27 avril 1994, Rev. arb. 1995. 503.「法により規定された場合に、当事者間に締結された仲裁合意により、この裁判所が衡平仲裁人として裁判しなければならないときでさえ、仲裁判断に対しなされた訴えにつき裁判する国の裁判所はＣＥＥ条約第一七七条の意味の国の裁判所として考えられねばならない」。第一七七条「裁判所は先決事項として次の各号に裁判するため権限を有する。(a)本条約の解釈について、（以下略）」。

(83) Tribunal fédéral suiss, 28 avril 1992, Yearbook, 1993. 143. スイス国際私法第一九〇条（終局的性格・救済）（本文略）。

(84) 第一項「本法から生じる一群の紛争は大審裁判所及びそれが属する控訴院に付与される。（以下略）」。

(85) Alber CHAVANNE et Jean-Jacques BURST, Droit de la propriété industrielle, n. 292 et 293 p. 211.

(86) Alber CHAVANNE et Jean-Jacques BURST, op. cit. n. 354 p. 240 et 251. Bruno OPPETT, L'arbitrage en matière de brevets d'invention aprés la loi du 13 juillet 1978, Rev. arb. 1989. 83. 知的所有権法（一九七二年七月一日法律第九二－五九七号）第六一五－一七条第三項「前諸項の規定は民法典第二〇五九条及び第二〇六〇条に規定される条件にて、仲裁へ訴えを妨げない」。Sentence rendu dans l'affaire n. 4604 en 1984, JDI. 1985, 973.「被告は先決事件として紛争がライセンス契約の無効に関するとき、紛争の非仲裁的性格をとることを申し立てた。……裁判所は仲裁についての国際協約第五条に又同じく外国国内規律の参照に基づき、現紛争は仲裁できると決定した」。

(87) Matthieu de BOISSESON, op. cit., éd. 1990 n. 590 p. 510.

(88) CCI n. 1110. Lew, 554-555.

(89) Sentence CCI n. 5622 en 1988, Rev. arb. 1993. 327. et Vincent HEUZE, La morale, l'arbitre et le juge, Rev. arb. 1993. 179.

(90) Cour de canton, Genève, 17 avril 1989, Rev. arb. 1993. 315.

(91) Bruno OPPETIT, Le paradoxe de la corruption à l'épreuve du droit du commerce international, Rev.

aeb. 1987. 5.
(92) Matthieu de BOISSESON, op. cit., éd. 1990 n. 588 p. 506.
(93) CA Grenoble, 19 oct. 1982, Rev. arb. 1983, 321.「破産管財人により代理された債権者集会は債務者により同意された契約の履行を追求することを決定した。債権者集会は債務者の譲受人の資格で行為しかつ契約のすべての条件及びそれから生じるすべての義務を尊重しなければならない。特にこの契約に含まれる仲裁条項の履行に従わねばならない」。
(94) Loi n. 85-98 relative au redressment et à la liquidation judiciaires des entreprises. 第三節準備期間中の企業・第三三条第一項「(前段略) 仲裁契約を結び (以下略)」。
(95) Sentence rendu dans l'affaire CCI n. 4415, 1984, JDI. 1984. 952.
(96) 第四八条（訴訟の中断・再開）「第一二四条に規定の留保の下で、進行中の審理は追行債権者が自己の債権が届出をなすまで中断される。(以下略)」。
(97) 第四七条第一項（裁判上の請求と強制執行の停止）「開始判決は、判決以前に原因がある債権を有するあらゆる債権者による以下のような裁判上の請求を中断し若しくは禁止する」。
(98) Décret n. 85-1378 du 27 dec. 1985. 第一七四条（関連事項の専属管轄）「裁判上の更生手続につき係属する裁判所は、(中略) 一九八五年一月二五日法律により定められた裁判上の更生及び清算又はその他の制裁に関するすべてのことについて管轄する」。
(99) 第一五八条（仲裁の許可）第三一条（管理人の任務）、第三三条（主任官）の許可に服する事項。
(100) Sentence rendu dans l'affaire n. 6697 en 1990, Rev. arb, 1992. 135.
(101) R. S. A., II. 1241-1305.
(102) Sentence rendu dans l'affaire n. 6719 en 1994, JDI. 1994. 1071.
(103) Sentence de 20 juin 1992, n. 1491, Chambre d'arbitrage de Milan, Yearbook, 1993. 80.

# 29

# 仲裁と消費者保護
## ――米国における最近の傾向から――

澤井啓



## 一　はじめに

国際取引に従事する企業間の物品売買契約、販売店契約、ノウハウ・ライセンス契約等には、当事者間の紛争を裁判によらず仲裁で解決する旨の仲裁条項が挿入されている。この慣行は、内国裁判所の恣意的な判決、コミュニティ住民で構成される陪審の自国企業への親近感と外国企業への敵意、を避けるために、有効かつ合理的な判断であると思われる。一方、消費者紛争が生じる局面は、国際取引よりむしろ国内であって、同一国内の消費者と企業との間で発生する可能性が高い。対等な交渉力を有する企業間で合意された仲裁条項と異なり、企業と消費者との仲裁合意は、消費者が企業側の用意した仲裁条項を含む書面に署名するかあるいは書面の交付を受ける形で、仲裁合意がなされる。

企業側の作成した一方的な条項に左右される消費者の立場は、対等な交渉力を有する企業間の仲裁契約と同様に扱ってよいものであろうか。しかし、企業間であれ、消費者と企業との間であれ、仲裁契約であることに本質的な違いはなく、当事者の合意に基づく仲裁契約は有効で執行されるべきものである。ここに消費者保護の立場と仲裁契約執行の立場が抵触することになる、いわゆる仲裁可能性の問題を惹起させる。

最近の米国における仲裁に関する判決を見ると、消費者・投資家の権利、雇用差別等にかかわる紛争にあっては、仲裁を積極的に支持する傾向から、仲裁付託を消極に解する判決が続いている。仲裁奨励の連邦政策を実現してきた一九八〇年代後半からの判決は、その流れを微妙に変化させている。すなわち、紛争の性質を考慮したうえで、仲裁可能性を精査する傾向にある。本稿では、一連の判決、特に、最近の消費者紛争、証券紛争、労働関係紛争の仲裁可能性に判断を示した判決を通して、この仲裁をめぐる近時の動向を考察したい(1)。具体的には、消費者紛争を仲裁に付する際のあるべき指針を考察する Hill v. Gateway 2000, Inc. 事件判決(2)と同社を訴える一連のクラス・アクションおよび Badie v. Bank of America 事件判決(3)を検討する。日本では、消費者契約法案の検討ならびに各種PLセンター設立がなされたが、前者では、消費者契約法案での代替的紛争解決の扱いが、後者では、公正・廉価・迅速な各種PLセンターの提供、が不十分である。上記の判決および消費者紛争のプロトコルの検討を通して、日本における消費者紛争ADRのあるべき姿あるいは指針を示すことが可能であると思われる。

## 二　米国における消費者紛争の仲裁

米国国内の消費者紛争と仲裁をめぐる立法と判例を概観する前に、ヨーロッパ諸国の消費者と仲裁契約に対する姿勢を簡単に見ておくことにする。ほとんどのヨーロッパ諸国は、各々の契約当事者の持つ経済力の差をなくすため、消費者保護を目的とした特別の立法を有しているが、仲裁による解決を自動的に排除してはいない(4)。ドイツでは、一方当事者の相対的な交渉力の弱さを利用した他方当事者による仲裁は利用されるべきではないとの考えがある。[5]英国でも、その消費仲裁契約法（Consumer Arbitration Agreement Act 1988）において、人が消費者として契約を締結した場合、消費者に対して、将来の紛争を仲裁に委ねる合意を執行することはできず（一条）、同条は、国内仲裁に適用され、国際仲裁には適用されない（二条a項）という。[6]フランスでは、消費者契約における仲裁の禁止というより厳しい規則がある。これは、商業活動に従事する者と商業活動に関係しない個人との間で締結された契約中の仲裁条項を禁じる規則である。国際的側面では、消費者紛争は、仲裁による解決が認められる紛争であるとみられている。パリ控訴裁判所は、一九九四年一二月、国際消費者契約が、仲裁可能性に関して、他の国際契約のように取り扱われるべきこと、すなわち、仲裁に関する国内の禁止は適用されないと、判示した。仲裁は、内国裁判所手続より複雑でより費用がかかるうえに、製造業者あるいは供給者が消費者契約に仲裁条項を挿入することは、消費者が契約に基づき訴訟を提起することを困難にする一つの方法であると捉えている。従って、特別な類型の仲裁が立法される場合を除いて、消費者保護の観点から、すべての消費者紛争を仲裁可能とするには懸念があるといえる。一つの解決策として、一九九三年、スペインで施行された消費者紛争をある機関の後援のもとに費用の負担なしに仲裁に付託できる一連の規則が挙げられる。その機関の役割は、国際商業会議所（以下、ＩＣＣという）仲裁裁判所に、類似するという。[7]

州際通商を含む契約には、当事者の一方が個人たる消費者であることに関わりなく、仲裁を積極的に押し進める連邦政策を具現した連邦仲裁法が適用される。[8]消費者は、消費者用に作成された標準書式の契約書に署名するかあるいは購入しないかの選択を迫られ、仲裁契約の条件交渉をすることなく、その内容も十分に理解しないまま、契約書に署名をし、その契約内容に拘束されることになる。これに対して、州裁判所と議会は、消費者保護のため、仲裁契約を規制する立法を制定してきた。証券仲裁の分野では、証券会社の利用する紛争前仲裁契約を禁じる規則をマサチューセッツ州が採択した事例、証券業界の仲裁廷と並んでアメリカ仲裁協会（以下、ＡＡＡという）あるいは独立の仲裁廷の規則に基づく仲裁を受ける選択権を被害者側に与えるとの強制的規定に修正したフロリダ州の事例がある。[9]

前者では、主要証券会社等が州規則を連邦仲裁法の規定および政策と抵触するとして提訴したところ、第一巡回区控訴裁判所は、州規則と政策が仲裁を支持する連邦政策と抵触し、連邦政策の妨げとなるとの判断を示し、連邦仲裁法が州規則に優先すると判示した。後者では、フロリダ州南部地区連邦地裁は、連邦仲裁法第二条および第五条(10)が仲裁契約の当事者が契約条件を自由に選択することを認めているとして、フロリダ州の修正法が最高法規条項に違反すると判示した(11)。

仲裁規制の州法に対して仲裁奨励の立場を明確にした Allied-Bruce Terminix Cos. v. Dobson 連邦最高裁判決がある(12)。アラバマ州最高裁は、原告の州裁判所への訴訟提起に対して、被告が連邦仲裁法第二条にいう「通商であることが明白である契約」の書面による仲裁契約の存在を妨訴抗弁として、訴訟の停止を申し立てたところ、紛争前仲裁契約を無効とするアラバマ州法に基づいて、下級審の判断を支持して、被告の申立てを退けた。連邦最高裁は、連邦仲裁法が議会の州際通商権限内のあらゆる契約を規律し、事実上の通商（commerce in fact）テストが連邦仲裁法にいう州際通商を含む契約か否かを決定する適切な基準である、と判示した。同判決は、一方で、州の役割を次のように述べている。連邦仲裁法第二条は、不当な圧力をかけて、望まない仲裁規定のある契約を消費者に強いることを防ぐため、伝統的な方法で仲裁契約を含む契約を規律することを州に認めている。しかし、現実には、州の仲裁契約に関する権限はきわめて限定されている。

先の証券仲裁の事例のように、消費者と売手の契約中の仲裁条項について、特別な注意を求める州の立法努力を退ける傾向が続いている。たとえば、仲裁条項を目立つように記載することを求めるバーモント州法を無効とした事例(13)、裁判による救済の放棄を禁じるテキサス州欺瞞的取引慣行・消費者保護法を無効とした事例(14)、仲裁条項を一〇ポイントの大文字で記載することを求めるミズリー州法を無効とする事例(15)、等がある。これ以外にも、消費者とのリース・ローン契約から仲裁を排除する規定、仲裁条項に注意を向けさせるさまざまな要請を求める州の規制、消費者と保険会社との保険契約から仲裁を除く規定を設けている九つの州、等がある(16)。州裁判所は、手続上、実質上の公正さの確保を求め、遠隔地の仲裁廷、バイアスのある仲裁廷、過大な仲裁費用を濫用の三類型として攻撃してきた。また、連邦控訴裁判所でも、自動車陸送会社が定めたニューヨークを仲裁地とする条項は、他州に居住する消費者に遠隔地の仲裁を求めるため、無効であるとの判決を下している(17)。しかし、連邦最高裁は、船のクルーズチケットの裏面に印刷された法廷地選択条項が、ワシントン在住の原告にフロリダでの提訴を求めていたが、有効とした。McLaughlin弁護士は、この事例を遠隔の仲裁廷を指定する条項を支持する参考的法源と見ている(18)。仲裁費用に関して、合理的であるが費用を支払えなかった事例、消費者が前払いに気づかなかった事例において、仲裁契約を無効としてはいない(19)。これら一連の判決は、仲裁契約執行の連邦政策に沿った判決であり、強行法規に基づく請求の仲裁をも広く認めるという仲裁奨励の流れを示しているといえよう。

銀行仲裁に関して(20)、ヨーロッパ・米国において、一般的な仲裁支持の傾向があるわけではないが、英国では銀行オンブズマン制度に加えて、Securities and Futures Authority（ＳＦＡ）、Personal Investment Authority（ＰＩＡ）等の自主規制機関とCity Dispute Panel（ＣＤＰ）という紛争解決機関が、金融関連紛争を扱ってきた。米国でもBank of America（以下、バンカメという）等の主要銀行が顧客との紛争を仲裁に委ねる制度をスタートさせている(21)。バンカメは、一九九二年六月、預金勘定及びクレジットカード保持契約に基づく顧客との紛争の仲裁制度を導入したが、以前からの契約者には、計算書送付時に、新たに仲裁条項を付加する旨の書面を同封して、その制度の開始を通知した。これに対して、バンカメの顧客ならびにカリフォルニア州の消費者保護団体と法廷弁護士協会が仲裁条項の無効を主張して、カリフォルニア州裁判所に提訴したところ、同裁判所は、「仲裁採用とその通知方法に関する銀行の行動は、欺瞞的でも不公正でもない。仲裁条項は、顧客の合理的な期待の範囲であり、最小の誠実性を示しており、非良心的とはいえない。仲裁条項は有効かつ執行可能である。」と判示した(22)。この事件は、上訴され、係属中であったが、最近、州の控訴審の判断が示された。

## 三　消費者紛争仲裁をめぐる判決の変化

一九九八年代に入って、仲裁契約を無効とするかあるいは仲裁契約の一部を修正することを命じる判決が相次いで下されている。証券会社に籍を置く従業員は、証券外務員登録のため、仲裁条項を含んだU－4書式（Uniform Application for Securities Registration or Transfer）に署名をしてきた。そのため、証券会社の従業員は、会社との雇用関係紛争を、自主規制団体である全米証券業協会（以下、NASDという）あるいはニューヨーク証券取引所（以下、NYSEという）等の仲裁廷にその判断を委ねることを求められてきた。この分野の先例は、Gilmer v. Interstate/Johnson Lane Corp., 500 U. S. 22 (1991) で、雇用者年齢差別禁止法（以下、ADEAという）に基づく請求が証券外務員申請書の仲裁条項に従った強制仲裁に服すると判示したものである。[23] 雇傭紛争の仲裁を扱った Gilmer 判決は、附合契約に言及していないが、消費者との附合契約に重要な意味を持つ判決である。最高裁は、特定の仲裁廷が不適切であり、圧倒的な経済力を通じて原告に契約が課されたとの主張を証明する証拠が不十分として、仲裁契約の執行を命じた。消費者は、現実の強制あるいは当該仲裁廷のバイアスを主張して、Gilmer 事件判決に挑戦することになる。実際、Mago v. Shearson Lehman Hutton, Inc. 事件判決は、標準書式契約であることを理由とする抗弁の可能性をしめしている。すなわち、仲裁契約が附合契約あるいは圧倒的な交渉力の結果であるため、執行できないとの主張である。[24] また、このU－4書式への署名が、雇傭差別紛争の強制仲裁へと導くことが仲裁をめぐる最近の大きな議論の一つとなっている。平等雇用機会委員会（EEOC）は、この慣行に反対をしてきているし、NASDも雇傭差別上の請求の強制仲裁を止める規則改訂を行い、証券取引委員会もこれを承認した。[25]

会員証券会社は、自社の従業員に雇傭紛争の仲裁を求める個別の仲裁契約を利用しており、これらの仲裁には、NASDの改訂規則の効力は及ばない。また、最高裁の市民的権利に関する法律第七編（以下、Title Ⅶという）上の請求の仲裁可能性に対する姿勢は、必ずしも一貫しておらず、解雇されたマネジャーがADEAに基づき提訴したところ、U-4に従い仲裁を命じたGilmer事件判決と労働者のTitle Ⅶ上の権利を、労働協約中の仲裁条項に基づいて仲裁することはできないとしたGardner-Denver事件判決には、抵触がある。下級審でも巡回区によって判断が分かれており、第一巡回区は、Title Ⅶが紛争前仲裁契約を禁じていないとの判断を示し[26]、第三巡回区は、Gilmer事件判決を援用して、雇傭差別請求の仲裁を命じたが[27]、第九巡回区は雇用者が契約の強行条件として、従業員がTitle Ⅶ上の請求を司法裁判所に提起する権利を奪うことはできないと判示している[28]。この状況で、一九九八年一一月、最高裁は、Wright v. Universal Maritime Service Co. 事件判決において、職場の紛争を仲裁に委ねることを命じる労働契約の文言が曖昧な場合、個人たる従業員は、連邦裁判所に雇傭差別事件を提起する権利を有するとの判断を示した[29]。これらは証券紛争でも、企業内の雇傭紛争が中心であるが、労働関係上の強行法規に基づく請求を仲裁できるとの傾向に、一定の歯止めをかける判決であり、消費者仲裁に与える影響は、きわめて大きい。仲裁の範囲を幅広く規定した一般仲裁条項は、従来、関連するあらゆる紛争の仲裁を認めるものと解釈されてきたが、一定の請求にあっては、仲裁範囲をはっきりと特定しなければ、仲裁に委ねられないとの姿勢を示したといえよう。

コンピューターの通信販売を行うGateway 2000 Inc.（以下、Gateway社という）は、広告で表示した性能より劣る製品を販売したことで、消費者詐欺法、RICO法違反等を理由とする複数のクラス・アクションを提起されたが、いずれも、パソコンと共に送付した契約書中の仲裁条項を妨訴抗弁として主張している[30]。Hill v. Gateway事件判決は、仲裁契約を有効と判示し、ICC仲裁規則に基づくシカゴでの単独仲裁人による仲裁を命じている。同様に、Brwer v. Gateway事件判決の事実審は、原告らの申立て、すなわち、仲裁条項の無効（UCC 2-207条）、非良心的（UCC 2-302条）、附合契約として執行不可能、ICCへのアクセス困難、高額なICC仲裁費用、消費者側が敗訴した場合のGateway社の弁護士費用負担という英国方式、に対して、仲裁契約は執行可能と判示した。控訴審は、仲裁契約の執行可能性を認めた下級審判断を支持し、他州に住む者にシカゴでの仲裁を求めることも、非良心的ではないと判断した。しかし、ICC規則部分、とくに、予納金・仲裁費用について、パソコン価格を超える費用が消費者の仲裁付託阻止の効果を持つことから、非良心的との判断を示し、当事者による連邦仲裁法に従った代替仲裁廷の探求のため、原審に差し戻した。八月一三日の判決後、Gateway 社の紛争解決条項は、ＡＡＡの仲裁規則によると変更された(31)。

Badie v. Bank of America 第一審判決では、原告は、バンカメが計算書に入れて通知した仲裁条項の有効性を争い、不正競争防止法（Unfair Competition Act）、消費者救済法（Consumer Legal Remedies Act）を理由として、当該条項の執行差止を求めたところ、裁判所は、仲裁条項は不公正でも非良心的でもない、誠実かつ公正な取扱義務にそったもので、有効であると判示した。控訴審は、仲裁条項の有効性のみ審理し、仲裁およびＡＤＲを奨励する連邦政策を肯定するが、銀行の顧客は、預金およびクレジット・カード勘定紛争を解決する方法として仲裁を利用することに同意していない、と認定した。バンカメは、勘定契約のあらゆる側面を変更する、交渉の余地のない一方的な権利を留保することで、実質、誠実かつ公正な取扱という黙示の約款を無視した。契約の標準的な解釈準則に従えば、当事者は、契約条件の変更通知が銀行に全く新しい条件を認めるとは意図していなかった、と結論づける。また、仲裁条項の承諾は、陪審審理を受ける顧客の権利放棄を意味するため、この重要な権利放棄は、契約中に明示され、疑う余地のないほど明白かつ無条件な文言で当事者の意図を記載しなければならない、と強調する(32)。

## 四　消費者紛争解決機関の対応

仲裁一般にいえることだが、とくに、消費者紛争の仲裁にとって、公平な仲裁廷、消費者に便利な仲裁地、合理的な仲裁費用、仲裁合意の意味とその結果の情報、仲裁規則・機関へのアクセスの容易さ、といった要素の確保に加えて、陪審審理の放棄を認識した上で仲裁条項を含む契約書に署名したかがきわめて重要な意味を持つことは、一九九八年以降の各判決から明らかである。この傾向を見極めた上での公表かあるいは公表がかかる判決を招来させたか、または時代の要請を受けて同時並行的に行われたのか、Better Business Bureau（以下、ＢＢＢという）が紛争解決の方針をＡＡＡが消費者紛争仲裁・調停適正手続規約（A Due Process Protocol for Mediation and Arbitration of Consumer Disputes）を発表している。これらの方針・規約の内容が確保されれば、消費者仲裁あるいはＡＤＲが業界にとっても、消費者にとっても、迅速・廉価・公平な裁判外紛争解決手段となり得よう。以下、方針・規約の内容を少し詳しく見てみることにする。

一九九八年三月下旬、ＢＢＢ協議会は、消費者紛争の紛争前強制仲裁条項に関する自らの立場を公にしている。仲裁は、しばしば、企業と消費者間の紛争を解決するきわめて効果的な手段であるとの認識を示したうえで、消費者の裁判所へのアクセスを制限するＡＤＲ手続が任意的であるべきことを強調する。ＢＢＢは、消費者に契約に合意した結果を当該契約書中で公正に通知し、消費者が仲裁条項の受諾を正式に認めている場合にのみ、消費者と企業間の紛争の仲裁に合意するとしている。協議会の上級副社長は、当事者が①仲裁契約の対象、②費用、③仲裁利用と引き替えに求められる権利放棄の内容、を明確に理解した上で、任意に仲裁合意をすることが最も重要であり、そのため、企業が強制仲裁条項を利用し、仲裁機関としてＢＢＢを指定する場合、消費者に公正な開示を求めるＢＢＢの政策に従い、仲裁条項案を通知することを求められる、と説明している。(33)

ＡＡＡの全国消費者紛争諮問委員会は、消費者向け商品・役務販売標準契約書への裁判外紛争解決条項利用の増大傾向に対処して、消費者紛争のための仲裁・調停適正手続規約を作成し、ＡＡＡも組織として、同規約を承認した。(34)同規約は一五の基本方針を宣言している。(35)それらは、①基本的公正過程（理念）、②ＡＤＲプログラム情報へのアクセス、③独立公正な裁定者（Neutral）、管理の独立性、④裁定者の資質・能力、⑤少額請求、⑥合理的費用、⑦便宜裁定地（Reasonably Convenient Location）、⑧代表の権利（Right to Representation）、⑨合理的期限、⑩調停、⑪仲裁合意、⑫仲裁審問、⑬情報へのアクセス、⑭仲裁での救済、⑮仲裁判断、から構成されている。特に、重要と思われる項目内容を具体的に見てみると、②ＡＤＲプログラムの十分かつ正確な情報提供、契約時に、ＡＤＲ条項が強制か任意かを含む明白かつ正確な通知、紛争前・紛争後におけるＡＤＲ情報へのアクセス、③対等な交渉での裁定者の選任、裁定者のＡＤＲ手続の結果に影響を及ぼしうるすべての情報の開示、⑥消費者の支払能力・紛争の性質等を考慮した合理的な費用負担、裁定料の取決めと支払いの管理、⑪仲裁合意の前提、ⓐ強制・選択の別と仲裁条項とその合意の結果についての明白かつ適切な通知、ⓑ仲裁手続、仲裁と裁判の基本的相違、関連費用、仲裁手続および仲裁人に関する情報の入手先等へのアクセス、ⓒ一定の状況下での強制仲裁の代替としての少額請求法廷の利用通知、ⓓ消費者の仲裁あるいは裁判かの選択権を行使できる手段の明白な宣言、となる。

## 五　おわりに

紛争前強制仲裁条項は、企業間あるいは団体交渉に基づく契約で利用されてきたという経緯がある。双方とも十分な力量のある交渉者が代理者として交渉した産物が仲裁契約あるいは仲裁条項である。経済的に対等な交渉力を持たない消費者との契約にかかる背景で生まれた仲裁条項を利用しようとする発想自体が不公正であるといえよう。上記ＡＤＲ機関が公表した政策・プロトコルの実施によって、ＡＤＲ機関の「公正」理念に基づく、裁定プログラム・仲裁者の公平さと適正手続が確保されることになる。米国ＡＤＲ機関を代表するＡＡＡと消費者紛争ＡＤＲ機関の雄であるＢＢＢがこれらの規約を公表し実施したことにより、他のＡＤＲ機関に与える影響は計り知れない。

一方、日本の消費者紛争解決機関あるいは制度の現状はどうであろうか。ＰＬ法の成立を受けて、通産省は、製品別紛争処理機関の設置を決め(36)、各種ＰＬセンターが業務を始めた。しかし、その実態を新聞報道は、次のように伝えている。「当事者同士の話し合いによる和解が中心で、紛争処理の「判決」にあたる裁定までいく例はまれ」「（ＰＬ）センターはメーカーに交渉するように指示するだけで、紛争処理機関の役割を果たしていない」「最初に相対交渉ありき、という姿勢はおかしい。メーカーの方が圧倒的に情報量が多く、交渉で消費者が不利になる恐れがある。

せっかく裁定という手段があるのだから、第三者に判断を委ねるべきだ[37]」「消費者から寄せられた相談文書を容器を製造した……に本人に無断で送付していたことが、明らかになった[38]」「ＰＬ法を踏まえた消費者からの苦情は増えている。製薬会社が共同で設立した医薬品ＰＬセンター（東京・千代田区）には、設置以来三年半の間に千五百三十六件の苦情相談が持ち込まれ、うち十一件が医師や法律家で組織した中立の審査部会に諮られた[39]」。金融サービス分野では、日本版ビッグバンが始動したが、この大きなうねりの中で消費者保護対策はどうなっているであろうか。その回答は、「金融サービス法について、実際にトラブルが発生した場合の対策についてては、「基本的には私法の領域で、行政法に書き込むのは無理」（銀行局調査課）としており、トラブル発生後の素早い消費者救済には課題を残している。」「トラブルの迅速な解決を可能にする有効な紛争処理機関がないことだ。証券分野では日本証券業協会があっせん・調停制度を設けているが、「業界色の強い機関で公平なあっせん・調停が受けられるか疑問[40]」である。また、「英国では、利用者保護のための法律が強化されようとしているのに、日本ではそうした法律すらない。すでに消費者センターには変額保険、外国投信、外債など比較的新しい金融商品をめぐる苦情・相談が多数寄せられている[41]」状況である。

消費者保護のための法律制定が待たれるが、「消費者保護法案」は消費者側と産業界が対立の末、経済企画庁は今国会への法案提出を見送っている[42]。同法案は、上記のような裁判外紛争処理機関の実態を反映したのか、現実に問題を生じている条項と将来に問題となり得る可能性のある条項を考慮して、リストに掲げるべき不当条項に、「消費者に不利な専属的合意管轄を定めた条項」「紛争解決に当たっては、事業者の選定した仲裁人による仲裁によるものとする旨の条項」の二点を含めている[43]。日本の従来の産業政策と紛争解決システムにあっては、この配慮は合理的な判断であるかもしれないが、電子商取引、インターネット通販といったボーダーレス取引が、今後、ますます拡大していくことを考えれば、ヨーロッパ・米国の採用する消費者保護法と紛争解決システムを参考に、日本にあった法律と紛争処理制度を構築することが急務であろう。

(1) 仲裁可能性について、米国とヨーロッパの最近の動向を取り上げた論文がある。米国は、Joseph T. McLaughlin, "Arbitrability: Current Trends in the United States" Arbitration International Vol. 12 No. 2, at 113-136 (1996) であり、その内、消費者の請求 (Consumer Claims) は一二三～一二七頁に詳しい。ヨーロッパは、Antoine Kirry, "Arbitrability: Current Trends in Europe" Arbitration International Vol. 12 No. 4, at 373-389 (1996) である。

(2) Hill v. Gateway 2000 Inc., 105 F. 3d 1147 (7th Cir. 1997), cert denied, 118 S. Ct. 47 (Oct. 6, 1997). 判例研究として、拙稿「通信販売でパソコンとともに配達された契約書中の仲裁契約の有効性」公正取引五七五号六三～七二頁（一九九八年）がある。

(3) Badie v. Bank of America, 1998 Cal. App. LEXIS 916. 第一審の判例研究として、拙著「銀行顧客勘定約款に追加された仲裁条項の有効性」商事法務一四四九号二五～二八頁（一九九七年）がある。

(4) Kirry, at 388.

(5) 「一方当事者が経済的あるいは社会的な立場により有する優越的地位を利用して、仲裁契約あるいは仲裁契約中の条件を受け入れることを他方当事者に強いる場合、仲裁契約は無効である。」ドイツ民事訴訟法第一〇二五条。

(6) 一九九六年仲裁法により廃止。これに関して、英国がEC構成国であることから、英国のオプション・ブローカーとドイツ人投資家との契約中の仲裁条項をめぐって、英国人には執行できない仲裁が、ドイツ人に対して執行可能であることを認める同法同条が不当差別であるとして、ドイツ人投資家達が英国裁判所に提訴した事件がある。詳しくは、拙稿「EC構成国に対する不当差別となるブローカーの仲裁契約」公正取引五六六号、七七～八三頁（一九九七年）。

(7) Kirry, at 388-389. 機関名は、Jantas Arbitrales de Consumo である。ICC仲裁裁判所の役割は以下の通りである。国際商業会議所（ICC）「仲裁裁判所は、自ら紛争の解決を行うものではない。本規則（ICC仲裁規則）の適用を確保することを職務とする」（ICC仲裁規則第二条）。その仲裁規則適用の確保のため、仲裁裁判所による仲裁判断の審査を定めている（ICC仲裁規則第二七条）。紛争の仲裁を担当する仲裁廷は、ICC仲裁規則に基づく単独あるいは三人の仲裁人から構成され、世界各地で行われる。仲裁廷で作成された仲裁判断の署名に先立ち、仲裁判断の草案を仲裁裁判所に送付し、審査をうけることになる。仲裁裁判所構成委員は、国際商業会議所の理事会によって任命され、その訟務は、ＩＣＣ仲裁規則に従って国際性を有する取引紛争の仲裁による解決を提供することにある（ＩＣＣ仲裁規則第一条）。

（8）「通商（commerce）とは、数州間もしくは対外国、合衆国領土内もしくはコロンビア地区内、かかる領土相互間、かかる領土と州もしくは外国間、又はコロンビア地区と州、領土もしくは外国との間における通商をいう」（連邦仲裁法第一条）。「通商であることが明白である契約にあって、当該契約、取引、もしくはその全部もしくは一部の履行拒否から生じる紛争を仲裁によって解決すべき旨の書面による定め、又はこの種の契約、取引もしくはその履行拒否から生じる現存の紛争を仲裁に付託する書面による契約は、普通法上又は衡平法上契約取消の理由がある場合を除き、有効であり、取消不能でありかつ強制可能である」（同法第二条）。すなわち、州際通商、外国通商を含む契約は、連邦仲裁法の適用対象となり、消費者契約もその例外ではない。

（9）Securities Industry Association v. Connolly, 883 F. 2d 1114 (1st Cir. 1989), cert. denied, 110 S. Ct. 2559 (1990). Securities Industry Association v. Gerald Lewis, 751 F. Supp 205 (S. D. Fla. 1990).

（10）「仲裁契約中に仲裁人又は審判人の指名又は選定方法に関する規定がある場合は、その方法に従うものとする」（連邦仲裁法第五条）。

（11）詳しくは、拙稿「米国における証券仲裁（下）」国際商事法務二一巻八号九八三頁以下参照。

（12）513 U. S. 265 (1995). 事実の概要は次の通りである。家屋の売主である Mr. Guin が Terminix 社のフランチャイジーである Alliede Bruce 社の地区事務所と、定期的検査と将来にわたる無料の措置および新たなシロアリの侵入による損害の修繕を約するシロアリ駆除生涯契約を締結した。契約には、「購入者と Terminix 社は、当事者間において本契約の規定から生じるあらゆる紛争・請求は排他的に仲裁で解決すべきことに同意する」との仲裁条項が入っていた。一九九一年、Gwin 夫妻が Dobson 夫妻に家屋を譲渡する際、Allied Bruce 社発行の「シロアリ被害の目視検査と被害のないことの証明書」を添付した。その後、証明書はでたらめで、家屋がシロアリ被害を受けていることが判明したため、アラバマ州裁判所に、シロアリ駆除会社と Gwin 氏を相手取って、詐欺的不実表示、契約違反を申し立て、不法行為に基づく損害賠償請求訴訟を提起した。Gwin 夫妻もシロアリ駆除会社に交差請求をした。シロアリ駆除会社が仲裁契約を妨訴抗弁として、訴訟の停止を申し立てたところ、紛争前仲裁契約を無効とするアラバマ州法に基づき、訴訟の停止を拒否した。州最高裁は、下級審判決を支持し、次のように付言した。連邦仲裁法は、当事者が契約を締結する際、実質的な州際活動を意図していた（contemplated substantial interstate activity）場合にのみ、州法に先占し、仲裁契約を執行できるところ、当事者は、本取引の性質上、州内取引であり、実質的にも州際通商でないと意図していた。連邦最高裁は、連邦仲裁法第二条にいう州際通商（interstate commerce）の文言を連邦の州際通商権限の限度まで拡張して広く解釈すべきかを判断するため、裁量上訴を認めた。

(13) Threlkeld & Co. v. Metallgesellshaft Ltd. (London), 923 F. 2d 245 (2nd Cir.), cert. denied, 50 U. S. 1267 (1991).

(14) Commerce Park v. Mardian Constr., 729 F. 2d 334 (5th Cir. 1984).

(15) Webb v. R. Rowland & Co. Inc., 800 F. 2d 803 (8th Cir. 1986).

(16) McLaughlin, at 124-125.

(17) McLaughlin, at 126. また、銀行のローン契約において、遠隔地での仲裁を規定する仲裁条項を非良心的で執行できないとしたカリフォルニア州控訴裁判所の事例がある。Patterson v. ITT Consumer Fin. Corp., 14 Cal. App. 4th 1659, (1993). Michael D. Young and Dariush Etemad-Maghadam, "Using Arbitration to resolve Financial Dispute" (http://jams-endispute.com/articles/index.htm).

(18) McLaughlin, at 127 n. 84.

(19) McLaughlin, at 127 n. 88.

(20) 銀行・金融分野の仲裁をめぐる最近の動きは、Marcus C. Boeglin, "The Use of Arbitration Clauses in the Field of Banking and Finance-Current Status and Preliminary Conclusion" Journal of International Arbitration Vol. 15, No. 3, 19-30 (1998) に詳しい。論文は、銀行仲裁が合併・買収契約の実施・解釈から生じる紛争の仲裁に用いられ、Union Bank of Switzerland と Swiss Bank Cooperationn の合併契約にも仲裁条項が規定されているという (at 19)。信用に敏感な金融派生商品取引では、関連協会（professional associations）とマーケット・メーカーは、市場参加者がそのリスクを限定するために基本契約（master agreement）を作成しており、準拠法の選択に基づく裁判管轄をロンドンあるいはニューヨークとしている。しかし、米国はその例外で、この分野の取引でも仲裁条項がしばしば見受けられ、バンカメ、ナショナルバンク、チェース・マンハッタンのような銀行をはじめとする少数の大銀行が仲裁条項を利用している。また、金融機関と個々の派生商品のトレーダー間の契約紛争も、頻繁に仲裁で解決されているという。これは、財産的情報（proprietary information）の開示を避けるために有効な方法であるとの認識が背景にあると見ている（at 21-22）。

(21)　銀行オンブズマン制度は一九八六年に設立され、銀行サービスの規定に関して、解決されなかった苦情を受理し、満足のいく解決あるいは苦情の取消を促進することを目的とする。その利用は無料である。独立した協議会によって任命されるオンブズマンは協議会に対して責任があり、付託事項書（Terms of Reference）の範囲内で行動し、公刊される年報を協議会に提出する義務がある。About the Scheme, at The Banking Ombudsman Scheme, Annual Report 1992-93. ＣＤＰは、会員制をとる紛争解決機関で、金融機関、企業、法律事務所、個人に開かれ、ホールセール金融サービス産業内での紛争解決を目的として、仲裁、調停、専門家による裁定、を用意している。Small Panel Executive（ＳＰＥ）が会員とＣＤＰの仲裁人とを結びつけ、当事者は、ＳＰＥに仲裁および紛争解決のあらゆる側面について相談することを奨励される。サービスを利用する当事者は、ＳＰＥに秘密裏に相談し、早い段階で紛争の扱い方を検討する。ＳＰＥは、仲裁廷に支払う報酬について当事者と交渉する。ＣＤＰの役割は、紛争の対象事項とその分野に習熟した仲裁人を結びつけることにある。Handbook of The City Disputes Panel Limited, June 1994. 消費者・投資家に対しては、ＳＦＡが五万ポンド以下の請求に対して五〇ポンドの申立金（registration fee）で The Consumer Arbitration Scheme Rules に基づく仲裁を行ってきた。監督機関を統合する施策のもと、The Securities and Investment Board（ＳＩＢ）が一九九七年一〇月二八日、Financial Services Authority（ＦＳＡ）に拡大され、一九九九年八月に、自主規制団体のＳＦＡ、ＰＩＡ、The Investment Management Regulatory Organization（ＩＭＲＯ）等の金融自主規制機関がこのＦＳＡのもとに統合される。現在、金融サービス分野で活動している多くのオンブズマンおよび仲裁制度は、「金融サービスと市場法案」に規定される金融サービスオンブズマンに取って代わられる。この制度は、登録会社とその顧客との紛争を非公式・迅速に解決する単一の強制オンブズマン制度であって、その決定は、登録会社を拘束するが、申立人はその決定を受け入れるか否かの選択権を有し、裁判での紛争解決の路を開いている。Financial Services and Markets Bill : A Consultation Document, Part 16 : The Financial Services Ombudsman, July 1998. 諮問期間は一九九九年二月二八日までであった。

(22) Badie v. Bank of America, 1994 WL 660730 (Cal. Super).

(23) 六二歳で金融サービス部門のマネージャーを解雇されたギルマーがＥＥＯＣへの告発と、Title Ⅶ に基づく提訴を行い、会社側が、仲裁契約を理由とする防訴抗弁を申し立てた。地裁は、先例の Alexander v. Gardner-Denver Co., 415 U. S. 36 (1974) を援用して、議会は、ＡＤＥＡの原告が司法裁判所へ提訴する権利を守ることを意図していたと認定し、会社側の申立てを退けた。控訴審は事実審の判決を覆し、最高裁は、「Gardner-Denver 事件判決の争点は、労働協約の仲裁条項に基づく請求の仲裁を行った解雇された従業員が、その後、苦情処理 (grievance) の対象である行為に基づき Title Ⅶ 訴訟を提起することを妨げられるか、であった。その際、労働協約に基づく労働者の契約上の権利は、労働者の Title Ⅶ 上の権利とは区別される、と強調した (500 U. S. 34)」と述べ、控訴審の判決を支持した。

(24) Anne Brafford, "Arbitration Clauses in Consumer Contracts of Adhesion : Fair Play or Trap for the Weak and Unwary?" 21 The Journal of Corporation Law 331, 346 (1996).

(25) Ｕ-４書式は、従業員にその登録した機関、たとえば、ＮＹＳＥあるいはＮＡＳＤの規則に従い適格とされるあらゆる請求を仲裁に付することを求めていた。仲裁は、会員企業、従業員いずれの側からでも申立てができ、裁判所も、一般的に、制定法上の雇傭差別があるとの請求を含むケースの仲裁要請を支持してきた。しかし、証券外務員らの雇傭差別に基づく請求を支持する仲裁政策が争われてきた。そこで、ＮＡＳＤは、一九九四年九月、仲裁政策対策委員会 (Arbitration Policy Task Force) を組織した。委員会は、一九九六年一月、従業員との紛争の仲裁は、顧客を対象とする仲裁と同様、迅速・廉価という利点があり、反雇傭差別法に示された重要な公的権利を十分に守ることができるため、ＮＡＳＤ仲裁で引き続き雇用関係紛争を継続する理由がある、との報告書を提出した。一九九七年五月、ＮＡＳＤは、六名の有職者から構成される諮問委員会に、雇傭仲裁手続の向上を諮問した。ＥＥＯＣ、市民権団体、会員企業の法律顧問等にヒアリングを行った結果の答申を受け、ＮＡＳＤは、雇傭差別の請求を仲裁から除外することが適切と判断し、理事会での承認を経て、規則変更案の承認をＳＥＣに求めた。ＳＥＣは、コメント・レターに基づく修正案を一九九八年六月二二日、承認し、新規則は、一九九九年一月一日、施行された。ＮＡＳＤ規則一〇二〇一条ｂ項：セクハラを含む制定法違反の雇傭差別を申し立てる請求の仲裁は、求められない。かかる請求は、紛争前あるいは後であっても、当事者が仲裁を合意した場合のみ、仲裁可能である。NASD Notice to Members 98-56.

(26) Rosenberg v. Merrill Lynch, Pierce, Fenner & Smith Inc. No. 98-1246, 1998 WL 8809 (1st Cir. Dec. 22, 1998).

(27) Seus v. John Nuveen & Co. Inc., 97-1498 (3rd Cir. June 8, 1998).

(28) Duffield v. Robertson Stephens Co., 144 F. 3d 1182 (9th Cir.) cert, denied, 119 S. Ct. 445 (1998).

(29) Wright v. Universal Maritime Service Corp., No. 97-889 (November 16, 1998).

(30) 前掲注(2)に加え、Krakauer v. Gateway 2000 Inc., No. 96-CH-7959 (Cook Co. Ill. Cir. Ct. Chancery Div. filed July 30, 1996)、Fillas v. Gateway 2000 Inc., 1997 U. S. Dist. Lexis 7115.（ミシガン州の連邦地裁でのクラスアクションに対して、イリノイ州への移送を Gateway 社が申し立てた事例で、移送は認められた。連邦仲裁法第四条は、管轄内で仲裁の審問手続が行われる裁判所が、仲裁命令を出す旨定めているからである。）Brower v. Gateway 2000 Inc., 676 N. Y. S. 2d 569 (N. Y. App. Div. 1st Dept. 1998) がある。

(31) 「本契約からあるいは本契約に関連して生じるあらゆる紛争は、ＡＡＡの仲裁規則に基づく単独仲裁人による仲裁で最終的に解決され、一〇〇ドルの申立料でＡＡＡのいずれの支部でも申立てができ、仲裁費用は折半とする。」Dispute Resolution, Gateway's Personal Computer Limited Warranty Terms and Conditions Agreement (http://www.gateway 2000.com/visited on August 22, 1998). しかし、日本での購入品は「ＩＣＣ仲裁規制」のままである。

(32) Badie v. Bank of America, 1998 Cal. App. Lexis 916.

(33) "Council of Better Business Bureaus Urges Fairness In Consumer Arbitration" World Arbitration & Mediation Report Vol. 9, No. 5, at 123 May 1998.

(34) 「法に従って事件を管理するのがＡＡＡのポリシーである。ＡＡＡは、法に従い、ポリシーとして、消費者適正手続規定に述べられた基準に合致した消費者紛争解決プログラムを管理する。ＡＡＡは、消費者紛争解決プログラムがその文言から、実質上著しく消費者適正手続規定の最低基準から逸脱していると判断した場合、当該プログラムに基づく事件管理を拒否できる。」"Seventeen Leading Consumer Affairs, Business, Government Affairs and ADR Experts Agree...Arbitration of Consumer Dispute Must be Fair" (http://www/adr.org/press/consumer-protocol-release.

html, visited on March 31, 1999).

(35) "Consumer Due Process Protocol Statement of Principles of the National Consumer Dispute Advisory Committee" (http://www.adr.org/consumer-protocol.html, visited on March 31, 1999).

(36) 「製品別に紛争処理　通算が機関設置へ　PL法案提出で方針」日本経済新聞一九九四年四月一四日付。

(37) 「PL法施行1年　紛争処理機関和解は続々　「裁定少ない」批判も」日本経済新聞一九九六年六月二一日付。

(38) 「PL法紛争処理機関　相談所、企業に送付　消費者に無断で　裁判不利に」朝日新聞一九九七年一月一六日付。

(39) 「初の薬害PL訴訟始まる　企業責任問いやすく　医療情報の開示促す」日本経済新聞一九九九年二月八日付。

(40) 「ビッグバン始動　遅れる消費者保護策」日本経済新聞一九九八年四月二三日付。

(41) 「英国ビッグバンの裏側　消費者守る厳しい制度　監視機関や法整備など」日本経済新聞一九九八年一一月二一日付。

(42) 「消費者契約法　立法化は波乱含み　消費者側と産業界対立　政治主導へ政党乗り出す」日本経済新聞一九九八年一〇月八日付。「消費者契約法　国会提出見送り　国民生活審部会長　落合誠一氏に聞く　生活者重視への試金石　産業界の理解、不十分　異議・中身のアピールを」日本経済新聞一九九九年二月一六日付。「消費者契約法　法案提出見送り　堺屋・企画庁長官に聞く　明確なルールに時間」日本経済新聞一九九三年三月一〇日付。

(43) 「消費者契約法（仮称）の具体的内容について―国民生活審議会消費者政策部会中間報告―」平成一〇年一月、三〇～三四頁。

（本稿は、平成一〇年度文部省科学研究補助金、基盤研究(C)(2)による成果の一部である。）

脱稿後一年余の間に、消費者契約法・金融サービス法に関する座談会、試案、報告が報じられ、「消費者契約法」ならびに「金融商品の販売等に関する法律」は成立したが、いずれもADR規定はない。本稿に関して、北山修悟「消費者契約に関する法整備の今後の課題　消費者紛争調停制度の創設の提唱」NBL六八六号三六～四四頁（二〇〇〇）、消費者の立場から国際・海外の実態調査を纏めた田中圭子「イギリスビッグバンに見る消費者苦情処理システム―銀行オンブズマン制度を中心に」「銀行消費者間紛争から見たADRの問題点とその方向性」（『消費生活研究―金融をめぐる問題ⅠⅡ―』日本消費者生活アドバイザー・一九九九／二〇〇〇所収）に接した。

# 30 契約の再交渉

浅野有紀



## 一　はじめに

契約とは何か。われわれはなぜ互いに契約を結ぶのであろうか。この問いに対して法哲学者のロン・L・フラーは次のように答えている。「契約とは将来の利益を現在の利益とするための手段である」(1)。つまり、われわれが契約を結ぶのは、不確実な将来の利益を現時点での互いの意思により確実なものとし、将来の出来事に対する予見可能性を格段に高めるためである、といえる。

このように考える場合、契約の締結によってわれわれは、密接に関連するが区別可能な二種類の利益を手に入れるといえるのではないだろうか。第一の利益とはまず、契約の締結により将来の獲得が確実視される特定の利益である。売買契約などによって、われわれは必要な財や売却金を得る。もし、得られない場合、つまり契約の不履行が生じた場合には代わりとなる金銭賠償を得ることができる。第二に、取得の目的となった財などの価値とは別に、契約には将来の出来事を確定することができるという利益がある。ある土地を購入する契約を締結すれば、その土地が本当に支払金額に見合ったものであるのか、あるいは他により有利な物件があったのではないかという考慮とは別に、その転売や土地の上に立てる建物や住居の移転などについての具体的な計画を立てることが可能になるのである。この第二の利益は、契約という手段により将来の利益とリスクの帰属先を固定することによって、関係者の間での法的安定性を生み出す(2)。

しかし、この法的安定性は、第一の場合と同じように単純に利益であるといいきることができない。再びフラーがいうように、「(契約によって生じる)期待利益を保護するために他の機会は失われてしまう」のである(3)。一旦契約が締結されて未来が固定されると、より有利な契約の機会がその後に訪れても、また何らかの事情で契約内容が当事者の一方に不利になっても、その契約を自由に破棄することはできなくなってしまう。ここでは契約における第一の利益と第二の利益が矛盾をきたす。当事者は将来の利益の獲得を意図して契約を締結したにもかかわらず、期待した利益が得られないことが判明した場合にもその契約に拘束されるのである。

近年ヨーロッパで論じられている「契約における再交渉」というアイデアは、この第一の利益と第二の利益との間の矛盾を解くための鍵となり得るだろうか。これが本稿の問題関心である。

一九九五年に、デンマークの契約法学者であるオール・ランドに率いられ、ヨーロッパ各国の法律家によって構成されているワーキング・グループが、「ヨーロッパ契約法の諸原則」と題された提言を行った。その中の契約の不履行に関する部分では、契約当事者に再交渉の義務があることが認められている。それによると、当初締結された契約が予測できない事情の変更によりどちらか一方にとって著しく履行が困難になった場合に、当事者には契約を調整するか終了させるために再交渉することを求める権利とそれに応じる義務が生じる。さらに当事者間で調整がつかない場合に備えて、裁判所に、契約内容を調整するか終了させるとともに、再交渉を拒否するか信義に反するやり方で挫折に導いた当事者に賠償を命じる権限が認められている。

このいわゆるランド・プロポーザルをめぐっては、EU統合に向けて経済とともに法の面でも統一を促進するという課題に直面しているヨーロッパでは賛否両論の議論がわきおこっている。

従来の契約法の理論によれば、契約締結後の事情の変更により、当初意図していた利益（契約の対象物から得る利益、本稿でいう第一の利益）が得られなくなった場合であっても、再交渉を求める権利やそれに応じる義務はない。[4]一旦成立した契約の再交渉が義務づけられるとすると、法的安定性（本稿でいう第二の利益）とくに当初の契約の履行を望む側の当事者における法的安定性が損なわれるからである。そもそも再交渉が広く義務づけられるならば、契約の拘束力という概念が無意味になってしまう。しかし、いかなる場合でもこの第二の利益の方が第一の利益より優先するのであろうか。自己の利益を事情の変更に合わせて追求していく自由と法的安定性の要求を両立させることは不可能なのであろうか。[5]特に、状況の予期せぬ変化にさらされやすい長期的契約や国際的契約の分野においては、柔軟な利益追求と法的安定性をともに可能にする方法の模索は大きな課題となりつつある。[6]それとともに、契約とその再交渉という問題は、当事者の意思による状況の固定の可能性と限界を明らかにするという点で、法において当事者の意思が果たす役割の可能性と限界の問題につながる。

以下では次の順序で論じていきたい。まず、**二**節で先に述べたランド・プロポーザルの成立の背景とその内容を述べる。次の**三**節ではランド・プロポーザルに反対する立場を検討する。この反対論は、再交渉の義務を一般的に定めることは「契約には拘束力があり、かつ拘束力がない」というのと同様にナンセンスであると批判し、再交渉の義務が生じる特定の事例を類型化すべきことを主張する。この節では、実際に再交渉の義務が問題となったイギリスの事例をとりあげる。その結果、確かに契約の再交渉の義務づけが可能と思われる事例はかなり特殊なものに限られることが理解される。

**四**節ではランド・プロポーザルに対する以上の賛成論と反対論の背景にある法観の違いに焦点を当てて論じる。賛成論においては法は普遍的なものと捉えられているのに対して、反対論においては法を特殊な紛争解決の集積であると捉えるのである。本稿ではこの普遍と特殊の関係を、当事者の意思と、当事者の意思を左右する様々な環境との関係に置き直して考えてみたい。この区別が、先に述べた契約における第一の利益と第二の利益の区別と密接に関わる。

再交渉の義務の問題とは、要するに、いかなる法が環境の変化に柔軟に対応できる当事者関係、社会関係の形成を可能にするかという問題であると考える。人々の社会関係の安定性が確保されるならば、事情の変更に応じた交渉はより容易になると思われる。安定した関係がなく互いに相手を信用できない当事者は、再交渉の成果に対しては懐疑的になり、一度形成された合意の内容に執着することになるだろう。しかし、ある時点で形成された合意の内容は常にその時点での状況に左右され、偶然的であることを免れがたい。合意によって相互の権利義務関係を定めるという契約の法理にとって、より根本的で必然的なのは、人々が、必要なときにはいつでも他人と意思を疎通させ、新たな合意を形成する法的主体であることを認めることである。

契約における再交渉の義務を、一般的に適用することは不可能であろう。しかし、契約において、合意の具体的内容とは区別され、むしろその合意を生み出す基礎となっている当事者関係の安定化を図ろうとする試みとしてその意図を読み取るとき、再交渉の義務という概念は評価に値するものとなるのではないだろうか。(7)

## 二　ランド・プロポーザル

近代市民社会の申し子である自由契約制における原則は「契約は守られなければならない (pacta sunt servanda)」である。当事者の自由意思による契約の拘束力はほぼ絶対的なものであり、ひとたび適正に締結された契約において相手方からの再交渉の要求に応じる義務があるという考え方はこの原則からの逸脱である。(8) したがって、契約法の標準的教科書には「再交渉の義務」についての言及はなく、逆に裁判所が契約の解除や改訂を認めることができるのは非常に例外的な限られた状況のもとでのみであることが強調されているのが通常である(9)。

しかし実際の契約、特に商取引の当事者の間では、近代契約法の理論においては到底解除等に至らないレベルの事情の変更に応じて、頻繁に再交渉が行われている。為替レートなどの事情の変更にさらされやすい国際取引では契約書の作成の段階で、事情の変化に応じて契約内容が再交渉されることを当事者があらかじめ条項に定める慣行が既に存在している。そのなかには、例えば継続的取引における価格、品質その他の事項に関する漸増条項（escalation clauses）、競争相手の出現に備える最恵者待遇条項（most favored clauses）、法令の変更に備えた固定化条項（stabilization clauses）(10)がある。これらの条項では契約の内容が自動的に変更されることもあるが、そうでない場合、当事者は再交渉を行わなければならない。さらに、事情の変更をきたす新たな情報に基づいて当事者の一方が契約を改定する権限を認めたり、履行不能になった場合には債務が免除されることを定めた、より一般的な再交渉条項も利用されている(11)。

契約の再交渉の余地を非常に限定的に考える伝統的な契約法の理論と、再交渉がむしろ常態化しているともいえる取引の現状には、このように齟齬がある。再交渉が日常化し、取引社会でそのためのルールも蓄積されてきているにもかかわらず、裁判所では再交渉は認められない。取引の再交渉が新たな合意に達する直前に些細な行き違いで決裂した場合でも、裁判所では一切の契約内容の変更が否定されることになりかねない。近年のヨーロッパの契約学説の一部は、これを裁判理論と実情の乖離であるとみなし、裁判所でも再交渉の義務を積極的に認めていくべきであると論じる。この説は、古典的契約理論は実情にそぐわなくなっており、契約ルールはいまや暗黙裡に変更されたとみるべきであると主張する。では「契約は守られなければならない」という古典的ルールに変わる新しいルールとは何か。それは「履行できなくなった契約においては再交渉の義務が一般的に認められる」というルールであるという(12)。一九九五年に、ヨーロッパの比較法学者達のワーキング・グループによって作成された「ヨーロッパ契約法の原則」(13)は、このような新しい学説の動向を顕著に示すものである。

「ヨーロッパ契約法の原則」の第二章 Article 2. 117では契約の不履行に際して次のように定められている。

(1) 当事者は履行費用が増加したか、反対履行の価値が減少したために、契約の履行が困難になった場合であってもその義務を免れない。

(2) しかし、以下の条件において、事情の変更のために契約の履行が著しく困難になった場合には、当事者は契約を調整するか終了させるため交渉に入らなければならない。

(a) 事情の変更が契約締結後に生じたか、契約締結時に既に生じていても当事者に知られておらずかつ合理的には知られ得なかったもので、かつ、

(b) 事情の変更の可能性が契約締結時に合理的に考慮され得るものではなかった場合、かつ、

(c) 事情の変更による危険が、契約によって、その危険を被る当事者が負うべきものと定められていない場合。

(3) 当事者が合理的な期間内に合意に達しなかった場合には、裁判所は

(a) 裁判所の定める期日および条件で契約を終了させるか、

(b) 事情の変更から生じた損失と利得を公正かつ平等に当事者間に分配するために契約を調整する。

(c) そのいずれの場合にも、相手方当事者が交渉を拒否したか信義に反して交渉を決裂させたことにより被った損失に対しては損害賠償を与える。

規定はこのように定めているが、その特徴としてはまず、再交渉の義務が例えば長期契約などに限定されず、契約の締結と履行の間に事情の変更が起こり得るものであれば、あらゆる契約類型において生じるものと考えられていることである。[14] その意味でこれは非常に一般的な契約法上の義務である。

次に挙げるべき特徴は、(3)の各規定に見られるように、再交渉の義務を認める結果として、契約当事者間に裁判所が介入する余地が増大するということである。再交渉はたとえ法的に強制されるとしてもそれが当事者間で行われる限りは当事者自治の延長線上にあるともいえるであろう。しかしこのランド・プロポーザルでは再交渉が当事者間で

功を奏さなかったときには、最終的には裁判所が自ら定めた条件で契約を終了させ、または改訂することが予定されている。しかもこれは裁判所の裁量ではなく、義務であると考えられている。ランド・グループは「このメカニズムは厳格な契約の自由・神聖を、裁判所に権限を与えることによって緩和するという現在の動向を反映したものである」と述べ、裁判所の介入主義と再交渉の義務の親近性を明らかにしている。

以上のようにこのランド・プロポーザルで明文化された再交渉の義務は、一般性と介入主義という二つの特徴を持つ。この特徴がいずれも反対論の批判にさらされている。次章ではその反対論を順に検討する。

## 三　再交渉の義務に対する反対論

### 1　パターナリズムへの批判

はじめに、契約における再交渉の義務を認めるべきと主張する立場が、当事者間への裁判所の介入を前提とする点に対する批判を見てみよう。

契約の内容や終了は本来契約の当事者間で決定されるべきであり、裁判所が介入することはあくまでも例外的でなければならない、というのが反対論の基本的立場である。[15] 裁判所の介入は契約における当事者自治の原則に反するパターナリズムを招来する。

契約に関する決定を当事者に委ねず、裁判所の判断によって一定の内容を強制するパターナリズムは、ヨーロッパにおいては一九六五年から一九八五年の二〇年間に顕著に見られた。その後ECの方針のもとで、労働契約法や消費者保護法の分野ではこのパターナリズムの動きが引き続き強化された。しかし、一般の商取引の分野にはこのようなパターナリズムは決して及ばなかった、と反対論はいう。[16]

その理由は、パターナリズムのもたらす非効率性である。一九七〇年代から隆盛をきわめた「法と経済学」派は、パターナリズムが生み出す過度の費用を指摘した。第一に、裁判所のパターナリズムは裁判費用と当事者における予見不可能性というコストを増大させる(17)。再交渉の義務に関して言うと、裁判所による、再交渉に値する「著しい」事情の変更の有無の判定は困難であり、かつ当事者にとって予見不可能でもある(18)。経済的観点からは、再交渉の義務の存否を恣意的になりがちな裁判所の判断に委ねるよりは、事情の変更というリスクを契約の一方当事者に負わせることによって、より緻密な事前のリスク計算と配分を当事者に促す方が得策であるとされる(19)。

第二に「法と経済学」が指摘するのは、契約の変更から利益を得る当事者の便宜主義（opportunism）が横行するコストである。もし安易に再交渉の義務が認められれば、合理的な理由なしに原契約の履行義務を免れようとする当事者の出現を阻止することができない。これは、裁判所によるパターナリズムの予見不可能性を逆に利用しようとする、一種のモラル・ハザードといえるであろう(20)。

パターナリズムの非効率性に由来する以上のような反対論に加えて、そもそもパターナリズムと契約制度との間には基本的な矛盾が存在することが指摘されている。契約内容の正当性の根拠を当事者の決定という事実に求めるか第三者の決定という事実に求めるかは決定的に対立する思考法なのである。契約の再交渉の問題に関していうならば、例えば再交渉によって変更された契約が有効である要件と、契約の改訂および終了を必要とする要件とは無関係である。再交渉が当事者によって自発的に行われた場合には、事情の変更があったか否かは全く考慮する必要がない。裁判所は再交渉の際に強迫や詐欺がなされなかったかを判断するだけで足りる。これは当事者自治の範囲内のことである。他方、著しい事情の変更が存在し、任意の再交渉もなされない場合には、裁判所は一方当事者の訴えに従って、強権的に解除条件の有無その他を判断すればよい。そこでは当事者の交渉は事実上は別として、少なくとも法的には全く問題とならない(21)。このような立場に立てば、再交渉の義務化を唱える立場は、契約における任意の契機と強制の契機を混同して捉える論理的に矛盾した立場と見えることになる。

## 2　一般性への批判

先に述べたように、ランド・プロポーザルで主張されている再交渉の義務は、例えば雇用や不動産賃貸借などの長期契約や弱者保護の必要性が認められる契約に限定されず、契約締結と履行の間に事情の変更が生じうるものであればどんな契約にも適用される。反対論はこの一般性に異議を唱えており、たとえ契約法において再交渉の義務が認められるとしても、その範囲は限定されるべきであり、再交渉の義務化が紛争解決の有効な手段となる契約の類型化に努めなければならないと論じる[22]。

では、再交渉の義務を当事者に課すことが紛争の解決に必要な契約とはどのようなものだろうか。ここでは、実際に裁判所が契約における再交渉の義務に言及したとされる数少ない例のうち、二つのイギリスの判例を紹介する。この二つの事例の間の最も大きな違いは再交渉が訴訟の前に行われたか後に行われるかという点である。はじめの事例では、原契約が事情の変更により一方当事者に不利になったが相手方当事者は任意に再交渉に応じなかった。これに対して次の事例では既に任意の再交渉が行われ新たな契約が締結されたが、当事者の一方が新しい契約の有効性を否定し原契約の履行を要求した。以下、順に紹介する。

**事例1**　*Staffordshire Area Health Authority v. South Staffordshire Waterworks Co.*[23]

この判例は、期間の定めのない契約の終了可能性に関する重要な先例であるとともに[24]、控訴院首席裁判官のデニング卿の判決が当事者に再交渉を要求するものであった点で注目を集めた[25]。

事実の概要は以下の通りである。

英国のスタッフォードシャーには古くから公営の病院があり、一九〇〇年当時には病院の水は全て病院の所有する井戸によって供給されていた。一九〇九年、サウス・スタッフォードシャー水道会社はその年に定められたサウス・スタッフォードシャー水道法によりその地域での営業を認可された。水道会社は、病院の井戸も含め、その地方の井戸による水の供給の不足分を補給することになった。しかし、会社は地下水を水源として利用したため、水道の設営によって井戸水が減少すれば、従来井戸による自家供給を行っていた付近の住人は余分に水道使用料を支払わなければならなくなる。この問題に対処するため、水道法は水道料に関する次のような措置を定めた。すなわち、住人は水道の利用に対して通常のレートの水道料を支払うが、水道の利用が水道の設営を原因とする井戸水の減少による場合には、その分の水道料は同じ分量の井戸水を利用する場合にかかる費用（井戸のポンプの稼働費用など）と同じとする。井戸水の減少が水道の設営を原因とするかどうかについて争いがある場合、その他水道料金に関して争いがある場合には仲裁手続に付される、というものである。(26)

病院の水の供給はこの水道法に従って所属の井戸と水道の両方から行われていたが、一九二七年に付近でのチフス発生の原因となったと思われた病院の井戸は廃棄され、以降全供給が水道会社により行われるに及び、一九二九年に会社と病院間で水道利用に関する契約が締結された。この契約により、水道会社は病院に対して「以後いかなるときも（at all time hereafter）」、一日につき五千ガロンは無料で、それを超える部分は一千ガロンにつき旧七ペンスで水を供給することに合意した。それから五十年の間に、新しい貨幣制度が導入され、旧七ペンスは新二・九ペンスとなり病院は五千ガロンを超える一千ガロンにつき長年二・九ペンスを支払い続けてきた。しかし、インフレーションによる貨幣価値の変動で一九七五年当時、通常の水道料金は一千ガロンにつき五五ペンスに上昇していた。病院は通常料金の実に二十分の一しか支払っておらず、しかも五千ガロンは無料で使用していたのである。水道会社は病院がより合理的なレートで支払うよう求めたが、病院側は一九二九年の契約は「以後いかなる時にも」継続し、変更され得ないとこれを斥けた。水道会社は六ヶ月の告知期間を付して解約告知を行った。病院側はその告知の無効の宣言を裁判所に求めた。(27)

この事例における裁判所の判断は、当然一九二九年の契約に記された文言「以後いかなる時も」の解釈の問題に集中した。字義通りに読めばこの文言は契約の永続的継続を示唆するものであり、病院側の主張もこの解釈に立脚していた。しかしデニング判事は次のように述べた。「しかし（このような）厳格解釈のルールはもはや時代遅れのように思われる。厳格解釈のルールは既に次のルールにとってかわられた。（そのルールは）契約書の文言は当事者によって知られていた、あるいは想定されていた事情に従って解釈されねばならず、当事者が思慮せず合意が有効であるとも期待し得ないような出来事が起きた場合には最も明白な文言であっても修正を受けるに至るというルールである。[28]」そして「いわゆるノミナリズムの原則に対するわれわれの見解を改めるべき時がきた」ともいう。[29]

こうして水道会社の解約告知は、当該契約のその明白な文言にもかかわらず、ほぼ五十年の間に生じた事情の変更に鑑みて有効と認められたのであるが、結論はそれだけではなかった。デニング判事の意見は次のように述べて締めくくられた。「しかしこのことは告知期間の満了によって水道会社が病院への水の供給を停止できることを意味するものではない。供給は継続されなければならない。当事者は新たな支払い条件の交渉を行う。それは一九〇九年の制定法以降の経過を考慮して行われなければならない[30]」。判事は一定の支払案を提示した上で、後は裁判所の助けを借りることなく紛争を終結させるよう当事者に要望した。

**事例2** *Williams v. Roffey Bros. & Nicholls (Contracters) Ltd.*[31]

この判決は、「既存の義務の履行」に関する有名な判例である *Stilk v. Myrick*[32] がはたして覆されたのか否かという論争を呼び注目された。[33] 再交渉という言葉は原告の主張の中で用いられており、論者の間でも再交渉による原契約の改訂を裁判所が認めた例として言及されている。[34] 認定された事実は以下の通りである。

被告は建設業者であり、訴外 Shepherds Bush Housing Association Ltd. と、ロンドンにある共同住宅の改築の請負契約を締結し、大工である原告と下請契約を締結した。一九八六年一月二一日に作成された原告被告間の下請負契約書では、原告が住宅二七軒について屋根の工事と第二段階までの備品取付工事を計二万ポンドで行うことが合意された。また契約書中に明文の定めはないが、工事の進行に従い、原告が被告に対し適宜段階的な報酬を支払うことが暗黙の了解となっていたことが確認されている。

一九八六年四月九日までに原告は二七軒の屋根の工事と第一段階の取付工事を完了し、九件については第二段階の取付工事もほぼ終了した。この時点において既に計一万六二〇〇ポンドが被告から原告に対して支払われていた。しかしそれ以前の三月末から原告は資金難に陥っていた。その理由の一つは、原契約における二万ポンドの報酬が当該工事の遂行のためには低すぎたことである。被告の雇った鑑定人による工事費用の査定によれば、当該工事に対する合理的な報酬は二万三七八三ポンドであった。

元請契約は工事の遅滞に対する違約金条項を含んでおり、被告は原告の仕事を期限までに完成させるため、原契約での報酬に加えて、一軒の完成につき五七五ポンドの割合で計一万三〇〇ポンドの増額支払いを口頭で約束した。約七週間後、原告はさらに八軒の工事を終えたが被告は一度千五百ポンドを支払っただけであり、原告は工事を中止した。被告は結局他の業者に依頼して工事を終わらせたが、原告は約束された増額分の支払いを求めて提訴した。(35)

この判決で実際の争点となったのは、報酬の増額を約して改訂された契約において約因が存在するか否かであった。原告は原契約において既に二七軒の住宅改築の義務を負っているのであり、*Stilk v. Myrick* に従えば、既存の義務の履行に関する増額報酬の約束には約因がない。したがって増額分の支払い義務もまた存在しないことになるのか否かが論点であった。

約因の不存在という被告の主張に対して原告は、強迫がなく取引上合理的な再交渉において新しい報酬が当事者間で合意されたときには、その新たな報酬の約束は有効であり、*Stilk v. Myrick* はイギリス法の正しい立場を述べていないと反論した。さらに原告は、原契約には、定められた報酬が低すぎることが両当事者によって認められた場合には、より高い報酬に変更され契約が改訂されるという内容の暗黙の合意が含まれていたと主張している。(36) 建設業界においては元請人が下請人への支払いを事情に応じて増額変更することは極めて通例のことであるというのがその理由である。(37) ここでいわれる暗黙の合意には報酬に関する再交渉の義務が含まれているといえるであろう。もしこの場合に再交渉の義務が存在したとすれば、当然新たに結ばれた契約には約因があったこととなり、当事者は新しい契約の内容に拘束されることになる。

裁判所の判断は原告の後者の主張については述べなかったが、前者の主張をほぼ認めた。裁判所は、新しい契約によって被告も工事の完成を早め元請契約における違約金の支払いを免れることができる、あるいは履行不能に陥った原告に代わる新たな下請先を探す手間を省くことができるという利益を得、この契約は「両者にとって取引上の利益」となると述べた。[38]グリドゥウェル判事はこのように両当事者にとって取引上の利益があり、強迫や詐欺が存在しないときは新しい契約は有効であるとし、この判断の原理は *Stilk v. Myrick* の原理に反するものではない、という。「（この原理は *Stilk v. Myrick* の）原理の適用を洗練し、限定するが、もしB（増額支払いを約束する当事者）が自己の約束から何ら利益を得ないときにはこの原理を変更しない。ナポレオン戦争の時代の航海事情の厳しさに合わせて述べられた原理が一八〇年を経て、洗練と制限のプロセスの下で現代に適用されることはなんら驚くべきことではない。[39]」

こうして再交渉による新たな契約は有効であるとされ、原告の増加分の支払請求は容認された。

以上、イギリスの判例で契約における再交渉の意義について積極的な判断が下されたといわれるものを見た。この二つの判例からいえることは、両者とも契約の具体的内容はかなり特殊といえるような事例を扱っており、これらの事例で再交渉の義務を認めることが紛争解決のために有効かつ必要であったからといって、他の契約事例でも同じことがいえるとは考えられないということである。はじめのケースでは、一九〇九年の水道法で当事者間の争いが仲裁に付される旨定められていたように、水道利用の条件にもともと再交渉の余地があったこと、契約の継続が既に五十年の長きにわたっていたこと、加えて人道上の理由から病院への水の供給は継続しなければならず契約は解約できないものであったことなどの特殊性が挙げられる。二番目のケースでも、原告が強調した建設の下請契約という特殊性と、(40)専門家による工事費用の査定により再交渉の合理性が担保されていたという事情があった。(41)また既に当事者によって再交渉が行われていた事例であり、裁判所は再交渉が義務的であったか否かを判断する必要は必ずしもなく、実際単に詐欺強迫のないことを認定するだけで結論を導いていると考えられる。(42)したがって、この事例で裁判所が再交渉の有効性を認めたからといって、再交渉の義務を認めたとまではいえないであろう。(43)

とはいえ、この二つの判決における裁判所の態度には伝統的な契約ルールの変更あるいは修正を示唆するという共通点がある。両者とも一九世紀的な形式主義的契約理論は実情にそぐわなくなっており、契約自由の厳格解釈が回避されるべきことを説いている。この点でこの二つの判例は、古典的契約ルールが新たなルールに取って代わられたと主張する「再交渉の義務」の支持論と視点を共有しているということができる。

## 四　法の普遍性と特殊性

以上で見たように、契約における再交渉の義務を一般的に認める立場は、古典的契約自由の原則の現代における変更を根拠とする。それに対して一般化に反対する立場は、具体的事例の特殊性に注目せよという。あるいは再交渉するか否かを当事者の決定に委ねるべきとし、法的義務として定めることに反対する。要するに、当事者も裁判所も具体的事情を前提にことを判断すべきであり、法的一律化・パターナリズムには反対するというのがその主旨であろう。

この賛成論と反対論の背景に、法観の根本的差異を見いだすことが可能である。(44)それは、法を抽象的概念であり一般的規範であると考えるのか、具体的・個別的判断の集積であると考えるのかの違いである。

この考え方の違いを、大陸法の概念主義的法観とコモン・ローの経験主義的法観の差と捉えるのももちろん一つの見方であろうが、(45)私はこの違いを自由意思の普遍性を法の基礎と考えるか、紛争の具体的解決が即ち法であると考えるかの差であると捉えてみたい。契約における再交渉の義務を一般的に認める立場は、法は普遍的な権利義務の体系であり、およそ法的解決である限りは個別的状況によって左右されない一般原則を前提としなければならないと考えるからこそ、古典的契約原則の根本的変更とそれに従った新しい契約法上の義務の創設を唱えると思われる。このような発想の背後には、法的権利義務や法の一般原則を生み出す自由意思は状況に左右されない普遍性を備えているというカント的主張がひかえているであろう。これに対して再交渉の義務化に反対する立場は、法の役割は紛争の具体的事情に鑑みてもっとも衡平な判断を下すことであると考え、普遍的原則への合致よりも紛争の個別的事情の把握の方を重視する。(46)

このような、普遍的ルールの認識としての法観と具体的事情の認識としての法観の違いが、契約の再交渉の問題において特に際だつことには理由がある。契約の再交渉という問題はまさに、当事者の自由意思による状況の固定化という契約法の意義と、契約に関係する具体的事情の変更という、法決定における抽象的要素と具体的要素が矛盾を来す場合に生じてくる問題だからである。例えば長期的契約における再交渉が問題となる場合のように、自由意思は超越性を持ち、時間には拘束されないはずであるが、実際には時間の経過は予測可能性を大幅に減少させるのである。(47)はじめに、契約には密接に関係するが区別可能な二つの利益があり、それは契約から実際に得る財物や利得と、それとは区別される当事者関係の法的安定であると述べた。前者の第一の利益は財物の価値であり、これは状況の変化により左右される価値で、契約の具体的要素である。他方後者の第二の利益は自由意思を備えた当事者が何らかの権利義務関係にあることを意味し、したがって契約法における抽象的要素であるということができるであろう。契約の再交渉が問題となるのは、契約においてこの具体的な第一の利益と抽象的な第二の利益が矛盾する場合である。契約において時々の自己利益の追求と法的関係の安定性の要求が衝突するとき、再交渉の可能性が論じられることになるのである。

再交渉の義務化に対する賛成論と反対論の背後には、抽象的法観と具体的法観の違いがあり、これは契約において法的安定性と自己利益追求のいずれを優先させるかという違いにつながる。したがって、再交渉の義務化をめぐる論争においては、安定性と利益追求の要求が衝突する場合にもっとも両者のバランスがよいような見解が選択されるべきである。

ここで注意されなければならないことは、一見、賛成論は自己利益追求を法的安定性より優先し、反対論はその逆に見えると言うことである。賛成論は反対論に比べ契約の再交渉を促進しようとしており、契約内容の変更、すなわち事情の変更に応じた柔軟な自己利益追求を許容するように見えるからである。しかしそうではない。

先に述べたように賛成論の依って立つ立場は法原則の一般性、自由意思と自由意思の主体間での権利義務関係の普遍性を前提とするのであって、時々の状況に左右される具体的利益の追求ではなくむしろ法的安定性を志向する。これに対して反対論はそもそも具体的事情を法的判断の基礎に置く立場であるから、法的安定性よりも当事者の具体的利益の充足を重視するか、あるいは法的安定性が当事者の具体的利益でもある限りにおいてそれを尊重するのである。

このように考えると、契約の再交渉が問題となるような、具体的利益の追求と法的安定性の要求が衝突するような場面では、もともと一般原則には拘泥せず柔軟に紛争を解決するという法観を持つ反対論の方が、両者のバランスをとりやすいという結論もあり得る。実際、契約における事情の変更の問題に対しては、再交渉の義務という形式ではなく、伝統的なコモン・ローおよびその背景であるローマ法の衡平法上のロー・オブ・アクションを活用することによって、権利義務関係とは別枠組みで対処するべきとする見解もある。(48)

では、一見事情の変更に応じた利益追求を柔軟に許容するように見えながら、再交渉を法的義務として一般原則化することにこだわる賛成論の意図は何であろうか。これは、反対論が難じるように、契約後の交渉義務を一般的に定めることによって、予め義務を限定するという契約の本来的趣旨を台無しにする自己反駁的理論にすぎないのであろうか。(49)

賛成論の意義は、契約における柔軟な利益追求と法的安定性の要求の矛盾を、当事者間の法的安定性を従来とは異なる方法で強化することによって解決しようと試みる点にあると考える。再交渉は当事者の関係性を事情の変更にもかかわらず継続させるための手段である。従来は原契約の内容をあくまでも貫くことで法的安定性を維持してきたが、本来自律的な当事者であれば契約を自由に締結することができると同時に、必要に応じて再交渉を行い変更することもできるであろう(50)。事情の変更にもかかわらず再交渉せず、第三者の強権発動を恃むことは自由意思の主体として十分とはいえない。

賛成論の意図は事情の変更に応じて再交渉できる自由な当事者、それを可能にする双方の信頼関係の形成と創出であると考えられる。再交渉の結果もたらされる利益に対して当事者のいずれかが懐疑的である場合には、債務不履行や強制執行の危険を冒しても原契約内容の維持に固執することになる。しかし、取引上の信頼関係が前提にあり、交渉能力も十分な当事者間であれば、履行が困難になった契約は容易に変更されるであろうし、履行可能な契約に変更されたならば紛争は回避され、結局は当事者の関係はより安定したものとなる(51)。社会の組織化による継続的取引の増加や、社会の複雑化による予見可能性の低下から生じる紛争や、情報の偏りから生じる取引的弱者の保護の必要性の増大に鑑みるとき、原契約により一度固定された当事者関係を絶対的なものとして維持するよりも、一定内容の契約を生み出す前提となる当事者の関係性自体は維持しつつ、その具体的な契約内容には状況に応じた変更の余地を認めることで法的安定性を確保する方が現実的である(52)。その意味で、事情の変更に従って当事者に再交渉の義務を認めるという考え方は画期的である。

したがって、少なくとも理論の上では、再交渉の義務を支持する立場は当事者自治を新たな方法で活性化しようとするものといえる。この当事者自治における当事者は、単にその場の自己利益を追求するのではなく、安定した社会関係や信頼関係を形成できる能力を備え、そのような関係の上で利益獲得を行うよう要求されている。契約とはまず互いに取引上信頼に足る関係性を築こうとする営みであり、具体的な利益の獲得はそのような関係性の上でこそ可能になる。再交渉の義務は、契約理論のこうしたヴィジョンを実現するために導入される新たな普遍的原則として主張されているのである(53)。

一般原則重視、法の抽象性肯定の賛成論の背後には、実現されるべき新たな当事者性のヴィジョンが存在している。具体的紛争解決に視点を集中させる反対論には、これに類する進むべき方向へのヴィジョンが欠けている。このようなヴィジョンの存否の評価、ヴィジョンの内容への共感がいずれの立場を支持するかの分かれ目となるであろう。柔軟な自由意思による継続的再交渉という考えは、契約理論としてのみならず、全般的な社会形成の理論としても魅力的に聞こえるのではないだろうか。しかしながらこの理論の実現のためには、反対論の発するパターナリズムの危険の警告に十分耳を傾ける必要があるということは忘れてはならないであろう。

（1） L. L. Fuller & W. R. Perdue Jr., *The Reliance Interest in Contract Damages*, 46 YALE L. J. 52, 59 (1936).

（2） Geoffrey Samuel, *Failure: Duty to Re-negotiate—A Comment*, in FAILURE OF CONTRACTS 171 (Francis Rose ed., Hart Publishing 1997).

（3） L. L. Fuller & W. R. Perdue Jr., *The Reliance Interest in Contract Damages*, 59-63.

（4） この場合、契約が両当事者にとって不利なものとなれば、再交渉は自発的に行われるであろう。しかし、しばしば一方の当事者にのみ悪影響が及ぶために再交渉の申し出は容易に受け入れられない。cf. J. W. Carter, *The Renegotiation of Contracts*, 13 JOURNAL OF CONTRACT LAW 185, 186 (1998).

（5） 浅野有紀「形式主義再考」金沢法学四一巻二号（一九九九年）三一七〜三六二頁）参照。この論文では、形式主義の基礎にあるカントの抽象的自由意思の理論は、自由意思が既存の環境を超越して新たな状況を作り出すことと、その新たに生み出した状況を環境の変化に抗しても維持することの両者を可能にし、変革と固定という相矛盾する二つの作用を生み出すものであることを論じた。形式主義的法理論が環境の変化に鈍感であるという批判は、形式主義が理性による状況や理論の固定化を重視することに対応するものである。しかし、カントの自由意思論にさかのぼって考えれば、その形式主義のなかには、環境や意思の要求の変化に応じた変革の契機が多分に含まれている。問題は形式主義のなかのこの変革と固定の契機のバランスをいかに取るかということである。再交渉の義務に対する私の関心は、人間の意思作用による環境の変革と固定の間のバランスというこの問題と密接に関わっている。

（6）　近年、特に人的サービス供給に関する長期契約の増加が指摘され、その分野での再交渉の理論の確立が課題となっている。cf. J. W. Carter, *The Renegotiation of Contracts*, 186；Howard O. Hunter, *Commentary on 'The Renegotiation of Contracts'* 13 JOURNAL OF CONTRACT LAW 205 (1998).

（7）　本稿で参照するのは主に英米における再交渉の義務の理論であるが、ドイツにおける再交渉の義務論の背景にある契約理論の新しい動向については、ノルベルト・ホルンの見解を分析した山本顯治「再交渉義務論について㈠—交渉理論と契約法理論の交錯—」法政研究六三巻一号（一九九六年）一頁を参照。山本論文での分析視覚となっている、契約という現象における当事者意思と制度との緊張関係、またこれとパラレルな日常性と制度の緊張関係は、本稿で区別した契約における第一の利益と第二の利益の矛盾、緊張関係と重なる部分があると考える。

（8）　J. W. Carter, *The Renegotiation of Contracts*, 185.

（9）　Erich Schanze, *Failure of Long-Term Contracts and the Duty to Re-negotiate*, in FAILURE OF CONTRACTS 155 (Francis Rose ed., Hart Publishing 1997).

（10）　山本・前掲「再交渉義務論について㈠—交渉理論と契約法理論の交錯—」二〇頁参照。

（11）　Erich Schanze, *Failure of Long-Term Contracts and the Duty to Re-negotiate*, 155-156；J. W. Carter, *The Renegotiation of Contracts*, 187. また、山本・前掲「再交渉義務論について（二）—交渉理論と契約法理論の交錯—」二一〜二五頁に整理されている契約調整条項の例を参照。しかし、このような契約調整条項においては再交渉の義務が生じる条件が特定されていることが必要であり、一般的再交渉条項は「合意への合意（agreement to agree)」と同様に無効であるという批判もある。cf. J. W. Carter, *The Renegotiation of Contracts*, 190.

（12）　Erich Schanze, *Failure of Long-Term Contracts and the Duty to Re-negotiate*, 156.

（13）　O. Lando and H. Beale (eds), *THE PRINCIPLES OF EUROPEAN CONTRACT LAW* (Mertinus Nijhoff Publishers 1995). この提言を行ったthe Commission on European Contract Lowは全く任意の団体であるが、EUの契約法の統一を目指して、the Commission of the European Communityから補助を受けて活動している（Preface ix-xii)。

（14）　Erich Schanze, *Failure of Long-Term Contracts and the Duty to Re-negotiate*, 157.

(15) cf. Eric L. Talley, *Contract Renegotiation, Mechanism Design, and the Liquidated Damages Rule*, 46 STAN. L. R. 1195, 1195-1197, 1206, 1209-1210 (1994). この論文はコモン・ローの penalty doctrine（当事者が契約で過度に高額の違約金の支払を定めている場合には、裁判所はこれを penalty とみなし、合理的な損害賠償予約の範囲を逸脱するとして認めないという、十六世紀以来続く判例法。契約の自由に対する介入であるとして、古典派経済学や「法と経済学」派からの批判が多い。）と、契約の再交渉の関係を論じている。一般に裁判所は当事者の様々に異なる主観的選好を正しく判断できないため、契約関係への介入は基本的に欲求充足の非効率性を生み出す、といわれる。

(16) Erich Schanze, *Failure of Long-Term Contracts and the Duty to Re-negotiate*, 158.

(17) Eric L. Talley, *Contract Renegotiation, Mechanism Design, and the Liquidated Damages Rule*, 1210.

(18) また、ランド・プロポーザル(3)(c)の制裁規定適用の際に、当事者に交渉を意図的に決裂させたなどの誠実義務違反があったか否かを裁判所が判断することも、非常に困難かつ恣意的になりがちである。cf. J. W. Carter, *The Renegotiation of Contracts*, 190.

(19) Erich Schanze, *Failure of Long-Term Contracts and the Duty to Re-negotiate*, 158-159.

(20) Id. at 159.

(21) Id. at 159-160.

(22) Id. at 161.

(23) [1979] 1W. L. R. 1387.

(24) cf. F. D. Rose, *An Onflowing Situation*, 96 L. Q. R. 177 (1980).

(25) Geoffrey Samuel, *Failure : Duty to Re-negotiate—A Comment*, 170.

(26) [1979] 1W. L. R. 1391.

(27) Id. at 1392-1394.

(28) Id. at 1395.

(29) Id. at 1398.

(30) Id. at 1398-1399.

（31）［1991］1 Q. B. 1, C. A.

（32）（1809）2 Camp. 317. バルト海を航行中の商船から二人の乗組員が去ってしまったが、船長が残りの乗組員に対して、二人の乗組員を新たに補うことなしにロンドンまで戻ったならば、去った乗組員に支払われるはずであった給与を彼らに分配すると約束した。しかしロンドンに戻った後、この余分の支払いが拒絶され、乗組員の支払い請求も認められなかったという判例である。その理由は一九世紀イギリスにおける商業貿易の資本の保護政策に求められるとともに、残りの乗組員はもともとロンドンまでの就航の義務を負っていたのであり、既存の義務を履行したに過ぎず、船長が結んだ余剰の分配契約には約因が存在していないという点に求められた。

（33）J. W. Carter, *The Renegotiation of Contracts*, 191; S. M. Waddams, *Commentary on 'The Renegotiation of Contracts'*, 13 JOURNAL OF CONTRACT LAW 199（1998）

（34）Erich Schanze, *Failure of Long-Term Contracts and the Duty to Re-negotiate*, 160.

（35）［1991］1 Q. B. 1, C. A. 1, 5-6.

（36）Id. at 3.

（37）Id. at 4.

（38）Id. at 22.

（39）Id. at 16. カッコ内は筆者。

（40）フランチャイズ契約や本件の下請契約などは、当事者間にある種の上下関係が存在するという点で、会社員の場合のような組織的雇用契約と、全く対等な売買契約との中間に位置する依存的事業（dependent entrepreneurs）契約である。雇用と依存的事業契約の間には契約の存続期間中に生じる予測できない事情の変更に応じて契約内容を調整したり、意識的に契約を不完全にしておく必要があるという共通性が指摘されてきた。しかし Collins は、依存的事業契約には再交渉の条件となる組織的関係が欠けており、むしろ事業遂行に関するきわめて詳細なマニュアルを伴うことが多いとし、日常の業務指導や内規などによる補充が可能な雇用関係とは区別されなければならないと論じている。その上で、上部企業による契約の恣意的な解約を避けるために労働法に準ずる保護規定や、信託の場合にならって上部企業がビジネスリスクについての情報を下部企業に開示する義務を設定することを提案する。Hugh Collins, *Legal Regulation of Dependent Entrepreneurs*, 152 JOURNAL OF INSTITUTIONAL AND THEORETICAL ECONOMICS, 263, 265-266, 268-269 (1996).

(41) cf. S. M. Waddams, *Commentary on 'The Renegotiation of Contracts'*, 201.

(42) しかし他方で、再交渉における強迫の不存在と契約が履行不能になるような事情の変更の存在の間には関連性が指摘されている。契約が事情の変更により履行不能になった場合には、債務者には再交渉を要求する合理的な理由が認められるし、債権者が特別な困難もなく他の債務者を探すことができるにもかかわらずその要求に応じたとすれば、強迫や詐欺は存在していなかったと推定されるのが通常だからである。Id. at 203-204.

(43) 例えば、控訴院は *Re Select Move Limited*, [1995] 2 ALL ER 531 においては既存の義務の不完全履行への合意がなされた契約の再交渉の有効性を否定している。完全履行に対する増額報酬の合意と、これに類似する同額報酬での不完全履行への合意は区別され、議論を呼んでいる。M. P. Furmston, *Commentary on 'The Renegotiation of Contracts'* 13 JOURNAL OF CONTRACT LAW 210, 211-212 (1998).

(44) cf. Geoffrey Samuel, *Failure : Duty to Re-negotiate—A Comment*, 167. 170.

(45) Id. しかし、同じコモン・ローの国でも契約の再交渉の有効性に関する判断の基準は異なっており、オーストラリアやカナダに比べイギリスでは契約の自由の原則を遵守する傾向が強いといわれる。S. M. Waddams, *Commentary on 'The Renegotiation of Contracts'*, 202.

(46) cf. Geoffrey Samuel, *Failure : Duty to Re-negotiate—A Comment*, 170. ここでは抽象的原則としての再交渉の義務の認識は法における symbolic knowledge であり、イギリスの判例の事例の具体的事実の認識は non-symbolic knowledge であると表現されている。

(47) もっとも法における一般原則と具体的事情に鑑みたその例外との緊張関係は、法を抽象的命題として定める場合には常に生じうる。cf. id. at 171.

(48) Id. at 172-174.

(49) cf. id. at 171.

(50) 契約の再交渉の理論においては、当事者の交渉能力の強化が課題となる。特に再交渉においては最初の契約締結時よりも高い交渉能力が必要とされ、法的知識や法的アドバイスの有効性と必要性が指摘されている。cf. M. P. Furmston, *Commentary on 'The Renegotiation of Contracts'*, 210.

（51） cf. Eric L. Talley, *Contract Renegotiation, Mechanism Design, and the Liquidated Damages Rule*, 1209, 1212. 新古典派経済学の自由主義は、コースの理論に従い、取引費用がゼロであると仮定して契約の自由を正当化する。取引費用がゼロである場合には一度締結された契約が非効率的であることが明らかになったときには当事者は相互の利益が最大化するように自由に再交渉することができるから、裁判所や法の介入は一般に当事者の利益を損なう。しかし実際の契約過程には様々な取引費用が存在するため、このような自由な再交渉は妨げられる。再交渉の義務を認める考え方は、当事者双方の取引上の信頼関係や交渉能力の強化によって取引費用を減少させ、実際に再交渉を容易にするような取引環境を形成しようという考え方であるといえる。

（52） このように人的関係の安定化を図るためには、画一的でない多様な当事者関係が存在することが認識されなければならないが、近年、人的サービス提供のための契約は従来の雇用契約という形態を超えて多様化していることが指摘されている。物品製造などの物的サービスの提供に比べて専門知識の供与などの人的サービスの提供は、会社員として採用されるという組織的雇用契約から独立契約に移行する傾向があるという。とはいえ、独立契約が労働法の適用を回避するために選択されているとすれば問題があるであろう。cf. Hugh Collins, *Why are There Contracts of Employment?*, 149 JOURNAL OF INSTITUTIONAL AND THEORETICAL ECONOMICS, 762, 763, 767 (1993).

（53） cf. J. W. Carter, *The Renegotiation of Contracts*, 196-197. 再交渉の義務化は事情の変更に際しての当事者の対応の柔軟性を促進し、契約の効率性を高める制度的裏付けとなり得る。

# 31 当事者の意思による訴訟の終了

遠藤功



## 一 はじめに

当事者は、処分権主義の発現としてその意思で、民事訴訟（手続）を、いったん開始しても終局判決の確定にいたらないで終了させることができる。当事者の意思による訴訟終了原因として、訴えの取下げ、請求の放棄・認諾および訴訟上の和解ならびに原判決の確定をもたらす、上訴の取下げ、上訴権の放棄および不上訴の合意がある。これら当事者の意思による訴訟の終了件数は、実際には、相当な割合をしめる（後掲表参照）。裁判所での訴訟手続が当事者にその意思で事件を終了させる要因ともなるし、裁判所としては、終了するまでの手続に意味をもたせ、紛争解決が現実に得られるように配慮する必要がある。

さらに、当事者の自主的解決の意思を前提に、紛争の解決のために、裁判所が介入する手続として、起訴前の和解（二七五条）と、民事調停（民事調停法昭二六法二二二）、家事調停（家事審判法昭二二法一五二）がある。

民事調停は、手続の進め方について厳格な定めはないし、判決のように一刀両断的な解決を強制するのではなく、当事者双方の互譲により条理にかない実情に即した（民調一条参照）、双方が自主的で納得したうえでの解決をはかることを存在理由とする（佐々木吉男『民事調停の研究』〔増補版・一九七四年〕一一一頁）。調停の正当性の保障は当事者の合意に求めることができるが、当事者の合意が調停委員会の誘導・説得によってもたらされる場合があるので、調停委員会が専門家としてならこうなるというしっかりした規準を示す調停案を作成することが基本的に重要である（佐々木吉男・前掲書一三七頁・一六七頁）。

近年、民事訴訟手続が時間、費用、労力の負担の割に、経済性、実効性の面で十分に機能していないと指摘され、批判され、代替的紛争解決制度・ＡＤＲの研究が注目されるに至った状況で、その長所・短所、経緯も含めて、調停は日本におけるＡＤＲの最も整備された手続として内外の関心を集めている（兼子一＝竹下守夫『裁判法』〔第四版・一九九九年〕三四四頁）。

調停制度は、現代の司法の主要問題となり、司法のになうべき欠かせない役割として、その位置づけ、在り方をどのように把えるかに問題の深さをのぞかせ、また法学者それぞれの考え方があらわれるテーマでもある。民事調停事件の件数が平成九年、一九万四、七六一件で、通常民事訴訟事件が四二万九、二四五件であり、利用者が多いことを考えても、国民の生活に密接な関係を有する紛争解決制度となっている。倒産関係の特定調停制度も成立し、調停の役割が増大している。(1)

民事調停について手続法の面から先駆的研究をなしとげた佐々木吉男先生の功績は大きい。ちなみに注記であげた文献がしばしば佐々木吉男先生の作品を学術的論究の対象として取り上げ、さらに新しい民事訴訟法の教科書でも優れた研究として論及されている（新堂幸司『新民事訴訟法』一七頁、一九九八年）。

以下の拙稿は、調停制度に入門するまえの基礎的習作であることをことわっておく。

## 二　訴えの取下げ

### 1　意義・性質

訴えの取下げは、訴えによる審判申立てを撤回する、裁判所に対する原告（反訴原告）の訴訟行為である。(2) その行為は、原告はそれによって、訴訟の遂行・実施を断念することを裁判所に対して行う意思表示が中心となる。訴えの取下げは裁判所に対する原告の一方的意思表示であり、取下げの範囲において訴訟係属が消滅し（二六二条一項）、訴えの提起がなかったのと同一になる。

(1)　訴えの取下げは、原告の意思で、判決によらずに、手続を終了させるが、紛争の実体的な解決基準を手続上確立することがないため請求の放棄と異なる（二六七条参照）。

(2)　審判申立ての撤回という点では上訴の取下げと共通しているが（二九二条二項・三一三条参照）、上訴の取下げが上訴審における訴訟係属のみを遡及的に消滅させるにとどまる（したがって前審判決が確定する）のに対して、上訴審での訴えの取下げは、下級審を含めた全体の訴訟係属を遡及的に消滅させる。

(3)　訴えの取下げは、手続形成的行為であり、従来、訴訟法律行為または与効的訴訟行為としてとらえられていることから、条件付き取下げは許されない（最判昭和五〇・二・一四金法七五四号二九頁）。また再審事由にあたる瑕疵のある場合は、訴え取下げの撤回は許される。(3) 取下げについての意思の欠缺の主張は許される（後述参照）。

(4)　訴えの取下げは、訴え提起後弁済を受けたりして請求を維持する必要がなくなったため、または勝訴の見込みが消えたためにされたり、あるいは裁判外の和解や調停の内容として訴えの取下げが約されたためなどの事情にもとづいてなされる。

(5)　訴えの取下げの合意は、訴訟係属中に、訴訟外で、原告が被告に対して訴えを取り下げる旨を約する当事者間の合意で、現在ではその適法性自体には争いがない。その存在が被告によって訴訟上証明された場合には、訴え取下げと同様の効果が認められる。

**〔訴え取下げの合意の性質〕**　この合意を私法上の契約とみる見解と、訴訟契約と解する見解とがある。前説によると、訴え取下げの合意の効力は原告に訴え取下げ義務を発生させ、訴えはその利益を欠き、または信義則上原訴訟の維持は許されないとして、裁判所は、訴え却下の判決をすべきとし、後説によれば、訴え取下げの合意とは、訴訟係属の遡及的消滅という訴訟法上の効果を直接目的とするものであって、合意成立が訴訟上主張・認定されれば、裁判所は「訴えの取下げによって終了した旨」または「訴えの取下げの合意によって終了した旨」の判決をすべきだと説かれる。いずれの説によっても、二六二条二項の準用や合意に関して意思表示に付着する瑕疵についての民法の総則規定の類推適用など具体的問題の解決では差異がないが、処分権主義が認められる範囲であれば、明文の規定がなくても訴訟上の合意を認めてよく、これを訴訟契約と解するのがわかりやすい。判決主文は、訴え取下げの合意による訴訟終了宣言が妥当である。(4) 判例は、下級審段階で分かれていたが、最高裁は「訴えの取下に関する合意が成立した場合においては、右訴の原告は権利保護の利益を喪失したものとみうるから、右訴を却下すべきもの」とし、(5) 私法契約説に立つことを宣明し、下級審判例もそれに従っている（名古屋地判昭和四六・五・一一下民集二二巻五・六号六〇三頁など）。しかし、訴え取下げの合意の性質としては、私法契約と訴訟契約の併存を認め、訴訟契約としては訴えの取下げと同様に、訴訟係属の遡及的消滅がもたらされると解すべきである。

訴え取下げ契約について、今後検討すべき論点として、訴え取下げ契約の有効要件、再訴禁止効の有無、本案の終局判決後の訴え取下げ契約について二六二条二項の類推適用の有無などがあげられる。訴え取下げ契約の有効要件では、①能力・代理権については、行為能力・民法上の代理権でたり、訴え取下げ契約にも②意思の欠缺・意思表示の瑕疵に関する民法の規定が類推適用され、③条件・期限を付することができ、④訴え取下げの合意は、和解による紛争解決を前提とするから、基本たる和解契約の無効・取消・解除は取下げの合意の効力の消滅原因となり、⑤訴え取下げ契約の合意解除も可能であり、⑥取下げ契約は書面にすることを要すると解すべきである（管轄の合意の場合と比較されたい）。また効力については、ⓐ再訴禁止効は、契約内容によるものの、前提たる和解契約の効力を争う場合は再訴を禁止するのは妥当ではなく、終局判決後に取下げ契約が締結された場合に二六二条二項の類推適用により再訴が禁止されるが、ただその場合でも前提たる和解契約の効力を争うときは再訴が禁止されず、ⓑ訴え取下げ契約の効力は、一般論としては、契約成立後に訴えの変更をした場合の新請求には及ばない。ただし、前提たる和解により解決された紛争の範囲内の請求なら、及ぶと解すべきであろう。

## 2　訴え取下げの要件

(1)　時期と取下げ適格性　原告は、訴状受理後判決の確定に至るまで訴えを取り下げることができる（二六一条一項）。終局判決後でも、上訴審、差戻審でも許される（ただし、上訴の取下げとは区別される）。双面的職権探知主義がとられ、請求の放棄が許されない事件でも（親子関係事件、人訴三二条参照）、訴えの提起が原告の意思にまかされている限りは訴えの取下げは許される。

(2)　被告の同意　(ア)　被告が本案について準備書面を提出し、準備手続において申（陳）述をし、または口頭弁論をしたあとでは、訴えの取下げをするには被告の同意を要する（二六一条二項）。被告が本案について積極的に争う姿勢を示しているのでその訴訟を機会に権利関係の確定（とくに請求棄却の）について被告の正当な利益を害さないためである。ここで本案とは請求の当否に関する事項をいうので、被告が予備的に請求棄却の判決を求めながら、主位的に訴訟要件の欠缺を主張して訴え却下の申立てに固執している場合は、本案についての確定的陳述はないとみられるので、被告の同意は不要と解する。

(イ)　本訴の取下げがあったときは、被告が反訴を取り下げるのには相手方（本訴原告）の同意は必要でない（二六一条一項・二項但書）。

(ウ)　必要的共同訴訟で、相手方のする訴えの取下げは、同意を必要とする場合は（二六一条二項）全員の同意を必要とする（同意の要式は、次項3参照）。

(3)　能力または授権の具備　原告の訴訟行為であるから原告に訴訟能力があることが、また準禁治産者や代理人がする場合は特別の授権が必要である（三二条二項・五五条二項二号）。無能力者または無権代理人が訴えを提起した場合には、追認があるまでの間みずから訴えを取り下げることができる。

(4)　必要的共同訴訟について　訴えの取下げは、類似必要的共同訴訟の場合には単独でできるが、固有必要的共同訴訟の場合には全員が共同でしなければならない（遺産確認訴訟について、最判平成六・四・九判時一五〇四号九一頁）。

(5)　請求の一部減縮は、判例では訴えの一部取下げとして取り扱われるが、(6) 一部請求を認めない立場では、訴訟物に変更を生じないとして訴えの取下げとしてではなく、審判の上限を画するための特殊な訴訟行為として扱われる。

**〔取下げ（同意）の意思表示の瑕疵〕**　伝統的理論では、訴えの取下げは純然たる訴訟行為であるから、手続安定の要請上——民法上の法律行為と異なり——その無効・取消の主張は許されないものと解される。ただ、通説・判例は、訴えの取下げまたはこれに対する被告の同意が詐欺・脅迫などの刑事上罰すべき行為にもとづくときにかぎり、三三八条一項三号または五号を類推して、取下げを無効と解し、かつその無効の主張には有罪の確定判決などの三三八条二項の要件の具備を要しないとする。(7) 従来の通説・判例に対して、一律に意思表示の瑕疵の主張を許さないとするのは妥当ではないとして、錯誤の成立や表意者の重大な過失を厳格に判断したうえで、意思表示に瑕疵のある訴えの取下げの効力を否定する見解が主張され、むしろ多数説となっている（松本博之「当事者の訴訟行為と意思の瑕疵」講座民訴④二八三頁、新堂幸司『判例民事手続法』三五二頁、伊藤眞『民事訴訟法〔補訂版〕』三九〇頁など）。

### 3　訴え取下げの手続

(1)　訴え取下げは訴訟の係属する裁判所に書面（取下げ書の提出）でしなければならない（二六一条三項本文）。ただし、口頭弁論、弁論準備手続または和解の期日では口頭ですることもできる（二六一条三項ただし書き。なお、規六七条一項)。取下げに被告の同意を要する場合、取下げ書を被告に送達するを要し、口頭による取下げでは、口頭弁論調書または準備手続調書の謄本を相手方に送達しなければならない（二六一条四項)。相手方に取下げに同意するか否かの考慮を促し、また相手方が無用な準備をしないようにするためである。同意がなされた時に取下げの効果が生じる。被告の同意不要の場合には、取下げは、取下げ書の提出または取り下げる旨の期日での口頭の陳述によって直ちに効力を生じ、裁判所書記官が取下げがなされた旨を相手方に通知する（規一六二条二項)。

(2) (ア) 同意　相手方の同意の方式については格別の規程はないが、同意は、裁判所に対して書面または口頭でする。同意は訴訟行為であるから条件を付することはできない。黙示の同意を認める大審院の判例がある（大判大正一〇・二・二二民録二七輯三八一頁)。しかし、同意は、調書でとくに明確ならしめることが要求されていることからも（規六七条一項)、軽々に認めるべきではなく、意思不明のときは釈明権が行使されるべきである。同意がなく、被告の意思が不明なときは、訴訟手続の不安定が続き困るのでそれに決着をつけるため、取下げの書面または調書の謄本の送達があった日から二週間以内にまたは、口頭による取下げの場合で相手方が出頭しているときはその日から二週間以内にもしくは相手方の不出頭のときは期日の調書の謄本送達後二週間以内に、それぞれ被告が取下げに異議を述べないときは訴えの取下げに同意したものとみなされる（二六一条五項)。訴えの交換的変更による新訴に被告が異議なく応訴した場合には、通例旧訴の取下げについて黙示の同意をしたものと解される。(8)

(イ) 同意の拒絶　訴えの取下げに対していったん被告が同意を拒絶したときは後にこれを撤回して改めて同意しても訴えの取下げは効力を生じない（最判昭和三七・四・六民集一六巻四号六八六頁)。訴えの取下げがあることを知っていながら被告が期日の指定を申し立てまたは期日で弁論を続行することは、通常同意の拒絶があるとみられる。

## 4　訴え取下げの効果

(1) 訴訟係属の遡及的消滅　(ア) 訴訟は、訴えの取り下げられた部分について初めから係属しなかったものとみなされる（二六二条一項）。したがって、その部分では当事者の攻撃防禦方法の提出・訴訟告知・応訴の効果や、補助参加人や第三者のした訴訟行為も、また裁判所の証拠調べやまだ既判力を生じていない裁判も特別の取消しの措置を要しないで、当然効力を失う。取り下げられた訴えについての裁判にもとづく強制執行は、執行文付与に対する意義により阻止できる（民執三二条）。ただしその調書や裁判を書証として他の訴訟で利用される可能性はある。直接主義の要請から証拠能力が問題になる。もっとも独立の訴訟法上の関係が成立したもの、取下げ前の反訴や訴訟引受けは、本訴の取下げによって効力は覆滅しない。管轄は起訴の時を基準とするので（一五条）、他の請求について生じた関連裁判籍（七条・四七条一項・四項・一四六条一項）は、その当時に訴訟係属のあった以上消滅しない（さらに二六一条二項但書参照）。

(イ)　訴えの取下げにより、訴え提起の実体法上の効果も消滅する。

時効中断の効果が消滅することについて明文の規定がある（民一四九条）。ただし取り下げられた旧訴と新訴を通じて権利行使の意思の同一性が認められれば、時効中断の効力は維持される。(9) 出訴期間その他の除斥期間の遵守（三四二条、民二〇一条・七四七条・七七七条、商一〇五条一項・二四八条一項）の効果については時効中断と同様に解される。訴訟行為にもとづく実体法上の効果への影響について明文の規定が存在しなければ、訴訟行為としての性質を考慮して、訴訟行為が失効するときに私法行為についての意思表示が撤回される趣旨で理解されるべきである。

攻撃防禦方法としてなされた催告・解除・取消・相殺などの効力に対する影響は、上記の行為が訴訟行為としてなされたものであり、訴訟を離れて独自に私法上の効果を存続せしめる意図でなされたものではないとみられるので、訴えの取下げによって、原則として私法上の効果も消滅すると解すべきである。ただし、訴え取下げの前提となる取下げの合意や和解契約の内容を合理的に解釈して、相殺は私法上の効果が消滅するが、むしろ解除には形成権行使としての効果が存続すると解することができる。

(ウ)　訴訟費用の負担および額は、申立てにより決定手続で裁判され（七三条、規二五条）、負担の点では原告は原則として敗訴者としてあつかわれる（六一条・六二条）。

(2)　再訴の禁止　本案について終局判決が言い渡された後に訴えを取り下げた者は、再び同一の訴えを提起することができない（二六二条二項）。この趣旨は、「終局判決を得た後に訴を取下げることにより裁判を徒労に帰せしめたことに対する制裁的趣旨の規定であり、同一紛争をむし返して訴訟制度をもてあそぶような不当な事態の生起を防止する目的に出たもの」とされる。[10] 近時は、再訴禁止はその権利関係について判決による解決を放棄したものと解されるが（伊藤眞『民事訴訟法〔補訂版〕』三二五頁）。立法的には、本案判決後は、直接取下げを禁ずるか、訴え取下げの自由を本案の終局判決後まで認める必要はないという批判があるが、処分権主義の建前のなかで、訴え取下げを認めつつこれに一定の失権的効果を結びつけるという方法を現行法もとっている。

(ア)　再訴が禁止されるのは、本案の終局判決がでたあとに前訴と同一の訴えを繰り返して起こすことである。当事者と訴訟物たる権利関係が同一であるだけでなく、請求の基礎の同一では足りず、原告をして訴え提起を必要ならしめた事情の点では同一である場合にかぎっている。また、前訴が元本債権、後訴がその利息債権を訴訟物とする場合、後訴が再訴禁止効にふれるか否かについて、通説は禁止効を認めるが、既判力の場合とは異なり、訴訟物が同一の場合にかぎるとして反対説も有力である。

再訴が禁止されるのは、本案の終局判決後の取下げの場合である。第一審の本案判決が控訴審で取消差し戻され、第一審であらたに本案判決がなされた前の訴えの取下げには再訴禁止の効力は生じない。[11]

(イ)　再訴の禁止にふれる訴えか否かは、裁判所の職権調査事項である。再訴禁止にふれれば、被告の態度如何にかかわらず不適法として却下すべきである。これに対して、公益的要請のつよい、双面的職権探知主義がとられる。子の認知請求のように、請求の放棄の許されない訴訟においては再訴禁止の効果は原則として及ばないと解する。ただし訴え提起自体が処分権主義によることなので、それとのバランス上、再訴禁止効が働くと解することにも理由がある（大判昭和一四・五・二〇民集一八巻五四七頁、宮崎澄夫『民訴講座(3)』七七九頁、七九四頁、伊藤・前掲補訂版三九四頁）。

(ウ)　再訴禁止の効果は、訴訟法上のそれであって、実体法上の権利関係の変動を生ずるものではない。したがって、再訴を禁止された原告が、任意弁済の受領、担保権の実行、相殺などをすることは妨げられない。一方、このような原告の権利行使を防ぐために、被告側から消極的確認の訴えを提起する利益は否定されない。なお、再訴禁止効は、取り下げた原告の承継人にも及ぶと解するのが多数である。ただし、特定承継の場合、既判力とは異なるとして再訴禁止効の承継は否定されるとする、有力説がある（伊藤・前掲補訂版三九四頁）。例外的に特定承継人が前訴に関与できた場合や訴え取下げを知りまたは知りえた場合にかぎって、再訴は禁止されると解すべきである（詳細は、角森正雄『中野古稀(下)』三五頁以下）。

(エ)　確認の利益が、訴えの取下げ後に生じた場合には、同一の訴えとはいえないし、給付の訴えでも、期限の猶予その他の態様が変更したため、訴訟を維持する必要がなくなって取り下げたが、後に履行期がきた場合には再訴をすることは妨げられない。

(3)　訴えの取下げについての争い　訴え取下げの有効・無効について争いがあるときは、当事者の期日指定の申立てにもとづいて、裁判所は口頭弁論を開いて審理しなければならない。その結果、有効と認めれば、裁判所は終局判決で訴えの取下げによって訴訟は終了した旨を宣言し、無効であれば中間判決をなすか（一八四条）、または終局判決の理由中でその判断を示すべきである。[12]

**〔第一審の終局判決後の訴えの取下げの無効の主張方法に関して、どの裁判所が有効・無効の判断をすべきか〕**　この問題について議論がわかれ、第一審裁判所説と上訴裁判所説とが対立している。とくに請求を全部認容する判決後に原告が訴えを取り下げた場合にその効力をめぐって争いが生じたとき、訴え取下げに至った原告・被告（もちろん同意している）の動機・事情を利益衡量し、救済を考えねばならないので、無効・有効の主張は、どの裁判所に対してすべきかはともかく、許されよう。訴訟係属の有無は、当該第一審裁判所にとって職権調査事項であるということを重視すれば原審に対してすべきであるが、終局判決に対して適法な控訴があれば事件は第一審を離脱するので控訴裁判所に判断をもとめるべきである。訴訟係属という事件の存在要件という前提を重視しても、控訴審で審理するしかない場合も存しよう。第一審裁判所説は、原審のみが判断すべきであるとする。ただし、訴え取下げの有効・無効の判断のために上級審手続を開始せしめて、判断することを要求するのは形式的にすぎる感がしないでもないし、上訴の利益も問題になるので（全部勝訴者には上訴の利害がない）、折衷的に解して、判決言渡し後でも上訴提起もしくは判決確定までの間では、その判断のための期日の指定の申立てがある場合には、第一審裁判所が、控訴提起後は控訴裁判所が判断すると解すべきである。

### 5　訴え取下げの擬制

第一審で当事者双方が口頭弁論や弁論準備手続の期日に欠席した場合など、一か月以内に期日指定の申立てをしないときは、訴えの取下げとみなされる（二六三条前段）。当事者双方が連続して二回、口頭弁論もしくは準備手続の期日に出頭しなかったときなども訴えの取下げが擬制される（二六三条後段）。そのほか、誤って被告とされた者に対する訴えについての行政事件訴訟法一五条四項、訴訟係属中、調停が成立したときの民事調停法二〇条二項と調停が成立しまたは審判が確定したときの家事審判法一九条二項などの規定による訴えの取下げの擬制がある。なお民事訴訟の上級審で両当事者が欠席したときは上訴の取下げがあったとみなされるにとどまる（二九二条二項・三一三条）。

**〔数量的に可分な一個の請求の一部取下げの可否〕**　たとえば一〇〇万円の貸金変換請求を八〇万円に減額した場合、判例はこれを訴えの一部取下げと解し、訴えの変更にあたらない、と判断している[13]。

## 三　請求の放棄・認諾[14]

### 1　意義・性質

(1)　放棄・認諾の意義　請求の放棄・認諾は口頭弁論、弁論準備手続または和解の期日になされる（二六六条一項。なお同条二項）。請求の放棄とは、原告が、自己の訴訟上の請求の理由がないことを認める裁判所に対する訴訟上の陳述である。請求の認諾とは、被告が自己に対する原告の請求の理由あることを認める裁判所に対する訴訟上の陳述である。準備書面に記載してあれば、相手方の在廷していない場合でもよい。

請求の放棄・認諾があれば、訴訟物についての当事者の紛争を解消し、裁判所は、所定の要件について調査したうえ、口頭弁論調書（規六九条）または弁論準備手続調書（規八八条一項）に記載せしめる。これによって、訴訟は終了し、放棄の場合は請求放棄の、また認諾の場合は請求認容の確定判決と「同一ノ効力」を生じる（二六七条）。明治民訴法が、ドイツ法と同じように、放棄・認諾がなされた場合、相手方の申立てにより放棄判決・認諾判決をすべきものとしていた（ドイツ民訴三〇六条・三〇七条・三一三条b）が、それらを現行法も要しないとしている。

(2)　請求の放棄・認諾は自己に不利益な陳述である点で自白・権利自白と共通な面がある。請求の放棄・認諾は、請求すなわち訴訟物自体に関し、自白・権利自白は請求の理由となる個々の事実や先決的権利関係に関し、その対象の点で異なる。また、自白・権利自白が裁判所の請求の当否についての審判を不要にしないのに、請求の放棄・認諾は、請求の当否の審判を不要にする。さらに（権利）自白は原・被告双方がなしうるのに、認諾は被告のみがなしうるという主体の限定がある。

(3)　請求の放棄・認諾と訴訟上の和解は、当事者の意思を紛争解決の基準とする点で、片面的か双面的かの違いはあっても共通し、訴訟行為が遡及的に失効し、手続上紛争解決の基準をなんら残すことなく訴訟を終了させる訴えの取下げと異なる（請求の放棄と訴えの取下げは、いずれも原告の行為により訴訟終了をもたらす点では共通する）。

(4)　請求の放棄・認諾は、裁判所に対する訴訟上の陳述であり、相手方当事者に対するものではない。訴訟外で相手方や第三者に対して同じ内容の陳述をしても、それは請求の放棄・認諾ではなく、権利の放棄・承認の問題となる。放棄・認諾の性質については、私法行為あるいは両性行為とみる有力説があるが、通説は訴訟行為ととらえている。

請求の放棄・認諾は、訴訟行為としての性質から相殺や同時履行の抗弁など条件を付することはできない。訴えの客観的併合や通常共同訴訟など請求が複数の場合は、その一部について放棄または認諾ができる。もっとも請求が数量的に可分な場合、たとえば請求金額の分量的一部についての放棄・認諾は、一部請求を認める立場では許されるが、一部請求を認めない学説では、一部放棄は申立ての上限を画する陳述にすぎず、一部認諾は権利自白として扱われる可能性を残すにとどまる。請求の一部について訴訟終了効や既判力が生じると解するべきではないからである。放棄・認諾にともなう意思の欠缺・意思表示の瑕疵を主張できるかに関しては、訴訟行為についての一般原則から、調書に記載されるまでは再審事由があるときは撤回できるが、意思表示の瑕疵があっても取消の余地はないとする見解と、調書記載後も再審事由があるときに再審に準じて救済を認める見解、および訴訟行為といっても、放棄・認諾は、係争利益を実体上処分したのと同じ効果を生じさせるのみならず、放棄・認諾の意思の成立過程は、判決の成立過程と違って、裁判所が知りえない場合が多く、意思の欠缺がないことや瑕疵のない意思表示であることを常に保障できるわけではないので訴訟上の和解の場合と同様に、放棄・認諾の無効・取消を認める見解がある。当事者の意思を尊重することにもつながるので、最後の見解が妥当と思われる。

なお、認諾は、その請求を基礎づける事実や権利関係の当否の審査を排除するもので、裁判所が請求棄却は免れないと判断する場合でも、処分権主義を貫徹すれば認諾は成立しうる。この場合、裁判所は、被告の意思を十分確かめるとともに処分権限、訴訟物の内容について厳格に審査すべきである（大判昭和九・一一・一七民集一三巻二二九一頁は認諾を認めない）。

## 2　要　件

(1)　請求が当事者の自由処分を許す性質のものであることが必要である（処分権主義の領分）。人事訴訟の婚姻・養子縁組事件では、婚姻・養子縁組を維持するためにのみ職権探知（片面的職権探知）がとられ（人訴一四条・二六条）、民訴法二六七条の認諾を不適用としていることから（人訴一〇条一項後段・二六条）、請求の認諾は認められないが、放棄は許される。[15] 親子関係事件では双面的職権探知主義がとられるところから（人訴三一条）、放棄は許されない。会社などの団体関係訴訟（合併無効・商一〇四条以下、設立無効・商一三六条、設立取消・商一四〇条以下、総会決議取消・不存在・無効（確認）・商二四七条以下・二五二条、不当決議取消・変更・商二五三条、新株発行無効・商二八〇条ノ一五以下、資本減少無効・商三八〇条、その他商四一六条、有限六三条の訴えなど）については、請求認容判決について対世効を認めているところから（商一〇九条一項・一三六条三項・一四二条・二四七条二項・二五二条）、認諾は認められないが、放棄は許されると解する。[16]

(2)　請求の放棄・認諾が成立するためには、原則として訴訟要件の充足が必要であると通説・判例は解している。[17] 放棄・認諾に確定判決と同一の効果が認められる以上（二六七条）、訴訟要件に関する規定は、放棄・認諾に類推適用されるべきである。通説・判例のもとでは、当事者の実在、当事者能力、訴訟能力、権利保護の資格などの訴訟要件を欠いた場合、放棄・認諾に拘束されず、裁判所は訴えを不適法として却下する訴訟判決をしなければならない。ただし、訴えの利益など紛争解決の有効性を担保するための訴訟要件は、放棄・認諾の対第三者効を包含する場合でないかぎり、放棄・認諾の要件とならない。通説・判例に対して、有力説は、放棄・認諾には既判力が認められないとして、さらに、本案判決とは性質・効力の点で著しい差異があることを論拠として、本案判決の場合と同じ訴訟要件の充足を要求すべきではないと主張する。ただ、有力説にあっては、どの訴訟要件が放棄・認諾の前提要件にあたるかについて見解が分かれている（たとえば、甲説は管轄違いと訴えの利益の欠缺は放棄・認諾を妨げないとし、乙説は当事者の実在と専属管轄違反でないことが放棄・認諾の前提要件であるとし、丙説は、当事者の実在、訴訟能力などがその前提要件であるとしている）。しかし、有力説も当事者の実在や権利保護の資格の具備は要求するので、結論において大差はない。

(3)　放棄・認諾行為につき、当事者に訴訟能力があり、代理権に欠缺がないことを要する（五〇条二項・八一条二項）。

(4)　放棄・認諾が認められるのは、請求が現行法体系上認められる権利関係に関するものであり、かつ公序良俗に反しないものであることを要する。たとえば法定以外の物権や妾契約の確認・履行請求については認諾は許されない。賭博によって生じた金銭支払などの請求、利息制限法違反の利息請求など、請求が不法な原因や強行放棄違反により生じたときも同様である。

3　手続・方式

(1)　請求の放棄・認諾は、口頭弁論等の期日において口頭の陳述によってなされるのが原則である（二六六条一項）。原告が最初の口頭弁論期日に訴状を陳述した後であれば、裁判所に対する陳述であるから、相手方の在廷の有無を問わないでなしうる（ただし二六六条二項）。終局判決言渡後、上訴提起もしくは判決確定までの間は原裁判所に放棄・認諾のための期日指定の申立てができる。放棄・認諾はあらゆる審級でなしえ、上告審においてもできる（大判昭和二・一二・一九民集六巻七一二頁）。消極的確認訴訟で被告が請求棄却の申立てをしないうちに請求の放棄により原告の有利に既判力を利用することを防ぐ趣旨から、放棄は請求棄却の申立てを前提とする考え方が有力である（詳細は、戸根・注(14)掲記論文参照）。信義則（二条）の適用の生じる場合もでてこよう。

(2)　放棄・認諾の陳述をしたときは、裁判所（または準備手続の裁判官）はその要件を調査し、有効と認めれば裁判所書記官に命じて陳述を調書に記載させる（規六七条一項一号、裁六〇条二項・四項）。調書の記載は、放棄または認諾の成立要件ではないが、調書への記載によって、放棄または認諾は確定判決と同一の効力を生じる（二六七条）。

4　効　果

(1)　放棄または認諾の調書の記載は確定判決と同一の効力を生じる（二六七条）。調書の成立とともに訴訟は当然に終了する。訴訟費用については、第一審裁判所が決定で負担を命じ、裁判所書記官が負担の額を定める（七三条）。

放棄・認諾があったのに誤って本案判決がなされたときは、上訴によって、原判決を取り消して訴訟終了を宣言する判決を求めることができる（通説。反対、大判昭和一八・一一・三〇民集二二巻一二一〇頁は上訴を却下すべきとする）。

上級審で全部につき放棄・認諾がなされたときは、前審判決は失効する。[18]

**〔上級審での一部放棄・認諾〕**　この場合、前審判決は、その限度で当然効力を失うが、残余部分について前審判決を変更する理由がないときは、上訴棄却の判決をすればよく、原判決は形のうえでは変更を受けないので、上訴棄却の判決が確定すれば原判決が債務名義となる。しかし、その原判決は強制執行により実現されるべき給付義務の内容を正確に表現していないので、多数説および判例は執行力が認められる義務の範囲の調査は執行文付与の段階で調整する。しかし、むしろ上訴を一部認容して原判決を変更するかたちで上級裁判所みずから内容を明示するのが実際上適切な取扱いと思われる。[19]

(2)　判決効　　給付請求についての認諾調書には執行力が、形成請求についてそれには形成力が生じることは異論がない。

放棄・認諾調書に既判力が認められるかに関しては、考え方が対立している。すなわち、調書の記載の後訴への訴訟法上の拘束力を認めるべきか、放棄または認諾に付着する意思表示の瑕疵の主張の許否、さらにその主張方法をめぐって議論がかわされるのである。確定判決と同一の既判力肯定説では、調書の成立後は再審事由にあたる事由があるときにだけ再審の訴えに準じた独立の訴えによって調書の取消を求める訴えを起こすことが認められる。これに対して既判力否定説では放棄・認諾に意思の欠缺があるときは、無効の取消を期日において主張することができる。[20]判例は、いわゆる制限的既判力説に立つ。すなわち既判力を認めるかたわら、放棄・認諾の無効・取消を主張して手続の続行を求めうるとする。[21]判例の処理の仕方は、既判力否定説と実質的には共通する所が多い。既判力否定説や制限的既判力説の支持者が増加の傾向にある。処分権主義にもとづく当事者の意思を尊重するためにも、意思の欠缺・表示の瑕疵の主張が認められるべきである。また同時に当事者の意思と調書成立にいたるまでの裁判所の手続を有効に活かすためにもなんらかの拘束力が調書の記載に承認されるべきであろう。ただ、確定判決の場合と同等の既判力が生じるとするには疑問がある。判決の負担を軽減するために調書をもって判決に代用するという立法のしかたに対して、認諾決定制度の導入が現行平成民訴法制定にさいして唱えられたが、見送られた。放棄・認諾に応じてその相手方の申立にもとづく敗訴判決制度のもとでは（ドイツ民訴法三〇六条・三〇七条・三一三条b）、その判決に当然既判力が認められ、申立てがないときは、放棄・認諾は、効力はなく、他の手続では徴憑（表）として取り扱われる。[22]当事者の単なる訴訟行為に裁判所の判断の通用性・妥当性としての既判力を認めることはできない、と既判力否定説は主張する。たしかに既判力が生じる請求についての裁判所の公権的判断作用とは異なるが、当事者の放棄・認諾の陳述について、裁判所が当事者の意思（放棄・認諾）にともなう一定の要件の具備を確認したうえで調書に記載させているので、その点で既判力に類似する、裁判所の判断の通用性・有効性を肯定してよいと考えられる。また、放棄・認諾は、和解と異なり、双方当事者間での交渉・実体形成による紛争処理ではないし、放棄・認諾の相手方の申立てにもとづく敗訴判決や認諾決定[23]の制度などの不存在のもとでは、相手方の認定判決獲得の利益をそこなうことを防止するためにも他の訴訟における拘束力を認めるべきである。さらに、意思の欠缺・意思表示の瑕疵がある場合、確定判決に認められる既判力が、請求についての裁判所の公権的判断作用にもとづいているので、再審事由のあるとき救済されるが、放棄・認諾に関しては、それらに伴う一定の要件の審査に拘束力が認められるので、放棄・認諾の意思表示の欠缺・瑕疵（錯誤・詐欺・強（脅）迫など）は、他の訴訟行為と同じく、その無効・取消を主張し、口頭弁論の期日指定を申し立てることができる。請求の放棄・認諾などにおいて、厳格に、再審事由がある場合にかぎって、再審の訴えに準じて、無効・取消を主張する途にかぎるとするのでは、当事者の意思を尊重して民事訴訟手続に反映させる理想におくれることになる。既判力否定説では当然に、意思の欠缺による無効・取消を主張でき、制限的既判力説でも許される。放棄・認諾があるのに、相手方が訴訟の終了と放棄または認諾調書の成立ではなく、どうしても判決に求めることは、ドイツのように申立てによる敗訴判決制度下では、権利保護の利益を欠くとして却下されるが、わが国で、調書の既判力否定説によると、権利保護の利益が肯認されよう。
放棄・認諾の撤回は、調書成立前ならば、自白の撤回に準じる。

## 四　訴訟上の和解(24)

### 1　意義・性質

訴訟上の和解とは、訴訟の係属中に、当事者双方が訴訟物についての主張を相互に譲歩することによって訴訟を全部または一部終了させる旨の、期日における合意をいう（民法六九五条参照）。つまり、訴訟係属中に期日において、当事者が訴訟物に関する一定内容の実体法上の合意と、訴訟を終了させる訴訟法上の合意をなすことを指す。この合意は、両当事者の陳述にもとづいて裁判所が確認し、調書に記載せしめることによって、訴訟上の和解として効力が生じる。後掲表が示すように、三割ほどの訴訟が訴訟上の和解によって終了している。民事訴訟法は、裁判所の訴訟行為としての和解の勧試（和解の試み）によって訴訟上の和解を奨励し（八九条）、また訴訟上の和解に必要とされる合意と期日での陳述の要件を緩和し、和解条項案の書面による受諾（二六四条）、および裁判所が定める和解条項（二六五条）によって和解の成立を促進している。なお、一部についての和解は、訴えの一部取下げ、請求の一部放棄が許される場合に可とされる。

和解は民事紛争の自主的解決方法として、現代社会において重要な役割をはたしている。一般に日本では訴訟よりも和解・示談による解決が好まれ、その原因として、かつては権利意識の欠如が指摘された。しかし、今日では、とりわけ企業間紛争の場合、合理的なコスト計算の結果、訴訟よりも和解を有利と考えて選択することが多いと思われる。欧米でも和解の合理性が見直されている(25)。

和解の長所として、時間、神経を使うこと、費用の節約がなされ、当事者の心理上、勝者・敗者がいないということから近隣者や共同社員・出資者など今後も生き続けていく人々との争いの解決に有意義であり、訴訟物をこえて法的関係を包括的に規整でき、訴訟手続に関与しないそのほかの人々をもその規整に取り込むことなどが、あげられる。

〔**訴訟上の和解の性質**〕　訴訟上の和解の法的性質については、以下の四説がある。①　訴訟上の和解は期日において締結される民法六九五条以下の和解契約であり、和解調書はこれを確認・公証するにすぎないとする私法行為説。この学説のもとでは、和解に付着する意思の欠缺・意思表示の瑕疵は民法に従い斟酌される。②　訴訟上の和解を訴訟行為としてとらえる訴訟行為説。そのなかの一つは合同訴訟行為ととらえ、訴訟上の和解は、訴訟係属中になされる、当事者双方の、請求についての主張を譲歩しあった結果の、訴訟上一致した陳述あるいは私法上の和解の内容の一致した陳述と、それによって訴訟終了効を生ぜしめる合同訴訟行為ととらえ、他のひとつの見解は、当事者の、主張互譲により訴訟を終了される旨の訴訟契約ととらえる。この学説では、私法上の和解の無効・取消は訴訟終了効に影響しない。③　訴訟上の和解には、和解という私法上の契約と訴訟の終了を目的とする訴訟上の契約とが併存し、その効力はそれぞれ実体法と訴訟法に従って別個に判断されるとする併存説。この学説のもとでは、私法上の和解の無効・取消・解除などは訴訟上の和解の訴訟終了効に影響を与えず、また訴訟上の和解が訴訟法上の要件を欠いても私法上の和解の効力には反映されない。私法上の和解の部分に関する実体上の争いは、新訴で審理される。これに対してこの場合期日の申立てを認める新併存説が唱えられている。④　訴訟上の和解は、私法上の和解と、訴訟行為という二重の性質を同時に有し、併存説と異なり、訴訟上の和解は一個の行為であり、実体法・訴訟法いずれの要件を欠いても全体として無効であるとする両性説。判例は、両性説によっているものと併存説によっているものがみられる[26]。

(1)　訴訟上の和解は、訴訟係属中の期日において、合意が陳述されることを要するのを原則とする。したがって、訴訟係属前になされる簡易裁判所の起訴前の和解（二七五条。即決和解とも称される）、期日外での裁判外の和解、民法上の和解契約にとどまる場合（民六九五条）とは区別される。起訴前の和解は、訴訟上の和解とともに裁判上の和解といわれる。裁判外の和解は、訴訟上の和解の縁由となり、その内容が期日で陳述されれば、訴訟上の和解となる。

(2)　訴訟上の和解には、訴訟物に関する合意が含まれていなければならず、訴訟終了のみの合意は訴えの取下げまたはその合意として取り扱われる。また、和諧（人訴一三条）は、離婚訴訟において、当事者である夫婦が婚姻を維持するためまたは円満に協議離婚をするために仲直りをし、訴訟を取り下げる当事者間の合意であって、訴訟物である法律上の離婚請求権に言及しないし、当然に訴訟を終了させる効果をもたない点でも（和解にもとづいて訴えが取り下げられることによって訴訟は終了する）、訴訟上の和解と異なる。当事者の訴訟物に関する譲歩が一方的な場合は請求の放棄または認諾となりうるにとどまる。ただし、訴訟上の和解となるには、互譲があれば、その程度や態様は問わない。たとえば、請求の全部を放棄しても訴訟費用を相手方が負担するというのでもよい[27]。訴訟物である権利関係以外の権利関係を包含してもよい[28]。訴訟上の和解は、訴訟物以外の権利関係についてなされることもあり、それには、他に係属中の訴訟の訴訟物についても併合して一個の和解がなされる併合和解と、未だ訴訟の係属していない他の権利関係を併合して一個の和解がなされる準併合和解がある。準併合和解について、多数説は、訴訟上の和解と起訴前の和解に準ずるものの結合と解している。しかし、互譲の点での牽連関係や、和解の無効についても通常一括して考察すべきことを考慮すれば、一個の訴訟上の和解として見るのが適している。

(3)　訴訟上の和解は当事者以外の第三者、たとえば、和解による債務の保証人を加えてすることができる[29]。

## 2　訴訟上の和解の要件

(1)　和解の対象である権利関係が、当事者の自由に処分できる場合であることを要する。私的自治の排除される事件、その審理では、和解は許されないと解されているが、当事者の自由な意思にもとづく家事事件での、離婚・離縁調停（家審一七条）、協議離婚（民七六三条）、協議離縁（民八一一条）の制度が法律上認められている。したがって、訴訟物について当事者が自由に使用・処分できる権能・資格を有している場合に事件が和解の対象となると解すべきである。「公益性」と職権探知主義をリンクさせることの必然性は検討されねばならない。また、任意的または法定訴訟担当者は、訴訟追行権の基礎・内容が処分権を含むか否かまたは包括的か否かによって和解の権限が決せられる。株主代表訴訟では会社を参加させなければ和解の成立は認められない（民訴一一五条一項二号、商二六八条・二六八条ノ三、有限三一条、民訴費三条一項・四条二項別表一①参照）。

(2)　和解の内容をなす権利義務が、公序良俗違反など法的に許されるものではないことを要する。

(3)　和解要件については、起訴前の和解が許されていることとの均衡上、請求についての訴訟要件の充足は要しないと通説は解している。ただし、専属管轄に反しないこと、当事者の実在、当事者能力、権利保護の資格などは、判決効が認められるため（二六七条）、訴訟上の和解にとって必須の前提条件であるから、それらの具備が要求される。当事者が訴訟能力を有すること。代理人が訴訟上の和解をするには特別の授権または委任が必要である（三二条二項一号・五五条二項）。なお、訴訟当事者以外の第三者にも当事者としての地位が認められるべきで、別に当事者と第三者との間に起訴前の和解がなされたとみるまでもなく、当事者と第三者との間の合意は、それが調書に記載されることによって執行力などの効力が付与されると解される。(30)

## 3　手続・方式

(1)　和解の勧試　　裁判所は、訴訟のいかなる程度にあるかを問わず和解を試み、または、受命裁判官・受託裁判官に和解を試みさせることができる（八九条）。和解の勧告は、通常は口頭弁論手続または和解期日、実務で多く行われてきた弁論兼和解期日に行われる。原則として、和解勧試は両当事者対席の下に行うことが手続保障の理念に合致する。和解のため必要と認めるときは、訴訟代理人が選任されていても、特に当事者本人またはその法定代理人に出頭を命ずることができる（規三二条一項）。裁判所は、相当と認めるときは、裁判所外で和解をすることができる

（規三二条二項）。境界線や建物の瑕庇の紛争や当事者が病気のときなど現地和解として有効である。なお、裁判所は、適当と認めるときは、職権で事件を調停に付することができる（民調二〇条一項本文、家審一九条一項。ただし、民調二〇条一項但書、民調規五条参照）。民事紛争の自主的で円満な解決と裁判所の負担軽減をはかるため、和解の試みをひろく認めている。和解の勧試は、和解を当事者が望んでいる場合は別として、当事者間に争いがある場合には、事案の概要と争点を把握し、争点について証拠の整理が進行した段階で、争点について心証を明らかにしてなすべきで、当事者の意思の和解に応じない場合にまで、和解の成立を強要すべきではない。和解の勧試は、原則として、交互面接方式ではなく、両当事者対席のもとで行われるのが適正である。当事者に、相互の陳述内容と和解案についての情報と理解を共有させ、裁判所の片面的心証形成の防止をはかり、手続保障の理念をいかすためである。

なお、受訴裁判所は、適当であると認めるときは、職権で、事件を調停に付したうえ、管轄裁判所に処理させまたはみずから処理することができる（民調二〇条一項本文）。ただし、争点および証拠の整理が完了後は、調停に付するについて当事者の合意が必要となる（民調二〇条一項但し書）。

(2)　(ア)　伝統型の和解手続　　訴訟上の和解手続では、その訴訟の口頭弁論、弁論準備手続または和解の期日において（二六一条三項参照）、当事者双方が和解の合意を口頭で陳述することを要する。上告審でもできる。最初の口頭弁論期日および弁論準備手続においては、陳述の擬制がなされうる（一五八条・一七〇条六項）。和解の合意が陳述された場合、裁判所または裁判官は和解成立についての要件を審査し、有効と認めれば、裁判所書記官をして調書に記載させる（規六七条一項一号・八八条四項・一六三条三項・一六四条二項）。この場合の審査は職権調査事項であるが、調書成立後は当事者の指摘をまって調査すれば足りる。(31) 和解が無効または不成立とみられる場合や和解の効力について争いがある場合は、裁判所は訴訟手続を続行する（無効の判断は中間判決で示すのが適当である）。訴訟上の和解は、調書に記載されることによって二六七条所定の効力を発生する。調書に記載されることがなければ、和解があったことが、他の手続において間接証拠になるにすぎない。

(イ)　和解条項案受託書面制度　当事者が遠隔地に居住していることなどのため、出頭困難と認められる場合に、あらかじめ裁判所または受命裁判官もしくは受託裁判官が和解条項案を書面にして提示し、当該当事者が、それを受託する旨の書面を提出したときは、裁判所等が書面提出者の真意を確認し（規一六三条二項）、他の当事者が口頭弁論等の期日に出頭して、その和解が調ったものとみなされる（二六四条、規一六三条）。この和解成立後、裁判所書記官は調書を作成しなければならないし、この場合、和解条項案受託書面を提出した当事者に遅滞なく和解成立の擬制を通知しなければならない（規一六三条三項）。なお、この制度は起訴前の和解には適用されない（二七五条四項）。

(ウ)　和解条項告知制度　裁判所または受命裁判官もしくは受託裁判官は、両当事者が共同してあらかじめ和解に服する意思を明らかにして裁判所等が適当な和解条項を定めるようおよびその和解条項に服する旨を記載した書面によって申し立て、それに応じて裁判所等が当事者の意見を聴いたうえで、和解条項を定めて当事者に告知したときには、和解が調ったものとみなされる（二六五条、規一六四条）。和解調書は、口頭弁論等の期日での告知により成立したとみなされたときには、裁判所書記官が作成し、それ以外の告知方法によったときには、裁判所等が裁判所書記官に作成させる（規一六四条二項・三項）。

この和解は、宅地建物調停等において調停委員会が定める調停条項の制度（民調二四条の三・三一条・三三条）をより整備したものであり、機能的には仲裁に類似する。[32] 和解条項告知制度は、いわゆる裁判官仲裁和解として、和解の成立の契機となりうる面もある。なお、この和解条項告知制度は、起訴前の和解には適用されない（二七五条四項）。

## 4　効　果

和解調書の記載は、確定判決と同一の効力を有する（二六七条）。効果発生の基礎は、当事者の和解案の受諾にあり、調書への記載は効力発生要件であって、訴訟上の和解の成立要件ではない。ただし、調書の記載のない和解は、他の訴訟手続・後訴では徴表（憑）となるにすぎない。

(1)　訴訟終了効　和解の成立した範囲で、訴訟は当然に終了する。訴訟費用は、和解の内容としてその負担と額が定められたときはその定めにより、負担のみを定め、額を定めないときには、申立てによって第一審裁判所の裁判所書記官が額を定める（七二条）。費用について和解条項のなかで特別の定めがなかったときは、各自支出した費用を支出する（六八条）。

(2)　執行力　和解調書の記載が一定の具体的な給付義務を内容とする場合は、執行力が認められ、債務名義となる（民執二二条七号）。その給付義務は、執行証書の場合と異なり、その種類は問わないし、執行受諾文言も不要である（民執二二条七号と同条五号対比）。しかし、債務名義としての性質上、執行機関によって給付義務の内容や執行の範囲がただちに判定できる程度に特定されていなければならない。たとえば、土地賃貸借契約において相当賃料を支払うという記載だけでは、債務名義としての給付内容の特定が不十分であるが、債務不履行があれば解約告知し土地を明け渡すと記載した場合には執行力が生じる。和解調書には、広義の執行力も認められる。[33]

和解調書によって執行力の及ぶ人的範囲は、和解調書作成後の承継人に対してなど執行力ある判決に準じる（一一五条の準用）。

(3)　既判力　和解調書に既判力を認めるべきかについては、請求の放棄・認諾の場合と同様に考え方の対立があり、肯定説、否定説、制限的既判力説がとなえられている。処分権主義の発現としての当事者の和解意思（それには和解の勧試などによる和解成立までの裁判所等の努力を背景にしていることが多い）と、その合意について裁判所等がその要件を審査したうえで調書への記載がなされるので、その記載に、他の訴訟手続への一定の拘束力、既判力が認められないかどうか、また、和解成立に意思の欠缺・意思表示の瑕疵など無効・取消原因が存する場合の無効・取消の主張の可否、およびその主張方法をめぐって、見解が分かれる。既判力肯定説は、和解の無効・取消は、判決の無効または再審事由またはそれに準ずる事由が存する場合にのみ許され、それ以外の実体上の無効・取消原因にもとづく欠缺・瑕疵の主張は許されないとする。既判力否定説および制限的既判力説は、私法の定めに従って、和解の実体上の無効・取消の主張は、別に再審の訴えによらずとも認めるべきであるとし、ただ、制限的既判力説は、和解に意思の欠缺・意思表示の瑕疵がなく、有効なかぎり既判力を肯定する。判例は、どの説によるかを明言したことはない。いずれかというと制限的既判力説に類しているといわれている[34]。いずれの説によるべきかは、和解成立の経過が異なるので、和解の実態をふまえて、具体的ケースごとに判断しなくてはならない。

〔各学説の根拠・理由〕　肯定説[35]は、二六七条の文言に忠実に、和解は、判決の代用としてその機能・効力の判決と同等に扱い、また、訴訟終了効をもつので、錯誤・詐欺等実体法上の意思の欠缺・意思表示の瑕疵にもとづく主張を認めないことがむしろ当事者にも裁判所にも十分の注意深さを要求しているとみられること、また、明治民訴法から大正民訴法への改正の際、放棄・認諾判決を不要とし、それらの調書を確定判決と同一の効力あるものとして、この趣旨を和解に及ぼしたとみられる沿革にも、さらに大正民訴法（ただし、昭和五五年九月三〇日まで有効）五六〇条、民執法二二条七号と大正民訴法五六二条三項、民執法三五条二項（ただし執行証書による執行につき請求異議の訴えでは大正民訴法五四五条二項の制限はないという旧法の文言は現行民執法はない）とを対照して解釈すれば、和解には民執法三五条二項（大正民訴法五四五条二項）が準用され、既判力ありと解すべきであり、民訴法二六七条（旧法二〇三条）の文言にもマッチするということを理由とする。

既判力否定説[36]は、和解は当事者の自治的紛争解決として、判決は裁判所による公権的紛争解決としてそれぞれ異質で判決の効力も区別して取り扱うべきであり、また和解では裁判所の審査は形式的なものにとどまるものが多く、当事者に十分攻撃防禦を尽くさせたうえではないので、意思の欠缺・意思表示の瑕疵の主張を排除することは当事者に酷にすぎ、憲法三二条の権利を侵害しかねないし、さらに和解調書は判決主文に対応する部分が不明確で、極論すれば判決理由に既判力を認めるのと同一に帰するということを理由とする。

制限的既判力説[37]は、肯定説に対する批判として、和解に実体法上の無効・取消原因が存するときは和解が無効で、したがって既判力は生じないとし、無効・取消原因がないときは、処分権主義の発現としての当事者の和解意思・合意を尊重し、と和解調書成立までの裁判所での手続・努力を顧慮し、調書の記載に後訴に対する一定の拘束力・既判力を肯定する。近時、この学説が有力となっている。

(4)　和解調書の更正は、原則として判決に準じて、二五七条、規則一六〇条を準用（類推）して裁判所の更正決定により行う（大決昭和六・二・二〇民集一〇巻七九頁）。ただし、裁判所書記官が更正調書を作成し、裁判長（裁判官）においてこれを認証する趣旨で署名捺印する方法も可能である。[38]和解により確定した債権の時効期間は一〇年である（民一七四条ノ二）。

## 5　和解の効力についての争い

(1)　和解に無効・取消原因がある場合　(ア)　和解要件（その主なものは、本節2参照）の欠缺が、和解の無効の原因となる。和解要件は、和解の内容が当事者の処分権に服すること、和解が公序良俗や法秩序に違反しないこと、互譲があること、意思表示に錯誤（ただし民六九六条に注意）・虚偽表示など意思の欠缺がないことなどの実体法的要件と、当事者の実在、当事者能力、訴訟能力、代理権の存在、請求が権利保護の資格の具備、関与禁止裁判官の関与（三三八条）がないこと、和解調書が作成され、記載内容が不明確でなく矛盾がないことなどの訴訟法的要件とがある。

和解の取消原因としては、当事者の意思表示が詐欺・強迫によった場合（民九六条類推）などがある。

(イ)　和解の無効・取消の主張方法およびその処理について学説は見解が一致していない。判例は、基本的に両性説・制限的既判力説に立ちながら、競合的に和解の無効・取消の主張方法を認めている（競合説）。すなわち、実体法上の無効・取消原因と一部の訴訟法上の無効・取消原因があるときは、和解は無効であって訴訟は終了せず、旧訴が復活し、期日指定の申立てができるとする。[39]それに加えて、和解無効確認の訴え、[40]請求異議の訴えの提起もできる。[41]また、三三八条所定の事由がある場合は再審の訴えも許すべきであるが、ただし、代理権の欠缺という私法上の無効原因があるときには、裁判上の和解が当然無効であるとして、再審の訴えを許さない。[42]

当事者の便宜と判例による取扱いを是認して、判例を支持する有力説もある（新堂『新民事訴訟法』三三二頁、上田『民事訴訟法』四一八頁など）。これに対して、判例のように複数の救済方法を競合的に認めるのは時代・経緯を考えればやむをえないが、やや一貫性に欠けるとして反対する学説がある。そのうち、多数説（期日指定申立説）は、無効・取消原因の存在の主張は、原則として、当事者が和解をした裁判所に対して旧訴についての期日指定の申立てをすることによって行うべきものと説いている（ただし、新訴提起があれば必ずしもそれを排除しない）。これに対して、常に新たな和解無効確認の訴え（なお、請求異議の訴えも含む）をもって主張すべきことを説く学説（新訴提起説）がある。既判力肯定説に立つ論者は、再審事由があるときにのみ再審の訴えまたはそれに準じた訴えで主張すべしとしている。[43]

期日指定申立説の根拠とするところは、当該和解について関与した裁判所が審理することや、旧訴の訴訟状態・訴訟資料の利用による便利さと審理のくり返しが防止できることであり、また上級審で和解があった場合でも、和解の実体法的要件の存否の審理は、結局、訴訟上の和解が訴訟法上無効で訴訟終了の効果を生じるか否かの判断のためになされるもので、そのかぎりでは再審事由の存否や訴え取下げの不存在・無効の審理と異ならず、三審制の保障に必ずしも反するものではないことである。

新訴提起説は、和解の無効は、旧訴と同じ裁判所で旧訴の係属として争う必要は必ずしもなく、新訴で主張した方が、上訴審での和解において審級の利益が損なわれないこと、訴訟記録の第一審への返戻などによる不便をこうむることが少なく、また移送によって前審の関与も可能となることなどを理由とする。

原則的には多数説によるべきである。

(2)　和解の解除　和解の解除とは、訴訟上の和解の内容をなす、実体関係についての合意の解除をいう。留保解除権の行使、債務不履行、合意、事情変更などの事由によって、解除できることには異論はない。しかし、解除によって、訴訟終了効が維持されるかまたは消滅するかについては議論の対立がある。A説は、判例・通説であり、訴訟終了の合意の効力は債務不履行による解除によって影響を受けないとし、旧訴は復活せず、したがって期日申立ての方法ではなく、和解無効確認の新訴の提起を要求する。[44] 一方、B説は、両性説を一貫させ、訴訟終了効が消滅し、旧訴が復活するとして、和解無効の場合と同じく期日指定の申立ての方法によって審理の続行を求めうるとする。C説は、折衷的に、解除原因発生と和解成立の前後、あるいは和解内容に応じて訴訟終了効の運命を決する（たとえば権利変更型和解では、期日申立ての方法を許し、更改型和解では新訴提起によるべしとするなど）。D説は、競合説といわれ、新訴の提起も期日指定申立てのいずれの方法でも許可されるとする。それぞれ、その立脚するところは傾聴に価するものである。論理的には優劣の決しがたい面があるので、当事者の便宜を考え、最後のD説に与したい。A説、B説をとり拡大し、C説をくみ入れたものとしてD説を考えるからである。なお、訴訟上の和解が解除条件付で成立したときは、条件成就により和解は失効し、訴訟は係属中となる。[45]

和解の合意解約、変更契約によっては、将来に向かってのみ効力が生じ、訴訟の終了効は当然には消滅せず、旧訴は復活しない。事情変更による和解契約の修正は、その内容にもよるが、原則として履行を意味あるものになしうるかぎり、訴訟終了効の消滅をもたらさないと考えるべきである。借地・借家法一一条・三二条、民法五八九条・六〇九条・六一〇条などの場合を参考にして、具体的事情を考慮して、将来に向かってのみ（訴訟終了効は消滅しない）か、あるいは解除（約）の遡及効を認める（訴訟終了効は消滅する）べきか慎重に決せられる。契約法における継続性原理があり、まず、再交渉を経るなどして、契約改訂をこころみ、それができない場合にのみ契約の解除として、訴訟終了効が消滅する、と解するべきである。ただし、この場合、前述のD説によれば、解除ないし改訂を主張する当事者から期日申立てによっても、または新訴の提起によっても救済がはかられる。

## 四　付　論

自然人である当事者が死亡した場合、訴訟物である権利が一身専属的なものである場合には、手続は中断せず、訴訟は終了する。たとえば、朝日訴訟で生活保護法による医療扶助および生活扶助を受けていた当事者の死亡により、その子に受継が認められない(46)。また、労働者の提起した地位確認訴訟(47)、配偶者の一方が提起した婚姻無効確認訴訟(48)でも当事者の死亡により訴訟は終了すると取り扱われる。しかし、朝日訴訟では、医療扶助・生活扶助受給権にもとづく金銭支払い請求権が具体化し、現金がすでにあるべきものとしてみることができ、受継が認められる余地が存すると思われる。また、対立当事者の地位の混同が生じる場合も、訴訟は終了する。

通常共同訴訟では、共同訴訟人独立の原則が働き（三九条）、共同訴訟人の一人が死亡しても、他の者に影響を与えない。

必要的共同訴訟では、その共同訴訟人の死亡は、訴訟の進行を停止させる（四〇条三項）。

（1）　以上につき、小島武司編著『調停と法――代替的紛争解決の可能性』（一九八九年）、小島武司＝伊藤眞編『裁判外紛争処理法』七二頁〔横山匡輝〕（一九九八年）、萩原金美「調停理論の再検討」『講座民事訴訟①』二五三頁（一九八三年）、太田勝造「裁判外紛争解決制度のシステム設計と運用」『木川古稀祝賀(上)』五四頁（一九九二年）、石川明『民事調停と訴訟上の和解』（一九七九年）、石川明＝三上威彦編著『比較裁判外紛争解決制度』（一九九七年）、棚瀬孝雄『紛争と裁判の法社会学』（一九九二年）、三井喜彦「合意と解釈(上)」判例時報一五一九号三頁（一九九五年）、司法研修所編『民事訴訟のプラクティスに関する研究』（一九八九年）、佐々木吉男「調停制度の役割」『民事訴訟法の争点』二六頁、『川島武宜著作集五巻・六巻』、小山昇『民事調停法〔新版〕』（一九七七年）、最高裁判所事務総局民事局編『わが国における調停制度の沿革』（一九五一年）、草野芳郎「調停制度の現状と問題点」『民事訴訟法の争点〔第三版〕』四〇頁（一九九八年）、「《ミニ・シンポジウム》調停について」民事訴訟雑誌三二号一六五頁、東京地裁民事調停研究会編「民事調停の実務」判例タイムズ九三二号、福永有利ほか「訴訟手続における合意」民訴雑誌四三号一二七頁（一九九七年）、田中成明『現代社会と裁判』（一九九六年）、日本法律協会編『民事調停の研究』（一九九一年）など参照。

(2) 参考文献として、飯塚重男「訴えの取下げと請求の放棄・認諾」『民事訴訟法の争点〔第三版〕』二五八頁（一九九八年）、右田尭雄「民事控訴審実務の諸問題」判タ二八八号一四頁・二六頁（一九七三年）、角森正雄「訴えの取下げと再訴の禁止」『中野古稀(下)』三五頁（一九九五年）、柏木邦良『民事訴訟法纂』一三五頁（一九九四年）、河野正憲「裁判によらない訴訟の終了」竹下守夫編集代表、松本博之・宮崎公男編『講座新民事訴訟法Ⅱ』三七七頁（一九九九年）、清田明夫「訴えの取り下げと裁判外の和解」『講座民事訴訟④』三四七頁（一九八四年）、坂原正夫「訴訟終了宣言の近時の問題」民訴雑誌三八号六九頁（一九九二年）、竹下守夫「訴取下契約」立教法学二号五〇頁（一九六一年）、日独法学五号一頁（一九八一年）、バウムゲルテル（竹下守夫訳）「西ドイツにおける訴訟行為の意思の瑕疵」民訴雑誌二〇号一頁（一九七四年）、宮崎澄夫「訴えの取下げ」『民訴講座(3)』七七九頁（一九五五年）。

(3) 最判昭和四六・六・二五民集二五巻四号六四〇頁（百選Ⅰ八二事件）。

(4) 竹下・前掲立教法学二号五〇頁など。なお、中野貞一郎＝石川明編『民事手続法の改革』七八頁参照。

(5) 最判昭和四四・一〇・一七民集二三巻一〇号一八二五頁（百選Ⅰ八三事件）。

(6) 最判昭和二七・一二・二五民集六巻一二号一二五五頁（百選三二事件）。

(7) 最判昭和四六・六・二五民集二五巻四号六四〇頁（百選Ⅰ八二事件）。

(8) 最判昭和四一・一・二一民集二〇巻一号一九四頁。

(9) 最判昭和三八・一・一八民集一七巻一号一頁（続百選四〇事件）、最判昭和五〇・一一・二八民集二九巻一〇号一七九七頁。

(10) 最判昭和五二・七・一九民集三一巻四号六九三頁（百選Ⅰ八四事件）、最判昭和五五・一・一八判時九六一号七四頁。

(11) 最判昭和三八・一〇・一民集一七巻九号一一二八頁。

(12) 大判昭和八・七・一一民集一二巻二〇四〇頁。

(13)　最判昭和二七・一二・二五民集六巻一二号一二五五頁。
(14)　岩原紳作『註釈会社法(5)』三四五頁、岩松三郎『民事裁判の研究』九九頁（一九六一年）、河野正憲『当事者行為の法的構造』二一六頁（一九八八年）、木川統一郎「請求の放棄・認諾」『民訴講座(3)』七九七頁（一九五五年）、吉村＝牧山編『注解人事訴訟手続法〔改訂版〕』一五一頁以下〔住吉博〕（一九九三年）、戸根住夫「請求の放棄・認諾に関する現行法上の問題点」民商一〇六巻三号二七三頁（一九九二年）、松本博之「請求の放棄・認諾と意思の瑕疵」法学雑誌三一巻一号一六七頁（一九八四年）。
(15)　最判平成六・二・一〇民集四八巻二号三八八頁。
(16)　東京地判昭和四六・二・二二判時六三三号九一頁、大阪地判昭和三五・一・二二下民集一一巻一号八五頁。
(17)　中野『論点Ⅰ』一九七頁、上田『民事訴訟法』三七六頁、伊藤眞『民事訴訟法〔補訂版〕』三九一頁。放棄につき、大判昭和一九・三・一四民集二三巻一六一頁、認諾につき、最判昭和二八・一〇・一五民集七巻一〇号一〇八三頁（百選七九事件）、同じく認諾につき、最判昭和三〇・九・三〇民集九巻一〇号一四九一頁。
(18)　大判昭和一二・一二・二四民集一六巻二〇四五頁、大判昭和一四・四・七民集一八巻三一九頁。
(19)　伊藤・前掲書四〇一頁注三八。
(20)　大判昭和一九・三・一四民集二三巻一六一頁。
(21)　大判大正四・一二・二八民録二一輯二三一二頁、大判昭和八・七・一一民集一二巻二〇四二頁、東京高判昭和四一・一〇・一三下民集一七巻九・一〇号九六二頁、東京高決昭和四二・四・二一判時四八三号四四頁。
(22)　Rosenberg/Schwab/Gottwald, Zivilproseßrecht, 15. Aufl., S. 795.
(23)　認諾決定制度等、立法論上の問題として、三ケ月『民事訴訟法』四四〇頁、伊藤・前掲書三九二頁注三七。
(24)　東京地裁債権執行等手続研究会『債権執行の諸問題』一五五頁〔浅生重機〕（一九九三年）、池田辰夫『債権者代位訴訟の構造』一〇四頁（一九九五年）、岩原紳作『註釈会社法(5)』三四七頁、石川明『訴訟上の和解の研究』（一九六六年）、石川明『訴訟行為の研究』（一九七一年）、斎藤＝菊池編『注解家事審判法』六五五頁〔石田敏明〕（一九八七年）、伊藤眞「法定訴訟担当訴訟の構造」司法研修所論集――創立五十周年記念特別号第一巻三九一頁（一九九七年）、伊藤眞ほか「〈座談会〉民事集中審理の実際」判タ八八六号四頁・三六頁（一九九五年）、内田貴「契約プロセスと法」

岩波講座『社会科学の方法Ⅵ　社会変動のなかの法』（一九九三年）、岩松三郎『民事裁判の研究』九九頁（一九六一年）、井上治典『民事手続論』（一九九三年）、梅本吉彦「訴訟上の和解の効力について」『三ケ月古稀(中)』五五五頁（一九九一年）、遠藤賢治「和解条項の作成」後藤＝藤田編『訴訟上の和解と実務』四四一頁（一九八七年）、大石忠生＝三上雅通「訴訟上の和解の規整をめぐる若干の問題」『講座民事訴訟④』三三一頁、大阪弁護士会『民事裁判改善に関する意見書』四一頁（一九九一年）、大山薫「訴訟遅延と和解至上主義」NBL五九三号五四頁（一九九六年）、小原＝国谷「和解手続」判タ八七一号一八頁・二二頁（一九九五年）、吉村＝牧山編『注解人事訴訟手続法〔改訂版〕』一二五頁（梶村太一）（一九九三年）、加藤雅信「訴訟上の和解とその実態」名古屋大学法政論集一四七号一三九頁（一九九三年）、加藤新太郎『弁護士役割論』二七一頁（一九九二年）、河野正憲『当事者行為の法的構造』二五五頁（一九八八年）、草野芳郎『和解技術論』（一九九五年）、後藤勇「民事訴訟における和解の機能」後藤＝藤田編『訴訟上の和解と実務』一四八頁（一九八七年）、小山昇「訴訟上の和解」『総合判例研究叢書民事訴訟法(3)』（一九六一年）、司法研修所編『民事訴訟のプラクティスに関する研究』一四八頁・一七八頁（一九八九年）、高橋宏志『重点講義民事訴訟法〔新版〕』六五四頁（二〇〇〇年）、高橋宏志『新民事訴訟法論考』一八一頁（一九九七年）、田中豊「民事第一審訴訟における和解について」民訴雑誌三二号一三三頁（一九八六年）、谷口安平「比較法的に見た訴訟上の和解」法学論叢七〇巻六号（一九六二年）、勅使川原和彦「第三者のためにする契約と訴訟上の和解の効力の主体的範囲」『中村英郎教授古稀祝賀上巻・民事訴訟法学の新たな展開』三九一頁（一九九六年）、東京弁護士会『民事訴訟審理の改善に関する意見書』一〇頁（一九九〇年）、那須弘平「謙抑的和解論」『木川古稀(上)』六九二頁（一九九四年）、西口＝太田＝河野「チームワークによる汎例的訴訟運営を目指して(三)」判タ八四九号一四頁（一九九四年）、西野喜一『裁判の過程』三九九頁（一九九五年）、福永有利ほか「訴訟手続における合意」民訴雑誌四三号一二七頁（一九九七年）、藤原弘道「訴訟上の和解の既判力と和解の効力を争う方法」後藤＝藤田編『訴訟上の和解と実務』四八七頁（一九八七年）、松浦肇「裁判上の和解」『契約法大系Ⅴ』二一九頁（一九六三年）、松野信夫「和解勧告に関する一考察——水俣病訴訟をめぐって」判タ七九二号五二頁（一九九二年）、宮脇幸彦「訴訟上の和解」『民訴演習Ⅰ』二二三頁（一九六三年）、山口和男「会社・商事関係事件と和解」後藤＝藤田編『訴訟上の和解と実務』三四八頁（一九八七年）、吉戒修一「和解調書作成上の問題点」後藤＝藤田編『訴訟上の和解と実務』四六八頁（一九八七年）、吉田元子「裁判所等が定める和解条項」『新民事訴訟法大系(3)』三四一頁（一九九七年）、吉村徳重「訴訟上の和解」『新民事訴訟法演習(2)』六二頁（一九八三年）。さらに、前掲注記と注(1)の文献参照。

(25)　新堂幸司『新民事訴訟法』三三〇頁（一九九八年）、高橋宏志・前掲注(24)『重点講義〔新版〕』同所、松本＝上野『民事訴訟法』三二一頁（一九九八年）参照。

(26)　大判大正一一・七・八民集一巻三七六頁、大判昭和七・一一・二五民集一一巻二一二五頁、最判昭和三一・三・三〇民集一〇巻三号二四二頁、最判昭和三八・二・一二民集一七巻一号一七一頁は両性説により、大決昭和六・四・二二民集一〇巻三八〇頁（百選七八事件）、大判昭和一〇・九・三民集一四巻一八八六頁は併存説を採る。なお、訴訟上の和解の性質論の意義に関して、高橋宏志・前掲『重点講義〔新版〕』六五六頁参照。

(27)　大判昭和八・二・一三新聞三五二〇号九頁。

(28)　大判昭和一三・一二・三評論二七巻民訴三五七頁。

(29)　大判昭和一三・八・九評論二七巻民訴二九二頁。

(30)　伊藤眞『民事訴訟法〔補訂版〕』四〇八頁。

(31)　大判昭和一五・三・五民集一九巻三二四頁。

(32)　高橋宏志「書面和解と裁判官仲裁」『新民事訴訟法論考』一八一頁・一九八頁。

(33)　大判昭和九・一一・二六民集一三巻二一七一頁は債務者に対し登記手続を命ずる調書の記載にもとづいて債権者は単独で登記手続の申請ができることを認める。

(34)　最(大)判昭和三三・三・五民集一二巻三号三八一頁は既判力を肯定することを前提にしたが、最判昭和三一・三・三〇民集一〇巻三号二四二頁は和解契約に存する瑕疵のために当然無効になることを認め、大判昭和一〇・九・三民集一四巻一八八六頁と最判昭和三三・六・一四民集一二巻九号一四九二頁は要素の錯誤により訴訟上の和解を認めている。

(35)　兼子一『新修民事訴訟法体系』三〇六頁（増改版、一九六五年）、小山昇『民事訴訟法〔五訂版〕』四四四頁（一九八九年）。

(36)　三ケ月章『民事訴訟法〔全集〕』四四三頁（一九五九年）、新堂幸司『新民事訴訟法』三三七頁（一九九八年）、高橋宏志・前掲『重点講義〔新版〕』六五六頁、松本＝上野・前掲『民訴法』三三四頁。

(37) 最新の学説として、伊藤眞『民事訴訟法〔補訂版〕』四一四頁（二〇〇〇年）。
(38) 東京高決昭和三九・一〇・二八下民集一五巻一〇号二五五九頁。
(39) 大決昭和六・四・二二民集一〇巻三八〇頁（百選七八事件）、大決昭和八・七・一一民集一二巻二〇四〇頁。
(40) 大判大正一四・四・二四民集四巻一九五頁。
(41) 大判昭和一四・八・一二民集一八巻九〇三頁、大判昭和一〇・九・三民集一四巻一八八六頁。
(42) 大判昭和七・一一・二五民集一一巻二一二九頁、東京地判昭和五六・一〇・二六判タ四六六号一三五頁。
(43) 学説・判例の詳細は、谷口・前掲百選七八事件解説、高橋・前掲『重点講義〔新版〕』六五四頁、石川『訴訟上の和解の研究』一四〇頁、後藤＝藤田編『訴訟上の和解の理論と実務』（藤原）四九六頁。
(44) 最判昭和四三・二・一五民集二二巻二号一八四頁（百選II一五九事件）。なお、古い裁判例で旧訴が復活すると解した例として、大判昭和八・二・一八法学二巻一〇号一二四三頁、京都地判昭和三一・一〇・一九下民集七巻一〇号二九三八頁。
(45) 大阪高判昭和四九・七・一一判時七六七号五一頁。
(46) 最大判昭和四二・五・二四民集二一巻五号一〇四三頁（朝日訴訟事件）（百選IIA四六事件）。
(47) 最判平成元・九・二二判時一三五六号一四五頁。
(48) 最判平成元・一〇・一三家月四二巻二号一五九頁（平元重要判解三事件）。

## 表１　通常民事訴訟事件の終了原因（昭和63年～平成９年）

高等裁判所

| | Ｓ63年 | Ｈ１年 | Ｈ２年 | Ｈ３年 | Ｈ４年 | Ｈ５年 | Ｈ６年 | Ｈ７年 | Ｈ８年 | Ｈ９年 | Ｈ10年 |
|---|---|---|---|---|---|---|---|---|---|---|---|
| 判　決 | 98.2% | 96.4% | 96.8% | 96.8% | 97.6% | 97.2% | 96.9% | 97.6% | 97.4% | 97.6% | 判決　71.1% |
| 訴訟上の和解 | 0.7 | 1.3 | 1.0 | 0.8 | 0.5 | 1.0 | 0.8 | 0.4 | 0.4 | 0.3 | 決定　27.9 |
| 上告または訴えの取り下げ | 3.1 | 2.3 | 2.2 | 2.4 | 1.9 | 1.8 | 2.3 | 2.0 | 2.2 | 2.0 | 取り下げ0.8 |

高等裁判所 —— 上告審

| | Ｓ63年 | Ｈ１年 | Ｈ２年 | Ｈ３年 | Ｈ４年 | Ｈ５年 | Ｈ６年 | Ｈ７年 | Ｈ８年 | Ｈ９年 | Ｈ10年 |
|---|---|---|---|---|---|---|---|---|---|---|---|
| 判　決 | 92.3% | 92.6% | 94.8% | 92.5% | 97.3% | 91.9% | 95.5% | 96.2% | 94.5% | 95.6% | 94.4% |
| 訴訟上の和解 | 3.7 | 3.2 | 2.2 | 2.0 | 1.8 | 5.1 | 1.2 | 1.4 | 2.9 | 2.6 | 0.5 |
| 上告または訴えの取り下げ | 2.9 | 3.2 | 2.6 | 2.7 | 0.4 | 2.6 | 2.1 | 1.9 | 1.7 | 1.3 | 3.7 |
| 決　定 | | | | | | | 1.2 | 0.5 | 0.4 | | |
| 放棄・認諾その他 | | 1.0 | 0.4 | 2.8 | 0.4 | 0.4 | | | 0.5 | | |

高等裁判所 —— 控訴審

| | Ｓ63年 | Ｈ１年 | Ｈ２年 | Ｈ３年 | Ｈ４年 | Ｈ５年 | Ｈ６年 | Ｈ７年 | Ｈ８年 | Ｈ９年 | Ｈ10年 |
|---|---|---|---|---|---|---|---|---|---|---|---|
| 判　決 | 48.3% | 47.8% | 47.0% | 49.1% | 53.0% | 55.2% | 53.9% | 53.4% | 53.0% | 55.0% | 56.4% |
| 訴訟上の和解 | 38.0 | 39.5 | 40.5 | 39.0 | 35.0 | 33.0 | 35.0 | 35.5 | 36.1 | 34.2 | 33.5 |
| 控訴または訴えの取り下げ | 12.0 | 11.2 | 11.1 | 10.4 | 10.3 | 9.9 | 9.4 | 9.2 | 8.8 | 8.7 | 8.3 |
| 放棄・認諾その他 | | 1.5 | 1.4 | 1.5 | 1.9 | 1.9 | 1.7 | 1.9 | 2.1 | 2.1 | |

地方裁判所 —— 控訴審

| | Ｓ63年 | Ｈ１年 | Ｈ２年 | Ｈ３年 | Ｈ４年 | Ｈ５年 | Ｈ６年 | Ｈ７年 | Ｈ８年 | Ｈ９年 | Ｈ10年 |
|---|---|---|---|---|---|---|---|---|---|---|---|
| 判　決 | 39.7% | 44.4% | 43.0% | 44.4% | 47.0% | 44.6% | 44.5% | 44.4% | 46.8% | 42.7% | 39.6% |
| 訴訟上の和解 | 38.5 | 35.3 | 37.1 | 35.9 | 31.9 | 25.8 | 27.0 | 25.7 | 25.6 | 23.3 | 23.9 |
| 控訴または訴えの取り下げ | 19.9 | 19.2 | 17.9 | 17.8 | 18.6 | 27.0 | 26.0 | 26.9 | 25.6 | 30.8 | 33.4 |
| 放棄・認諾その他 | | 1.1 | 2.0 | 1.9 | 2.8 | 2.6 | 2.5 | 3.1 | 2.0 | 4.2 | |

地方裁判所 —— 第一審

| | Ｓ63年 | Ｈ１年 | Ｈ２年 | Ｈ３年 | Ｈ４年 | Ｈ５年 | Ｈ６年 | Ｈ７年 | Ｈ８年 | Ｈ９年 | Ｈ10年 |
|---|---|---|---|---|---|---|---|---|---|---|---|
| 判　決 | 44.4% | 44.7% | 43.7% | 45.5% | 46.8% | 46.6% | 46.9% | 47.7% | 49.1% | 49.6% | 50.8% |
| うち欠席判決 | 43.7 | 42.6 | 41.2 | 41.8 | 42.7 | 42.1 | 42.7 | 41.6 | 41.0 | 40.8 | 41.1 |
| 訴訟上の和解 | 33.2 | 34.1 | 35.0 | 34.7 | 33.0 | 31.9 | 32.4 | 32.8 | 32.5 | 32.3 | 32.0 |
| 訴えの取り下げ | 18.5 | 17.5 | 16.9 | 16.6 | 16.5 | 16.9 | 16.3 | 15.4 | 14.7 | 14.3 | 13.6 |
| 放棄・認諾その他 | | 3.7 | 4.4 | 3.2 | 4.7 | 4.6 | 4.4 | 4.1 | 3.7 | 4.8 | |

簡易裁判所

| | Ｓ63年 | Ｈ１年 | Ｈ２年 | Ｈ３年 | Ｈ４年 | Ｈ５年 | Ｈ６年 | Ｈ７年 | Ｈ８年 | Ｈ９年 | Ｈ10年 | 少額訴訟 |
|---|---|---|---|---|---|---|---|---|---|---|---|---|
| 判　決 | 51.8% | 48.9% | 48.7% | 47.7% | 45.1% | 44.6% | 44.4% | 46.2% | 48.0% | 48.5% | 49.8% | 42.5% |
| うち欠席判決 | 80以上 | 80.5 | 81.5 | 80.6 | 78.2 | 76.9 | 77.2 | 76.9 | 77.0 | 77.0 | 75.9 | 71.2 |
| 訴訟上の和解 | 19.8 | 21.7 | 22.1 | 24.4 | 27.0 | 28.6 | 27.6 | 28.0 | 26.2 | 25.8 | 26.3 | 36.2 |
| 訴えの取り下げ | 24.1 | 25.0 | 25.1 | 24.3 | 23.7 | 21.7 | 20.7 | 21.2 | 22.0 | 22.1 | 20.7 | 20.7 |
| 放棄・認諾その他 | | 4.3 | 4.1 | 3.6 | 5.1 | 5.1 | 7.3 | 4.6 | 3.8 | 3.6 | | |

司法統計年報・昭和63年以降と法曹時報41巻10号，42巻10号，43巻９号，44巻９号，45巻10号，46巻10号，47巻10号，48巻11号，49巻11号，50巻11号による。

**表２　① 1977年の日独における通常民事訴訟事件の終局区分別表**（%）

| 日本 | | | | | ドイツ連邦共和国 | | | | |
|---|---|---|---|---|---|---|---|---|---|
| | 第１審 | | 控訴審 | | | 第１審 | | 控訴審 | |
| 終局区分 | 区裁 | 地裁 | 地裁 | 高裁 | 終局区分 | 区裁 | 地裁 | 地裁 | 高裁 |
| 判　決 | 45.3 | 41.7 | 43.8 | 48.6 | 判　決 | 29.2 | 30.7 | 55.1 | 52.0 |
| 訴訟上の和解 | 19.5 | 31.3 | 37.2 | 33.8 | 訴訟上の和解 | 20.9 | 17.2 | 1.0 | 1.7 |
| 請求の放棄・認諾 | 0.6 | 1.1 | 0.2 | 0.1 | 請求の放棄・認諾 | 10.9 | 18.4 | 14.4 | 19.3 |
| 訴・控訴の取下げ | 30.6 | 23.0 | 17.8 | 16.1 | 訴・控訴の取下げ | 14.0 | 9.0 | 18.7 | 19.4 |
| その他 | 4.0 | 2.9 | 1.0 | 1.4 | その他 | 25.0 | 24.0 | 10.8 | 7.6 |

ハイン・ケッツ（竹下守夫訳）・日独法学５号２頁および昭和52年『司法統計年報１』による。

**② 1996年・1997年ドイツにおける通常民事事件の第一審終局区分別表**（実数）

1996年

| | 第一審 | | 控訴審 | |
|---|---|---|---|---|
| | 区裁 | 地裁 | 地裁 | 高裁 |
| 終局事件総数 | 1,737,202 | 414,579 | 97,780 | 63,704 |
| 判　決 | 497,871 | 114,739 | 49,857 | 27,610 |
| §495a ZPO による判決 | 103,146 | 64,399 | | |
| 訴訟上の和解 | 152,526 | 91,946 | 12,358 | 11,371 |
| 欠席・認諾・放棄判決 | 461,032 | 10,446 | 1,363 | 1,631 |
| 訴または申立ての取下げ | 284,019 | 47,873 | 687 | 797 |
| 控訴の取下げ | | | 25,168 | 17,933 |

1997年

| | 第一審 | | 控訴審 | |
|---|---|---|---|---|
| | 区裁 | 地裁 | 地裁 | 高裁 |
| 終局事件総数 | 1,716,044 | 423,628 | 102,578 | 67,918 |
| 判　決 | 498,786 | 120,041 | 52,990 | 28,771 |
| §495a ZPO による判決 | 105,748 | | | |
| 訴訟上の和解 | 155,750 | 67,083 | 12,967 | 12,200 |
| 欠席・認諾・放棄判決 | 465,168 | 91,051 | 1,479 | 1,838 |
| 訴または申立ての取下げ | 264,220 | 50,017 | 678 | 795 |
| 控訴の取下げ | | | 26,135 | 19,579 |

Statistisches Bundesamt, Fachserie 10, Reihe 2, 1996, 1997 による。

# 佐々木吉男博士　略歴

昭和　二年　六月二八日　京都市に生まれる
昭和二八年　三月　大阪大学法経学部法学科（旧制）卒業
昭和三一年　一月　大阪大学大学院法学研究科（旧制）修了
昭和三一年　二月　島根大学講師（文理学部）
昭和三四年　七月　島根大学助教授（文理学部）
昭和三八年　四月　金沢大学助教授（法文学部）
昭和四一年　一月　金沢家庭裁判所家事調停委員（昭和五九年三月まで）
昭和四一年　一月　金沢家庭裁判所参与員（昭和五九年一二月まで）
昭和四三年　二月　法学博士（大阪大学）
昭和四四年一〇月　金沢大学教授（法文学部）
昭和四六年　五月　金沢大学大学院法学研究科担当
昭和四九年一〇月　金沢地方裁判所民事調停委員（昭和五九年三月まで）
昭和四九年一〇月　金沢簡易裁判所民事調停委員（昭和五九年三月まで）
昭和四九年一一月　石川地方労働委員会公益委員（昭和五九年三月まで）
昭和五〇年　四月　石川県公害審査会委員（昭和五九年三月まで）
昭和五二年　八月　国有財産北陸地方審議会委員（昭和五九年三月まで）
昭和五四年　三月　石川地方労働委員会会長代理（昭和五九年三月まで）

昭和五五年　四月　金沢大学教授（法学部）に配置換
昭和五五年　四月　金沢大学評議員（二期・昭和五九年三月まで）
昭和五九年　四月　金沢大学学生部長（二期・昭和六三年三月まで）
昭和六三年　四月　金沢大学法学部長（二期・平成四年三月まで）
平成　四年　四月　金沢大学教授（法学部）
平成　四年一二月　石川県選挙管理委員会委員（死去まで）
平成　四年一二月　石川県選挙管理委員会委員長（死去まで）
平成　五年　三月　金沢大学法学部退官
平成　五年　四月　金沢大学名誉教授
平成　五年　四月　北陸大学法学部教授
平成　八年　四月　北陸大学法学部長
平成　九年　四月　北陸大学学長（平成一〇年一二月まで）
平成一〇年　五月　日本民事訴訟法学会名誉会員
平成一一年　四月　北陸大学エクステンションセンター長
平成一二年　二月八日　死去
　正四位、勲二等瑞宝章を受勲
平成一二年　三月　北陸大学名誉教授、学校法人北陸大学名誉理事

# 佐々木吉男博士　主要著作目録

## 1　著書

昭和四二年　『民事調停の研究』（法律文化社）
昭和四九年　『増補民事調停の研究』（法律文化社）

## 2　論文・注釈

昭和三一年　「英国民事裁判における陪審制度と証拠法に関する一考察」阪大法学一七号
昭和三二年　「弁論主義に関する一考察――英国民事訴訟における若干の問題を中心として――」
阪大法学二五号
昭和三五年　「地方における民事調停」法律時報三二巻一〇号
昭和三六年　「民事調停における法的判断と事案の解明」民事訴訟雑誌七号
昭和三七年　「民事調停における合意の法的性質に関する一考察」島大法学七号
昭和三八年　「民事調停における合意の検討」金沢法学九巻一・二合併号
昭和四〇年　「民事調停制度の目的」中村宗雄先生古稀祝賀論集『民事訴訟の法理』（敬文堂）
「境界確定の訴に関する一考察」島大法学九・一〇合併号
「調停制度」岩波現代法講座五巻『現代の裁判』（岩波書店）
昭和四一年　「裁判を受ける権利」ジュリスト増刊・憲法の判例
昭和四四年　「調停申立書の必要的記載事項――交通事故紛争に対する訴訟的アプローチと調停的

アプローチ」中田淳一先生還暦記念『民事訴訟の理論(上)』(有斐閣)
昭和四五年　「調停に代わる裁判」実務民事訴訟法講座七巻『非訟事件・審判』(日本評論社)
「調停係属を原因とする強制執行手続等の停止について」小野木常・齋藤秀夫先生還暦記念『抵当権の実行(上)』(有斐閣)
昭和四六年　「民事裁判制度と理論の再吟味」ジュリスト増刊・現代の法理
「紛争の類型化と訴訟制度の対応」民事訴訟雑誌一七号
「民事紛争の非訟的処理と憲法三二条」ジュリスト四八九号
「非金銭債権についての強制執行」『強制執行法講義』(敬文堂)
昭和四七年　「釈明権行使の許容限度」判例タイムズ二八一号
「民事調停」法社会学講座六巻『紛争解決と法』(岩波書店)
『基本法コンメンタール民事訴訟法』(部分執筆)(日本評論社)
昭和四八年　「訴訟と調停」『演習民事訴訟法(上)』(青林書院)
「法意識・民事」法社会学講座八巻『社会と法(2)』(岩波書店)
「境界確定訴訟の再吟味」民事研修一〇九号
「破産能力・破産宣告の要件」『演習破産法』(青林書院)
昭和五一年　「複数請求訴訟」『民事訴訟法講義』(有斐閣)
昭和五二年　「民事調停における事案の解明」別冊判例タイムズ四号
「裁判を受ける権利」ジュリスト増刊・憲法の判例(第三版)
昭和五三年　「The Use of Concilation for Dispute Settlement in Japan」金沢法学二一巻一・二合併号

昭和五四年　「調停制度の役割」ジュリスト増刊・民事訴訟法の争点

昭和五五年　「家事事件と人事訴訟の再検討――離婚争訟事件の非訟的処理を中心として――」中川善之助先生追悼『現代家族法大系』第一巻（有斐閣）

　　　　　　「形式的形成訴訟の上訴――いわゆる形式的形成訴訟の再吟味」小山昇・小室直人先生還暦論文集（中）『裁判と上訴』（有斐閣）

昭和五六年　「国の不法行為債務の管理に関する若干の検討――財政会計法との関連において」吉川大二郎博士追悼論集『手続法の理論と実践（下）』（法律文化社）

　　　　　　「非弁行為と訴訟上の効力」新・実務民事訴訟講座一巻（日本評論社）

昭和五八年　『民事執行法の基礎』（基礎法律学大系二六）（部分執筆）（青林書院）

昭和五九年　「担当裁判機関の公正の担保――回避義務試論」講座民事訴訟二巻（弘文堂）

昭和六一年　『基本法コンメンタール・民事執行法』（部分執筆）（日本評論社）

　　　　　　『注解民事調停法』（部分執筆）（青林書院）

昭和六二年　『注解人事訴訟手続法』（部分執筆）（青林書院）

昭和六三年　「裁判官の除斥・忌避・回避」ジュリスト増刊・民事訴訟法の争点（新版）

平成　三年　「脳の死を人の死と認めるか――その際の法的諸問題」『脳の死　人の死』（日常出版）

　　　　　　『注釈民事訴訟法（1）』（部分執筆）（有斐閣）

平成　五年　「民事調停理論と私――平成五年二月五日最終講義」金沢法学三五巻一・二号

平成　七年　「民事訴訟制度と他の紛争解決制度との法的架橋」中野貞一郎先生古稀祝賀『判例民事訴訟法の理論　上巻』（有斐閣）

平成一〇年　『基本法コンメンタール・新民事訴訟法（2）』（部分執筆）（日本評論社）

平成一一年　『基本法コンメンタール・民事執行法〔第四版〕』（部分執筆）（日本評論社）

**3　判例研究・判例批評等**

昭和三五年　「仮処分と強制執行」別冊ジュリスト・続判例百選
昭和三八年　「上告審における訴訟引受申立の許否」民商法雑誌四九巻一号
昭和三九年　「原告の死亡による選挙訴訟の終了」民商法雑誌四九巻五号
昭和四〇年　「控訴審判決主文における一審判決引用の可否」民商法雑誌五二巻一号
「釈明権と釈明義務の範囲」別冊ジュリスト・続学説展望
「双方代理人と訴訟行為の効力」別冊ジュリスト・民事訴訟法判例百選
「弁論の全趣旨」別冊ジュリスト・民事訴訟法判例百選
「再審事由と上告理由」別冊ジュリスト・民事訴訟法判例百選
「強制執行の問題研究」判例タイムズ臨時増刊・強制執行任意競売の諸問題
昭和四一年　「陳述命令に対する回答の性質」別冊ジュリスト・銀行取引判例百選
昭和四二年　「夫婦の同居義務に関する審判の合憲性」別冊ジュリスト・家族法判例百選
「契約が代理人によってなされたと主張された場合、本人によってなされたと認定することができるか」判例評論一〇九号
昭和四三年　「民訴一八七条三項は本人尋問に準用されるか」民商法雑誌五七巻四号
「判例回顧民事訴訟法」法律時報四〇巻一三号
昭和四四年　「保全訴訟における被保全権利についての和解」別冊ジュリスト・保全判例百選
「訴の主観的予備的併合の適否」ジュリスト臨時増刊・昭和四三年度重要判例解説

昭和四六年　「母受傷の調停成立後母の死亡による慰謝料請求」民商法雑誌六四巻六号
昭和四七年　「忌避事由」別冊ジュリスト・続民事訴訟法判例百選
「調査嘱託の結果の証拠調」別冊ジュリスト・続民事訴訟法判例百選
昭和五一年　「民事訴訟法二四条乃至二九条判例解説」『判例コンメンタール』一四巻（三省堂）
「破産否認と更生否認、否認の登記、否認権行使の方法」別冊ジュリスト・倒産判例百選
昭和五七年　「訴えの交換的変更と旧訴の取扱い」別冊ジュリスト・民事訴訟法判例百選（第二版）
平成　二年　「破産会社に対する会社不成立確認訴訟の被告適格」別冊ジュリスト・新倒産判例百選
平成　四年　「弁護士による代理(2)――懲戒処分」別冊ジュリスト・民事訴訟法判例百選Ⅰ
「和解の訴訟上の効果と私法上の効果」別冊ジュリスト・民事訴訟法判例百選Ⅰ
平成　六年　「忌避申立ての裁判に申立てをされた裁判官の配偶者が関与することの許否」『私法判例リマークス(8)一九九四（上）（平成五年度判例評論）』（日本評論社）

## 4　シンポジウムその他

昭和六〇年　討論（シンポジウム　日本人の法意識）『法意識の現状をめぐって』（法社会学三七）
昭和六一年　報告「民事調停制度の法的位置付け」および討論（ミニ・シンポジウム調停について）民事訴訟雑誌三二巻
昭和六二年　討論（シンポジウム　消費者信用と裁判制度）民事訴訟雑誌三三巻

# 跋　文

刊行・編集委員　遠藤　功

佐々木吉男先生の古稀記念論集を計画したのは、二年ほど前のことである。古稀記念論集は、ことし平成一二年（二〇〇〇年）六月二八日の先生の誕生日に贈呈する予定で進められていた。先生は、島根大学、金沢大学、北陸大学と勤務され、北陸大学では学長にも就任された。じつに精力的に職務にあたられ、周囲に学問と教育に対する情熱をふりまかれていた。

佐々木吉男先生の学界でのご活躍と、地元、石川県と金沢市へのご貢献は論を俟たない。ご専門の領域において、先生は民事調停法とその制度に関して、手続法の面から先駆的研究をなされ、今日、民事紛争解決制度の重要な一角をしめる調停に貴重な研究基盤と指針を提供されている。民事訴訟法、民事執行法、倒産法に関しても、大筋をふまえた明解な、歯切れよい文章で実務と学説・後進の学者に裨益している。北陸に在住している少なからずの研究者たちが、北陸に先生を中心に特色ある研究の拠点をつくることを望んでいた。

先生は、昨年秋、金沢大学附属病院に入院され、手術を受けられた。手術後の一一月にはお元気であられ、お正月をご自宅で迎えると張り切っておられた。週末はご自宅でおすごしになられることもあった。

みながご病状について胸をなでおろし、ほっとしていたころ、歳の暮れが押し詰ってご容態が急変した。歌子夫人の全力をつくした看病と切なる祈りにもかかわらず、また先生を知る者たちの回復への祈願もむなしく、平成一二年（二〇〇〇年）二月八日、先生は、帰らぬ人となられた。

かなしいことである。あんなに意気盛んで、慈愛にあふれた、お元気な先生が、と思うと涙がにじみでてしまう。先生から北陸大学の学長室でお伺いした、中野貞一郎先生との学問をはさんでのご親好、新堂幸司先生と鈴木正裕先生へのご愛着、さらに学界の新しい論文についてのご意見など、ひとつひとつが先生の肉声となって聞こえてくる。

地元でも、年に二、三回、先生が行きつけの料理店に、徳本伸一さん、西山芳喜さんらとおともした。その折、先生は、所用で金沢のいろいろな場所へお顔をだされ、ご自宅を不在にすることが多い分、ひと一倍奥様の歌子様をおもう気持がつよくなるとおっしゃって、歌子夫人へぬいぐるみの人形をお土産にされた。テディ・ベアふうが先生の腕のなかで、可愛らしく映じていた。

佐々木吉男先生の追悼論集を完成することができたのは、なによりも、ご多忙にもかかわらず、貴重な時間と労力を注ぎこんでいただいた執筆者各位のご尽力にもとづく。それは先生のご人徳の賜物であり、先生亡きいま、執筆者のみなさまに、委員一同、真心のかぎり深甚の感謝と御礼を表明する次第である。ご執筆くださった方々のご好意とご芳情は佐々木先生に通じてゆき、かなたで先生は微笑まれ、感謝されるでしょう。

論集刊行にあたって、支柱の役割を果たされた中野貞一郎先生のご指導、また金沢大学の清田明夫教授、中島史雄法学部長と前田達男教授の適切なご助言・協力に御礼を申し述べたい。そして、すべてにわたって、編集工房ＩＮＡＢＡの稲葉文子氏の献身的なご努力なしには本論集を語ることができない。骨の折れるご苦労を背負って運んでくださった稲葉氏に深く心から感謝をささげたい。さらに、信山社の袖山貴氏のご理解とご協力に厚く心から御礼申し上げる。

最後に、先生のご冥福をお祈り申し上げます。奥様、ご遺族の皆様のご自愛とご健康をご祈願いたします。

平成一二年（二〇〇〇年）五月二八日

**佐々木吉男先生追悼論集刊行・編集委員**

本間　義信　（大阪学院大学）
遠藤　　功　（金沢大学）
徳本　伸一　（金沢大学）
渡辺　武文　（甲南大学）
栗田　　隆　（関西大学）
西山　芳喜　（金沢大学）
角森　正雄　（富山大学）
岡田　幸宏　（三重大学）

㈱信山社　袖山　貴
編集工房ＩＮＡＢＡ　稲葉　文子

民事紛争の解決と手続
佐々木吉男先生追悼論集

2000年8月25日　第1版第1刷発行

編　集　佐々木吉男先生
　　　　追悼論集刊行委員会

発行者　今井　貴・稲葉文子

発行所　株式会社 信　山　社
〒113-0033　東京都文京区本郷6-2-9-102
TEL　03-3818-1019
FAX　03-3818-0344
制作：編集工房 INABA

印刷・製本／松澤印刷・大三製本

ISBN 4-7972-9023-4　C3332
9023-012-040-010